中国历史上的育德 中国教育家和教育思想研究

孙培青 著

上海教育出版社
SHANGHAI EDUCATIONAL
PUBLISHING HOUSE

图书在版编目（CIP）数据

中国历史上的育德：中国教育家和教育思想研究 /
孙培青著. — 上海：上海教育出版社，2023.4
ISBN 978-7-5720-1889-3

Ⅰ.①中… Ⅱ.①孙… Ⅲ.①教育史－研究－中国
Ⅳ.①G529

中国国家版本馆CIP数据核字(2023)第039516号

责任编辑　董　洪
　　　　　朱　彦
书籍设计　陆　弦

ZHONGGUO LISHI SHANG DE YUDE　ZHONGGUO JIAOYUJIA HE JIAOYU SIXIANG YANJIU
中国历史上的育德　中国教育家和教育思想研究
孙培青　著

出版发行　上海教育出版社有限公司
官　　网　www.seph.com.cn
地　　址　上海市闵行区号景路159弄C座
邮　　编　201101
印　　刷　上海展强印刷有限公司
开　　本　889×1240　1/32　印张22.5　插页5
字　　数　486千字
版　　次　2023年4月第1版
印　　次　2023年4月第1次印刷
书　　号　ISBN 978-7-5720-1889-3/G·1698
定　　价　148.00 元

如发现质量问题，读者可向本社调换　电话：021-64373213

中国历史上的育德 / 1

引言 / 3

敬德主导下的多元育德取向 / 4

"三纲五常"育德的兴衰 / 68

传统育德体系的重建 / 99

从传统育德向近代德育转型 / 132

现代德育实施的不同道路 / 155

结语 / 194

中国教育家和教育思想研究 / 199

论孔丘的道德教育原则 / 201

孔丘的教育思想 / 224

孔子在教育历史上的重要贡献 / 266

研究《学记》需要弄清的几个问题 / 273

《学记》重要的教育理论 / 279

贾谊的教育思想 / 296

傅玄的教育思想 / 304

颜之推的教育思想 / 316

颜之推评传 / 334

韩愈《师说》再评价 / 371

韩愈评传 / 384

韩愈的教育思想 / 437

隋及初唐王道的教育思想 / 453

隋唐佛教的教育思想 / 506

隋唐道教的教育思想 / 524

唐后期复兴儒学的教育思想 / 539

三教调和的教育思想 / 568

朱熹在教育史上的地位 / 600

孙诒让的教育精神 / 622

人民教育家雷沛鸿 / 630

杨贤江的教育思想 / 650

教育科学工作者的学习榜样 / 671

纪念杨贤江，学习杨贤江的教育思想 / 677

中国现代著名教育家孟宪承 / 689

永远怀念敬爱的导师 / 700

学习韦善美的精神 / 711

编后记 / 715

中国历史上的育德

引　言

道德教育,简称"德育"。对德育通常有广义与狭义两种理解,广义的德育是思想教育、政治教育、道德教育等活动的统称,狭义的德育包括道德认知、道德情感、道德信念、道德行为习惯等方面的教育内容。在中国古代历史上,实施培育道德思想与道德行为习惯的实践活动,称为"育德"。如《周易·蛊·象》:"君子以振民育德。"《周易·蒙·象》:"君子以果行育德。"本部分借用"育德"为名。至近代,通常称"德育"。新民主主义革命时期,需要教育为革命服务、为政治服务,适应现实情况,就称"政治思想教育"或"思想政治教育"。道德不是永恒不变的,而是随着社会经济、政治的发展发生相应的变化,不同的时代有不同的道德要求,以进行适应时代社会生活的道德教育。本部分依据中国历史发展过程中先后发生的转折变化,分为五个阶段,对各个阶段思想家、教育家等主要代表性人物的德育思想理论与实践活动作简要概述,所涉及的有以下几方面问题:道德的起源、人性的本质、道德的社会作用、道德教育的内容、道德教育的原则、道德修养方法、道德行为评价等。

敬德主导下的多元育德取向

一、 德、孝、礼的形成与"以教育德"的主张

人类的道德,随着社会生活需要的发展而不断演变,中国在大约五千年前的五帝时代,有了氏族部落与部落联盟的社会组织。唐尧、虞舜相继为氏族部落联盟首脑,已经处在农耕经济时代,为维护氏族和部落的共同利益,协调社会之间的人际关系,形成全体共同遵守的道德规范,依靠习惯和传统的力量加以保持。《礼记·礼运》对那时的道德作了描述:

> 大道之行也,天下为公,选贤与能,讲信修睦。故人不独亲其亲,不独子其子,使老有所终,壮有所用,幼有所长,矜、寡、孤、独、废疾者皆有所养,男有分,女有归。货恶其弃于地也,不必藏于己;力恶其不出于身也,不必为己。是故谋闭而不兴,盗窃乱贼而不作,故外户而不闭。是谓大同。

由此可见,在原始社会氏族群体中,已有公有观念、平等观念、互爱观念、互尊观念、互助观念,这些就是原始社会道德的基本特征。

古籍中关于这一时期的文字记载已出现"德"字。《尚书·尧典》颂扬帝尧善于治理天下的功业，称他"能明俊德，以亲九族"，说他能发挥才智美德，使氏族上下亲密和睦。《尚书·舜典》赞扬舜妥善完成推行五种美德的使命，称他"慎徽五典，五典克从"。这是说他慎重完成五典(父义、母慈、兄友、弟恭、子孝)的宣教，使人们都能遵守五种美德而不违背。当帝尧要让帝位给舜，舜谦让："舜让于德，弗嗣。"舜认为帝位应该传给有德行的人，不肯承接。由此可见，"德"的观念已经形成，也用于政治和道德领域。

帝尧多方面考验舜之后，坚决把帝位传给舜。舜即位后，选贤举能，任用官员，并明定其职责，其中设置专职的教育官员。《尚书·舜典》："帝曰：'契！百姓不亲，五品不逊。汝作司徒，敬敷五教，在宽。'"帝舜对契说，现时社会中的百姓关系不亲密，家庭中的关系也不和顺，任命你为司徒，负责谨慎施行五教的人伦教育，使父子有亲，君臣有义，夫妇有别，长幼有序，朋友有信，要注意以宽宏的态度进行劝导。

帝舜还任命乐官，教育贵族子弟。《尚书·舜典》："帝曰：'夔！命汝典乐，教胄子，直而温，宽而栗，刚而无虐，简而无傲。'"帝对夔说，任命你为主管乐官，教导那些年轻人，要使他们为人正直而温和，心胸宽宏而严谨，性情刚毅而不暴虐，外表简朴而不傲慢，要养成良好的品德行为。

对百姓群众的社会教育和对年轻人的学校教育，形式虽然不同，但都是以道德品行为重要的教育内容，将道德教育作为政治事务的重要方面。

大约在公元前 21 世纪，社会发生阶级分化，公有制瓦解，私有制产生，夏禹的儿子启打破禅让制，开始建立世袭制的夏王朝，这是中国历史上第一个奴隶制国家。后继的商王朝继续发展奴隶制。奴隶制的主要特点是"溥天之下，莫非王土；率土之滨，莫非王臣"①。生产资料以奴隶主贵族国有为形式，社会组织是氏族血缘宗法等级制。自从社会分裂为利益对立的阶级，为不同阶级利益做辩护的道德学说也就产生了，既有反映统治阶级利益的道德思想，也有反映劳动者利益的道德思想。

《礼记·礼运》对私有制产生后夏商周三代社会关系与道德观念的变化，也有一段描述：

> 今大道既隐，天下为家，各亲其亲，各子其子，货力为己。大人世及以为礼，城郭沟池以为固。礼义以为纪，以正君臣，以笃父子，以睦兄弟，以和夫妇，以设制度，以立田里，以贤勇知，以功为己。故谋用是作，而兵由此起。禹、汤、文、武、成王、周公，由此其选也。此六君子者，未有不谨于礼者也。以著其义，以考其信，著有过，刑仁讲让，示民有常。如有不由此者，在势者去，众以为殃。是谓小康。

夏商周三个王朝的更替，都是社会变革。商王朝的灭亡，周王朝的兴起，是发生更大更深刻的社会变革。旧制度废除，新制度创立，旧文化消退，新文化兴起，必然促使道德思想发生一些新的变化。

在商周交替、社会变革过程中，发挥重要作用的杰出人物之一是姬旦。他是周文王姬昌的第四个儿子，周武王姬发的弟弟，

---

① 《诗经·小雅·谷风之什·北山》。

周成王姬诵的叔父。他助武王伐纣灭商,作为开国功臣,位列"三公"之一,采邑在周地,故被尊称为"周公"。武王在灭商之后两年就病故,其子诵年幼,未有威望。危难时刻,周公挺身代为执政,维护周朝政权。周公成为周王朝的核心人物,有丰富的政治经验,还政于周成王之后,以开国功臣身份,仍然受尊为"三公"之一,位高权重,对社会有重大影响。在他的积极提倡之下,道德观念发生一些显著变化,主要体现在三个方面:

其一,敬德。周人以天为宗,以德为本。他们相信天神有无穷的威力,可以主宰人间的一切,地上的统治是天神所命,接受天命的重要条件就是"敬德"。商汤有德,所以能受天命,其子孙承德而延年。但至纣王,因荒淫不德,丧失民心,所以天命转移。而文王能"明德慎罚""以德配天",所以天神就改授命于周,为地上的统治者。"天命靡常",周以夏商为鉴,吸取历史教训,就要效法文王、武王、周公,明德、敬德、修德、用德,才能得到天神的眷顾、祖宗神的保佑。只有长久"以德配天""敬德保民",才能向上天祈祷永久的福命。

敬德主要表现在治民,抓三项措施:(1)要惠及小民,使他们能安心过日子;(2)用劝导的方式,使他们心悦诚服;(3)慎用刑罚,不要引起民怨。敬德必须修养德行,要以周文王为榜样,着重要学的有三项:(1)知稼穑之艰难,要亲身体验农事的辛苦;(2)尽心为民办事,与民同心,得民拥护;(3)不贪图享乐与安逸,限制过分的游乐。

其二,孝亲。周朝实行以嫡长子继承为重心的宗法制,让姬姓王族"封邦建国",基于血缘的亲亲关系,建成藩屏,保卫西周王室。宗法建立在个体家庭经济基础上,有了个体家庭,夫妻及其子女结成一个独立的经济单位,生活上互相依赖。父母有抚养子女成长的义务,年老也有要求子女奉养的权利。子女有受父母教养的权利,也有奉养父母的义务。作为家长的父亲享有权威,有权支配子女。子女有尊敬和服从家长的义务。家庭中出现权利与义务关系,由此产生"孝"的观念。

"孝"有父母生前之孝和父母死后之"孝"的区分。对父母在世的尽孝:在物质奉养方面,要供应生活所需,以报答父母的养育之恩;在精神方面,要尊敬、服从,保持和顺的关系。对父母死后的尽孝:不局限于对父母的祭祀、纪念,还要继其志,完成未了的事业。"追孝"要延伸至尊先祖,还要扩大为"小宗"对"大宗"尽义务,诸侯对天子尽义务。

"孝"的社会作用,主要在于维系宗法制的等级秩序,分清在家族关系中的亲疏、嫡庶、长幼的地位,确定其权利和义务。由血缘的亲亲关系再延伸而扩大,协调宗族之间的关系,成为统治阶级内部团结的纽带。西周将"孝"视为君子必须具有的道德品质,把"孝"与"德"并列。

其三,礼制。西周建立了一套尊卑贵贱的等级制度,要人们必须遵守,在此基础上形成作为生活行动道德规范的"礼"。《论语·为政》:"殷因于夏礼,所损益,可知也;周因于殷礼,所损益,可知也。"损益,就是去掉过时而不符合实际的内容,增加部分新的适应时代的内容。因此,周的"礼"比夏商两代更为完备。"礼"来源于祭祀,带有等级制的内容。到了周代,"礼"就不限于"事鬼敬神",而是增加新的含义。《礼记·表记》:"周人尊礼尚施,事鬼敬神而远之,近人而忠焉。"周礼的特点就在于近人而处事,具有添加新道德规范的含义。

相传周礼是由周公主持制定的，包括"吉、凶、军、宾、嘉"五类。公卿、大夫、士等不同等级，都有相应的礼仪形式。礼制有重要的社会政治作用和道德规范观念影响。《礼记·曲礼上》："夫礼者，所以定亲疏，决嫌疑，别同异，明是非也。……道德仁义，非礼不成；教训正俗，非礼不备；分争辨讼，非礼不决；君臣上下，父子兄弟，非礼不定；宦学事师，非礼不亲；班朝治军，莅官行法，非礼威严不行；祷祠祭祀，供给鬼神，非礼不诚不庄。是以君子恭敬、撙节、退让以明礼。……是故圣人作，为礼以教人，使人以有礼，知自别于禽兽。"

在古代，礼既是一项道德规范，又是各种社会活动和礼制的总称，社会影响极为广泛。"礼"作为一种等级制度，具有两方面的因素，一是社会政治方面的因素，一是意识形态方面的因素。在意识形态方面，周人特别注意运用"礼"来规范社会中现实的人事关系，作为辨别道德行为的善与恶、顺与逆的准则。

周公以文王为学习的典范、效法的榜样，他赞扬文王注重教育臣民，特别是教导邦君和朝官，也关注教诲宗室子弟，强调"以教育德"，使修德的贤能在位，施行德政，巩固周朝政权，保持长久的统治。

周公的教育活动和言论可以归结为"育德"，这是施行德政的基本条件。周公"以教育德"的主张，贯彻实行于西周的学校教育、社会教育之中。西周有国学，有乡学，都重视育德，将育德置于首要地位。《周礼》中对此有明确记载。《周礼·春官宗伯》："大司乐掌成均之法，以治建国之学政，而合国之子弟焉。凡有道有德者，使教焉。死则以为乐祖，祭于瞽宗。以乐德教国子中、和、祗、庸、孝、友。"大司乐负责教合国之子弟乐德，以养成中、和、祗、庸、孝、友的品德。《周礼·地官司徒》:"师氏掌以媺诏王,以三德教国子:一曰至德,以为道本;二曰敏德,以为行本;三曰孝德,以知逆恶。教三行:一曰孝行,以亲父母;二曰友行,以尊贤良;三曰顺行,以事师长。……凡国之贵游子弟,学焉。……保氏掌谏王恶,而养国子以道,乃教之六艺:一曰五礼,二曰六乐,三曰五射,四曰五驭,五曰六书,六曰九数;乃教之六仪:一曰祭祀之容,二曰宾客之容,三曰朝廷之容,四曰丧纪之容,五曰军旅之容,六曰车马之容。"师氏以"三德"教国子,是以天道中和之德为道德的根本要求,以地道强勉敏疾之德为行为的根本,以人道效法先王之德而知是非善恶。"三行"是孝行、友行、顺行,是用以对待父母、贤良、师长的道德原则。《周礼·地官司徒》:"〔大司徒〕以乡三物教万民而宾兴之:一曰六德,知、仁、圣、义、忠、和;二曰六行,孝、友、睦、姻、任、恤;三曰六艺,礼、乐、射、御、书、数。"

由上可以看到,在西周,不论国中的国学还是地方的乡学,都设有职官进行教育。教育以德行为首要,以艺、仪为其次。"以教育德"包含德与行,德与行既有区别又有统一,德为行的根本,行为德的体现。

二、 以仁为核心、以礼为规范的修养体系

孔丘(前551—前479),字仲尼,史书称孔子,春秋末期鲁国陬邑(今山东曲阜东南)人。中国古代伟大的思想家和教育家,儒家学派的创始人,创办私学的先驱。他生活在当时的文化中心鲁国,少年时就立志求学,自称"好古敏以求之",勤奋学习夏商周三代的典章制度,继承中华民族的文化传统,面对社会现实问题,积

极提倡"以德治国"的政治主张,可惜未能实现。他一生大部分时间从事文化教育工作,四十多年的私学教育实践,积累了丰富的教育经验,形成了系统的教育思想理论体系。在学校教育中,特别注重育德,全部教育内容以育德为中心,为养成君子优秀的道德品行服务。《论语》①是研究孔子育德思想行动的基本资料。

(一) 对道与德的理解

对道德这一社会现象,形成一定的总的看法,可称为道德观。《论语》对"道"和"德"分别作了解释。

"道"有几种主要含义:(1) 指道路和途径;(2) 指规范、规矩;(3) 指做人的最高准则;(4) 指社会、政治的最高原则;(5) 指道理、学说。《论语》中所指的不是关于自然界法则的"天道""地道",而是"人道"。孔子注重"人道"的研究,强调要志道、学道、有道、由道、适道、守道,只有遵循一定的社会性的规范,才能成为君子。"道"具有客观法则、条理的意义。

"德",得也,得之于心。"德"属于内心主观方面的东西,指的是道德意识、道德情感、道德信念、道德品质、道德境界等。"德"依靠个人内心修养而发扬光大。

孔子认为,一个有道德素养的人应当具备两方面条件:一是守道,二是修德。一方面,要立志学习和遵循社会性的规范、准则;另一方面,要养成社会规范的意识、信念、情操。两方面结合,就是道与德兼备。

① 以下凡《论语》引文,只写篇名。引文依据朱熹撰《四书章句集注》,中华书局 1983 年版。

（二）道德的作用

孔子认为，道德在人类社会生活中与各方面都有密切的联系，并且道德高于其他一切社会活动，因此道德可以统领其他社会活动。统治者如果自身具有道德，可起示范作用，就可以利用道德来影响政治活动，以道德教化为治国的基本原则，实施以德治国。

《为政》："子曰：'为政以德，譬如北辰，居其所而众星共之。'"统治者能显示有道德，自然就会成为民众关心的中心，具有巨大的吸引力，群臣和百姓都会像众星拱卫北辰一样，主动朝向实施德政者。

《颜渊》："季康子问政于孔子。孔子对曰：'政者，正也。子帅以正，孰敢不正？'""季康子问政于孔子曰：'如杀无道，以就有道，何如？'孔子对曰：'子为政，焉用杀？子欲善而民善矣。君子之德风，小人之德草，草上之风，必偃。'"这是说，统治者自己行为端正，起了示范作用，别人的行为就跟着端正。统治者不必依靠杀戮手段，只要用自己的道德行为世范，去感化人民。统治者先做善事，百姓自然会跟着做善事。

孔子肯定道德在社会政治方面有重要作用，主张利用道德为施政的主要手段。《为政》："孔子曰：'道之以政，齐之以刑，民免而无耻；道之以德，齐之以礼，有耻且格。'"用道德来诱导群众，用礼制来整顿民众，民众知晓廉耻并有了归顺之心。从施政的社会效果来比较，道德教化比政法刑罚更为高明，刑罚虽不能免除，但明智选择施政方案，应先德后刑。

（三）德育的地位

孔子创办私学的主要目的是培养从政的君子。君子是德才兼备的知识分子,最重要的条件是道德品行,而道德品行要靠平日一贯的教育才能逐渐提高。他非常注重道德品行的培养,把育德放在首位,要求弟子们处理好培养道德品行和学习文化知识的关系。

《学而》:"子曰:'弟子入则孝,出则弟,谨而信,泛爱众而亲仁。行有余力,则以学文。'""文"指典章和文物知识,"行"指道德行为实践。因为道德品行的培养不能只停留在口头上或文字上,先保障培养做人的道德品行,继之就学习文化知识。

孔子认为,一个人的知识才能虽好,但没有好的道德品行,是不值得称赞的。周公是德才兼备的典范,若没有周公的道德品行,只有周公之才之美,仅是一位偏才而已,不值得看重。孔子要求学生,明显是先德行,然后是才艺。《述而》:"子曰:'志于道,据于德,依于仁,游于艺。'"他对学生学成的评价,也总是把德行列于首位,分类排序。《先进》:"德行:颜渊、闵子骞、冉伯牛、仲弓。言语:宰我、子贡。政事:冉有、季路。文学:子游、子夏。"道德的地位高于知识,德育必然要处于学校教育的首要地位。注重道德教育成为传统,对后世产生深远的影响。

（四）德育的内容

1. 仁

孔子德育思想的核心内容是"仁"。在《论语》中,谈及"仁"有五十八章,出现"仁"字有一百零九次。"仁"是最高的道德准则。"仁"的含义比较广泛,有多种解释,主要的含义是"爱人"。

《颜渊》:"樊迟问仁。子曰:'爱人。'""仁者爱人"的口号超出宗法制亲亲的关系。孔子还提出"泛爱众"的主张,说明"仁"是面对人类大众的道德规范。

这种"仁爱之心"的来源,应从孔子的人性论中寻找答案。他虽然很少谈人性问题,但却有明确的主张,即"性相近也",认为人的天性原来是相接近的。他实际上倾向"性善"说。

《述而》:"子曰:'天生德于予……'"意为这样的品德天生在我身上。孔子的许多言论和行为,对人是同情、尊重和关怀的,体现出人道主义精神,适应由奴隶制向封建制转变的时代潮流。他要求统治者减轻对劳动者的剥削,又提倡统治者爱民、养民、利民、富民、教民、安民、博施于民。

孔子的"仁者爱人"口号,并不是主张无原则地爱一切人,而是要区别善恶,分别加以对待。他认为,仁者有识别力,既能"好仁者",又能"恶不仁者"。对仁者与不仁者的分别是有阶级性的,以爱民、利民之事作为具体的比较验证,奴隶制的统治者是不仁者,封建制的统治者是仁者。

仁是最高的道德准则,由此出发,应用于日常生活,待人处事该如何具体应对?孔子有自己的处理办法。《里仁》:"子曰:'参乎!吾道一以贯之。'曾子曰:'唯。'子出。门人问曰:'何谓也?'曾子曰:'夫子之道,忠恕而已矣。'"《雍也》:"子曰:'……夫仁者,己欲立而立人,己欲达而达人。能近取譬,可谓仁之方也已。'"《卫灵公》:"子贡问曰:'有一言而可以终身行之者乎?'子曰:'其恕乎!己所不欲,勿施于人。'"

孔子对自己主张的"忠"与"恕"分别作了说明,这是对仁爱思想的延伸与扩展,有两方面的内容:"忠"就是自己要站得住,同时也要别人站得住;"恕"就是自己要事事行得通,同时也让别人事事行得通。这是有积极意义的方面。忠恕这种思想,反映在社会大变革时期,表现为新兴的政治势力要求在内部相互尊重、平等相待的愿望。

忠恕作为道德规范,已不限于处理君臣或朋友之间的关系,而是广泛适用于民间处理各类人己之间关系的准则,要求凡是与人交往,要有推己及人之心,发扬爱人的精神,忠者有真诚尽力为人之心,恕者无丝毫私己害人之意。忠恕之道是孔子的发明,对后人影响很大,使有仁爱之心的人知道为仁之方。

2. 礼

在《论语》中,"礼"字出现有七十五次之多,意义各有差别,可归纳为三种。

其一,属于礼制。《为政》:"殷因于夏礼,所损益,可知也;周因于殷礼,所损益,可知也。"《八佾》:"夏礼,吾能言之,杞不足征也;殷礼,吾能言之,宋不足征也。文献不足故也。足,则吾能征之矣。"此"礼"是指奴隶制时代的社会制度,中心是等级制度,每一等级都各有行为规范,以区别尊卑贵贱的等级秩序,总称为"礼"。统治者以礼治国,把礼作为治理国家的纲纪,用礼制约束各等级的行为。

其二,属于礼仪。尊卑贵贱不同等级要严格采用不同的礼节仪式。《为政》:"子曰:'生,事之以礼;死,葬之以礼,祭之以礼。'"这里所说的是对父母尽孝道,不能违背礼节。古代的礼仪有一定的等级,天子、诸侯、大夫、士、庶人各不相同。以葬礼来看,贵族的葬礼是隆重的厚葬,庶人的葬礼是简省的薄葬。

其三,属于礼貌。这是为了表示谦虚、恭敬之意。《学而》:"有子曰:'礼之用,和为贵。先王之道,斯为美,小大由之……'"《学而》:"有子曰:'信近于义,言可复也。恭近于礼,远耻辱也……'"《学而》:"子贡曰:'贫而无谄,富而无骄,何如?'子曰:'可也。未若贫而乐,富而好礼者也。'"

前两种即礼制与礼仪,主要是要求遵守等级制生活秩序的道德规范,这种规范对人的行为有一定的约束作用。第三种要求行礼时有恭敬的情感,注重精神面貌,以达到和睦团结的目的。孔子重视学礼,认为学礼是立身于社会的根本,不学礼就难以立足于社会,肯定学礼对个人修养的重要作用。他强调学礼,推行礼制,遵守礼的规定,认为相互之间不要出现不和,可帮助实现等级间的和谐,肯定礼对治理社会秩序的作用。

3. 多个道德项目的相互联系

"仁"较早就成为道德项目,随着时代的发展,内容有些变化。在西周,"仁"的意思就是孝顺祖先。到春秋时代,"仁"被理解为孝顺双亲。孔子对"仁"的理解没有停留在孝亲层面,把范围扩大为"爱人"。但他的"爱人"是以家庭为出发点的,推己及人而形成由亲及疏的等级层次。在孔子私学内,师生已形成共识。

《学而》:"有子曰:'……君子务本,本立而道生。孝弟也者,其为仁之本与!'"爱人首先还是爱亲,仁爱与孝悌分不开,孝悌是仁爱的根本。"仁"具有"爱人"的思想意识,成为道德项目的共同因素,体现出广泛的意义。

《颜渊》:"颜渊问仁。子曰:'克己复礼为仁。一日克己复礼,天下归仁焉。为仁由己,而由人乎哉?'颜渊曰:'请问其目。'子曰：'非礼勿视，非礼勿听，非礼勿言，非礼勿动。'"由此看来，克己复礼要视、听、言、动全面符合礼的道德规范，才算有真正的仁德。这是仁离不开礼，受礼制约。行礼通常都要有一定的形式，如果行礼变成例行的空洞的形式，就没有实际意义，不能达到道德规范的作用。所以，行礼必须明确带有"爱人"的思想意识，行礼的目的都明白了，行礼才有意义。这是礼离不开仁，仁制约着礼。仁与礼必须结合，两者是统一的。

此外，还有其他道德项目具有"爱人"的因素，也为"仁"所包括。《阳货》："子张问仁于孔子。孔子曰：'能行五者于天下为仁矣。''请问之。'曰：'恭、宽、信、敏、惠。恭则不侮，宽则得众，信则人任焉，敏则有功，惠则足以使人。'"《里仁》："子曰：'里仁为美，择不处仁，焉得知？'子曰：'……仁者安仁，知者利仁。'"《宪问》："子曰：'……仁者必有勇，勇者不必有仁。'"《里仁》："子曰：'君子喻于义，小人喻于利。'"

仁不仅包括孝悌，包括恭、宽、信、敏、惠，也可包括智与勇，还可包括义。

孔子以"仁"为做人的最高道德准则，这是他的新观点；以"仁"作为包括多个道德项目的全德之名，这是他学说的特点。

（五）道德修养过程

孔子认为，道德的修养需要以学习知识为基础，经历一个过程，把握三个重要环节。

1. 学

主要学习关于"礼"的知识，学礼才有立足于社会的根据。等级制社会的道德规范要求忠君孝亲，为此就要懂得忠君孝亲所需要的知识。没有相关的知识为基础，往往会发生流弊。《阳货》："〔子〕曰：'……好仁不好学，其蔽也愚；好知不好学，其蔽也荡；好信不好学，其蔽也贼；好直不好学，其蔽也绞；好勇不好学，其蔽也乱；好刚不好学，其蔽也狂。'"没有学问的人，有所好，其品行会走向偏激，只有爱好学问，才能为提高道德素养创造条件。

2. 思

学习之后应当思考，才能进一步提高道德认识，要联系自己的生活行为与思想言论，反省检查自己的言行是否符合道德准则，不符合就要自我改正，符合的就坚持并提高，化智慧为德性。在日常生活中，要多方面思考。《季氏》："孔子曰：'君子有九思：视思明，听思聪，色思温，貌思恭，言思忠，事思敬，疑思问，忿思难，见得思义。'"《为政》："子曰：'学而不思则罔，思而不学则殆。'"学习之后要积极思考，才会提高修养，还要利用社会交往的机会，见贤思齐，向品德高尚的模范人物学习，提高自己的道德水平。

3. 行

道德有知的问题，也有行的问题，也就是道德的认识问题与道德的实践问题。行主要指道德规范和道德观念的实行，要亲身实践，化道德意识为道德行动。孔子提倡笃行、力行，认为实践努力于行的人，才是有道德修养的人，批评只言不行、言而无信、言过于行的人，而赞赏谨言敏行、慎言力行的人。他在教育实践中不断总结经验，发觉学生中有人言行不一，过去相信学生的表态，听其言而信其行，现在要改变为考察实际表现，听其言而观其行。道德修养应更重视行的环节。

（六）修养的原则与方法

1. 立志

培育以仁为核心的道德，首先要明确的是立志问题。立志就是为自己确立人生目标，作为毕生努力的方向。孔子自己是"十有五志于学，三十而立"①，立志是他发展成长最关键的一步。他对立志的重要性有切身的体会，在私学中对学生常提起立志的问题。他教育学生要"志于仁"，因为"仁"是道德的核心。《里仁》："苟志于仁矣，无恶也。"《里仁》："子曰：'……君子去仁，恶乎成名？君子无终食之间违仁，造次必于是，颠沛必于是。'"立志要实现仁德，就不会有恶的言行。他强调仁是君子必须具备的品德，君子如放弃仁德，怎能成就其名声？君子任何时候都不会离开仁德。

仁是道德的核心内容，也是道德最高的准则，所以志于仁，也就是志于道。孔子教育学生要志于道，全身心投入，集中思想在学道、守道之上，志气远大，坚决持久守住善道。

2. 克己

人生活在社会人群中，就存在着如何处理人己关系问题，这是个人道德修养必须妥善解决的。孔子认为，主动权在自己一方，对自己有高要求，严格克制自己的言行，合乎道德规范。《卫灵公》："子曰：'君子求诸己，小人求诸人。'"《卫灵公》："子曰：'躬自厚而薄责于人，则远怨矣。'"《颜渊》："子曰：'……攻其恶，无攻

敬德主导下的多元育德取向

人之恶,非修慝与?'"《颜渊》:"子贡问友。子曰:'忠告而善道之,不可则止,毋自辱焉。'"《颜渊》:"颜渊问仁。子曰:'克己复礼为仁。一日克己复礼,天下归仁焉。为仁由己,而由人乎哉?'"君子要勇于承担责任,随时随地检查自己的言行,以平等态度待人,给人尊重,严于责己,宽以待人。凡办事有缺点,首先要自我检讨,不怨人,只克己,努力使自己的言行合乎道德准则。

3. 内省

孔子认为,在主观道德认识与道德行为联系之间,要重视积极开展主观思想分析活动,进行思想监督,使遵循道德规范成为内在自觉要求,而非外来强加的限制。他把这种主观的思想活动称为内省。内省是日常道德修养适用的方法,他把这种方法推荐给弟子,有的弟子已认真实行。《学而》:"曾子曰:'吾日三省吾身:为人谋而不忠乎? 与朋友交而不信乎? 传不习乎?'"《里仁》:"子曰:'见贤思齐焉,见不贤而内自省也。'"《述而》:"子曰:'内省不疚,夫何忧何惧?'"内省不是要求闭门思过,而是在日常的生活中处理事情之后,自我检查是否符合道德规范。内省没有时间和地点的限制,只要是自觉的要求,随时随地都可以自我反省,见到贤者有好的品德表现,就要诚心向他学习;看到不善者的不良品德表现,就要引以为戒,防止同一类错误的发生。内省是自觉对自己的思想和言行实行监督,如果能感到问心无愧,也就能心安理得,没有精神压力。

4. 中庸

在社会交往之中,为了妥善地待人处事,要求确立共同的道德准则和规矩,于是有了道德准则和规矩让人们共同遵循。在实行中,大多数人都没有把握适当的分寸,有的做得过分,有的做得不足,两者都没有达到适中的标准。孔子认为,凡事要做到恰到好处,就是要求得其中,求得其中要采取执其两端而用其中,这就是中庸之道。中庸作为最高的道德标准,也是道德修养的重要方法,孔子对此有些论述。《雍也》:"子曰:'中庸之为德也,其至矣乎! 民鲜久矣。'"《中庸》:"仲尼曰:'君子中庸,小人反中庸。君子之中庸也,君子而时中。小人之中庸也,小人而无忌惮也。'""子曰:'道之不行也,我知之矣,知者过之,愚者不及也;道之不明也,我知之矣,贤者过之,不肖者不及也。'"

中庸之意是不偏不倚,无过无不及,被认为是至德,即道德的最高标准。君子有德者知中庸不是固定的,而是随时有变动,所以君子为中庸者,能随时以处中。小人不知中庸之中,肆意妄行,无所忌惮。对于中庸之道,智者过之,愚者不及,难以准确把握,所以中庸之道不行;贤者过之,不肖者不及,难以准确把握,所以中庸之道不明。民众中能行中庸之道的人不是没有,只是数量较少。在孔子察看的各类人物中,符合中庸道德标准的,是他的弟子颜回。颜回能选择中庸,并能时刻坚守中庸之道。孔子提倡以中庸之道待人处事,并推颜回为学习中庸的榜样,对后世产生一定影响。

5. 改过

社会的道德规范,反映群体公共的利益,在阶级社会反映统治阶级的利益,要求社会成员共同遵守。但人并不具备天生的道德观念和道德实践能力,在成长过程中必然会发生一些违反道德规范的过错,为此就会提出改正过错以适应道德规范的要求。孔子对这个问题提出自己的主张,他重视的是改过迁善。孔子曾声明自己不是生知的圣人,社会现实中也不存在圣人。既然人非圣人,谁能没有过错? 一贯正确根本不可能,发生错误是难免的,加强道德学习和修养就是为了减少错误和改正错误。《述而》:"子曰:'加我数年,五十以学《易》,可以无大过矣。'"《学而》:"子曰:'过,则勿惮改。'"《卫灵公》:"子曰:'过而不改,是谓过矣。'"孔子认为,不能杜绝小错误,也应该避免犯大错误。有错误的人不应掩盖,应公开认错。犯错的人应端正态度,认真改过。能公开认错并改正的人会受到大家的原谅和尊敬。有过错而不肯改,才会被大家认为是真正的错误。要容许别人犯错误,也要欢迎别人改过自新。改过迁善,是道德修养的方法之一。

孔子关于道德修养的思想内容非常丰富,是其教育思想体系的重要组成部分,对后世文化教育产生深远的历史影响,是中华民族一份珍贵的历史遗产,值得我们加以研究,吸取其中的精华。

三、"明人伦"与"存心养性"的修养论

孟轲(约前372—前289),战国中期邹(今山东邹城东南)人,著名的思想家和教育家。他是孔子的孙子子思的再传弟子,是儒家八派之一"思孟学派"的代表人物。当时封建制已形成和确立,诸侯国兼并战争激烈,百家争鸣进入高潮,他以"孔子之道"捍卫者自任,发挥孔子的"仁"学,以"仁义"学说与各派展开论战,以好辩而闻名。他批评各家:墨翟"兼爱",主张爱无差等,把别人的父母视为自己的父母是"无父";杨朱"为我",主张极端的利己主义,拔一毛而利天下不为是"无君"。无父无君,是禽兽也。法家好战,鼓吹兼并战争,扩张疆土,罪该服上刑;农家主张贤者与民并耕而食,违反劳心劳力分工的天下通义。他在人性论方面主张"性善"论,把仁、义、礼、智说成人类先天同具的善端,作为基本的

道德规范,以此为中心,建立唯心主义的思想体系。在政治方面,他宣扬仁政思想,展开"义利之辩",反对暴政与战争,反对霸道而主张王道,要求使劳动人民过上温饱的安定生活,企望仁政的道德教化能够争取民心,可以一统天下。

《孟子》[①]一书,是研究孟轲德育思想的重要史料。

(一) 道德的来源

孟轲认为道德来源于天命,他提出"天爵"与"人爵"的说法。

《孟子·告子上》:"有天爵者,有人爵者。仁义忠信,乐善不倦,此天爵也。公卿大夫,此人爵也。"所谓天爵,即上天给予的爵位。仁义道德是天赋道德。孟轲强调仁义乃人心所固有,先验道德论的定调显然属于主观唯心主义。

孟轲认为,仁义之心存于人成为良心,良心有自然而发的功能,即良能、良知。《尽心上》:"人之所不学而能者,其良能也;所不虑而知者,其良知也。孩提之童,无不知爱其亲者;及其长也,无不知敬其兄也。亲亲,仁也;敬长,义也。无他,达之天下也。"所谓良,为本然之善良。良心,即生来具有的善心;良能,即生来具有的能力;良知,即生来具有的智慧。良心、良能、良知都是人生来就有的、超经验的。

(二) 性善论

战国时期,百家争鸣,孟轲旗帜鲜明地主张性善论,成为政治

---

① 以下凡《孟子》引文,只写篇名。引文依据朱熹撰《四书章句集注》,中华书局 1983 年版。

上施行仁政和道德自内发展的理论依据。他在与告子辩论中,多方面论证人性善,详见《告子上》。

1. 人性区别于禽兽之性

告子认为"生之谓性",即天生的资质叫作性,又说:"食色,性也。"饮食男女,这是自然本性。告子单是强调天生资质、自然本能,这就把人和动物归为一类而不加区别。孟轲驳斥告子:"然则犬之性,犹牛之性;牛之性,犹人之性与?"他强调人之性异于禽兽之性。《离娄上》:"人之所以异于禽兽者几希,庶民去之,君子存之。舜明于庶物,察于人伦,由仁义行,非行仁义也。"

2. 人类的共性是性善

告子认为:"性无善无不善也。"孟轲认为,从人天生的资质看,可以使他善良,这是我所谓的人性善。《告子上》:"告子曰:'性犹湍水也,决诸东方则东流,决诸西方则西流。人性之无分于善不善也,犹水之无分于东西也。'孟子曰:'水信无分于东西,无分于上下乎?人性之善也,犹水之就下也。人无有不善,水无有不下。'"关于人性之善的表现,《告子上》载:"孟子曰:'……恻隐之心,人皆有之;羞恶之心,人皆有之;恭敬之心,人皆有之;是非之心,人皆有之。恻隐之心,仁也;羞恶之心,义也;恭敬之心,礼也;是非之心,智也。仁义礼智,非由外铄我也,我固有之也,弗思耳矣。故曰:"求则得之,舍则失之。"或相倍蓰而无算者,不能尽其才者也。'"仁义礼智的善心,人皆有之,证明性善是人类的共性,人性原来是平等的。

3. 由善端而成善德

《公孙丑上》:"孟子曰:'人皆有不忍人之心。……由是观之,无恻隐之心,非人也;无羞恶之心,非人也;无辞让之心,非人也;

无是非之心，非人也。恻隐之心，仁之端也；羞恶之心，义之端也；辞让之心，礼之端也；是非之心，智之端也。……凡有四端于我者，知皆扩而充之矣，若火之始然，泉之始达。苟能充之，足以保四海；苟不充之，不足以事父母。'"这是说人性中已有四项善端，对善的萌芽要加以扩充，发展成为纯粹完全的善德。

4. 人性有变化的可能性

孟轲认为人性善，但指出其发展的环境条件可使之为不善。人性由善转变为不善，或由不善转变为善，主观和客观因素甚多。有人会存心养性，存仁义礼智之心，这是人所固有天赋的本性，是人力所能为。《尽心上》："求则得之，舍则失之。是求有益于得也，求在我者也。"善可以通过个人主观努力来获得。有的人则相反，放纵仁义礼智之心。庶人放其心而不知求，逸居而无教，则近于禽兽。他提出人性有变化的可能性，肯定道德修养的主观能动性，破除命运的支配，具有积极意义。

（三）仁义为最高的道德准则

孟轲发展孔子"仁"的学说，并将"仁"与"义"结合起来，以"仁义"作为处理尊卑上下关系的依据。

孟轲对"仁义"作了一番解释。《离娄上》："仁之实，事亲是也；义之实，从兄是也；智之实，知斯二者弗去是也；礼之实，节文斯二者是也；乐之实，乐斯二者，乐则生矣；生则恶可已也，恶可已，则不知足之蹈之、手之舞之也。"《尽心上》："亲亲，仁也；敬长，义也。"《告子上》："仁，人心也；义，人路也。"

以爱父母为"仁"的根本，以敬兄长为"义"的根本，仁义以孝悌为根本,显然属于家族道德的性质。仁义可加以利用,扩大为人类社会的道德。"仁",实际内容是爱亲,扩大为"爱人",延伸为"泛爱众"。以此为依据,孟轲提出"仁民"的主张。他倡导施行仁政,建议梁惠王推恩至于百姓,方能"保民而王"。《梁惠王上》:"老吾老,以及人之老;幼吾幼,以及人之幼。天下可运于掌。……故推恩足以保四海,不推恩无以保妻子。古之人所以大过人者,无他焉,善推其所为而已矣。"

"义",实际内容是敬长,扩大为"敬人",延伸为调整上下级关系。不仅下级要服从上级,上级也要尊重下级,要既遵守自己应尽的本分,也尊重别人应有的权利。

孟轲提倡的仁政,以仁义道德为其核心,包括两方面的内容。一是要求关心百姓疾苦,解决民生问题,主要是"制民之产"。他认为,英明的君主规定人民的产业,一定要使他们上足以赡养父母,下足以抚养妻儿,好年成可以丰衣足食,年成不好也可免于饿死,然后引导他们走上向善的道路,百姓也就容易听从。二是政治上主张"王道",以德服人,依靠道德教化而明人伦、重民生、得民心,走向一统天下;反对"霸道",以力服人,恃强并弱,欲靠战争统一天下。他的政治主张,未能迎合时代变革的趋势,不被当时的诸侯国采纳。

(四) 明人伦

孟轲主张"仁政",手段是以德治国,要实施道德教化。《尽心上》:"仁言不如仁声之入人深也,善政不如善教之得民也。善政,民畏之;善教,民爱之。善政得民财,善教得民心。"《滕文公上》:

"人之有道也，饱食、暖衣、逸居而无教，则近于禽兽。圣人有忧之，使契为司徒，教以人伦：父子有亲，君臣有义，夫妇有别，长幼有序，朋友有信。"人伦就是人道，规定人与人的道德关系。人类与禽兽不同，禽兽没有道德意识，而人类有道德意识，反映人类社会生活中明确相互关系的需要。道德意识是人类区别于禽兽的本质特征。国家设置教育机构，中心任务是教民明人伦，道德教育以此为政治服务。人有不同的社会位置，可归纳为五对基本的社会关系：家庭是社会的基础，有三对关系，即父子、夫妇、长幼；社会有两对关系，即君臣、朋友，兼有长幼。每对关系都有相应的道德规范，那就是仁、义、礼、智、信，也是《中庸》所称的常行五达道，简称"五常"。至于实施道德教育的机构，则发扬夏商周三代的教育传统。《滕文公上》："设为庠序学校以教之。庠者，养也；校者，教也；序者，射也。夏曰校，殷曰序，周曰庠，学则三代共之，皆所以明人伦也。人伦明于上，小民亲于下。有王者起，必来取法，是为王者师也。"要实行仁政，以德治国，必然会推广教以人伦。

（五）义利观

战国时期，社会发生激烈变革，改变利益分配，阶级矛盾趋于尖锐。反映到思想领域，特别关注"利"的问题，引起一场"义利之辩"。孟轲以"好辩"闻名，他积极介入，主张要讲仁义，反对讲私利，把"义"和"利"看作绝对对立的。

孟轲认为，从国王到庶人，各阶层的人都在谈论"利"，追求"利"，社会出现上下交征利现象，国家就将发生危机，后果不堪设想。所以,他反对讲利,而提倡宣扬仁义,认为这样才有安定社会的作用。如果人人都怀仁义相待,不发生争夺,就会出现王道社会。他以维护封建制度整体利益为宗旨,反对讲利,这种义利观具有局限性。

(六) 理想人格

人要正常成长,都要在社会中有一定的生活经历,从家庭、学校、社会接受教育,感受风俗习惯和民族传统,逐步认识社会中的人事关系,培养处事的才干,养成一定的道德品质。由于处在不同的社会环境条件下,因此有种种机遇的差别,这对人是一种考验。人要自强不息,确立正确的价值观、高尚的道德精神、坚定不移的意志,堂堂挺立于社会。孟轲提出一种新的理想人格。《滕文公下》:"居天下之广居,立天下之正位,行天下之大道;得志与民由之,不得志独行其道;富贵不能淫,贫贱不能移,威武不能屈:此之谓大丈夫。"居于仁,立于礼,行于义,这是人生的正确选择。得志的时候,与民众循着大道前进;不得志的时候,自己也要坚持做人的准则。富贵不能打乱仁义之心,贫贱不能改变高尚之志,威武不能损及浩然气节,这样的人才称为大丈夫。大丈夫的人格形象,对后人的道德修养起激励作用。

(七) 修养的方法

1. 存心养性

道德需要修养才能提高,修养要有方法和步骤。《尽心上》:

"尽其心者,知其性也。知其性,则知天矣。存其心,养其性,所以事天也。夭寿不贰,修身以俟之,所以立命也。"《离娄下》:"君子所以异于人者,以其存心也。君子以仁存心,以礼存心。仁者爱人,有礼者敬人。"《告子上》:"仁,人心也;义,人路也。舍其路而弗由,放其心而不知求,哀哉!人有鸡犬放,则知求之;有放心,而不知求。学问之道无他,求其放心而已矣。"这是说,充分了解善良的本心,就晓得人的本性。晓得人的本性,也就懂得天命。保持人的本心,是以仁存心,以礼存心。所谓"存心",是指保持仁义之心不丧失。"存心"与"放心"是对立的。进行道德修养的路径,就是"求其放心"。没有别的,只有这一条是达到目的的正路。

2. 持志养气

孟轲所谓"志"与"气"都属于道德精神方面。他极重视士人的志向。《尽心上》:"王子垫问曰:'士何事?'孟子曰:'尚志。'曰:'何谓尚志?'曰:'仁义而已矣。……居仁由义,大人之事备矣。'"他认为,践行仁义就是士的高尚志向;居于仁之处,行于义之路,这是大人们应当做成的事。

孟轲提出"志"与"气"有互动的关系。"志"指的是思想意志,"气"指的是感情意气。思想意志起主帅的作用,而感情意气充实体内就有力量。思想意志指向哪里,感情意气也随之转移;感情意气专注于某方面,也一定会牵动思想意志。所以,他说要坚持自己的思想意志,不要滥用自己的感情意气。

孟轲主张养"气",要培养成为"浩然之气"。这种气"集义而生",是由正义的行为经常积累所产生的,不是由偶然的正义行为所取得的。只要做一件于心有愧的事,这种气就会随即疲软。

"浩然之气"是经长期道德修养才达到的一种精神境界。

3. 反求诸己

孟轲认为,道德修养就是使内在的良心发扬光大。"心"有思考的功能,想出主意,明确目的,制定行为方法步骤,支配行动过程。行为活动过后,人们通常都会回顾检查一下过程与效果。如果没有达到预期的目的,应当首先检查自己的动机是否端正,先从自己一方寻找原因,以便后继的行为活动能够改进。《离娄上》:"爱人不亲反其仁,治人不治反其智,礼人不答反其敬。行有不得者,皆反求诸己,其身正而天下归之。"《离娄下》:"爱人者,人恒爱之;敬人者,人恒敬之。有人于此,其待我以横逆,则君子必自反也:我必不仁也,必无礼也,此物奚宜至哉? 其自反而仁矣,自反而有礼矣,其横逆由是也,君子必自反也,我必不忠。自反而忠矣,其横逆由是也,君子曰:'此亦妄人也已矣。如此,则与禽兽奚择哉? 于禽兽又何难焉?'"严格要求自己的行为合乎规范,一再反省,确定不是自己有错,可以无愧于心。至于狂妄者非人的行为,就不必多去计较。

4. 磨炼意志

孟轲认为,一个人的道德意识和道德境界,依靠自己不懈的努力是可以提高的。要真正成为道德高尚的人,不顾生活条件,不顾眼前个人的物质利益,不怕艰难困苦,在逆境中坚定信心,努力奋斗,不断磨炼意志,以提高自己的道德品行。他勉励有志之士。《告子下》:"故天将降大任于是人也,必先苦其心志,劳其筋骨,饿其体肤,空乏其身,行拂乱其所为,所以动心忍性,曾益其所不能。"大意是,上天要将重大的任务降落在某人身上,必定先要使他心志受苦,筋骨劳累,忍饥挨饿,让他穷困得身无分文,做每件事都不能如意,以此磨炼他,触动他的心灵,坚韧他的德性,增进他适应不同环境的应变才能。这就为承担历史使命准备了条件。要承担重要的历史使命,不是等待天命的降临,而是依靠无私为国为民,主动积极坚定地奉献。这种思想传承两千多年,影响了后来爱国的革命者。

5. 节制欲望

孟轲处在动乱的战国时代,他看到残暴的君主不断出现,他们为了享乐,圈地造园林,使民众丧失土地,无法保证生活。诸侯肆无忌惮,邪说四处流行,残暴的行为也多起来,有臣子杀死君主的,有儿子杀死父亲的。王侯的厨房里有肥肉,马厩里有肥马,而民众面有饥色,野外躺着饿死的尸体,这就导致禽兽吃人,人与人相互残杀。这种两极分化的社会现象,令人深为忧虑。

人的社会地位不同,欲望也就有差别。民众的欲望是明君制民之产,必使民众上足以赡养父母,下足以抚养妻儿,好年成可以丰衣足食,年成不好也不至于饿死。民众的欲望仅此而已。统治者的欲望就大不相同。我们可以看《梁惠王上》中孟轲与齐宣王的对话。孟轲对齐宣王说:"你最大的欲望是想要扩张国土,使秦、楚等国都来朝贡,自己做天下的盟主,同时安抚四周的落后民族。以你的做法,想要满足你这样的欲望,好像爬到树上去捉鱼一样,不仅达不到目的,还会有后患。"

《尽心下》:"养心莫善于寡欲。其为人也寡欲,虽有不存焉者,寡矣;其为人也多欲,虽有存焉者,寡矣。"孟轲认为修养心性最好的方法是减少物质欲望,所以他主张寡欲。寡欲者,存仁义之心多;多欲者,存仁义之心寡。个人欲望与仁义之心成反比关系。寡欲的主张,不是道家出世的"无欲",不是后来宋明理学的"灭人欲",也不是宗教的"禁欲主义",所要求的是对欲望有所节制。他既要求统治者节制,也要求民众节制,最终的目的是维护封建等级制。

四、"化性起伪"与礼义法度的修养论

荀况(约前 313—前 238),战国末期赵国人,著名的思想家和教育家。他是孔子与子弓学说的传承人,但没有受其局限。他学无常师,四处求学,曾游学齐国稷下学宫,多方学习,研究各个学派,评论王霸之道,对秦行法治既有肯定也有批评,建议"力术止,义术行"。返至赵而议兵,提出"兵要在乎善附民"的主张。应招为贤士,讲学于稷下,"最为老师",三为祭酒。由齐至楚,受春申君任为兰陵令,后定居兰陵,专事著述与授徒。他发展孔子的学说,又反映战国后期时代变化的趋势,强调礼义的思想,以礼为其核心。弟子著名者有韩非、李斯等。他对诸子学说既有批判也有吸收,成为先秦学术思想的集大成者,为建立统一的中央集权国家提供理论依据。他注重历史文化的传承,著有《荀子》①一书,该书是后人研究其德育思想的主要材料。

(一)人之性恶

在战国末期,贫富分化的社会矛盾更为复杂,新兴地主阶级

① 以下凡《荀子》引文,只写篇名。引文依据王先谦撰《荀子集解》,中华书局 1988 年版。

夺取政权的阶级斗争甚为残酷,诸侯争霸的兼并战争频繁发生,这样的时代环境成为产生性恶理论的社会根源。

荀况对当时的社会情况进行了一些考察,发觉民众有些普遍性的表现。

《性恶》:"今人之性,生而有好利焉,顺是,故争夺生而辞让亡焉;生而有疾恶焉,顺是,故残贼生而忠信亡焉;生而有耳目之欲,有好声色焉,顺是,故淫乱生而礼义文理亡焉。然则从人之性,顺人之情,必出于争夺,合于犯分乱理而归于暴。故必将有师法之化,礼义之道,然后出辞让,合于文理,而归于治。用此观之,然则人之性恶明矣,其善者伪也。"

《性恶》:"孟子曰:'人之性善。'曰:是不然。凡古今天下之所谓善者,正理平治也;所谓恶者,偏险悖乱也。是善恶之分也已。今诚以人之性固正理平治邪?则有恶用圣王,恶用礼义矣哉!虽有圣王礼义,将曷加于正理平治也哉!今不然,人之性恶。故古者圣人以人之性恶,以为偏险而不正,悖乱而不治,故为之立君上之势以临之,明礼义以化之,起法正以治之,重刑罚以禁之,使天下皆出于治,合于善也。是圣王之治,而礼义之化也。"

(二)化性起伪

荀况倡"性恶"理论,与孟轲的"性善"理论相反而对立。他认为"性善"的学说对人性没有正确的理解,错误在于没有认识"性伪之分",所以特别对"性伪之分"加以论述,划清"性"与"伪"的界限。

《性恶》:"孟子曰:'人之学者,其性善。'曰:是不然。是不及知人之性，而不察乎人之性伪之分者也。凡性者，天之就也，不可学，不可事；礼义者，圣人之所生也，人之所学而能，所事而成者也。不可学、不可事而在人者谓之性，可学而能、可事而成之在人者谓之伪，是性、伪之分也。"

"性"是天然的资朴，"伪"是人为的创制。荀况不仅强调严格的"性伪之分"，还接着强调"性伪之合"。

《礼论》："性者，本始材朴也；伪者，文理隆盛也。无性则伪之无所加，无伪则性不能自美。性伪合，然后圣人之名一，天下之功于是就也。故曰：天地合而万物生，阴阳接而变化起，性伪合而天下治。"

《性恶》："圣人积思虑，习伪故，以生礼义而起法度，然则礼义法度者，是生于圣人之伪，非故生于人之性也。……故圣人化性而起伪，伪起而生礼义，礼义生而制法度。然则礼义法度者，是圣人之所生也。故圣人之所以同于众，其不异于众者，性也；所以异而过众者，伪也。"

对社会的众人进行化性的改造，是一项重大艰巨的长期工作，需要两个基本条件，即师法之正和礼义之治。化性需要一个过程，不同的人会有不同的对待，结果会有很大差别。《不苟》："长迁而不返其初，则化矣。"这才肯定化性改造成功。

（三）德育目标

荀况继承儒家道德教育传统，并根据时代发展要求，针对不同学生，提出三个层次的德育目标。《劝学》："学恶乎始？恶乎终？曰：其数则始乎诵经，终乎读礼；其义则始乎为士，终乎为圣人。""君子博学而日参省乎己,则知明而行无过矣。"《儒效》:"彼学者,行之,曰士也;敦慕焉,君子也;知之,圣人也。上为圣人,下为士君子,孰禁我哉!……不闻不若闻之,闻之不若见之,见之不若知之,知之不若行之。学至于行之而止矣。行之,明也。明之为圣人。圣人也者,本仁义,当是非,齐言行,不失豪厘,无它道焉,已乎行之矣。……涂之人百姓,积善而全尽谓之圣人。彼求之而后得,为之而后成,积之而后高,尽之而后圣。故圣人也者,人之所积也。"

荀况始终坚持德育的目标,认为这是一个渐进积善提高的过程,最终成为圣人。

（四）德育内容

荀况作为儒家学者,研究时代的发展趋势,面对新兴地主阶级夺取政权后正在进行的强者兼并弱者的战争,将走向统一的中央集权统治,选择利用法治的制度维护地主阶级的利益。儒家要在时代发展的竞争中立于不败之地,需要吸纳法治的一些思想内容,使礼包容法,对礼治做新的论述。

1. 礼的起源

《礼论》:"礼起于何也?曰:人生而有欲,欲而不得,则不能无求;求而无度量分界,则不能不争;争则乱,乱则穷。先王恶其乱也,故制礼义以分之,以养人之欲,给人之求,使欲必不穷乎物,物必不屈于欲,两者相持而长,是礼之所起也。"《荣辱》:"夫贵为天子,富有天下,是人情之所同欲也。然则从人之欲,则势不能容,物不能赡也。故先王案为之制礼义以分之……"

荀况认为，礼的起源也就是道德的起源。人类群体共同生活，各自有利益和欲望的追求，难以满足，就会发生争夺，造成混乱，需要人为调节，使关系和顺，有序共处，以养人之欲，给人之求。这是礼产生的原因，也是礼继续发展的社会基础。

2. 礼的作用

《修身》："故人无礼则不生，事无礼则不成，国无礼则不宁。"《王制》："先王恶其乱也，故制礼义以分之，使有贫富贵贱之等，足以相兼临者，是养天下之本也。"《礼论》："故礼者，养也。君子既得其养，又好其别。曷谓别？曰：贵贱有等，长幼有差，贫富轻重皆有称者也。"《荣辱》："故先王案为之制礼义以分之，使有贵贱之等，长幼之差，知愚能不能之分，皆使人载其事而各得其宜，然后使悫禄多少厚薄之称，是夫群居和一之道也。"《富国》："礼者，贵贱有等，长幼有差，贫富轻重皆有称者也。……由士以上，则必以礼乐节之；众庶百姓，则必以法数制之。"

荀况认为，礼包括人们多方面的生活给养，以保证物质需求；礼又对人的社会位置分别做了合理的处置，使贵贱有等，长幼有差，贫富轻重有相应的安排。这就是儒家所主张的封建等级制度下的社会秩序。

3. 礼的关系

《修身》："礼者，所以正身也；……无礼，何以正身？……礼然而然，则是情安礼也。""凡用血气、志意、知虑，由礼则治通，不由礼则勃乱提僈；食饮、衣服、居处、动静，由礼则和节，不由礼则触陷生疾；容貌、态度、进退、趋行，由礼则雅，不由礼则夷固僻违，庸众而野。"

《大略》："礼之于正国家也，如权衡之于轻重也，如绳墨之于曲直也。故人无礼不生,事无礼不成,国家无礼不宁。""君臣不得不尊,父子不得不亲,兄弟不得不顺,夫妇不得不欢。少者以长,老者以养。故天地生之,圣人成之。"

《王制》:"虽王公士大夫之子孙也,不能属于礼义,则归之庶人。虽庶人之子孙也,积文学,正身行,能属于礼义,则归之卿相士大夫。"

《大略》:"夫行也者,行礼之谓也。礼也者,贵者敬焉,老者孝焉,长者弟焉,幼者慈焉,贱者惠焉。"

荀况认为,礼与社会各方面都有广泛的联系,并造成重要影响。个人没有礼的规范,就没有正常的生活;社会生活没有礼的规范,就难以协调和谐,衣食住行都会有障碍,出毛病;做事没有礼的规范,正常的程序就会进行得不顺畅,难以成功;人际交往没有礼的规范,就不文雅而变得粗野;国家没有礼的规范,基本的人伦关系没有理顺,国家就不能得到安宁。正常有序的社会生活需要有礼,无论如何,礼是绝对不能缺的。

4. 礼为道极

《劝学》:"礼者,法之大分,类之纲纪也。故学至乎《礼》而止矣。夫是之谓道德之极。"《礼论》:"礼者,人道之极也。……圣人者,道之极也。故学者,固学为圣人也,非特学为无方之民也。"

荀况认为,圣人为转化人性而生礼义,制法度。"礼者,人道之极也",是人类道德的标准。圣人为道德而立礼的标准,圣人也是道德的标准。礼是法的根本、律例的纲纪。礼已包括法,法治已融入礼治之中。学者得礼义之引导,达到对礼的完全认识,最终的目标是学为圣人。

（五）修身途径

1. 贤师良友

荀况在《劝学》中提出学习修养最快捷的途径,他说"学之经莫速乎好其人"。"经",读为"径"。"好其人",指的是"中心悦而诚服"①且亲炙至深之师。

《修身》:"师者,所以正礼也。……无师,吾安知礼之为是也? ……师云而云,则是知若师也。情安礼,知若师,则是圣人也。故非礼,是无法也;非师,是无师也。……夫师,以身为正仪而贵自安者也。"大意是:师教人知道礼的行为规范。无师,未经师的教导,行为就没有礼的规范。学习修养重在礼的规范,师的行为表现就是以身示范。

《性恶》:"夫人虽有性质美而心辩知,必将求贤师而事之,择良友而友之。得贤师而事之,则所闻者尧、舜、禹、汤之道也;得良友而友之,则所见者忠信敬让之行也。身日进于仁义而不自知也者,靡使然也。"

《大略》:"匹夫不可以不慎取友。友者,所以相有也。……取友善人,不可不慎,是德之基也。"

求贤师,择良友,在他们的正面影响下,必然会日进于仁义,提高道德素养。

2. 积善成德

荀况主张人之"性恶",要"化性起伪",人为进行化而成善的

---

① 《孟子·公孙丑上》。

人性改造,认为这种改造是一种渐进积善的过程。《性恶》:"今使涂之人,伏术为学,专心一志,思索孰察,加日县久,积善而不息,则通于神明,参于天地矣。故圣人者,人之所积而致也。"《劝学》:"积善成德,而神明自得,圣心备焉。"

积善成德重在修身的内功。《儒效》:"君子务修其内而让之于外,务积德于身而处之以遵道,如是,则贵名起如日月,天下应之如雷霆。"积善是一种高要求,有志于积善成圣的人都可以参加践行。《儒效》:"涂之人百姓,积善而全尽,谓之圣人。彼求之而后得,为之而后成,积之而后高,尽之而后圣。故圣人也者,人之所积也。……是非天性也,积靡使然也。"

既然积善而成圣,存在着成圣的可能性,为什么众人没有积极践行?《性恶》给出一个答案:"圣可积而致,然而皆不可积,何也?""可以而不可使也。故小人可以为君子而不肯为君子,君子可以为小人而不肯为小人。小人、君子者,未尝不可以相为也,然而不相为者,可以而不可使也。"这表明,要积善成圣,必须是自愿而主动坚持,若本人没有决心而不能坚持,积善是不成的。

3. 注错习俗

这是荀况特别的用语。注错,措置也。他认为,人的"材性知能"是一样的,而个人所处的社会环境与日常生活的行为举止积习成俗,造成后来发展的不同,出现重大的分化。

《荣辱》:"材性知能,君子小人一也。好荣恶辱,好利恶害,是君子小人之所同也,若其所以求之之道则异矣。小人也者,疾为诞而欲人之信己也,疾为诈而欲人之亲己也,禽兽之行而欲人之善己也。虑之难知也,行之难安也,持之难立也,成则必不得其所好,必遇其所恶焉。故君子者,信矣,而亦欲人之信己也;忠矣,而亦欲人之亲己也;修正治辨矣,而亦欲人之善己也。虑之易知也,行之易安也,持之易立也,成则必得其所好,必不遇其所恶焉。……则君子注错之当,而小人注错之过也。……是非知能材性然也,是注错习俗之节异也。"

《儒效》:"性也者,吾所不能为也,然而可化也;情也者,非吾所有也,然而可为也。注错习俗,所以化性也;并一而不二,所以成积也。习俗移志,安久移质,并一而不二则通于神明,参于天地矣。……故人知谨注错,慎习俗,大积靡,则为君子矣;纵性情而不足问学,则为小人矣。为君子则常安荣矣,为小人则常危辱矣。"

荀况认为,要成为君子,不落为小人,就要谨注错,慎习俗。此项选择至关重要,选择发展路向正确,能化性恶而为君子。

4. 治气养心

荀况认为,对于性情有所偏激缺憾的人,应该帮助其做纠偏除弊的矫正工作。《修身》主张依据不同的人存在不同的倾向,区别采用相应适当的方法加以劝导。

对于血气方刚的人,要细心加以调和;对于思虑深沉少露的人,要劝他以坦率忠直的态度待人;对于勇敢猛戾的人,要指导他凡事都要讲道理;对于齐给便利,对事快速草率处理的人,办事要区分步骤,办得稳妥;对于心胸狭隘、气度偏小的人,要鼓励他开阔胸怀;对于志趣卑下、精神萎靡、贪图私利的人,可激励他树立高尚志向;对于才能低下、懒散不检的人,要有师友监督与帮助;对于傲慢又轻浮的人,要明确告知他将会招惹祸患;对于忠厚老实的人,要求他的思想行为合乎礼乐的规范。凡是治气养心的办法,由礼而行最为捷速,求得师法最为关键,聚精会神最为纯一。《不苟》:"君子养心莫善于诚,致诚则无它事矣,唯仁之为守,唯义之为行。诚心守仁则形，形则神，神则能化矣；诚心行义则理，理则明，明则能变矣。变化代兴，谓之天德。"

五、"兼爱"的目标与观其志功的评价原则

墨家学派创始者墨翟（约前 468—前 376），宋国人，一说鲁国人，活动于战国初。出身手工业者，曾学儒者之业，受孔子之术。因反对儒家礼制烦扰、厚葬靡财，贫民久服伤生害事，于是从儒家分化出来成反对派，组成墨家学派。墨翟聚徒讲学，弟子众多，布满各地，宣传"兼爱"主张，以实际行动反对战争，成为与儒家对立的显学。这个学派有领导、有组织、有政纲、有纪律，是劳动群众的团体，他们的学说反映了小生产者的利益和要求。墨翟的言论保存在《墨子》①中，此书是初期墨家与后期墨家的言论集。其中，《所染》《兼爱》《非攻》《节用》《非乐》《耕柱》《公孟》《鲁问》等篇都有德育的重要材料。

（一）道德观念的来源

墨翟认为，道德观念来源于"天志"。《天志下》："是故义者不自愚且贱者出，必自贵且知者出。曰：谁为知？天为知。然则义果自天出也。今天下之士君子之欲为义者，则不可不顺天之意矣。曰：顺天之意何若？曰：兼爱天下之人。"

墨翟认为，天主宰天下，天的意志支配一切，天意最公平。

---

① 以下凡《墨子》引文，只写篇名。引文依据孙诒让撰《墨子间诂》，中华书局 2001 年版。

《天志中》：“天之意不欲大国之攻小国也，大家之乱小家也，强之暴寡，诈之谋愚，贵之敖①贱，此天之所不欲也。不止此而已，欲人之有力相营，有道相教，有财相分也。”

人类的行为，以天意为准则。《天志中》：“观其行，顺天之意，谓之善意行；反天之意，谓之不善意行。”实际上，墨翟把反映小生产者利益的道德观念全归于上天，再借上天的权威推行他的仁义道德说教。

（二）兼爱是最高的道德理念

1. 兼以易别

墨翟认为，处在天下大乱的时代，社会出现各种迹象。《非乐上》：“今有大国即攻小国，有大家即伐小家，强劫弱，众暴寡，诈欺愚，贵傲贱，寇乱盗贼并兴，不可禁止也。”引起社会如此混乱的原因在于“交别”。“交别”即“交相别”，彼此相互对立。“交相别”和“兼相爱”对立。墨翟主张“兼以易别”，使天下发生根本性的转变。《兼爱中》：“天下之人皆相爱，强不执弱，众不劫寡，富不侮贫，贵不敖贱，诈不欺愚。凡天下祸篡怨恨可使毋起者，以相爱生也，是以仁者誉之。”他把“兼爱”作为消除强劫弱、众暴寡、富侮贫、贵傲贱、诈欺愚的手段。“兼以易别”的主张，具有反对等级歧视、等级压迫的政治意义，为反对兼并战争制造舆论。

2. 爱无差等

墨翟认为，国与国、家与家、人与人之所以相互争夺，都是不

① “敖”，通“傲”。

能相爱造成的。所以,他提倡"兼爱",要求人与人之间互相爱护,以消除因争夺而引起的社会动乱,使人民有较为安定的社会环境。

"兼爱"的主要特点是爱无差等。曾有人提问:兼相爱、交相利之法将奈何?《兼爱中》:"视人之国,若视其国;视人之家,若视其家;视人之身,若视其身。"墨翟认为,必先爱别人的父母,然后别人才会爱自己的父母。爱别人的父母,是使自己的父母得到爱护的前提条件。所以,爱别人的父母和爱自己的父母不该有所区别。这与儒家的主张相反。

(三)功利主义的道德原则

墨翟认为,必须以符合国家与人民利益作为评价人的行为善与恶的准则。《兼爱中》:"仁人之所以为事者,必兴天下之利,除去天下之害,以此为事者也。"《非乐上》:"利人乎,即为;不利人乎,即止。"利人就是有道德的行为,利人有功,利人多,功也大。计其利,论其功,功和利有直接的联系。由此可见,道德行为不能脱离功利,把墨翟的道德学说概称为"功利主义"是比较恰当的。他的功利主义主要有两方面的内容。

1. 义利合一

墨翟认为,讲仁义必须与人们的实际利益结合。《耕柱》:"所谓贵良宝者,为其可以利也。……今用义为政于国家,人民必众,刑政必治,社稷必安。所为贵良宝者,可以利民也,而义可以利人,故曰:义,天下之良宝也。"贤人将欲为仁义,就必须给人实际利益。《尚贤下》:"有力者疾以助人,有财者勉以分人,有道者劝以教人。"这种功利主义把百姓的实际利益放在第一位。

2. 志功合一

墨翟把人的行为动机称为"志",把人的行为效果称为"功"。他认为,对道德行为的评价不能脱离人的利益动机,也不能离开其实际效果,考察行为动机和考察行为效果都不宜偏废,因而提出"志功结合"考察。《鲁问》载,鲁君欲立太子而难以决定,慎重地向墨翟咨询:"我有二子,一人者好学,一人者好分人财,孰以为太子而可?"墨翟曰:"未可知也。或所为赏与为是也。钓者之恭,非为鱼赐也;饵鼠以虫,非爱之也。吾愿主君之合其志功而观焉。"他建议先要了解两人的动机中有无沽名钓誉的思想因素,然后综合分析。志功结合就是主张把动机与效果统一起来进行判断,根据不同的具体情况,进行综合分析,有的更多注意行为的动机,有的更多注意行为的效果。

(四)节俭利民

墨翟提倡节俭,《墨子》中《节用》《节葬》《非乐》等篇着重讨论节俭的问题。墨家排斥礼乐,认为礼乐浪费社会财富,从民众利益出发,反对儒家的礼乐主张,一贯进行批评。《节葬下》:"细计厚葬,为多埋赋之财者也;计久丧,为久禁从事者也。财以成者,扶而埋之;后得生者,而久禁之。以此求富,此譬犹禁耕而求获也。富之说无可得焉。"厚葬久丧所考虑的是死人葬埋之利,而不考虑生人衣食之利,必然导致国家贫穷,人民衣食之财不足。为了富国利民,丧事从俭,才合乎仁义道德。

墨翟还批评贵族为了享乐,制造钟鼓琴瑟,豢养音乐、歌舞队伍,必然要花费社会财富,从民间加强搜刮,强夺万民衣食之财。他认为,统治者应当自我节制。《非乐上》:"且夫仁者之为天下度也,非为其目之所美,耳之所乐,口之所甘,身体之所安,以此亏夺民衣食之财,仁者弗为也。"贵族为了自己的享乐生活,而损害百姓生活利益,不符合仁义道德。所以,他主张"非乐",态度非常坚决。

墨翟还认为,国家的财政开支要以人民之利为准则,以保证人民最基本的生活需求为限。增加开支而不增加人民利益的事,就是不能干。凡"无用之费",一概除去。用财不浪费,民众得休息,其兴利多矣。

墨翟反对浪费社会财富的贵族生活方式,主张尊重人民的生产劳动,为人民的利益考虑,提倡节俭。

六、"绝仁弃义"与内求逍遥的修炼

道家的代表人物是李耳与庄周。

道家的创始人李耳,字聃,又称老子,春秋末期楚国人。《史记·老子韩非列传》:"老子者,楚苦县厉乡曲仁里人也,姓李氏,名耳,字聃,周守藏室之史也。……老子乃著书上下篇,言道德之意五千余言。"《老子》又称《道德经》,到战国中期,经道家后学们进一步加工编纂,定八十一章。

老子来自没落的贵族,先是有官职,后来成为隐士。他有文化知识,有自己的政见,对社会政治生活也进行评论。他认为应该保持自然朴素的人性,提倡贵生,以保存个人生命,超脱世俗生活为最高道德原则。道家与儒墨两家为对立面,否定儒墨两家的伦理道德,特别是针对儒家道德进行猛烈的批判。

庄周(约前369—前286),战国时蒙(今河南商丘市东北)人。他是老子之后,道家最重要的思想代表。曾任地方漆园吏,拒绝楚威王的厚币礼聘,表示终身不仕,过的是隐居的穷困生活。现存《庄子》一书三十三篇,内篇是庄周所作,外篇及杂篇大部分是庄周及其后学所作。

庄周的思想渊源于老子。司马迁评庄周:"其学无所不窥,然其要本归于老子之言。"庄周对老子的思想加以发展,主张顺从天性,任其自然,就是完满人性。他对人类道德加以否定,而把人引向脱离社会的出世主义,并把老子"无为"的道德原则引向虚无主义,使其伦理学说具有非伦理主义的特色。庄周的伦理学说,反映了没落贵族对现实生活悲观绝望的情绪。

(一)"无为"的道德观

《老子》中,"道"指宇宙的本原,"德"指万物的本性,这是哲学的意义。"道"指人类活动的最高准则,"德"指人类的本性或品质,这是伦理学的意义。道与德的两层含义是相通的,在哲学和伦理学上也是相通的。《老子》①二十三章:"道者同于道,德者同于德。"其意思是,人类的道和德应以自然界的道和德为依据。

道家与儒家对道与德的伦理学范畴的理解基本一致:以道为人类共同遵循的规范,以德为人内心具有的品质;而作为道与德

---

① 以下《老子》引文,依据王弼注、楼宇烈校释《老子道德经注校释》,中华书局2008年版。

的内容,则各有主张,存在明显的分歧。

道家以"无为"为人类活动的最高准则,并以"无为"为人类的本性或最高的品德。道即无为,包括朴素即无欲和无所作为即安静在内。无为之道,既是治国的原则,也是人和万物的本性。《老子》五十七章:"故圣人云:我无为而民自化,我好静而民自正,我无事而民自富,我无欲而民自朴。""道"作为宇宙本原,具有"无为"的最高品德。"无为"的品德又被称为"自然"。"道法自然",自然是指本然的样子,人类以自然为法则,即以"无为""无欲"为活动准则。以"无为""自然"作为人类活动的准则,是道家道德观的主要特征。

老子以"无为"的道德原则为标准,称自己为得道者,而称儒家为失道者,全面批判儒家的道德学说。《老子》三十八章:"故失道而后德,失德而后仁,失仁而后义,失义而后礼。夫礼者,忠信之薄而乱之首。"道即"无为",是最高的,而礼是最低的。道德的堕落有发展的历程,从道到礼,一层不如一层。

《老子》十八章:"大道废,有仁义;慧智出,有大伪;六亲不和,有孝慈;国家昏乱,有忠臣。"十九章:"绝圣弃智,民利百倍;绝仁弃义,民复孝慈;绝巧弃利,盗贼无有。"若依据道家"无为"的道德观,要消除人与人之间的种种矛盾,就要弃绝仁义礼忠孝,复归于大道,就要从文明社会倒回到蒙昧社会,还要进一步推行愚民政策。《老子》六十五章:"古之善为道者,非以明民,将以愚之。民之难治,以其知多。"民众知识太多,就难以治理。古代善于引导民众的当政者,不是使民众变得聪明,而是使民众继续愚昧无知,实施愚民政策,更便于统治。

（二）论道德原则

老子提出一些在生活中应当遵守的规范，作为自己的道德原则。

1. 贵柔

老子以柔为人的美德，赋予柔多种含义。其一，柔与弱结合在一起，成为柔弱的美德。柔弱这种美德与刚强对立，能胜刚强。他以人和万物草木的生死为例证。《老子》七十六章："人之生也柔弱，其死也坚强。万物草木之生也柔脆，其死也枯槁。故坚强者死之徒，柔弱者生之徒。"刚强的东西走向死亡，柔弱的东西能继续生存。《老子》七十八章："天下莫柔弱于水，而攻坚强者莫之能胜，其无以易之。弱之胜强，柔之胜刚，天下莫不知，莫能行。"水的性质最柔弱，而攻坚强没有别的力量能胜过它。所以，他劝人以"守柔"为美德，不要逞强反遭伤害。其二，柔与和结合，成为柔和的美德。他以婴儿为例证。《老子》十章："专气致柔，能婴儿乎？"五十五章："含德之厚，比于赤子。……骨弱筋柔而握固，……终日号而不嗄，和之至也。"无欲的婴儿，专精守气，致力柔和。无知无欲的婴儿，含德的程度深厚，骨弱筋柔而握持牢固，终日啼哭也不显得声嘶力竭，因为达到柔和的程度。其三，柔与雌联结，成为柔雌的美德。《老子》二十八章："知其雄，守其雌，……常德不离，复归于婴儿。"深知什么是雄强而安于柔雌的地位，永恒的德常在不失，回归到单纯的婴儿状态。

2. 知足

老子认为，"知足"是为人处世十分重要的品德。《老子》四十六章:"祸莫大于不知足,咎莫大于欲得。故知足之足,常足矣。"最大的祸害就在于不知满足,最大的罪过就在于贪得无厌。所以,知道满足的,永远是感到满足的。《老子》四十四章:"名与身孰亲? 身与货孰多? 得与亡孰病? 是故甚爱必大费,多藏必厚亡。知足不辱,知止不殆,可以长久。"名誉与性命哪一个更关切? 生命与财物哪一个更重要? 占有与丧失哪一个更有害? 因此,过分吝惜必定会要更大的开支,更多的贮藏必有重大的损失。知道满足者不会受到困辱,知道适可而止者不会遇到危险,可以享到长久安全。

3. 谦卑

老子主张在社会中待人处事,应采取谦卑居下的态度。尤其是身居高位的人,以首长自居,颐指气使,实在是不明智。如果是自己觉悟,谦卑居下,也是一种美德。《老子》六十七章:"我有三宝,持而保之:一曰慈,二曰俭,三曰不敢为天下先。……不敢为天下先,故能成器长。"因自觉不敢走在天下人的前面,反而引起群众的关注,有亲近感,获得群众的拥护而成为首长。《老子》六十六章:"欲上民,必以言下之;欲先民,必以身后之。是以圣人处上而民不重;处前而民不害。是以天下乐推而不厌。"他认为,要统治人民,必先用言论对民众表示谦虚;要领导民众,必把自己放在民众之后。因此,圣人处在民众之上,民众不感到有负担;处在民众之前,民众不认为有妨碍。天下民众乐于拥戴他而不厌弃。

4. 不争

老子认为,"不争"是立身处世的原则。"不争"包括不争功名、不争地位、不争利益,也不要争战。《老子》八章:"上善若水。水善利万物而不争,处众人之所恶,故几于道。居善地,心善渊,与善仁,言善信,正善治,事善能,动善时。夫唯不争,故无尤。"高尚的善就像水那样。水善于利万物而又不与万物相争。它留在众人不喜欢住的地方,所以最接近自然的"道"。人要像水那样,居住要安于卑下,存心要深沉,交友要相亲,言语要真诚,为政有条理,办事要多能,行动适时机。因为与物无争,所以不犯过错。《老子》二十二章:"不自见,故明;不自是,故彰;不自伐,故有功;不自矜,故长。夫唯不争,故天下莫能与之争。"不专凭自己的眼睛,所以才看得分明;不自以为是,所以才是非分明;不自我夸耀,所以才共认有功;不自高自大,所以才能当领导。正因为不与人争,所以天下无人能与之争。"不争"是一项重要的美德。

以上几项美德,是老子所主张道德原则的具体化,是在无为无欲思想的主导下,从当时生活实践经验与政治斗争的教训中总结概括出来的,在社会变革时期,为了保全自己,先退缩等待时机,借此立于不败之地。

(三)修养方法

与道德原则相适应,老子提出一些修养方法。

1. 少私寡欲

减少私心,降低欲望,可以恢复人们善良的本性,防止作恶,危害社会,也是实现"无为"政治的途径。《老子》三章:"不尚贤,使民不争;不贵难得之货,使民不为盗;不见可欲,使民心不乱。是以圣人之治,虚其心,实其腹,弱其志,强其骨。常使民无知无欲,使夫智者不敢为也。为无为,则无不治。"老子认为,统治人民的政策措施有多项,最重要的一项是不让人民看见可以引起欲望的新事物，以免人民的心思被搅乱。为预防民心被搅乱，他主张的实际做法是：简化人民的头脑，填饱人民的肚子，削弱人民的志气，强壮人民的筋骨，以达到永远使人民没有知识没有欲望，也使自作聪明的人不敢胆大妄为。依照"无为"的原则办事，没有不顺从的。走寡欲与无欲的道路，就是避世隐居，这种思想主张为后来的道教所继承。

2. 为道日损

《老子》四十八章："为学日益，为道日损。损之又损，以至于无为，无为而无不为。"学习知识，是要进行知识积累，由少而多，所以每天增长知识。修道是要认识人类活动的最高准则。对事物表面的感性知识要一天比一天减少，最后以至于无为，虽然无为，但一切事情无不为。学习知识与修道是相反的，要修道就要抛弃学习知识，"绝学无忧"才能免于忧患。《老子》四十七章："不出户，知天下；不窥牖，见天道。其出弥远，其知弥少。是以圣人不行而知，不见而名，不为而成。"他否定实践经验在认识中的作用，闭门修道，不行而知，不仅排除感觉经验，也排除实践。这是唯心主义的先验论。

3. 涤除玄览

老子认为，要获得对道的认识，必须虚其心，无私无欲。把心当成一面玄奥的镜，蒙上一些灰尘，要揩拭清除灰尘，做到一尘不染，使心达到虚空极点，心就能合于道。修道就要尽量使心灵虚空，并切实坚守清静，对生长发展的万物，观察其循环往复，虽变化纷纭，但最后都回到出发点，归于"静"，叫作"复命"。"复命"又叫作"常"，认识"常"就叫作"明"。要按"常"去做事。

就修养方法而论，心能保持虚静状态，一切欲念不会发作，恢复了本性,依此行动不会做坏事。这种修养方法,只是一种直观的内心体验,排斥理智的思辨作用。

庄周将老子提出的修养方法加以发展,这成为他摆脱人生苦恼的法术。庄周比老子还要超脱,他的道德主张实质是不要道德规范,一切任其自然。

1. 缘督以为经

庄周对养生有自己的主张,并将之概括成妙诀。《庄子·养生主》:"吾生也有涯,而知也无涯。以有涯随无涯,殆已;已而为知者,殆而已矣。为善无近名,为恶无近刑。缘督以为经,可以保身,可以全生,可以养亲,可以尽年。"缘,顺也。督,中也。人身后的中脉称为督脉。经,常也。缘督以为经,就是以顺着中间脉络为养生的法则,将养生经验用于为人处世的自我保全。人的生命有限,对事物的认识却是无限的,以有限的生命追求无限的知识,就会陷入困境,既知是困境,仍然要去追求,太勉强就更加危险。为了让自己身体健康与长寿,最好的办法是做好事不要企图名声,做坏事不要触犯刑法,忘记善恶的界限,处于善恶好坏中间的空虚之处,这就是有利于保全自己的"缘督以为经"的妙诀。这种寻找利用中间空隙的修养方法,是消极混世的做法,没有可取之处。

2. 心斋坐忘

心斋是使自己的心遵守斋戒。坐忘是依靠静坐忘掉一切烦恼。《庄子·人间世》:"若一志,无听之以耳,而听之以心;无听之以心,而听之以气。……气也者,虚而待物者也。"庄周要求修养者集中意志,既不要用耳听,也不要用心听,只维持呼吸而已,使心虚静而待。虚静就是心遵守斋戒。

心要达到虚静的境界，需有"坐忘"的修养。《庄子·大宗师》："堕肢体，黜聪明，离形去知，同于大通，此谓坐忘。"要毁掉身体，罢黜聪明，离开肉体，去掉心智，与无所不通的大道合一。从肉体、感官到心智，一切全忘掉，就是坐忘。这种修养方法是针对儒家提出的，要忘掉仁义、忘掉礼乐等，最后还要将自己的身心也忘掉，这样才能真正脱俗而出世。

七、 人性趋利避害与不务德而务法

韩非（约前280—前233），战国末期韩国人，出身贵族，是荀况的学生。他想振兴韩国，曾上书韩王，建议变法革新，未被采纳，于是发奋著述，提出自己关于法治的理论和主张。其著传至秦国，秦王嬴政甚为赏识，要他出使到秦。他虽到秦，但未受信用，反被李斯陷害，死于狱中。韩非吸收商鞅的"法"、申不害的"术"、慎到的"势"，加以融合，形成系统的理论，是法家思想的集大成者。著作有《韩非子》①。

（一）趋利避害的人性

韩非认为，人为了生存，谋取衣食，有利害的考虑。《奸劫弑臣》："夫安利者就之，危害者去之，此人之情也。"这种趋利避害的行为，就是人的本性。人总是从私心私利出发，处理人与人的关系。

---

① 以下凡《韩非子》引文，只写篇名。引文依据王先慎撰《韩非子集解》，中华书局1998年版。

就父母与子女为至亲的关系来说，也有私心私利的考虑。《六反》："且父母之于子女也，产男则相贺，产女则杀之。此俱出父母之怀袵，然男子受贺，女子杀之者，虑其后便，计之长利也。"为何生男则相贺，生女则杀之？因为女儿长大就出嫁，对父母没有利益。而养儿防老，父母到年老体弱的时候，就依靠儿子养老送终。出于私利的考虑，以计算之心相待。

就君臣的关系来看，也建立在利害关系上。《饰邪》："君臣异心。君以计畜臣，臣以计事君。君臣之交，计也。害身而利国，臣弗为也；害国而利臣，君不为也。臣之情害身无利，君之情害国无亲。君臣也者，以计合者也。"君臣都从私利出发考虑问题，如同买卖关系，无利绝不成交。

就社会上人与人的关系而言，也是以私利之心相往来。《备内》："故舆人成舆，则欲人之富贵；匠人成棺，则欲人之夭死也。非舆人仁而匠人贼也，人不贵则舆不售，人不死则棺不买，情非憎人也，利在人之死也。"造车的人希望人富贵，做棺材的人希望人早死，这不是他们在感情上对人存在爱或恨，而是不同职业都有利益关系存在，从其私心出发来考虑，必然如此。

韩非认为，在通常情况下，人们都以个人私利来处理人与人的关系，私心支配人的行为。他提出人性自私的理论，目的在于说明实行法治的合理性。《八经》："凡治天下，必因人情。人情者有好恶，故赏罚可用。赏罚可用，则禁令可立，而治道具矣。"人情好恶，爱好的是利禄，厌恶的是刑罚。善于治国者，适应这种人情，订立赏罚制度，发挥法律的作用，重赏出力立功者，严罚贪污犯罪者。

（二）不务德而务法

韩非继承商鞅"贵法"的观点并加以发展，提出"不务德而务法"的主张，批评儒家德治说，论述法治的优越性。

1. 古今异俗

韩非认为，历史是发展的。《五蠹》："上古竞于道德，中世逐于智谋，当今争于力气。""古者丈夫不耕，草木之实足食也；妇人不织，禽兽之皮足衣也。不事力而养足，人民少而财有余，故民不争。是以厚赏不行，重罚不用，而民自治。"当今发生大的变化，"是以人民众而货财寡，事力劳而供应薄，故民争。虽倍赏累罚而不免于乱"。时代不同，形势变化，治理人民的办法就不一样，在争于气力的时代，只适于实行法治，不能再推行德治。

2. 慈母有败子

韩非认为，人有私心贪利，对人用仁义道德感化，难以有效地改恶从善，要靠严刑重罚的法治才能有效地改恶从善。《六反》："母厚爱处，子多败，推爱也；父薄爱教笞，子多善，用严也。"父母教子可以比较，母亲总是厚爱儿子，结果多出败家之子；父亲薄爱严教，动用体罚，结果多数儿子品行端正。韩非认为，仁义道德不能用以治国，而实行法治则能较快见效。《五蠹》："今有不才之子，父母怒之弗为改，乡人谯之弗为动，师长教之弗为变。夫以父母之爱，乡人之行，师长之智，三美加焉而终不动，其胫毛不改。州部之吏，操官兵，推公法而求索奸人，然后恐惧，变其节，易其行矣。"韩非由此强调用法造成威势，在社会中产生强大的压力，使人不得为非。《显学》："夫严家无悍虏，而慈母有败子。吾以此知威势之可以禁暴,而德厚之不足以止乱也。夫圣人之治国,不恃人之为吾善也,而用其不得为非也。恃人之为吾善也,境内不什数,用人不得为非,一国可使齐。为治者用众而舍寡,故不务德而务法。"所谓"人之为吾善",是自觉做善事,这一类人是少数。"用其不得为非",因害怕受惩罚而不敢做坏事,这一类人是多数。治理国家,选择政治路线应采取现实主义的态度,用众而舍寡,不务德而务法。

(三) 力求功利,不道仁义

韩非认为,仁义说教无助于解决国计民生问题,空谈无补于事,以法治国必须讲求实效。他强调功利主义,极力宣扬言行应以事功为目的。《问辩》:"夫言行者,以功用为之的彀者也。……今听言观行,不以功用为的彀,言虽至察,行虽至坚,则妄发之说也。是以乱世之所言也。"他反对空谈,主张以实际行动的效果来检验言行。《八说》:"博习辩智如孔、墨,孔、墨不耕耨,则国何得焉? 修孝寡欲如曾、史,曾、史不战攻,则国何利焉?"耕与战为体现事功的内容,以耕战为衡量事功的标准,孔、墨既不从事农耕,也不从事攻战,对于国家无任何功利作用。他将法家的法治(教人耕战)与儒家的德治(教人仁义)做比较,以功利主义的原则论证法治优于德治。

在道德领域,主张功利主义和道义主义是对立的观点,坚持自以为是而排斥对方,是片面的、狭隘的。统一起来做评价,才会有客观正确的认识。

（四）道德行为的基本准则

人类的社会道德生活需要有共同的准则，以便区分是非善恶，指导人们的日常行为。

韩非认为，公与私是对立的，有利益的矛盾，二者不能并存。《五蠹》："古者仓颉之作书也，自环者谓之私，背私谓之公。公私之相背也，乃仓颉固以知之矣。"《说文解字》引作"自营为私"。"公"字从八从厶。"八"犹背。背私为公，是从"公"与"厶"的字形来解释二者的区别，目的在于表明公与私，"私"是只为自己的利益打算，"公"则是为大家的共同利益打算。公与私的对立，是基于利益的冲突。《饰邪》："人臣有私心，有公义。修身洁白而行公行正，居官无私，人臣之公义也。污行从欲，安身利家，人臣之私心也。明主在上，则人臣去私心，行公义。乱主在上，则人臣去公义，行私心。故君臣异心。"人臣有公义、私心之分，君主有明主、乱主之别，君臣之间有利益的不同，所以君臣异心。

韩非以君主、国家的公利与个人私利，解释公与私的区别，依据这一原则，为公的行为是善，为私的行为是恶，公私的对立也就是善恶的对立。他提出"公善"与"私恶"，就是以公私来区分善恶，立公去私成为评价道德行为的准则。

（五）修养方法

韩非比较重视修养方法，选择去私为公的适当途径，围绕趋利避害、转祸为福、遵守法制、避免受罚等进行论述，主要有三点。

1. 缘道理而从事

他认为,凡事物都有其一定的客观道理,深入了解其发生、发展、演变的过程,认识到要合理地处理事物,必须遵循一定的规范,把握其规律。如果不依规律,不遵守规范,轻举妄动,不但行不通,达不到目的,还会犯大错误。《解老》:"夫缘道理以从事者,无不能成。……夫弃道理而妄举动者,虽上有天子诸侯之势尊,而下有倚顿、陶朱卜祝之富,犹失其民人而亡其财资也。众人之轻弃道理而易妄举动者,不知其祸福之深大而道阔远若是也。"缘道理而从事,是要求按客观规律办理事务,是唯物主义认识论的观点,是道德修养首要的条件。

2. 物不能引,神不为动

他认为,人的心神必须安定,不要被外物吸引而异动,只有保持头脑清醒,才能正确判断。《解老》:"恬淡有趋舍之义,平安知祸福之计。而今也玩好变之,外物引之,引之而往,故曰拔。一于其情,虽有可欲之类,神不为动,神不为动之谓不脱。"心神安定不动摇,不拔不脱,才能取舍适当,免祸得福,修身而长久保持精神,以此分别君子与小人。

3. 除利欲之心

他认为,人的本性是趋利避害,所以有私心私欲存在,欲望产生邪心,邪心产生违法的行为,因而招来灾祸。《解老》:"故欲利甚于忧,忧则疾生;疾生而智慧衰,智慧衰则失度量;失度量则妄举动,妄举动则祸害至。""欲利之心不除,其身之忧也。故圣人衣足以犯寒,食足以充虚,则不忧矣。众人则不然,大为诸侯,小余千金之资,其欲得之,忧不除也。"要除去私心私欲,使自身可以不忧,而不是禁止合理合法的生活欲望。

八、 儒家的育德经验"以修身为本"

（一）《大学》

《大学》是《礼记》中的一篇,论述大学教育的目标、道德教育的内容和修养的方法。作者和年代不明,为此有多种说法:有的主张是曾参所作,有的主张是思孟学派的著作,有的主张是荀况后学所作,但还未能有最终的结论。现在流传的《大学》有两个版本:一是东汉郑玄注本,见于《十三经注疏》;二是南宋朱熹的《大学章句》,见于《四书章句集注》。[①]

1. 三纲领

古代的大学,是"大人之学"。"大人"是指王、公、卿、大夫,大学就是培养王、公、贵族子弟成为未来统治者的学校。《大学》开篇就提出:"大学之道,在明明德,在亲民,在止于至善。"这是大学规定的纲领,称为"三纲领"。

第一条"明明德",要把包括天赋内在的光明德性发扬光大,强调个人主观努力修养。

第二条"亲民",有不同的解释。汉唐儒者解释为"亲爱于民"。朱熹依据传之二章引用《盘铭》《尚书》《诗经》,解释"亲"为"新","新民"意为去其旧而自新之民。实际内容就在于"治人"而教化民众。《学记》也提及新民:"化民易俗,近者说服而远者怀之,此大学之道也。"

敬德主导下的多元育德取向

---

① 以下引文依据朱熹撰《四书章句集注》,中华书局 1983 年版。

第三条"止于至善"。汉儒解释"止"为"处",就是处于至善的境地。宋儒的解释为:"止者,必至于是而不迁之意。"传之三章释"止于至善"为:"为人君,止于仁;为人臣,止于敬;为人子,止于孝;为人父,止于慈;与国人交,止于信。"圣人之止,无非至善,学者推类于天下之事,已知其所止。

三纲领的关系非常密切,首先要发扬光明的品德,其次要教化民众,成为去旧而自新之民。这两项做得好,最后才能达到最高的道德境界,这是道德修养与王道德政的结合。自汉代以来,三纲领被儒家认为是道德修养的基本原则。

2. 八条目

《大学》有道德修养与王道德政最高的至善的理想,必须在坚实的基础上逐层提高,先提至善的理想,探求事物之先后关系。

古之欲明明德于天下者,先治其国。欲治其国者,先齐其家。欲齐其家者,先修其身。欲修其身者,先正其心。欲正其心者,先诚其意。欲诚其意者,先致其知。致知在格物。物格而后知至,知至而后意诚,意诚而后心正,心正而后身修,身修而后家齐,家齐而后国治,国治而后天下平。

各项目先后互为条件,由此可知其先后之序:格物、致知、诚意、正心、修身、齐家、治国、平天下,总称为"八条目"。修身以上(包括格物、致知、诚意、正心)属于修身明德之事。修身以下(包括齐家、治国、平天下)属于治人新民之事。自天子以至于庶人,所有的人皆以修身为本。

按《大学》论述的程序,分经一章,传十章,传要逐一解释三纲领及八条目的问题,其第五章应对"致知在格物。物格而后知至"有所解释,却没有解释。朱熹依据自己的理解,补了一段"《大学》格物致知传":"所谓致知在格物者,言欲致吾之知,在即物而穷其理也。"他解释"格物"为"在即物而穷其理也"。就修养方法来说,要接触事物才能切实获得关于忠君、孝亲等道德知识,获得知识就是致知。朱熹的格物补传受到主张心学者的非议,成为长期的学术争议。

诚意,即真心实意,不要自欺。君子时时处处为善去恶,独处之时,人所不知,而己自知,照样实用其力,"诚于中,形于外"。故君子必慎其独处之时。"慎独"成为儒家重要的道德修养原则。

正心,即敬以直内,存心养性。有四种情况出现,会影响人正常的心态,即心有所愤怒、恐惧、好恶、忧患。受这些过分情绪波动的刺激,心态就不得其正。所以,不要受情绪干扰,心要稳定安静,心态端正,使行为合乎规范。

修身,主要表现在待人方面。常人在生活中出现感情偏向有五种情形,即对所亲爱之人、所贱恶之人、所敬畏之人、所哀矜之人、所敖惰之人有偏好或偏恶。对人不要存有偏见,一味感情用事,而应该听言观行,留心细察,"好而知其恶,恶而知其美",有优点的也要知道他的缺点,有缺点的也要知道他的优点,不受偏好或偏恶的蒙蔽。这是修身的重要内容。修身是齐家的必要条件,不修身就不可能齐家。

齐家,最重要的是教导家庭成员,构成和谐合理的内部关系,成为时代的模范家庭。要树立榜样,才能影响教化他人。"故君子不出家而成教于国。孝者,所以事君也;弟者,所以事长也;慈者,所以使众也。"君子要发挥其社会作用,必须身先行善,以身示范,然后推己及人。"是故君子有诸己,而后求诸人;无诸己,而后非诸人。……其为父子兄弟足法,而后民法之也。"进行家庭教育以保证齐家,对于治国也意义重大。

治国,也必须有道德修养,才能处理好君臣、上下、前后、左右的人际关系。最重要的是上层的道德行为示范表现,"上老老而民兴孝,上长长而民兴弟,上恤孤而民不倍,是以君子有絜矩之道也"。像拿矩来度量方形一样,同则以类推,上者以身作则,敬老、敬长、恤孤,上行而下效,由此而扩大。对待上下、前后、左右的人,都可以推己及人,实行"己所不欲,勿施于人"的恕道,平等相待。君主要与民同心,"民之所好好之,民之所恶恶之"。君主爱民如子,则民爱君主如父母。国家的生死存亡,关键在于是否得民心,"道得众,则得国;失众,则失国"。得民心者,可以做一国的君主;失民心者,不能做君主,甚至亡国。国家的财政管理要以道德为根本,以钱财为末节。国家专其利,财聚则民散,财散则民聚。民聚,生之者众,不忧财不足。国不以利为利,以义为利。以义统利,义利不对立、不矛盾。

先认识治国的道理,具有治国的经验,而后才可能平天下。天下当时是指全中国。

《大学》既是儒家的政治哲学,也是儒家的道德修养学说。八条目的提出,先后有序,形成系列,有其内在相关的逻辑联系。八条目把格物致知作为道德修养的前提,格物要与外界事物接触,获得知识。在格物致知的基础上,进行理性的思维,内省动机,端正心态,学而后思,修身养德,强调道德修养是治国、平天下的根本。

国治而后天下平，治国是为平天下创造条件，也是为平天下提供经验，所以《大学》对如何治国有多方面的论述。

《大学》提出的道德修养方法，汉代以后未受重视。到了唐代，韩愈、李翱才利用《大学》的学说对抗佛老出世的思想。宋明儒家重视表彰《大学》，将其列入"四书"，具有重要的历史影响。影响较显著的有以下几点：

（1）"大学之道，在明明德，在亲民。"培养人才既要有高尚的道德，又要有施政的才能，理想的教育目的是培养出德才兼备的人才，而道德品质的培养是最重要的内容。这是对历史经验的继承，形成儒家的教育传统。

（2）"自天子以至于庶人，壹是皆以修身为本。"人人都要从自己所处的社会地位出发，处理与相关人的关系。人要了解心态存在多种偏向，之其所亲，之其所贱，之其所畏，之其所哀，之其所敖都有偏向。很少人能好而知其恶，恶而知其美。自身不修的人，未能以身作则，亦不能与家人和谐相处。不能齐其家者，也不可能教国人。

（3）君子要爱护人民。君子要取得人民的信任，必须与民同好恶，民之所好好之，民之所恶恶之，以民利为己利，以民心为己心。君子爱民会得到相应回报。

（4）君子必慎独。诚意是修身的基本条件，对己对人都真心实意，不自欺，也不欺人。心口如一，言行一致，让自己处于精神轻松愉快的状态。为此，要有道德意识的自觉，光明正大，心胸坦荡。当自己独处之时，在别人看不到、听不到的情境下，仍然能谨慎自律，自我监督。

（二）《中庸》

《中庸》的作者孔伋（前 483—前 402），字子思，孔子之孙，曾受业于曾参。他以"昭明圣祖之德"为己任，着重继承孔子的"中庸"思想，集中加以阐发，以弘扬孔子的伦理道德思想。著成《中庸》一书，流传后世。西汉时，《中庸》纳入《礼记》，《礼记》成为儒家经典之一。至宋代，《中庸》受理学家重视，特选《大学》《中庸》与《论语》《孟子》组合，称"四书"，成为通用的教材。学术界认为《中庸》非一人一时之作，其主体部分是战国时期思孟学派的作品，有些内容是秦汉儒者所增。①

1. 中庸与中和

中庸思想可以溯源于唐尧、虞舜的执中主义。孔子就曾赞扬舜有大智，"执其两端，用其中于民"。将"用"与"中"联系起来，就是"用中"。"中庸"一词最早是孔子提出的，《论语·雍也》载："中庸之为德也，其至矣乎。"以德行而言，"中庸"是最高的道德准则，这受到后世儒者的重视。

对"中庸"的理解，各有不同，比较客观的理解是将"庸"解释为"用"。《说文解字》："庸，用也。""中庸"之意就是"以中为用"或"用其中"。朱熹注："中者，不偏不倚、无过不及之名。庸，平常也。"通常所说"中庸"，就是折中、调和、平庸的意思，要求在待人处事上注意分寸，有所节制；在道德行为上不偏不倚，无过无不及，立于中正，不要走向极端。

君子能率性修道,遵循规范,守道不离,有君子之德,所以君子所为皆合中庸之道。第二章:"仲尼曰:'君子中庸,小人反中庸。君子之中庸也,君子而时中;小人之反中庸也,小人而无忌惮也。'"中庸是检测君子或小人的标准。

孔伋把中庸延伸联系到"中和"。第一章:"喜怒哀乐之未发,谓之中;发而皆中节,谓之和。中也者,天下之大本也;和也者,天下之达道也。致中和,天地位焉,万物育焉。"性,乃天命之性。性即理,天下之理皆由性中而出。性在内心,无所偏倚,喜怒哀乐未发,谓之"中",为天下之大本。一旦接触外物,有感而心动,发而为喜怒哀乐之情,皆中节,符合道德规范,谓之"和",为天下共由之道。以性情言之,则为"中和";以德行言之,则为"中庸"。"中庸"实兼"中和"之义。致中和,就是达到中和的理想境界,那时天高明覆物,地博厚载物,天地各安其位,万物发育成长,各遂其生。

2. 率性之谓道

孔伋对孔子的伦理道德修养的理论加以发扬。他认为,道的本原出于天。他是有神论者,敬畏天命。他谈论伦理道德修养,就要从天命说起,利用天命来解释人性的由来。《中庸》第一章开篇就说:"天命之谓性,率性之谓道,修道之谓教。"这就是他的理论纲领。

"天命之谓性",这是天命与人性关系的问题。上天以阴阳五行之气,化生人类与万物,同时赋予人与万物各自的特性。天下之理,皆由性中而出,所以有"性即理"的说法。人性根源于天命。有人只知道有人性,而不知道人性出于天命。有人只知道有道德,而不知道道德由于人性。

"率性之谓道",所谓率性,就是以自然的人性为基础,遵循本性,把本性发扬光大,这就是道。道所指的就是人伦道德规范。第二十章:"天下之达道五,所以行之者三,曰:君臣也,父子也,夫妇也,昆弟也,朋友之交也。五者,天下之达道也。知、仁、勇三者,天下之达德也。"五伦之道,依靠知、仁、勇三达德来推行。

"修道之谓教",遵循人伦道德规范,制定礼乐刑政,加以宣传推广,使人效仿,这就是教化。教以道为中心内容。传授者是教师,学习者是弟子。

性、道、教三位一体,这是《中庸》伦理道德学说的特点。

3. 诚者与诚之者

"诚"作为道德范畴,是《中庸》的一个特点。"诚"的基本意思是真实无妄,真心实意。这与《大学》"意诚而后心正,心正而后身修"的说法一致。"诚于中,形于外",诚意是君子自修其身的基础。

《中庸》很强调"诚"的道德意识,这是一个普遍性的问题。第二十章:"知、仁、勇三者,天下之达德也,所以行之者一也。"朱熹注:"一则诚而已矣。"又提出:"凡为天下国家有九经,所以行之者一也。"朱熹注:"一者,诚也。一有不诚,则是九者皆为虚文矣,此九经之实也。"天下之三达德的道德实践,要以"诚"为基本条件。天下国家治理有九大项目推行,也要以"诚"为基本条件。这表现了重视"诚"对于道德实践和治理天下国家的重要作用。

第二十章:"诚者,天之道也;诚之者也,人之道也。诚者,不勉而中,不思而得,从容中道,圣人也。诚之者,择善而固执之者也。"诚者,其本性固有先天道德意识,成为天赋本能,自然由诚而行,无须努力而立于中位,无须思索就符合道德标准,从容行进在中正之路上。诚者就是圣人,遵照天道而实行人道。诚之者,是由学习修养而达到诚的贤人,他们以择善而固执之为自己的发展创造条件。

第二十一章:"自诚明,谓之性;自明诚,谓之教。诚则明矣,明则诚矣。"圣人由诚而明善,乃其天性所有,故谓"诚则明"。贤人之学,由教而入,先明乎善,明则可以至于诚。明善,意即明白认识什么是善。这里比较圣人与贤人在明善的途径和程序上是不同的。

第二十一章:"诚身有道,不明乎善,不诚乎身矣。"诚身有道指的是人道,就是封建的伦理。父子有亲,君臣有义,夫妇有别,长幼有序,朋友有信。能认识和履行封建伦理道德,就是善。诚之者,由择善、明善,固执,然后可以达到诚身的目的。

4. 德学并修

第二十七章:"故君子尊德性而道问学,致广大而尽精微,极高明而道中庸,温故而知新,敦厚以崇礼。"尊,恭敬奉持之意。道,人所必由之路。尊德性则存心致广大,道问学则致知尽精微,至极高明的境界,行为不偏不倚,自觉遵循中庸之道,日常能温习旧知识,增加新知识,忠厚诚实地崇尚礼义。这几条被后儒认为是进德修业最优选的途径。但对这些修养方法的主次以及如何配合,宋明的程朱理学与陆王心学则存在分歧,各有偏重。

"三纲五常"育德的兴衰

　　秦亡汉兴,汉初统治者以道家黄老学派主张的"清净无为"为施政的指导思想。文教领域有较宽松的环境,诸子百家之学复苏,儒家由私学传授,蓬勃地发展起来,与道家竞争主导地位。儒家迎合汉武帝积极进取的愿望,终于取得独尊地位。儒家学说的主要代表是董仲舒。

一、 纲常体系的提出与"制情""成性"说

　　董仲舒(前179—前104),西汉广川(治今河北景县西南)人,是唯心主义思想家,儒家春秋公羊学派大师。汉景帝时曾任文学博士,讲授今文经学《春秋公羊传》。公元前140年,汉武帝即位,举贤良文学人士,他应召对策,建议罢黜百家,独尊儒术,受到武帝赏识。曾几度任官,为避风险,借病求免,居家著述,授徒讲学。著作甚多,今仅存《春秋繁露》[①]和《举贤良对策》而已。

　　董仲舒是汉代正统思想的主要代表,他的道德教育思想基于神学唯心主义的"天命论"和维护封建等级制的"三品人性论"。

① 以下凡引《春秋繁露》,只写篇名。引文依据苏舆撰《春秋繁露义证》,中华书局1992年版。

（一）天命论的道德观

董仲舒认为，"天"是至高无上的神，天生万物，支配万物。人由天命而生，天决定人的形体和本质。天人合一，天以人为副本，人间的道德准则都源于天并取决于天。《为人者天》："人之人本于天，天亦人之曾祖父也，此人之所以乃上类天也。人之形体，化天数而成；人之血气，化天志而仁；人之德行，化天理而义；人之好恶，化天之暖清；人之喜怒，化天之寒暑；人之受命，化天之四时。人生有喜怒哀乐之答，春秋冬夏之类也。……天之副在乎人。人之性情有由天者矣。"

天人感应，天监督人间的行为，承天意的行为为善，逆天意的行为为恶，天意赏善罚恶。人要对天敬畏，遵循道德规范。《汉书·董仲舒传》："国家将有失道之败，而天乃先出灾害以谴告之，不知自省，又出怪异以警惧之，尚不知变，而伤败乃至。以此见天心之仁爱人君而欲止其乱也。"他一方面借神权强令被统治阶级遵守道德规范；另一方面借神权限制君权，要统治者尊天命，注意道德自律。

（二）区别三品的人性论

董仲舒对人性有自己独特的认识。《深察名号》："性之名，非生与？如其生之自然之资谓之性。性者，质也。"《实性》："性者，天质之朴也。"性就是人天生的朴实的自然资质。他反对孟轲的性善论，也反对荀况的性恶论，对两者加以否定，而提出性二重论。《深察名号》：“情亦性也。谓性已善，奈其情何？……身之有性情也，若天之有阴阳也。言人之质而无其情，犹言天之阳而无其阴也。”“人之诚，有贪有仁。仁贪之气，两在于身。身之名，取诸天。天两有阴阳之施，身亦两有贪仁之性。天有阴阳禁，身有情欲柜，与天道一也。”身有性情，情与性并在于身，犹如阴阳并在于天。天有阴阳之施，身有贪仁之性，人道与天道是一致的。

董仲舒否定凡人都有共同的人性，而强调人性存在差别。他把人区分为三个品级，提出三品的人性论。《深察名号》：“名性不以上，不以下，以其中名之。”《实性》：“圣人之性不可以名性，斗筲之性又不可以名性。名性者，中民之性。”他认定“性”是仁、贪两种成分构成的。人在禀受仁贪之气时，有的贪的成分多，贪的恶气表现为情欲多，这些人是斗筲之性。以性的标准来衡量，这些人不及性的标准，所以不能以斗筲之性来命名性。而圣人之性则是相反的一种情况。《深察名号》：“循三纲五纪，通八端之理，忠信而博爱，敦厚而好礼，乃可谓善。此圣人之善也。”质于人道之善，圣人之善已超过性的标准，所以也不能以圣人之性来命名性。中民之性亦称“万民之性”，其性包含仁与贪，未为善，也未为恶，可能为善，也可能为恶，较符合命名性的标准。圣人之性是上品，中民之性是中品，斗筲之性是下品。

董仲舒主张“性待教而为善”。《深察名号》：“天生民性有善质，而未能善，于是为之立王以善之，此天意也。民受未能善之性于天，而退受成性之教于王。王承天意，以成民之性为任者也。……内事之待外者，从外言之。今万民之性，待外教然后能善，善当与教，不当与性。”他的论述有两点可以肯定：一是王者承担使民受成性之教的责任，若万民之性未能善，王者有责；二是万民之性待教而为善，能善应当归功于教，德育起了重要作用。

（三）"三纲五常"的德育内容

董仲舒把封建社会的伦理道德与阴阳五行的学说相结合，用以解析社会道德准则和规范。阴阳五行是由"天"推演出来的。《五行相生》："天地之气，合而为一，分为阴阳，判为四时，列为五行。"《基义》："是故仁义制度之数，尽取之天。王道之三纲，可求于天。……君臣、父子、夫妇之义，皆取诸阴阳之道：君为阳，臣为阴；父为阳，子为阴；夫为阳，妻为阴。"阴阳的关系，是"阳尊阴卑""阳贵阴贱"。社会的伦理皆由天命规定，天命的"三纲"是根本的道德准则，不论尊卑贵贱、男女老少，人人都必须奉行遵守，不奉天命必将获罪受罚。

董仲舒还从社会教化的需要出发，把战国时期儒家所倡导的五达道重新加以强调，选择五项常用而通行的规范。《汉书·董仲舒传》："夫仁、谊、礼、智、信，五常之道，王者所当修饬也。五者修饬，故受天之祐，而享鬼神之灵，德施于方外，延及群生也。"万物之中，人最为尊贵。"人受命于天，固超然异于群生，……故孔子曰：'天地之性人为贵。'明于天性，知自贵于物；知自贵于物，然后知仁谊；知仁谊，然后重礼节；重礼节，然后安处善；安处善，然后乐循理；乐循理，然后谓之君子。"

董仲舒认为，"五常"之中，礼非常重要。《奉本》："礼者，继天地，体阴阳，而慎主客，序尊卑、贵贱、大小之位，而差外内、远近、新故之级者也。"这是社会生活防乱致治的需要，是圣人象天所为而定的制度。《度制》："圣者则于众人之情,见乱之所从生。故其制人道而差上下也,使富者足以示贵而不至于骄,贫者足以养生而不至于忧。以此为度而调均之,是以财不匮而上下相安,故易治也。"

董仲舒认为,仁与智的关系十分密切,两种品德应当相辅相成,不可偏废,也不可分离。《必仁且智》："仁而不智,则爱而不别也;智而不仁,则知而不为也。故仁者所以爱人类也,智者所以除其害也。"所以,他认为五常的教育,"莫近于仁,莫急于智"。

"仁"是"五常之道"的核心,根本的含义是"爱人"。董仲舒对"仁"有新的解说,从思想行为方面,立下六大标准,即心舒、志平、气和、欲节、事易、行道,达到这六项标准,能平易和理而无争,才能称为仁者。

"智"是"五常之道"的一项极为重要的品德,董仲舒对之也有新的解说。"智"的表现是多方位的,所立的标准也甚高,要求能做到:见祸福远,知利害早,物动知化,事兴知归,见始知终,立而不废,其言当务,如此才能称为智者。

(四) 德育的原则

1. 仁在爱人,义在正我

"五常之道"的仁义礼智信各有其具体内容和作用,首先要认识仁与义名称的含义,对适用的对象、合理的作用需细加考察。要正确理解,不可混乱,知其特征差异,才能辨别清楚。

董仲舒学习《春秋》认识问题和处理问题的方法。《仁义法》："《春秋》之所治,人与我也。所以治人与我者,仁与义也。以仁安人，以义正我，故仁之为言人也，义之为言我也，言名以别矣。仁之于人，义之于我者，不可不察也。众人不察，乃反以仁自裕，而以义设人。诡其处而逆其理，鲜不乱矣。是故人莫欲乱，而大抵常乱。凡以暗于人我之分，而不省仁义之所在也。是故《春秋》为仁义法。仁之法在爱人，不在爱我。义之法在正我，不在正人。我不自正，虽能正人，弗予为义。人不被其爱，虽厚自爱，不予为仁。"

董仲舒认为，社会中日常要处理人与我的关系，利用的是仁与义的道德规范，仁是对他人的，"以仁安人"，义是对自己的，"以义正我"。但众人不理解人与我的区别，从自己的利益出发，"反以仁自裕，而以义设人"，利己而损人。为了纠正错误，才有《春秋》为仁义正确发挥作用立法，排除曲解。

2. 正义不谋利的义利观

"义利之辨"是董仲舒道德理论的一个重要问题。他所论述的义利关系，是道德原则与个人利益的关系。

《身之养重于义》："天之生人也，使人生义与利。利以养其体，义以养其心。……体莫贵于心，故养莫重于义，义之养生人大于利，奚以知之？今人大有义而甚无利，虽贫与贱尚荣其行，以自好而乐，原宪、曾、闵之属是也。人甚有利而大无义，虽甚富且贵则羞辱大恶，恶深祸患重，非立死其罪者，即旋伤殃忧尔，莫能以乐生而终其身，刑戮夭折之民是也。夫人有义者，虽贫能自乐也。而人无义者，虽富莫能自存，吾以此实义之养生人，大于利而厚于财也。"

通过义与利作用的比较以及心与体重要性的比较，董仲舒得出的结论是：体莫贵于心，故养莫重于义，义之养生人大于利。因此,他更重义,但对"利以养其体"也表示认可。《汉书·董仲舒传》载,他主张"正其谊不谋其利,明其道不计其功"。这里的"谊",即义。义与利对立,不能兼得,二者择一,选择义就是排斥利。他明确的立场是:重义轻利,贵义贱利。重义,实际上就是强调精神生活,而对物质生活,就安于现状,忍受贫贱,要服从地主阶级整体的、长远的利益,不需计较个人的私利或局部的利益。

董仲舒从人生需要来看,肯定义以养心是人的精神需要,利以养体是人的物质需要,这就是对义利在社会生活中作用的事实判断。

董仲舒提倡"正其谊不谋其利,明其道不计其功",即在道德实践中,义被肯定,而利被排除,评价行为是否道德,标准在于符合道义,不在于是否获得功利,在行为的动机上不该有任何谋求功利的欲望。在道德价值观上,他以超功利主义反对功利主义。这种思想观点产生深远的历史影响,为程朱理学所继承,加以宣扬和发展,义利之辩再延续。

3."经"与"权"的结合

"经"就是道德原则,"权"就是对道德原则的灵活运用。"经"与"权"的关系,依社会实际情况而变化。在常态的情况下,适宜用"经",就坚持按道德原则处理问题。在特殊情况下,需要考虑应变,慎重选择,行"权"要有条件:如虽然反于"经",但出于善的动机,后有善的效果;又如免于君的死亡,免于国的灭亡;再如自贬损以行权,不害人以行权。《玉英》:"明乎经变之事,然后知轻重之分,可与适权矣。"道德实践的原则性和灵活性的统一,具有普遍的理论意义和实践意义。

董仲舒以"三纲五常"为核心的思想,为中国自汉以来封建制度的巩固创造了一个完整的理论体系,也为封建德育思想奠定理论基础,受历代封建统治者尊崇和利用,在儒学教育发展上居于重要地位,产生了深远的历史影响。

二、 孝为道德之本,以孝治天下

随着封建君主专制统治制度的建立,以一家一户的小农家庭为生产单位成为社会的经济基础。统治阶级为巩固宗法家长制度的需要,对传统的道德观念加以利用,形成新的伦理体系,古老的道德观念“孝”的社会作用被肯定,突出提高其地位。西汉独尊儒术后,就将《孝经》列为七经之一。

《孝经》[①]一书在汉初已出现并传播,先出有今文十八章,后出有古文二十二章。通常所说的《孝经》是指今文十八章。关于作者是谁,有多种说法,没有定论。从内容分析来看,《孝经》成书似乎有一过程。先是曾参问孝于孔子,后曾参传授弟子,而后弟子们集录成书,但在战国时期影响并不大,仅《吕氏春秋·孝行》中有些曾参论孝的言论。至汉初,《孝经》书出,再经补充修改的编纂,才有定本。所以,《孝经》也反映西汉儒家的伦理思想。

(一)孝为道德之本

《开宗明义》:“先王有至德要道,以顺天下,民用和睦,上下无怨。”所谓“至德要道”,就是“孝”。“夫孝,德之本也,教之所由生

---

① 以下凡引《孝经》,只写篇名。引文依据胡平生译注《孝经译注》,中华书局 2009 年版。

也。""孝"的作用宽广,是道德的根本,教是从孝而产生的。因为"孝"的社会作用极大,所以地位也极高。《三才》:"夫孝,天之经也,地之义也,民之行也。天地之经,而民是则之。"天地之经,运行有常,人效之以为法则。"孝"为百行之首,人亦以"孝"为常行。《圣治》:"人之行,莫大于孝。"人的百种德行之中,没有一种比孝行的作用更广大,"孝"成为道德的根本,是独一无二的。

(二)孝的主要内容

《开宗明义》提出"孝"的三项主要内容:"夫孝,始于事亲,中于事君,终于立身。"

1. 关于事亲

孝要从爱护自己的身体开始。《开宗明义》:"身体发肤,受之父母,不敢毁伤,孝之始也。"父母全而生之,当全而归之,故不敢毁伤。

《纪孝行》又从其他方面对事亲作了具体说明:"孝子之事亲也,居则致其敬,养则致其乐,病则致其忧,丧则致其哀,祭则致其严。五者备矣,然后能事亲。"在家族中,"事亲者,居上不骄,为下不乱,在丑不争。居上而骄则亡,为下而乱则刑,在丑而争则兵。三者不除,虽日用三牲之养,犹为不孝也"。封建家长制的父子亲情,加以尊严,自然有顺从、服从的特性。

2. 关于事君

《广扬名》:"君子之事亲孝,故忠可移于君。"《士》:"资于事父以事君,而敬同。……以孝事君,则忠。"二者强调的都是移事父之孝以事君为忠。这是统治者鼓吹孝道的主要目的,把顺从、服从于父的孝，移为顺从、服从于君而尽忠。

3. 关于立身

《开宗明义》强调："立身行道，扬名于后世，以显父母，孝之终也。"《广扬名》："君子之事亲孝，故忠可移于君；事兄悌，故顺可移于长；居家理，故治可移于官。是以行成于内，而名立于后世矣。"立身在于行道，行道是行事亲忠君的孝道，因行道有成而扬名于后世，既光宗耀祖，也荣显父母。立身的意义，仍归于"孝"。

"孝"有始，也必有终。父母逝世，要葬之以礼，祭之以礼。《丧亲》："生事爱敬，死事哀戚，生民之本尽矣，死生之义备矣，孝子之事亲终矣。"

（三）孝的等级

"孝"作为社会普遍的道德规范，对于不同社会地位的人提出不同的要求。

1. 天子之孝

君主要先爱敬其亲以示范，又施德教于人，使人皆爱其亲。《天子》："爱亲者，不敢恶于人；敬亲者，不敢慢于人。爱敬尽于事亲，而德教加于百姓，刑于四海。盖天子之孝也。"

2. 诸侯之孝

《诸侯》："在上不骄，高而不危；制节谨度，满而不溢。高而不危，所以长守贵也；满而不溢，所以长守富也。富贵不离其身，然后能保其社稷。"

3. 卿大夫之孝

《卿大夫》："非先王之法服，不敢服；非先王之法言，不敢道；

非先王之德行，不敢行。是故非法不言，非道不行；口无择言，身无择行；言满天下无口过，行满天下无怨恶。三者备矣，然后能守其宗庙。"

4. 士之孝

《士》："资于事父以事母，而爱同；资于事父以事君，而敬同。故母取其爱，而君取其敬，兼之者父也。故以孝事君，则忠；以敬事长，则顺。忠顺不失，以事其上，然后能保其禄位，而守其祭祀。"

5. 庶人之孝

《庶人》："用天之道，分地之利，谨身节用，以养父母。"

比较五等之孝的内容，前三等所谈的是统治阶级与被统治阶级之间、统治阶级内部的行为准则，实际谈孝亲的极为淡薄，有的根本不谈。只有最低的两等士和庶人还有一些孝敬父母、赡养父母的内容。《孝经》以宗法的亲亲关系掩盖阶级的对立和等级的不平等。儒家的孝道显然从属于封建尊卑等级制度。

（四）以孝治天下

汉代统治阶级认识到"孝"作为民众行为规范准则对于巩固封建家长制的重要作用，就积极宣扬推广，提出"以孝治天下"，将其作为施政的根本宗旨。

《孝治》提起历史经验："昔者明王以孝治天下也，不敢遗小国之臣，而况于公、侯、伯、子、男乎？故得万国之欢心，以事其先王。治国者不敢侮于鳏寡，而况于士民乎？故得百姓之欢心，以事其先君。治家者不敢失于臣妾，而况于妻子乎？故得人之欢心，以事其亲。夫然，故生则亲安之，祭则鬼享之。是以天下和平，灾害不生，祸乱不作。故明王之以孝治天下也如此。"

贯彻"以孝治天下"的宗旨，治家者得家人之欢心，治国者得百姓之欢心，治天下者得万国之欢心，取得天下和平、灾害不生、祸乱不作的理想效果。

要长久以孝治天下，必须通过教育的途径。《广要道》："教民亲爱，莫善于孝。教民礼顺，莫善于悌。"《三才》："教之可以化民也，是故先之以博爱，而民莫遗其亲；陈之于德义，而民兴行。先之以敬让，而民不争；导之以礼乐，而民和睦；示之以好恶，而民知禁。"

君子从事教民，自身要有较高的素养，为民示范。《圣治》："言思可道，行思可乐。德谊可尊，作事可法。容止可观，进退可度。以临其民，是以其民畏而爱之，则而象之。故能成其德教，而行其政令。"

《广至德》："君子之教以孝也，非家至而日见之也。教以孝，所以敬天下之为人父者也。教以悌，所以敬天下之为人兄者也。教以臣，所以敬天下之为人君者也。"教人要考虑实际可行且有效的方法，重要的是能对社会起示范作用。

《孝经》与《论语》自汉代开始列为经书，历代相传，成为启蒙之后、学习专经之前共同的必读书，为之注解将及百家，产生广泛的社会历史影响。到了近代实行新学制、新课程、新教材，它们才被取代。

三、 以"女子卑弱"为条规的妇道礼法

中国古代家庭女教读物中，流传最广、最著名的是东汉班昭

的《女诫》。

班昭(约 49—约 120),一名姬,字惠班,被称为"曹大家",扶风安陵(今陕西咸阳东北)人。东汉史学家班彪之女,班固、班超之妹。幼承家学,博学多才。和帝当政之时(89—105),被召入宫为女师。她著名于当时,主要是因为三件事:(1)任和帝皇后邓绥和其他贵人的女经师,兼授算术、天文,大受敬重。(2)其兄班固于永元四年(92 年)死于狱中,所撰写《汉书》尚未完成,其中《八表》及《天文志》遗稿散乱,和帝命班昭与马续共同续撰。(3)《汉书》初出,读者多未能通,和帝又令班昭下帷讲诵,教授马融等年轻官吏,以广传播。她之所以扬名后世,是由于《女诫》一书,为中国封建社会的妇女立行为规范,产生了深远的历史影响。

(一)撰写《女诫》的动机

班昭出身经史传家的名门,自称"蒙先君之余宠,赖母师之典训"[①],受过优越的家教,具有深刻的封建传统思想意识。十四岁出嫁为曹世叔妻,育有一子数女。世叔早逝,班昭守寡,亲教子女。其子曹成,察举孝廉而任县令,又因母为邓太后师,特受提拔为中散大夫。班昭将近六十岁时,老而有病,为几个进入婚姻年龄的女儿而忧心,她们对封建礼教不熟识。她在《女诫》之序中说:"但伤诸女,方当适人,而不渐加训诲,不闻妇礼。惧失容他门,取耻宗族。吾今疾在沉滞,性命无常,念汝曹如此,每用惘怅。"这是作为母亲为女儿们临嫁前进行的书面礼教,也是特别用心的最

① 《后汉书·曹世叔妻传》。

后叮嘱,希望女儿们照此去实行,为人贤妻,会有大的补益。

(二)《女诫》的指导思想

在班昭撰写《女诫》之前,其兄班固已奉命编成《白虎通义》,简称《白虎通》。此书是在白虎观召集儒家著名经师讨论五经同异的记录,由班固加以系统整理成书,呈皇帝批准,成为钦定的国家法典。

《白虎通·三纲六纪》引用阴阳的理论来解释人伦之道,认为天地之气分为阴阳,阳尊阴卑,天尊地卑,一阴一阳谓之道,阳得阴而成,阴得阳而序,刚柔相配。君臣、父子、夫妇之义,皆取诸阴阳之道:君为阳,臣为阴;父为阳,子为阴;夫为阳,妻为阴。故君为臣纲,父为子纲,夫为妻纲,称为"三纲"。还有与"三纲"有不同关系的人:诸父有善,诸舅有义,族人有序,昆弟有亲,师长有尊,朋友有旧,此为"六纪"。大者为纲,小者为纪,用于整齐人道,以人道的纲纪推行教化,可以规范社会的伦理关系。

班昭承继天道"阳尊阴卑"的理论与人道"三纲六纪"的道德行为规范,以此为撰写《女诫》的指导思想。

(三)《女诫》的主要内容

全书分为七章:《卑弱》第一,《夫妇》第二,《敬顺》第三,《妇行》第四,《专心》第五,《曲从》第六,《和叔妹》第七。[①] 男尊女卑,

---

① 以下凡引《女诫》,只写章名。引文依据陈弘谋撰《五种遗规》,凤凰出版社 2016 年版。

夫为妻纲,三从四德,是她论述告诫的主要内容。

《卑弱》首先提出三项注意:第一,女子要认识自己所处社会地位是卑弱下人,为此要表现出谦让和恭敬,先人后己,忍辱含垢,常若畏惧。第二,女子要知道日常执勤的职责,因此要晚寝早作,不惮夙夜,不辞辛劳,所作必成。第三,女子要担负斋告祭祀的一定责任,因此要严肃端正,清净自守,备好酒食,供奉祖先。她称这三项是"女人之常道,礼法之典教"。三者全备,就会受人称赞。

《夫妇》强调要遵守夫妇之道,阳尊阴卑,男尊女卑,夫为妻纲,人伦大节,不可忽视。夫妇各有名分和责任,必须履行。夫不贤,则无以御妇;妇不贤,则无以事夫。对教男不教女的习俗,要纠偏除弊,女人该有权利受教育,如此才能对男女相待以礼义。这一条主张维护女性受教育的权利,具有远见。

《敬顺》讲处理夫妻关系。首先要认识"阴阳殊性,男女异行"。男属阳性,阳以刚为德,以强为贵;女属阴性,阴以柔为用,以弱为美。男尊女卑,女为适应男的刚强行为,要以敬与顺去对待男人,应知行为到什么地步适当,能持久相处,谦恭居下,宽松裕如,夫妻和好,义以和亲,恩以好合,终身不离。

《妇行》专论妇女的四德。所谓四德,即德、言、容、功,各有标准。妇德要求幽闲贞静,守节整齐,行己有耻,动静有法。妇言要求择辞而说,不道恶语,时然后言,不厌于人。妇容要求盥洗尘秽,服饰鲜洁,沐浴以时,身不垢辱。妇功要求专心纺织,不好戏笑,洁齐酒食,以待宾客。妇女的这四项品德,不可以欠缺,只要能用心,做起来亦容易。

《专心》谈如何毕生事夫,也包括她的人生经历。她认为重要的是遵守礼制："夫有再娶之义,妇无二适之文。"获得丈夫满意,就是毕生有幸。让丈夫称心如意,落实到日常行为就是做到"六无":"耳无妄听,目无邪视,出无冶容,入无废饰,无聚会群辈,无看视门户。"这就是把妇女束缚在家中,以丈夫为中心,专心侍奉,视听言动,不与外人交往,不关心外事。

《曲从》谈如何让舅姑称心满意。舅姑是丈夫的父母,要让他们称心,就不可以违反他们所说的是非,不在他们面前争辩是非曲直,凡事从命而已。

《和叔妹》谈对叔妹要和好。妇女在家庭或邻里受赞誉或受毁谤,追其根源,来自叔妹是否称心如意。妇女必须与叔妹和好相处,最有效的做法是始终保持谦顺,让他们称心。

班昭生活于公元一至二世纪的中国社会,处在以经史传家的士族家庭环境下,深受儒学礼教思想意识的熏陶,相信阳尊阴卑、天尊地卑、男尊女卑、夫为妻纲,并有亲身践行的经历,人伦之理、夫妇之道在她脑中已根深蒂固、坚定不移,觉得自己将走完人生道路,可以功德圆满。但她还担心几个女儿所受礼教不充分,妇德有缺,于是根据自己的人生经验,写下给女儿的训诫,未料流传社会,也成为全国全民族妇女的训诫。此书反映了那个时代妇女处在卑弱的社会地位,对妇女提出不平等的道德行为要求,产生了深远的消极影响。

四、"越名教而任自然"与个性道德的张扬

魏晋时期,社会思潮发生重大转变。儒家经学因烦琐考证,没有实际效用,为时代所唾弃而衰落。士人转而追求《老子》《庄

子》,玄学兴起,成为主要的社会思潮。玄学是融合道儒而形成的一种新思想体系。《老子》《庄子》以及可以自由发挥的《周易》,合称"三玄",是建构玄学体系的理论基础。玄学家以清谈的方式,标榜蔑视礼教。名教与自然之辩是玄学的基本问题。嵇康是名教与自然之辩的主要代表人物之一。

嵇康(223—262,或224—263)字叔夜,谯郡铚县嵇山(今属安徽涡阳)人。年少好学多才,胸怀坦荡,长而好老庄之学,善于养生,是"竹林七贤"之一。政治上倾向曹魏集团,任官中散大夫。对司马氏夺取政权极为不满,辞官隐居,特立独行,不为司马氏所容而被杀。著作有《嵇康集》[①],其中有《难自然好学论》《释私论》《养生论》《答难养生论》《家诫》等篇,批判儒家的德育思想,论述他的玄学德育思想。

(一) 人性好安逸,从欲得自然

嵇康认为,人性是人的自然之性,是人的真性,是不需学而后能的自然本能。《难自然好学论》:"夫民之性,好安而恶危,好逸而恶劳,故不扰则其愿得,不逼则其志从。洪荒之世,大朴未亏。君无文于上,民无竞于下,物全理顺,莫不自得。饱则安寝,饥则求食,怡然鼓腹,不知为至德之世也。若此,则安知仁义之端,礼律之文?"他认为,原始社会是至德之世,人都非常淳朴,没有干扰,没有逼迫,没有竞争,自由自在,不知仁义,没有礼律,人人都可以按照自己的意愿生活,这是符合人的本性的。儒家提倡仁

---

① 以下凡引《嵇康集》,只写篇名。引文依据戴明扬校注《嵇康集校注》,中华书局2014年版。

义,尊奉六经,根本违背人的自然本性,他说:"推其原也,六经以抑引为主,人性以从欲为欢。抑引则违其愿,从欲则得自然。然则自然之得,不由抑引之六经;全性之本,不须犯情之礼律。故仁义务于理伪,非养真之要术;廉让生于争夺,非自然之所出也。"

六经的内容是辨善恶、正邪、是非,要求人的行为遵守道德规范。六经所发挥的社会作用对人的思想行为不论是抑制还是牵引,都一样违背人的意愿。人的本性以如愿为欢乐。让人如愿,不干涉民众的生活行为,顺其自然,这是极为理想的社会状态。要保全人性的发展,既不要六经的抑引,也不要礼律的规范。

(二)越名教而任自然

1. 名教的由来

名教,是以正名定分为主的封建性仁义礼法之教,亦简称"礼教"。嵇康认为,仁义礼法是与君主制一起产生的。《难自然好学论》:"及至人不存,大道陵迟,乃始作文墨,以传其意;区别群物,使有类族;造立仁义,以婴其心;制为名分,以检其外;勤学讲文,以神其教。"君主为了统治的需要,造立仁义,制为名分,用以管束下民的心思,控制下民的行为。名教伴随着封建社会的发展延续,以封建的仁义道德来改铸人性,长期束缚人民的思想。直到辛亥革命推翻两千多年的帝制,新文化运动兴起,才逐步破除封建名教。

2. 越名教

嵇康对名教进行批判,加以否定,就是要求摆脱封建仁义道德对思想行为的束缚,以达到人性的解放。《难自然好学论》:"故六经纷错,百家繁炽,开荣利之途,故奔骛而不觉。……求安之士,乃诡志以从俗。操笔执觚,足容苏息;积学明经,以代稼穑。是以困而后学,学以致荣;计而后习,好而习成。有似自然,故令吾子谓之自然耳。"他认为,六经是百家争鸣时期由"求安之士"编造的,内容就是造立仁义,制为名分,事实上是私心私利谋划的作为。

嵇康站在超越名教的立场上,对儒家作为思想理论依据及仁义道德准则的六经,坚决加以否定。《难自然好学论》:"故吾子谓六经为太阳,不学为长夜耳。今若以〔明〕堂为丙舍,以诵讽为鬼语,以六经为芜秽,以仁义为〔臭〕腐,睹文籍则目瞧,修揖让则变伛,袭章服则转筋,谭礼典则齿龋。于是兼而弃之,与万物为更始,则吾子虽好学不倦,犹将阙焉。则向之不学,未必为长夜,六经未必为太阳也。俗语曰:乞儿不辱马医。若遇上〔古〕无文之〔治〕,可不学而获安,不勤而得志,则何求于六经,何欲于仁义哉?以此言之,则今之学者,岂不先计而后学?苟计而后动,则非自然之应也。"维护名教者立六经为准则,仰仁义为主张,尊六经为太阳,以不学为长夜。而否定名教的嵇康视六经为垃圾,以仁义为臭腐,直问:何求于六经,何欲于仁义?两者皆可抛弃,毫不可惜。

3. 越名任心

摆脱封建名教的束缚,人性得到解放,接着应注重内心的自我修养。《释私论》:"夫称君子者,心无措乎是非,而行不违乎道者也。何以言之?夫气静神虚者,心不存乎矜尚;体亮心达者,情不系于所欲。矜尚不存乎心,故能越名教而任自然;情不系于所欲,故能审贵贱而通物情。物情顺通,故大道无违;越名任心,故是非无措也。是故言君子,则以无措为主,以通物为美。"

嵇康认为,人心所以会被名教束缚,根本原因在于人不能"志在守朴，养素全真"①，不能保持本性自然。为此，他坚定要寄托于内心的自我修养，提出一套养生之术，以破除保持本性自然的五难：名利不灭，喜怒不除，声色不去，滋味不绝，神虑转发。破除五难的关键就是内心的"意足"。《答难养生论》："故世之难得者，非财也，非荣也，患意不足耳！意足者，虽耦耕畎亩，被褐啜菽，岂不自得？不足者虽养天下，委以万物，犹未惬然。""意足"是一种有主于中的内心涵养，以大和为至乐，以恬淡为至味。人生的真正快乐，不在外而在内，就是精神上的自我满足。这是一种知足常乐的人生理想，表现出不与世俗同流和威武不能屈的独立人格。

（三）修性以保神

嵇康从形神统一的观点出发，论述自然的养生。《养生论》："精神之于形骸，犹国之有君也。神躁于中，而形丧于外，犹君昏于上，国乱于下也。……是以君子知形恃神以立，神须形以存，悟生理之易失，知一过之害生。故修性以保神，安心以全身，爱憎不栖于情，忧喜不留于意，泊然无感，而体气和平。又呼吸吐纳，服食养身，使形神相亲，表里俱济也。"他注意到人的生命有精神和形体两方面，神为形之主，形恃神以立，神须形以存，两者相互依存、相互影响。他提出"形神相亲，表里俱济"，以达到养生的目的。

嵇康处在黑暗的政治环境中，对生活的态度是严肃刚正的，强烈要求摆脱封建仁义道德对思想的束缚，批判名教非常坚决。

但他还未能建立自己完整稳固的道德理论,要人回归自然状态,而不是推动社会发展进步,显示其理论的乏力,成为不能实现的空想。

五、 教导子孙立身处世的家庭育德观

玄学成为魏晋南北朝时期思潮的中心,先后有多种流派影响社会,其末流宣扬纵欲主义,使统治阶级中的有识之士重视潜在的社会危机,认识到儒学有维护封建社会伦常秩序的作用,适合转变社会习俗的需要,因此有复归于儒家的必要。颜之推是主张者之一,他努力于修身齐家,维护儒学世家的社会地位。

颜之推(531—约 590 后),字介,琅琊临沂(今属山东)人,先祖寓居建康(今江苏南京市)。他出身士族,其家世传《周官》《左氏》之学,早承家学,博览群书。梁元帝任其为散骑常侍,梁亡,被俘到西魏。后投奔北齐,任为黄门侍郎。北齐亡,入北周,为御史上士。北周为隋朝所取代,太子召为学士。在社会动乱时期,历事四朝,三次成为亡国之人。人生道路曲折,感触颇深。晚年著有《颜氏家训》①,告诫子孙保持儒学传统,注重道德修养。此书成为封建时代家庭育德的教材,产生了深远的历史影响。

(一) 回归儒学道德传统

颜之推有世传的家学,又博览经史诸子,有多样的经历,曾跟

---

① 以下凡引《颜氏家训》,只写篇名。引文依据王利器撰《颜氏家训集解》(增补本),中华书局 1993 年版。

着听讲玄学,晚年转信佛教。他对自己的思想进行一定的概括,主要的还是属于儒家思想。

颜之推认为信仰老庄的是"任纵之徒",他们的主张不值得肯定,非济世成俗之要,都从封建道德礼教的角度加以否定。

颜之推暮年受佛教的影响较多,《归心》专论儒佛"本为一体",他说:"内外两教,本为一体,渐积为异,深浅不同。内典初门,设五种禁;外典仁、义、礼、智、信,皆与之符。仁者,不杀之禁也;义者,不盗之禁也;礼者,不邪之禁也;智者,不酒之禁也;信者,不妄之禁也。"他把佛教五戒和儒家五德类比等同,没有从理论上认识佛教的本质,未能把佛学与儒学加以区别。

颜之推的思想,反映了士族地主阶级的情绪和愿望。魏晋南北朝三百多年的社会动荡中,玄学兴起,作为占统治地位的社会思潮,起了批判与破除封建礼教的作用,但结果只是促使统治阶级进一步腐败,未能提供一种"济世成俗"的伦理道德思想以稳定社会秩序。玄学不能符合地主阶级长远利益的需要,这种新的道德觉醒体现在颜之推的言论中,要求摒弃玄学,回归儒家道德传统。

(二) 修身养德,致用济世

颜之推的教育思想,以人性论为其理论基础,他继承人性三品的观点。《教子》:"上智不教而成,下愚虽教无益,中庸之人,不教不知也。"他认为教育对人的发展的作用有差别,以智力为衡量的标准,把人区分为三个等级,即上智、中庸、下愚。这种智力的区分,实际上与社会阶级阶层的存在相对应。中庸之人,包括地主阶级成员,不教则不知,受教则能知,有受教育的必要性。

教育历来是有目的有计划的社会活动。地主阶级要培养自己的子弟成为未来的统治者,需具备两方面的条件,先要修己养德,增益德行,然后才能治人济世,敦厉风俗。处在社会和平阶段,学习文化知识是为了养成道德,致用于济世;而处在社会战乱阶段,具有知识才能是求生存的需要。南北朝是中国历史上的特殊时期,战争不断,频繁改朝换代。战乱造成大量难民流离失所,失去依靠,只能自己谋求生存。此时,有知识技能,才能利于生存。《勉学》:"夫明六经之指,涉百家之书,纵不能增益德行,敦厉风俗,犹为一艺,得以自资。父兄不可常依,乡国不可常保,一旦流离,无人庇荫,当自求诸身耳。谚曰:'积财千万,不如薄伎在身。'伎之易习而可贵者,无过读书也。"读书学习,明六经,涉百家,薄伎在身,学术自资,可以为未来求得生存准备条件。

(三)家族育德的内容

1. 孝为德本,早加教习

颜之推以孝为道德的根本,遵照儒家的传统,"君子务本,本立而道生"[①]。他特别重视孝道的教育,凡谈道德品行,总是强调把孝放在优先位置。《教子》:"生子咳嗯,师保固明孝仁礼义,导习之矣。"《勉学》:"孝为百行之首,犹须学以修饰之,况余事乎!"《序致》:"夫圣贤之书,教人诚孝,慎言检迹,立身扬名,亦已备矣。"

---

① 《论语·学而》。

2. 家族之亲，人伦为重

《兄弟》："夫有人民而后有夫妇，有夫妇而后有父子，有父子而后有兄弟：一家之亲，此三而已矣。自兹以往，至于九族，皆本于三亲焉，故于人伦为重者也，不可不笃。兄弟者，分形连气之人也。方其幼也，父母左提右挈，前襟后裾，食则同案，衣则传服，学则连业，游则共方，虽有悖乱之人，不能不相爱也。"他认为，家族中兄弟、子侄都应该和睦共处，不和睦就不得安宁，所以要防止不和睦的事情发生。

3. 识别善恶，仁义为怀

《省事》："王子晋云：'佐饔得尝，佐斗得伤。'此言为善则预，为恶则去，不欲党人非义之事也。凡损于物，皆无与焉。然而穷鸟入怀，仁人所悯；况死士归我，当弃之乎？伍员之托渔舟，季布之入广柳，孔融之藏张俭，孙嵩之匿赵岐，前代之所贵，而吾之所行也，以此得罪，甘心瞑目。……亲友之迫危难也，家财己力，当无所吝；若横生图计，无理请谒，非吾教也。墨翟之徒，世谓热腹；杨朱之侣，世谓冷肠。肠不可冷，腹不可热，当以仁义为节文尔。"颜之推强调在一切社会交往中，以仁义为行为准则。《养生》："行诚孝而见贼，履行义而得罪，丧身以全家，泯躯而济国，君子不咎也。"

4. 欲不可纵，唯在知足

《止足》："《礼》云：'欲不可纵，志不可满。'宇宙可臻其极，情性不知其穷，唯在少欲知足，为立涯限尔。"人的心情、欲望没有尽头，对此不能放任，要自觉为之设定界限，加以遏制。

5. 俭而不吝，施而不奢

持家也在一定程度上体现人的品德。《治家》："然则可俭而不可吝已。俭者，省约为礼之谓也；吝者，穷急不恤之谓也。今有施则奢，俭则吝；如能施而不奢，俭而不吝，可矣。"

（四）育德的方法

1. 早期教育，养成习惯

颜之推认为，人生的婴稚阶段，是育德开始的好时机。《教子》："当及婴稚，识人颜色，知人喜怒，便加教诲，使为则为，使止则止。比及数岁，可省笞罚。父母威严而有慈，则子女畏慎而生孝矣。……孔子云'少成若天性，习惯如自然'是也。俗谚云：'教妇初来，教子婴孩。'诚哉斯语！"他主张早教，有生理、心理发展的依据。《勉学》："人生小幼，精神专利，长成已后，思虑散逸，固须早教，勿失机也。"幼小时期，性情未定，较容易接受陶冶，养成良好习惯，行为品德符合规范。

2. 长者示范，随风而化

士族有家学的文化传承，重视道德思想教育。颜之推的家庭就表现出士族的风范。《序致》："吾家风教，素为整密。昔在龆龀，便蒙诱诲。"长辈以身作则，为年轻者做示范，形成正面的影响。风尚的教化，就是从上面推行到下面，从前辈施行到后辈，这是教导引起的转变。

3. 与善人居，潜移暗化

《慕贤》："人在少年，神情未定，所与款狎，熏渍陶染，言笑举动，无心于学，潜移暗化，自然似之，何况操履艺能，较明易习者也？是以与善人居，如入芝兰之室，久而自芳也；与恶人居，如入鲍鱼之肆，久而自臭也。墨子悲于染丝，是之谓矣。君子必慎交游焉。"

4. 读书学问,利于德行

《勉学》:"夫所以读书学问,本欲开心明目,利于行耳。未知养亲者,欲其观古人之先意承颜,怡声下气,……惕然惭惧,起而行之也。未知事君者,欲其观古人之守职无侵,见危授命,……恻然自念,思欲效之也。素骄奢者,欲其观古人之恭俭节用,卑以自牧,……瞿然自失,敛容抑志也。素鄙吝者,欲其观古人之贵义轻财,少私寡欲,……赧然悔耻,积而能散也。素暴悍者,欲其观古人之小心黜己,齿弊舌存,……茶然沮丧,若不胜衣也。素怯懦者,欲其观古人之达生委命,强毅正直,……勃然奋厉,不可恐慑也。历兹以往,百行皆然。纵不能淳,去泰去甚。学之所知,施无不达。"读书学问,目的在于培育道德品质,以史为鉴,从历史人物的社会生活经验教训中得到启迪,对于增进道德修养大有益处。

六、"道统说"的育德新探

隋唐时期,重建南北统一的中央集权国家。唐前期一百三十多年,封建社会繁荣发展,达到鼎盛阶段。"安史之乱"造成转折,唐开始走下坡路,社会矛盾在唐后期相继暴露,日趋激化。

统治者为了加强对人民的思想控制,利用能麻痹人民思想的宗教。佛教宣传人生是苦海,现实乃虚幻,教徒出家修行以求自身解脱,因得到扶植而空前发展。道教也被利用,宣称始祖李耳是李姓皇帝的祖宗,特地建立老君庙,供全国崇拜。儒、道、佛三家并用的政策,造成三足鼎立的局面。儒家"三纲五常"的伦理道德是入世主义,与佛、道的出世主义相对立。

韩愈(768—824),字退之,河南河阳(今河南孟州南)人,唐文学家、思想家、教育家。倡导复兴儒学,排斥佛老。主张"文以载道",引领古文运动;提出师道新见,明确教师任务。他从思想理论方面指出佛教与封建道德制度存在不可调和的矛盾,认为佛教违背民族传统和先王礼法,"不知君臣之义、父子之情",与"三纲五常"的道德规范严重抵触。有《韩昌黎集》[①]。

(一) 性三品说

韩愈在《原性》中论述性情:"性也者,与生俱生也;情也者,接于物而生也。"性与情的关系:"性之于情,视其品";"情之于性,视其品"。性与情的品级是对应的。性之品有上、中、下三,而其所以为性者五,曰仁、义、礼、智、信。情之品有上、中、下三,而其所以为情者七,曰喜、怒、哀、惧、爱、恶、欲。韩愈认为,上品的性情是善的,行为都符合仁、义、礼、智、信五德的规范,喜、怒、哀、惧、爱、恶、欲七情中和的标准。中品的性情,依据受教导的条件,可能为善,也可能为恶;行为表现有时欠缺一点,有时过分一点,然而有意愿要符合道德规范。下品的性情是恶的,行为表现都不符合道德规范,只是任性任情而行。他把仁、义、礼、智、信等道德原则归为人的本性,并作为区分善恶的标准,要求全社会都遵从统治阶级的道德原则,以达到维护社会秩序的目的。

韩愈继承汉代董仲舒的人性三品说,并作了一些修正,把性与情结合起来,作为新历史阶段的人性论;把区分三品加以公式

---

① 以下凡引《韩昌黎集》,只写篇名。引文依据刘真伦、岳珍校注《韩愈文集汇校笺注》,中华书局 2010 年版。

化，以此为标准，检验前人的人性理论，批评孟轲的性善论、荀况的性恶论、扬雄的性善恶混论的片面性。他只强调与生俱来的人性，而忽视社会生活实践对人发展成长的影响，是唯心主义的人性论。性情三品说就是他教育思想的理论基础。

（二）儒与佛老道德的对立

韩愈认识到儒学与佛老的对立是较长的一段历史。

儒家与老子对道德的理解是不同的：儒家是从维护封建纲常的角度来看问题，而老子是站在个人需要的角度来看问题。儒家所主张的道德以仁义为内容；而老子非毁仁义，其道德没有仁义的内容。《原道》批判老子："其所谓道，道其所道，非吾所谓道也；其所谓德，德其所德，非吾所谓德也。凡吾所谓道德云者，合仁与义言之也，天下之公言也；老子之所谓道德云者，去仁与义言之也，一人之私言也。"不以仁义为道德的内容，那只是个人的主张而已。

韩愈反对佛教为治心病，要摆脱一切社会关系，出家求自身清净。《原道》对此也加以批判："今其法曰：必弃而君臣，去而父子，禁而相生养之道，以求其所谓清净寂灭者。……今也欲治其心而外天下国家，灭其天常，子焉而不父其父，臣焉而不君其君，民焉而不事其事。"如果佛教的主张完全实现，其后果是"三纲五常"的沦丧，民族的文化传统遭到破坏，社会倒退到野蛮人的时代。

韩愈对当时佛老的批判，揭示儒家与佛老根本的区别与对立，对儒学复兴起到积极推动作用，产生了深远的历史影响。

（三）道统说

韩愈以复兴儒学为己任，要恢复儒家仁义道德的正统地位，排斥佛老势力的影响。他特别论述仁义道德与礼乐刑政的密切联系，揭示"先王之道"的道统，使"先王之道"深入人心，形成强劲的主流力量。

"先王之道"的核心内容就是仁义道德，表现于人的精神生活、物质生活、政治生活等多个方面。以"先王之道"教化民众，这就是"先王之教"。《原道》："夫所谓先王之教者，何也？博爱之谓仁，行而宜之之谓义，由是而之焉之谓道，足乎己无待于外之谓德。其文，《诗》《书》《易》《春秋》；其法，礼、乐、刑、政；其民，士、农、工、贾；其位，君臣、父子、师友、宾主、昆弟、夫妇；其服，麻、丝；其居，宫、室；其食：粟米、蔬果、鱼肉。其为道易明，而其为教易行也。是故以之为己，则顺而祥；以之为人，则爱而公；以之为心，则和而平；以之为天下国家，无所处而不当。"为人则爱而公，为天下则无所处而不当，这就是人类理想社会的境地。

韩愈认为，"先王之道"源远流长，起源于尧的时代，以后传承相继。《原道》："尧以是传之舜，舜以是传之禹，禹以是传之汤，汤以是传之文、武、周公，文、武、周公传之孔子，孔子传之孟轲。轲之死，不得其传焉。荀与扬也，择焉而不精，语焉而不详。由周公而上，上而为君，故其事行；由周公而下，下而为臣，故其说长。"这就是韩愈追根溯源所探明的"先王之道"相传授的"道统"。他特别赞扬孟轲卫道的作用。在孔子死后，杨墨交乱，圣贤之道不明，全靠孟轲奋起拒杨墨而传圣道，才使后学知宗孔氏，崇仁义，贵王而贱霸,其功不在禹下。在孟轲死后,佛老之害过于杨墨,"先王之道"的传承危如千钧一发。

韩愈认为,处在道统中断的危机时代,要奋勇承担历史使命,不顾身危,竭力复兴儒学,捍卫"先王之道"。宋代程朱理学接受"道统说",而抹掉韩愈卫道之功,宣称自己上承孟轲,是孔孟之道的嫡传。

韩愈的弟子李翱重视道德修养经验的继承和传授。他在《答朱载言书》中着重提出:"盖行己莫如恭,自责莫如厚,接众莫如宏,用心莫如直,进道莫如勇,受益莫如择友,好学莫如改过,此闻之于师者也。"

李翱以韩愈为师,对韩愈甚为敬重,不仅学古文,也学古文所载的仁义道德,并在修德方面受到教益。七条修德的经验,是韩愈对他的传授,给他深刻的印象,他牢记不忘。当他要指导学生进德修业的时候,回忆起来,感到值得向弟子传授,所以特别提出,当然希望能付诸实行。其实,韩愈的修德经验也是继承儒家的教育传统而来,《论语》是其主要的思想根源。

行己莫如恭:恭,庄严恭敬。自己行事之时最重要的是谦恭谨慎。《论语·公冶长》有"其行己也恭",孔子认为这是适合君子之道的行为。

自责莫如厚:自我责备,最重要的是对自己要求严格。《论语·卫灵公》有"躬自厚而薄责于人"。

接众莫如宏:为民众办事,最重要的是大气宽宏。《论语·学而》有"泛爱众"。《论语·公冶长》有"其养民也惠"。

用心莫如直:用心思虑处事,最重要的是正直无邪。《论语·为政》有"举直错诸枉,则民服"。《论语·宪问》有"以直报怨,以德报德"。

进道莫如勇：依道而行之时，最重要的是坚强勇敢。《论语·为政》有"见义不为，无勇也"。《论语·宪问》有"仁者必有勇"。

受益莫如择友：修德受益，最重要的是选择贤友。《论语·卫灵公》有"友其士之仁者"。《论语·学而》有"无友不如己者"。《论语·季氏》有"益者三友，……友直，友谅，友多闻，益矣"。

好学莫如改过：好学在德行方面，最重要的是知过能坚决改过。《论语·学而》有"过则勿禅改"。《论语·卫灵公》有"过而不改，是为过矣"。《论语·述而》有"不善不能改，是吾忧也"。

韩、李两人对道德修养经验进行新的组合，扩大对年轻一代的影响。

传统育德体系的重建

从宋朝开始,中国封建社会进入后期,民族矛盾加剧,君主专制统治不断强化,思想领域也发生大变革,改变经学烦琐的章句训诂,转为重视义理的经世致用,新学与理学应运兴起,都提出为封建统治服务的德育思想体系。王安石是新学的倡导者。

一、 善恶由习与义利统一的修养观

王安石(1021—1086),字介甫,抚州临川(今江西抚州)人。北宋政治家、思想家、文学家。十多年州县地方官员的经历,使他对社会问题有较深入的观察。经过认真的考虑,他上书宋仁宗,建议变法,未被采纳。十年后,宋神宗即位,王安石任宰相,力主改革,推行新法,遭到反对派的抵制,两起两落。第二次罢相后,王安石闲居江宁,从事著述和讲学活动。王安石与赞同新法的弟子曾对儒家经典《诗经》《尚书》《周礼》作了新的解释,成为变法的理论依据。其学说被人称为"新学",在当时有重大影响。他的著作甚多,遗存的收入《临川先生文集》[①],又称《王文公文集》。

（一）治国人才

王安石认为，国家的治理需要人才，人才要德才兼备，事关国家的兴衰存亡。人才靠学校来养成，他的《上仁宗皇帝言事书》[①]说："朝廷礼乐刑政之事，皆在于学。士所观而习者，皆先王之法言德行治天下之意，其材亦可以为天下国家之用。苟不可以为天下国家之用，则不教也；苟可以为天下国家之用者，则无不在于学。此教之之道也。"人才的培养，首先是道德教育，礼乐德行是其重要内容，学校培养的人才皆为国家所用。

（二）善恶由习

王安石认为，在人才的道德品质形成过程中，"习"起了最重要的作用。他称赞孔子"性相近也，习相远也"的观点，强调"习相远"造成德性养成的重大差距，所以对"习"要十分慎重。对"唯上智与下愚不移"，他在《性说》中做出自己的解释："习于善而已矣，所谓上智者；习于恶而已矣，所谓下愚者；一习于善，一习于恶，所谓中人者。上智也、下愚也、中人也，其卒也命之而已矣。……惟其不移，然后谓之上智；惟其不移，然后谓之下愚。皆于其卒也命之，夫非生而不可移也。"人不是生而不可移的，而是其后在社会生活实践中所习对人的发展起决定作用。人愿移或不愿移有主动性，自己的所习所为决定最终的结果。

① 《上仁宗皇帝言事书》，又称《上仁宗皇帝万言书》《上皇帝万言书》。

（三）性情一致

王安石有《性情》一文，否定"性善情恶"，批驳情恶害性、性情对立之说。他认为，要了解性与情的关系，首先要知道性与情的实际意义。"喜、怒、哀、乐、好、恶、欲，未发于外而存于心，性也。"性内存于心而未发。"喜、怒、哀、乐、好、恶、欲，发于外而见于行，情也。"情是外发而体现的行为。这是性与情的区别。性为情之本，情为性之用，这是性与情的关系。所以，性与情是一致的。性内在而未发，无所谓善或恶。但情接于外物而后动，情动发于外表现为行为，可以为善，也可以为恶。是善是恶以当于理为准：行为当于理，为善，则为圣也，贤也；不当于理，为恶，则为小人也。情不是如有些人所说的绝对的恶，以为无情者才是善，废情无情之论是错误的。

（四）义利统一

关于道德与功利关系的问题，王安石主张道德与功利相统一，这是他与理学家存在分歧的方面。

王安石显然把公众利益放在社会组织事务的首要地位。他在《乞制置三司条例》中提出："盖聚天下之人，不可以无财；理天下之财，不可以无义。"设官职，定事典，目的就是富邦国以养万民，当官者的首要任务就是"因天下之力，以生天下之财；取天下之财，以供天下之费"。变法改革，就是为了兴利除害。人们若不足于财，就会贪鄙苟得，顾不上廉耻；只有足于财，才能离于贪鄙之行,顾上廉耻。人民生活的基本需要即衣食保持温饱,只有使百姓无憾于衣食,才能兴起礼义廉耻的道德。因此,必须言利,有利才能言义,先利而后义,利义是统一的。

王安石与理学家的分歧在于:(1)敢于理直气壮公然言利,而理学家则避讳言利;(2)把言利视为利民利国之事,而理学家把言利等同于不道德;(3)认为先利后义,利义当然是统一的,而理学家则唯义至上,利义对立。

王安石所主张的利是利国利民的公利,同时也考虑处理公利与私利的关系,认为对不同社会地位的人,维护一定等级差异限度的个人利益是正当的。但对帝王、官吏、士、农、工、商,要以礼法的规范加以限制,反对私利的任意扩张。

(五)个人修养

王安石强调个人修养的必要性,在《洪范传》中解释五事,言修其心,治其身,而后可以为政于天下。所谓五事,是指貌(容貌)、言(言论)、视(观察)、听(听闻)、思(思考)。五事各有要求和职能。"貌曰恭,言曰从,视曰明,听曰聪,思曰睿。"容貌恭敬就能端肃,言论顺当就能治事,观察明白能成哲人,听闻广泛就能善谋,思无不通就能作圣。

王安石认为,修身是逐步递进的,有其一定顺序,只有先学恭其貌,顺其言,然后才能学而至于明哲,既明哲矣,然后广听而成其谋,能谋矣,然后思而至于圣。五事从感性认识发展到理性认识,是人认识发展过程的合理顺序。五事以思为主,思贯穿于五事的始终。"思者,事之所成终而所成始也,思所以作圣也。"思是使人成为圣人的决定性条件。五事的修养不是孤立的，必须结合仁义道德的修养，君子的容貌、语言都要体现仁义的思想品质，顺续不断地修养，即可达到圣人境界，这是他所要求达到的理想人格。

（六）民众教化

王安石重视对民众的教化，他依据十多年担任地方官在民间的考察、自己的政治实践经验以及对历史传统的总结，认为教化实施者大致可以分为两类：一类是善教者，另一类是不善教者。他在《原教》中对两者进行了比较。

善教者隐其施教之法，民众不知道官方施教的意图，平稳过日而被感化。善教者以身作则而示范于民众，全面表现其道德行为。王安石说："善教者之为教也，致吾义忠而天下之君臣义且忠矣，致吾孝慈而天下之父子孝且慈矣，致吾恩于兄弟而天下之兄弟相为恩矣，致吾礼于夫妇而天下之夫妇相为礼矣。天下之君君臣臣、父父子子、兄兄弟弟、夫夫妇妇，皆吾教也。"这就是居官为师，自上而下潜移默化，很自然地顺应民心，没有法令告诫的强烈刺激，没有任何强制的压力，民众处于自由自在的境地。

不善教者则相反，民众知道官府施教的目的和手段，没有诚意接受官府的教化。官府施教的手段就是暴力和刑法，对民众"暴为之制，烦为之防，劬劬于法令诰戒之间，藏于府，宪于市，属民于鄙野，必曰臣而臣，君而君，子而子，父而父，兄弟者无失其为兄弟也，夫妇者无失其为夫妇也，率是也有赏，不然则罪"。官府对民众层层监督和警告,做得很周密,但还是有民众不服教化,被处以刑罚,有的拘押,有的坐牢,有的流放,有的处死,还是不断有人触犯法规。多方防患,酷法严刑,违背民心,终会有失控的危机。

王安石主张施政者应该成为善教者,要具有为民之师的意识,以身作则的示范是道德教化最适合的手段,为政以德,深得民心,才会有良好的效果。

二、 人性二重论与变化气质的修养之道

张载(1020—1077),字子厚,北宋凤翔郿县(今陕西眉县)人。居横渠镇讲学,世称"横渠先生",是中国11世纪重要的思想家和教育家,理学的奠基人之一。他的学术活动主要在关中,以他为代表的学派称为"关学"。他的著作由后人编为《张子全书》[①]。

张载有宽大的胸怀、高尚的理想,自负历史责任,他在《近思录拾遗》中说:"为天地立心,为生民立命,为往圣继绝学,为万世开太平。"他反对佛、道的虚无主义,是一位杰出的唯物主义者,主张气一元论;认为气是宇宙万物的本原和本体,气聚散于太虚,太虚即气,而天是没有意志的,也没有思虑的自然过程。

张载认为,宇宙统一于气,天地万物和人类有共同性,把天性与人性等同。由于没有认识到人的社会性,在伦理道德领域,他陷入唯心主义。

---

① 以下凡引《张子全书》,只写篇名。引文依据章锡琛点校《张载集》,中华书局1978年版。

（一）人性二重论

张载首创人性二重论,把人性的结构分为"天地之性"和"气质之性"。他认为,人是由气聚而产生的,人之性就其本源而言是气之性,也就是"天性","人性"和"天性"为一。人的这种本性,称为"天地之性"。"天地之性",仁而无不善。人性被赋予伦理的品格,实际上是封建伦理道德的抽象。

张载还提出"气质之性"。气聚成形,形而后有"气质之性"。"气质之性"是由人所禀元气的实体本身所带来的属性,所包含的内容是饮食男女的自然本能。

张载认为,气有刚柔、缓速、清浊之分。首先是人禀气有正偏之别,所以人性虽同,但气有异。其次是习的过程和客观条件,包括人的成长和培养、自然气候、地理环境的作用等。这些因素造成"气质之性"各有不同,必然要影响"天地之性",于是人的行为表现就有善恶的差别。禀得浊气,又受坏习所害,就会灭天理而穷人欲,这就是恶的本源。或禀得气之一偏,也会影响"天地之性",表现为善恶混。如能禀得清气,化却习俗之气,"善反之,则天地之性存焉",这就是善的本源。他以此解释"气质之性"与"天地之性"的关系,也为善恶的来源提供一种新的说法,为发扬仁爱和变化气质提供理论依据。

张载的人性二重论,被程颢、程颐接收并加以发挥,后又得到朱熹的推崇,认为它"极有功于圣门",对儒学的发展有重要贡献。

（二）"民胞物与"

张载在其著名的《西铭》一文中提出"民胞物与"的主张："乾称父,坤称母,予兹藐焉,乃混然中处。故天地之塞,吾其体;天地之帅,吾其性。民吾同胞,物吾与也。"大意是说：天地是人和万物的父母,人是很渺小的,与万物共处于天地之间。充满天地间的气,构成人的身体;统帅天地之气的性,是人的本性。人民是我的同胞兄弟,万物是我的共处同伴。这表明他主张爱一切人,也爱一切物,从表面形式看,具有泛爱主义的特点,爱必兼爱,爱无差等。

"民胞物与"的主张,不是在政治上提倡真正的人际平等,也不是在伦理上平等的爱,不是要否定封建的宗法等级制度,并没有超越儒家"爱有差等"的原则。在《西铭》中,张载接着说："大君者,吾父母宗子;其大臣,宗子之家相也。尊高年,所以长其长;慈孤弱,所以幼其幼。"君主是天的嫡长子,众官是君主的臣僚,一切依据宗法等级制度处理家族范围内的关系,上下尊卑,长幼有别,敬长而爱幼,这是永恒的"天道"。

"爱有差等",集中体现为大力提倡孝。孝是封建道德的基础和核心。把孝道说成天道,而使孝道永恒化。孝道的原则是"亲亲",要求分清等级、亲疏,自然各亲其亲,各子其子。"爱无差等"与"爱有差等"两种观点的对立客观存在,张载还没有把这两种对立观点统一起来。

孝道的根本原则是顺从父母之命,若违背即被视为"悖德"。张载在《西铭》中列举的孝子事例有：舜孝其父瞽叟、申生孝其父晋献公、伯奇孝其父尹吉甫等,他所提倡的是不顾是非,绝对无条件,顺从父母之命的"愚孝"。在封建专制的社会,事父孝则事君忠,宣扬"愚孝"就等于提倡"愚忠"。

(三) 变化气质的修养之道

张载教导弟子们:"为学大益,在自求变化气质。"[①]

吕大临《横渠先生行状》:"学者有问,多告以知礼成性,变化气质之道,学必如圣人而后已。"

张载关于道德教育的基本主张是:学所以为人,成为至善至仁的人,求为圣人,以达到圣人境界为教育的最高目标,变化气质是关键任务,知礼成性是可学可行的修养途径。

为了变化气质,需要采取实际措施。张载借鉴历史上变化气质成功的经验指出,可以利用地方已有的学校机构,发挥师长、朋友日相教训的积极作用,造就贤者。如气质恶者,学即能移。他主张扫除旧的社会习俗,营造新的社会生活环境。

张载认为,道德修养不能空谈,而要依靠礼制,在日常生活中长期坚持实行。《礼乐》:"礼所以持性,盖本出于性,持性,反本也。凡未成性,须礼以持之,能守礼已不畔道矣。""礼者,圣人之成法也,除了礼天下更无道矣。欲养民,当自井田始;治民,则教化刑罚俱不出于礼外。"以礼持性,知礼成性,都要充分发挥礼的作用。《学大原上》:"学者且须观礼,盖礼者滋养人德性,又使人有常业,守得定,又可学便可行,又可集得义。养浩然之气须是集

---

① 《语录中》。

义,集义然后可以得浩然之气。"在道德修养的过程中,礼的作用是多方面的,作为常业,要求常守,认真学,诚心行,集义积善不息,养浩然正气,克己而寡欲。礼确实成为道德修养的主要途径。

(四)立天理,灭私欲

张载认为,人有利欲之心,与所学正相背驰,故学者要寡欲。人之欲望自控在一定限度内是合理的,如果过分地追求私欲的满足,就会导致伤害"天理"。《正蒙·神化篇》:"徇物丧心,人化物而灭天理者乎!"为了保持"天理"长存于心,人们必须寡欲,不可以私累其心,不以小害大,未丧本。寡欲就必须在饮食男女方面克制自己,以理义战胜私己,依靠刚强之德战胜私己。

《经学理窟·义理》:"今之人灭天理而穷人欲。"张载决心改变社会现状,"今复反归其天理"。他继承儒学寡欲的思想传统,公然反对"灭天理,穷人欲",提倡"立天理,克私欲"。他的政治意图是使民寡欲则不为盗,以缓和当时的阶级矛盾,维持封建统治制度。

张载在理学发展的初期首先提出"天理人欲"之辩的问题,后继的理学家持续探讨这个问题。到南宋,朱熹对这个问题有更多论述,论题没有改变,用词改为"存天理灭人欲",所主张的内容就大不同。

三、 理欲义利之辩与居敬穷理的修养体系

朱熹(1130—1200),字元晦,一字仲晦,号晦庵。祖籍徽州婺

源（今属江西），生于南剑州尤溪（今属福建）。朱熹受学于李侗，李侗受业于罗从彦，罗从彦师事杨时，杨时师事二程（颢、颐）。因此，朱熹是二程四传弟子。十九岁中进士，先后任过一些地方官，是南宋著名的思想家、教育家，是理学之集大成者，与二程合称"程朱学派"。他长期居住、讲学、著述在福建，其学派被称为"闽学"。其著作甚多，有《四书章句集注》《朱子语类》《晦庵先生朱文公文集》等，是后人研究朱熹德育思想的重要材料。

（一）"理一分殊"论

朱熹的德育观，以客观唯心主义的"理一元论"为其理论基础。他最高的哲学范畴是"天理"，或简称"理"。他把封建道德纲常抽象化、客观化为天理，把天理作为天地万物的根源和本体。他说："未有天地之先，毕竟也只是理。有此理，便有此天地；若无此理，便亦无天地，无人无物，都无该载了！有理，便有气流行，发育万物。"[①]朱熹以理为本论述封建的伦理纲常，他说："未有这事，先有这理。如未有君臣，已先有君臣之理；未有父子，已有父子之理。"[②]

社会关系是多方面多层次的，朱熹用"理一分殊"来作解释。他说："合天地万物而言，只是一个理；及在人，则又各自有一个理。"[③]如同"月印万川"，天上月亮普现为万川的月亮。他认为："万物皆有此理，理皆同出一原。但所居之位不同，则其理之用不

---

① 《朱子语类》卷一。以下凡引《朱子语类》，只写卷数。引文依据徐靖德编《朱子语类》，中华书局 1986 年版。
② 《朱子语类》卷九五。
③ 《朱子语类》卷一。

一。如为君须仁，为臣须敬，为子须孝，为父须慈。物物各具此理，而物物各异其用，然莫非一理之流行也。"[1]

朱熹把人为的封建道德规范等同于必然的道德规律，否定道德规范的特性。

（二）人性二重论

由张载首创的人性结构有"天地之性"和"气质之性"二重组织；得程颢、程颐兄弟赞扬和采纳，并改称为"天命之性"和"气禀之性"；朱熹又直接继承二程的主张，并进一步加以阐释。人性二重成为理学人性论的基本特征。

朱熹认为，讨论人性要把握基本原则："论性不论气，不备；论气不论性，不明，二之则不是。"[2]既要论"天命之性"，也要论"气禀之性"，两面兼顾，避免以往各家诸种人性学说的片面性，使人性理论能自圆其说。

朱熹认为，提出"气禀之性"，对理学是一大贡献。"气禀之性"补充了"性善论"，也包括"性恶论""性善恶混论""性三品论""性善情恶论"。"气禀之性"和"性善论"相结合，完成了对儒家人性论的理学总结。

朱熹以"理一元论"和"理一分殊论"为人性论的依据，宇宙一"理"而万物"分之以为体"。他说："只是这理，在天则曰'命'，在人则曰'性'。""性即理也。"[3]凡人都同有"天命之性"，是百行万善

---

① 《朱子语类》卷一八。
② 《朱子语类》卷四。
③ 《朱子语类》卷五。

的总根源,百行万善总于五常,五常又总于仁,所以孔孟只教人求仁。

朱熹认为,人之所以生,理与气合,理虽同而气有异;人之所以有善有不善,只缘气质之禀各有清浊。禀气之清者,为圣为贤,如宝珠在清冷水中;禀气之浊者,为愚为不肖,如珠在浊水中。禀气的清浊,影响理的全或偏,造成人成圣贤或愚不肖。禀气,都是天所命。这显然有道德宿命论的倾向。

朱熹认为,"气禀之性"可以变化,要发挥心的主宰作用,变化气质,复明天理,为道德修养提供依据。

(三)义利动机论

朱熹极为重视义利关系,他说:"义利之说,乃儒者第一义。"[①]什么是义?义者,天理之所宜。义者,心之制,事之宜也。为义,就是以天理为行为准则,由个人内心自我制约,使各项处事皆符合天理。什么是利?利者,人情之所欲。利心,生于人欲之私也。追求个人自私欲望的满足,有心自我扬名,要别人表扬,乞求利禄,凡事以得利为行为目的。

做人是为义还是为利,是处事接物两种相反的行为方向,与是非、善恶、正邪关系甚大。朱熹认为,不论学问深浅,都要辨明义利。对义利问题,要细心认识,严格辨明,审慎选择,由此而区别君子和小人,为义者便朝向圣贤之域,为利者便趋向愚不肖之徒。圣人做事只向义边做。君子效法圣人,要选择为义作为唯一

---

① 《晦庵先生朱文公文集·与延平李先生书》,《四部丛刊初编》本。

正确的行为方向。为义之人，只知有义而已，不知利之为利。没有利己之心，只看义合天理，当如此。

朱熹严辨义利，认为义利不应并立。但他并不否定循理为义而得利。他说："义之和处便是利。如君臣父子各得其宜，此便是义之和处，安得谓之不利！"①凡事不可先有个利心，才说着利，必害于义。"盖凡做事只循这道理做去，利自在其中矣。"②

朱熹不容有求利的行为动机，也不容以求利为行为目的否定功利主义的义利观，他主张的是道义主义的义利观。

（四）存理灭欲论

朱熹认为，天理、人欲不能两立，必须在内心修养上存天理灭人欲。为此，他严辨天理、人欲。他说："人之一心，天理存，则人欲亡；人欲胜，则天理灭，未有天理人欲夹杂者。学者须要于此体认省察之。"③天理，指"天命之性"，包括仁、义、礼、智、信诸德。天理为公。人欲，源于气禀之性有偏，体现为计较利害的求利之心。人欲为私。天理与人欲的对立，就是公与私的对立。

朱熹认为，"人心之公，每为私欲所蔽"④使人不能为义而趋向圣贤之域，相反就会为利，趋向愚不肖之徒。因此，他主张："学者须是革尽人欲，复尽天理，方始是学。"⑤存天理灭人欲，是他的基本主张。达到圣人的境界，是他要求的理想人格。

---

① 《朱子语类》卷六八。
② 《朱子语类》卷三六。
③ 《朱子语类》卷一三。
④ 《朱子语类》卷一三。
⑤ 《朱子语类》卷一三。

中国历史上的育德

有人向朱熹提问："饮食之间,孰为天理,孰为人欲?"他回答:"饮食者天理也;要求美味,人欲也。"[①]他认为,饮食者"饥则食,渴则饮",这是凡人皆有的天然本能,所以是天理;而要求美味,乃是出自私意,所以是人欲。另外,统治者的生活享受与平民百姓的生活大不相同,要区分他们是天理还是人欲,关键是考察是"公于天下"还是"私于一己"。如统治者的"钟鼓、苑囿、游观之乐,与夫好勇、好货、好色之心"[②],能循理而公于天下者,与百姓共享,也可属于"天理"范畴。若纵欲私于一己者,则该属于"人欲"。

朱熹是站在封建统治者的立场谈天理与人欲。他既可以借与百姓共享为由,肯定统治者的富贵享乐生活;又可以借反对"要求美味",遏制劳动人民改善生存条件的欲望。他要求劳动者以"饥则食,渴则饮"为物质需求的标准,超过此标准,则斥之为"人欲"。人们随着社会生产力的发展,对自己的物质需求有要求不断改善的趋势。"要求美味"正是社会文明化之人的欲望。他主张"革尽人欲,复尽天理",实质是禁欲主义,这违逆社会进步的趋势,否定劳动人民改善物质生活条件的合理欲望。

(五)居敬穷理论

朱熹受程颐"涵养须用敬,进学则在致知"遗训的影响,比较集中论述"居敬""穷理"互补的修养方法。他说:"学者工夫,唯在居敬、穷理二事。此二事互发。能穷理,则居敬工夫日益进;能居

---

① 《朱子语类》卷一三。
② 《四书章句集注》之《孟子集注·梁惠王章句下》。

敬,则穷理工夫日益密。"①

1. 居敬

朱熹认为,"敬"是"真圣门之纲领,存养之要法"②。居敬作为内心修养工夫,有多种方法可以运用,如仪表整肃、静坐内省、敬义夹持等,目的都是要使心地光明,天理灿然。居敬工夫要求学者常常唤醒本心,收敛此心,使之不昏昧、不放纵、不闲虑,使心能自作主宰,自然知得是非善恶,自然见得天理。他所说的"心",是指知觉思虑的认识功能,是人的理性能力,是一身之主宰。

心既有认识功能,又是认识的对象,是能觉之灵与所觉之理的合一。道德修养的方向上,只要充分发挥心的认识功能,去认识心中包含之理,先在内心用功,即能识得人性之善,明得先验之理。这就是所谓的"居敬",其本质是唯心主义的人性先验论。

2. 穷理

经过即物穷理而致知,此所谓"格物致知"。朱熹依据自己的主张,加以阐释。《大学章句·格物致知补传》:"所谓致知在格物者,言欲致吾之知,在即物而穷其理也。"

朱熹提倡的"格物",实际是指社会道德领域,所要的穷理就是认识封建的道德纲常。他说:"穷理,如性中有个仁义礼智,其发则为恻隐、羞恶、辞逊、是非。只是这四者,任是世间万事万物,皆不出此四者之内。"③为学者须从穷理上着力,穷理有多个方面,如读书观圣贤之意以讲明义理,论古今人物而辨别其是非,应接社会事物而自审其当否。

---

① 《朱子语类》卷九。
② 《朱子语类》卷一二。
③ 《朱子语类》卷九。

穷理实际是一种认识活动,体现对道德自觉原则的重视。朱熹说:"穷理者,欲知事物之所以然与其所当然者而已。知其所以然,故志不惑;知其所当然,故行不谬。"①只有认识所以然之故与所当然之则做到统一,道德行为才能达到自觉的境地。

(六)知先行后,行重知轻

道德修养与道德实践的关系,是认识与实践的关系,也就是知与行的关系。朱熹所说的"知",是明心中的天理,明封建道德纲常;所说的"行",是依天理而行,履行封建道德纲常。

朱熹对知行的基本观点:"知行常相须,如目无足不行,足无目不见。论先后,知为先;论轻重,行为重。"②"知先行后"实是一种客观唯心主义的先验论。但他突出"知为先",强调道德认识对道德实践的指导作用,对道德行为要求具有自觉性。"义理不明,如何践履?"③他否定不知而行的盲目行为。他还指出,知为行服务,知以行为目的。行对知也有检验认识和加深认识的作用。"知之愈明,则行之愈笃;行之愈笃,则知之愈明。"④知与行,相互依赖,交互作用,不可偏废。这些论述的确含有合理的因素。

四、"致良知"与"知行合一"的修养体系

王守仁(1472—1528),字伯安,号阳明,余姚(今属浙江)人,

---

① 《朱子全书》卷三,《钦定四库全书》本。
② 《朱子语类》卷九。
③ 《朱子语类》卷九。
④ 《朱子语类》卷一四。

明代思想家、教育家。二十八岁考中进士，仕途历经风波，官至南京兵部尚书。他的学术思想发展转变经历三个主要阶段。第一阶段，信奉程朱理学，并认真践行"即物穷理"，格竹七日，未能悟得天理，就此抛开程朱理学。第二阶段，转求佛老之学十余年，终于认识到佛老要超绝尘世，抛弃伦理纲常，后悔错用工夫，回归儒学。第三阶段，因不满宦官乱政，受刑之后被贬为龙场驿丞，日夜苦思，只有依靠自己的精神力量，大悟"圣人之道，吾性自足，不假外求"①，由此确立"心即理"的主观唯心主义世界观。在哲学基本问题方面，他所承袭的是孟轲与陆九渊的主观唯心主义路线，后来在讲学中继续对"心学"进行多方面的阐发。德育思想是其中的组成部分，最终形成"致良知"的思想体系。

王守仁随处讲学，但不著书，其言论、书信、文录、杂文等，由其弟子汇编成《王文成公全书》（亦称《阳明全书》）。其中，《传习录》②是后人研究王守仁德育思想的主要资料。

（一）"心即理"的本体论

关于"理"的问题，王守仁与朱熹的观点存在明显的分歧。朱熹认为，"理"是先天的客观存在，万事万物中都有其理，因此强调"即物穷理"。王守仁对此加以否定。《答顾东桥书》："朱子所谓'格物'云者，在即物而穷其理也。即物穷理，是就事事物物上求其所谓定理者也。是以吾心而求理于事事物物之中，析心与理而

---

① 《明儒学案·姚江学案·文成王阳明先生守仁》（修订本），中华书局2008年版。
② 以下凡引《传习录》，只注篇名。引文依据王晓昕、赵平略点校《王文成公全书》，中华书局2015年版。

为二矣。"他主张"心即理",认为理在心之内,不在心之外,强调心为本,建立"心本论",意在纠正朱熹的"理本论"即心外以求理,析心与理而为二的弊端。

《答顾东桥书》:"心即理也。学者,学此心也;求者,求此心也。孟子云:'学问之道无他,求其放心而已矣。'"

《传习录》上载,学者言:"至善只求诸心,恐于天下事理有不能尽。"王守仁说:"都只在此心,心即理也。此心无私欲之蔽,即是天理,不须外面添一分。以此纯乎天理之心,发之事父便是孝,发之事君便是忠,发之交友治民便是信与仁。只在此心去人欲存天理上用功便是。"

王守仁再次强调为学以心为本。《紫阳书院集序》:"故博学者,学此者也;审问者,问此者也;慎思者,思此者也;明辨者,辨此者也;笃行者,行此者也。心外无事,心外无理,故心外无学。是故于父子尽吾心之仁,于君臣尽吾心之义;言吾心之忠信,行吾心之笃敬;惩心忿,窒心欲,迁心善,改心过;处事接物,无所往而非求尽吾心以自慊也。"

王守仁的心本体论,既合心与理为一,也合心与物为一。《传习录》上:"身之主宰便是心,心之所发便是意,意之本体便是知,意之所在便是物。如意在于事亲,即事亲便是一物;意在于事君,即事君便是一物;意在于仁民爱物,即仁民爱物便是一物;意在于视听言动,即视听言动便是一物。所以某说无心外之理,无心外之物。"

关于心与物的关系,以心是唯一的本体,心发动就是意,意是人的主观意识,意向外化到仁民爱物等对象上,表现出道德、政治关系上的意义。王守仁强调心的主导能动作用,使道德意识与道德实践相结合；主张心为本体，排斥物为本源，主观唯心主义的旗帜特别明显。

（二）良知是心之本体

"良知"源自《孟子·尽心上》："所不虑而知者，其良知也。"良知指的是先验的道德意识。"良知说"是王守仁德育学说的理论核心。

王守仁认为："心者，身之主也，而心之虚灵明觉，即所谓本然之良知也。"[①]"良知者，心之本体。"[②]"吾心之良知，即所谓天理。"[③]由于良知是心的本体，因此良知即心，良知即理，心即理，心即性，性即理，名称虽然不同，检查一下，却是异名而同实。良知、理、心、性，被说成一个东西，都在心之内，不在心之外，不必外心以求理。

王守仁主张的"良知"有重要的功用：其一，良知不由见闻而有，而见闻皆为良知之用。良知之外，无别知矣。其二，良知发用之思，所思在于天理，所思之是非邪正，良知无有不自知。其三，虚灵明觉之良知，应感而动谓之意，有知而后有意。意之所用，必有其物。其四，意念之发，吾心之良知无有不自知。

关于"致良知"，王守仁是按知行不可离，"知行合一"并进，行是知的功夫来说明，所以对"致"有自己特别的解释：致，行也。"致良知"，就是行良知。

《书魏师孟卷》："心之良知是谓圣。圣人之学，惟是致此良知

---

① 《答顾东桥书》。
② 《答陆原静书》。
③ 《答顾东桥书》。

而已。自然而致之者,圣人也;勉然而致之者,贤人也;自蔽自昧而不肯致之者,愚不肖者也。愚不肖者,虽其蒙昧之极,良知又未尝不存也。苟能致之,即与圣人无异矣。此良知所以为圣愚之同具,而人皆可以为尧舜者,以此也。是故致良知之外无学矣。"

"致良知"达到心与理合一。《答顾东桥书》:"致吾心良知之天理于事事物物,则事事物物皆得其理矣。致吾心之良知者,致知也。事事物物皆得其理者,格物也。是合心与理而为一者也。"

(三)天地万物一体论

王守仁主张以天地万物为一体,视天下犹一家,视中国犹一人;发扬仁爱之心,推行泛爱教育。他在《答顾东桥书》中作了较完整的说明:"夫圣人之心,以天地万物为一体,其视天下之人,无外内远近,凡有血气,皆其昆弟赤子之亲,莫不欲安全而教养之,以遂其万物一体之念。天下之人心,其始亦非有异于圣人也,特其间于有我之私,隔于物欲之蔽,大者以小,通者以塞,人各有心,至有视其父子兄弟如仇雠者。圣人有忧之,是以推其天地万物一体之仁以教天下,使之皆有以克其私,去其蔽,以复其心体之同然。其教之大端,则尧、舜、禹之相授受,所谓'道心惟微,惟精惟一,允执厥中'。而其节目,则舜之命契,所谓'父子有亲,君臣有义,夫妇有别,长幼有序,朋友有信'五者而已。唐、虞、三代之世,教者惟以此为教,而学者惟以此为学。当是之时,人无异见,家无异智,安此者谓之圣,勉此者谓之贤,而背此者,虽其启明如朱,亦谓之不肖。下至闾井田野、农工商贾之贱,莫不皆有是学,而惟以成其德行为务。……而但使之孝其亲,弟其长,信其朋友,以复其心体之同然。是盖性分之所固有而非有假于外者,则人亦孰不能之乎!"圣人施教,使人克其私,去其蔽,恢复以仁爱为核心先验的德性。

(四)知行合一论

《传习录》下载,弟子问"知行合一"。先生曰:"此须识我立言宗旨。今人学问,只因知行分作两件,故有一念发动,虽是不善,然却未曾行,便不去禁止。我今说个知行合一,正要人晓得一念发动处,便即是行了。发动处有不善,就将这不善的一念克倒了。须要彻根彻底,不使那一念不善潜伏在胸中,此是我立言宗旨。"

《传习录》上:"今人却就将知行分作两件去做,以为必先知了然后能行。我如今且去讲习讨论,做知的工夫,待知得真了,方去做行的工夫,故遂终身不行,亦遂终身不知。此不是小病痛,其来已非一日矣。某今说个知行合一,正是对病的药,又不是某凿空杜撰,知行本体原是如此。"

关于知与行的关系,《传习录》上:"知是行的主意,行是知的功夫;知是行之始,行是知之成。"《答顾东桥书》:"知之真切笃实处,即是行;行之明觉精察处,即是知。知行工夫本不可离。只为后世学者分作两截用功,失却知行本体,故有合一并进之说。'真知即所以为行,不行不足谓之知。'"

(五)修养方法

1. 学贵得之心

《答罗整庵少宰书》:"夫学贵得之心。求之于心而非也,虽其言之出于孔子，不敢以为是也，而况其未及孔子者乎！求之于心而是也，虽其言之出于庸常，不敢以为非也，而况其出于孔子者乎！"

《谨斋说》："君子之学，心学也。心，性也；性，天也。圣人之心纯乎天理，故无事于学。下是，则心有不存而汩其性，丧其天矣，故必学以存其心。学以存其心者，何求哉？求诸其心而已矣。求诸其心何为哉？谨守其心而已矣。博学也，审问也，慎思也，明辨也，笃行也，皆谨守其心之功也。"

2. 省察克治

《传习录》上："省察克治之功，则无时而可间，……无事时，将好色、好货、好名等私，逐一追究，搜寻出来，定要拔去病根，永不复起，方始为快。常如猫之捕鼠，一眼看着，一耳听着，才有一念萌动，即与克去，斩钉截铁，不可姑容，与他方便，不可窝藏，不可放他出路，方是真实用功，方能扫除廓清。到得无私可克，自有端拱时在。虽曰何思何虑，非初学时事。初学必须思，省察克治，即是思诚，只思一个天理。到得天理纯全，便是何思何虑矣。"

3. 事上磨炼

《传习录》上："人须在事上磨，方立得住；方能静亦定，动亦定。"

《传习录》下："人须在事上磨炼，做功夫乃有益。若只好静，遇事便乱，终无长进。""有一属官，因久听讲先生之学，曰：'此学甚好。只是簿书讼狱繁难，不得为学。'先生闻之，曰：'我何尝教尔离了簿书讼狱，悬空去讲学？尔既有官司之事，便从官司的事上为学，才是真格物。如问一词讼，不可因其应对无状，起个怒心；不可因他言语圆转，生个喜心；不可恶其嘱托，加意治之；不可因其请求,屈意从之;不可因自己事务烦冗,随意苟且断之;不可因旁人谮毁罗织,随人意思处之。这许多意思皆私,只尔自知,须精细省察克治,惟恐此心有一毫偏倚,枉人是非,这便是格物致知。簿书讼狱之间,无非实学。若离了事物为学,却是着空。'"

4. 随分所及

《传习录》下载,先生曰:"我辈致知,只是各随分限所及。今日良知见在如此,只随今日所知扩充到底,明日良知又有开悟,便从明日所知扩充到底。如此方是精一功夫。与人论学,亦须随人分限所及。如树有这些萌芽,只把这些水去灌溉。萌芽再长,便又加水。自拱把以至合抱,灌溉之功皆是随其分限所及。若些小萌芽,有一桶水在,尽要倾上,便浸坏他了。"

(六) 龙岗书院教条

王守仁为龙场诸生订立四教条,作为应守之规,主要内容是关于道德品格的养成。

1. 立志

志不立,天下无可成之事,……今学者旷废隳惰,玩岁愒时,而百无所成,皆由于志之未立耳。故立志而圣,则圣矣;立志而贤,则贤矣。志不立,如无舵之舟,无衔之马,漂荡奔逸,终亦何所底乎?

2. 勤学

凡学之不勤,必其志之尚未笃也。从吾游者,不以聪慧警捷为高,而以勤确谦抑为上。……苟有谦默自持,无能自处,笃志力行,勤学好问,称人之善而咎己之失,从人之长而明己之短,忠信乐易,表里一致者,使其人资禀虽甚鲁钝,侪辈之中,有弗称慕之者乎?

3. 改过

夫过者,自大贤所不免,然不害其卒为大贤者,为其能改也。故不贵于无过,而贵于能改过。诸生自思平日亦有缺于廉耻忠信之行者乎?亦有薄于孝友之道,陷于狡诈偷刻之习者乎?……诸生试内省,万一有近于是者,固亦不可以不痛自悔咎。然亦不当以此自歉,遂馁于改过从善之心。但能一旦脱然洗涤旧染,虽昔为盗寇,今日不害为君子矣。

4. 责善

责善,朋友之道,然须忠告而善道之。悉其忠爱,致其婉曲,使彼闻之而可从,绎之而可改,有所感而无所怒,乃为善耳。……凡攻我之失者,皆我师也,安可以不乐受而心感之乎?

王守仁为诸生所订教条四项,其中有些理想化的要求,只是激励诸生努力追求提高。从整体来看,简明扼要,重在实行。

王守仁心学的学说,是一种以主体道德观念"良知"为本体的主观唯心主义思想体系,要求以良知主宰人类社会及宇宙的一切。其主要特点是赋予主体巨大的能动性,这对于程朱理学束缚下毫无生气的思想界,无疑是一针激动人心的兴奋剂。王守仁的心学虽然在明代一时有广泛的社会影响,但封建社会中央集权的皇权专制不容许臣民有个体自由的能动性。因不适合封建统治集团的政治需要,王守仁的心学未能取代程朱理学成为御用的官学。

五、"正谊谋利"与"习行""习动"的修养法

明末清初,中国封建社会到了晚期,土地兼并,租税加重,阶

级矛盾深化。手工作坊的资本主义经济已在萌芽,新的生产关系正在产生。农民起义推翻明皇朝,但继起的清皇朝也激化着民族矛盾。社会经济政治的发展,引起思想意识领域发生相应的变化,反对封建专制统治、批判维护封建统治制度的程朱理学形成启蒙的时代思潮,顾炎武、王夫之、黄宗羲、颜元等是杰出的代表,颜元坚决反理学表现得尤其突出。

颜元(1635—1704),字易直,又字浑然,号习斋,博野(今属河北)人,清初杰出的教育家、思想家。从私塾学习传统文化,受到深刻的影响,曾成为秀才。为养家,放弃举业,从事农业劳动以维持生计,业余则阅《资治通鉴》,学兵法、技击、医药。二十四岁办家塾,教授学生,既从教,亦行医,并关心政治。学术方面,先关注陆王心学,后转而醉心于程朱理学。三十四岁时,思想发生大转变,发觉宋儒之学与尧舜周孔之学有根本差别,从此对理学进行坚决的批判,主张回归尧舜周孔之学。按自己的理想安排教学计划,为体现实学实习的主要特征,将学舍改名"习斋"。四十一岁时,制教条二十则,最重要就是学习六艺的经世之学。六十二岁时,主教漳南书院,展现他的教育思想和规划。因水灾致书院被淹,辞职归乡,继续教学活动。他是一位不脱离农业劳动的教育家。他的主要著作有《存性编》《存学编》《存治编》《存人编》(合称《四存编》),以及《四书正误》《习斋记馀》《颜习斋先生言行录》等。

(一)理气统一,理气皆善

程朱理学把人性分成"天命之性"和"气禀之性",将"天命之性"说成纯善,而将"气禀之性"说成不纯,视之为恶的根源,所以要"变化气质"。颜元对这种理论加以批判,认为宇宙是由气构成的,气有阴阳,阴阳流行而化生万物和人类。宇宙有气就有理,气即理之气,理即气之理,万物与人禀受理以生而有性,同时禀受气以生而有气质,理与气、性与气质融为一片,都是善的。若谓气恶,则理亦恶;若谓理善,则气亦善。不能理纯一善,而气质偏有恶。人因得宇宙理气之全而为万物之灵,处宇宙中心地位。人的性和气质(或称形体)不能分离,融为一片,都是善的。这就是他的理气一元论。

(二)引蔽习染才变恶

气质不可谓之恶,其变有恶者,由引蔽习染也。如衣之着尘触污,人见其失本色而厌观也,命之曰污衣,其实乃外染所成。污衣经过洗涤,去其染着之尘污,可以复洁,重现本色。颜元曾自述:"著《存性》一编,大旨明理、气俱是天道,性、形俱是天命,人之性命、气质虽各有差等,而俱是此善;气质正性命之作用,而不可谓有恶,其所谓恶者,乃由'引、蔽、习、染'四字为之祟也。"[①]"耳听邪声,目视邪色,非耳目之罪也,亦非视听之罪也,皆误也,皆误用其情也。误始恶,不误不恶也。引蔽始误,不引蔽不误;习染始误,不习染,不终误也。"[②]由于所处外在社会环境存在引诱、蒙蔽的因素,或是走错路向,养成坏习惯,或受坏习俗熏染,这才由善而变恶。为了防止外界的"引蔽习染",社会环境的选择和改善、生活习惯的规范和养成是非常重要的,教育者应关注创造优良的

① 《颜元集》之《存学编·上太仓陆桴亭先生书》,中华书局 1987 年版。以下凡引《颜元集》,从编名开始作注。
② 《存性编·性图》。

生活环境和培养良好的习惯。

（三）三纲领的教育目标

颜元认为，对教育目标，《大学》开头提出的三纲领即"大学之道，在明明德，在亲民，在止于至善"已作了明白规定，这是古学真传，所学无二理，亦无二事。通过六德、六行、六艺的学习去修身，便能明明德。齐家、治国、平天下，便是亲民。明明德和亲民达到十分完善的地步，便是止于至善。对德、行、艺的实学、实行，是通向明德与亲民的正确道路。

明明德的教育，实际就是道德教育。颜元认为，人之明德，禀受于天，自然具有仁、义、礼、智的德性，见父知孝，见兄知悌，以至万善，皆自此出。孔子的一贯、孟子的良知良能、子思的诚明，所说的都是明德。明德大致有两种状态：一是仍然处于纯洁的诚明状态，要加以保持，防止来自外界有损害明德的引蔽习染。二是已受外界引蔽习染的损害，使之昏而不明，为了恢复明德的本体，必须清除来自周边引蔽习染的污垢，这要经历培养仁、义、礼、智等德性的过程来完成。已昏的明德，通过日新功夫的积累，可以复明。正如已被尘污的衣服加以洗涤的功夫，可以复洁。

亲民的教育，要使人民相亲相爱，最根本的就是明人伦，形成合理的五伦关系。设立学校庠序等机构，任务就是要明人伦。古之小学教以洒扫应对进退之节，大学教以格致诚正之功、修齐治平之务，师以此为教，民以此为学。

亲民就是治民，学校要为国家造就实德实才的治国人才。学校乃人才之本，人才为政事之本。今日学校所造就的实德实才之士,他日布列朝廷皆经国济世之臣,国可治,天下可平。治国的事务至为繁重,为此不仅要造就治术人才,还要造就各种专业人才。颜元筹划了一个平天下的方案:以七字富天下,即垦荒、均田、兴水利;以六字强天下,即人皆兵、官皆将;以九字安天下,即举人才、正大经、兴礼乐。实施此类发展方案,无疑需要众多专业人才。

(四) 德育的内容

颜元对德育的主张以明人伦为中心,六艺之学是为明人伦服务的。礼,序此五伦(父子有亲、君臣有义、夫妇有别、长幼有序、朋友有信)者也。乐,和此五伦者也。射、御、书、数,济此五伦者也。人们的学习,必须明确认定子、臣、弟、友在人伦中的名分与社会地位,知道为子、为臣、为弟、为友的社会义务。他对夫妇有别关系的协调特别加以关注,主张在维持男女有别的条件下,夫妇相敬如宾,相诚如友。

颜元在教育实践中贯彻明人伦的任务,在其制定的教条中,关于父子关系有"孝父母"一条,关于长幼关系有"敬尊长"和"序出入"两条,关于朋友关系有"主忠信""尚和睦""贵责善"三条。这些都是具体开展明人伦教育的办法。

颜元实施德育的步骤,是效法周公、孔子的。孔子立教先以文,即礼、乐、射、御等,宗周公之六艺也;次以行,即孝、友、姻、睦等,宗周公之六行也;终以忠信,即智、仁、圣、义等,宗周公之六德也。先之以六艺,则所以为六行之材具、六德之妙用,艺精则行实,行实则德成矣。他考虑进行德育程序安排,照顾弟子们所处身心发展阶段认识接受的程度,在程序上作了较合理的调整。

（五）"义中之利"的功利观

颜元是主张"义中之利"的功利主义者，批判程朱理学不谋利、不计功，为鼓吹禁欲主义提供理论依据。

颜元在《四书正误》卷一中公开明确反对董仲舒主张的"正其谊不谋其利，明其道不计其功"。他说："以义为利，圣贤平正道理也。尧、舜'利用'，《尚书》明与'正德''厚生'并为三事。利贞，利用安身，利用刑人，无不利。利者，义之和也。《易》之言'利'更多。孟子极驳'利'字，恶夫掊克聚敛者耳。其实，义中之利，君子所贵也。后儒乃云'正其谊，不谋其利'，过矣！宋人喜道之，以文其空疏无用之学。予尝矫其偏，改云：'正其谊以谋其利，明其道而计其功。'"纠正程朱理学沿用董仲舒的思想偏向，也就否定了朱熹《白鹿洞书院揭示》所规定"正其谊不谋其利，明其道不计其功"为学者"处事之要"的教条。

颜元是一位品德高尚的学者，他的理想是富天下、强天下、安天下，志在利济苍生，具有自觉的道德责任感，欲为天下人立功立业。他不赞成个人主义的唯利是图、求利而不顾义、使义与利绝对分离而对立。他主张"以义为利"，做到"义利统一"，不求"非义之利"，只求"义中之利"。合乎道义，可以谋利，应当积极有为。他举证说明："世有耕种，而不谋收获者乎？世有荷网持钩，而不计得鱼者乎？抑将恭而不望其不侮，宽而不计其得众乎？这'不谋''不计'两'不'字，便是老无、释空之根；惟吾夫子'先难后获''先事后得''敬事后食'三'后'字无弊。盖'正谊'便谋利，'明道'便计功，是欲速，欲助长；全不谋利计功，是空寂，是腐儒。"①他批判"不谋不计"的理论是"老无、释空之根",是腐朽之论;认为个体通过劳动自然地谋利计功,社会交往获得预期合理效果,是合情合理、光明正大的行为。

(六) 修养方法

1. 立志学为圣人

人须知圣人是我做得。不能作圣,不敢作圣,皆是无志也。……学者,学为圣人也。②

夫凡读圣人书,便要为转世之人,不要为世转之人。③

人必能斡旋乾坤,利济苍生,方是圣贤。④

颜元不仅自己立志学为圣人,严格要求自己,下功夫努力求为圣人,也诚心勉励弟子们以学为圣人为人生目标。

2. 制欲寡欲

制欲为吾儒第一功夫。⑤

夫人目之于色,耳之于声,口之于味,四肢之于安佚,皆欲也,须是强制他;若一任之,将何所不至哉!⑥

制欲之法,明以辨之,刚以断之。⑦

寡欲以清心,寡染以清身,寡言以清口。⑧

人不作事则暇,暇则逸,逸则惰、则疲,暇逸惰疲,私欲乘之起

① 《颜习斋先生言行录·教及门第十四》。
② 《颜习斋先生言行录·学须第十三》。
③ 《颜习斋先生言行录·齐家第三》。
④ 《颜习斋先生言行录·教及门第十四》。
⑤ 《颜习斋先生言行录·法乾第六》。
⑥ 《颜习斋先生言行录·世情第十七》。
⑦ 《颜习斋先生言行录·杜生第十五》。
⑧ 《颜习斋先生言行录·齐家第三》。

矣。习学工夫,安可有暇?①

要制欲,要寡欲,不是灭人欲,这需要有充分的认识,自觉检查,决心克制,切实进行。

3. 习行习动

人心动物也,习于事则有寄而不妄动,故吾儒时习力行,皆所以治心。②

孔门习行礼、乐、射、御之学,健人筋骨,和人血气,调人情性,长人仁义。一时学行,受一时之福;一日习行,受一日之福。一人体之,锡福一人;一家体之,锡福一家;一国、天下皆然。小之却一身之疾,大之措民物之安,为其动生阳和,不积痰郁气,安内扞外也。③

人之为学,心中思想,口内谈论,尽有百千义理,不如身上行一理之为实也。④

礼、乐、射、御、书、数似苦人事,而却物格知至,心存身修而日壮。⑤

三皇、五帝、三王、周、孔,皆教天下以动之圣人也,皆以动造成世道之圣人也。……吾尝言一身动则一身强,一家动则一家强,一国动则一国强,天下动则天下强,益自信其考前圣而不谬矣,后圣而不惑矣。⑥

养身莫善于习动,夙兴夜寐,振起精神,寻事去作,行之有常,并不困疲,日益精壮;但说静息将养,便日就惰弱。⑦

---

① 《颜习斋先生言行录·禁令第十》。
② 《颜习斋先生言行录·刚峰第七》。
③ 《颜习斋先生言行录·刁过之第十九》。
④ 《颜习斋先生言行录·刚峰第七》。
⑤ 《颜习斋先生言行录·刚峰第七》。
⑥ 《颜习斋先生言行录·学须第十三》。
⑦ 《颜习斋先生言行录·学人第五》。

常动则筋骨竦,气脉舒;故曰"立于礼",故曰"制舞而民不肿"。宋、元以来儒者皆习静,今日正可言习动。①

习行习动是颜元德育思想的显著特色,不仅强身,还重在治心,振起精神,转变世道。

4. 改过迁善

"改过迁善",吾儒做圣贤第一义也。②

善恶要知,更要断,知一善则断然为之,知一恶则断然去之,庶乎善日积而恶日远也。③

吾儒"改过迁善",所以自治也;"移风易俗",与天下同"改过迁善"也。④

吾学无他,只"迁善改过"四字。日日改过,便是工夫;终身改迁,便是效验。世间只一颜子"不贰过",我辈不免频复。虽改了复犯亦无妨,只要常常振刷,真正去改。久之不免懈怠,但一察觉,便又整顿。不知古人如何,我是依此做来。⑤

学者须振萎惰,破因循,每日有过可改,有善可迁,即成汤"日新"之学也。迁心之善,改心之过,谓之"正心";改身之过,迁身之善,谓之"修身";改家之过,迁家之善,谓之"齐家";改国与天下之过,迁国与天下之善,谓之"治平"。⑥

颜元以身示范,每日有过可改,有善可迁,日日改过,日日迁善,修身自治,日新不懈,终身改过迁善,全力以赴,诚心做圣贤。

---

① 《颜习斋先生言行录·世情第十七》。
② 《颜习斋先生言行录·王次亭第十二》。
③ 《颜习斋先生言行录·理欲第二》。
④ 《颜习斋先生言行录·王次亭第十二》。
⑤ 《颜习斋先生言行录·王次亭第十二》。
⑥ 《颜习斋先生言行录·学须第十三》。

从传统育德向近代德育转型

一、"中体西用"中学治身心

19世纪中叶，中国社会发生历史性的大转折。英国殖民主义者运输大量鸦片向中国推销，获取暴利。鸦片严重毒害中国人民，破坏中国经济。爱国人士极言鸦片的危害，如任其发展，将来国家会无可以御敌之兵，无可以充饷之银。清政府派林则徐到广州查禁，收缴鸦片并加销毁。英国政府为了鸦片贸易，对中国发动侵略战争。由于政权腐败，国防落后，外交软弱，清政府被迫接受侵略者要求的全部条款，签订丧权辱国的《南京条约》。中国的门户被侵略者的炮火轰开，由封建社会沦为半殖民地半封建社会。

19世纪60年代至90年代，洋务派官僚要进行军事、政治、经济及外交等方面的活动，以"自强"为标榜，要"练兵制器"，以"求富"为标榜，设局办厂。清政府设置"总理各国事务衙门"，作为管理洋务的中央机关，标志着洋务运动的开始。

洋务运动的指导思想，经过辩论而趋于明确。1861年，冯桂芬在《采西学议》中主张："如以中国之伦常名教为原本，辅以诸国富强之术，不更善之善者哉？"1892年，郑观应在《西学》中主张：

中国历史上的育德

"中学其本也,西学其末也。主以中学,辅以西学。"1896 年,孙家
鼐在《议覆开办京师大学堂折》中主张:"今中国京师创立大学堂,
自应以中学为主,西学为辅;中学为体,西学为用。……此是立学
宗旨。"洋务运动后期的代表人物张之洞,1898 年发表《劝学篇》,
对"中学为体,西学为用"作了更为系统的论述,"中体西用"理论
成为维护封建君主专制制度的理论武器。

(一) 张之洞的《劝学篇》[①]

全书有二十四篇,分为内、外篇:内篇的主旨是"务本以正人
心",共九篇;外篇的主旨是"务通以开风气",共十五篇。以内篇
的理念为主导思想,内篇与外篇结合,构成一个"中体西用"的思
想体系。

对德育思想的主张,由内篇集中论述,围绕一个中心:维护封
建专制的清朝统治。

第一篇《同心》为总纲,张之洞说:"保国保教保种合为一心,
是谓同心。保种必先保教,保教必先保国。"他提出以尊君为中心
的保国保种保教同心合一论,显然混淆了国家与皇朝的区别。

第二篇《教忠》,列举清朝"良法善政",以证明封建的君主专
制对中国有利无弊,要求为护卫清朝的统治,与一切犯上作乱的
邪说暴行做斗争。

第三篇《明纲》,强调"三纲五常"的伦理名教是中国人必须遵
守的历史传统。"五伦之要,百行之原,相传数千年更无异义。圣

人所以为圣人,中国所以为中国,实在于此。故知君臣之纲,则民权之说不可行也;知父子之纲,则父子同罪、免丧、废祭祀之说不可行也;知夫妇之纲,则男女平权之说不可行也。""三纲五常"的名教不能变革,失去纲常伦理传统的支持,国家政权的根基就会动摇。

第四篇《知类》,提出同为黄种,满汉并非异类,批评西化思想倾向者。中华民族有光辉文明的历史,不能沦亡,应力图保种。

第五篇《宗经》,言所谓"圣教",指的是"儒教";所谓"圣学",指的是"儒学"。张之洞主张尊崇儒学,肯定以孔、孟为儒学正统,排斥诸子异学。他要保卫中国的传统文化。

第六篇《正权》,反对维新派的民权论,与顽固守旧派同唱反调,称民权之说是偏激的"召乱之言","使民权之说一倡,愚民必喜,乱民必作,纪纲不行,大乱四起"。张之洞认为,在教育不发达、民智未遍开的时候,倡民权之说,"无一益而有百害"。这种主张表现了他守旧的政治立场。

第七篇《循序》,为学中学、学西学安排一个先后次序,认为"今欲强中国,存中学,则不得不讲西学。然不先以中学固其根柢,端其识趣,则强者为乱首,弱者为人奴,其祸更烈于不通西学者矣"。张之洞主张先学中学,重在明人伦、正人心,先入为主,有了民族文化的根柢,就会有民族认同情感。

第八篇《守约》,指出今欲存中学,必以"守约"为原则,精选少量具有代表性的经典,掌握这些文献,中学也就有了根柢。

第九篇《去毒》,由兴学入手而讲禁烟,以修身为本,希图重振孔孟之道。

《劝学篇》经光绪皇帝下令广为刊布,得到顽固守旧派和帝国主义分子的赞赏。戊戌政变发生后,资产阶级维新派和革命派都对《劝学篇》加以批判,揭露其维护腐败的封建君主专制制度,阻碍政治与文化革新,逆时代发展潮流。

(二)"中学为体,西学为用"成为新学制的纲领

1903 年 6 月,张之洞奉旨会同管学大臣商订各学堂章程。1904 年 1 月,使命告成,在上报的《重订学堂章程折》中,特别申明以"中学为体,西学为用"为各学堂的纲领:"至于立学宗旨,无论何等学堂,均以忠孝为本,以中国经史之学为基。俾学生心术壹归于正,而后以西学瀹其智识,练其艺能,务期他日成材,各适实用,以仰副国家造就通才,慎防流弊之意。"

《奏定学堂章程》开头就是《学务纲要》,其中专立一条强调"注重读经以存圣教",这是对中小学堂的普遍要求。"中国之经书,即是中国之宗教。若学堂不读经书,则是尧舜禹汤文武周公孔子之道,所谓三纲五常者尽行废绝,中国必不能立国矣。学失其本则无学,政失其本则无政。其本既失,则爱国爱类之心亦随之改易矣。安有富强之望乎?故无论学生将来所执何业,在学堂时经书必宜诵读讲解,各学堂所讲有多少,所讲有浅深,并非强归一致。"读经关系到国家能否独立存在的问题,要保国就要读经,读经的政治意义重大,不容忽视。

《奏定高等小学堂章程》规定各科目教育要义,如修身:"其要义在随时约束以和平之规矩,不令过苦,指示古人之嘉言懿行,动其羡慕效法之念,养成学童德性,使之不流于匪僻,不习于放纵;尤须趁年幼时教以平情公道,不可但存私吝,以求合于爱众亲仁、

恕以及物之旨。此时具有爱同类之知识,将来成人后即为爱国家之根基。……修身之道备在四书,故此次课程即以讲四书之要义为修身之课。"修身的课程利用四书之义理治学童的身心,养学童的德性,显现"中学治身心"的实际作用。

张之洞在近代维新变法运动初期,似乎是维新变法的同路人。后来,北京强学会被后党顽固派封禁,他敏感地意识到形势不对,随即翻脸改变态度。写《劝学篇》是他的自保计策,表现一种政治姿态,与维新派政见不同,存在根本分歧,维护封建君主专制制度与"三纲五常"伦理,向后党顽固派表示忠诚,为自己留一条进退自如的后路。张之洞的政治立场是保守的,对中西新旧思想的矛盾是调和的,对 1904 年学制的制定起了主导作用。

二、 救国必由之路是教育新民

甲午战争失败,给国人造成重大的思想冲击,为了保国,维新改良的思潮兴起,立学会,办报纸,设学堂是其行动,梁启超是代表人物之一。

梁启超(1873—1929),字卓如,号任公,广东新会(今江门市新会区)人。中国近代启蒙思想家、教育家,杰出的学者。生于有传统文化积淀的塾师家庭,自幼聪颖好学。十二岁中秀才,十七岁中举人,曾参加会试而落选。返回广州后,入康有为万木草堂求学,深受康有为改良主义思想影响,积极参与维新变法活动,成为康有为的得力助手。戊戌政变失败后,逃亡国外,仍坚持君主立宪的政治立场,以《新民丛报》为阵地,成为资产阶级改良派的代表人物之一。辛亥革命后回国,他的思想有所改变,转为共和派，被邀参政，反对复辟帝制。五四运动后，考察欧美资本主义国家的政治、经济、文化，更多地接受欧美的文化学术思想。晚年主要从事学术研究和教育工作。他的著作汇总为《饮冰室合集》，其中与道德教育思想关系较大的是《饮冰室文集》与《德育鉴》等。

（一）救国必由之路

1900 年，帝国主义的八国联军攻陷北京，强迫清政府签订丧权辱国的《辛丑条约》，中国面临被列强瓜分的危机。梁启超寻求救国的道路，他认为中国之所以贫弱，根本原因在于国民素质太差，文明程度太低，国民品格的弱点是：爱国心薄弱，独立性柔脆，缺乏公共心，缺乏自治力。中国要维新改良，建立新制度、新政府、新国家，必须有"去社会旧染之污"的新民，这是最基本的条件，是救国的必由之路，是中国第一急务。1902 年，他在《新民丛报》发表《新民说》《新民议》，主张教育培养新民。《新民议·叙论》："余为《新民说》，欲以探求我国民腐败堕落之根原，而以他国所以发达进步者比较之，使国民知受病所在，以自警厉、自策进。……今徒痛恨我国之腐败堕落，而所以救而治之者，其道何由？徒艳羡他国之发达进步，而所以躐而齐之者，其道何由？此正吾国民今日最切要之问题也。"[1]

《新民说》成为国民德育的理论依据，梁启超主张的德育，基本要求是养成合格国民的思想品德。

（二）新民的爱国主义精神

梁启超从中国不能维新的教训和外国发达的历史经验的分析中,认识到要拯救中国,反对列强的侵略,不能靠一时的开明君相,也不能期待民间英雄奋起,而是必须依靠四万万人民的力量,着眼兴起四万万人的民德、民智、民力,树立国家至上的观念,新民要发扬民族主义精神,共同维护国家。

梁启超观察世界的形势,认为民族主义是一种不能阻挡的历史潮流。民族主义明显的表现是,各地同种族、同语言、同宗教、同习俗的人,相待如同胞,要求独立自治,组成政府,共谋公益,抵御他族的干涉和侵扰;振兴民族的关键不在外而在内,要拯救中国,抵御外患,实行民族主义是必须采取的良策。新民要把中华民族的优秀传统与欧美民族的长处加以融合。他认为,先哲遗教,要众人适应社会生活的发展,不外有两途,即"因材而笃"与"变化气质"。这就是淬砺所固有与采补所本无。一个国家要立足于世界,一定要有具有特色的文化、独立的民族精神作为精神支柱。因此,要新民,必须继承发扬民族文化中高尚完美的东西,要富强而与列强并立,必须广泛考察各国、各民族富强的经验,采其所长,补我所短,改变社会风气,先从自己做起。

梁启超对爱国主义的道德思想有进一步的阐述,认为国家思想有四层含义:一曰对于一身而知有国家,二曰对于朝廷而知有国家,三曰对于外族而知有国家,四曰对于世界而知有国家。他着重分清爱朝廷和爱国家的界限,如果朝廷为国家代表,能真正代表国家和民族的利益,爱朝廷就等于爱国家,两者是统一的;如果"朝廷为国家之蟊贼",损害国家和民族的利益,要坚决整顿朝廷才是爱国家。①

(三) 公德与私德兼具

梁启超认为,道德有公德和私德的分别。所谓公德,是指个人与群体、社会、国家之间的关系。人人相善其群者,谓之公德。其特征是要求个人的行为为群、利群,称为"社会国家伦理"。无公德则不能团,虽有无量数束身自好廉谨良愿之人,仍无以为国也。所谓私德,是指个人与个人之间的关系。人人独善其身者,谓之私德。其特征是要求个人束身寡过,称为"中国旧伦理"。无私德则不能立,合无量数卑污虚伪残忍愚懦之人,无以为国也。

中国旧伦理与西方国家的新伦理比较,中国伦理道德发展较早,但偏于私德。私德注重的一私人对于另一私人之事,最多只能养成私人的人格,个人的"存心养性""束身寡过"成为德育的中心,不能为本群、本国的公利公益尽力,反而为群之累,要享权利而不尽义务的人太多,所以中国日益衰弱。

梁启超认为中国国民最缺的是公德,所以他特别着重讨论公德。1902年《新民丛报章程》首条规定:"本报取《大学》新民之义,以为欲维新吾国,当先维新吾民。中国所以不振,由于国民公德缺乏,智慧不开。故本报专对此病而药治之,务采合中西道德,以为德育之方针;广罗政学,以为智育之本原。"

梁启超认为,公德是人群所以为群,国家之所以为国的根本

---

① 《饮冰室合集》之《新民说》,中华书局2015年版。

条件。公德的基本准则是利群,以利群为纲,由此派生万千条理。"是故公德者,诸国之源也。有益于群者为善,无益于群者为恶,此放诸四海而皆准。"利群成为区别善恶的最高标准。

公德与私德,皆人生所不可缺之具,也是为群、为国所不可缺之具,应该二者兼具,相辅相成,并行不悖。

(四)利群利己可统一

梁启超的道德观念以利群、益群为标准,并非排斥个人利益,而是要妥善处理利群与利己的关系。

历史上任何道德的酝酿产生,都是为了当时的一群之公益,才能为社会成员所公认,起到维护社会秩序的作用。道德之立,所以利群。但天下之道德,未有不自利己而立者。对于他国他族对我侵犯,发生严重的生存利害关系,则倡爱国保护之义,这是利己的表现,由此国民知自强能进步繁荣。无利己之思想者,则必放弃其权利,推卸其责任,最终无法自立。

梁启超认为,道德为利群而立,又为利己而立,似乎相互矛盾,其实不然,利己心与爱他心可以统一。近代哲学家认为,爱己心有两种:一种是本来的爱己心;另一种是变相的爱己心,这就是爱他心。因为人不能一身独立于世界,必须处于群体中而共生存,必须先顾及群体利益。《十种道德性相反相成义》:"故善能利己者,必先利其群,而后己之利亦从而进焉。以一家论,则我之家兴,我必蒙其福;我之家替,我必受其祸。以一国论,则国之强也,生长于其国者罔不强;国之亡也,生长于其国者罔不亡。故真能爱己者,不得不推此心以爱家爱国,不得不推此心以爱家人爱国

人,于是乎爱他之义生焉。凡所以爱他者,亦为我而已。"以利己
为基础,由"爱己之心"推出"爱他之义",把"爱他心"视为"变相爱
己心"。这种道德观实际是资本主义私有制的产物。他们把家
庭、群体、国家均视作合股的公司,维护并经营好,可得到分红的
益处。这就是在利己的基础上,把利己与利他统一起来。

(五) 思想自由

梁启超受欧美资产阶级"不自由,毋宁死"思想的影响,认为
中国人要像欧美人那样享受自由之福,必须先兴"自由之德"。

梁启超认为,自由有两种,即文明人的自由与野蛮人的自由。
文明与野蛮的区别,全在其有制裁力与否。自由以不侵犯他人之
自由为界限,凡侵犯他人自由者,必须处以一定制裁,使之遵守公
约的规范,保证国民合群共处。无制裁之自由,群之贼也;有制裁
之自由,群之宝也。制裁力就是国民自治之能力。

自由不是无限的,不是绝对的。真正自由的国民,对待三种
情况当然会自觉服从:一是服从公理,二是服从本群所定的法律,
三是服从多数的决议。这几条被西方资产阶级认为是社会生活
的一些共同准则。

(六) 修身养性的途径

《德育鉴》是梁启超 1905 年编成的,他重视吸取中华民族德
育的历史经验,摘录先儒语录,揭示修身养性的途径,概括为以下
几个方面:

一是辨术：为学志在求道，辨明善恶真伪。儒学教人，实在养成人格，使学者成为善人、完人、圣人，应作为立身处世的准则。

二是立志：先要树立远大的志向，决心向上，把养成人格放在人生首要位置，做一个对社会、对历史有价值、有贡献的人。

三是知本：应通晓修身养性的基本原理，人生理想境界是智者不惑、仁者不忧、勇者不惧。

四是存养：从积极方面努力，保持良知良能，养成浩然之气，强毅坚忍，迎难而进，奋斗不息。

五是省克：从消极方面着手，自我省察检束，克服缺点，改过迁善，经过内省克己的修养，把外在的要求转化为内在的自觉愿望。

六是应用：学而养成人格之后，要以身示范，扩大社会影响，改变一世风尚。

梁启超把历史上各学派具有合理性规律的道德原则汇聚起来，如肯定人的尊严，坚持为人之道，强调人格的养成、自觉锻炼的修养、积极有为的人生态度、以天下为己任的责任感，扬弃其阶级内涵，经过取其精华的改造，还是有理论价值和现实意义的。

三、 提倡新思想，改造旧道德

中国近代民主革命的先行者是孙中山。

孙中山（1866—1925），名文，字日新，改号逸仙，广东香山（今中山）人。他出身农民家庭，1892 年于香港西医书院毕业后，成为医生。1894 年的甲午战争，暴露了清政府的衰弱腐败，激发了他救国的热情。他极力主张社会改良，曾上书李鸿章，未被采纳。

政治改良不成,被迫选择政治革命道路,以"创建民国,振兴中华"为己任。1905年组建同盟会,针对中国社会面临民族解放、民主革命、社会改革三大历史任务,提出民族主义、民权主义、民生主义,合称"三民主义",成为革命救国的政治纲领。多次发动武装起义,直至1911年辛亥革命终于推翻清政府,结束封建帝制。次年,成立中华民国临时政府。但革命成果被北洋军阀窃取,他又继续领导二次革命,奋斗不息。1924年联合共产党改组国民党,重新解释三民主义,以"联俄、联共、扶助农工"三大政策为新三民主义的内容,完成从旧民主主义革命到新民主主义革命的历史转变。

孙中山的道德教育思想,是中国人民反封建主义、帝国主义革命精神的反映。他受达尔文进化论的影响,认为人类社会在发展过程中,道德思想适应社会发展需要,随着时代的变化而变化。世界的发展形成巨大的潮流,由神权流到君权,再由君权流到民权,现在已流到民权的时代,任你再大的力量也阻挡不住。民权时代是人民管理自己事情的时代,决不能让君主压制人民,让少数人压倒多数人。要让人民知道,不民主、不自由、不平等的现象都要改变,民国是与封建专制社会完全不同的新社会,革命党人要用新知识、新道德来教育感化人民。

孙中山是伟大的革命家、卓越的思想家,他的著作甚多,并且有多种版本,较近出版的有《孙中山选集》《孙中山全集》。

(一)爱国主义与立志

孙中山特别强调以爱国主义为中国基本的道德准则。他分析过中国的社会结构,最显著的特点是以家庭为本位,个人属于家庭,是其中成员之一,通过家庭、家族与国家发生关系。"各个家庭,都要靠国才能生活。国是集合几千万的家庭而成,就是大众的一个大家庭。"①千万个家要依靠国的组织来保护,才可能正常生活。只有国家富强安定,才能保证每一个家庭生活幸福。国需要人民大众来保卫,卫国才能保家,爱国和爱家是一致的。人民确立爱国的思想观念是救国必要的前提条件,有实际的救国行为才是真正爱国的体现。

孙中山一再劝告青年学生,要爱国,先立志。他说:"有志之士,当立心做大事,不可立心做大官。"②"诸君现在受教育的时候,预想将来学成之后,有一种贡献到社会上,……所以现在的青年,便应该以国家为己任,把建设将来社会事业的责任担负起来。……所以我劝诸君立志,是要做大事,不可要做大官。……就是要诸君立志,要有国民的大志气,专心做一件事,帮助国家变成富强。这个要中国富强的事务,就是诸君的责任……"③

孙中山要求青年学生学习黄花岗烈士的志气,发扬他们的革命精神,为国家、为人民、为社会、为世界来服务。现在文明进化的人类,觉悟起来,发生一种新道德。这种新道德,就是有聪明能力的人,应该要替众人来服务。这种替人来服务的新道德,就是世界上道德的新潮流。

孙中山认为,爱国、救国,凡为国民,人人有责。教师是教少年男女的,教他们去做人。做人的最大事情就是要知道怎么样爱

---

① 《在广东第一女子师范学校校庆纪念会的演说》,载《孙中山全集》,中华书局 1986 年版。以下凡《孙中山全集》引文,只写文章名。
② 《〈新疆游记〉序》。
③ 《在广州岭南学生欢迎会的演说》。

国,怎么样可以管国事。所以,教师有教育学生立志爱国、救国,为国服务的责任。

(二)提倡新思想,改造旧道德

孙中山考察过西方社会,以学习其成功的经验。他认为,西方的物质文明极发达,但各国的道德天天退步。因此,他在赞扬物质文明的同时,还强调精神文明,特别是重视道德文明,指出要维持民族和国家的长久地位,还有道德问题,有了很好的道德,国家才能长治久安。对发展精神文明,他倡导促进新观念、新思想与改造中国固有的道德相结合。中国通过革命,废除封建君主专制,成为共和国家,这是划时代的重大变革。政治制度上的新旧交替,必然会发生一些相关的变更,打破旧观念、旧思想,产生新观念、新思想,这是合乎发展规律的现象。

经过革命的冲击,旧的国家变为新的国家,新的思想就是"公共心",要求去其"自私自利之心",树立为国家利益的"公共心"。孙中山把儒墨传统的道德观念看成中华民族宝贵的精神财富,主张改造和继承儒墨传统的道德观念,提出恢复中国固有的道德,为恢复民族的地位创造条件。

孙中山对中国固有的道德坚持先进行鉴别,分清好或不好,如果是好的,当然要保存,不好的才可以放弃。

孙中山讲到中国固有的道德,中国人至今不能忘记的,"首先是忠孝,次是仁爱,其次是信义,其次是和平"①,合称"八德"。

———————————

① 《三民主义》。

（1）关于忠孝。从前讲忠是对于君主的,民国没有君主,忠君也就不需要。君主可以不要,忠字是不能不要的。因为还要忠于国,要忠于民,要为四万万人去效忠。尽忠还包括忠于事,我们做一件事,总要始终不渝,做到成功。讲到孝字,中国尤为特长,比各国进步得多。所以,孝字更是不能不要的。

（2）关于仁爱。这是中国的好道德。古时最讲爱字的莫过于墨子。把仁爱恢复起来,再去发扬光大,便是中国固有的精神。

（3）关于信义。中国古时对于邻国和朋友,都是讲信的。孙中山认为,就信字一方面的道德,中国人实在比外国人好得多。讲到义字,中国不论在什么年代都讲正义,帝国主义者不讲信义的行为应该受到谴责。

（4）关于和平。中国是爱好和平的。这种特别的好道德,便是我们民族的精神。对于这种精神不但是要保存,而且要发扬光大。

中国固有的道德还有传统的"智、仁、勇"三达德。关于智,在乎别是非,明利害,知彼己。是非、利害的标准,在于是否利国、利民。关于仁,强调要发扬救世之仁,救人之仁,特别是救国之仁。关于勇,要求革命军人长技能,明生死,必要时能为革命、为国家而牺牲。

孙中山主张恢复中国固有的道德,主要目的在于继承发扬民族优秀的道德传统,批判民族虚无主义,增强民族的自尊心和自信心。

（三）发扬博爱精神

孙中山认为,西方学者主张的"博爱"与中国古代思想家主张的"仁爱""兼爱"是相通的,"博爱"与"仁"存在一致性。唐代韩愈用"博爱"来给"仁"下定义:"博爱之谓仁。"这样下定义很适当。博爱为公爱而非私爱,与爱父母妻子有别。以其所爱者大,故谓之"博爱"。能博爱,即可谓之"仁"。

孙中山对以博爱为内容的仁,分为三类加以说明:一是救世之仁,是宗教家实行之仁,他们志愿牺牲自身,救济众生;二是救人之仁,是慈善家实行之仁,他们乐善好施,舍财救人;三是救国之仁,是革命志士实行之仁,他们不怕牺牲,舍身救国。对于"仁",他还有其他表述方式和说法,如"恻隐之心""恻隐怜爱之心""悲天悯人之心"等。

孙中山不同于拜神的宗教家,也不同于舍财的慈善家,他是民主革命派的杰出代表。他要发扬博爱精神,实行救国之仁,用革命的方式以达到救国救民的目的。他面对中国社会现实,认为一定要积极有为。他看到当时的中国是一个民穷财尽的世界,是一个很痛苦的世界。这种痛苦日日增进,这种烦恼天天加多。他认为,应该把这种旧世界改造成为新世界,为中国人民造福。巨大的动力来自博爱的救国之仁。

孙中山还把博爱与民生主义联系起来,确定两者是相通的,因为民生主义就是图四万万人的幸福,为四万万人谋幸福就是博爱的实际表现。

(四) 树立平等自由的观念

孙中山非常赞扬欧洲各国人民为争平等与自由而不惜牺牲的奋斗精神。他认为,欧洲各国人民争平等自由的革命,把争平等和自由都看得一样重大。许多人认识到,要自由,必要得到平等,如果得不到平等,便无从实现自由。他用平等和自由作比较,把平等看得更重要。

孙中山吸收欧洲各国革命的经验,结合自己革命实践的体验,也把政治上的平等看得比自由更重要。因为不推翻封建专制统治,人民没有政治上的平等地位,自由是没有保障的。因此,他十分重视对封建专制统治危害的揭露,特别强调必须进行政治革命,从根本上铲除君主专制统治,而民权主义就是政治革命的根本,也是中华民国的根本。

孙中山在中国国民党第一次全国代表大会上对三民主义作了新解释。对于民权主义,他说:"近世各国所谓民权制度,往往为资产阶级所专有,适成为压迫平民之工具。若国民党之民权主义,则为一般平民所共有,非少数者所得而私也。"①此后,他反复宣传三民主义在三个方面"打不平""争平等",其中民权主义是用来为本国人"打不平"的,是对本国人"争平等"的,不许有军阀官僚特权阶级,要求全国男女的政治地位一律平等。孙中山的政治理想,最终由中国共产党领导新民主主义革命取得胜利而实现。

四、 公民道德为教育中坚

为中华民国创建新教育制度并推进新文化运动的是蔡元培。

蔡元培(1868—1940),字鹤卿,号孑民,浙江绍兴人。中国民主革命家、教育家,著名的学者。十七岁中秀才,二十三岁中举

① 《中国国民党第一次全国代表大会宣言》。

人,二十六岁中进士。1894 年任翰林院编修。1898 年回绍兴任中西学堂监督。1901 年到上海任南洋公学特班教习。组织中国教育会,创办爱国女学、爱国学社,宣传革命思想。1905 年加入同盟会,为上海同盟会负责人。1907 年到欧洲留学,1911 年回国。1912 年任中华民国首任教育总长,发表《对于教育方针之意见》,对教育进行全面整顿。他看透袁世凯倒行逆施,1912 年辞职再到国外留学。1916 年回国。1917 年任北京大学校长,对北大进行整顿,支持新文化运动。1919 年支持反帝反封建五四爱国运动。1927 年任国民政府大学院院长。1929 年辞去各项兼职,专任中央研究院院长。1931 年九一八事变后,坚决主张对日抗战。1932 年组织中国民权保障同盟,为争取自由民主权利,为营救抗日爱国人士而斗争。其教育论著由高平叔编入《蔡元培教育论著选》[①]。

(一)道德标准随时随地而变迁

把道德规则视为永远不变的两类人,蔡元培对他们的见解都加以否定。他在《以美育代宗教说》中指出:"宗教家对于人群之规则,以为神之所定,可以永远不变。然希腊诡辩家,因巡游各地之故,知各民族之所谓道德,往往互相抵触,已怀疑一成不变的原则。"他还在《普通教育和职业教育》中指出:"有些人心目中,以为孔子或孟子所讲的,总是不差,照他们圣人的话实行去,便是有道德了;其实这种见解,是不对的。"

蔡元培反对永远不变而死守旧道德,考虑到条件不同,原理则一,主张因时因地,用归纳法求得道德原理,改变道德的标准。为此,他作了一番说明,在《普通教育和职业教育》中谈得较为详细:"什么叫道德,并不是由前人已造成的路走去的意义,乃是在不论何时何地、照此做法、大家都能适宜的一种举措标准。是以万物的条件不同,原理则一。譬如人不可只爱自己,于是有些人讲要爱家,这便偏于家庭,或有些人提倡爱群,又偏于群的方面;可是他的原理,只是爱人一语罢了。故我们要一方考察现时的风俗情形,一方推求出旧道德所以酿成的缘故,拿来比较一下。若是某种旧道德成立的缘故,现在已经没有了,也不妨把他改去,不必去死守他。……总之,道德不是记熟几句格言,就可以了事的,要重在实行。随时随地,抱着试验的态度。因为天下没有一劳永逸的事情,若说今天这样,便可永远这样,这是大误。要随时随地,看时势的情形,而改变举措的标准。去批评人家时,也要考察他人所处的环境怎样,而下断语,才是。"他在《以美育代宗教说》中的主张也相同:"近世学者据生理学、心理学、社会学之公例,以应用于伦理,则知具体之道德不能不随时随地而变迁。而道德之原理则可由种种不同之具体者而归纳以得之。而宗教家之演绎法,全不适用。"

　　蔡元培在《何谓文化》中言:"道德不是固定的,随时随地,不能不有变化,所以他的标准,也要用归纳法求出来。"道德随客观条件的变化而变化,蔡元培的观点是一贯的。他在中华民国成立后,就主张适应时代转变,破除封建旧道德。《对于教育方针之意见》:"满清时代,有所谓钦定教育宗旨者,曰忠君,曰尊孔,曰尚公,曰尚武,曰尚实。忠君与共和政体不合,尊孔与信教自由相违（孔子之学术……），可以不论。"

（二）注重公民道德教育

蔡元培就任教育总长，管理全国教育事业，对教育进行全面整顿，首先要确定新的教育方针。他发表《对于教育方针之意见》，提出"五育并举"作为教育方针，并阐述理由：我国处于强邻交逼的环境，亟图自卫，而历年丧失之国权，非凭借武力，势难收回。所以，军国民教育实在是不能不采取的措施。世界各国恃以竞争者，尤其是在财力方面。当时我国地域广大，尚未开发，实业界之组织尚幼稚，人民失业者至多，国家甚贫，实利主义教育亦属当务之急。"是二者，所谓强兵富国之主义也"，可能也有负面的作用潜在。"顾兵可强也，然或溢而为私斗，为侵略，则奈何？"国可富也，然或不免知欺愚、强欺弱、富欺贫，该如何处置？教之以公民道德，从思想道德方面解决相关的问题。"以教育界之分言三育者衡之，军国民主义为体育；实利主义为智育；公民道德教育及美育皆毗于德育；而世界观则统三者而一之。""五者，皆今日之教育所不可偏废者也。"

蔡元培在全国临时教育会议上致辞，明确地说："当民国成立之始，而教育家欲尽此任务，不外乎五种主义即军国民教育、实利主义、公民道德、世界观、美育是也。五者以公民道德为中坚，盖世界观及美育皆所以完成道德，而军国民教育及实利主义，则必以道德为根本。"①

---

① 《全国临时教育会议开会词》。

1912 年 9 月 2 日，民国政府教育部根据全国临时教育会议的决议公布教育宗旨：注重道德教育，以实利教育、军国民教育辅之，更以美感教育完成其道德。这与蔡元培教育主张的基本精神一致。

1918 年，教育审查会把普通教育的宗旨定为：（1）养成健全的人格；（2）发展共和的精神。所谓健全的人格，内分"四育"：体育、智育、德育、美育。四者一样重要，不可放松一项。

（三）公民道德教育的纲领

蔡元培在《对于教育方针之意见》中对公民道德有现代的表述，也有古义的证明。"何谓公民道德？曰法兰西之革命也，所标揭者，曰自由、平等、亲爱。道德之要旨，尽于是矣。孔子曰：匹夫不可夺志。孟子曰：大丈夫者，富贵不能淫，贫贱不能移，威武不能屈。自由之谓也。古者盖谓之义。孔子曰：己所不欲，勿施于人。子贡曰：我不欲人之加之我也，吾亦欲毋加诸人。《礼记·大学》曰：所恶于前，毋以先后；所恶于后，毋以从前；所恶于右，毋以交于左；所恶于左，毋以交于右。平等之谓也。古者盖谓之恕。自由者，就主观而言之也。然我欲自由，则亦当尊人之自由，故通于客观。平等者，就客观而言之也。然我不以不平等遇人，则亦不容人之以不平等遇我，故通于主观。二者相对而实相成，要皆由消极一方面而言之。苟不进之以积极之道德，则夫吾同胞中，固有因生禀之不齐，境遇之所迫，企自由而不遂，求与人平等而不能者。将一切恝置之，而所谓自由若平等之量，仍不能无缺陷。孟子曰：鳏寡孤独，天下之穷民而无告者也。张子曰：凡天下疲癃残疾眚独鳏寡,皆吾兄弟之颠连而无告者也。禹思天下有溺者,由己溺之。稷思天下有饥者,由己饥之。伊尹思天下之人,匹夫匹妇有不与被尧舜之泽者,若己推而纳之沟中。孔子曰:已欲立而立人,已欲达而达人。亲爱之谓也。古盖谓之仁。三者诚一切道德之根源,而公民道德教育之所有事者也。"

蔡元培接受西方资产阶级的道德观念,并证明其与中国传统道德思想在精神方面是互相融通的。他把自由、平等、博爱的精神体现在他的教育实践中。他在任北京大学校长时,对于各家学说,依各国大学通例,循思想自由原则,兼容并包。他赞成北京大学开办平民夜校,认为平民都是人人平等的,全国人都能享受教育权利才好。他要求学生敬爱师友,对教师以诚相待,礼敬有加。至于同学共处一堂,尤应互相亲爱,庶可收切磋之效。同学中苟道德有亏,行者不正,必互相劝勉,厚于责己,薄于责人。

(四) 德育的实行

养成健全的人格,体育、智育、德育、美育四者一样重要,每项都密切关联。健全的人格,首在体育,只有健全的身体,才能有健全的精神。体育运动使人奋发精神,重视社会荣誉,养成公德。发展智育,扩充知识,提高科学修养与增进品德密不可分。知道人类行为是非善恶的标准,现代人的道德须合于现代社会的要求。美育能养成高尚纯洁的人格,培养创新精神和乐观的心态。蔡元培积极主张使德育寓于体育、智育、美育所设的各门课程中,必然会获得有益的效果。

蔡元培还主张按中华民国新学制所设的新学校,设置新道德的课程,名为修身。"修身,德育也,而以美育及世界观参之。"配合修身课,应该编有新教材。《中国伦理学史·绪论》说明:"修身书,示人以实行道德之规范者也。民族之道德,本于其特具之性质、固有之条教,而成为习惯。虽有时亦为新学殊俗所转移,而非得主持风化者之承认,或多数人之信用,则不能骤入于修身书之中,此修身书之范围也。……而修身书者,则行为之标准也。"①蔡元培就任北京大学校长时,劝导大学生砥砺德行,力矫颓俗,他指出:"方今风俗日偷,道德沦丧,北京社会,尤为严劣:败德毁行之事,触目皆是,非根基深固,鲜不为流俗所染。诸君肄业大学,当能束身自爱。然国家之兴替,视风俗之厚薄。流俗如此,前途何堪设想。故必有卓绝之士,以身作则,力矫颓俗。诸君为大学学生,地位甚高,肩此重任,责无旁贷,故诸君不惟思所以感己,更必有以励人。苟德之不修,学之不讲,同乎流俗,合乎污世,己且为人轻侮,更何足以感人。……故品行不可以不谨严。"②为了在北大互勉修德,他还创办进德会。会中有不赌、不嫖、不娶妾三条基本戒,又有不做官吏、不做议员、不饮酒、不食肉、不吸烟五条选认戒,借此以挽奔竞及游荡旧习。

蔡元培在《世界观与人生观》中,从进化史的角度,考察人类精神的趋向,他明确说:"人类之义务,为群伦不为小己,为将来不为现在,为精神之愉快而非为体魄之享受,固已彰明而较著矣。"

---

① 蔡元培.中国伦理学史(外一种)[M].北京:商务印书馆,2010:5.
② 《新任北京大学校长之演说》。

现代德育实施的不同道路

一、 新文化运动批判旧礼教，德育体现民主与科学精神

辛亥革命虽结束数千年帝王专制，成立中华民国，但由于资产阶级的软弱妥协，革命成果被封建保守势力窃夺。野心家袁世凯倒行逆施，鼓动尊孔复古。其时西方帝国主义国家忙于第一次世界大战，暂时放松对中国的压迫，使中国的资本主义经济得到发展机会，资产阶级要求实行民主。拥护民主革命的知识分子对封建的思想文化开展斗争，形成新文化运动。

陈独秀是近代新文化运动的领头人。1915年9月创办《青年杂志》并自任主编，1916年改名《新青年》，1918年又与李大钊创办《每周评论》，以这两个刊物为舆论阵地，率先举起民主与科学的大旗，矛头直指儒家的礼教思想。他在《新青年·罪案之答辩书》中说："要拥护那德先生（德谟克拉西），便不得不反对孔教、礼法、贞节、旧伦理、旧政治；要拥护那赛先生（赛因斯），便不得不反对国粹和旧文学。"经过激烈持续的斗争，新文化运动取得历史性胜利。

（一）号召青年自觉奋斗，排除社会腐败分子

陈独秀对青年寄托无限的希望，在《青年杂志》第 1 卷第 1 号发表《敬告青年》[①]，提出青年在社会中的地位和作用："青年之于社会，犹新鲜活泼细胞之在人身。新陈代谢，陈腐朽败者无时不在天然淘汰之途，与新鲜活泼者以空间之位置及时间之生命。"他希望青年自觉其新鲜活泼之价值和责任，奋其智能，力排陈腐朽败者以去，而不为其菌毒所传染也。他为敏于自觉、勇于奋斗的青年提供了六条是非标准。

1. 自主的而非奴隶的

人各有自主之权，绝无以奴自处之义务。破坏君权，求政治之解放；否认教权，求宗教之解放；均产说兴，求经济之解放；女子参政运动，求男权之解放。解放就是脱离奴隶之羁绊，以完其自主自由之人格。

2. 进步的而非保守的

宇宙无日不在演进之途，万无保守现状之理。世界进化没有停止，不能善变而与之俱进者将不适应生存竞争，而退归天然淘汰。

3. 进取的而非退隐的

生存竞争，势所不免，人生之天职。应冒险苦斗，不可逃遁。

4. 世界的而非锁国的

立国于今世，欲闭关锁国，匪独立所不能，势所不利。国家如

---

① 戚谢美，邵祖德.陈独秀教育论著选[M].北京：人民教育出版社，1995.

何富强,也不能轻视外交,应遵循共同的国际原则,潮流如此,不能违背。

5. 实利的而非虚文的

政治所营,教育所期,各业齐集,厚生利用,虚文空想,吐弃殆尽。不利社会,诳人之事,虽祖宗之所遗留,圣贤之所垂教,政府之所提倡,社会之所崇尚,皆一文不值也。

6. 科学的而非想象的

科学之兴,日新月异,一切事物,诉之法则。科学说明真理,事事求诸证实,宇宙间之事理无穷,科学研究领域广阔。青年当共同勉励。

(二) 孔子之道不适用现代社会人伦日用生活

陈独秀在新文化运动中批判封建旧道德,提倡现代社会新道德。他针对守旧派代表人物康有为主张,即以孔教为中华民国的国教,宪法规定国民教育以孔子之道为修身大本,特地以现代社会生活状态检验孔子之道是否还有遵从的价值。1916 年 12 月,他于《新青年》发表《孔子之道与现代生活》。

陈独秀认为:"宇宙间精神物质,无时不在变迁即进化之途。"道德人伦也不例外。依据"道与世更"的原理,道德必然随着社会生活状态的变迁而变迁,一个时代有一个时代的道德。

康有为称读孔子的经书,"于人伦日用,举动云为,家国天下,皆有德有礼,可持可循:故孔子之教,乃为人之道"。陈独秀认为孔子论述的是人伦日用的生活法则,因此不能把孔子之教视为出世养魂的宗教。他主张道德必然随着社会变迁而兴废,适用于古代的道德不能适用于现代的生活状态。

陈独秀抨击旧道德，论述如下：

现代生活以经济为命脉，实行个人独立主义。故现代伦理学上有个人人格独立，社会风纪和物质文明有很大的进步。中国的儒者则以纲常立教，为人子为人妻者既无独立人格，又无个人独立财产。没有经济上的个人独立为根本，就谈不上人格的个人独立。

中国儒家教为子者尽孝，父在不违命，父死三年，尚不改其道；教为妇者"三从"，不能自行其是。

中国的孔教认为，"妇人者，伏于人者也"，只能守在家内；"女不言外"，不容妇女参政。中国礼教强制寡妇守节，此乃孔子礼教之赐。

孔子之道规定"男女不杂坐""嫂叔不通问""男女不同席"等严于分别男女的礼法，这种生活状态还能继续实行于中国？

孔子之道限制妇女，言"男女授受不亲"；"男不言内，女不言外，非祭非丧，不相受器"。以夫为妇纲，为妇被养于夫，不必有独立职业生活。这种限制还能实行于现代吗？

孔子之道要求"妇事舅姑，如事父母"；"父母舅姑之命，勿逆勿怠"；"妇将有事，大小必请于舅姑"。这些就是恶姑虐媳之悲剧所以不绝于中国社会的原因。

儒家主张厚葬，丧礼之繁，尤害时废业。还有寝苫枕块，试问尊孔诸公居丧时曾有一人实行乎？

陈独秀将孔子之道与现代生活作比较，并且发问："以上所举孔子之道，吾愿尊孔诸公叩之良心：自身能否遵循？征之事实能否行之社会？即能行之，是否增进社会福利、国家实力，而免于野蛮黑暗之讥评耶？"

陈独秀接着问：孔子处于封建时代，所提倡的是封建时代之道德、礼教、政治，所关注的仅限于贵族之权利，不关心国民的幸福，不改变能行么？

道德并非万世不易者，必然随着社会组织生活的变迁而变迁。陈独秀建议尊孔者仔细考察孔子之道为何物，现代社会生活是何种状态，然后做出判断。

陈独秀对道德已形成基本认识：道德与真理不同，它是为了适应社会的需要而产生的，有空间性和时间性，此方所视为道德的，别方则未必然；古时所视为不道德的，现代则未必。总之，道德是应该随时代及社会制度变迁的，而不是一成不变的；道德是用以自律的，而不是用来责人的；道德是要躬身实践的，而不是放在口里乱喊的。

二、公民科立为学校课程的周折

公民教育思想萌芽于清末，统治者为了维护君主专制政权的延续，不得不改变政策，1906 年宣布教育宗旨，认为中国民质最缺者有三，曰尚公、尚武、尚实。将尚公列为教育宗旨之一，是认识到国民公德的重要性，欲各种教材以尚公为一定不移之标准。实行尚公的宗旨，主要落实于新设的修身课程。

辛亥革命推翻清朝，成立中华民国临时政府。1912 年召开全国临时教育会，最终通过中华民国新的教育方针："注重道德教育，以实利教育、军国民教育辅之，更以美感教育完成其道德。"[①]

---

① 宋恩荣，章咸.中华民国教育法规选编(1912—1949)[M].南京：江苏教育出版社，1990：1.

中华民国新的教育方针,依据资产阶级民主主义的精神,养成国民健全人格的要求,特别强调的是注重道德教育。教育方针贯彻到课程标准的规定,并体现于新的教科书。道德教育虽有新的内容,但暂行的课程名称还是沿用"修身"的旧名称。

中华民国首任教育总长蔡元培在《对于新教育之意见》一文中,详述公民道德的内容:"何为公民道德?曰法兰西人革命也,所标揭者曰自由、平等、亲爱,道德之要旨,尽于是矣。""三者诚一切道德之根源,而公民道德教育之所有事者也。"他提出"公民"的名称,还主张公民道德的内容为自由、平等、亲爱。公民教育思想至此已有一定的范围,但尚未以"公民"为学科的名目。

1916年10月修正《国民学校令施行细则》,在"修身要旨"中提出:"自第三年起兼授'公民须知',示以民国之组织及立法、司法、行政之大要。"虽有这些规定,但并未实行。

1919年,全国教育联合会以"值此世界大势日趋改进,平民主义澎湃五洲,苟非于公民知识教养有素,势必盲从轻举,易入歧途,关系于国家实非浅鲜"之理由,决议编订公民教材,由各省区教育会聘请教育专家精选教材,分别编制专为中小学校教授公民科的资料。江浙两省教育会因此编订公民教育专册,分为卫生、道德、法制、经济四编。[1]

有些教育工作者认为公民教育是训练学生参与政治的要件,于是由公民科的教材问题扩大及于公民教育问题,引起更多人参与讨论。有两种主张:(1)主张狭义的,以公民在政治上不可少的知识、习惯、技能、欣赏、观念、思想、精神为标准;(2)主张广义

① 舒新城.近代中国教育思想史[M].上海:中华书局,1928:354.

的,除了造就政治上的资格之外,并及国家、社会、家庭、人类、职业与个人之修养。主张广义的公民日益增多。

1922年新学制公布后,全国教育联合会拟定中小学课程标准,将修身取消,代以公民。中华教育改进社对改称公民科有三点说明:

(1)修身范围太狭,仅斤斤于个人之修养,务使个人适应社会,公民学则改良社会以适应个人。故修身不适用于共和的社会。

(2)修身注意道德之涵养,缺乏法律的观念。法治国之于人民,以富有法治精神为最要,其能培养法治精神,巩固法律观念者,没有像公民学那样重要。

(3)修身之标准太旧,多从消极方面立言,与公民积极图谋团体幸福适相反。故修身不适用于合作团体。

新学制课程标准规定了小学、中学公民科的目的与内容。

小学公民课程的目的:使学生了解自己和社会(家庭、学校、社团、地方、国家、国际)的关系,启发改良社会的思想,养成适于现代生活的习惯。

初中公民学的目的:(1)研究人类社会的生活;(2)了解宪政的精神;(3)培养法律的常识;(4)略知经济学原理;(5)略知国际的关系;(6)养成公民的道德。

1924年,中华教育改进社年会提出《初中公民学教本的说明》:"公民学既经特别设立,自有特殊的性质、特殊的范围、特殊的目的,遂有独立成一科目的价值了。……公民学所要养成的公民,狭义言之:是中国的理想国民;广义言之:是社会的标准人物。公民学为达到这个目的起见,在初级中学应该采取众社会科学的健全的绪论,以解释做理想国民、做标准人物的事实及方法,可以算是实际应用的人生哲学。这样,公民学乃今日所需要的公民学。又因为初级中学学生抽象力正在发达时期,不得不从具体的事体,切近经验的现象入手训练,所以初中公民学特别要包括学校训育了。总括一句:初中公民学是社会科学、人生哲学、学校训育的结晶品,是这三种元素①所构成的东西。"

由学校的公民教育扩展及于社会的公民教育,思想倾向虽然显著,但尚有理论上的争议。1926年,江苏省教育会组织委员会调查归纳省内教育工作者的意见,制定公民信条,分发各学校及教育机关。其信条如下:(1)发展自治能力;(2)养成互助精神;(3)崇尚公平竞胜;(4)遵守公共秩序;(5)履行法定义务;(6)尊重公有财产;(7)注意公众卫生;(8)培养国际同情。列举八条,范围较广,涉及多方面的关系。

1927年四一二反革命政变后,南京国民政府强调教育的一切实施都要以国民党的党纲三民主义为依据,提出推行"党化教育",令各省成立"党化教育委员会",拟定"党化教育大纲"。1928年,教育部规定各级学校设立专职党义教师,负责教授新课程党义。1929年8月,教育部规定初中、高中设置此课程,以三民主义为中心思想,以训练国民党党员的办法训练学生,为国民党进行"党化教育"。党义课程代替了公民课程,实行了几年。

1932年10月,教育部公布《小学课程标准总纲》,将党义课程改换为公民训练,并特别提示说明:"公民训练和别种科目不同,重在平时的个别训练。""公民训练的指导,不在文字教学和理论

---

① "元素",《初中公民学教本的说明》原文作"原素"。

的探讨,应就学校家庭及社会生活方面,指导儿童身体力行。"

1933年2月,教育部公布《小学公民训练标准》,首先确定了训练的目标:

发扬中国民族固有的道德,以忠孝仁爱信义和平为中心,并采取其他各民族的美德,制定下列目标,训练儿童,以养成健全公民。

一 关于公民的体格训练:养成整洁卫生的习惯,快乐活泼的精神。

二 关于公民的德性训练:养成礼义廉耻的观念,亲爱精诚的德行。

三 关于公民的经济训练:养成节俭劳动的习惯,生产合作的知能。

四 关于公民的政治训练:养成奉公守法的观念,爱国爱群的思想。

1939年9月,教育部公布修订的《小学公民训练标准》,基本的精神内容不变,比原来突出"根据建国需要"。列举的公民规律有二十条:中国公民是强健的、快乐的、勤劳的、节俭的、诚实的、敏慎的、负责的、忠勇的、孝敬的、仁爱的、守礼的、好义的、廉洁的、知耻的、生产的、互助的、奉公守法的、爱国爱群的、拥护公理的、信奉三民主义的。

1940年7月,教育部公布《修正初级中学公民课程标准》,规定目标:

（一）使学生由实际生活,体验群己之关系,了解我国固有道德之意义,以养成修己善群之善良品性。

（二）使学生明了三民主义之要旨,国家民族之意义,以正确其思想,坚定其信仰。

（三）使学生认识政治之组织与运用,及研究地方自治之基本知能,以陶铸其健全之公民品格,而培植其服务地方自治之能力。

1940 年 7 月,教育部还公布了《修正高级中学公民课程标准》,规定目标:

（壹）使学生认识中华民族之构成因素及其固有道德与国际之关系,以养成其伟大之民族意识。

（贰）使学生明了政治制度、宪法运用、法律常识以及中国国民党之政纲、政策,以培养其使用民权之能力。

（叁）使学生习得国民经济之常识,本国农、工、商业及资源之情形,以启发其正确之民生观念。

初级中学与高级中学都有公民课程,加以比较,高中阶段要求达到更高层次。初中的公民课程要求学生养成修己善群的优良品性,明了三民主义要旨并坚定信仰,培植服务地方自治的能力。高中的公民课程要求学生认识民族构成因素与国际关系,养成伟大的民族意识,认识政治制度与宪法运用,培养使用民权的能力,习得国民经济常识,启发正确的民生观念。公民课程标准设计虽然很周到,但实际能做到的很有限。规定标准是公开的一套,实际施行的是管控灌输的一套。

三、 训育的沿革和制度化

"训育"源于古代的"训导"。"训",原意为教诲、开导。《唐六典·三师》:"三师,训导之官也。""训导"起初被用来指称三师的职务。后代以"训导"为学官之名。明清时期,府、州、县学皆设训导,以协助府学教授、州学学正、县学教谕,以教诲所属生员为其职责。近代新文化运动提倡新文化、新道德,把教育管理工作改称"训育"。训育一般指对各级各类学生思想、行为、习惯的训练和控制。

(一) 训育的沿革

以蒋介石为首的南京国民政府,打着孙中山的三民主义旗号,却背叛孙中山"联俄、联共、扶助农工"新三民主义的三大政策。宣布以"以党治国"就是以三民主义治国,信仰唯一的主义就是三民主义,教育的一切设施以三民主义为指导思想,拟定教育宗旨,制定教育实施方针,推行三民主义教育。政府害怕教师、学生为人民鸣不平,要求民主平等,要求改革制度,要求言论自由,因此要对教师、学生的思想行为严加管控,严令整顿教育,镇压学潮,以维护一党专政,实行法西斯独裁统治。在学校,设立训导处,配置训导长或训导主任(又称"训育主任"),大力推行训育。

1929 年 4 月,国民政府公布教育宗旨,强调应遵守的方针:(1)"各级学校之三民主义之教育,应与全体课程及课外作业相贯连,以史地教科阐明民族之真谛,以集团生活训练民权主义之运用,以各种生产劳动的实习,培养实行民生主义之基础,务使智识道德融会贯通于三民主义之下,以收笃信力行之效"。(2)普通教育"以陶融儿童及青年'忠孝仁爱信义和平'之国民道德,并养成国民之生活技能,增进国民生产能力为主要目的"。国民政府由此抓紧对中小学实施严格管理。同年7月,教育部通令全国实行《中小学训育主任办法》,各学校设立训育主任和训育人员,专事日常考查学生的思想言论和行为。

1931年9月,国民党第三届中央执行委员会第十七次常务会议通过《三民主义教育实施原则》,对各级各类学校的教育目标、实施纲要(包含课程、训育、设备三部分)都作了规定。中等教育的训育有十二条规定:

一、训育之实施,应根据团体化、纪律化、科学化、平民化、社会化的原则,使无处不含有三民主义的精神。

二、由国民道德之提倡,民族意识之灌输以养成青年爱护国家,发扬民族之精神。

三、由工艺课外作业及其他生产劳动的实习,以训练青年勤苦耐劳之习惯及爱好职业之心情。

四、由体操游戏竞技运动,以锻炼青年之强健的体格。

五、由自动的各种学术之研究,以养成青年潜心学问的兴趣。

六、一切训练,务使与实际生活相接触,并与家庭及社会之联络。

七、教职员均应负有训育之责,横的方面,应以青年全部生活为训育之对象;纵的方面,应顾及中学及小学训育事项之联络。

八、由指导学生组织自治会及其他各种集会,以训练青年四权之运用。

九、由指导参加或举办各种合作事业、社会事业,以训练青年协力互助的精神及服务社会之情意。

十、由家庭伦理观念之启发,以唤起青年对于家庭之责任,并革除其依赖家庭之心理。

十一、由课余娱乐之指导,以陶冶青年之优美情操。

十二、由生理卫生之讲授,以指示青年对于性的卫生之注意。

第一条要求训育全面贯彻三民主义的政治精神。第二条提倡国民道德,主张发扬民族精神。这两条旨在解决思想意识问题,是最重要的。然后,以生产劳动实习,训练青年勤劳习惯;以体育运动,锻炼青年强健体格;以自动学术研究,养成青年学问兴趣。一切训练都不能脱离生活实际,并保持与家庭及社会之间的联系。此外,还规定教职员均应负有训育之责,并提示应以青年全部生活为训育对象。这就把青年训育的范围极大地扩大,以至于无所不管。

1932 年 6 月,教育部颁发《今后中小学训育上应特别注重之事项》,对一些训育要求加以强调或予以具体化。

一、训育目标

应发扬我民族固有美德忠、孝、仁、爱、信、义、和、平等,同时并应特别注意:

(1)力戒懦怯苟安,养成勇敢奋斗之精神;

(2)力戒倚赖敷衍,养成自立负责之能力;

(3)力戒轻躁盲从,养成审核周密之思考;

(4)力戒浪漫奢靡,养成刻苦勤朴之习惯;

（5）力戒虚伪涣散，养成精诚团结之意志；

（6）力戒自私自利，养成爱国爱群之观念。

二、训育责任

（1）中小学各教职员均须切实同负训育责任，破除从前教学训育分裂之积习，各就本校训育与教学的关联方面预定整个的计划，以备分工合作。

（2）各教职员均须对于此次国难①经过有彻底的明了；并须以各种暗示的方法，时时提醒学生。

（3）各教职员自身须过刻苦耐劳的生活，实行人格熏陶。

（4）各教职员除于训练方面注意领导外，应充分利用教学机会（如上国语、算术、历史、地理、自然科学、社会、体育等课时），增强学生对于雪耻救国的系统观念及动机。

（5）中小学每晨必须举行早会，作短时间之训练，校长教职员学生均须出席。

（二）训育的制度化

各级学校的规程都对训育作了规定，由教育部公布。教育部于 1935 年 6 月公布《中学规程》，1947 年 4 月修正后再公布，其中规定了训育的内容。

第三十三条　中学训育应遵照中华民国教育宗旨及其实施

① 指九一八事变。

方针所规定,陶融青年"忠孝仁爱信义和平"之国民道德,并养成勇毅之精神与规律之习惯。

第三十四条　根据实施方针所规定劳动实习,中学学生除劳作科作业外,凡校内整理、清洁、消防及学校附近之修路、造林、水利、卫生、识字运动等项,皆须分配担任,学校工人须减至最低限度。

第三十五条　中学校长及全体教员均负训育责任,须以身作则,采用团体训练及个别训练,指导学生一切课内课外之活动。

第三十六条　中学每一学级,设级任一人,择该级一专任教员任之,掌理各该级之训育及管理事项。

第三十七条　校长及专任教员均以住宿校内为原则,与学生共同生活。

第三十八条　中学学生宿舍,须有教员宿舍,负责管理之责。

第三十九条　中学学生应照学生制服规程规定,一律穿着制服。制服之重制,须视一般学生穿着损坏情形,不得于每学期或每学年令学生新制。

第四十条　中学学生旷课及怠于自修或劳动作业等情,应于操行成绩内减算。

《中学规程》的新规定强调的是学生要承担校内外的义务劳动;校长和级任特别负有训育之责,更要以身作则,在校内住宿,与学生共同生活;对学生的服装、上课、自修、作业劳动、生活实行全面管理,评定操行成绩,加以奖惩。

1938年2月,教育部通令全国学校依照《青年训练大纲》进行训练,要项有:信仰、德行、体格、生活、服务等。其中,德行列有目标和实施要点。

目标:"1. 发挥忠孝仁爱信义和平诸美德。2. 实现领袖提倡礼义廉耻之意义。3. 涵养公诚朴拙之精神。"

实施要点(依照十二守则体会力行):(1)忠勇为爱国之本;(2)孝顺为齐家之本;(3)仁爱为接物之本;(4)信义为立业之本;(5)和平为处世之本;(6)礼节为治事之本;(7)服从为负责之本;(8)勤俭为服务之本;(9)整洁为强身之本;(10)助人为快乐之本;(11)学问为济世之本;(12)有恒为成功之本。

这十二条守则有其来历和政治意义。蒋介石居国民党总裁的权位,要国民党党员都服从他的领导,特意综合纲要,订守则十二条,不仅要党员切实遵守,也要青年身体力行。

蒋介石1939年3月4日在第三次全国教育会议上提出:"在训育上要提出简单而共通的要目。……总理'忠孝仁爱信义和平'的八德及党员守则,可订为青年守则一致信守以外,所有全国各级学校,可以'礼、义、廉、耻'四字为共通校训。"

抗日战争期间,训育的法规需要整理。1939年9月,教育部颁发《训育纲要》,就是对训育的新规定。

"训育之意义,在于陶冶健全之品格,使之合乎集体生存(民生)之条件……"

"道德的内容,不外修己与善群。善群为修己之表现,修己为善群之始基。"

建国之事,可概括为四项,就是管、教、养、卫。"管之对象为事,其标的为政治建设;教之对象为道,其标的为文化建设;养之对象为人,其标的为经济建设;卫之对象为国,其标的为军事建设;……教育既系应国家之需要以设施,故教育之标的即针对建国之四大需要。"实行三民主义为全体青年应有之义务。在抗战建国之时期,训育之重心,必须与国家之文化、政治、经济、军事种种建设相配合,而以国家至上、民族至上为依归。总的来看,对受教育者的要求,不外是信仰三民主义,力行青年守则,陶冶国民道德,明礼义知廉耻,负责任守纪律,听从总裁教训,必须竭尽忠诚,等等。

关于训育的实施,现只引中等学校的条目,以了解其内容、精神及办法。

(1)讲解三民主义之要义,以确定并加强青年对三民主义之信仰,并以童子军誓词规律及青年守则,切实陶冶其国民应备之道德,发扬忠贞、公勇、服从、牺牲之精神。

(2)对于青年之训导,横的方面,应以其全部实际生活为对象,而以本身为出发点,贯通家庭、社会、国家、世界各方面之联络。纵的方面,应顾及小学与中学训育事项之联系与衔接。

(3)由家庭伦理观念之启发,以昭示青年对于家庭宗族之责任,并革除其依赖家庭之心理。

(4)由历史地理公民科及时事之讲解,灌输民族意识,树立"民族至上国家至上"之自信,使知如何爱护国家复兴民族,以尽其对国家民族之责任。

(5)由体操、游戏、竞技、爬山、游泳等运动,以锻炼其强健之体格,养成其敏捷活泼之习惯,并且在行动中训练其集体生活。

(6)由劳作课程生产训练与举办各种合作事业、社会事业,以训练青年刻苦、耐劳、勤俭、有恒之习惯,协同、互助之精神,与服务社会之热忱。

(7)指导组织学生自治会及其他各种集会,以训练青年四权之运用。

（8）由各种学术之自动研究及课余各项娱乐之指导，以养成潜心学问之兴趣，注意音乐唱歌，以陶冶优美之情操。

（9）切实施行军事管理及童子军管理，以养成青年简单、朴素、整齐、清洁、严肃、敏捷之生活，及负责任守纪律诸美德。

（三）实施导师制

在中学的训育，先是实行级任制。1935 年 6 月由教育部公布的《中学规程》第 36 条规定："中学每一学级，设级任一人，择该级一专任教员任之，掌理各该级之训育及管理事项。"级任有管理班级训育的责任，但较普遍的倾向是关注所专任学科的教学。

抗日战争时期，教育部为了矫正学校教育只重视知识传授，忽视训育指导，师生关系日渐疏远，学校教育趋于商业化，特别提出要参考我国师儒训导旧制及英国牛津、剑桥大学的办法，加强学校的训育，必须确定教师的责任，以加紧管控学生的思想言行。

教育部于 1938 年 3 月颁发《中等以上学校导师制纲要》，规定中等以上学校遵行导师制。"导师对于学生之思想、行为、学业及身心摄卫，均应体察个性，施以严密之训导，使得正常之发展，以养成健全之人格（训导纲要另定之）。""训导方式不拘一种，除个别训导外，导师应充分利用课余及例假时间集合本组学生举行谈话会、讨论会、远足会等，作团体生活之训导。"该纲要的颁发，不仅确立了导师制，并扩大范围到中等以上学校，而且加强了学习训育的组织管理。导师制的推行能否成功，关键在于校长的领导。校长要指定训育主任（或称主任导师）一人，综理全校学生训导事项,每学期制定训导计划。全校每一学级学生分为若干组,每组人数以五人至十五人为限;每组由校长指定专任教师一人为导师。导师要负责任,为学生之表率,关注学生,全面考察,详细记录,每月按期报告训导处,或向每月举行一次的训导会议汇报组内的情况。学生毕业必须有导师写的训导证书,对学生的思想、行为、学业都有考评。学生如有严重违规,不堪继续训导,先要把情节报送训导处审核,然后报告校长,由学校除名。

1943年3月,教育部认为学校有不同层次,管理学校的法规也要有区别,因此对《中等以上学校导师制纲要》进行修改,分别改订为《中等学校导师制纲要》与《专科以上学校导师制纲要》,付诸实施。教育部于1944年6月公布《中等学校导师制实施办法》,9月又公布《专科以上学校导师制施行办法》,皆以相应的纲要为准,对具体办法略为修改。

推行导师制,是为了贯彻国民党"以党治国"的政治路线,利用教师来对学生进行训育,要求严格管束学生的行为,压制学生的思想,经过旧三民主义的思想灌输、八德四维的精神训练,使学生养成奉公守法的服从习惯,成为能尽效忠义务的国民。许多教师是被指派而不是自愿的,对国民党的反动措施产生反感,不愿监督学生的言行,勉强应付,消极抵制。学生对自上而下施加的监督、严密的训导,详细地记录在案,是不乐意配合的。有觉悟的学生对这类措施是反对的。导师制在大学中难以实行,费力费事,却乏善可陈。1946年7月,高等教育会议召开,决定废除大学导师制,代之以训育委员会制。训育委员会实质是国民党的政治工具,不受教师、学生欢迎,它的存在只是暂时的。

四、"全人生指导"下的中学德育

杨贤江(1895—1931)，笔名李浩吾等，浙江余姚长河(今属慈溪)人。他是中国近代马克思主义教育理论家，青年运动领导者之一。1917年毕业于浙江省立第一师范学校。后任南京高等师范学校学监处事务员、教育科职员。1919年加入"少年中国学会"，任南京分会书记，兼任《少年世界》编辑。1921年受聘为上海商务印书馆编译所《学生杂志》编辑。1922年加入中国共产党，任《中国青年》编辑。1924年任改组后的国民党上海市青年部长。1925年任上海学生联合会主席，领导学生爱国运动。1927年参加工人武装起义的组织工作。四一二反革命政变后受通缉，转到武汉任《革命军日报》社长。大革命失败后奉命避难至日本。1929年回归上海，继续从事教育研究和翻译工作。著有《新教育大纲》《教育史 ABC》。其著作先后汇集，编有《杨贤江教育文集》《杨贤江全集》。[①]

(一)"全人生指导"主张的提出

1925年8月，教育界就中学训育问题开展专题讨论。杨贤江关注青年教育问题，有较广泛的调查和深入的研究。他以历史唯物主义为理论指导，吸收古今中外教育思想经验中的合理因素，特别是结合中国的社会实际，经历指导青年学生的实践与酝酿，

[①] 以下相关引文，只注篇名。引文依据中央教育科学研究所、厦门大学合编《杨贤江教育文集》，教育科学出版社1982年版；《杨贤江全集》，河南教育出版社1995年版。

形成"全人生指导"的主张,借专题讨论之机公开提出。

杨贤江批评没有正确的教育观指导,学校教育存在许多弊端,往往是片面强调一方面的教育,结果造成德智体三育分立的偏向。"偏于体育,贲获而已",缺乏德育、智育;"偏于德育,程朱而已",缺乏体育、智育;"偏于智育,仪秦而已",缺乏德育、体育。①这些都是畸形教育。矫正畸形教育,应该运用"全人生指导"的理论,统观整个人生,进行德、智、体、美、知、情、意、行等全面发展的教育,使学生成为"有了肉体,又有精神;有了个性,又有群性;有了现实,又有理想",各方面都得到发展、充实的"完成的人"。②

杨贤江建议中学一定要有明确的教育目标:"我以为我国现在的中学教育的目标不特须使学生将来能升学,也须使学生将来会做事;不特须学生将来能维持个人生活,且须使学生将来能保障社会安宁。因此,中学训育的目标,无论学生与否,终不当仅希望学生做各个的好人,乃应培养学生做社会的好人。"③所谓"社会的好人",大概有这样一些特点:人格高尚,谋人类幸福;意志坚强,能吃苦耐劳;思维敏捷,能随机应变;热爱劳动,有劳动技能;崇尚文化,肯开拓创新;兴趣广泛,会利用闲暇。培养了这几方面素养,也就培养了"中国社会改进上适用的人才"。这种人才是"对于社会改造有决心,且有相当实力的人才"。④

杨贤江号召中国的教育工作者,应当责无旁贷地担负起"全人生指导"的职责,全面指导学生的生活,使他们健康成长为"完成的人"。

---

① 《我之学校生活》。
② 《论个人改造》。
③ 《中学训育问题的研究》。
④ 《青年求学的目的是什么》。

（二）中学的德育内容

杨贤江依据"全人生指导"，主张设置中学的德育内容。

1. 革命人生观教育

中学生革命人生观的教育，是德育内容的核心问题。中学生随着知识的增加、经验的积累、社会的影响、身心的成熟，开始对人生问题、社会问题有所思考，但想法各式各样。进步的青年在思考什么是人生应走的道路，他们在积极探索人生的道路，探索社会改造的道路。有的虽有改造社会的要求，但缺乏革命的信心和勇气。有的没有理想，消极悲观。有的彷徨苦恼，担心前途。有的随波逐流，眼光短浅。此时教育者的合理引导，对中学生的健康成长十分重要。确立革命的人生观，是青年一代的头等大事，应该考虑三方面的因素：时代潮流、中国现状、自身发展。根据这三个原则，杨贤江提供了一个答案："人生的目的，在对于全体人类有贡献，来促进人生的幸福。"[①]实现人生的目的，具体行动表现为：勤奋学习新知，积极参与斗争，驱逐帝国主义，推翻腐败政府，创造新的世界。

杨贤江以提出正确的人生观来教育中学生。他指出，中学生应该有正确的求学目的，即"在学做人，在学做一个更有效能的人"[②]，也就是有知识、有能力、愿意服务社会的人。有四种错误的求学观：为做官而求学，为发财而求学，为得名而求学，为读书而求学。他对错误的求学观进行分析批判，使青年振奋精神，走向

① 《论个人改造》。
② 《青年求学的目的是什么》。

革命的人生道路。

2. 新道德观教育

杨贤江把新道德观念的传授和道德行为的培养作为中学德育的基本内容,着重帮助中学生正确认识道德的本质及特点。他以历史唯物主义为理论指导,批判旧道德中一些流行的错误思想观念,超乎实际生活,束缚青年个性,阻碍社会进步,产生破坏作用;阐述新的正确的道德观具有变迁的、阶级的、社会的、活动的属性。[①]

道德是变迁的。由于时代不同,社会环境条件不同,道德必然跟着变化,绝不是固定不变的。道德是人类实际生活的要求和反映,受客观环境的支配,受社会制度的影响,跟着经济状况的变迁而变迁。

道德是阶级的。人们处于不同的社会经济地位,形成不同的阶级,有着不同的道德规范,待人接物的态度有种种不同,于是不同阶级有不同的道德要求。

道德是社会的。人们长期处在共同社会生活中,为了维持共同社会生活的秩序,保护公共的利益,需要一些共同遵守的规则,这些规则逐渐成为公认的道德。道德的形成,是社会生活的需要。

道德是活动的。个体道德培养要通过实际活动锻炼,形成习惯。个体的道德品质如何,也要通过活动而表现出来。

3. 多种生活类型的指导

杨贤江对青年的生活提出指导性的意见,认为青年正常的生

---

① 《青年的道德观念》。

活有四种类型,即健康生活、劳动生活、社交生活、文化生活。

(1)健康生活。强健的体魄和精神,是青年健康生活工作的需要,也是革命改造社会的需要。要保证学生的健康,学校教育应提倡学生加强体育锻炼,注重卫生保健。应该明确体育是造就健全人格的工具,也是实践改造社会的使命。此外,还要进行个人卫生与公共卫生的教育,使学生养成良好的卫生习惯。

(2)劳动生活。劳动是维持人类生活的基本条件,不论个人独立生活或集体生活,都需要养成劳动的习惯。学校的教育,应该是修养与劳动并进。组织学生参加一定的打扫、修路、种植、饲养、修理、制造,有助于他们学得一定的技能,认识劳动的意义,养成劳动习惯。对他们进行职业指导,也是劳动生活教育的重要内容。个人的择业,应该只求于全体人类有贡献,无论什么小事都值得去做。社会的改造与建设需要真才实学,应在读书时期努力求得真知,使自己具有实力。

(3)社交生活。杨贤江认为,学生时期应积极参加社团活动,注意研究时事;学习社会科学,培养贡献社会的理想;结交朋友重在交流思想、相互理解、相互尊重、相互勉励、共同进步。他还认为,恋爱婚姻也是青年生活中的重要问题,学校教师对青年的婚恋问题应给予正面的教育和指导。社会时代已经发生变化,男女青年教育平等,经济可以独立,社交公开,婚姻自由,有权自主选择配偶。

(4)文化生活。青年存在求学生活与业余文化生活等问题,教育者也有责任对他们进行具体的指导。青年对不能入学或不能升学,应该采取适当措施自我补救,如可以选择走自学成才的道路。杨贤江鼓励失学的贫苦青年振作精神、奋发图强;对于在学的青年,也劝告他们端正求学的态度,求学不以个人荣耀与福利为目的,要重视社会的需要,用所学的知识服务于人民大众,促进社会进步。青年还应该有丰富多彩的业余文化生活,具有艺术修养,这是养成健全人格不能缺少的。学校应该为学生创造各种条件,让他们利用课余或假期开展多种活动,如研究会、讨论会、歌咏、民乐、参观、访问、郊游、旅行等有益于身心的文化生活。

(三)中学德育的方法

德育工作要取得预期的效果,必须选用一些适当的方法。杨贤江比较注重的是以下三种方法。

1. 说理引导

对中学生通过提问题、摆事实、讲道理,进行正面教育,以启发觉悟,提高思想认识,引导其积极进步。杨贤江在《见解和勇气》一文中指出一种现象:不少中学生在校时看社会上的官僚腐败非常痛恨,见恶势力横行非常气愤,可是毕业之后,再见这类现象,就不恨、不气,似乎已见怪不怪。个别人还同流合污了。一般人认为这是由于中学生怯弱,缺乏勇气。杨贤江则认为,他们之所以没有勇气,乃是因为他们没有见解。勇气的根源,是热烈的感情和明澈的见解。学生刚走上社会,对社会万象还没有全面的认识和深刻的见解。只有当学生对善恶美丑有了认识后,才能产生行动的决心和勇气。教育者为他们讲道理加以引导,显得特别重要。

2. 学有榜样

榜样的力量是无穷的,树立学习榜样以激励学生,是杨贤江经常使用的方法。他利用《学生杂志》发挥宣传作用,扩大社会影响。《学生杂志》曾介绍出身贫寒的青年立志进取,战胜困难,终于得到成功的故事,为贫寒青年树立了榜样。《学生杂志》还介绍伟大人物的事迹和精神,激励学生树立远大的理想,为民众建功立业或献身科学事业。例如,赞扬列宁作为革命领袖的远见卓识、博学广智、刻苦力行,号召中国的革命青年以列宁为学习榜样。

3. 活动锻炼

这是教育者负责组织学生参加实际活动,在实践行动中锻炼思想,培养道德品质和行为习惯。杨贤江认为,青年有动的天性,要适其天性而营运动的生活,行动后才得成功事业,行动后才得明白真理,所以行动是创造人生的要素。学生应组织学生会,过团体的生活。他鼓励学生参加社会服务或开展国民运动,通过这些团体性活动实践,与他人和睦相处,练习做人的方法,学会承担应尽的责任和义务,锻炼谋生的能力。活动培养了道德,也表现出道德。

五、 中国共产党革命根据地的德育实践

1927 年,国民党和共产党两党合作的国民革命军进行北伐以推翻军阀统治,革命势力已达到长江、黄河流域。以蒋介石为首的国民党右派发动四一二反革命政变,残杀共产党人,致使第一次国内革命战争遭到失败。

为了挽救革命,共产党总结失败的教训,提出对敌斗争新的政治路线:必须发动千万工农开展革命武装斗争,以对付武装的

反革命,创建农村革命根据地,以农村包围城市,最终夺取城市,取得民主革命的胜利。

共产党领导的革命武装斗争,是在半殖民地半封建社会的条件下进行的新民主主义革命,根据不同时期的形势提出政治任务,制定相应的教育工作方针和政策。

(一) 土地革命战争时期的思想政治教育实践

1927年,土地革命战争开始,共产党实行革命武装割据,先后在多个省区建立农村革命根据地。国民党反动派对革命根据地进行残酷围剿。共产党为了争取革命战争的胜利,为了根据地的巩固和发展,动员人民支援革命战争,服从战争的需要。这是当时革命根据地一切工作的总方针,教育工作也围绕这个总方针来进行。毛泽东在1934年1月召开的中华苏维埃第二次全国代表大会的报告中,更明确更具体地宣布苏维埃教育总方针:"在于以共产主义的精神来教育广大的劳苦民众,在于使文化教育为革命战争与阶级斗争服务,在于使教育与劳动联系起来,在于使广大中国民众都成为享受文明幸福的人。"

中华苏维埃共和国临时中央政府教育人民委员部在第一号训令《目前的教育任务》中提出:"苏区当前文化教育的任务,是要用教育与学习的方法,启发群众的阶级觉悟,提高群众的文化水平与政治水平,打破旧社会思想习惯的传统,以深入思想斗争,使能更有力地动员起来,加入战争,深入阶级斗争和参加苏维埃各方面的建设。"训令强调的是教育为政治服务,目的是要提高群众的阶级觉悟,过程要经过深入的思想斗争,实际行动是加入人民战争,深入阶级斗争和苏维埃各方面的建设。

在革命战争时期,打破旧社会思想习惯,反对封建旧道德,要求提高阶级觉悟,发扬革命斗争精神,积极投入推翻反动统治的人民战争。这一类的战争活动,称为"思想政治教育"或"政治思想教育";亦有为了更突出政治,就更直接地简称为"政治教育"。不同层次的政治教育有不同的政治要求,以下只就红军的思想政治教育与儿童的思想政治教育作简略介绍。

1. 红军的思想政治教育

以工农革命武装斗争击败国民党反动派军事围剿,保卫革命根据地,是当时共产党的中心任务。教育工作要为这个中心任务服务。红军的训练和教育是革命根据地各级各类教育中最重要的一环。红军不仅要打仗,消灭敌人的军事力量,还要承担宣传群众、组织群众、武装群众,帮助地方群众建立政权和共产党的组织等各项重要任务。由此可见,革命根据地的教育发展开始于红军教育,而红军教育的各项制度和方法成为干部教育和国民教育的模范。

政治工作是红军的生命线,是一切工作的灵魂。红军的教育首要就是政治教育和路线教育,以纠正和肃清各种非无产阶级意识的倾向,对单纯军事观点、极端民主化、非组织意识、绝对平均主义、军阀作风、流氓习气等错误思想进行坚决斗争,从而提高干部和战士们的阶级觉悟,深化对工农革命的认识,加强红军的战斗力。

共产党一贯重视红军的政治教育,采取上政治课、早晚点名时讲话、个人谈话、游艺活动等多种形式,因时因地制宜,对士兵、对学员进行政治教育,而政治课是最主要的教育形式。

红军的政治教育内容,着重在四个方面:(1)革命任务的教育;(2)红军常识的教育;(3)军事知识的教育;(4)军民关系的教育。根据这几方面内容的需要,各根据地组织编写红军政治课本,力求政治观点鲜明,文字通俗易懂。例如《新战士教材》,以问答的形式进行红军常识的教育。

问:红军纪律有哪些?

答:一、打土豪要归公;二、服从上级命令;三、不拿工农一针一线。

问:红军有哪六个注意?

答:一、要扫地,捆卧草,上门板;二、借东西要还人;三、保护学校、邮政、商店;四,对群众说话态度要和平;五,不拿新同志私人的东西;六,没有事时就读书写字。

问:怎样才能是好的革命战士?

答:好的革命战士,第一要做工农革命的战斗员,第二要做工农革命的宣传员,第三要做工农革命的组织员。

2. 儿童的思想政治教育

中华苏维埃政府重视儿童的思想政治教育。

《中华苏维埃共和国小学校制度暂行条例》对列宁小学的教育目的作了明确规定:"在工农民主专政下的小学教育,是要训练参加苏维埃革命斗争的新后代,并在苏维埃革命斗争中训练将来共产主义的建设者。"小学教育要贯彻三条原则:(1)使教育与革命的阶级斗争联系起来。共产主义教育是革命的阶级斗争的工具之一,必须运用实际斗争的教训和经验来施行教育。(2)使教育与生产劳动统一起来。要消灭离开生产劳动的寄生阶级的教育,同时要用教育来提高生产劳动的知识和技术。(3)使教育发挥儿童的创造性和自治能力。儿童在小学应当有自己的组织和独立活动,教育者应给予适当的指导。

列宁小学的课程,是政治教育、知识教育、劳动教育三方面的内容相结合而形成的。课程都设有劳作实习和社会工作,前者是为了培养儿童的劳动观念和劳动习惯,后者是为了培养儿童的阶级意识和革命工作的积极性。

各种教材是根据社会化、政治化、实际化的原则来编写的,主要的思想内容是:拥护党、拥护红军、拥护苏维埃政府,批判帝国主义、国民党反动派和封建地主对劳动人民的压迫剥削,启发儿童的阶级意识,提高儿童的阶级觉悟。

以《共产儿童读本》第四册为例:

廿一、为什么要革命

先生说:现在革命很发展了,到处的工人、农民、士兵都起来革命。

一位学生起来问道:他们为什么要革命呢?

先生说:农民耕了田,工人做了工,可是他们还是没有饭吃,没有衣服穿,没有房子住。为什么呢?因为受了豪绅地主资本家的剥削。工人农民要饭吃,要房子住,所以就要起来革命。

廿二、谁革谁的命

学生再问:革命是什么人革什么人的命呢?

先生说:现在的革命,是工人、农民、士兵联合起来,革豪绅地主资本家的命。工农兵一齐起来,推翻豪绅地主资本家的政府,建立工农兵苏维埃。这就是叫着革命。

经过先生的解释,学生提高了阶级斗争的意识。

苏区列宁小学的学生大多数参加儿童团,他们积极参加社会工作和革命斗争的活动,在工作过程中锻炼,养成诚实、勇敢、机警、互助、遵守纪律、服从组织等良好品质。

(二)抗日战争时期的思想政治教育实践

中国抗日战争开始于1931年的九一八事变。1937年7月7日,日本帝国主义发动卢沟桥事变,对中国进行全面侵略战争。中国军民奋起抵抗,全国进入抗日民族革命战争新时期。日本帝国主义企图以武力征服中国,并独占为殖民地,中华民族面临生死存亡的紧要关头。中国共产党首先行动起来,发表宣言,主张团结抗日,建立广泛的抗日统一战线。

中国共产党领导的各个抗日根据地为服务于抗战事业的需要,制定并实行国防教育的方针政策。

边区政府教育厅明确规定国防教育宗旨:培养有民族觉悟、有民主作风、有现代生活知识技能、能担负抗战建国之任务的战士和建设者。

1. 新民主主义教育方针的确立

1940年1月,毛泽东发表《新民主主义论》,对新民主主义教育理论体系、基本方针有科学的论述。他指出:"一定的文化(当作观念形态的文化)是一定社会的政治和经济的反映,又给予伟大影响和作用于一定社会的政治和经济;而经济是基础,政治则是经济的集中的表现。这是我们对于文化和政治、经济的关系及政治和经济的关系的基本观点。"就是依据这一马克思主义基本原理,他提出新民主主义的教育方针,即建立起由无产阶级的共产主义思想指导,担负反帝反封建的历史任务,为人民大众服务的民族的科学的大众的新教育体系。

2. 思想政治教育

思想政治教育,就是用共产主义的理想、理论、精神道德,无产阶级的立场、观点、方法,教育党员、干部、人民群众、青年学生,使他们对共产主义和新民主主义革命事业具有坚定的信念,提高革命斗争觉悟,保证政治任务的完成。思想政治教育工作是一切工作的生命线,是进行政治斗争的中心环节。

1939 年,毛泽东在《中央军委关于整理抗大问题的指示》中指出,"学校一切工作都是为了转变学生思想"。转变学生思想最重要的是以马列主义为思想政治教育的基本内容,使学生热爱共产党,热爱边区,热爱人民群众,树立为人民服务的人生观和科学的世界观,这是边区教育努力实现的根本目的。

边区干部学校进行思想政治教育有几个方面内容:

(1)马克思列宁主义、毛泽东思想的教育。这是各级各类学校的指导思想,自然成为头等重要的教育任务。懂得马列主义、毛泽东思想,才能对国内外形势做出正确的分析和判断,才能正确认识党的路线和政策,正确处理社会中发生的各种问题。政治课是这种教育的主要方式。政治课包括马列主义基本常识、社会科学概论、新民主主义论、中国革命问题等。

(2)新民主主义基本政策教育。这可以提高执行各项政策的自觉性。对学生进行抗日民族统一战线政策教育,必须坚持党的领导和独立自主,放手"发展进步势力,争取中间势力,孤立顽固势力"。与顽固派斗争,要坚持"有理、有利、有节"的原则。

（3）形势教育。政策是根据每一阶段的政治形势、阶级关系、实际情况变化而制定的,只有对形势有清醒的认识,才能自觉遵守和执行党的政策。形势教育采取三种方式:第一,平日经常读报学习时事;第二,学习党领导关于时局形势问题的指示;第三,邀请党政部门的负责同志来做形势问题的报告。

（4）为人民服务的人生观教育。政治课上面对学生讲授人生的价值和目的,应该使学生成为为人民服务的革命者。这种教育必须与学生的思想实际相结合,引导学生转变思想,由私心向公心转变,由个人主义向集体主义转变,从为自己家庭服务向为人民服务转变。

（5）生产劳动教育。各级干部学校将生产劳动与教育相结合,这是边区教育革新的重要内容。通过生产劳动,学生认识到"劳动创造世界""劳动神圣"的真理,增强劳动观念。他们劳动建校,节约开支,开荒种地,种粮种菜,部分自给,改善了学校的物质生活条件,也减轻了人民的负担。

（6）艰苦奋斗作风和革命传统教育。共产党领导人民进行反帝反封建的新民主主义革命,实行武装割据,创建红军,开辟革命根据地,成立苏维埃政权,进行长期艰苦卓绝的斗争。红军长征到陕北,在国民党顽固派与日寇的夹击下,自力更生,艰苦奋斗,把陕甘宁边区建设成为全国抗日根据地的模范,形成伟大的"延安精神"。干部学校应当发扬革命精神,继承革命传统。

3. 学校思想政治教育的方法

为实现思想政治教育的目的,要有正确的方法,因此共产党领导下的边区政府总结出一些行之有效的方法。

（1）课堂讲授。各种学校都把课堂讲授作为进行教育的基本方法,力求理论联系实际,启发学生独立思考,提高思想认识。有时,大会报告也属于课堂讲授的一种。

（2）民主讨论。讨论就是民主的方法、说服教育的方法、批评与自我批评的方法。学生的学习也要发扬民主精神,提倡质疑问难、热烈辩论的学风。认真的批评与自我批评的方法,也是进行思想政治教育的根本方法。解决思想认识问题,不能用压制、责令反省、开斗争会等方式。

（3）评比竞赛。为推动学校各方面工作的开展,调动学生的积极性,可适当开展各种评比竞赛。例如,在课程学习中开展竞赛,评选学习模范;在生产劳动中开展竞赛,评选劳动模范;在体育活动中开展竞赛,评选体育模范;在卫生活动中开展竞赛,评选卫生模范。也有学校评选各方面比较好的模范生、模范组、模范班。经验表明,通过评比竞赛表扬先进,是激发学生积极上进的好方法。

（4）定期鉴定。各级学校都重视思想政治教育的组织和检查并形成一定的制度,每周召开一次生活学习检讨会,每学期终必做一次思想品德鉴定。学期终的鉴定,是对一个阶段思想行为的回顾反省,请同学帮助分析、班主任指正,肯定优点和成绩,克服缺点和不足,明确今后的努力方向。

（5）社会实践。组织学生参加一定的社会实践活动,使学生接触了解社会,把知识运用到社会实践中去。实践的方式较多:土改之时参加土改工作队,冬季组织学生下乡做冬学教师,秋收时下乡帮农民收割,组织宣传队下乡宣传,小学生放学回村当扫盲小先生。还有参观访问,费时不多,收效颇大。

(6)忆苦思甜。忆苦,主要是回忆在敌占区和国民党统治区的黑暗统治之苦,受特务迫害之苦,受地主剥削压迫之苦。思甜,主要是思边区人民过上丰衣足食、民主幸福生活之甜。干部学校的忆苦会成为控诉会或抗议国民党暴行大会。忆苦思甜为边区各校普遍采用,取得明显的教育效果。例如,1943 年,在反对国民党顽固派发动的第三次反共高潮中,各级各类学校进行"三对比"教育,就是两个党(共产党与国民党)、两个主义(共产主义与三民主义)、两个领袖(共产党领袖与国民党领袖)的对比教育,对师生们提高阶级觉悟和坚定革命意志起了重要作用。

(7)因人说教。学生发生思想问题,多是由于存在实际困难问题所引起的,因此要转变学生的思想,就必须查清每人的实际情况。针对实际问题做思想工作,要求因人而做说服教育。实际问题解决了,学生的思想包袱就容易放下;转变了思想,就成为积极的好学生。

(8)个别谈心。每个学生的觉悟程度不同,理解能力也不一样,因此还必须更详细了解每个学生的具体情况,通过个别谈心、启发诱导,使学生自己认识自身存在的问题,能自觉反省、自我批评。谈心促使学生转变思想,师生关系也更加融洽。

(9)身教为重。身教、言教都是教育工作所必需的,但两者比较,身教应该重于言教。教师要为人师表,首先要为学生起示范作用,树立做人的榜样。凡要学生做到的,教师要带头做到。榜样的力量是无穷的,人格感化力量大于言论的宣传。

(10)寓教于乐。学校开展多方面的娱乐活动,也是对学生进行思想政治教育的重要方法之一。可采用的方式有多种,如讲故事、学唱歌、演戏剧、做游戏、邀球赛、扭秧歌、写标语、说相声、猜谜语等等,通过丰富多彩的课余娱乐活动,使学生在欢乐的气氛中增长知识,陶冶情操,激励意志。

4. 小学的思想政治教育

1941年《陕甘宁边区小学教育实施纲要》规定:边区小学教育应依据新民主主义教育方针,以促进儿童的民族觉悟,养成儿童的民主作风,启发儿童的科学思想,发展儿童的审美观念,提高儿童的劳动兴趣,锻炼儿童的健壮体格,增进儿童生活所必要的知识,培养儿童为大众服务的精神。遵照这一阶段的教育任务,各地制定了具体的实施目标。例如,绥德专署教育科制定《小学训导纲要》的目标是:养成独立自主的民族意识、互助友爱的民主作风、清洁整齐的卫生习惯、精确细密的科学思想、吃苦耐劳的劳动身手、活泼愉快的艺术兴趣。

边区小学思想政治教育内容有六项要求:

第一,爱共产党、爱人民政府、爱边区的教育。通过课内课外多种形式的教育提高学生的思想认识,使学生能够明辨是非,区分好人坏人,达到爱憎分明的程度。

第二,时事教育。学校的政治常识课以时事为中心。有的学校设有定期的时事报告,设有读报栏,组织学生讨论时事;利用村民大会,由学生宣讲时事。

第三,爱科学教育。高年级开设自然课,以启发科学思想,内容以农副业科学知识为主体,也介绍一般自然科学知识。初小也结合课程内容进行爱科学、破除迷信的教育。

第四,爱劳动教育。把生产劳动列入教育计划,以进行爱劳动的教育。学生根据年龄和体力,分别参加力所能及的生产劳动,每日不超过两小时。此外,还设有部分半工半读的学校,学生既学文化,又学生产技术,以成为有文化、能劳动的新公民。

第五,集体主义教育。学校制定必须遵守的制度和纪律,进行集体主义教育,培养学生有礼貌、守纪律、爱护公物、团结友爱的良好品德。

第六,卫生教育。学校设有卫生常识课,进行卫生教育,重视环境卫生,维护卫生设备,注意饮食卫生,不洁不吃,不喝生水。有的学校还制定个人卫生、教室卫生、寝室卫生三种检查表,定期进行竞赛评比。

(三)解放战争时期的政治思想教育实践

抗日战争胜利后,蒋介石要篡夺抗战胜利的成果,以建立大地主、大资产阶级专政的半殖民地半封建国家,为此挑起内战。人民大众在中国共产党领导下奋起进行自卫作战,先后粉碎敌人的全面进攻和重点进攻,转入反攻,经英勇作战,终于打倒蒋介石,解放全中国。

解放战争时期(1945—1949),党的一切工作必须为解放战争服务,明确提出执行新民主主义的方针与政策,干部教育第一,国民教育第二,把干部教育放在全部教育的首要地位,继承和发展抗日战争时期的政治思想教育经验,努力使革命的教育适应人民解放战争快速的变化,不断进行调整、改造、提高,其中有一个思想转变的过程。

解放区的中等教育处在激烈的战争环境中,一方面继续具有干部教育的性质,另一方面则具有预备教育的性质。1945 年 9

月，山东省解放区胶东行政公署公布《中等教育暂行规程》，规定中等学校以培养民族意识及民主精神，培养科学知识及生活上必需的技能，养成新中国之建设人才为宗旨。

党在新解放区与老解放区一样遵行新民主主义教育方针，但政策措施要从实际出发，不要求同步。先是维持现状，恢复教学活动，逐步加强政治思想教育，然后进行必要和可能的教育改革。政治思想教育既要批判旧的反动和错误的东西，又要进行适当的革命教育。1946年9月，东北行政委员会发布《关于改造学校教育与开展冬学运动的指示》："根据东北解放区的情况，我们教育工作的总方针，应是进一步肃清敌伪奴化教育和蒋介石封建法西斯主义教育的遗毒和影响，建立民族的、民主的、大众的、科学的新民主主义教育，使教育服务于新民主主义的政治斗争，服务于东北人民的和平民主建设事业。"中等教育的改造和发展列在教育工作的首要地位，中心问题是思想改造和肃清"盲目正统观念"，树立以无产阶级思想为领导的反帝反封建的民主革命思想。陕甘宁边区也强调重视学生的政治思想教育工作，1946年12月颁布《战时教育方案》，要求各级各类学校的教育内容和组织形式，应按战争的需要进行改革，使其紧密为解放战争服务。各级各类学校应十分重视学生的政治思想教育工作，培养学生的革命观点、群众观点、坚决勇敢及拥军尚武的精神。

解放区的中等教育紧密为解放战争服务，也随着解放战争的形势发展而改进。1948年8月，华北专门召开中等教育会议，明确中等教育为普通教育性质，预备解放战争胜利后的和平建设需要，中等教育必须走向正规化。随之发布的《华北区普通中学暂行实施办法（草案）》规定："改进思想教育与政治教育，通过政治课及有关课程,生产劳动、社会服务、学生自治等活动,培养与锻炼革命观点、群众观点、劳动观点与一定的工作能力。"这表明政治思想教育重要,而文化科学知识的学习也要加强,在学习中渗透马列主义的立场、观点、方法,使政治思想教育与文化科学知识教育结合起来,以此教育学生。同年10月,东北行政委员会也关注中等教育的改进,下达《关于教育工作的指示》,提出:"加重文化,并不等于忽视政治教育与思想教育。我们应善于把政治思想教育渗透到文化课里面,取得潜移默化之功效。……要使文化课换上新的内容,渗透着辩证唯物主义和历史唯物主义的立场、观点和方法。"

随着革命形势发展的需要,中等教育走向正规化。正规化有新型正规化与旧型正规化,二者存在着本质的差别,必须在制度、课程、内容等方面弃旧换新。要废除国民党专制主义的训育制度,实行新民主主义的指导制度;要废除党义、公民等课程,增设马列主义理论、政治课程;要去掉封建主义、官僚资本主义、帝国主义、法西斯主义的教材内容,换上民族的、科学的、大众的新民主主义的教材内容。

政治思想教育工作是青年学生的思想改造,是革命、进步、正确的思想与反动、落后、错误的思想斗争的过程。青年学生已受过一定的教育,受过社会一定的影响,要帮助他们进行思想改造,就要了解其现状,从实际情况出发,进行适当的教育,启发其觉悟,帮助其认识客观真理,分清是非真伪,克服错误思想,形成正确思想,树立革命观点、群众观点、劳动观点。思想政治教育采用的主要方法有:学习革命理论,参加革命斗争,生活实践,民主讨论,耐心说服等。

结　语

　　德育是教育的一个重要组成部分,历代的统治阶级都十分重视,把德育置于首要地位。德育以培养受教育者的道德意识与道德品质为目的,并以社会道德为德育的主要内容。德育与社会道德相互依赖、不可分离,社会道德以德育而推行,德育以社会道德为基础。

　　中国是文明古国,在尧舜主政时期,就任命官员负责社会的人伦教育,同时任命乐官负责年轻人的品德行为教育。德育随着历史时代的经济、政治变化而发展。从古代到现代,在几千年漫长的历程中,德育经过多次变革,不断地进行新旧更替。由此可见,德育与道德都不是永恒不变的。凡能适应政治、经济变革需要的,继续保持;不适应需要的,予以革除。不同阶级有不同利益,对德育有不同的认识和主张,围绕着几个问题不断地争论。

　　德育以伦理为本位,源于自然经济。中国自古以来以农立国,小农家庭为社会基本生产单位,过自给自足的生活。这种血缘组成的生产关系成为社会的经济基础,家庭组织受到重视,首先要协调好家庭成员的相互关系。用宗法血缘将家庭和国家联系起来,家庭是国家的缩影,国家是家庭的扩大,家国同构为特征,宗法为伦理本位。明人伦被归纳为五项,家庭关系占三项:父子有亲、夫妇有别、长幼有序。在家庭中处于不同位置，就有不同的名分，宗法等级制就维护这种家庭关系，督促按名分履行义务，仁孝忠义的规范由此而设。儒家坚持伦理本位，主张爱有差等，维护等级制度，最适合维护封建专制统治利益的需要，因此成为封建统治的主流思想，对后世产生深远影响。直到辛亥革命推翻帝制，革除忠君尊孔的教育宗旨，才以资产阶级的公民道德教育取代封建的道德教育。

关于道德的来源，孟荀两派的观点是对立的。孟轲主张道德是天生的，仁义礼智，我固有之，是不虑而知的良知、不学而能的良能。荀况主张道德是后天养成的，是教育、环境、个人努力几方面共同作用，"化性起伪"，积善成德所造就的。

关于人性的本质，学者们也各有主张。告子主张，生之谓性，性无善无不善。孟轲主张，人之性善，人无有不善。荀况主张，人之性恶，其善者伪也。董仲舒主张，性有善质而未能善，待教而为善。朱熹主张，人之性皆善，天地之性专指理言，气禀之性，则理与气杂而言也。人之为学，要变化气禀。这些都是古代抽象的人性论，他们离开人的社会性、阶级性而谈论人的本质属性，所以未能得出正确结论。

关于道德的作用，各家也有不同的主张。儒家的创始者孔子主张为政以德，实行利民的德治，依靠贤才治国，推行教化。贤才也就是君子，培养君子是设学的教育目的。墨家也主张道德教化。法家与儒墨相反，否定道德教化的政治作用，坚持主张法治，认为应当实施严刑酷法，使群众不敢犯法。道家崇尚自然，对政治主张"无为"，对道德采取"绝仁弃义"加以否定，与儒墨对立。儒家的政治理想是治国平天下，以修身为本。始于为士，终于为圣人,成圣是道德修养的最高目标。孟轲的理解是:"圣人,人伦之至也。"①荀况也认为圣人可学而至。朱熹鼓励弟子:"学者大要立志,才学便要做圣人。"②王守仁认为,求学先立志,立求为圣人之志。颜元也认为,学者,学为圣人也,圣人"斡旋乾坤,利济苍生"③。

关于道德准则,各家分别有所侧重,有些标志性的准则被提出。孔子提出的是仁、礼、中庸。墨翟提出以"兼爱"为准则。孟轲提出以"仁义"为准则。荀况提出以"礼义"为准则。董仲舒提出"正其谊不谋其利,明其道不计其功",主张不谋利不计功,这是"道义主义"鲜明的旗号。宋明理学家提出以"存天理灭人欲"为准则。④

关于道德修养方法,各家提出的条目较多,现举较通用的几种:立志、内省、存心养性、寡欲、居敬、磨炼、改过迁善等。

关于道德行为的评价,有强调考察行为动机的,有强调考察行为效果的。孔子、孟轲是动机论者,墨家与法家是效果论者。

近现代的德育,明了时代背景就较容易理解。1840年鸦片战争之后,帝国主义势力大举入侵,导致中国社会发生畸形变化,资本主义新经济与封建主义旧经济并存,开始向半殖民地半封建社会转化。民族矛盾与阶级矛盾趋于激化,体现为人民大众反对帝国主义和封建主义的斗争日益激烈。随着经济的发展和政治形势的变化,先后兴起改良派、保守派、洋务派、维新派、革命派的德育思潮,这是逐步走向民族民主革命的过渡时期。

---

① 《孟子·离娄上》。
② 《朱子语类·总论为学之方》。
③ 《颜元集·教及门》。
④ 《汉书·董仲舒传》。

1919 年五四运动,标志着中国开始转入新民主主义革命阶段。马克思主义的传播与工人运动相结合,产生了工人阶级的政党,中国共产党登上政治舞台,以马克思主义为理论指导,领导新民主主义革命,在斗争中总结经验教训,组织工农革命武装,建立革命根据地,成立人民革命政权,进行经济建设与文化建设;在民族的、科学的、大众的新民主主义教育方针指引下,开展新民主主义的德育实践活动。

结
语

中国教育家和教育思想研究

论孔丘的道德教育原则 *

孔丘是我国古代伟大的教育家。他较早开办私学,长期从事教育活动,为那一时代培养了一批出色的人才;他还继承了以往的教育遗产,总结了自己丰富的教育经验,发展为较完整的教育理论体系,成为儒家教育理论的奠基人。以孔丘为代表的儒家教育理论,在两千多年中国封建社会中长期占据主导地位,对中国文化历史和世界文化历史都有较大的影响。研究中国文化教育历史,不能无视他的深远影响。不同时期处于不同社会地位的人,对孔丘有着不同的评价,存在着相当大的差别,颂扬肯定者有之,贬低否定者有之,尊重事实的分析者有之,全面丑化的抹杀者有之。人民群众在受教育过程中,对这些评价也有一些看法,认为实事求是的合理的就接受,否则就存疑或拒绝。经过新旧制度的不断更替和时代思潮的多次变化,现在大多数人都认为孔丘是对历史文化有重要贡献的伟大教育家。

孔丘是春秋末期奴隶主贵族的思想代表,他要求在社会基本制度不变的前提下,进行社会政治的改良,推举贤才,实行德政。他的教育活动就是为这种政治路线服务的。孔丘为培养实行德

---

* 本文原刊于《教育评论》1985 年第 4 期。

政的贤才，对道德教育十分重视，这是其教育思想中一个突出的特征。

孔丘强调道德教育，而且把它放在培养人的首要地位。他认为，具有高尚的道德品质，是成为贤能君子的首要条件。所以，"君子怀德"①，即君子经常所想的就是道德，这是最根本的问题。君子要专力在根本方面。"君子务本，本立而道生。孝弟也者，其为仁之本与!"②根本能建立，仁道之德也就由此而生。孝弟的行为，就是仁道的根本。因此，当他谈到知识教育和道德教育的关系时，十分明确地说："弟子入则孝，出则弟，谨而信，泛爱众，而亲仁，行有余力，则以学文。"③首先是道德教育及其实践，其次才是知识教育。孔丘主张德育要通过智育来进行，知识教育主要也是为道德教育服务的，使学生"知德"，对道德规范具有一定知识，有分辨社会行为是非善恶的能力。

在中国教育史上，孔丘首先从理论上论述德育和智育的关系，并且将德育置于首要地位，他的思想为后来的儒家学者所继承。孟轲就特别强调学校教育的目的："皆所以明人伦也。"④其他人表述的方式虽有不同，但德育总是居于首位。历史相袭，重视道德教育成为儒家的教育传统。

孔丘除了提出德育的任务、内容，论述教育的过程之外，还针对如何进行道德教育以提高自我修养的问题，总结了一些原则和方法。孔丘的德育原则，是他在对学生进行道德教育时坚持的基本要求，是对他本人教育实践经验的概括。

---

① 《论语·里仁》。
② 《论语·学而》。
③ 《论语·学而》。
④ 《孟子·滕文公上》。

孔丘培养学生的道德品质,不是依靠闭门读书、闭门思过来实现的,而是在人与人交往的社会环境中进行的,需要正确处理相互联系的多方面关系。正是为了处理德育的多方面关系,他向学生提出和实行一些基本要求,这些基本要求不是偶尔说说而已,而是在许多场合对不同的人都加以强调,在他几十年的教育实践中累行累效。他提出的道德教育的基本要求,现在我们称之为"德育原则",大致可归纳为以下几条。

一、 立志

孔丘认为,人生活在社会中,不应仅以个人现在的物质生活为满足,还应有将来精神上的更高要求,这就是对社会发展有自己的理想和尽自己的义务。这种对未来精神上的要求,将转化为生活的推动力量。他在教育学生对待现在和将来的关系时,引导学生立足现在,面向将来,确定志向,树立人生的目标和理想,作为个人努力的方向。

为学莫先于立志,有有志而未成者,未有无志而有成者。所以,孔丘认为,立志是重要的起点,但要坚持和实现志向并不是容易的事。他自己"十有五而志于学,三十而立"[①],少年有志,经过十余年的努力,学有所成。他切身体会到,立志是一个人成长发展的关键。

孔丘经常和学生们"言志",在无拘束的谈话中,让他们谈出真思想。师生进行思想交流,这实际上是指导立志的一种方式。

论孔丘的道德教育原则

《论语·公冶长》记载了一则故事：有一天，颜渊和子路在身旁，孔丘启发他们说："何不谈谈你们各人的志向？"子路首先说："我愿意拿出我的车马、衣服、皮袍同朋友们共同使用，用坏了也不抱怨。"颜渊接着说："我的志愿是不夸耀自己的长处，不表达自己的功劳。"子路说："我们想听听老师的志向。"孔丘说："我的志向是让老年人得到安适，让朋友得到信任，让少年得到关怀。"孔丘的志向，是他提倡的仁道思想的具体化。他的自我介绍，也示意学生要朝着仁道的方向加强修养，不断提高。

孔丘教育学生要"志于仁"，他说："苟志于仁矣，无恶也。"[①]"仁"是孔丘最高的道德标准，他要学生以"仁"指导日常的道德行为，坚持道德信仰而不动摇。

"志于仁"也就是"志于道"，道就是"仁道"，这是人人必由的道路，是时刻不能脱离的准则。孔丘说："富与贵是人之所欲也，不以其道得之，不处也；贫与贱是人之所恶也，不以其道去之，不去也。君子去仁，恶乎成名？君子无终食之间违仁，造次必于是，颠沛必于是。"[②]他要求学生坚持道德理想，一时一刻都不违背，不为富贵利欲所动。他教育学生要"笃信好学，守死善道"[③]，即对仁道要笃信，要好学，还要能坚守。

孔丘认为，为了实现道德理想，有时要付出代价，忍受生活上的艰难。他说："士志于道，而耻恶衣恶食者，未足与议也。"[④]如果以吃穿不好为耻，那就谈不上有远大的理想了。

孔丘对颜回安贫乐道的精神十分赞赏，他说："贤哉，回也！

① 《论语·里仁》。
② 《论语·里仁》。
③ 《论语·泰伯》。
④ 《论语·里仁》。

一箪食，一瓢饮，在陋巷。人不堪其忧，回也不改其乐。贤哉，回也！"①在孔丘看来，颜回是有志于道的好学生，他的思想都集中在学道、守道上面，而不去计较自己的生活困难。生活清苦，不能干扰颜回追求仁道之乐，他是"谋道不谋食""忧道不忧贫"②这种主张的实践者。

志向的确立和坚持，都决定于个人信仰和主观努力，是精神性的、内在的，不是依靠外力强制可以改变的。所以，孔丘说："三军可夺帅也，匹夫不可夺志也。"③普通的人都有他的志向，除非他自己想有所变化，否则别人是改变不了其志向的。

孔丘强调立志的思想为孟轲所继承，孟轲提出"士尚志"。以后儒家的教育家都把立志作为道德教育必须首先解决的基本问题。王守仁说："志不立，天下无可成之事。"④他的思想表露尤其突出。

不同阶级的人有不同的志向，我们时代的人不能以孔丘的志向为志向，但道德教育确立志向的经验却值得我们吸取。

二、 明义

个人在社会中的行为，会影响他人及其利益，也会影响社会集团的利益。孔丘认为，在处理个人利益和社会集团利益的关系时，要以义的道德规范为准则。义者，事之宜也，事情要处理得最

---

① 《论语·雍也》。
② 《论语·卫灵公》。
③ 《论语·子罕》。
④ 《王文成公全书》卷二六《续编一·教条示龙场诸生·立志》，中华书局 2015 年版。

合适。强调最合适，是要使个人的小利服从于社会集团的公义。在道德教育中，就要使学生明白义与利的界限。他说："君子之于天下也，无适也，无莫也，义之与比。"①事情不一定要这样做，也不一定不要这样做，应当唯义是从，怎样做最合适就怎样做。

孔丘认为，不同的人有不同的道德观念，"君子喻于义，小人喻于利"②，即君子明白公义，而小人只知道私利。追求义还是追求利，就成为区分道德品质是否高尚的一条标准。社会中有些人，"群居终日，言不及义，好行小慧，难矣哉"③！他们不谈义，好玩弄小聪明，追求私利，这种人算不上有什么高尚道德，"放于利而行，多怨"④。即他们为追求个人私利而不顾造成影响他人的后果，所干的事必损人利己，引起许多人的怨恨。这样，人与人的关系就会处于不协调的紧张状态。

义对每个人都是很重要的。"君子义以为上"⑤，要以义为最高尚的品德。"君子义以为质"⑥，要以义的道德作为本体。君子的行为要合乎义，要把坚持义看成高于其他一切的事，不可用牺牲义来换取富贵。孔丘说："饭疏食，饮水，曲肱而枕之，乐亦在其中矣。不义而富且贵，于我如浮云。"⑦

要使道德高尚，行为都合乎义，而不陷于不义，应当"好义"⑧，见义勇为；应当"徙义"⑨，及时调整自己的行为，向义靠拢。不要

① 《论语·里仁》。
② 《论语·里仁》。
③ 《论语·卫灵公》。
④ 《论语·里仁》。
⑤ 《论语·阳货》。
⑥ 《论语·卫灵公》。
⑦ 《论语·述而》。
⑧ 《论语·颜渊》。
⑨ 《论语·颜渊》。

中国教育家和教育思想研究

贪求私人的小利,若贪求小利,就会影响有关社会集团利益的大事业的成功。

孔丘教育学生一定要先明白什么是公义,什么是私利,从思想上加以辨明,不能见利必得,而要"见利思义"①。合乎义的利是可以取的,不合乎义的利则不可取。孔丘所说的义与利,都有具体的阶级内容。例如,为了维护奴隶主利益而实行仁政,因而选择做官,他认为是合乎义的行为,"不仕无义"②;做官是合乎义的行为,因做官而得俸禄也是合乎义的,是可取的。孔丘认为,义和利存在一定矛盾,因私利而妨害公义就是这种矛盾的表现。但在一定条件下,义和利亦有一致的时候。如为社会办成大事,既为公义,个人也得其利,这种义和利就需要辨明。所以,他对于利并不全部排斥。"因民之所利而利之"③,这种利是合乎义的,既可以谈,也可以做。他还注意到义与利的辩证关系,而不是把义与利对立起来。

孟轲继承孔丘关于义利的思想,他着重强调的是义利的矛盾,认为两者不能并存,所以主张不可谈利,只能谈仁义而已。实际上,他所说的仁义,是地主阶级利益的代名词。程颐解释了这层意思:"君子未尝不欲利,但专以利为心则有害。惟仁义则不求利而未尝不利也。"④

董仲舒继承孟轲关于义利对立的思想,并把这种思想概括为一句话:"正其谊不谋其利,明其道不计其功。"⑤他站在封建地主

① 《论语·宪问》。
② 《论语·微子》。
③ 《论语·尧曰》。
④ 《孟子集注·梁惠王章句上》。
⑤ 《孟子集注·尽心章句下》。

论孔丘的道德教育原则

阶级立场讲道义,不许人民谈功利。这种思想为后来的理学家所利用和发挥,成为抑制人民改善生活愿望的理论,危害甚广。直至颜元清算理学的谬误,才将它纠正为"正其谊以谋其利,明其道而计其功"[①],在道德教育思想上前进了一大步。

在古代道德教育中,重视辨明义利的思想由孔丘开其端,产生长远的影响。如何处理公义和私利的关系,是一个值得总结的问题。

三、克己

在人与人交往的关系中,有一个如何对待自己和对待别人的问题,这两方面是相互联系、相互制约的。孔丘主张在处理对人和对己的关系中,应着重要求自己,约束和克制自己的言行,使之合乎道德规范。

孔丘认为,一个人的道德是否高尚,看他遇事如何对待自己和如何对待别人,也就可以清楚地加以区分。他说:"君子求诸己,小人求诸人。"[②]求诸己,就是遇事反躬自问,随时随地检查自己的言行是否合乎礼义。

孔丘认为,对待别人应采取平等的态度,给人以高度尊重,因此在处理相互关系时,"躬自厚而薄责于人"[③],严以责己,对自己要求要高;宽以待人,对别人要求要低。这样的做法不仅不会增加矛盾,反而会缓和与消除矛盾。

① 《颜元集·四书正误·大学》。
② 《论语·卫灵公》。
③ 《论语·卫灵公》。

克制自己还包括以同情之心待人，设身处地为别人着想，"己所不欲，勿施于人"①，自己不要痛苦和麻烦，也不要把这种痛苦和麻烦强加到别人身上。

对事情中的缺点、错误，需要检查，这种检查着重地在批评自身的缺点、错误。孔丘说："攻其恶，无攻人之恶"②，即对自身的缺点、错误要勇于批评，对别人的缺点、错误要宽容谅解。能自我批评，承担责任，与别人也就容易相处。在孔丘看来，"攻人之恶""称人之恶"都是缺乏道德修养的表现，他对这种行为表示憎恶。他认为，有道德修养的人应当为别人"隐恶扬善"。

克己、求诸己的原则，体现在日常生活的许多方面。孔丘有许多谈论，都涉及这个原则。如"不怨天，不尤人"③；"人不知而不愠，不亦君子乎"④；"不患人之不己知，患不知人也"⑤；"不患人之不己知，患其不能也"⑥；"君子病无能焉，不病人之不己知也"⑦；"不患无位，患所以立；不患莫己知，求为可知也"⑧。这些言论都重在要求自己，而不要求别人。人在不能取得应有的社会地位和发挥应有的社会作用时，要检查自己的道德、学问能力的条件，而不责怪别人。自己的道德、学问能力的条件不够，就努力提高自己，创造必需的条件。

克己是复礼的基本条件，不能克制自己，也就不能使自己的言论、行为符合礼的规范；能克制自己，才能使自己的言论、行动

---

① 《论语·颜渊》。
② 《论语·颜渊》。
③ 《论语·宪问》。
④ 《论语·学而》。
⑤ 《论语·学而》。
⑥ 《论语·宪问》。
⑦ 《论语·卫灵公》。
⑧ 《论语·里仁》。

回复到礼的道德规范上来。

孔丘克己、求诸己的道德教育思想为孟轲所继承，孟轲说："行有不得者，皆反求诸己。"①孔孟的这种思想，对以后的儒家学者产生深刻的影响。董仲舒在《仁义法》中说："以仁治人，义治我，躬自厚而薄责于外"；"求诸己谓之厚，求诸人谓之薄；自责以备谓之明，责人以备谓之惑"。韩愈在《原毁》中说："古之君子，其责己也重以周，其待人也轻以约。重以周，故不怠；轻以约，故人乐为善。"他们两人所阐述的，实际上都是孔丘"躬自厚而薄责于人"的思想。从历史经验来看，克己这个原则对于处理内部矛盾是起重要作用的。

四、力行

道德教育有知的问题，也有行的问题，这也就是道德的认识问题与道德的实践问题，两方面有密切的关系。孔丘对于这两方面的关系，强调要更加重视道德实践，他提倡力行。言论是认识的表现，行动是实践的进行。言论是虚的，行动才是实的。道德认识的真假、深浅，依靠道德实践的检验证实。他要求言行相顾、言行一致，不要出现脱节。

孔丘认为，言而不行的人，不是道德高尚的人。"巧言令色，鲜仁矣！"②满口花言巧语、伪装和颜悦色的人，是很少有仁德的。"人而无信，不知其可也。大车无輗，小车无軏，其何以行之哉？"③

---

① 《孟子·离娄上》。
② 《论语·学而》。
③ 《论语·为政》。

只说空话而不实行，言行脱节，在社会上难以与人相处，是行不通的。作为对一般人的共同要求，也应当是"言必信，行必果"①。

有的人并不是光说话，全不行动，而是话说得多，行动做得少。这种"言过其行"的表现，也很难算是有道德修养。孔丘认为，"君子耻其言而过其行"②，即对说得多而做得少的行为，也应引以为耻。为了防止言行出现脱节，他主张慎言，指出："古者言之不出，耻躬之不逮也。"③又说："仁者，其言也讱。""为之难，言之得无讱乎?"④言论慎重，不随便说，担心说了之后做不到。为了更加慎重起见，避免说空话、说大话，可以"先行其言而后从之"⑤，即不妨先脚踏实地去做，做过了以后再讲也不迟。

孔丘提倡力行、笃行，认为实实在在努力于行动实践的人，才是有道德修养的人。他说："君子欲讷于言而敏于行。"⑥说话迟钝一点没有多大关系，而行动必须勤敏。他又说："力行近乎仁。"⑦在他的教育下，学生多数重视道德实践，子路就是其中勇于力行的一个。"子路有闻，未之能行，唯恐有闻。"⑧可见，他的求学不徒为多闻，而应闻而能行。他提出"闻斯行诸?"⑨这样的问题，就是急于行动的一种表现。

孔丘是在教育实践中总结经验教训，才提出言行一致而着重于行的要求。起初，他以为学生说的话都会去做，过分相信表态

① 《论语·子路》。
② 《论语·宪问》。
③ 《论语·里仁》。
④ 《论语·颜渊》。
⑤ 《论语·为政》。
⑥ 《论语·里仁》。
⑦ 《中庸》第二十章。
⑧ 《论语·公冶长》。
⑨ 《论语·先进》。

性的言论。当发现学生言行有脱节现象时,他才认识到以为言论都会转化为行动的想法是片面的。他总结经验教训,提出了新的要求。他说:"始吾于人也,听其言而信其行;今吾于人也,听其言而观其行。"①他把言行一致作为考察道德品质好坏的一项要求,而着重看的还是实际行动。他说:"吾之于人也,谁毁谁誉? 如有所誉者,其有所试矣。"②他对学生的表扬,不再是凭印象、听言论而想当然,而是以实际行动考察为依据。

孔丘要求言行一致而着重于行的思想,为荀况所继承和发挥。荀况提出"知之不若行之"③的见解,认为行是最重要的环节。以后儒家的学者对知行问题展开长期的讨论。至王夫之时,总结了以前的争论,提出了"知行相成""知行并进而有功"的看法,比以前又前进了一大步。

五、 中庸

人的待人处事,在分寸方面常有做得过分或做得不足的情况。从道德准则来说,这些行为都是逾越规矩的,失中则一也。在处理行为的过与不及的分寸关系上,孔丘强调要适中,要做得恰到好处,这就是他所提倡的中庸。

孔丘认为,中庸是一种至善的道德品质。所谓中庸,程颐解释:"不偏之谓中,不易之谓庸。"④朱熹承继这种解释,认为:"中

① 《论语·公冶长》。
② 《论语·卫灵公》。
③ 《荀子·儒效》。
④ 《中庸章句》。

者，无过无不及之名也；庸，平常也。"①"中庸者，不偏不倚，无过不及，而平常之理也。"②两人的理解是一致的。孔丘认为，待人处事时，要"允执其中"③，能把握正中的标准，处理得最适当，一切行为都中道而行，能"中行"，也就合乎中庸。

孔丘认为，一般人的行为不合乎中庸是相当普遍的。他说："道之不行也，我知之矣。知者过之，愚者不及。道之不明也，我知之矣。贤者过之，不肖者不及也。"④过与不及都不符合准则。《论语·先进》中有一段对话："子贡问：'师与商也孰贤？'子曰：'师也过，商也不及。'曰：'然则师愈与？'子曰：'过犹不及。'"朱熹注引尹焞的话说："夫过与不及均也，差之毫厘，缪以千里。故圣人之教，抑其过，引其不及，归于中道而已。"教师进行道德教育，就是对行为过分的学生加以适当的抑制，对行为不及的学生加以适当的提引，使他们的行为都能合乎中庸之道。

孔丘认为，不同的人有不同的道德品质，不同的道德品质也就表现出不同的行为。他说："君子中庸，小人反中庸。君子之中庸也，君子而时中；小人之中庸也，小人而无忌惮也。"⑤君子有中庸之德，为中庸之行，故君子随时处于中道。孔丘对于颜回努力使自己的行为合乎中庸的表现极为赞许，他说："回之为人也，择乎中庸，得一善，则拳拳服膺而弗失之矣。"⑥所谓"择乎中庸"，就是能辨明各种行为过与不及的是非得失，选择最合乎正中的行为。小人根据个人需要而行动，为达到个人目的所采用的手段无

---

① 《论语集注·雍也》。
② 《中庸章句》。
③ 《论语·尧曰》。
④ 《中庸》第四章。
⑤ 《中庸》第二章。
⑥ 《中庸》第八章。

所不用其极,他们的行动是违反中庸的。像这种情况,应当克服和避免。

中庸就是要求行动要有准则,以准则为中心标准,没有达到标准和超过标准都是不正确的。一般来说,道德规范就是标准,不同时代的标准虽不同,但要求合乎标准是一致的。中庸是要分是非的,这与不分是非的折中主义、回避矛盾的调和主义都不是一回事,不应相提并论。否定中庸有合理的因素,而主张矫枉必须过正,背离正确之路越走越远,造成的行为错误也越加严重,这是值得总结的历史教训。

六、 内省

道德认识是对社会行为规范要求的主观反映,道德实践是以主观道德认识为指导的社会行为,而道德认识的进一步深入提高,则是对客观道德实践效果的主观分析判断。所有这些环节,都需要人的主观思想活动。孔丘认为,在处理客观道德行为与主观道德认识的关系过程中,要重视积极开展主观思想分析活动,自觉地进行思想监督,使遵循道德规范成为内在的自觉要求,而非外来强加的限制。他把这种主观思想活动称为"内省"。

孔丘认为内省是日常必用的修养方法,在学生中间积极提倡。他的学生曾参说:"吾日三省吾身:为人谋而不忠乎?与朋友交而不信乎?传不习乎?"[①]这说明学生们接受并实行孔丘提倡的内省修养方法,而且说明当时的内省方法并不是后来人所理解的

① 《论语·学而》。

闭门思过,而是就日常所做的事进行自我思想检查,看看是做得符合道德规范还是背离了道德规范。

内省是靠自觉来监督的,不自觉就难以真正进行内在的自我反省。孔丘说:"内省不疚,夫何忧何惧?"①自己的行为都合乎规范,内省的时候问心无愧,心安理得,还有什么忧惧呢?

自觉地进行内省,能做到的人并不多,所以孔丘说:"已矣乎!吾未见能见其过而内自讼者也。"②内自讼就是就自己道德行为的过失开展内心的思想斗争,认识错误所在,要求自己改正错误。

内省并不限于深夜自思,而是随时都可进行。孔丘说:"见贤思齐焉,见不贤而内自省也。"③又说:"三人行必有我师焉,择其善者而从之,其不善者而改之。"④见到好人、好品德,就要虚心学习,向他看齐,仿效他的善行;见到不好的人、不好的品德表现,就要联系检查自己,引以为戒,避免存在同样的缺点、错误。

孔丘所要求的内省,范围很广,各方面的行动表现都要按照一定的规范来要求。他说:"君子有九思:视思明,听思聪,色思温,貌思恭,言思忠,事思敬,疑思问,忿思难,见得思义。"⑤通过内省检查,使一言一行都合乎规范。这样,事无大小,没有不要内省的,时时处处有反省限制,可能使人谨小慎微。

内省以道德规范为准,对行为进行自我检查,以及时发现不符合规范的情况,避免继续在行为方面犯错误,这样就经常起到一种监督作用,使人不敢放任或纯用感情来支配行为。这种经验值得分析总结。但后来的思孟学派以至宋明理学,把内省的方法与先验主义结合起来,朝唯心主义的方向发展,作为"存天理灭人欲"的手段,与孔丘提倡的内省已有很大不同。

七、 改过

人在社会中总会发生一些违反道德规范的过错。道德规范反映公共利益,要求共同遵守,在阶级社会中还反映一定的阶级利益。但人不是天生就具有这些道德观念和实践这些道德的能力,因此在社会交往中会出现不符合道德规范的过失,也就有改正过失以适应道德规范的要求。孔丘在处理过失和改过的关系方面,强调要重视改过。

孔丘认为现实中不存在圣人,指出:"圣人,吾不得而见之矣;得见君子者,斯可矣。"①他认为自己也不是圣人,云:"若圣与仁,则吾岂敢?"②既然人非圣人,孰能无过? 犯错误对人来说是难免的,一贯正确根本是不可能的。加强道德修养是为了减少错误。《论语·宪问》载:"蘧伯玉使人于孔子。孔子与之坐而问焉,曰:'夫子何为?'对曰:'夫子欲寡过而未能也。'使者出,子曰:'使乎!使乎!'"孔丘赞扬蘧伯玉和他的使者,因为他们认识修养是为了减少错误。要做到减少错误也是不容易的。人即使不能完全杜绝错误,也应该努力学习修养,避免犯大错误。孔丘说:"加我数年,五十以学《易》,可以无大过矣。"③不犯小错误还担保不了,他

① 《论语·述而》。
② 《论语·述而》。
③ 《论语·述而》。

中国教育家和教育思想研究

本人的要求也仅是不要犯大错误而已。

犯有过错，这是客观存在的事实，对过错应该承认，不应掩盖。孔丘说："丘也幸，苟有过，人必知之。"①他承认犯有过错，并认为过错被别人了解是自己有幸。但有人对过错采取不承认的态度，"小人之过也必文"②，文过饰非，想把过错掩盖起来。错误是掩盖不了的，其结果可能适得其反，欲盖弥彰。他认为，不应掩盖错误，要做的是改正错误。他说："君子之过也，如日月之食焉：过也，人皆见之；更也，人皆仰之。"③能改过的人是会受到大家尊敬的。他提出"过则勿惮改"④的要求，认为有过错就应当迅速改正，不可畏难而安于原状。颜回有了过错都能认真改正，不重犯，孔丘对他极加称赞。

改正过错需要得到别人的帮助，当自己还不知道存在错误的时候，别人能帮助指出，应当感到高兴，表示欢迎。在孔丘的教育下，"子路，人告之以有过则喜"⑤。子路虽然性格鲁莽，但为了提高自己的修养，乐于接受别人的忠告。孔丘认为，别人能提出批评意见，对自己提高修养是有益的，应该采取正确的态度来对待。他说："法语之言，能无从乎？改之为贵。巽与之言，能无说乎？绎之为贵。说而不绎，从而不改，吾未如之何也已矣。"⑥对合乎法则的正确意见，一定要听从，而且要改正。对婉转劝导的话，不仅要乐意听，重要的是要思考分析。这就是要正确对待，认真改正。

---

① 《论语·述而》。
② 《论语·子张》。
③ 《论语·子张》。
④ 《论语·学而》。
⑤ 《孟子·公孙丑》。
⑥ 《论语·子罕》。

有的人不能正确对待自己的过错,有过不肯改,孔丘认为"过而不改,是为过矣"①。朱熹注:"过而能改,则复于无过。惟不改则其过遂成,而将不及改矣。"有过不改,才被认为是真正的过错。不能改正错误,就会妨碍个人的道德修养及其提高。所以,孔丘说:"不善不能改,是吾忧也。"②

要正确对待自己的过错,也要正确对待别人的过错。要容许别人犯错误,对别人过去的错误能采取谅解的态度,"既往不咎"③,而着重看现在的表现。《论语·述而》:"互乡难与言,童子见,门人惑。子曰:'与其进也,不与其退也,唯何甚! 人洁己以进,与其洁也,不保其往也。'"不要老是记着过去的错误,应该欢迎过去有过错误的人改过自新。

孔丘要人知过、改过的思想,为以后的儒家学者所继承发挥。朱熹在《白鹿洞书院揭示》中把"迁善改过"作为修身之要。王守仁在《教条示龙场诸生》中也强调"不贵于无过,而贵于能改过"。改过迁善成为儒家道德教育的指导原则,它涉及人犯错误的必然性、人如何对待自己的错误和改正错误等问题,是值得认真总结的。

八、 以友辅仁

人在社会交往中,不可能避免周围人的影响。孔丘注意到朋友对道德修养的影响。但影响各有不同,好的朋友能够相互勉励,共进于善,对品德修养起促进作用;不好的朋友则相反,诱之为恶,起腐蚀作用。朋友对人的品德修养是好是坏,影响极大。孔丘在对待积极性影响和消极性影响的关系方面,强调要争取积极性影响,排除消极性影响。

曾参说:"君子以文会友,以友辅仁。"①这句话实际也是孔丘的主张。交朋友的目的,就是要依靠朋友帮助自己培养仁德。所以,交朋友要有选择。孔丘说:"益者三友,损者三友。友直,友谅,友多闻,益矣。友便辟,友善柔,友便佞,损矣。"②要同正直的人、诚实的人、见闻广博的人交朋友,这些朋友对于自己的品德修养是有助益的。不要同走歪门邪道的人、阿谀奉承的人、花言巧语的人交朋友,这些朋友对自己的品德修养是有损害的。他坚决主张"无友不如己者"③,对品德、学问不如自己的人,不应主动结交,而应主动与有道德、学问的人结交。他说:"居是邦也,事其大夫之贤者,友其士之仁者。"④要"就有道而正焉"⑤。因为"君子成人之美,不成人之恶"⑥,与有道德的朋友相处,就会产生积极的影响,有助于仁德的培养,所以应该"乐多贤友"⑦,即以有道德的朋友多而高兴。

交朋友是为了道德修养的需要,朋友之间的帮助是相互的。朋友在道德修养方面给我帮助,我也应关心和帮助朋友。朋友有问题,我亦应"忠告而善道之"⑧,但不能要求朋友必须接受我的建议,强加于人是不行的。

---

① 《论语·颜渊》。
② 《论语·季氏》。
③ 《论语·学而》。
④ 《论语·卫灵公》。
⑤ 《论语·学而》。
⑥ 《论语·颜渊》。
⑦ 《论语·季氏》。
⑧ 《论语·颜渊》。

孔丘这种"以友辅仁"的思想，为荀况所继承。荀况在《劝学》中强调："故君子居必择乡，游必就士，所以防邪僻而近中正也。"在《性恶》中也说："择良友而友之。……得良友而友之，则所见者忠信敬让之行也。身日进于仁义而不自知也者，靡使然也。"《学记》作者也受孔丘"以友辅仁"思想的影响，提出"相观而善之谓摩"，"独学而无友，则孤陋而寡闻。燕朋逆其师，燕辟废其学"。善择益友对于学习修养的提高，意义是很重大的。

现在时代不同了，衡量朋友好坏的标准也有变化。由于就学人数的增加，比较松散的个别教育形式已为比较严密的集体教育形式所代替，但学友间的影响总是不能忽视的。发挥积极性影响，排除消极性影响，这对今天的道德教育还是有意义的。

九、 因材施教

对学生的道德教育有共同的任务，而每个受教育的学生则存在着个别差异。孔丘在处理德育的一般要求与学生的个别特点的关系上，强调在进行道德教育时要注意结合每个人的特点，从学生的具体实际出发，有针对性地解决问题，以达到较好的教育效果。

《论语》中记载孔丘的学生"问仁""问君子""问孝"等等，主要问的都是有关道德问题，孔丘因提问者的个性特点不同而做出不同的回答。例如，《论语·为政》载，问孔丘"什么是孝"的有多人，问题是一样的，回答却是多样的。鲁大夫孟懿子问孝，孔丘回答他："无违。"具体而言，即"生，事之以礼；死，葬之以礼，祭之以礼"[1]。因为

---

[1] 《论语·为政》。

在孔丘看来，孟懿子有许多违背礼制的行为，故要他奉事父母自始至终一切不违背于礼。孟懿子的儿子孟武伯问孝，孔丘回答他："父母唯其疾之忧。"因为这位贵族子弟太过放任而不自爱，故孔丘要他自重自爱，不要使父母为其身体可能毁伤而担忧，这也是对父母的一种孝顺。子游问孝，孔丘回答他："今之孝者，是谓能养；至于犬马，皆能有养。不敬，何以别乎？"因为子游虽然能供养，但不够尊敬，故孔丘告诉他尊敬父母才算是孝。子夏问孝，孔丘回答他："色难。有事子弟服其劳，有酒食先生馔，曾是以为孝乎？"因为子夏能劳作，能供养，能直言，但缺乏和善的表现，故孔丘进一步要求他对待父母和颜悦色，指出在内心感情上孝敬父母才能说是孝。孝是道德规范之一，而且是最基本的。培养孝道的观念，是道德教育的一般要求，而具体进行教育时，要从每个学生的实际出发，结合他们的特点，因人而异，这样教育才能更加有效。由对"什么是孝"的问与答，可以推知孔丘进行其他道德规范教育的大致情况。

孔丘在历史上最先提出因材施教的主张，他能在教育上取得成功，造就成批出色人才，践行因材施教起了很大的作用。因材施教为后来的教育家所继承，成为儒家教育传统之一。

因材施教是符合教育规律的，我们今天的教育要取得较好的效果，也必须遵循这一原则。这一点，人所共知，不必多谈。

十、 以身作则

对学生进行道德教育的方式，不仅有言教，还有身教。言教在说理，以提高道德认识；身教在示范，实际指导行为。在处理言教与身教的关系方面,孔丘强调重要的是身教。教师要以自己合乎规范的道德行为给学生做出榜样。教师提倡学生做的,自己必须先做;不要学生做的,自己首先不做。教师所说的和所做的一致,证明所说的是正确的,所做的是合理的。这样,教师才能在学生心目中树立威信,教师的道德榜样才能发挥作用。

孔丘多次谈到以身作则所起的作用。《论语·颜渊》:"季康子问政于孔子,孔子对曰:'政者,正也。子帅以正,孰敢不正?'"领导者自己端正了,被领导者谁还敢不端正呢?《论语·子路》:"子曰:'其身正,不令而行;其身不正,虽令不从。'"自身端正,做出好榜样,不用下命令也行得通!自身不正,即使下令强迫实行,也没有人愿意听从。《论语·子路》:"子曰:'苟正其身矣,于从政乎何有? 不能正其身,如正人何?'"自身如果都不能端正,如何能端正别人呢? 这个道理来自社会实际经验,是十分正确的。这些言论都是孔丘师徒在讨论政治问题时说的,所谈的都是以身作则,所包含的道理具有普遍意义,对于道德教育也是适用的。

孔丘活动在学生中间,居家教学时,谈论是无拘束的;周游列国时,与学生同甘苦,共患难,他的思想言论、道德行为对学生是公开的。他说:"二三子以我为隐乎? 吾无隐乎尔。吾无行而不与二三子者,是丘也。"①他提倡以身作则,自己确实也以身作则。学生对他非常尊敬,子贡把他视同日月,认为谁都不能超越或损伤他的高明。他在学生当中有很高的威信,发挥了示范的教育作用。他是"以德服人"的教育者,学生为他的人格所感动,对他真

---

① 《论语·述而》。

是"中心悦而诚服"①。

孔丘的行为不可能都是对的,历史实践证明,他有一些行为是错误的,他为学生所作的示范当然不会都是好榜样。但他提出的以身作则的原则,还是符合道德教育的一般规律的。所以,这一思想为以后的教育家所继承,"以身作则"成为道德教育的重要格言。

以上是孔丘提出的道德教育原则,这些原则是为培养具有仁道思想的奴隶主阶级的贤才而实施的,与他提出的道德教育内容是密切联系的。这些内容中的有些道德规范反映社会共同要求、共同规律,有些只反映奴隶主阶级的利益要求,内容的复杂情况当然会影响到实施原则,使这些原则带着时代的、阶级的局限。但也应注意到,孔丘的道德教育原则主要是从自己的教育实践经验中总结概括出来的,其中反映共同教育规律的部分不少。只要我们采取科学分析的态度,这些部分对今天来说,还是有较大的批判继承价值的。

孔丘关于道德教育原则的思想是相当丰富的,由于笔者个人的学识有限,领会不深,以上列举的十项原则仅能反映其部分,而未能网罗其全体,名称、提法与其他同志也不完全一致,浅陋之见,未必确切,有待于批评指正。

---

① 《孟子·公孙丑上》。

孔丘的教育思想 *

　　孔丘(前551—前479),字仲尼,鲁国陬邑(今山东曲阜东南)人。他是中国古代伟大的思想家、教育家,儒家学派的创始者,儒学教育理论的奠基人。

　　孔丘生活在春秋末期。当时,在经济上,土地私有已得到确认,奴隶制的生产关系向封建生产关系变革的趋势已不可逆转;在政治上,王权已经衰落,政权的控制在逐级下移,旧贵族的没落和新势力的兴起使建立在宗法制基础上的周礼遭受严重破坏,社会动荡不安;在思想意识上,一些传统观念已经动摇,另一些适应时代变化的新思想正在萌芽,"人道""民本""尚贤"等思想都有发展。时代变化给孔丘的教育思想以深刻的影响。

　　孔丘生长在鲁国。鲁国的社会变革开始较早,在鲁宣公十五年(前594年)实行"初税亩",标志着经济变革的开始,新旧势力的矛盾逐步趋于尖锐。鲁都曲阜是春秋时期重要的文化中心,保存着西周的传统文化。这种社会环境和历史文化,给孔丘留下了较深的烙印,是他在政治观、教育观上存在既要求革新又要求复

* 本文原为孙培青主编《中国教育史》(第四版)(华东师范大学出版社2019年版)第二章中的一节。

古两重性矛盾的重要根源。

一、 生平和教育活动

孔丘生于一个有贵族血统的家庭,父亲孔纥,字叔梁,是一位下级武官,曾任陬邑宰。孔丘三岁时父逝,随母颜徵在迁居曲阜阙里,家教中重视礼仪之教。生活的贫困,促使他较早为谋生而做事,学会多种本领。他自称:"吾少也贱,故多能鄙事。"①青年时期,他在季氏门下当过委吏(管理仓库),还当过乘田(管理畜牧),由此接触到社会下层,了解了人民的一些愿望和要求。

孔丘自述"吾十有五而志于学"②。他自觉地努力学习传统的礼、乐、射、御、书、数等六艺,这是当时成为士以求做官食禄的条件。

孔丘奋发求知,力学成才,博通多能。大约在三十岁(前522年)时,他正式招生办学,开始自己的教育生涯。他招收学生,对年龄不予限制,以个别教学为主、集体讲学为辅,有时也在户外开展教学活动。他的私学产生了广泛的社会影响,不仅吸引了平民出身的学生,也吸引了个别贵族学生。

孔丘一面为师,一面继续学习,向一切有知识的人学习,还利用机会出去游学。为了教学需要,他注意对历史文献进行整理研究,编成《诗》《书》《礼》《乐》等教材。

大约在四十岁时,孔丘形成了自己的学说,并通过讲学活动

① 《论语·子罕》。
② 《论语·为政》。

225

扩大宣传,争取信徒。他在私学组织的基础上,创立了儒家学派,首先对鲁国产生政治影响。

大约在五十岁(前 501 年)时,孔丘获得从政机会。鲁定公任命他为中都①宰,颇有政绩,后被提拔为管理建筑工程的司空,再被提拔为管理司法事务的司寇。他曾参与国政三个月,因与执政者季桓子政见不一,最终弃职出走。学生也随之而去,他的私学也即成为流动学校。

孔丘离鲁周游列国,同行的弟子有数十人。他一面进行政治游说活动,一面进行教育活动,到过卫、陈、宋、曹、郑、蔡、楚等国,奔波十三年。其中,他只有在卫、陈稍受礼遇,在其他国则受冷待,甚至遭到武力威胁和围困。在累受挫折的情况下,他仍不消极,还是讲诵弦歌不衰。

在六十八岁那年,孔丘受礼聘返鲁,被尊为国老。他把主要精力用于教育和古代文献的整理上。他以诲人不倦的精神继续招生讲学。据说,他的弟子先后累计达三千多人,有突出才干的达七十多人。他在晚年完成《诗》《书》《礼》《乐》《易》《春秋》的编纂和校订工作,做出重大的历史贡献。

公元前 479 年,一代教育家孔丘病逝。许多弟子服丧三年,个别人服丧长达六年,表现了师生之间深厚的感情。孔丘的故居收藏了其生前衣冠、琴、车、书籍等物,成为家乡人民纪念孔丘之所,这就是孔庙的发端。

孔丘的思想学说和他的事迹,弟子们各有记录,后来汇编成一本书,名为《论语》。这是研究孔丘教育思想最重要的材料。还

① 中都,在今山东汶上西。

有《礼记》，也保存着较多相关的材料。

二、 重视教育的功用

中国自夏、商、周以来，就有重视教育的优良传统。《学记》云："古之王者，建国君民，教学为先。"孔丘继承了这种重教的优良传统，并进一步在理论上加以发展。

孔丘认为，教育对社会发展有重要的作用，是立国治国的三大要素之一。教育事业的发展，要建立在经济发展的基础上。他在前往卫国的旅途中，与弟子讨论到这个问题。《论语·子路》载："子适卫，冉有仆。子曰：'庶矣哉！'冉有曰：'既庶矣，又何加焉？'曰：'富之。'曰：'既富矣，又何加焉？'曰：'教之。'"这里论说的是治国的基本大纲，要具备三个重要条件：首先是"庶"，要有较多劳动力；其次是"富"，要使人民有丰足的物质生活；再次是"教"，要使人民受到政治伦理教育，知道如何安分守己。三者的先后顺序表明相互间的关系，"庶"与"富"是实施"教"的先决条件，只有在"庶"与"富"的基础上开展教育，才会取得社会成效。孔丘是中国历史上最先论述教育与经济发展关系的教育家，他认为先要抓好经济建设以建立物质基础，继而就应当抓教育建设，国家才会走上富强康乐之路。

孔丘在政治上主张实行利民的德政，反对害民的苛政。为了达到德政的目的，他强调以教育作为施政的基本手段，要宣传忠君孝亲、奉公守礼，这是教育最直接为政治服务的表现。特别是在社会动荡不安的时候，不宜只用强制性的刑罚，而应加强感化性的礼教。他说："道之以政，齐之以刑，民免而无耻；道之以德，齐之以礼,有耻且格。"①如果用道德来诱导人民,用礼教来整顿风俗,人民就有廉耻之心,而且归服于领导。所以,对人民进行政治伦理说教,转变人民的思想,有助于国家社会进行自上而下的整顿,朝着恢复周礼的政治目标前进。

教育能在社会发展中发挥重要作用,是建立在教育对人的发展有重要作用的认识基础上的。孔丘对教育在人的发展过程中起关键性作用持肯定态度。他在中国历史上首次提出"性相近也,习相远也"②。这一理论具有一定的科学性,指出人的天赋素质相近,打破了奴隶主贵族天赋比平民天赋高贵、优越的思想。提出这一理论,是人类认识史上一个重大的突破,成为人人皆有可能受教育、人人都应当受教育的理论依据。

"性"指的是先天素质,"习"指的是后天习染,包括教育与社会环境的影响。孔丘认为,人的先天素质没有多大差别,只是由于后天教育和社会环境的影响作用,才造成人的发展有重大的差别。有的人缺乏社会生活所需要的知识、能力,那是因为没有受教育,而且处于恶劣环境影响之下。为了使人具有社会生活所需要的知识能力和道德品质,就要特别重视教育。

从"习相远"的观点出发,孔丘认为,人要发展,教育条件是很重要的。在人一生中的任何发展阶段,教育都是重要的,哪一阶段缺乏教育,就要落后甚至发生偏差。特别是人的早期教育,为以后的发展奠定基础,尤其重要。他说:"少成若天性,习贯之为常。"③少儿时期通过教育养成的智能,犹如天生自然一样。他还主张,人应当

---

① 《论语·为政》。
② 《论语·阳货》。
③ 《大戴礼记·保傅》。

终生不断受教育,这样才能使知识的掌握和道德的修养不至于停顿、倒退,这个学习教育过程要到进入坟墓以后才算结束。

从"习相远"的观点出发,孔丘认为,人的生活环境应受到重视,要争取积极因素的影响,排除消极因素的影响。因此,他一方面强调居住环境的选择,主张"里仁为美"①;另一方面强调社会交往的选择,主张"就有道而正焉"②。这种具有唯物主义因素的教育主张,后来由儒家后学加以继承和发挥。

"性相近也,习相远也"这种观点,是孔丘人性论的一个组成部分。关于人性问题,他还提出:"生而知之者,上也;学而知之者,次也;困而学之,又其次也;困而不学,民斯为下矣。"③"唯上知与下愚不移。"④"中人以上,可以语上也;中人以下,不可以语上也。"⑤他把人性分为三等:一等是"生而知之",属于上智;二等是"学而知之"与"困而学之",属于中人;三等是"困而不学",属于下愚。"性相近也,习相远也",指的就是中人这部分。中人是有条件接受教育的,可以对他们谈高深的学问。社会上绝大多数人都属于中人这个范围。对中人的发展,教育能起重大作用。因此,他在实践上强调重视教育,这是其教育思想有进步意义的一面。至于他把人性分成等级,并断言有不移的上智和下愚,这是不科学的,是其人性论的一个缺憾。

三、"有教无类"的主张

孔丘提倡将"有教无类"作为办学方针。这个方针对孔家私

① 《论语·里仁》。
② 《论语·学而》。
③ 《论语·季氏》。
④ 《论语·阳货》。
⑤ 《论语·雍也》。

学的教育对象作了原则性的规定,指导着他的教育实践活动,是其教育思想的组成部分。

"有教无类"的原意是什么? 历来就有不同的理解,关键在于对"类"作何解释。东汉马融说:"言人所在见教,无有种类。"南朝梁皇侃说:"人乃有贵贱,同宜资教,不可以其种类庶鄙而不教之也。教之则善,本无类也。"①他们都把"类"解释为"种类"。"有教无类"本来的意思是:不分贵贱、贫富和种族,人人都可以入学受教育。

"有教无类"作为私学的办学方针,与贵族官学的办学方针相对立。官学以贵族身份为入学受教的重要条件,以此保证奴隶主贵族对学校教育的垄断。"有教无类"则打破贵贱、贫富和种族的界限,把受教育的范围扩大到平民,这是历史性的进步。

孔丘实行"有教无类"的方针,广泛地吸收学生。他说:"自行束脩以上,吾未尝无诲焉。"②只要本人有学习的愿望,主动奉送十条干肉以履行师生见面礼,就可以成为弟子。事实表明,他的弟子来自各个诸侯国,有齐、鲁、宋、卫、秦、晋、陈、蔡、吴、楚等国,分布地区较广。弟子的成分复杂,来自不同的阶级和阶层。大多数弟子出身平民,如穷居陋巷箪食瓢饮的颜回、卞之野人以黎藿为食的子路、穷困以至于三天不举火十年不制衣的曾参、居室蓬户不完上漏下湿之原宪、父为贱人家无置锥之地的仲弓。也有个别弟子为商人出身,如曾从事投机贩卖的子贡。还有少数弟子出身贵族,如鲁国的孟懿子和南宫敬叔、宋国的司马牛等。孔丘私学之中,弟子品类不齐,各色人物都有,实是"有教无类"的活标本。

① 刘宝楠.论语正义[M].北京:中华书局,1990:641.
② 《论语·述而》。

中国教育家和教育思想研究

当时有人对此不理解,产生种种疑问。南郭惠子问子贡:"孔夫子的门下,怎么那样混杂?"子贡回答说:"君子端正自己的品行以待四方求教之士,愿意来的不拒绝,愿意走的不制止。这正如良医之门病人多、良工之旁弯木多一样,所以夫子门下人品较混杂。"①门下人品混杂,皆能兼收并蓄,教之成才,这说明教育家胸怀的宽大能容、教育艺术的高明善化。

实行开放性的"有教无类"方针,满足了平民入学受教育的愿望,适应了社会发展需要。孔丘私学成为当时规模最大、培养人才最多、社会影响最广的一所学校,从总的社会实践效果来看,是应该肯定的。"有教无类"是顺应历史发展潮流的进步思想,它打破了贵族对学校教育的垄断,把受教育的范围扩大到一般平民,有利于中华民族文化的发展。

四、 培养有德才的君子

孔丘属于平民中的士阶层,他对于贵族统治者实行不人道的奴役和剥削,造成人民贫困、不能安居的状况极为不满;他谴责"苛政猛于虎",要求适当照顾人民的利益,消除苛政,避免贫富两极分化,改变动乱的社会现状。但是,他又认为,自夏、商、周以来的一些基本制度,如氏族宗法制、贵贱等级制等,是经过历史考验的,不应改变。而那些不是基本的、可以改变的方面,也不能用人民革命的办法,而是要由当政者自上而下采用缓和的办法来改良社会,使社会恢复正常的秩序。在社会大变革时期,孔丘不是革

孔丘的教育思想

---

① 《荀子·法行》译文。

命者,也不是顽固的保守主义者,而是一个政治改良主义者。他的思想基本上代表开明的奴隶主贵族利益,主张开明的贵族政治,在一定程度上反映了社会进步的要求。

孔丘在政治上"祖述尧舜,宪章文武"①。他主张以古代圣王为典范来改造社会,认为社会要改变,应按照三个阶段来发展。他提出:"齐一变,至于鲁;鲁一变,至于道。"②齐为五霸之首,代表春秋动乱社会;鲁为周公后裔的封国,代表西周的小康社会;道是指尧舜之世大道得行的"大同"社会。孔丘最高的政治理想是实现"大同"社会,而改良政治的现实目标是努力恢复西周的礼制。

孔丘继承西周"敬德保民"的思想,主张采用德政。他说:"为政以德,譬如北辰,居其所而众星共之。"③他认为,能施行德政,就会像北斗受到众星拱卫一样,受到人民的拥戴。德政是依靠人来实施的,关键在于得人。改良政治就应当"举贤才",把平民中的贤才推举出来,在位理政,使百姓信服,才会有好的政治。

孔丘主张的政治改良路线需要一批贤才才能实行。贤才并非天生而就,平民之中的士经过教育提高,也能成为有道德、有才能、可从政的贤才,也就是君子。孔丘对子夏明确地提出培养要求:"女为君子儒,无为小人儒。"④这表明他的教育目的就是要将士培养成为君子。

对君子的品格,孔丘特别重视。《论语》中谈到君子有一百零七次之多,有些论述是具有代表性的。《论语·宪问》载:"子路问君子,子曰:'修己以敬。'曰:'如斯而已乎?'曰:'修己以安人。'

---

① 《中庸》。
② 《论语·雍也》。
③ 《论语·为政》。
④ 《论语·雍也》。

曰:'如斯而已乎?'曰:'修己以安百姓。修己以安百姓,尧舜其犹病诸!'"从对话可看出,君子的品格可归为两方面,即对己要能"修己",对人要能"安人",以至"安百姓"。"知所以修身,则知所以治人。"①修养自身是从政治人的先决条件。孔丘对君子强调三方面的修养要求,即"仁者不忧,知者不惑,勇者不惧"②。三方面的修养都是必要的,其中最为重要的是君子道德方面的修养。

孔丘提出由平民中培养德才兼备的从政君子,这条培育人才的路线可概称为"学而优则仕"。"学而优则仕"虽为子夏所述,但确实代表了孔丘的教育观点。

"学而优则仕"包含多方面的意思:学习是通向做官的途径,培养官员是教育最主要的政治目的,而学习成绩优良是做官的重要条件。如果不学习或虽经学习而成绩不优良,也就没有做官的资格。孔丘对实行"学而优则仕"的态度非常明确,他说:"先学习礼乐而后做官的是平民,先有了官位而后学习礼乐的是贵族子弟。如果要选用人才,我主张选用先学习礼乐的人。"③学习与做官有着密切的联系。他鼓励学生们:"不患无位,患所以立。"④即不必担心没有官做,要担心的是有没有把做官所需要的知识本领学好。弟子们受到这种思想灌输,头脑中普遍存在为做官而学习的念头。既然已学为君子,不做官是没有道理的,子路心直口快说出"不仕无义"⑤,这是有代表性的。孔丘积极向当权者推荐有才能的学生去担任政治职务,但他在输送人才时也坚持一些原

孔丘的教育思想

① 《中庸》。
② 《论语·宪问》。
③ 《论语·先进》译文。
④ 《论语·里仁》。
⑤ 《论语·微子》。

则：首先,学不优则不能出来做官。其次,国家政治上了轨道才能出来做官,否则宁可退隐。孔丘培养的一批弟子,大多或早或迟地参加政治活动,他们"散游诸侯,大者为卿相师傅,小者友教士大夫"①。

"学而优则仕"口号的提出,确定了培养统治人才这一教育目的,在教育史上有重要的意义。它反映了封建制兴起时的社会需要,成为当时知识分子积极学习的巨大推动力量。"学而优则仕"与"任人唯贤"的路线配合一致,为封建官僚制度的建立准备了条件。它适应社会发展要求,反映了一定的规律性,直到现代还有实际意义。

五、"六艺"的教学内容

孔丘所要培养的从政君子,是有道德有文化的人才,既要德才兼备,又要能文能武。为了实现这种教育目的,他有选择地安排了教学内容。

孔丘继承西周贵族的"六艺"教育传统,吸收采择了有用学科,又根据现实需要创设新学科,虽袭用"六艺"名称,但对所传授的学科都作了调整,充实了内容。

关于孔丘私学的教学内容,不同的文献材料有不同的提法。《论语·述而》载,有学生介绍说:"子以四教:文、行、忠、信。"即老师以文献、品行、忠诚和信实教育学生。孔丘"述而不作,信而好古"。所谓"文",主要是西周传统的《诗》《书》《礼》《乐》等典籍,而

① 《汉书·儒林传》。

中国教育家和教育思想研究

品行、忠诚和信实都是道德教育的要求，四个方面实际上是两方面。对这两方面既要认清差别，还要摆正位置。他主张"行有余力，则以学文"①，首先要做一个品行符合道德标准的社会成员，其次才是学习以提高文化知识。所以，在他的整个教育中，道德教育居于首要地位。但是，道德教育并没有专设学科，而是把道德教育要求贯串到文化知识学科中，通过文化知识的传授，灌输道德观念。所以，文化知识学科的基本任务在于为道德教育服务。

对于"文"包括哪些学科内容，也存在不同的理解。《史记·孔子世家》载，孔门弟子中身通六艺者七十二人。这可证明孔丘承袭旧教育传统，"文"以"六艺"为教学科目。然而，孔丘所招的学生主要为青年或成人，书写和计算两门学科是儿童阶段学习的小艺，并非孔家私学所重。孔丘的教学内容实际上已有发展，在《论语》中有多处记述，如："子曰：'兴于《诗》，立于礼，成于乐。'"②"子所雅言，《诗》、《书》、执礼，皆雅言也。"③《史记·孔子世家》也说："孔子以《诗》《书》《礼》《乐》教弟子。"《庄子·天运篇》载，孔丘见老聃时说："丘治《诗》《书》《礼》《乐》《易》《春秋》。"这些材料可以说明，孔丘进行研究并编成教材的有六种，而对弟子们普遍传授的主要教材是《诗》《书》《礼》《乐》四种。现对这些教材的内容和性质分述如下。

（一）《诗》

这是中国最早的诗歌选集。春秋时流传诗歌甚多，孔丘搜集

---

① 《论语·学而》。
② 《论语·泰伯》。
③ 《论语·述而》。

而整理之,编为教材,存其精华三百零五篇,概称三百篇。其特点是思想内容纯正无邪,合乎周礼。诗有风、雅、颂三种类型,分列为三部分。风,包括十五国的民歌,反映各地区平民和贵族的风尚和习惯,抒情诗居多,是《诗》中最有价值的篇章。雅,西周宫廷的诗歌,内容多是反映贵族生活与政治情况,颇有史料价值。颂,庙堂的诗歌,内容为歌颂祖先功业,格调庄严肃穆的祭祀歌辞。孔丘的教学往往从《诗》入手,认为《诗》在思想政治教育方面有四种作用:一是"可以兴",由比喻而联想,可以激发人的情感意志;二是"可以观",由多种生活情境,可以考察社会风俗盛衰;三是"可以群",利用切磋诗义,可以增进相互情谊;四是"可以怨",利用讽刺的形式,批判不合理的政治。《诗》对个人品德修养和人际交往都有重要的作用,所以受到重视,被列为必学的科目,不仅要求记诵,而且要求在社会生活中加以应用。

(二)《书》

《书》又称《尚书》,是古代历史文献汇编。春秋时有不少古代历史文献流传,如《夏书》《商书》《周书》等。孔丘重视这些历史文献,他"好古,敏以求之"[①],收集编纂。《史记·孔子世家》云:"序《书》传,上纪唐虞之际,下至秦缪,编次其事。"他选取的材料都符合垂世立教示人规范的政治标准,目的是要人学习先王之道,特别是恢复文武之道。孔丘说:"文武之政,布在方策。其人存,则其政举;其人亡,则其政息。"[②]他要弟子们从学习文献中继承和恢

① 《论语·述而》。
② 《中庸》。

复周道。据传,作为有系统的教材,《书》本有百篇,经秦焚书之后,至西汉初年伏生所传仅存二十九篇,用当时通行的隶书书写,故称《今文尚书》。晋梅赜伪造《古文尚书》二十五篇。今所流传的《尚书》,是后人将《今文尚书》与《古文尚书》合编而成。它保存了一定的古代文献史料,有重要的历史价值。

(三)《礼》

《礼》又称《士礼》,传于后世,称为《仪礼》。孔丘认为,礼是立国的根本,在社会生活中有重大的作用。他说:"夫礼,先王以承天道,以治人之情,故失之者死,得之者生。"①礼是发展的,故有因有革,有损有益。"殷因于夏礼,所损益可知也;周因于殷礼,所损益可知也;其或继周者,虽百世可知也。"②三代之礼中,周礼较为完善。"周监于二代,郁郁乎文哉!吾从周。"③孔丘以周礼为依据,从春秋的社会现实出发加以部分改良,编成一部士君子必须掌握的礼仪规范,称为《礼》,作为教材。他说:"不学礼,无以立。"④知礼是人立足于社会的重要条件,不仅要学会礼的仪式,更重要的是要理解礼的精神实质。

(四)《乐》

"乐"是各种美育形式的总称,内涵广泛,与诗、歌、舞、曲密

---

① 《礼记·礼运》。
② 《论语·为政》。
③ 《论语·八佾》。
④ 《论语·季氏》。

切结合在一起。在社会生活中,乐与礼经常配合发挥作用而为政治服务,所以"礼乐"常常并提。但是,乐与礼的作用有所不同。乐的作用表现在两方面:对个人来说,陶冶情操,净化心灵,形成崇高的品格;对社会来说,乐教使人性情宽和朴实,帮助移风易俗,改造社会。孔丘重视对弟子们的乐教,编辑了教材。孔丘不仅爱好乐,而且对乐有较高的修养。他会歌唱,会弹奏,还能欣赏,能评价。对于乐,首先在思想内容上要达到善的标准,其次在艺术形式上要达到美的标准,内容与形式都和谐统一,才能达到尽善尽美的地步。根据这种评价标准,他赞扬古代的韶乐,反对"流行音乐"郑声。他强调乐的道德标准,重视乐的社会效果,对学生产生了重要的影响。《乐》传至秦,因秦焚书而散佚。

(五)《易》

《易》又称《周易》,是一部卜筮之书。《周易》以"--"象征阴,以"—"象征阳,由阴爻、阳爻两种基本符号配合组成八卦,象征八类事物(天、地、雷、风、水、火、山、泽);再将八卦两两相重组成六十四卦,象征各类事物间的关系。《周易》每卦有卦辞,每爻有爻辞,这些文字称为《易经》。《易经》早已存在,据说孔丘晚年对它进行了深入研究,才写出了《易传》(包括《彖》上下、《象》上下、《系辞》上下、《文言》、《序卦》、《说卦》、《杂卦》,合称《十翼》)。孔丘晚年将《周易》作为教材,传授给部分弟子。《史记·仲尼弟子列传》就有孔丘传《易》于商瞿的记载。

（六）《春秋》

孔丘六十八岁自卫返鲁,有了阅读鲁国档案史料的条件。他据鲁史记、周史记等史料而作《春秋》,上起鲁隐公元年(前 722年),下迄鲁哀公十四年(前 481 年),共二百四十二年的历史。《春秋》记载了当时政治、经济、军事、天文、地理、灾异等方面的材料,共有一千二百三十二条。孔丘编《春秋》是为了寄托自己的社会政治主张,书中维护名分,寓褒贬,贯注他的学说。《春秋》作为历史教材,是一部提纲挈领的教学大纲。它记事简略,言辞古朴,后人为了学习的方便,进行了阐释和补充,称为《传》。《传》流传至今有三部,即《春秋公羊传》《春秋穀梁传》《春秋左氏传》,合称"三传"。《春秋》是我国现存第一部编年史,具有重要的历史价值。

以上六种教材各有教育任务,对人的思想教育都有重要的价值。《诗》之教使人态度温和,性情柔顺,为人敦厚朴实,而不至于是非不辨;《书》之教使人上知自古以来历史,通晓先王施政之理,而不至于乱作评论;《礼》之教使人恭敬严肃,知道道德规范,而不至于做事没有节制;《乐》之教使人心胸宽畅,品性善良,而不至奢侈无度;《易》之教使人知道人事正邪吉凶,明白事物之理的精微,而不至于伤人害物;《春秋》之教使人知道交往用词需得体,懂得褒贬之事有原则,而不至于犯上作乱。这些看法影响了后世对这六种教材的利用。

孔丘的教学内容有三个特点:其一,偏重社会人事。他的教材中都是属于社会历史、政治伦理方面的文化知识,注重的是现实的人事,而不是崇拜神灵。他虽不是无神论者,但对鬼神持存疑态度,敬鬼神而远之。他不谈"怪、力、乱、神",不宣传宗教迷信思想,不把宗教内容列为教学内容。这种明智的态度,成为中国古代非宗教性教育传统的开端。其二,偏重文事。他虽要求从政人才文武兼备,但在教学内容的安排上偏重文事,有关军事知识技能的教学居于次要地位。他本人善于射御,也对弟子进行教学,常带领弟子习射于射圃;对军旅之学也颇精通,并传于冉求、樊迟等弟子,但未普遍传授。其三,轻视科技与生产劳动。他所要培养的是从政人才,不是从事农工的劳动者,因此不强调掌握自然知识和科学技术。他既没有手工业技术可传授,也没有农业技术可传授。他认为,社会分工有君子之事,有小人之事。"君子谋道不谋食"①,君子与小人职责不同,不必参与小人的物质生产劳动。所以,他从根本上反对弟子学习生产劳动技术。樊迟要学习种田、种菜,他当面拒绝,背后还骂樊迟是小人。按这种倾向培养的学生,绝大部分是"四体不勤,五谷不分"②的人。孔丘继承旧贵族教育传统,为教育与生产劳动相分离制造理论,造成深远的历史影响。

六、 创新的教学方法

知识的来源是认识论的根本问题,历史上曾存在不同的认识路线。孔丘本人的自学过程和一生的教学实践活动经验,表明了人后天学习的重要性。实际上,他遵循的是"学而知之"的认识路

① 《论语·卫灵公》。
② 《论语·微子》。

线,他的教学方法论是以具有唯物主义倾向的认识路线为基础的。

(一) 学、思、行结合

"学而知之"是孔丘进行教学的主导思想,学是求知的途径,也是求知的唯一手段。学不仅是学习文字上的间接经验,而且要通过见闻获得直接经验,两种知识都需要。他提出"博学于文"①、"好古,敏以求之"②,偏重于古代文化、政治知识这些前人积累的间接经验。他提出"多闻择其善者而从之,多见而识之"③,学生不仅要多听、多看,还要多问,扩大知识的来源和范围,以获得一些直接经验。

学习知识的来源是多方面的,方式也是多种多样的,而且在不同程度上深化。孔丘主张"学而时习之"④,即对学习过的知识要时常复习、练习,才能牢固掌握。他要求弟子每天检查老师传授的知识复习了没有。在他的影响下,弟子们很重视复习。曾参就把是否复习作为每天反省的三方面内容之一。子夏说:"月无忘其所能。"⑤各人的学习安排虽有不同,但重视复习是一致的。

孔丘提倡知识面要广,在学习的基础上认真深入地进行思考,把学习与思考结合起来。在论述学与思的关系时,他说:"学而不思则罔,思而不学则殆。"⑥如果只是读书,记诵一些知识,而

孔丘的教育思想

---

① 《论语·雍也》。
② 《论语·述而》。
③ 《论语·述而》。
④ 《论语·学而》。
⑤ 《论语·子张》。
⑥ 《论语·为政》。

不通过思考加以消化，那只能是抽象的理解，抓不住事物要领，分不清是非。如果光是左思右想，而不通过读书学习以吸收实际知识，那心中也会疑惑，不能解决问题。单纯地学或单纯地思，都存在片面性。在学习过程中，必先掌握丰富的知识材料作为依据，才可能凭借这些材料进行有效的思考。因此，在学与思两者的关系中，学习居先，它是基础，是主要方面。在有了知识材料的条件下，需要进一步思考，才能使认识深入和提高，抓住事物的本质。学习和思考两者应当结合起来，这种见解符合人的认识规律，已初步揭示学习和思考的辩证关系。

教师根据学思结合的要求，不仅要鼓励学生努力学习知识，而且要引导学生积极思考，培养思维能力，对所学习的知识要多问几个为什么；要弄清事实和形成这种事实的原因，不但要知其然，还要知其所以然。这样去思考问题，有助于培养学生的思维能力。

孔丘还强调，学习知识要"学以致用"。如学《诗》，不仅要学懂记牢，还要能实际应用在政治上、社交上。如果不能应用，学得再多也没有意义。学习道德也一样，知道社会道德规范，就要体现于生活实践中，如当仁不让、闻义能徙、择善而从、知过能改等都是积极的行动。把自己的道德认识和道德实践统一起来，这才是孔丘所要求的躬行君子。他说："君子耻其言而过其行。"[1]夸夸其谈而言行脱节是可耻的事。他要求学生说话谨慎一些，做事勤快一些，指出"君子欲讷于言而敏于行"[2]，应当更重视行动。

学是为行服务的，能够行，也就证明已有学。孔丘的弟子子

---

① 《论语·宪问》。
② 《论语·里仁》。

夏说："贤贤易色，事父母能竭其力，事君能致其身，与朋友交言而有信。虽曰未学，吾必谓之学矣。"①这里体现的就是能够行等于已有学的观点。从学与行的关系来看，学是手段，行是目的，行比学更重要。

由学而思而行，这是孔丘探究和总结的学习过程，也就是教育过程，与人的一般认识过程基本符合。这一思想对后来的教学理论、教学实践产生了深远影响。《中庸》把学习过程分为学、问、思、辨、行五个阶段，显然是继承孔丘学、思、行结合的思想并加以发展的。

（二）启发诱导

孔丘是世界上最早提出启发式教学的教育家，比古希腊教育家苏格拉底（前 469—前 399）提出引导学生自己思索、自己得出结论的"助产术"早几十年。

孔丘认为，不论学习知识或培养道德，都要建立在学生自觉需要的基础上，应充分发挥学生的主动性、积极性。学生自己对问题能加以思考，获得切实的领会，才是可靠和有效的。为了帮助学生形成遇事思考的习惯，培养善于独立思考的能力，他提倡启发式教学。

孔丘主张："不愤不启，不悱不发。举一隅不以三隅反，则不复也。"②愤与悱是内在心理状态在外部容色言辞上的表现。朱熹《论语集注》云："愤者，心求通而未得之意。悱者，口欲言而未能

---

① 《论语·学而》。
② 《论语·述而》。

之貌。启谓开其意,发谓达其辞。物之有四隅者,举一可知其三。反者,还以相证之义。复,再告也。"孔丘说这段话的意思是:在教学时必先让学生认真思考,已经思考相当长时间,却还想不通,此时可以去启发他;虽经思考并已有所领会,但未能以适当的言辞表达出来,此时可以去开导他。教师的启发是在学生思考的基础上进行的,启发之后,应让学生再思考,进一步领会。比如,一个方的东西,已说明一个角的样子,如果学生不能类推其余三个角的样子,就表明他未开动脑筋去思考或者他的接受能力还不够,教师暂不必多讲,否则就是包办和硬灌,难以达到培养学生思考能力的目的。这种启发式教学包含三个基本要点:第一,教师的教学要引导学生探索未知的领域,激发其强烈的求知欲,积极去思考问题,并力求能明确地表达;第二,教师的启发工作以学生的积极思考为前提条件,其重要作用就体现为"开其意""达其辞";第三,使学生的思考能力得到发展,能从具体事例中概括出普遍原则,再以普遍原则类推于同类事物,从而扩大认识范围。

孔丘在日常教学中注意训练学生的思考方法,他提出"君子博学于文,约之以礼"①,简称为"由博返约"。博学以获得较多的具体知识,返约则是在对具体事物予以分析的基础上进行综合、归纳,形成基本的原理、原则与观点。博与约两者是辩证的统一。学生具有这种思考能力,对掌握知识就能起重要作用,最明显的就是能把复杂的知识系统化,把握住知识的核心。孔丘问子贡:"赐也,女以予为多学而识之者与?"子贡答:"然。非与?"孔丘说:"非也。予一以贯之。"②所谓"一以贯之",是在多学广识之后,综

---

① 《论语·雍也》。
② 《论语·卫灵公》。

合各事物的本质特征,形成一个基本的思想观点,然后以它为指导,贯穿于一切处事接物的言行中。颜回之所以能"闻一知十"①,就是因为他善于思考,掌握基本观点并能运用推理方法来说明同类现象。

孔丘还提出"叩其两端"的思考方法,从考察事物的不同方面辨明是非,进而解决问题。他有应用这种方法的实际经验,"有鄙夫问于我,空空如也。我叩其两端而竭焉"②。他用反问的方式,引导对方从事物正反两方面进行分析,找出解决问题的方法。孔丘常用这种方法来训练学生的思考能力。他曾和子贡讨论对人进行评价的问题。子贡问:"乡人皆好之,何如?"孔丘说:"未可也。"子贡又问:"乡人皆恶之,何如?"孔丘又说:"未可也。不如乡人之善者好之,其不善者恶之。"③评价一个人不可简单片面,盲目从众,失去准则。"众恶之,必察焉;众好之,必察焉。"④要把握好人的准则,从正反两面考察,只有全乡的好人喜欢他,全乡的坏人痛恨他,才能证实他是好人。这种思考方法注意事物的对立面,在分析其矛盾的基础上做出正确的判断,是合乎辩证法的。

孔丘善用启发式教学法培养学生的思考能力,广为学生们称赞。颜回说:"夫子循循然善诱人,博我以文,约我以礼。"⑤孔丘能循序渐进地、巧妙地诱导启发人思考,不仅使学生学习广博的知识,而且使学生形成基本的思想观点,在学习上不断前进。颜回的好学和很强的独立思考能力,与启发式教学是分不开的。

---

① 《论语·公冶长》。
② 《论语·子罕》。
③ 《论语·子路》。
④ 《论语·卫灵公》。
⑤ 《论语·子罕》。

（三）因材施教

孔丘在教育实践的基础上，创造了因材施教的方法，并将之作为教育原则，贯彻于日常的教育工作之中，取得了成效。他是我国历史上首倡因材施教的教育家。

因材施教的提出，有其客观的历史条件。孔丘适应社会变革对人才的需要，开办私学。他的众多学生的情况颇为复杂：就年龄来说，多数是青年，也有部分是中老年人，年龄差距较大；社会成分各式各样，贫民、小生产者、商人、地主、贵族都有；来自不同的国家和地区，各人的文化水平、道德素养、性格特征存在很大差别；要求也不一致，有的请教几个问题就走，有的则长期追随左右，流动性很大。在这种情况下，要进行集中统一的教学是不可能的，只有从各人的实际情况出发，根据个性特点和具体要求进行教育，才能达到一定的教育目的。因材施教是适应这种需要的最好方法，有利于加速各种人才的成长。

实行因材施教的前提条件是承认学生间的个体差异，并了解学生的特点。孔丘了解学生，最常用的方法有两种。第一，谈话。有目的地找学生谈话，有时个别谈，有时两三人或四五人聚在一起谈，方式较为灵活。他了解学生的志向，就是通过与几位学生自由交谈。第二，个别观察。通过学生的言论了解其思想特点是重要的，但也要避免单凭言论作判断的片面性，因此要"听其言而观其行"[①]；只凭公开场合的行为表现作判断有片面性，要"退而省

---

① 《论语·公冶长》。

其私"①；只凭一时的行为作判断有片面性，还应对行为的全过程进行考察，要"视其所以，观其所由，察其所安"②。要注意观察学生的所作所为，了解他所走的道路，考察他的感情倾向，这样就可以把他的思想面貌了解透彻。孔丘在考察人的方面积累了很多经验，认为通过不同的事务、不同的情境都可以考察人的思想品质。

通过了解，孔丘熟悉了学生的个性特点，并做出了评价。《论语》中有多处记述，如"由也果""赐也达""求也艺"③，是从品格优点方面来评价；"柴也愚，参也鲁，师也辟，由也喭"④，是从缺点方面来分析；"师也过，商也不及"⑤，"求也退"，"由也兼人"⑥，是从两者的比较来区分特点。他对学生了解透彻，仅用一两个字就概括了某个学生的个性特点。

在了解学生的基础上，孔丘根据学生的具体情况，有针对性地进行教育。《论语》中记载了许多学生提问什么是"仁"，孔丘根据樊迟未知仁的基本思想、颜回未知仁与礼的关系、仲弓与子贡不知实行仁的方法、司马牛为人多言而躁、子张为人较为偏激等情况，作了不同的回答。这些回答虽然角度不同，但都围绕着仁道这一中心原则。

《论语》中还有一个针对学生缺点进行因材施教的事例。子路问：听到一个很好的主张，要立即就去做吗？孔丘答：家里有父兄，怎能自作主张就去做呢？冉求问：听到一个很好的主张，要

① 《论语·为政》。
② 《论语·为政》。
③ 《论语·雍也》。
④ 《论语·先进》。
⑤ 《论语·先进》。
⑥ 《论语·先进》。

立即就去做吗？孔丘答：当然应该立即去做。公西华对此很不理解。孔丘说：冉求遇事畏缩不前，所以要鼓励他去做。子路遇事轻率，所以要抑制一下，使他审慎些。[①] 这一生动的事例表明孔丘能区分不同特点，有意识、有目的地因材施教。

孔丘实行因材施教，培养出一批有才干的人才，其中杰出的有十人："德行：颜渊、闵子骞、冉伯牛、仲弓。言语：宰我、子贡。政事：冉有、季路。文学：子游、子夏。"[②]朱熹注："弟子因孔子之言，记此十人，而并目其所长，分为四科。孔子教人，各因其材，于此可见。"所谓"四科"，并非设教之时分设四个专业，而是因材施教的结果，即培养了四方面的人才。

（四）好学求是的态度

孔丘认为，教学需要师生双方配合协作，学生端正学习态度是教学成功的重要条件。

1. 好学、乐学的态度

学生好学应当表现于实际行动，孔丘说："君子食无求饱，居无求安，敏于事而慎于言，就有道而正焉，可谓好学也已。"[③]求学的人对于吃住问题不必过多计较，重要的是要勤敏做事，慎于言论，向有道德学问的人学习，这才算得上好学。好学还不够，进一步还应乐学，他说："知之者不如好之者，好之者不如乐之者。"[④]知道学问有用而学的人，不如爱好学问而学的人；爱好学问而学的

---

① 《论语·先进》。
② 《论语·先进》。
③ 《论语·学而》。
④ 《论语·雍也》。

人,不如以学为乐的人。以学为乐的人有强烈的求知欲,对学习有浓厚的兴趣,名利引诱不能动其心,将饥寒威胁置之度外。颜回就是乐学忘忧的人,为此受到老师的称赞。

2. 不耻下问的态度

有的人盲目自满,"亡而为有,虚而为盈"①。孔丘认为,有这种思想作风的人,难以保持一定的操守和忠于仁道的原则。他要求学生"敏而好学,不耻下问"②,即能够虚心向比自己社会地位低的人请教而不认为是羞耻的事。在孔丘的教导下,颜回既是最好学也是最虚心的好学生,"以能问于不能,以多问于寡;有若无,实若虚"③,这种虚心求教的态度受到了肯定。

3. 实事求是的态度

学是为了求知,知是由学而得的。要知得多、知得全、知得真,需要有实事求是的态度。孔丘曾对子路说:"由!诲女知之乎?知之为知之,不知为不知,是知也。"④知道就是知道,不知道就是不知道,不强不知以为知,这才是真正的明智。研究任何问题,都要重视证据。如研究夏礼、殷礼,文献不足,证据不足,就不可勉强而随意论断。对问题的认识还不充分,没有把握作判断的时候,应当存疑,不可想当然,贸然行动。孔丘说:"多闻阙疑,慎言其余,则寡尤;多见阙殆,慎行其余,则寡悔。"⑤有阙疑的精神,甘做老实人,不强不知以为知,就可以少犯错误。研究任何问题,还要尊重客观事实,避免主观成见。他主张:"毋意,毋必,毋固,

① 《论语·述而》。
② 《论语·公冶长》。
③ 《论语·泰伯》。
④ 《论语·为政》。
⑤ 《论语·为政》。

毋我。"①看问题不要从个人私意猜测出发，不要主观认定必然怎么样，不要固执己见，不要以为自己的意见绝对正确。这四个"不要"是从反面提问题，当然还有正面的四个"要"：要重视客观实际，要穷究事物多方面的因果联系，要吸收一切合理的意见，要服从真理并以求得真理为目标。上述方面都是实事求是态度的具体表现，在学习上有重要的意义。

七、自觉的德行修养

孔丘的教育目的是培养从政的君子，而成为君子的主要条件是具有道德品质修养。所以，在他的私学教育中，道德教育居首要的地位。道德观念以文化知识为基础，道德教育主要通过知识传授进行，因此培养道德和传授知识是在同一教学过程中进行的，两者有密切的内在联系。如果忽视知识学习，道德培养将产生偏向。孔丘曾对子路说："好仁不好学，其蔽也愚；好知不好学，其蔽也荡；好信不好学，其蔽也贼；好直不好学，其蔽也绞；好勇不好学，其蔽也乱；好刚不好学，其蔽也狂。"②仁、知、信、直、勇、刚，是君子应具备的六项道德品质。如果没有知识学问为基础，行为上就要出现偏向，好的道德品质就难以形成和提高。所以，为了更好地培养道德，就要认真学习知识，应将知识教育纳入道德教育的范围之内。

道德教育有其过程，首先是道德认识。要能分清善恶与是

①《论语·子罕》。
②《论语·阳货》。

中国教育家和教育思想研究

非,进一步形成道德信念,再进一步转化为道德行为实践。孔丘认为,德育过程最重要的在于行为实践。他观察当时社会,感到"知德"的人很少,"好德"的人也少,能按道德信念去实践的人更少,整个社会处于一种缺乏道德的状态,因此需要提倡道德教育。

孔丘主张以"礼"为道德规范,以"仁"为最高道德准则。凡符合"礼"的道德行为,都要以"仁"的精神为指导。因此,"礼"与"仁"成为道德教育的主要内容。

为了使人人都知道遵守"礼"的规范,孔丘特别重视礼教。他要求学生学礼,曾说"不学礼,无以立"①,即不认真学礼,是没有办法立足于社会的。学礼要做到一切视听言动都符合礼的规范。礼要有一定的形式,但更应该重视的是礼的内容,要体现一定的思想感情,否则就徒具形式。

在道德教育中,提倡礼的教育要贯注"仁"的精神,这是其进步的方面。孔丘说:"人而不仁,如礼何?"②做人缺乏仁德,怎能实行礼仪制度呢?礼和仁的关系就是形式和内容的关系,礼为仁的形式,仁为礼的内容。有了仁的精神,礼才能真正充实。

"仁"被孔丘作为最高道德准则,也是其学说的中心思想。他经常谈论"仁",在《论语》中"仁"字出现一百零九次。"仁"最通常的意思是"爱人",也就是承认别人作为人的资格,把人当作人来爱。"爱人"并不是不分善恶地爱一切人,而是以"仁"为基本准则,有所爱,也有所憎。他说:"好仁者,无以尚之;恶不仁者,其为仁矣,不使不仁者加乎其身。"③他的学生曾参也说:"唯仁人为能

---

① 《论语·季氏》。
② 《论语·八佾》。
③ 《论语·里仁》。

爱人,能恶人。"①

　　"仁"的道德品质是成为君子的重要条件。孔丘说:"君子去仁,恶乎成名?君子无终食之间违仁,造次必于是,颠沛必于是。"②不论何时何地,君子始终要坚持仁德。

　　以仁的精神对待不同的伦理关系,就有不同的道德规范,其中最重要的两项道德规范是"忠"与"孝"。"忠"要求对人尽心竭力、诚实负责,在普通人之间有互相平等的关系,在君臣之间则是不平等的关系。"孝"要求尊敬和顺从父母,这是为了巩固宗法制度,维护家长的地位。

　　培养仁德,应从家庭开始,因为家庭中存在亲缘的感情因素,比较容易形成孝悌的道德观念,然后加以发展,转移到其他社会关系方面。孔丘的学生有若说:"其为人也孝弟,而好犯上者,鲜矣;不好犯上,而好作乱者,未之有也。君子务本,本立而道生。孝弟也者,其为仁之本与!"③这是说,进行道德教育要抓根本,应从家庭教育着手,先培养孝悌的道德观念。

　　仁德的实行可分两方面。曾参的理解是:"夫子之道,忠恕而已矣。"④忠与恕,是表现仁的两方面。朱熹注:"尽己之谓忠,推己之谓恕。""尽己"就是"己欲立而立人,己欲达而达人",属于积极一面;"推己"就是"己所不欲,勿施于人",属于消极一面。两方面都站在"己"的立场上,以己之好恶为基点,推己而及人之好恶。这种推己及人的办法就叫"能近取譬",是实行仁德的便捷途径。

---

　　① 《礼记·大学》。
　　② 《论语·里仁》。
　　③ 《论语·学而》。
　　④ 《论语·里仁》。

孔丘除了论述德育的任务、内容之外,还总结了一些加强道德修养的原则和方法。他强调道德修养不是依靠外加强制,而是依靠自觉努力。他说:"仁远乎哉? 我欲仁,斯仁至矣。"①又说:"为仁由己,而由人乎哉?"②他还强调道德修养不是闭门自修,参与社会实践活动更为重要。道德修养不能脱离社会,需要正确处理多方面的关系。他提出的一些道德修养应当遵行的基本要求,是其教育实践的经验总结,今人称之为"德育原则"。

(一) 立志

孔丘认为,人不应满足于当前的物质生活,还应有对未来的精神上更高的追求,要有自己的理想。他引导学生立足现在,面向未来,确定以仁道为个人志向和人生理想。他说:"苟志于仁矣,无恶也。"③志于仁是以实现仁道为志向、走仁的道路、以仁为道德行为的准则。

孔丘教育学生要坚持志向,"笃信好学,守死善道"④,不要因为外来的干扰而动摇。为了实现志向,不能过多地计较物质生活,他说:"士志于道,而耻恶衣恶食者,未足与议也。"⑤如果追求衣食享受,也就谈不上有远大志向了。颜回有志于道,他的心思都集中在学道守道上,对清苦的生活条件不予计较,这种安贫乐道的精神受到称赞。志向的确立和坚持,取决于个人的信仰和自

---

① 《论语·述而》。
② 《论语·颜渊》。
③ 《论语·里仁》。
④ 《论语·泰伯》。
⑤ 《论语·里仁》。

觉努力。孔丘说："三军可夺帅也，匹夫不可夺志也。"①普通人都有自己的志向，不可被强制改变，除非其本人想有所改变时才能改变。

（二）克己

在社会人际关系中，如何对待自己和对待他人是一个重要的道德问题。孔丘主张，应着重在要求自己上，约束和克制自己的言行，使之合乎礼、仁的规范。观察一个人遇事如何对人对己，就可以判断他的道德是否高尚。孔丘说："君子求诸己，小人求诸人。"②求诸己的人，遇事先反躬自问，随时检查自己的言行是否合乎道德规范；求诸人的人恰好相反，不作自我检查，而是光要求别人、指责别人。他认为，对人应采取平等的态度，给人以高度尊重。涉及相互关系时，应"躬自厚而薄责于人"③，严以责己，宽以待人，这样才会消除矛盾。

克己的人能以同情心待人，设身处地为别人着想，自己不要痛苦和麻烦，也不要把这种痛苦和麻烦强加到别人身上而损人。如有缺点、错误，首先应检查、批评自身的差错。孔丘说："攻其恶，无攻人之恶。"④对别人的缺点、错误采取宽容谅解的态度，与别人的关系也就容易协调。有道德修养的人应当为别人隐恶扬善。

---

① 《论语·子罕》。
② 《论语·卫灵公》。
③ 《论语·卫灵公》。
④ 《论语·颜渊》。

孔丘提醒学生们要时时注意遵行克己这个原则。遇到不如意的事,"不怨天,不尤人"①。"人不知而不愠,不亦君子乎?"②"不患人之不己知,患不知人也。"③"君子病无能焉,不病人之不己知也。"④这些言论的特点都重在要求自己,而不是责怪别人。

克己是复礼的基本条件。能克制个人非分的欲望,限制对私利的追求,不为利己而损人以致损害社会利益,才能使自己的言行合乎礼的规范,达到仁这一最高的道德要求。

(三) 力行

道德教育培养德行。德行就是道德体现于行为,其中有知的问题,即道德认识问题;也有行的问题,也就是道德实践问题。知与行两方面的关系很密切。孔丘提倡"力行",相对更重视道德实践。他要求言行相顾,言行一致,不要出现脱节,道德认识依靠道德实践的检验而证实。他认为,只言不行的人不是道德高尚的人,一般有人格的人也应当"言必信,行必果"⑤。

孔丘说,"力行近乎仁"⑥。他认为,努力按道德规范实践的人接近于仁德。在孔丘的教育下,其学生多数重视道德实践,子路就是其中勇于力行的一个。"子路无宿诺"⑦,他答应办的事从不过夜,不把事做完是不肯罢休的。子路对老师提出"闻斯行诸"⑧

①　《论语·宪问》。
②　《论语·学而》。
③　《论语·学而》。
④　《论语·卫灵公》。
⑤　《论语·子路》。
⑥　《中庸》。
⑦　《论语·颜渊》。
⑧　《论语·先进》。

这一问题,就是急于行动的一种表现,他是言行一致、努力实践的人。但是,也有部分学生存在言行脱节的现象。这使孔丘认识到,不仅要注意学生的道德认识,更重要的是要观察其道德实践。他说:"始吾于人也,听其言而信其行;今吾于人也,听其言而观其行。"①实际行动才表明人的道德水平。

(四)中庸

人的行为不一定都合乎道德准则,常有做得过分或不及的情况。孔丘认为,最好是做得恰到好处,强调"中庸"。朱熹注:"中庸者,不偏不倚,无过不及,而平常之理,乃天命所当然,精微之极致也。"孔丘认为,待人处事都要中庸,防止发生偏向,一切行为都要中道而行。他考察社会上一般人的行为,普遍地不合中庸的原则,指出:"道之不行也,我知之矣。知者过之,愚者不及也。道之不明也,我知之矣。贤者过之,不肖者不及也。"②对这种现象,他极不满意。他教育学生,行为要合乎中庸之道。《论语·先进》:"子贡问曰:'师与商也孰贤?'子曰:'师也过,商也不及。'曰:'然则师愈与?'子曰:'过犹不及。'"朱熹注引尹焞的解释:"夫过与不及均也,差之毫厘,缪以千里。故圣人之教,抑其过,引其不及,归于中道而已。"颜回听从教导,努力提高道德修养,使自己的行为合乎中庸。"回之为人也,择乎中庸,得一善,则拳拳服膺而弗失之矣。"③所谓"择乎中庸",就是能辨明各种行为过与不及的是非

① 《论语·公冶长》。
② 《中庸》。
③ 《中庸》。

得失,择其中道而行。中庸是有修养的君子才具有的。"君子中庸,小人反中庸。君子之中庸也,君子而时中;小人之反中庸也,小人而无忌惮也。"①君子的行为随时遵守中庸之道,而小人为了私利,行为不择手段,总是背离中庸之道。依据"有教无类"的方针,对小人也不应放弃教育。

(五)内省

孔丘认为,不论道德认识还是道德实践,都需要有主观积极的思想活动,称为"内省"。他主张内省是日常必要的修养方法之一,并在孔家私学中推广。学生曾参说:"吾日三省吾身:为人谋而不忠乎? 与朋友交而不信乎? 传不习乎?"②内省并非闭门思过,而是就日常所做的事进行自我检查,看自己是否合乎道德规范。内省依靠的是自觉,不自觉就难以真正进行内在的自我反省。内省的结果是,对人产生重要的心理作用。"内省不疚,夫何忧何惧?"③内省之后,如果问心无愧,心安理得,就增强了道德行为的信心和勇气。但是,能够自觉内省,对自己行为的过失展开内心思想斗争的人实在不多。其实,内省并没有复杂条件,随时都可进行。他说:"见贤思齐焉,见不贤而内自省也。"④又说:"三人行,必有我师焉,择其善者而从之,其不善者而改之。"⑤见到人有好品德,就应向他看齐,虚心学习他的善行;见到人有不良的品

---

① 《中庸》。
② 《论语·学而》。
③ 《论语·颜渊》。
④ 《论语·里仁》。
⑤ 《论语·述而》。

德表现，就要对照检查自己，引以为戒，防止存在类似的缺点、错误。内省的范围很广，对各方面的行为都有必要依靠内省的方法进行检查，从而提高道德修养。

（六）改过

孔丘认为，不存在不犯过错的圣人，"圣人，吾不得而见之矣；得见君子者，斯可矣"①。人非圣人，即使是君子，要一贯正确也是不可能的，难免要犯错误。加强道德修养，正是为了减少错误。卫国大夫蘧伯玉努力使自己减少过失，孔丘加以称赞。人不能杜绝一切小错误，但应力求不要犯大错误。人会犯错误是客观事实，孔丘认为正确的态度是重视改过。首先是认识错误，不要掩盖错误。他说："丘也幸，苟有过，人必知之。"②他承认自己也犯过错误，但并不想掩盖，并认为有过错能被别人了解是自己有幸。他还说："君子之过也，如日月之食焉：过也，人皆见之；更也，人皆仰之。"③犯错误是一时的，能正视错误，公开改正，会受到大家的尊敬。颜回有了过错能认真改正，不重犯，就是很好的表现。

改正错误需要得到别人的指点帮助。"子路，人告之有过则喜。"④对别人的批评与忠告采取欢迎态度，对于自己的修养提高是有益的。孔丘说："法语之言，能无从乎？改之为贵。巽与之言，能无说乎？绎之为贵。说而不绎，从而不改，吾未如之何也已

① 《论语·述而》。
② 《论语·述而》。
③ 《论语·子张》。
④ 《孟子·公孙丑上》。

258

中国教育家和教育思想研究

矣。"①对合乎法则的正确意见,一定要听从,而且要改过迁善;对婉转劝导的话,不仅要乐意听,更重要的是要思考分析。正确对待批评的态度,就是认真改正错误。

孔丘提出"过则勿惮改"②,鼓励学生要勇于改正错误。但有人不能正确对待自己的过错,文过饰非,不肯改正。他指出:"过而不改,是谓过矣。"③朱熹注:"过而能改,则复于无过。惟不改则其过遂成,而将不及改矣。"有过不改,才真正成为过错,妨碍自己的道德修养。

八、 树立教师的典范

孔丘热爱教育事业,敏而好学,具有丰富的实践经验,重视道德修养,因而具备作为优秀教师的品质和条件。他回答子贡提问时说:"圣则吾不能,我学不厌而教不倦也。"④他曾在学生面前公开作自我评价:"若圣与仁,则吾岂敢?抑为(学)之不厌,诲人不倦,则可谓云尔已矣。"⑤他承认自己只做到"学之不厌""诲人不倦"两个方面,这实际上也是他所主张的作为教师应具备的基本条件。

(一) 学而不厌

教师要尽自己的社会职责,应重视自身的学习修养,掌握广博的知识,具有高尚的品德,这是教人的前提条件。要保持一种"学如不及,犹恐失之"①的积极精神状态,时刻考虑的是不断进步。孔丘说:"德之不修,学之不讲,闻义不能徙,不善不能改,是吾忧也。"②如果不学习,不修养,止步不前,就会失去为师的条件,这是值得忧虑的。他自觉地努力学习,好古敏以求之,对学习永不满足,认为:"可与言终日而不倦者,其惟学乎!"③他自称好学入了迷,达到"发愤忘食,乐以忘忧,不知老之将至云尔"④的地步。他终身好学乐学,创造了终身为师的条件。

(二)温故知新

只能记诵的人,不足以为人师。孔丘说:"温故而知新,可以为师矣。"⑤"故"是古,指的是过去的政治历史知识;"新"是今,指的是现在的社会实际问题。教师既要了解掌握过去的政治历史知识,又要借鉴有益的历史经验,认识当代的社会问题,知道解决问题的办法。"温故知新"这一命题还有另一层含义,就是新旧知识之间的关系。旧知识是已有的认识成果,是认识继续发展的基础。温习旧知识时,能积极思考、联想,扩大认识范围或将认识进一步深化,从而获得新知识。巩固旧知识与探索新知识之间存在辩证关系。教师负有传递和发展文化知识的使命,既要注意继承,又要探索创新。

---

① 《论语·泰伯》。
② 《论语·述而》。
③ 《韩诗外传》卷六。
④ 《论语·述而》。
⑤ 《论语·为政》。

（三）诲人不倦

教育是高尚的事业，需要对学生、对社会有高度责任心的人提供服务。教师以教为业，也以教为乐，要树立"诲人不倦"的精神。孔丘自己就是这样的人。他从三十岁左右开始办学，四十多年不间断地从事教育活动；就在从政五年间，也仍然从事传授之业；周游列国时，也随处讲学。他实行来者不拒的方针，晚年也没有停止传授工作，培养了许多学生。诲人不倦不仅表现在毕生从事教育上，还表现在以耐心说服的态度教育学生上。有的学生思想品德较差，起点很低，屡犯错误，他不嫌弃，耐心诱导，造就成才。如子路，被人视为无恒的庸人，恶劣至甚，但"孔子引而教之，渐渍磨砺，阋导牖进，猛气消捐，骄节屈折，卒能政事，序在四科"①。把子路改造过来并使之成为突出的人才，是孔丘诲人不倦的结果。为什么他能长期诲人不倦？他曾表白："爱之，能勿劳乎？忠焉，能勿诲乎？"②对学生的爱和高度负责，是他有诲人不倦的教学态度的思想基础。

（四）以身作则

孔丘认为，教师对学生进行教育的方式，不仅有言教，还有身教。言教在说理，以提高道德认识；身教在示范，实际指导行为方法。教师身教的示范对学生有重大的感化作用，因此身教比言教

① 《论衡·率性》。
② 《论语·宪问》。

孔丘的教育思想

更为重要。教师应以自己合乎道德规范的行为给学生做出榜样。凡提倡学生做的,教师自己必先做到;不要学生做的,教师自己首先不做。教师所说的和所做的一致,才能在学生心目中树立威信。孔丘把以身作则作为教育原则,对教师提出了严格的要求。他多次论述以身作则的重要原则。他说:"其身正,不令而行;其身不正,虽令不从。"①又说:"不能正其身,如正人何?"②本身作风端正,树立了好榜样,不用下命令也能行得通;本身作风不端正,虽然下了命令,也没有人愿意听从。自己都不端正,如何能去端正别人呢?这些道理来自社会实际经验,不仅对道德教育是适用的,而且具有普遍意义。

(五) 爱护学生

孔丘爱护关怀学生表现为要学生们努力进德修业,成为具有从政才能的君子,为实现天下有道的政治目标而共同奋斗。他坚信仁道是正确的政治理想,应当争取实现。他把希望寄托在学生身上,指出:"后生可畏,焉知来者之不如今也?"③他对学生充满信心,对他们的发展抱有比较乐观的态度。根据发展规律,他认为新一代可能胜过老一代,学生可能超过老师,学生是事业希望所在,应该加以重视和培养。他能客观公正地看待所有学生,特别是那些有特殊经历的学生。如公冶长是曾经坐过监牢的人,但他坐牢并非因为本人道德品质不好,而是受亲属牵连。因此,对他

---

① 《论语・子路》。
② 《论语・子路》。

③ 《论语・子罕》。

不应存有偏见,而应看他的思想表现。孔丘对学生的健康也十分关心,冉伯牛患了不治之症,他亲自探望,表示非常惋惜;颜回病逝,他哭得很伤心。这些都表现了他与学生休戚与共的感情。孔丘爱护学生,也受到学生尊敬。在学生们眼里,他的人格非常崇高,他的学识非常精深,他的教导是生活的座右铭,因而他的威望极高。子贡十分敬仰孔丘,认为他的思想学说犹如日月光辉,照耀人间。任何人对他诬蔑攻击,都无损于他的伟大。这是学生尊师的突出表现。

(六)教学相长

孔丘认为,教学过程中,教师对学生不是单方面地传授知识,而是可以教学相长的。他在教学活动中为学生答疑解惑,经常与学生进行学问切磋。《论语·学而》载:"子贡曰:'贫而无谄,富而无骄,何如?'子曰:'可也。未若贫而乐,富而好礼者也。'子贡曰:'《诗》云:"如切如磋,如琢如磨。"其斯之谓与?'子曰:'赐也,始可与言《诗》已矣!告诸往而知来者。'"子贡颇聪敏,告知他一项道理,他能引申及于未知的事,引用《诗》来作譬喻,说明他理解《诗》的写作手法,也理会对学问道德还要提到更高的程度。《论语·八佾》载:"子夏问曰:'"巧笑倩兮,美目盼兮,素以为绚兮。"何谓也?'子曰:'绘事后素。'曰:'礼后乎?'子曰:'起予者商也!始可与言《诗》已矣。'"学生学《诗》有疑难而请教,教师答疑中就本意作了说明,学生得到启发后进一步考虑此诗可借喻礼与仁的关系,思考问题更有深度。教师于此反受启发,向学生学习而获益。这些事实说明,教学相长的道理已为孔丘所认识,也为孔丘所提倡。

孔丘是一个以德服人的教育家,是中国历史上教师的光辉典范。他所体现的"学而不厌,诲人不倦"的教学精神,已成为中国教师的优良传统。

九、 长久的历史影响

孔丘是全世界公认的伟大的思想家和教育家。他的思想是大变革时代社会矛盾的反映。从对社会变革的态度来看,他属于奴隶主阶级的改良派,在政治上偏于保守,但在教育上却倾向革新。他毕生从事教育活动,建立了丰功伟绩。他在实践基础上提出的一些首创的教育学说,为中国古代教育奠定了理论基础。

孔丘在教育史上的贡献是多方面的。他提出教育在社会发展和人的发展中的重要作用,强调要重视教育;创办规模较大的私学,开私人讲学之风,改变"学在官府"的局面,成为百家争鸣的先驱;实行"有教无类"的方针,扩大受教育对象的范围,使文化教育下移到平民;培养从政君子,提倡"学而优则仕",为封建官僚制的政治改革准备条件;重视古代文化的继承和整理,编纂《诗》《书》《礼》《乐》《易》《春秋》作为教材,保存了中国古代文化;总结教育实践经验,对教学方法有新的创造,强调学思行结合的教学理论;首倡启发式教学,发展学生的思维能力;实行因材施教,发挥个人专长,造就各类人才;重视道德教育,以仁为最高道德准则,鼓励人们提高道德水平;提出道德修养应遵循的重要原则,重视立志,明确人生的前进方向;力求走在中庸之道上,自觉进行思想检查,改过迁善;要求教师具有良好的职业道德,学而不厌,诲人不倦,以身作则。他认真总结教育经验,提出了不少创见,成为中华民族珍贵的教育遗产,产生了重大的历史影响。

孔丘是儒家学派的创始人。孔丘之后,儒家学派经历了分化、发展、融合、改造、再改造,起伏变化,已非原本形态。儒家学派与中国封建社会的发展密切相关。历代的封建统治者根据自己的利益和需要,利用、改造儒家思想,使它为维护封建统治服务。孔丘的思想学说深刻地影响了中国封建时代的政治、经济、文化,这种影响中既有积极因素也有消极因素,在不同历史阶段起了不同的作用。当封建社会处于上升时期,它被用来为巩固封建制度服务,对社会发展起积极作用是主要的;当封建社会到了没落时期,它被用来维护封建制度,对社会发展则起消极作用。

孔丘的教育思想是中华民族珍贵文化遗产的一部分。如何总结、继承这部分珍贵遗产,五四运动以来一直是有争议的问题。民族虚无主义者采取彻底抛弃、全盘否定的态度,复古主义者采取不加批判、全盘接受的态度,两者都犯了片面性的错误。我们应当以历史唯物主义为指导,正确、全面地评价孔丘的教育思想,批判地继承这份珍贵的教育遗产,以促进现代文化教育事业的发展。

孔子在教育历史上的重要贡献 *

孔子在政治道路上走得不顺,他的政治主张不被采纳,很不得志。但他在教育事业上却取得成功。他坚持不懈从事教育活动四十多年,是一位伟大的教育家。许多教育理论问题都是他第一次提出的。他的教育理论又与教育实践紧密结合,他在教育实践过程中逐渐探索和认识教育工作的一些客观规律。他在教育历史上的贡献是多方面的。

第一,创办私学,实现文化下移。奴隶主贵族原来垄断学校教育,"学在官府",只有官学,而无私学。到了春秋时代,社会发生变革,贵族的没落导致官学衰废,文化人流落民间,文化开始下移。孔子顺应时代潮流,开办私学,成为私人讲学的先驱。从此,"学在官府"变为"学在四方",打破了贵族对教育的垄断,使平民有了学习文化的机会,这是历史性的变化。私学并非只有一家,孔家私学也非首创,只是首批私学中的一家,但从私学的规模、教育内容的丰富、方法的创新、人才的造就、对后世的影响等方面来考察,其功绩都远远超过其他各家。

第二,提出"性相近也,习相远也"的人性理论,强调重视教育

* 本文为未刊稿,约作于 1990 年代中期。——编者注

中国教育家和教育思想研究

的作用。在此之前,奴隶主贵族宣扬血统论,即贵族血统优越,"龙生龙,凤生凤",生来注定就是尊贵的命,享有政治特权,世袭官位。孔子认为,人的天赋生来并无多大差别,而是后天的社会环境和教育条件(概称为"习",与先天的"性"相对)不同,才造成人的发展差别越来越大。既然天赋平等,人人都有受教育的可能,那么从社会发展进步的需要来看,人人都有受教育的必要。侯外庐在《中国古代社会史论》中说:"孔子的教育思想的进步性,便是由于他的'性相近,习相远'这个辉煌的命题。……他首先承认人类能学的国民性。"①孔子的人性论否定了贵族的血统论,为环境与教育决定人的发展这一主张提供理论依据,这是中华民族能形成重视教育的优良传统的原因之一。

第三,实行"有教无类"的办学方针,使愿意学习文化的人都有受教育的机会。在孔子提出"有教无类"的办学方针之前,贵族教育是"有教有类","类"是指族类、种类。以前是根据族类、种类的区别确定受教育的权利,贵族垄断学校教育,教育权利不平等。孔子所办的学校是开放的,对于求学的学生不施加种族、国籍、贵贱、贫富、职业、程度、年龄、相貌等方面的限制,只要学生肯学,他都愿意教,"欲来者不拒,去者不止"②。据《史记·孔子世家》,孔子的学生来自鲁、卫、齐、宋、陈、蔡、郑、吴、晋、秦、楚等国,出身成分极为复杂:有贵族,有贱民;有富者,有贫者;有品德高尚者,有行为不端者;有有文化教养者,也有文化教养不高者。孔子将他们收为弟子,进行教育,据说累计有三千人之多。"有教无类",扩大教育范围,是社会变革的需要,是私学发展的需要,是诱导上进

---

① 侯外庐.中国古代社会史论[M].石家庄:河北教育出版社,2000:291.
② 《孟子·尽心下》。

的需要,是具有人民性并起了进步作用的教育思想,对后世的影响很大。进步的教育家都以"有教无类"为办学方针,要求扩大教育范围,普及教育。

第四,要求培养德才兼备的君子,主张"学而优则仕"。孔子认为,人才是国家重要支柱,没有文武等方面的人才,国家就难以维持,而人才要靠教育培养。教育培养出具有仁义道德和广博知识的人,这种人被称为"成人""贤才""君子"。《论语·宪问》:"子曰:'君子道者三,我无能焉:仁者不忧,知者不惑,勇者不惧。'"孔子主张好的人才应当参与管理事务,在政治上发挥作用,即"学而优则仕"。过去在宗法制条件下,实行贵族"世官世禄",在用人上"任人唯亲"。孔子主张对世袭制进行改革,在用人上要"任人唯贤",教育要适应人事制度改革的需要,以培养德才兼备的君子为目的。要从培养的人才中选"学而优"者来任官,以改良政治,提高管理效率。按照这种主张实行,做官就不能凭家庭出身,而要凭个人的品德修养与知识才能。想做官的人要先学习知识,具备做官条件才可以任职。"学而优则仕"的思想,符合地主阶级的长远利益,支配着后来封建社会的学校教育和选士制度。"学而优则仕"的思想,反映了社会客观规律。统治阶级为了巩固政权的长远利益,需要吸收优秀人才来管理国家,否则就难以长久维持其政权。"学而优则仕"否定贵族世袭制,为文官选举制开辟了道路。

第五,重视道德行为教育,把道德教育放在首要地位。《论语·述而》:"子曰:'德之不修,学之不讲,闻义不能徙,不善不能改,是吾忧也。'"孔子主张"行有余力,则以学文"[1],先要修德,而

---

[1] 《论语·学而》。

后讲学。对于道德教育,他主张不仅要进行道德知识教育,使学生对仁、义、忠、信、直、勇等有一定的理论知识和识辨是非善恶的能力,还要培养爱憎分明的道德情感、坚定不移的道德意志,形成牢固的道德信念,"志士仁人,无求生以害仁,有杀身以成仁"[①],即能为实践道德信念而献身。这种重德的教育思想成为儒家的基本思想。《大学》:"大学之道,在明明德,在亲民,在止于至善。"由三纲领的三项要求,到八条目的八个步骤,都体现"重德"教育思想的具体实施过程和步骤的细化。这对于后世中国知识分子的为学、为人与为政都产生极大的影响。

第六,继承传统文化,整理编纂成六种教材。孔子重视传统文化的学习和继承,尤其赞扬西周的传统文化。西周的传统文化集中体现在教育上就是"六艺教育"——礼、乐、射、御、书、数。前四者称为"大艺",乃青年所学;后二者称为"小艺",乃少年所学。随着时代的发展,文士的作用在政治上较为突出,武士的作用退居其次。文士需要诗、书的知识,使得诗、书发展为课程,而射、御则退居次要地位。孔子学习六艺的传统文化,虽然重视继承,但是有所选择。他根据时代的需要,对《诗》《书》《礼》《乐》的内容重新进行整理;对《易》作了重要的补充,所作《易传》十篇是对《易经》的解释,也论述了他的哲学思想;根据自己的观点和原则,利用鲁国史料,重新加以编纂而成《春秋》。《诗》《书》《礼》《乐》《易》《春秋》,成为孔子私学的六种教材,后来成为儒家传授的经典。秦代焚书,《乐》从此散失。西汉太学博士传授儒家经典,恢复的只有五经。保存先秦文化,五经是最重要的典籍。孔子传承中华

孔子在教育历史上的重要贡献

民族文化,功不可没。

　　第七,提出学、思、行相结合的学习过程。孔子认为,学习是一个过程,对待学习应该有虚心、实事求是的态度,通过多闻多见,学习广博的知识,并在学习知识的基础上加以思考,对事物的认识才可能深入和提高;不可凭空冥思苦想,而要以学习所得知识为思维加工的原料。学不能没有思,思不能没有学。他说:"学而不思则罔,思而不学则殆。"①所以,学与思必须结合。学习不能到思就停止,还应与行动结合起来。他认为行动是学习的重要环节,主张要力行。《中庸》继承孔子学习过程的思想并加以细分,提出博学、审问、慎思、明辨、笃行五个步骤,基本线路还是学、思、行。孔子提出的学习过程符合人的认识过程。他所说的行,则侧重于个人的道德行为,不是群体的社会实践,也未充分了解学、思、行三者之间的辩证关系。尽管他的思想有局限,但为探索学习过程、教学过程奠定了理论基础。

　　第八,倡导因材施教。孔子在中国历史上首次提出并实施因材施教的教育原则,这是他适应个别教学需要而提出的行之有效的方法,是总结自己实践经验的结果。他认为,学生的情况不同,各有特性,存在差别,不能一般化地简单同样对待,必须充分了解学生,才能教育学生。他通过多种途径了解学生:(1)找学生谈话,了解其多方情况、要求、志向;(2)对学生进行日常观察,听其言而观其行,了解其真实的品行;(3)让学生办事,从办事中加以考验。因此,他对学生的性格、兴趣、专长、优缺点都有所了解,在掌握学生特点的基础上,对学生有针对性地分别加以培养,造就

　　① 《论语·为政》。

了许多学有专长的人才。因材施教符合教育规律,成为儒家教育传统之一,历代教育家都加以继承发扬。现代社会的性质和教学制度虽不同于过去,但仍要因材施教。我国在 20 世纪 50 年代曾提出"全面发展,因材施教",意在通过因材施教以发展年轻一代的个性,更好地为国家培养人才。

第九,实行启发教学。孔子认为,不论是培养学生形成道德观念还是让学生学习掌握知识,都需要发挥学生的自觉性、主动性,能动脑筋思考问题。为帮助学生养成遇事思考的习惯,培养学生独立思考的能力,他反对机械灌输,而提倡启发式教学,并在自己所办的私学中身体力行。他主张:"不愤不启,不悱不发,举一隅不以三隅反,则不复也。"①启发式教学对学生的要求高,而对教师的要求更高,主要目的在于培养学生独立思考的能力。孔子是世界上最早提出启发式教学的教育家,比希腊教育家苏格拉底提出"助产术"("产婆法")早几十年。

第十,主张教师应当尽其社会职责,"学而不厌,诲人不倦"②。教师为了履行教育学生的社会职责,应重视自身的学习修养,掌握广博的知识,具有高尚的品德,这是教人的前提条件。教师要为教而学,自觉努力,保持一种积极的精神状态,好学乐学,不知老之将至,对学习永不感厌烦。教师以教人为业,也以教人为乐。孔子四十多年不间断从事教育活动,耐心说服,转变学生的思想。他实行"来者不拒"的办学方针,培养了许多学生,造就了不少杰出人才,这就是他诲人不倦的结果。他关爱学生,又有高度的责任心,这就是他诲人不倦的思想基础。

---

① 《论语·述而》。
② 《论语·述而》。

孔子"学而不厌，诲人不倦"的高尚教育精神，受到弟子们的称赞，后世的教育家也以之为典型加以学习和发扬。它作为优秀的教育传统持久流传，已成为公认的教师职业道德。

以上就是孔子在教育历史上的主要贡献。

孔子是儒家学派创始人，伟大的教育家、思想家，中国古代文化的杰出代表。孔子虽死，但其教育精神流传千秋万代。

孔子是中国的光荣，是山东的光荣，值得山东人引以为豪。

研究《学记》需要弄清的几个问题 *

在历史上,先有实际的教育活动,然后才在实践的基础上产生教育经验。教育经验积累多了,经过总结才形成系统的教育理论。系统的教育理论进一步发展,才有教育学。《学记》是中国最早的教育学。

在对《学记》进行研究的时候,几个有关的问题先要弄清楚。

一、《学记》产生的历史条件

《学记》产生于战国后期,这是多数教育史学家的看法。《学记》是在战国百家争鸣的历史条件下,在儒家私学教育实践基础上产生的教育理论总结,是我国古代第一部教育专著,也是世界历史上第一本教育学。《学记》被编入儒家经典《礼记》之中。

战国时期,有的诸侯国已完成封建制的改革,有的正在实行封建制的改革。在激烈的社会大变动中,各个阶级、各个阶层的利益存在着矛盾和冲突,各为自己的利益而斗争。这种社会现实反映在文教思想上,产生代表各个阶级、各个阶层利益的思想主张,形成各种学派,他们之间展开激烈的思想斗争。诸子百家中较重要的儒、墨、道、法、名、农、阴阳、纵横、杂家,加上小说家,为十家。各家都开设私学,向门徒传授自家的学说,以壮大势力,扩大社会影响。百家争鸣及私学的兴起,推动了教育思想的发展。在私学基础上产生的各家教育理论又被用于指导各家私学的实践。

儒家是当时很重要的一派,影响很广,被称为"显学"。儒家门徒众多,传授不绝,一传再传之后,思想认识不一,内部产生分化,学派之中再分派。《韩非子·显学》:"儒分为八。"八派各以孔丘学说正统自居,对别派进行批判。八派之中在战国及对后世影响较大的是孟氏之儒、荀氏之儒,孟轲和荀况就是这两派的杰出代表。孟轲主张性善论,认为教育的作用就是发展先天内在的善性,要求存心养性,重视启发自觉。他的这种教育思想属于唯心主义思想。荀况则主张性恶论,认为教育的作用就是利用后天外界的影响,使人化恶为善,要求人们不断学习,防邪近正,积善成德,重视严格训练。他的这种教育思想属于唯物主义思想。有的研究者把两者的区别归结为"自内发展"和"自外陶冶"。他们不仅有教育思想主张,也有丰富的实践经验。两派各有所长,亦各有所短,在批判斗争中,要扬己之长,攻人之短,也就不能不取人之长,补己之短,由思想交流最终趋向于合流。

《学记》既受孟派的影响,也受荀派的影响,它是对儒家教育思想理论的总结。陈景磐在《孔子在中国教育史上的地位》一文中说:"孔子和他的学派在春秋战国时期的教育经验,在《学记》中有很好的总结。《学记》成书虽然较晚——大概在战国末期,但是有好些地方它能很好地总结和发挥孔子的教育思想,特别是有关他教学法方面的意见。"①这种评价反映了历史实际,具有一定的代表性。

二、《学记》是为哪一个阶级服务的

《学记》成书于战国后期,是公元前四到三世纪时的著作。对这一点,大多数教育史学家的看法比较一致。

到了战国后期,各国地主阶级政权都已建立,历史发展的趋势是由分散割据走向全国统一,这是地主阶级发展生产和保护本阶级利益所要求的。文化思想反映这种时代要求,各个主要学派都在为统一制造舆论,向地主阶级献计献策。各家各派对于如何统一国家、如何巩固封建统治,各有自己的主张。儒家的《大学》,就是为新兴地主阶级建立全国统一的封建政权提供政治理论。儒家的《学记》,就是为新兴地主阶级建立全国统一的封建政权提供教育理论。《大学》与《学记》是相互配合的姐妹篇。《大学》提出的政治目标是治国平天下,而个人的道德修养是治国平天下的根本条件,它由此规定了教育的目的和任务。《学记》更具体地论述了培养地主阶级接班人的教育原则与方法。宋代朱熹说,《学记》"言古者学校教人传道授受之次序,与其得失兴废之所由"②。近代梁启超在《论师范》一文中说:"《学记》一篇,乃专标诲人之术,以告天下之为人师者。"两人都指出《学记》重在讨论教育的原则与方法。

《学记》的复古主义色彩比较浓,它从总结奴隶制的教育历史

① 陈景磐.孔子在中国教育史上的地位[J].北京师范大学学报:社会科学版,1959(03):121.
② 《礼记集解·学记》。

经验入手,阐述自己的教育主张,凡事师古,加强自己的理论依据,以便于进行宣传。儒家学者常用"托古改制"的手法,他们谈论教育总是从古代谈起,如古之王者如何重视教育,古之王者如何正确进行教育,古之学者如何学习等,正是为了向当权的王者、当时的教者和学者进行说教,使人警醒,产生效法的愿望,要求他们按照儒家的教育原则与方法来培养地主阶级的接班人。《学记》反对以刑罚为主要统治手段,强调以教化为主要统治手段,以此为地主阶级服务。

三、《学记》属于儒家哪一派

对这个问题,学术界存在争论,主要有两说:

(一)属于孟派的著作

持此主张者不少,可以郭沫若为代表。

郭沫若在《儒家八派的批判》中主张《学记》属于"孟学",论据为:

(1)《学记》以性善论为出发点。

(2)《学记》对教育和学习主张内发主义。

(3)《学记》与《大学》比较,谈的都是大学之道,相互配合。《学记》所说的"化民易俗,近者说服而远者怀之",与《大学》中"齐家、治国、平天下"的道理是相通的。

(4)《学记》中的诱导之说即"道而弗牵,强而弗抑,开而弗达",与《孟子》中的"引而不发""欲其自得"是一致的。

（二）属于荀派的著作

此派可以冯友兰为代表，其论据如下：

（1）"强立而不反"与"长迁而不反其初则化矣"的论点相类似。

（2）"人不学，不知道"与荀况《劝学》强调学习在精神上一致。

（3）《学记》要求尊师与荀况强调教师的作用一致。

（4）《学记》重视论学取友，反对独学无友，与荀况重视学习环境一致。

（5）《学记》强调遵礼制和学礼，与荀况隆礼的精神一致。

以上两说各有根据，谁也否定不了谁。实际上，《学记》接受孟、荀两派的影响，相互交错融合，应当说是对儒家教育思想理论的总结。

四、《学记》的内容与结构

《学记》是一部独立的教育专著，它阐述了教育的作用、目的和任务，教育和教学制度、内容、原则和方法，教师的地位和作用，师生之间的关系，同学之间的关系等，内容比较全面，有人称之为"古典教育学"，有人尊之为"教育学的鼻祖"。

关于《学记》原来的次序如何，已无从查考。或许因为错简而将次序打乱，现在的《学记》从头到尾并没有一个完整的逻辑思想结构，这也证明它不是一个人一次写成的，而是不同的人之同类写作的合编。《学记》的思想材料是战国后期的，文字却可能经过西汉学者的加工整理,前后思想并不一贯。

《学记》全文共有一千二百二十八字(也有说一千二百三十字,版本可能不同),一般都分为二十节(也有合并为十几节,也有细分成二十多节),每节基本上论述一个问题。

《学记》重要的教育理论 *

《学记》较全面地论及教育问题，主要的内容有五方面：

一、 论教育的作用

关于教育的作用，包括两方面内容：第一，教育对人的个性发展、培养起什么作用；第二，教育对国家社会的发展建设起什么作用。对这两方面的内容，《学记》都作了论述，有明确的观点。它先探讨的是第二方面的内容。

首先论及教育与政治的关系。《学记》的作者是从统治阶级的内部来谈教育的必要性，所以未加掩饰地谈了教育的实质。封建统治者的目的是稳定巩固自己的统治。《学记》指出："君子如欲化民成俗，其必由学乎！"要想在社会政治上化民成俗，只有通过设学施教才能实现。《学记》又提出："建国君民，教学为先。"要建设封建国家，统治人民群众，都应把教育作为首要任务，其直接的内容是培养统治人才。这就承认教育是封建地主阶级进行统治的一种手段，是为封建政治服务的。封建地主阶级不像资产阶

* 本文为未刊稿，约作于 1990 年代中期，或为授课讲义。——编者注

级那样要掩盖教育的阶级实质。

学校教育的权力属于封建地主阶级,其目的是培养"建国君民"的统治人才,统治阶级子弟也是"学为君也"。依靠这种统治人才来管理封建国家,推行儒家的"德治"政策,第一步是"化民易俗",建立稳固的封建秩序,再进一步是使"近者说服而远者怀之",从而实现治国平天下的政治理想。

其次论及教育与人的发展的关系。《学记》云:"玉不琢,不成器;人不学,不知道。"用玉来比喻人的本性,这是以性善论为出发点,认为玉质虽然良好,但不经雕琢,不能成为精美器物;人的本性虽然善良,但不经学习,就不能明白道理。所以,本性素质是基础,而发展成长要靠教育。《学记》不否定素质的条件,但更重视的是后天教育的作用。一个人即使有好的遗传素质,如果没有良好的教育,也是不能成才的。这种观点肯定作为社会中的人有受教育的必要性,也肯定学习活动在个人成长过程中的决定作用。后来经过《三字经》的广泛宣传,这种观点成为人所共知的观点。

二、 论学校制度和学校管理

(一)学制

《学记》用"托古改制"的手法,提出理想的、系统的教育制度:"古之教者,家有塾,党有庠,术有序,国有学。"

中国古代的历史实际则是:二十五家不可能设一学塾,五百家不可能设一庠,一万二千五百家也难以设立专门的教育机构序,贵族关心的只有国学。国学是实际存在的,也可能有些乡学。

行 政 机 构	居 民 数 量	学 校 机 构
国		学
术(遂)	一万二千五百家	序
党	五百家	庠
家(闾)	二十五家	塾

所以,这个学制不是一点根据都没有的捏造,而是在有部分历史根据的基础上加以美化、理想化。它的提出是有意义的:其一,要求有统一的学制,设四级学校,由低到高,上下有联系;其二,学校的设置与行政区相对应,政治与教育密切联系,以政督教。后代一些政治家、教育家以此作为理想,要求按行政区来设立学校。汉唐时期,也曾把这种四级学校系统具体化。

(二) 学年制与学习阶段

大学每年招生,学习期限为九年,分为两阶段。《学记》提出一个九年的学习计划,包括学习内容和程序。前七年为一阶段,为"小成";后两年为一阶段,为"大成"。政府派员视学,考查学生的成绩。考查隔年进行一次,对不同年级的重点要求不同,对学业成绩和道德品质都有要求:

第一年考查分析经书句读的能力和明确志向;

第三年考查对学业是否专心致志和与同学间是否团结友爱;

第五年考查知识是否广博和与教师是否亲近;

学 年	一	三	五	七	九
知识学习	离经	敬业	博习	论学	知类通达
道德修养	辨志	乐群	亲师	取友	强立不反

第七年考查分析问题的水平和识别选择朋友的能力；

第九年考查知识能否触类旁通和信念能否坚定不动摇。

《学记》认为，完整的教育过程包括两方面，既是学习知识的过程，也是道德修养的过程。学习方面由离经而敬业而博习，在此基础上进一步发展思考能力，继而能论学、知类。修养方面由辨志而乐群而亲师而取友，既要有高尚的志向，又要能正确处理个人与团体的关系，最高的要求是有坚定的思想信仰而不会动摇倒退。

由上可见，大学有分年的教学计划和定期的考查制度，每次考查都有重点要求。

（三）大学的教学管理

《学记》提出了七项基本的教学管理工作。

第一，开学典礼："大学始教，皮弁祭菜，示敬道也。"开学时，隆重其事，表示领导对教育的重视。

第二，目的教育：教学生诵习《诗经·小雅》头三首诗，从一开始就明确要在将来做官，管理国事。

第三，课室规则：入学和习业都有秩序，以鼓声为号。

第四，强迫纪律：备有教鞭以维持秩序。

第五,定期视学：秋季之前让学生从容学习,秋季才进行视学考查。

第六,经常检查：检查而不灌输,培养学生认真思考的习惯。

第七,限制越级：长幼有不同程度,不许越级学习。

《学记》总结的这些基本的教学管理工作,对我们有一定的启发。现代的学校管理当然与古代不同,不能机械地搬用,我们应当吸取《学记》的管理经验,抓牢几项基本工作,不要因忙于小事而疏忽了大事。

三、 论教育教学原则

以前的教育家都谈及一些教育教学原则,但未集中地总结,《学记》做了这一工作,这是其最有理论价值的部分,也是其最值得吸取的精华。

(一)未发先豫

不良行为没有发生就预先防止,叫作预防。这是教育经验的总结。从教育实践效果分析,一种坏习惯形成或不文明、不科学的行为发生,必然要造成一定的后果或损失,事后才加以禁止,思想感情上会产生很大抵触,教育工作将难以进行。事后消除坏习惯花费的心血多,要真正扭转极不容易;而事前培养新的习惯和良好的行为,花费的心力反而较少。人的心理发展是有规律的,一切行为都有思想动机。教师要具有远见,把教育工作做在前头,注意环境的影响,用好的道德行为习惯、合理科学的方法作为榜样教育学生。教师能预先用正确的思想行为教育学生,以预防养成坏习惯,实施坏行为,出现不合科学的做法,这种防患于未然的教育措施就是"禁于未发之谓豫"。不论道德教育、知识教育、艺术教育还是体育,都要贯彻"豫"的原则。

(二)及时施教

抓住适当时机进行教育,叫作及时。教育工作要照顾学生的年龄特征和智力发展程度,抓住适当时机,及时进行相应的教育,既不过早进行教育,也不过晚进行教育。若过早进行教育,学生的身心发展还不具备足够条件,接受不了;若过晚进行教育,学生年岁已大,家庭、社会有关之事也多,使其分心,学习的要求不强烈,学习粗浅内容不适合其心理特点,学习高深内容又缺乏基础知识,"勤苦而难成"。所以,重视教育对象的身心发展,抓住教育时机是很重要的。

(三)循序渐进

循序渐进,"不陵节而施",叫作逊,即顺应。"逊"有两方面的含义:一是依学生年龄长幼,按认识能力、接受能力的发展程度来安排相应的教学内容,不教大者以小,不教幼者以大,"学不躐等",可接受的才教。二是考虑教材系统的顺序,由浅入深,由易到难,有计划地合理安排教材。大学的教育计划要求在九年内完成,其进行有一定的次序和阶段;每个阶段的安排也要依次前进,学习不可随心所欲,杂乱无章。《学记》反对无计划、无次序的杂乱教学,反对不顾接受能力而只顾追赶进度的教学。同时,《学记》又主张"幼者听而弗问",过度强调年龄阶段。

(四) 相互观摩

同学之间互相学习,取长补短,叫作观摩。观摩学习的原则,是总结"见贤思齐""以友辅仁""益者三友,损者三友"的思想而提出的。荀况对观摩的主张也较明显。《荀子·性恶》:"得良友而友之,则所见者忠信敬让之行也。身日进于仁义而不自知也者,靡使然也。"《荀子·大略》:"取友善人,不可不慎,是德之基也。"以善人为友是成德的基础,观摩学习是成德的条件。这条原则有几方面的含义:其一,强调重视学友的影响,要向好的学友观摩,学习好的道德行为;其二,避免独学无友的状况,以防止见闻闭塞和思想片面;其三,反对滥交坏朋友,有损无益,抵消教师的正面教育,终致荒废学业。总之,要交好友,学好友,不是样样都学,而是择善而从。

相观而善的原则至今仍有现实意义,如:学生不应孤立学习,而应在集体中学习;应当积极学习同学中先进的思想和方法,以使自己提高;要注意树立正确的榜样;观摩应成为普遍的学习原则,不仅学生要观摩,教师也要观摩。

(五) 启发诱导

《学记》认为,教育教学的成功,教师起很大的作用,但又不完全决定于教师,在相当程度上还取决于学生的自觉努力学习。所以,《学记》强调要注意在教育教学中发挥学生的自觉性和积极性,办法就是启发诱导。《学记》将此归结为三个要点:第一,道而弗牵。教师要引导学生前进,而不要拉着他们按自己定的路走。学生既有人引路,又可自由地走进未知的领域去接触新鲜事物,这样师生关系比较融洽,能够创造和谐的教学气氛。第二,强而弗抑。学生学习时总会遇到疑难,教师要给予亲切的鼓励,而不是严责硬推。这样,学生就能树立学习信心,自觉发挥学习的主动性,感到学习不是特别困难,因而能定心努力学习,自己不断地前进。第三,开而弗达。教师要启发学生思考,而不要代替学生下结论。知识如果只由教师灌输,不经学生开动脑筋思考,是不可能真正掌握的。所以,教师作开导要留有余地,让学生独立思考,自己去获得知识结论。这样的教师才算善于启发诱导,才能取得发展学生思维能力的最好效果。《学记》提出这三项标准是对启发式教学思想的重要发展,它将"启发"的要求具体化,明确了标准,便于实行。

(六)长善救失

教师要认识到学生身上有优点,也有缺点;有积极因素,也有消极因素。教师应当帮助学生发展优点,克服缺点;培养积极因素,转化消极因素。贯彻这项原则需注意把握四点:第一,认识个别差异。学生在学习上存在个别差异,表现为有各种毛病,如有的犯了泛而不深的毛病,有的犯了狭而不广的毛病,有的犯了莽撞而不知其难的毛病,有的犯了安于现状而不求进步的毛病。第二,辩证地看待问题。对以上四种毛病,应作认真分析,从中发现积极因素,如泛而不深,包含着知识广博的积极因素;狭而不广,包含着专一的积极因素;莽撞而不知其难,包含着勇于进取的积极因素;安于现状而不求进步,包含着步伐稳妥的积极因素。第三,注意发扬与补救。教师要善于把学生的积极因素发挥出来,并克服其短处。如对泛而不深的学生,在发挥其知识广博的长处的同时,要注意克服其不求深入的短处,使之既博且深;对狭而不广的学生,要发挥其专一的长处,克服其眼界不广的短处,使之既博且精;对莽撞而不知其难的学生,要发挥其勇于进取的长处,克服其轻率肤浅的短处,使之正视困难,不畏险阻;对安于现状而不求进步的学生,在发挥其专长的同时,要使之勇往直前,不断精进。有时学生的长处被短处掩盖,教师必须耐心地寻找,发现其所长,绝不能因为学生有了一些缺点,就对其予以全部否定。第四,教师的信念要坚定。教师要具有"长善救失"的信念,善于发扬学生的优点,克服学生的缺点。在教学上是如此,在教育上也是如此。"长善救失"是因材施教思想的继承、应用和进一步发展,它提倡从学生的消极因素中探究发现积极因素,含有辩证法的思想。

(七)藏息相辅

《学记》作者认识到,在课内学习和课外活动中,学习和游戏存在着矛盾,就提出课内和课外相结合、学习和游戏相结合的原则。课内是在规定的时间内学习正课,学习的是音乐、诗歌、礼仪等;课外是在正课以外的休息时间进行作业活动和游戏,所做的是玩弄乐器、练习歌曲、练习各项礼仪等。两者不是完全对立的,而是可以结合的。所以,《礼记》要求学生学习的时候专心学习,休息的时候尽情游乐。课内是主要的,课外活动是对课内学习的预习、补充和延伸,这样课内和课外就统一起来,相辅相成,能提高学习兴趣,增强学习信心,亲近教师,团结学友。这样安排,有劳有逸,有张有弛,兼顾学生身心,是符合唯物辩证法的。这对于处理现代的教育问题,仍然有一定的现实意义。

四、 论教学方法

(一) 讲解法

在学校教育中,讲解是主要的方法。《学记》认为,善于教学的教师要使学生乐意跟着学,从而达到培养目标。教师在讲解时必须遵守三项要则:

第一,约而达。教师讲话应当简明,能将主要意思充分确切表达出来。在教学实际中,讲多讲少的情况不一,有人言简而意明,有人言繁而事清,有人言乱而意混。所以,多讲不一定就清楚,有时反而会搅乱思绪,浪费时间。教师的讲解最好简练而通达。

第二,微而臧。教师要从细小、易理解的事物入手,进而阐述高深至善的道理。这就是要由浅入深,以小见大。因此,教师要认清教材真正的精华所在,将之作为重点,花工夫加以讲解。

第三,罕譬而喻。教师要用具体的事例来说明抽象的道理。教师的讲解不能用概念去解释概念,在概念中兜圈子,最好是通过举事例解释概念,使学生容易明白其中的道理。所以,讲解必须举事例,而举事例只是一种手段,目的是使人理解。举例需要选择,拿比较有代表性的典型事例,能够说明问题就够了,数量不必多,而所选事例一定要精当。总之,讲解理论问题要有事例,但事例不宜过多,多了反会使理论变得模糊。教师要选恰当的事例来说明道理。这种讲解法反对多而杂的灌注,体现了启发诱导的精神。

(二)问答法

这也是教学中常用的方法。《学记》提出问答法三方面的问题:

第一,提问。"善问者如攻坚木,先其易者,后其节目。"提问者要由易到难,由浅入深,从容易的问题开始,依次逐渐加深,最后才问及较难的关键问题。由于前头的问题为解决难点准备了条件,因此难点就较容易解决了。

第二,答问。"善待问者如撞钟,叩之以小则小鸣,叩之以大则大鸣,待其从容,然后尽其声。"首先,回答要与问题的大小、深浅相应。不能问的是小问题,答者为炫耀自己博学而小题大做。也不能问的是大问题,答者不耐烦而三言两语了事。其次,问与答都要从容不迫。从容提问,说清问题;从容答问,说透道理。

第三,听语。"记问之学,不足以为人师,必也其听语乎。力不能问,然后语之,语之而不知,虽舍之可也。"优秀的教师必须在听到学生所提问题时有针对性地进行讲解。当学生由于能力的限制,提不出问题时,教师要讲给他听,讲过了而他还不能领悟,就暂时放一下,让他再去思考。

（三）练习法

"良冶之子，必学为裘；良弓之子，必学为箕；始驾马者反之，车在马前。"这三个事例说明，要学会做一件事的本领，基本的练习是很重要的。这三个事例给我们以启示：（1）教师要重视给学生示范；（2）学生的练习应从基本的动作技能入手，由易到难，由浅入深；（3）学生在实践中逐步形成做事的能力并养成一定的习惯。

五、 论师道

《学记》把教师作为封建思想体系的宣传教育者。尊重宣传封建思想体系（核心是政治道德思想）的教师，其目的乃在于树立封建思想体系的权威。关于师道问题，《学记》提出一些有意义的主张。

（一）强调教师负有重大的政治任务

儒家在政治上不主张用武力高压的政策，而主张用教育感化的政策，指出教育感化是教师的政治任务。统治阶级因其维护统治的需要，重视具有宣传教育工作能力的人，因此"能为师，然后能为长；能为长，然后能为君"。能做宣传教育工作的教师，然后才能做教化人民的长官；能做地方长官，然后才能做统治全国人民的国君。教师既是传授统治经验的人，又是候补统治者。

因此,教师要经过审慎的选择,不是随便什么人轻易能够充当的。

(二)强调教师应具备较高的条件

第一,要具有渊博的知识,这是担任教师的前提条件。"记问之学,不足以为人师,必也其听语乎。"一旦学生有问题提出,教师就能有针对性地为其讲解,没有渊博的学问是做不到的。

第二,要了解前人或他人教育成功的经验和失败的教训。"君子既知教之所由兴,又知教之所由废,然后可以为人师也。"

第三,要深入了解学生的心理和思想特点。"学者有四失,教者必知之。"教师要了解学生之间天资素质有高低的差别,知道他们在学习上存在的优点和缺点,这是因材施教,提高教育效果的需要。

第四,要掌握较高的教育艺术,善于教育学生。"故君子之教喻也。……和易以思,可谓善喻矣。""教也者,长善而救其失者也。""善教者,使人继其志。"善教者能用多种教育手段、教育方式,多方启发诱导学生,使学生都能成才。

(三)强调教师职业特点和自我提高的规律

《学记》认为,"教学相长"既是教师职业的特点,也是教师自我提高的规律。

《学记》立足于"学而知之",认为学习是一种实践。"虽有至道,弗学,不知其善也。"学习才能知道善道,才能具有知识。学习

《学记》重要的教育理论

291

打开人的眼界，并使人变得虚心。"学然后知不足，……知不足，然后能自反也。"知道自己学识不够才能虚心，虚心才能反省自己而要求进步，产生进一步学习提高的愿望。所以，学习是一个过程，学习知识为教人准备了条件。孔颖达疏："学则道业成就，于教益善，是学能相长也。"

教的过程也是学的过程。教师为了教而准备知识，需要学习；通过教的实践，得到新的认识体会。教师将原来所学的书本知识、间接经验传授给别人的时候，得到了检验，遇到不少困难，产生许多疑惑，此时才觉得自己知识不广，理解不深。"教然后知困。……知困，然后能自强也"，就自觉地振奋精神，要求进修提高，不断努力学习。孔颖达疏："是教能长学善也。""此礼本明教之长。"

《学记》从教学实践的角度探讨教师的学习提高问题，把学看作一个过程，把教也看作一个提高的过程。对教师来说，教与学这两个过程是可以结合在一起的一个学习过程，是相辅相成、相互促进的，所以说"教学相长"。

《学记》引《尚书·兑命》"学学半"。孔颖达疏："上学为教，音教；下学者谓习也，谓学习也。"郑玄注："言教人乃是益己学之半也。"孔安国传："教然后知所困，是学之半。"王夫之云："教以自强而研理益精，足以当学之半也。"意思是：教人之事相当于自己学习的一半。也可以说，教师的教与学是一件事情的两个方面。或者说，教学这件事有两半，一半在教人，一半在学习。

从清代开始，有人把"教学相长"和"学学半"的意思加以引申：把"学"解释为求学的人，即学生；把"教"解释为施教的人，即教师。顾树森在《学记今译》中说："教人的一半在教，一半在学；

而学习的人,也是一半靠人来教,一半靠自己去学。"①这种解释已从教师扩大到学生,意思已经转换。许椿生在《学习〈学记〉应当注意的几个问题》中提出要区分原始的命题和发展的命题,就是对歪曲原意的批评。他依历史主义的原则要求对二者加以区别。

有人说"教学相长"包含要求师生之间相互学习,那是以后教育思想的发展。韩愈《师说》提出"弟子不必不如师,师不必贤于弟子",就是主张教师可以向学生学习。这不是《学记》原来的思想,而是对《学记》思想的发展。现在一般人都从发展的命题角度解释"教学相长",包括教师与学生两方面。

"教学相长"理论的提出,是对长期教育实践经验的概括,极为宝贵。它首次指出教与学的联系和矛盾,并要求在教学过程中将二者统一起来,这是合乎辩证法的。

教育工作者历来普遍接受这种"教学相长"的思想,认为教育既是利人也是利己。这种思想成为鼓舞他们从事教育工作的一种精神力量。

(四) 强调高度尊重教师

要求全社会都尊重教师,是极不容易做到的,有权势的人就未必能做到。不尊师是不符合统治阶级长远利益的。因为只有尊师,才能尊重教师所宣传的忠君孝亲等人伦道德,只有封建的人伦道德受到尊重,人民才会重视学习人伦道德,才可能化民成俗,从而保证社会有稳定的秩序。要形成尊师的社会风气,只有

---

① 顾树森.学记今译[M].北京:人民教育出版社,1957.

国家的领导先做出榜样,提高教师的社会政治地位,才可能上行下效。所以,有远见的统治者为了阶级统治的根本利益,也要摆出尊师的姿态,如天子见老师有特殊礼节。

尊师是中国古代教育的传统,对此要有正确的了解。古代师生之间的关系以伦理道德感情为基础,不像资本主义社会是建立在金钱关系基础上的,教师传授前人积累的知识经验,教导年轻一代做人的道理,他们高尚的精神及对社会的重要贡献是很值得尊敬的。

六、 对《学记》的评价

第一,从中国教育发展历史来看,《学记》是中国最早的较全面的教育专著。以前的教育思想都与政治哲学融合在一起,《学记》使教育理论首次从政治、哲学中分化独立。以前教育家谈教育问题大多只侧重于某一方面,而《学记》则从教育作用、目的、学校制度、教育原则、教学方法、对教师的要求等方面,比较全面地作了论述,是研究古代教育经验和儒家教育思想的宝贵材料,标志着一个时代教育思想理论发展的水平。

第二,从世界教育发展历史来看,中国的教育专著产生于公元前四至三世纪,与此同时的古希腊罗马还没有这样水平的教育著作。古罗马昆体良是约公元 35—95 年的人物,著有《演说家的教育》(或译为《修辞术规范》),这本著作不仅比《学记》迟约两百年,内容也不及《学记》全面。因此,可以确定,《学记》是世界上第一部教育专著。

第三,《学记》在中国两千多年的历史中产生深远的影响,封建时代的教育家都读过《礼记》，受到其中《学记》教育思想的影响，他们的教育思想和《学记》存在着历史联系。如张载、朱熹、王夫之都继承《学记》的教育思想，并进一步加以发展。如果没有历史文化遗产的继承，他们的教育思想也就不可能达到那个时代的高水平。近代废科举，兴学校。有人认为，学校机构，中国古已有之。西方资产阶级有教育学，我国也有古典教育学《学记》，要发扬中华文化传统，以《学记》作为办学的指导文件。他们反对吸收外国文化是不对的，而对总结中国教育遗产则应加以重视。

第四，《学记》的教育理论总结了先秦儒家教育思想，反映了那一时代的教育经验。其中有些思想是为封建制度服务的，如培养统治者的教育目的，以棍棒维持教学秩序，是封建专制主义的体现。由于时代不同，现在对这些思想的具体内容是应当加以批判的。其中有些思想反映了教育的客观规律，如教学相长、启发诱导、长善救失、藏息相辅等，至今仍有现实意义，值得加以研究总结。分清了糟粕与精华，就可以根据社会主义教育建设的需要予以吸收利用。我们重视《学记》的理论价值，要历史主义，不要虚无主义。我们学习《学记》不是为了颂古非今，而是为了古为今用。《学记》被节选为一些师范院校的语文教材，也是对教育遗产继承的重视和利用。

贾谊的教育思想 *

一、 生平及政治主张

贾谊(前 200—前 168),洛阳(今属河南)人,西汉初年杰出的政治评论家、文学家。

贾谊在少年时代即表现出过人的才华。"年十八,以能诵诗书属文称于郡中"①,受到河南太守吴公的赏识,被召为门客。汉文帝即位,吴公因政绩卓著被朝廷征为廷尉,贾谊也在吴公的推荐下被召为博士。在博士中,贾谊以年少才高著称,被破格提拔为太中大夫。但是,不久即因一批朝臣元老的嫉妒和排挤,文帝对贾谊的态度由器重转为疏远,最终调贾谊远离中央,出任长沙王太傅。

贾谊二十八岁时,文帝因思念他而把他召回中央,"拜谊为梁怀王太傅"②。文帝对贾谊十分敬重和信任,把自己钟爱的小儿子刘胜的教育重任托付给他。后来,刘胜因坠马身亡,贾谊陷入极度的悲痛和自责之中,常常感伤泪下,年余竟郁积而死,年仅三十三岁。两度八年的太傅生活，是贾谊教育思想的实践基础。所著今存有《贾谊集》，是后人研究其教育思想的重要依据。

贾谊建议统治者在政治上采取积极有为的政策，正视诸侯王日益膨胀的野心，他主张"众建诸侯而少其力"[①]。对于匈奴贵族的侵扰，他认为不可采取退避忍让和听之任之的态度，主张采取军事反击和德化并行的方法分化瓦解匈奴单于的臣民，使单于处于一种"无臣之使，无民之守"[②]的境地。贾谊的这些建议，实际上成为后来汉武帝在政治上由"无为"转向"有为"的思想先导。特别是他关于"众建诸侯而少其力"的思想以及防范地方割据势力颠覆中央政权的具体建议，被汉统治者采纳，在维护中央集权的斗争中起了积极的作用。

二、 论教育的社会作用

贾谊通过对秦王朝兴亡的历史教训的总结，认识到"取与守不同术也"，"并兼者高诈力，安危者贵顺权"。[③] 他认为秦之所以二世而亡，其根本原因就在于统一六国之后一味"专威定功"，"其道不易，其政不改"。[④] 因此，他建议汉统治者在夺取政权之后及时改变统治策略。

贾谊基本上继承了先秦儒家的民本和礼治思想。他说："夫民者，万世之本也。""民无不为本也。国以为本，君以为本，吏以

贾谊的教育思想

---

① 《贾谊集·藩强》。
② 《贾谊集·匈奴》。
③ 《贾谊集·过秦中》。
④ 《贾谊集·过秦中》。

为本。"①国家的安危和君主的荣辱，全在于统治者是否能够正确处理与人民之间的矛盾，是否能够与民相安无事。"故自古至于今，与民为仇者，有迟有速，而民必胜之。"②贾谊是在民本思想的基础之上强调礼治和教化的。他并不否定刑罚的必要性，但认为严刑峻法容易造成人民与统治集团的对立。"刑罚积而民怨背，礼义积而民和亲。"③他认为"礼者禁于将然之前，而法者禁于已然之后"④。教化不如刑罚那样能够起到立竿见影的政治效果，因而被大多数君主忽视。教化的作用在于"使民日迁善远罪而不自知"，"绝恶于未萌"，⑤断绝人民犯上作乱的思想根源。所以，他得出结论："教者，政之本也。……有教，然后政治也。"⑥可见，贾谊已经充分认识到了教育的政治意义。

贾谊主张封建政府通过精选一批能够为民之师帅的官吏作为推行教化的骨干，认为官吏应该作为人民道德的榜样。由此出发，贾谊进一步强调"任贤""敬士"，这对后来董仲舒的文化教育思想有极大的影响。

三、 论胎教

贾谊在总结前人经验和思想的基础上，主张人生的教育应从胎教开始，并作了专门论述。他的胎教思想建立在这样一种认识的基础上：胎儿是人生之本，是生命的起点。胎儿发育是否良好、

① 《贾谊集·大政上》。
② 《贾谊集·大政上》。
③ 《贾谊集·治安策》。
④ 《贾谊集·治安策》。
⑤ 《贾谊集·治安策》。
⑥ 《贾谊集·大政下》。

素质如何,将决定他未来的发展前途。正因为胎儿是生命的起点,失之毫厘,差以千里,所以应该特别重视。贾谊的胎教思想包含以下两方面的内容:

(一)婚配对象的选择

贾谊认为,父辈的品德可以对子女产生直接影响。"凤凰生而有仁义之意,虎狼生而有贪戾之心,两者不等,各以其母。"[①]所以,子女的婚娶对象应选择"孝悌世世有行义者"[②]。这里,他已从经验中直观地认识到了父辈的心理特征和个性品格在后代身上的体现。

(二)给胎儿提供一个良好的发育环境

所谓胎儿的发育环境,一方面指母体本身的环境,另一方面指母体周围的环境。贾谊对这两方面都特别重视。他要求怀孕的妇女"立而不跛,坐而不差,笑而不喧,独处不倨,虽怒不骂"[③],旨在提示孕妇努力保持心灵的静谧和身体的自然姿势。另外,母体周围的环境也间接地对胎儿的发育产生影响。因此,他主张给孕妇提供特殊的居室,与外界嘈杂的生活相隔绝,不听怪诞的音乐,不吃过于刺激的食品。这一切不仅要靠孕妇的主观自觉,而且要靠他人的积极配合。贾谊关于胎教的思想对后世产生过较

---

① 《贾谊集·胎教》。
② 《贾谊集·胎教》。
③ 《贾谊集·胎教》。

大影响,对胎教的重视在一定程度上确立了女子教育的地位。

四、 论早期教育

贾谊强调早期教育,认为古代做出突出贡献的君主都是"自为赤子而教固已行矣"①。早期教育之所以重要,原因在于幼年时期形成的道德品行根深蒂固,难以磨灭,和人的天性融为一体。在这方面,他继承了孔子"少成若天性,习贯如自然"②的思想。他更强调将儿童心智发展水平和教育紧密结合起来,认为儿童有什么样的接受能力,就应该施行什么样的教育。这就是所谓的"习与智长,故切而不愧;化与心成,故中道若性"③。早期教育的另一意义在于,儿童尚未涉足纷繁复杂的社会,心地单纯,易于形成良好的道德观念,也易于感染不良习气,因此应当尽早增强儿童对是非善恶的识别能力。"心未滥而先谕教,则化易成也。"④如果恶习已经养成,再去矫枉纠正,不仅失去了良好的教育时机,其效果也必然事倍功半。

早期教育成功与否,还决定于教育者是否能够根据儿童不同的年龄特征恰当地转换教育方法。幼儿身体较弱,必须养护结合,不仅要"傅之德义""道之教训",更重要的是"保其身体"。待儿童少长,在学业和品德上不可有丝毫的迁就,要随时严格检查其学业和品行状况。对学业不工和品行不端者,应不惜"罚其不则而匡其不及"。"既冠成人"之后,身心已经成熟,左右和克制自

---

① 《贾谊集·保傅》。
② 《贾谊集·保傅》。
③ 《贾谊集·保傅》。
④ 《贾谊集·保傅》。

己行为的能力业已具备,严格的管教已失去作用,此时应当免去"保傅之严",代之以善意的劝勉,有时只需作适当的提示。[①] 贾谊强调根据儿童身心发展的程度,确定教育要求和采用相应的教育方法,是有一定科学性的。

五、 论品德修养

德教是我国古代教育的根本。儒家强调"修身、齐家、治国、平天下",即是加强品德修养的过程。贾谊在个体品德修养方法上强调以下几点:

(一)明确"品善之体"

所谓"品善之体",是指具体的道德概念。要使人向善,就必须有善的标准;要使人避恶,也必须有恶的标准。不明白孰是孰非,行动就会无所适从。因此,贾谊十分注意对道德观念的理解和把握。在《道术》篇中,他不厌其烦地对诸如慈与嚚、孝与孳、忠与倍、惠与困等六十二对正反相偶的道德概念进行解释。

(二)积小成大,防微杜渐

品行的发展从萌芽状态开始,由小而大,"善不可谓小而无益,不善不可谓小而无伤";"当夫轻始而傲微,则其流必至于大乱也"。[②]

① 《贾谊集·保傅》。
② 《贾谊集·审微》。

对于品德中极细微的闪光点,应及时地引其发扬光大;对于行为中的小瑕疵,则应及时克服、制止。再者,人品行优劣的社会印象不正是在对无数细微小事的表现中积累而成的吗?对于品格中的不良现象,在其初露端倪的时候不予过问,必然会发展到欲加制止而无能为力的地步。"焰焰弗灭,炎炎奈何;萌芽不伐,且折斧柯。"①

(三)重视环境的影响

在谈到环境对教育的影响时,贾谊说人"又似练丝,染之蓝则青,染之缁则黑"②。他在谈论太子培养问题时,论述了环境的教育作用。他指出,负责太子教育的三公和与太子朝夕相处的三少要"明孝仁礼义",服侍并保护太子的宿卫应该是"孝悌博闻有道术者",原因是:"习与正人居之,不能无正也,……习与不正人居之,不能无不正也。"③贾谊还认为,环境中不仅有人的因素,而且有物的因素。环境的布置应富于教育意义,在特定的场合使环境构成特定的教育情景,让人在不知不觉中受到一种潜移默化的教育。他所说的"舆教之道"④(即车舆的设计应体现教育的作用),强调的就是这一点。

六、 论教学方法

贾谊关于教学方法有一段非常精辟的论述:"人主太浅则知

---

① 《贾谊集·审微》。
② 《贾谊集·连语》。
③ 《贾谊集·保傅》。
④ 《贾谊集·容经》。

中国教育家和教育思想研究

暗,太博则业厌,二者异〔失〕同败,其伤必至。故师傅之道,既美其施,又慎其齐;适疾徐,任多少;造而勿趣,稍而勿苦;省其所省,而堪其所堪。故力不劳而身大盛,此圣人之化也。"①教育要紧随学生的接受能力和发展水平,教学内容过少过浅,则不能最大限度地发展学生的智力;过博过深,则学生无法接受,又容易养成一种对学习不感兴趣的情绪。作为一个好的教师,既要主动地对学生进行道德和知识教育,又要身体力行,为人师表。教学的快慢要适合学生的发展水平,内容的多少要根据学生的接受能力。教师既要引导学生前进,又不能加以强制。教师对学生应有严格的要求,适时地检查,但又不致使其感到压力过重。贾谊并不主张消极地适应学生的接受水平,指出既要"省其所省",教给学生能够理解的知识,更重要的是还要"堪其所堪",只要学生经过最大努力能够接受就要予以传授。这是一种最大限度地发挥学生智力潜能的教学原则。

这里,实际上已经涉及教学内容的选择和搭配,教学内容深浅、多少和学生接受能力之间的关系,是对孟子的"盈科而后进"②、《学记》中"学不躐等"等教学思想的丰富和发展。这一思想为西汉教育家董仲舒所全盘继承。

贾谊是汉初对社会矛盾有明确认识,主张政治上进取有为的儒家代表。他的教育思想极大地影响了后来在汉武帝时代经董仲舒倡导并实施的文教政策。他关于胎教的经验和理论及早期教育的主张,有不少合乎科学的思想因素,给后人以重要的启发。

① 《贾谊集·容经》。
② 《孟子·离娄下》。

贾谊的教育思想

傅玄的教育思想 *

一、 生平和学术、教育活动

傅玄字休奕,北地泥阳(治今陕西铜川市耀州区)人,生于汉献帝建安二十二年(217年),卒于西晋武帝咸宁四年(278年),是魏晋之间具有唯物主义倾向的教育思想家。

傅玄出身士族官僚家庭,祖父傅燮任过东汉汉阳太守,父亲傅幹任过曹魏扶风太守。傅玄少时,父亲就已去世,家道中落,时值社会动乱,举家避难河内,生活较为贫困,而他立志专心务学。《晋书·傅玄传》载:"玄少孤贫,博学善属文,解钟律。性刚劲亮直,不能容人之短。"他的学识广博,善于写作,又精通乐理。他的品性刚强正直,对社会上有歪风邪气的人,敢于直言不讳地批评。

在曹魏时,傅玄由州举为秀才,参与政治活动,官至弘农太守,领典农校尉。司马炎称帝后,他仕途显达,任过晋武帝的散骑常侍、驸马都尉、侍中、御史中丞、太仆、司隶校尉等要职,封鹑觚子。他曾奏疏陈述政治主张。他总结历史经验,认为应当以儒学作为施政的指导思想,深为晋武帝重视。

* 本文原为毛礼锐、沈灌群主编《中国教育通史》(第二卷)(山东教育出版社1986年版)第五章中的一节。

傅玄官虽显达,但著述不辍,是当时著名的学问家,曾与缪施等人一道被委派共撰《魏书》。《晋书·傅玄传》载:"撰论经国九流及三史故事,评断得失,各为区例,名为《傅子》,为内、外、中篇,凡有四部、六录,合百四十首,数十万言,并《文集》百余卷行于世。"《傅子》一书,《隋书·经籍志》《旧唐书·经籍志》《新唐书·艺文志》均著录,后散佚,今仅存二十四篇。此书较集中地体现了他的思想主张。晋司空王沈曾阅其内篇,评论说:"省足下所著书,言富理济,经纶政体,存重儒教,足以塞杨、墨之流遁,齐孙、孟于往代。每开卷,未尝不叹息也。"[1]可见,傅玄的著作在儒学界颇受推重。其《文集》也曾行于世,后佚失。明张溥辑成一卷,称《傅鹑觚集》,编在《汉魏六朝百三家集》中。

二、 主张"公举贤能",改革官制

傅玄经历了三国和魏晋的历史演变,认为西晋王朝的建立是重要的政治转折,它结束了三国长期分裂割据而呈对峙的局面,中国复归于统一,政治开始趋于稳定,经济也出现复苏,这是重新整顿封建国家的大好时机。要巩固统一的封建政权,应当以儒学思想为指导,注意"因物制宜",采取一些必要的行政措施。因此,他在政治、经济、文教等方面提出一系列的主张。

傅玄依据历史经验和儒家学说,在治民政策上反对单凭武力实行高压,主张先礼后刑,德威兼施,赏罚并用,宽猛相济。他说:"治国有二柄:一曰赏,二曰罚。赏者,政之大德也;罚者,政之大

---

① 《晋书·傅玄传》。

威也。"①两种手段并用，既使民众受到德惠而肯亲附，又使民众有所畏惧而听任使。在任官制度上，针对任人唯依门第，世家大族把持政治而造成行政腐败的现实，主张要进行政治改革，要行至公举贤者。政治上如果只是为了维护士族门阀的特权，按九品中正制度选官，当官的未必是贤才，而只知图谋私利，这就没有公道可言。没有公道就会造成严重的政治后果。"公道亡，则礼教无所立；礼教无所立，则刑罚不用情；刑罚不用情，而下从之者，未之有也。"②为了西晋王朝政权巩固的根本利益，必须行公道，选用天下之贤才。"贤者，圣人所与共治天下者也。故先王以举贤为急。"③要使政治清明，首先应当选举贤能的人来更新官吏队伍。

三、反对玄学清谈，提倡尊儒重教

傅玄反对专用权术而排斥礼义的法家，也反对慕虚无而败纲纪的玄学家。他说："亡秦荡灭先王之制，以法术相御，而义心亡矣。近者魏武好法术，而天下贵刑名；魏文慕通达，而天下贱守节。其后纲维不摄，而虚无放诞之论盈于朝野，使天下无复清议，而亡秦之病复发于今。"④他从儒学的观点出发，严厉批判玄学清谈败坏社会风气，认为要总结秦朝失败的教训和汉朝成功的经验，采取"尊儒贵学"的方针。他说："尊儒贵学，则民笃于义。"⑤他重视学校教育，指出要使人民普遍受教化，知三纲之礼义，为治国

① 《傅子·治体》。
② 《傅子·问政》。
③ 《傅子·举贤》。
④ 《晋书·傅玄传》。
⑤ 《傅子·通志》。

以至平天下奠定思想基础。他认为:"民富则安乡重家,敬上而从教;贫则危乡轻家,相聚而犯上。"①即教育必须以经济条件为前提,人民富裕,生活丰足,才能乐于服从教化;人民贫困,生活难以维持,就会联合起来反抗。所以,政治清明,经济生活有保证,教育才能发生积极的效力。魏晋时,统治集团忽视儒学,使儒学处于衰落状态,玄学思想却因适应政治动荡的现实而在社会上流行,影响了礼教的开展,这不符合西晋王朝的根本利益。在给晋武帝的奏疏中,傅玄呼吁对此予以重视并加以扭转。他说:"夫儒学者,王教之首也。尊其道,贵其业,重其选,犹恐化之不崇;忽而不以为急,臣惧日有陵迟而不觉也。仲尼有言:'人能弘道,非道弘人。'然则尊其道者,非惟尊其书而已,尊其人之谓也。贵其业者,不妄教非其人也。重其选者,不妄用非其人也。若此,而学校之纲举矣。"②他努力争取,希望能看到晋王朝出现尊儒重教的局面。

四、 主要教育主张

(一)人的成长要靠教育引导

关于教育作用的观点,傅玄也以人性论为理论依据。对于人性问题,他吸取了扬雄的性善恶混论,认为在人类身上既有"好善尚德"之性,又有"贪荣重利"之性,善恶之性都是天赋的。但这种天赋并非固定不变的,它既不定性,也未定向,是活动发展的,可

---

① 《傅子·阙题》。
② 《晋书·傅玄传》。

因人的影响而加以改变和造就，所以应当"贵其所尚而抑其所贪"，关键在于教育引导。① 他说："人之性如水焉，置之圆则圆，置之方则方；澄之则淳而清，动之则流而浊。"②人性可以因人的愿望而成为方，成为圆，促成其变化的条件是教育。人有受教育的可能，也有受教育的必要。他说："先王知中流之易扰乱，故随而教之。谓其偏好者，故立一定之法。"③要使人按社会需要的方向发展，应当进行相应的教育。为了防止教育过程中发生偏向，必须确立一定的法度。

傅玄对教育培养人的巨大作用有充分的信心。他说："虎至猛也，可威而服；鹿至粗也，可教而使；木至劲也，可柔而屈；石至坚也，可消而用。况人含五常之性，有善可因，有恶可攻者乎！"④凶猛的动物可以驯服而供人役使，木材、石材可以加工而供人利用，人类比之有生物、无生物都更具有特殊的品性，当然是更加可以接受教育改造的。他说："夫金木无常，方圆应形；亦有隐括，习以性成。"⑤

教育的作用，就是要因人之善，攻人之恶，使善日长而恶日消。教育就是消除人之恶与发展人之善的日消日长的过程。这种教育过程是渐进的，其最终目的是培养治国安民的君子。

（二）国家要有教育计划

傅玄强调："兴国家者，莫贵乎人；……宣德教者，莫明乎学。"⑥

---

① 《傅子·戒言》。
② 《傅子·附录》。
③ 《傅子·阙题》。
④ 《傅子·贵教》。
⑤ 《傅鹑觚集·太子少傅箴》。
⑥ 《傅子·阙题》。

要振兴国家,没有比人才更重要的;而要造就人才,办好学校是最有效的。

封建国家需要的人才是多方面的,根据各方面的需要,傅玄列举了九方面:"凡品才有九:一曰德才,以立道本;二曰理才,以研事机;三曰政才,以经治体;四曰学才,以综典文;五曰武才,以御军旅;六曰农才,以教耕稼;七曰工才,以作器用;八曰商才,以兴国利;九曰辨才,以长讽议:此以量才者也。"[1]这些人才都需要学校培养。遗憾的是,统治集团对学校并未给予足够的重视。

傅玄对晋初沿袭汉魏弊政不改深表不满,他说:"今圣明之政资始,而汉魏之失未改,散官众而学校未设,游手多而亲农者少,工器不尽其宜。"[2]在众多弊病中,教育中的弊病更为突出。"百官子弟不修经艺而务交游,未知莅事而坐享天禄;……徒系名于太学,然不闻先王之风。"[3]他反对官僚子弟享受世袭特权,做了挂名学生,实际未曾受过经艺训练,就依权势占有官禄,认为这是造成官学腐败的重要根源。教育中的弊病是政治上弊病的一部分,所以不能只在教育范围之内解决,而要在政治范围之内解决。

晋王朝的政治目标是安定流徙之民,恢复社会生产,巩固封建政权。为了实现这一目标,傅玄极力主张实行分民定业的政策,认为国家要根据政治、经济需要,拟定全国士农工商的就业计划,规定每一行业的从业人数。他说:"臣以为亟定其制,通计天下若干人为士,足以副在官之吏;若干人为农,三年足有一年之储;若干人为工,足以器用;若干人为商贾,足以通货而已。尊儒

①　《傅子·阙题》。
②　《晋书·傅玄传》。
③　《晋书·傅玄传》。

傅玄的教育思想

尚学,贵农贱商,此皆事业之要务也。"①

傅玄认为,国家需要多少官吏,就招多少学生来培养为统治
人才,不能听任自由入学以逃避政府的差役。为使社会游民转归
田亩,要对学生有严格的选拔,数量上有一定的限制,这就需要有
具体的计划。他建议:"计天下文武之官足为副贰者使学,其余皆
归之于农。"②这种根据社会客观需要,由国家拟定教育计划的思
想,是前人未曾提出的,极为可贵。

封建国家办理学校是为了培养统治人民的官吏,需要多少官
吏是可以计算出数字的,按需培养适量的学生,使供需得到平衡。
如果不是按需培养,出现供过于求的情况,制造了一批"高级游
民",那是社会的大浪费。在封建时代,供不应需只是短期现象,
供过于需却是长期现象,这个问题始终未能解决好。傅玄在当时
就提出要将教育纳入国家发展计划,培养的人才要保持供需平
衡,这是很有理论价值的问题。

(三) 以礼义教育为基本内容

对青年的教育,首要的是养德。在培养思想品德的教育中,
最重要的是进行礼义教育,"因善教义,故义成而教行;因义立礼,
故礼设而义通"③。为何强调礼教的重要性?因为礼教的基本内
容是三纲,三纲是治天下的大本,"与天地并存,与人道俱设"④,三

---

① 《晋书·傅玄传》。
② 《晋书·傅玄传》。
③ 《傅子·礼乐》。
④ 《傅子·贵教》。

本立而天下正,能依靠这种规范来维护封建秩序。

礼教的效果能消除社会矛盾,值得加以提倡。傅玄说:"人之性,避害从利。故利出于礼让,即修礼让;利出于力争,则任力争。修礼让,则上安下顺而无侵夺;任力争,则父子几乎相危,而况于悠悠者乎?"①实行礼教,使人民由礼让的思想支配,则人民安分尽责,社会秩序稳定,国家政权也就能巩固。

不要礼教,必然会"任力争"。礼教与力争是两条不同的道路,将走向不同的境地:选择礼义教育,则能走向平治;鼓励恃力争功,则会导致大乱。所以,要不要礼义教育,是走向治或走向乱的重要选择。中国之所以能常居优势地位,是有其特殊原因的。傅玄说:"中国所以常制四夷者,礼义之教行也。失其所以教,则同乎夷狄矣。其所以同,则同乎禽兽矣。不唯同乎禽兽,乱将甚焉。何者?禽兽保其性然者也,人以智役力也。智役力而无教节,是智巧日用,而相残无极也。相残无极,乱孰大焉!不济其善,而唯力是恃,其不大乱几稀耳!"②禽兽没有智慧,人则有智慧,智慧高的居于支配地位。"劳心者治人,劳力者治于人"③,如果没有礼义的节制,就会发展为以智谋残害他人。害人者,人也害之,如此往复,就成为社会动乱的根源。要使人异于禽兽,异于野人,从而使社会有较合理安定的秩序,就要以礼教作为教育的基本内容。

有无礼教,实际关系到国家之安危。傅玄特别重视礼教,强调"以礼教兴天下"④。

———————————

① 《傅子·贵教》。
② 《傅子·贵教》。
③ 《孟子·滕文公上》。
④ 《傅子·礼乐》。

（四）道德修养以正心为根本

傅玄批评当时社会风气败坏，建议晋武帝"敦风节""退虚鄙"[①]，政府用奖惩褒贬来施加影响。社会风气的转变需要普遍讲究道德修养，而道德修养的根本在于正心。

傅玄认为心是万事的主宰，他说："心者，神明之主，万理之统也。动而不失正，天下可感，而况于人乎？况于万物乎？"[②]正因为心有这样的作用，所以"古之君子，修身治人，先正其心"[③]。

正心与道德修养有直接的关系，而且产生重要的社会效果。"夫有正心，必有正德，以正德临民，犹树表望影，不令而行。……有邪心，必有枉行，以枉行临民，犹树曲表而望其影之直也。"[④]傅玄断定正心是道德修养的根本，如果根本能够奠定，则政治意义相当重大。他说："立德之本，莫尚乎正心。心正而后身正，身正而后左右正，左右正而后朝廷正，朝廷正而后国家正，国家正而后天下正。"[⑤]

傅玄主张"正心"的思想，是对儒家《大学》"正心修身"思想的继承和发展。他以为个人的思想可以决定国家社会的好坏，把社会的政治问题都归于个人的思想，未免夸大了个人主观思想的作用，其观点是唯心的。但是，他强调个人道德修养的重要性，认为它能产生一定的社会影响。这种看法促使一部分人改变精神面

---

① 《晋书·傅玄传》。
② 《傅子·正心》。
③ 《傅子·正心》。
④ 《傅子·正心》。
⑤ 《傅子·正心》。

貌,是有积极意义的。

为了达到正心,傅玄提倡内省。内省主要有两方面:"德比于上,欲比于下。德比于上,故知耻;欲比于下,故知足。耻而知之,则圣贤其可几;知足而已,则固陋其可安也。"①对于运用内省的方法,应持积极态度。"君子内省其身,怒不乱德,善不乱义也。"②内省是为了实现正心,而社会上多数人并未认识甚至忽视这项修养。"人皆知涤其器,而莫知洗其心。"③注意正心的人少,才造成社会道德水准低。

正因为道德水准低,少数有道德修养的人应起模范的作用,现身说法,扩大社会影响。"古之仁人,推所好以训天下,而民莫不尚德;推所恶以诫天下,而民莫不知耻。"④尤其是上层领导者高尚的道德示范,发挥着重要作用。"上秉常以化下,下服常而应上。其不化者,百未有一也。"⑤

(五) 提倡求实的学风

傅玄针对当时玄学家空谈玄虚造成不良的社会影响,特别提倡求实的学风。

傅玄认为:"知人之难,莫难于别真伪。"⑥认识一个人最为困难的是判别其真伪,其他方面则不困难。"以默者观其行,以语者观其辞,以出者观其治,以处者观其学。四德或异,所观有微,又

---

① 《傅子·仁论》。
② 《傅子·仁论》。
③ 《傅子·阙题》。
④ 《傅子·仁论》。
⑤ 《傅子·义信》。
⑥ 《傅子·阙题》。

非所谓难也。所谓难者,典说诡合,转应无穷。辱而言高,贪而言廉,贼而言仁,怯而言勇,诈而言信,淫而言贞,能设似而乱真,多端以疑暗。"①对社会上这种弄虚作假分子的花言巧语、颠倒是非、混淆黑白,要有便捷可靠的办法加以识别。"夫空言易设,但责其实事之效,则是非之验可立见也。"②

求其实事之效,是一种普遍适用的办法。"故听言不如观事,观事不如观行。听言必审其本,观事必校其实,观行必考其迹,参三者而详之,近少失矣。"③听言论必须审查其本意,看办事必须检验其实效,看行动必须考察其实际事迹,把三方面综合起来加以全面了解,才能做出较真实的判断。

求实效需要应用试验的方法。"虽圣人之明尽物,如有所用,必有所试。然则试冉、季以政,试游、夏以学矣。游、夏犹然,况自此而降者乎? 何者? 悬言物理,不可以言尽也。施之于事,言之难尽而试之易知也。"④

以求实的态度从事学习,学习的任务是明道,而明道是为了正己之心,提高道德水准,有实际的、良好的行为表现。因此,傅玄主张:"君子审其宗而后学,明其道而后行。""闻一善言,见一善事,行之唯恐不及;闻一恶言,见一恶事,远之唯恐不速。"⑤他要求个人的行为与道德认识保持一致。

以上是傅玄主要的教育观点。除此之外,他还有一些教育主张。他认为,人要全面普遍发展是困难的,因材施教的结果是使

① 《傅子·阙题》。
② 《傅子·阙题》。
③ 《傅子·通志》。
④ 《傅子·马先生传》。
⑤ 《傅子·阙题》。

中国教育家和教育思想研究

每个人的发展在思想品质、知识能力方面都具有特点。教人者要因人而教,不可妄教;用人者要因人而用,不可妄用。他说:"圣人具体备物,取人不以一揆:有以神取之者,有以言取之者,有以事取之者。以神取之者,不言而诚心先达,德行颜渊之伦是也;以言取之者,以变辩是非,言语宰我、子贡是也;以事取之者,若政事冉有、季路,文学子游、子夏。"①教育的结果是使人各有专长,用人之时应当发挥各人的专长。他还认为,人的学习,努力程度与收获大小密切相关。他说:"人之学者,如渴而饮河海也,大饮则大盈,小饮则小盈,大观则大见,小观则小见。"②在客观条件相同的情况下,主观能动作用是具有决定性的。这些主张都具有一定的理论意义。

    傅玄是西晋封建政权忠诚的维护者,在玄学思潮占据统治地位时期,他能不被潮流卷走,坚定地认为玄学空谈,败坏社会风气,只有以儒学为指导,才能保护西晋政权的长远利益。他揭露教育上的弊端,反对贵族官僚子弟享受特权,向统治集团宣传自己的教育主张,提出新的文教方针,主张有计划地培养统治人才,着重推行礼教。这些主张虽然受到统治集团一定的重视,但并未得以实行。随着西晋政治走向腐败,潜伏的政治危机爆发,他的主张也就被淹没了。但他的著作流传下来,反映了西晋的政治与教育问题,其中不乏创造性见解,是宝贵的思想遗产。

傅玄的教育思想

---

① 《傅子·马先生传》。
② 《傅子·阙题》。

颜之推的教育思想 *

颜之推是六世纪后期博学而有思想的学者，著名的历史学家、文字音韵学家、教育思想家。

一、 生平和学术、教育活动

颜之推（531—约 590 以后），字介，琅邪临沂（今属山东）人。

颜之推曾感叹自己"生于乱世，长于戎马，流离播越，闻见已多"[①]。他所处的动乱时代和个人曲折的生活经历，对其思想的形成有着决定性的影响。

颜之推生活的年代，正是封建士族门阀制度达到顶峰后转向没落瓦解的时候，也是中国社会由南北分裂趋向重新统一的时候。士族统治集团享有多种特权，生活奢侈，政治腐败，既加深了地主与农民的阶级矛盾，也激化了士族统治集团内部的矛盾，他们争权夺利，演成多次内战。在南北分裂的局面中，南北统治集团为了消灭对立势力以满足自己扩大统治区域的欲望，还挑起兼

---

* 本文原为毛礼锐、沈灌群主编《中国教育通史》（第二卷）（山东教育出版社 1986 年版）第五章中的一节。

① 《颜氏家训・慕贤》。

并战争。这是一个阶级矛盾激化、士族地主统治不稳、战乱频繁的时期。统治阶级在思想领域继续提倡玄学清谈，而且提倡一种为玄学精神所贯串的宗教信仰，一方面使自己在精神上暂时有所依托，另一方面也用以麻痹人民，使他们放弃改善生活的要求。佛教就适应这种需要而得到扶植，成为士族共同的宗教信仰。梁朝萧衍在天监三年(504年)宣布佛教为国教，用政治势力来推广佛教。这种政策遭到以范缜为代表的唯物主义者的批判。唯物主义无神论反对唯心主义有神论的斗争继续开展，使这一时期的思想家都不能不从世界观上表明对这个问题的态度。

颜之推出身士族家庭，父亲颜协官至咨议参军。他的家庭有儒学世承的传统，世传《周官》《左氏春秋》等专门学术。早年受到儒学传统的熏陶，奠定了他一生的学术思想基础。他博览群书，善于为文，辞情并茂，得到梁湘东王萧绎的赏识，十九岁就被任为左常侍，后转为郢州中抚军外兵参军，掌管记。侯景叛梁时，他一度被俘回建业。后萧绎在江陵称帝，他复投奔萧绎，为散骑侍郎，参加校订史籍。他与左仆射王褒、吏部尚书宗怀正、直学士刘仁英等共校史部。公元554年，西魏攻陷江陵，他和梁朝的王公百官一齐被俘入关。但他不愿为西魏政权效劳。557年，乘黄河水涨的时机，他冒着生命危险带家属乘船逃奔北齐。因文才出众，受到北齐统治者的重视，在北齐前后二十年，官至黄门侍郎。曾主持文林馆事，实际主编了《修文殿御览》《续文章流别》《文林馆诗府》等书。577年，北齐为北周所灭，他又被征用为北周的御史上士。581年，隋取代了北周，又被隋召为学士。开皇中，因病而终。他经历了几十年改朝换代的风波，在统治集团掠夺兼并的战争环境中寻找出路，政治地位和私家财产并无可靠保障。凭借学问,他先后为四个王朝效力,多次成为亡国之人,这样的社会经历使他比其他人对社会有更深刻的认识。

颜之推始终站在士族地主的立场上,当他看到士族生活堕落,政治腐败,危亡将至时,认为只有走改良的道路,才能使士族的统治继续维持下去。在政治方面,他采取儒家观点,认为政策上应当宽猛相济,仁义与刑罚兼施;任用官吏不能完全依靠门第,而要根据实才;下级臣属要忠君,不可竞求个人禄利。在经济方面,他强调要重农,因为吃穿用都依靠农业来提供,绝不应予以轻视。在重农的同时,还要使士农工商各有所业,各尽其力,要限制不从事劳动的寺院僧尼,不要让社会中坐食分利的人过分发展。他也希望自己能保住中等士族地主的地位,具体目标是:有奴婢不超过二十人,良田十顷,堂室蔽风雨,车马代杖策,钱财数万,子孙世官,处在中品。所以,他主张改良,不过是为了挽救士族的没落,同时保住自己家族的长远富贵。

由于受家庭儒学传统较深的影响,以及对社会生活持较严肃的态度,颜之推从中年开始,在思想上对玄学清谈采取批判的态度。他把老庄视为"任纵之徒",批判何晏、王弼把"周孔之业弃之度外",认为清谈空论只是一种令人痛快的娱乐,不能有益于社会,无助于形成良风美俗。他抛弃玄学而宗儒学,强调文士要以讲议经书为业。他晚年的思想又有变化,较多地注意修身养性,在世界观方面明显地偏向佛学唯心主义。《归心》一篇就说明他笃信佛教学说。他宣传儒佛调和,认为"内外两教,本为一体",佛学为主体,儒学为附庸,因此不能"归周、孔而背释宗"。对于佛学宣扬的"形体虽死,精神犹存"的灵魂不灭论,以及三世轮回、因果报应等观点,他都深信不疑,而且试图从理论上加以说明。在当时有神论与无神论的思想论战中,他站在有神论一边。这种宣传显然是落后的。

颜之推在晚年为保持家族的传统和地位而念念不忘,想以自己的经历和体验来教训子孙,鼓励子孙续承家业,扬名于世,于是写了《颜氏家训》二十篇。《颜氏家训》虽受前代《诫子书》《家诫》等写作形式的影响,但在内容与体裁方面都有进一步发展。他用历史和现实的事例来说明一定的道理,把封建士大夫的立身治家、求学处事等问题全都包括在内。《颜氏家训》成为我国封建时代第一部系统完整的家庭教科书。

颜之推的著作甚多,有《文集》三十卷、《颜氏家训》二十篇、《训俗文字略》一卷、《急就章注》一卷、《笔墨法》一卷、《证俗音字》五卷、《稽圣赋》三卷、《集灵记》二十卷、《还冤志》三卷。今存唯有《颜氏家训》与《还冤志》两书。要了解颜之推的教育思想,只有以《颜氏家训》作为主要根据。

二、 论教育的作用和对象

历史上儒家的教育家在谈论教育的意义时,总是以人性论为其理论基础之一,颜之推也不例外。他继承自孔丘以来的儒家人性论,特别是吸收经西汉董仲舒加工整理的等级性人性论,认为人性可以分三品。人性三个品级的划分与教育有直接的关系。他说:"上智不教而成,下愚虽教无益,中庸之人不教不知也。"①这种唯心主义的观点在理论上没有什么新的发展,而在社会生活中

---

① 《颜氏家训·教子》。

却有实际的政治意义。这种人性论成为不同阶级应享有不同教育权利的理论根据。依这种理论,他认为帝王子孙的天赋都是优越的,为了他们更好地发展,在他们出生前要有胎教,出生后也要有师保的教导。劳动人民则被认为是没有天赋条件的下愚,虽给教育也无补于事,应当安于世传的旧职业。一般非工农的子弟,包括士大夫子弟,大多属于"中庸之人",具有接受教育的天赋条件,他们的个性都是在后天发展形成的。从这方面来看,他肯定教育和环境对人的个性形成起重要作用。

颜之推从士族地主的利益出发,特别强调士大夫子弟受特殊知识教育的必要性。在社会分工中,封建士大夫不从事物质生产劳动,而从事政治管理和精神文化活动。有的人以讲议经书为自己的职业,他们需要学习特殊知识,才能依靠占有知识来保持社会地位。他说:"有学艺者,触地而安。自荒乱已来,诸见俘虏。虽百世小人,知读《论语》《孝经》者,尚为人师;虽千载冠冕,不晓书记者,莫不耕田养马。以此观之,安可不自勉耶!若能常保数百卷书,千载终不为小人也。"[①]有知识的人就成为劳心的君子,居于社会的上层。这是士族轻视体力劳动的思想,也是他们想掌握文化知识以维护其特殊的社会地位的心理表现。处于战乱和不断改朝换代的社会变动时期,有知识可以成为一种资本,作为谋生手段,当乡国既失,颠沛流离之时,就靠自己的知识吃饭。那时的士大夫,国家观念淡薄,也不能坚持原则,为这个集团服务和为那个集团服务都无所谓。颜之推自身的经历就是如此。所以,他最终不只是从较抽象的人性论角度来谈教育的必要性,更多是从

① 《颜氏家训·勉学》。

士族阶级利益出发,为保全自己而强调教育的必要性。

教育对人的个性形成起作用,尤其对少年的发展影响特别重大。少年的思想品德正处于发展变化阶段,尚未定向定型,周围的人能给他们一种"熏渍陶染"的影响。虽然没有特别要求少年学习他人的言笑举动,但只要与他人有了交往接触,少年大多会仿效新奇,无形之中就会"潜移暗化"。因此,颜之推重视人的影响因素,甚至认为教育环境对少年的成长起着决定性的作用。他说:"与善人居,如入芝兰之室,久而自芳也;与恶人居,如入鲍鱼之肆,久而自臭也。"①要正确利用这种"潜移暗化"的积极作用,应特别慎重地选择师友,使受教的少年处于良好环境的影响下。

三、 论家庭教育

颜之推撰写《颜氏家训》时,实际上把家庭教育放在首要地位。他重视家庭教育有其重要原因:(1)官学教育已经衰落,士族子弟的教育基本上是依靠家庭进行的,家庭教育是士族教育的基础;(2)虽然他不是当权的执政者,他的教育主张难以在社会上实施,但他作为封建家长,对家庭有支配权,可以在家庭中贯彻他的教育主张;(3)从狭隘家族利益出发,要使颜家在政治变动中不致衰败,需要依靠家庭教育。

颜之推认为,一个人的发展,幼年时期是奠定基础的重要阶段,所以要特别重视幼年的教育并应尽早进行。他引用孔子的话"少成若天性,习惯成自然",作为理论根据。他又引用俗谚"教妇

---

① 《颜氏家训·慕贤》。

初来，教子婴孩"，作为例证。要使媳妇屈从于公婆，一入门就要摆出公婆的权威，使她遵守家规；同样的道理，要使孩子成为一个具有封建思想道德的人，也应抓住婴儿阶段，先入为主，奠定一个好的思想道德基础。他认为，这些都是教育经验的总结，极为宝贵，应该信从。教育子弟越早开始越好，因为"人生小幼，精神专利，长成已后，思虑散逸，固须早教，勿失机也"[1]。早期教育应当从婴儿能认识外界的人与事的时候就开始。《颜氏家训·教子》："当及婴稚，识人颜色，知人喜怒，便加训诲。"因为幼年时期接受塑造的可能性最大，教育的效果最好。

儿童教育从家庭开始，在家庭教育中极为重要的一个问题是如何处理爱护与教育的关系。善于教育子女的父母，能把爱护与教育结合起来，收到良好的教育效果；不善于教育子女的父母，往往造成偏差，产生不良的后果。颜之推根据多年的社会观察，了解到多数人没有处理好爱护与教育的关系。《颜氏家训·教子》："吾见世间无教而有爱，每不能然，饮食云为，恣其所欲，宜诫翻奖，应呵反笑。"父母对子女在生活方面的要求尽量给予满足，完全放任而未加适当限制，做错事应该训诫却加以奖励，说错话应该责备却一笑了之，未能使孩子树立是非观念。这种不适当的教育继续下去，孩子到了懂事的时候，已经养成骄慢的习惯，然后父母着急起来，用粗暴手段去管制孩子。父母既无威信，天天打骂而伤害双方感情，也得不到积极的效果，孩子长大成人，终归成为品德败坏的人。由于家庭溺爱，子女养成不良的思想品质。这种教育失败的事例很多，论其责任，主要在于父母，这是应当引以为

---

[1] 《颜氏家训·勉学》。

训的。

颜之推认为,父母对子女自然要爱护,但不能没有教育,只有教育好子女,才是最大的爱护。一般人不能很好地教育子女,并非存心要让他们堕落,而是对教育手段不能适当地运用,往往怒气冲冲地责骂,不给子女好脸色看,却舍不得加以鞭打,让他们皮肉吃苦,以促使其反省悔过。父母应当严肃地对待子女教育,树立权威,严加督训,"使为则为,使止则止"。"父母威严而有慈,则子女畏而生孝矣。"①父母严格管教,子女才有希望成器。为了达到教育目的,只要有效果,怒责和鞭挞都可以采用。这样对待子女算不算太过狠心?他说:"当以疾病为喻,安得不用汤药针艾救之哉! 又宜思勤督训者,可愿苛虐骨肉乎! 诚不得已也!"②父母使用鞭挞的手段,是要使子女产生畏惧心理而不敢犯错误。如果不用惩罚,"笞怒废于家,则竖子之过立见"③。用鞭挞惩罚虽不是好事,但在家庭中是不能废止的。把棍棒体罚作为管教子女的有效手段来使用,象征着封建家长的绝对权威,这是封建专制主义在家庭教育中的体现。这种主张是封建糟粕,没有可取之处。

颜之推还认为,儿童时期学好语言很重要。语言是社会交往的工具。学语言不应强调方言,而要重视通用语言。他指出,一些王侯贵族子弟不能讲标准的语言,年幼时家庭没有进行正确的语言教育,长大之后又没有以师友正确的语言来矫正,所以语音不准,语言不合规范。他认为,教育子女学习正确的语言,是做父母的重要责任。他对待这项任务非常认真,指出:"吾家儿女,虽

① 《颜氏家训·教子》。
② 《颜氏家训·教子》。
③ 《颜氏家训·治家》。

在孩稚，便渐督正之；一言讹替，以为己罪。云为品物，未考书记者，不敢辄名，汝曹所知也。"①一事一物，不经查考，不敢随便称呼，担心有了差错而给子女留下不好的影响。

家庭教育的另一重要内容，是以孝悌为中心的人伦道德教育。在儿童道德教育方面，重要的不在于长篇说教，较为有效的还是长辈示范。这种成人道德榜样发挥的影响，颜之推称之为"风化"。"夫风化者，自上而行于下者也，自先而施于后者也。"②这是一种自然的仿效，丝毫不需强制实施。

家庭教育还有一个内容，就是要教育子弟立志，树立较高尚的生活理想。他认为，士族教育子弟，应当使他们立志实现尧舜的政治理想，继承世代的家业，不应使他们把依附权贵、屈节求官作为生活目标。他引用齐朝的一个事例来教训子孙。齐朝一士大夫曾说："我有一儿，年已十七，颇晓书疏，教其鲜卑语及弹琵琶，稍欲通解，以此伏事公卿，无不宠爱，亦要事也。"③这样教育子弟，志趣低下，实在可鄙。颜之推对此极为愤慨，严诫子孙切勿效之。立志当然要体现阶级要求，但他提出家庭教育要培养高尚志向，这个问题是值得后人注意的。

四、论士大夫教育

颜之推生活于士族之间，熟识士族腐朽没落的内幕。南北朝的士族地主虽垄断教育，却又轻视教育，他们的子弟多不学无术，

①　《颜氏家训·音辞》。
②　《颜氏家训·治家》。
③　《颜氏家训·教子》。

庸碌无能，只图享乐。对这种状况，他深为愤慨，揭露了一些没落现象，以引起子孙警惕，从中吸取教训。这种揭露促使人们认清问题，从而考虑如何变革，有一定的积极意义。

颜之推指出，士族的教育程度和精神面貌都是极差的，"多见士大夫耻涉农商，差务工伎，射则不能穿札，笔则才记姓名，饱食醉酒，忽忽无事，以此销日，以此终年"[①]。他们的体质十分脆弱，知识非常浅陋，既不参加劳动，又不努力学习，"或因家世余绪，得一阶半级，便自为足，全忘修学。及有吉凶大事，议论得失，蒙然张口，如坐云雾；公私宴集，谈古赋诗，塞默低头，欠伸而已。有识旁观，代其入地"[②]。士大夫就这样在上层社会蒙混，不以无知为耻。遇到选举考试，自己不出场，请人代替，骗取科第。一小部分有点知识的士大夫也存在致命的缺陷。一类是属于玄学的清谈家，他们能品评古今事物，讲起来头头是道，"及有试用，多无所堪。居承平之世，……不知有耕稼之苦；肆吏民之上，不知有劳役之勤，故难可以应世经务也"[③]。另一类是属于儒学的章句家，他们"空守章句，但诵师言，施之世务，殆无一可"[④]。这两类人的共同特征是，脱离社会实际，缺乏任事的实践能力。他们不能在维护士族地主统治方面发挥作用，这就是教育的危机。

颜之推认为，从士族地主政治需要来看，原来的玄学教育必须抛弃，儒学教育也应改革，要培养的既不是清谈家，也不是章句博士，而是对国家实际有用的人才。据他的考察，管理国家事务所需要的人才不外六方面：一是朝廷之臣，二是文史之臣，三是军

① 《颜氏家训·勉学》。
② 《颜氏家训·勉学》。
③ 《颜氏家训·涉务》。
④ 《颜氏家训·勉学》。

颜之推的教育思想

旅之臣,四是藩屏之臣,五是使命之臣,六是兴造之臣。从政治家到工程建设管理人员,国家都要培养。对个人来说,应受专才的教育,专精一职。

国家的教育目的在于培养统治人才,统治人才必须"德艺周厚"①,因此德、艺是教育内容的两个主要方面。

在道德教育方面,颜之推承袭儒家的传统思想,强调孝悌仁义。孝悌仁义是在封建宗法基础上按照士族地主利益规定的道德标准,合乎士族地主利益的才是孝悌仁义的行为,也就是善。他认为,树立仁义的信念,是道德教育的重要任务。在社会生活中,士大夫要实践仁义,为善去恶。为了实践道德准则,应该不惜任何代价。他说:"行诚孝而见贼,履仁义而得罪,丧身以全家,泯躯而济国,君子不咎也。"②可见,他是重视道德实践的。他晚年信佛,把儒家的仁义道德和佛教的禁戒牵合起来,认为"五常"就是"五禁"。他说:"内典初门,设五种禁,外典仁义礼智信,皆与之符。仁者,不杀之禁也;义者,不盗之禁也;礼者,不邪之禁也;智者,不酒之禁也;信者,不妄之禁也。"③两种道德准则能被牵合在一起,是因为它们都以士族地主利益为基础。

"艺"的教育以文艺为主,还包括各种杂艺。"艺"的教育途径主要是读书。读书大有好处,可是往往被人忽视。颜之推说:"世人不问愚智,皆欲识人之多,见事之广,而不肯读书,是犹求饱而懒营馔,欲暖而惰裁衣也。夫读书之人,自羲、农以来,宇宙之下,凡识几人,凡见几事,生民之成败好恶,固不足论,天地所不能藏,

---

中国教育家和教育思想研究

鬼神所不能隐也。"①他强调读书可了解人类社会的一切知识，以唤起人们对知识的重视，扭转教育衰落的趋势。读书最基本的内容是儒家的五经，从中可以学习立身处世的大道理，按照圣贤的教导去做，就可以培养道德品质。五经也是文章的渊源。士大夫要写文章，也必须读五经，才能奠定写文章的坚实基础。他能在轻视经学的时期强调学五经，继承历史遗产，还是有积极意义的。读书也不能仅限于五经，应兼及百家之书。"夫学者，贵能博闻也。"②俗儒不涉群书，见闻狭隘，头脑闭塞，他是非常反对的。知识不仅要广博，还要能抓住要领，在实践中能灵活应用。如果一味求博，夸夸其谈，不知要领，就会像邺下俗谚讽刺的那样："博士买驴，书券三纸，未有驴字。"③这种食古不化的人不会处理世事的偏向，也是他极力反对的。

"艺"除了包括经史百家的书本知识之外，还要具有士大夫生活所需要的杂艺，如书、数、医、画、琴、棋、射、投壶等。这些技艺在生活中有实用的意义，也有个人保健和娱乐的作用。颜之推站在士族的立场上看问题，指出学艺是为了治人和享受，而不是为了供人役使，如果专精一艺而超乎常人，闻名之后，就会为地位更高的人所役使。技艺在身，反而成为负担。所以，他认为，技艺只可兼习，而不可专业。这种思想反映了士族地主对技艺的轻视，阻碍了技艺的发展。

值得注意的是，颜之推认为德和艺两方面的教育不是孤立的，而是互相联系的。知识教育是道德教育的基础，并为道德教

---

① 《颜氏家训·勉学》。
② 《颜氏家训·勉学》。
③ 《颜氏家训·勉学》。

育服务。他说:"孝为百行之首,犹须学以修饰之,况余事乎!"又说:"夫所以读书学问,本欲开心明目,利于行耳。"①在读书过程中,学习前人的道德范例,是进行道德教育的重要途径。从古人各种行为事例中获得教益,可以改进自己的品行作风。不仅古代的王侯将相中有贤达可以提供学习的范例,就是劳动人民中也有些先进人物可资学习。他说:"农工商贾,厮役奴隶,钓鱼屠肉,饭牛牧羊,皆有先达,可为师表,博学求之,无不利于事也。"②他能提出士大夫要向下层人民学习这种主张,也是有积极意义的。

在教育内容方面,颜之推还提出要重视农业生产知识,这是很值得注意的主张。士大夫历来坐享剥削成果,轻视农业生产劳动,认为那是小人的事,自己用不着学习农业知识。他从艰难的社会经历中体会到农业生产的重要性,认为农业是人民生活的根本,不可忽视。他批评当时的士大夫不仅从未参加劳动,而且对农事完全无知。"未尝目观起一垅土,耘一株苗,不知几月当下、几月当收,安识世间余务乎!"③士大夫只知饭来张口,衣来伸手,不知有耕稼之苦、劳役之勤,既管不好家务,也管不好政务,重要原因是他们脱离农业生产劳动,脱离社会实际事务。这些批判表现了他独到的见解,是很有积极意义的。但他毕竟受士族偏见的局限,所要求的实际只限于"知稼穑之艰难",对农事活动有些常识,以便于治家治民,并非坚决要求士大夫都亲身参加农业生产劳动。当儿子因顾及家庭经济困难,想要转事农业时,他加以阻止,要儿子继续"家世之业",可见他的士族地主阶级意识是很深的。

---

① 《颜氏家训·勉学》。
② 《颜氏家训·勉学》。
③ 《颜氏家训·涉务》。

五、 论学习的态度和方法

颜之推因为得到家学传授,早年受到较好的教育训练,成年之后又好学不倦,到晚年成为学问渊博的名士。他对治学有丰富的经验。《颜氏家训·勉学》较集中地介绍了他的见解和体会,值得后人加以注意。[①]

(一) 学习的态度

在这方面,颜之推提出不少精辟的见解,其中较有意义的有以下几点:

1. 学习的主要目的在于修身利行,不是为了获得谈论与谋官的资本

颜之推介绍古人的表现,借以批评当时的士大夫。他说:"古之学者为己,以补不足也;今之学者为人,但能说之也。古之学者为人,行道以利世;今之学者为己,修身以求进也。夫学者,犹种树也,春玩其华,秋登其实。讲论文章,春华也;修身利行,秋实也。"他要求学者必须端正动机,去掉浮夸和求官的思想,认为一切学习都是为了提高修养,使自己的德行完善。这种主张是针对当时士大夫醉心于玄学清谈而发的。

2. 应当虚心学习,不可自高自大

当时在玄学清谈之风影响下,学者们以高才风雅相标榜,以

---

① 以下引文,除作特别注释外,皆来自《颜氏家训·勉学》,不另外作注。

妙论超凡为荣耀。颜之推强烈反对这种学风,他指出:"夫学者,
所以求益耳。见人读数十卷书,便自高大,凌忽长者,轻慢同列:
人疾之如仇敌,恶之如鸱枭,如此以学自损,不如无学也。"有了一
点知识,就自高自大,目中无人,对个人修养反而有害。所以,他
提倡虚心务实,博学广师。

3. 应当珍惜时光,不可以老废学

颜之推认为,学习是做人的需要,人的一生都要学习。少年
时代应当抓紧光阴,不可错过学习的好时机。若由于客观条件限
制,少年没有机会学习,到了成年以后,仍应根据条件努力学习,
不能自暴自弃。社会上有些人不肯学习,糊涂过日子,他们拿年
纪大了学不进去作为一种借口,安于没有文化,实在不聪明。学
习知识,给人带来光明。"幼而学者,如日出之光,老而学者,如秉
烛夜行,犹贤乎瞑目而无见也。"人生是一个学习过程,有了知
识,才能脱离盲目无知。学习时机不可错失,如果错过早年,犹可
利用成年、晚年,肯学习总能取得"开心明目"之益。历史上有许
多名人都是晚学而获得成功的,应该学习这些好榜样。颜之推的
这种主张,使那些不肯前进者感到惭愧,使那些要求进步者得到
勉励。

(二)学习的方法

颜之推针对当时学风不正的现实,为了纠偏,特别提倡几种
学习的方法。

1. 眼学

由于清谈的流弊,士大夫既不勤学典籍,又无社会实践经验,

仅依靠道听途说的琐事趣闻,作为谈论的资本。颜之推对这种由耳闻而得的学问持怀疑态度,他认为耳闻未实,眼见为真,在学习上应当重视亲身直接观察获得的知识。他说:"谈说制文,援引古昔,必须眼学,勿信耳受。江南闾里间,士大夫或不学问,羞为鄙朴,道听途说,强事饰辞。"以道听途说的材料为根据,这是一种"贵耳贱目"的倾向,需要加以克服。他并不是主张一切都要"眼学"而排斥"耳受",听闻的知识还是需要的,不过要查实,不能不问缘由而随意转述。

2. 勤学

颜之推认为,学习主要取决于学者自己,而不由教师决定,所以要取得成就应依靠自己勤勉努力。如果不勤学,未能获得好成绩,则不能归过于教师。他列举了古人勤学的先例:"古人勤学,有握锥投斧,照雪囊萤,锄则带经,牧则编简,亦为勤笃。"勤学的人,目的明确,意志坚定,克服障碍,刻苦学习。如义阳朱詹,家庭贫困,连日不炊,吞纸充饥,寒无毡被,抱犬而卧,犹不废业,终于成为学士,勤学是其获得成就的原因。人是有差别的,有的比较聪明,有的比较迟钝。迟钝的人只要勤学不倦,差距是可以缩短的,"钝学累功,不妨精熟",只要下够了功夫,也可以达到精通和熟练的程度。人要博学,而且对每一知识"皆欲根寻,得其原本",这也要靠勤学才能达到。

3. 切磋

颜之推认为,个人孤独地学习,不与别人交流经验,会使自己闭目塞听,思想受局限,在师友之间常常表现出自以为是,不知改正错误。因此,他提倡打破这种局限,师友相互切磋,以便相互启发,避免谬误差失。读书不要闭门,写文章也不要保守。"学为文章,先谋亲友,得其评裁,知可施行,然后出手。慎勿师心自任,取笑旁人也。"[1]在学习上好问求教,与良师益友共同研究切磋,这是虚心求进步的好表现,也是能够较快增长知识的好办法。

颜之推活动于南北朝末期,做官经历了梁、北齐、北周、隋四朝,对当时的政治、风俗、学术、教育的腐败和流弊都有直接了解。他对士大夫教育进行了较为深刻的揭露批判,提出了一些重要的教育主张,目的是想改进士大夫的教育,以挽救士族的没落,维护士族地主的长期统治。

颜之推有较丰富的社会经历、广博的学识,他把自己立身、治家、处事、为学的经验和体会加以总结,写成《颜氏家训》,用以教训子孙。这部著作体现了他的思想、政治、教育观点,反映了那个时代的一部分教育史实,具有重要的史料价值。此书提出了士大夫家庭教育的普遍问题,剖露人情世故,立论平实,又能引证经史,对后来的封建士大夫教育深有影响。理学家对此书特别重视,如宋代朱熹编《小学》,清代陈宏谋编《养正遗规》,都曾经取材于《颜氏家训》。后代作家训,大都溯源《颜氏家训》,故陈振孙《直斋书录解题》说:"古今家训,以此为祖。"在封建家学发展史上,《颜氏家训》是一个重要的里程碑。

颜之推的教育思想是对他那个时代士大夫教育的理论概括,好多观点是错误的,如认为"上智不教而成,下愚虽教无益"[2],以体罚为教育的重要手段等,都是封建的糟粕,应该予以批判。但其中也有一些主张是具有积极性的,到今天仍然有一定的意义,可以作为批判性吸取的原料,对此就不宜轻易抹杀,而应细心地

---

① 《颜氏家训·文章》。
② 《颜氏家训·教子》。

一分为二。他的教育思想最宝贵的地方在于：强调重视儿童早期的教育，要求把爱护子女和教育子女结合起来，从小培养孩子良好的习惯和正确的语言；主张封建知识分子要接触实际生活，有起码的农业生产知识，具有"应世经务"的能力；主张知识学习要为道德教育服务；提出要有正确的学习态度和学习方法。这些观点至今仍具有一定的理论价值。

颜之推的教育思想

颜之推评传*

一、 生平和著作

颜之推(531—约590以后),字介,琅邪临沂(今属山东)人。他生于梁武帝中大通三年(531年),约病逝于隋文帝开皇十年(590年)以后,经历了一段社会动乱时期。他是当时博学、有思想的学者,是著名的历史学家、文字音韵学家、教育思想家。

颜之推生活了约六十个春秋,除了教育自己的子女以外,并未以教师为职业。他曾做官于梁、北齐、北周、隋四个王朝,从未主管教育事务。但他以丰富而复杂的社会生活经历为基础,提出了一些有自己见解的教育主张,成为当时封建士族教育的一面镜子。他为教育子孙,写了《颜氏家训》,对后来封建地主的家庭教育产生了重大影响。从中国教育历史的发展来看,这些都是值得加以重视的。

颜之推在晚年回顾自己一生的经历,曾感叹:"吾生于乱世,长于戎马,流离播越,闻见已多。"①社会存在决定社会意识,他处

---

* 本文原为沈灌群、毛礼锐主编《中国教育家评传》(第一卷)(上海教育出版社1988年版)中的一篇,此次作者审定全文,于"三、论家庭教育"中补充了(六)(七)两部分。

① 《颜氏家训·慕贤》。

在动乱的历史时代,有个人曲折多变的生活经历,这些对他思想观点的形成有着巨大的影响。

颜之推生活在六世纪中叶和末叶,正是封建门阀士族地主的统治达到顶峰后转向没落的时候,亦是中国社会由分裂趋向重新统一的时候。士族地主统治集团按照门阀等级来瓜分政权,并享有多种特殊的经济利益,过着不劳而获、饱食醉酒的生活。士族地主生活的奢侈浪费,政治的腐败,既加深了地主阶级与农民阶级的矛盾,也激化了士族统治集团的内部矛盾。统治集团争权夺利,演成多次内战,梁朝后期就有侯景的反叛、萧衍诸子争夺帝位的内战,造成社会的破坏,这是颜之推亲身经历过的。在南北分裂的局面中,南北统治集团为了消灭对立势力,以实现扩大统治区域的欲望,还挑起兼并战争。战争使腐朽的政权灭亡,而人民财富也被掠夺,颜之推就有这种遭遇,成为亡国之人。这是一个阶级矛盾激化、士族地主统治不稳、战乱频繁的历史时期。面对这些社会矛盾,思想家不能不考虑对策,以维护本阶级的利益。

士族地主阶级在思想意识上不仅要继续提倡玄学清谈,而且要提倡一种被玄学精神贯串的宗教信仰,一方面使自己在精神上暂时找到依托,另一方面也用以麻醉人民,使他们放弃改善现实生活的要求。佛教就是适应这种社会需要的宗教,在南北朝时期得到更广泛的传播。它为士族地主的特权在地上永远存在而辩护,成为士族地主阶级共同的宗教信仰。萧衍是一位忠实的佛教徒,他在夺取政权建立梁朝之后,为了加强思想统治,在天监三年(504年)宣布佛教为国教,用政治势力来推广佛教。由于佛教徒可以免税、免役,因此投身于佛寺的人很多,国都建康就有佛寺五百余所,有僧尼十余万人。这种思想、政策遭到以范缜为代表的唯物主义者的批判。范缜的著作给佛教理论以沉重的打击。这种批判在形式上是庶族地主阶级反对僧侣地主阶级的斗争，而实际上是庶族地主阶级反对士族地主阶级的斗争。虽然由于帝王的提倡，佛教成为社会民众较普遍的宗教信仰，但唯物主义无神论反对唯心主义有神论的斗争继续深入展开，使得这一时期的思想家都不能不从世界观上对宗教问题的是非表明态度。颜之推也无法脱离这种思潮。

颜之推出身士族，颜氏家族"世以儒雅为业"①，有儒学传授的历史传统，家传《周官》《左氏春秋》等专门学术。其祖先在魏晋时原是琅邪世族，西晋王朝覆灭时，南迁渡江，居于建康南之长干里颜家巷。颜之推的祖父颜见远，在南齐任官，曾为南齐和帝的治书侍御史兼中丞，因反对萧衍篡位，绝食而死。颜之推的父亲颜协，为继先人之志，重孝义而不求显达，累辞梁朝的征辟，游于远州藩府，为梁湘东王萧绎镇西府咨议参军，居于荆州十三年。

颜之推的一生大致可分为四个阶段：

第一阶段从出生到十九岁（531—549）。颜之推在这个阶段主要接受士族家庭教育，继承家学，在学术思想上接触了玄学，又复归儒学，博览群书，奠定了学术基础，并开始了文学写作活动。

颜之推生在儒学传统颇深的士族家庭，从小就与他的两位兄长一起接受特殊的家庭教育。《颜氏家训·序致》："吾家风教，素为整密。昔在龀龆，便蒙诱诲。每从两兄，晓夕温清，规行矩步，安辞定色，锵锵翼翼，若朝严君焉。赐以优言，问所好尚，励短引长，莫不恳笃。"这种家教对他产生深刻的影响，使他的品行和智

① 《颜氏家训·诫兵》。

力都得到较好的发展,表现特别聪慧,七岁时就能背诵《鲁灵光殿赋》。

颜之推九岁时,家庭发生了大变故,父亲逝世,由长兄负责教养。《颜氏家训·序致》"慈兄鞠养,苦辛备至,有仁无威,导示不切。"家庭管教的放松,使他较早地由家庭走向社会。十二岁时,江州刺史萧绎召集学生,自讲《老》《庄》,颜之推被列为门徒,听受玄学。但这种玄学虚谈,不能唤起颜之推的兴趣,他终于还是回头学习儒家的经传,博览群书,学识大为长进。他的思想并不为经传所束缚,喜欢思考,不拘小节。《颜氏家训·序致》:"虽读《礼传》,微爱属文,颇为凡人之所陶染,肆欲轻言,不修边幅。"他爱好文学写作。受当时社会风气的感染,他的作品被认为词情典丽,合乎潮流,受到萧绎的赏识。

第二阶段从十九岁到二十六岁(549—556)。这个阶段,颜之推开始在梁朝做官,投身于政治活动,侯景叛乱时曾被俘,还江陵后,复又被梁元帝萧绎任以官职,从事校订史籍等工作。

颜之推因文学出众受到赏识,十九岁就被任命为湘东王国左常侍,又以军功而加镇西墨曹参军。二十岁时,被湘东王萧绎委派辅助世子萧方诸,后至郢州任中抚军外兵参军,掌管记。颜之推认为萧方诸幼稚无知,鲍泉为长史亦极庸碌,难以成事。他在《观我生赋》中说:"滥充选于多士,在参戎之盛列。惭四白之调护,厕六友之谈说。虽形就而心和,匪余怀之所说。"这表露了他当时消极的心绪。

二十一岁[①]时,侯景叛军攻陷郢州,颜之推被俘。幸得到关心

---

① 以下段首年纪所指均为颜之推。

者的救护，免于处死，被囚送建康，故而获得机会徘徊于先人旧居颜家巷，流连于祖先墓地白下。在他一生中，这是首次到建康，也是唯一的一次。

二十二岁时，萧绎遣将王僧辩领兵平侯景之乱，颜之推得以恢复自由，自建康还江陵。其时萧绎已即位为梁元帝，遂任颜之推为散骑侍郎，奏舍人事，其职是起草诏令，参与机密。颜之推后又奉命校订史籍，与左仆射王褒、吏部尚书宗怀正、直学士刘仁英等共校史籍。

二十四岁时，西魏遣兵伐梁，攻陷江陵，梁元帝兵败焚书，颜之推等所校之书皆化为灰烬。他与梁朝士大夫成为亡国的俘虏，被遣送至西魏弘农都督军事李远属下掌书翰。

第三阶段从二十六岁至四十七岁（556—577）。这一阶段，颜之推在北齐任官至黄门侍郎，成为学术机构文林馆的主持人之一，他的主要精力放在著述方面。

颜之推被俘后，虽在西魏弘农任职，但还是怀念故国梁朝。于是，他计划由北齐转归梁朝。557年，他利用黄河水涨的时机，冒险乘船逃奔北齐，为北齐文宣帝高洋留用。后梁朝为陈朝取代，颜之推没有归路，不得已而留居北齐。

颜之推是汉人，在鲜卑人的统治下做官，为避免矛盾，他极为慎重。他较注重自我检查，防止犯错，在政治上趋于成熟。

颜之推的职务经过几次变动，三十五岁开始被委任撰述之职，继而得到北齐后主高纬的重视。北齐武平三年（572年），祖珽奏立文林馆，召引文学士。颜之推与三十余名文学士并待诏文林馆，与李德林共同主持文林馆事。颜之推实际主编了《修文殿御览》《续文章流别》《文林馆诗府》等书。

四十七岁时，北周发兵攻北齐。为防御周兵，颜之推被委任为平原太守。周兵平齐之后，颜之推被征赴长安。

第四阶段从四十七岁至约六十岁以后(577—约590以后)。这一阶段，颜之推主要从事著述和参与学术讨论活动。

颜之推四十七岁时入居长安，最初未被任用，家庭生计发生困难。他强调以家教为事，要儿子继承家传世业。五十岁时，他被北周任为御史上士。

五十一岁时，杨坚建立隋王朝，颜之推转为隋王朝效力。他曾于开皇二年(582年)建议考订雅乐，未被纳用。

五十三岁时，颜之推与陆法言论音韵，多所决定，其主张对陆法言撰成《切韵》有重要影响。

开皇初，颜之推还奉命与魏澹、辛德源重编《魏书》，以西魏为正统，以东魏为伪朝，变其体例，重新修订。

五十四岁时，隋朝颁行新历法，引起争论。颜之推也参与讨论，发表重要见解，但未被采纳。

六十岁左右时，颜之推被隋太子召为学士，甚受尊重。

晚年，颜之推从容总结生活经验，整理自己的学术思想，《颜氏家训》是这个阶段的重要著作之一。他在政治观、人生观、世界观方面都有明确的主张。

颜之推始终站在士族的立场上，为士族的前途担心。当看到士族堕落，政治腐败，危亡将至，他设法挽救，认为只有走改良道路，才能使士族的统治维持下去，为此需以儒家思想为指导。他主张，在政策上应当宽猛相济，仁义与刑罚兼施；在用人上不能完全依靠门第，而要根据实才；下级臣属有一定义务，应当忠君，不可竞求个人禄利。在经济方面，他强调要重视农业。《颜氏家训·治家》："生民之本，要当稼穑而食，桑麻以衣。蔬果之蓄，园场之所产；鸡豚之善，坰圈之所生。爰及栋宇器械，樵苏脂烛，莫非种植之物也。"吃穿用都是依靠农业提供的，农业是社会经济生活的基础，因此不应轻视农业。在重视农业的同时，还要使士农工商各有所业，各尽其力；要限制不从事劳动的寺院僧尼，不要让社会中坐食分利的人过分发展。这种主张在一定程度上反映了庶族地主的利益。

在人生观方面，颜之推表现了他想避免没落，维持已有社会地位的思想。他特别强调要"少欲知足"，即适当地限制贪欲，不要发展到满盈而走向反面。他希望自己的家庭维持中等士族的地位，具体目标是：有奴婢不超过十人，良田十顷，堂室蔽风雨，车马代杖策，钱财数万，子孙世官，处在中品。他在《颜氏家训·止足》中说："仕宦称泰，不过处在中品，前望五十人，后顾五十人，足以免耻辱，无倾危也。高此者，便当罢谢，偃仰私庭。"在统治阶级行列里，太前会被视为争斗对象，便有危险。要居于当中，较为保险，这完全是为个人、为家族的利益着想。

在世界观方面，颜之推因笃信佛教而受佛学唯心主义的支配，但面对社会生活，又要以儒学的思想为指导。因此，对儒佛思想的矛盾，他采取调和的态度，认为"内外两教，本为一体"，要以佛学为主体，以儒学为附庸，不能"归周孔而背释宗"。[①] 他深信佛学宣扬的"形体虽死，精神犹存"的灵魂不灭论，以及三世轮回、因果报应等观点，而且试图从理论上加以说明。在当时有神论与无神论的思想论战中，他无疑是站在有神论一边的。

---

① 《颜氏家训·归心》。

隋开皇中,颜之推病逝于家。

颜之推一生著述甚多,从史籍记载中已查明的有《文集》三十卷、《颜氏家训》二十篇(《北齐书·文苑传》),《训俗文字略》一卷、《集灵记》二十卷(《隋书·经籍志》),《急就章注》一卷(《旧唐书·艺文志》),《笔墨法》一卷(《新唐书·艺文志》),《稽圣赋》三卷(《直斋书录解题》),《证俗音字》五卷(《颜氏家庙碑》),《还冤志》三卷(《崇文总目》《直斋书录解题》《文献通考》《四库提要》),参加编撰的文史书籍有《修文殿御览》《续文章流别》《文林馆诗府》以及《魏书》。现存的只有《颜氏家训》和《还冤志》二书,其余书籍均已逸失。要了解颜之推的教育思想,只有以《颜氏家训》为主要根据。

二、 论教育的作用

教育家在探索教育理论问题时,不可回避的是教育的作用问题。颜之推在论述教育的作用问题时,与前代一些儒家思想家一样,不是公开直接地从阶级政治的需要角度说明对年轻一代进行教育的必要性,而是从人性论出发,说明教育条件对人发展的重要作用。他继承了自孔丘以来,特别是经董仲舒加工整理过的儒家人性论思想,认为"人性有长短",可分为三品:有人天赋优越,生来就是上智;有人天赋一般,生来属于中人;有人天赋极差,生来就是下愚。人性三个品级的存在,制约着教育的作用。他在《颜氏家训·勉学》中说:"生而知之者上,学而知之者次。"在《颜氏家训·教子》中又说:"上智不教而成,下愚虽教无益,中庸之人不教不知也。"这种唯心主义的人性论,从理论上来看并没有什么新的发展,但却有实际的社会政治意义,成了统治阶级与被统治阶级理应享有不同教育权利的理论根据。颜之推认为,帝王子孙生前已有胎教,他们的天赋都是好的。为了让他们更好地发展,在他们出生后,就要有师保的教导,以利于养育成才。对于从事农工的劳动人民,他确认多数为下愚,没有适当的天赋条件,即使费力对他们进行教育,也不会取得效益;既然没有效益,那就不必白费力气勉强施教。农工之人应当各安于世传的旧职业。一般非工农子弟,包括士大夫子弟,大多属于"中庸之人",具有接受教育的基本天赋条件。他们个性的发展有两种可能性,就看教育的条件如何。所以,教育对于他们个性的形成起着重要作用。他在《颜氏家训·勉学》中说:"修以学艺,犹磨莹雕刻也。金玉之磨莹,自美其矿璞。"教育能使人的发展达于完美。

颜之推从士族地主的利益出发,特别强调士大夫子弟受特殊知识教育的必要性。在社会分工中,封建士大夫不从事物质生产劳动,而从事政治管理和精神文化活动。有的人没有官做,就以讲议经书为自己的职业。要从事这种职业,就需要学习特殊知识,以便能依靠知识来保持社会地位。他们的子孙也必须如此。颜之推根据大量的社会观察,提出自己的看法,他在《颜氏家训·勉学》中说:"有学艺者,触地而安。自荒乱已来,诸见俘虏。虽百世小人,知读《论语》《孝经》者,尚为人师;虽千载冠冕,不晓书记者,莫不耕田养马。以此观之,安可不自勉耶! 若能常保数百卷书,千载终不为小人也。"照他看来,有知识的人就可以成为劳心的君子,居于社会的上层;没有知识的人就必定成为劳力的小人,居于社会的下层。这是典型的封建士族思想。这种思想的存在有它的客观原因。当时由于社会动乱,文化教育受到破坏,知识分子数量不多,有知识确实可以作为谋生的一种资本。他在《颜氏家训·勉学》中说:"夫明六经之指,涉百家之书,纵不能增益德行,敦厉风俗,犹为一艺,得以自资。"又说:"父兄不可常依,乡国不可常保,一旦流离,无人庇荫,当自求诸身耳。"在社会大变动时期,个人的地位、前途都没有依靠和保证,只有自身有知识,才可以靠知识吃饭。在南北朝特殊的政治条件下,知识分子的国家观念淡薄了,为这个集团服务和为那个集团服务似乎都一样。君臣无常分,随时可能改换门庭,这是文人的大患。颜之推本身的经历就是如此。所以,他不仅从较抽象的人性论角度来谈教育的必要性,而且更直接地从阶级利益角度来强调教育的必要性。他认为,要维持士族的社会地位,受教育是一个极重要的条件。

教育对一般人个性发展的影响是很大的,这种影响在不同的年龄阶段有所差别,对少年阶段的发展影响特别大。少年的思想感情处于初步发展阶段,思想意识尚未定向,心理特性尚未定型,容易受到周围经常接触的人"熏渍陶染"的影响,无形之中就会"潜移暗化"。因此,颜之推十分重视由人所组成的社会环境对少年的发展成长所起的作用。他在《颜氏家训·慕贤》中说:"与善人居,如入芝兰之室,久而自芳也;与恶人居,如入鲍鱼之肆,久而自臭也。"即要重视"潜移暗化"的影响,施加积极的教育影响,注意慎重地选择师友,使少年子弟处于良师益友的影响下。

三、 论家庭教育

颜之推在晚年总结自己的生活和学习经验,用来教训子孙,鼓励子孙继承家业,扬名于世。他写了《颜氏家训》二十篇,留给子孙,作为传世的家庭教科书。书中把家庭教育放在首要地位,第一卷的《序致》《教子》《兄弟》《后娶》《治家》谈的全是家庭问题。

颜之推重视家庭教育,有其社会原因:(1)在南北朝社会动乱中,官学教育已经衰落,国都的官学几乎有名无实,地方的官学寥若晨星,士族子弟的教育基本上是依靠家庭进行的,家庭教育是士族教育的基础。(2)颜氏是世代为官的士族,有儒学传授的传统。颜之推从狭隘的家族利益出发,认为要使颜家在政治变动中不致衰败,教育子弟掌握传统文化极为重要,这需要依靠家庭教育。(3)颜之推积几十年经耳过目的教育经验,形成自己的教育主张。他不是当权的执政者,他的教育主张不可能在社会上实施。但是,他作为封建家长,对家庭保持着权威。他希望子孙继承家业,在家庭中贯彻他的教育主张。

颜之推谈及家庭教育的许多方面,主要有以下几点主张:

(一)家教奠基,父母有责

颜之推认为,子弟思想品德发展好坏,取决于早先家庭教育的优劣,做父母的负有义不容辞的责任,要尽力教育好子女。他从亲身经历中认识到,一贯严格要求的家庭教育是很重要的。在儿童时期,父母便对他进行礼节的教育,使他知道尊敬长辈,行动有规矩,说话注意态度,打下一定的思想品德基础,留下终生难忘的回忆。可是,这一教育过程中发生了转折,九岁时父亲去世,哥哥负起教养责任。但哥哥只注意爱护,没有严格要求,"有仁无威,导示不切"①。家教一放松,社会上的庸俗思想就乘虚而入,处于发展时期的颜之推抵御不了这种影响,也就变得"肆欲轻言,不修边幅",成为自由散漫、不讲修养的人。到了十八九岁,他离开家庭参加社会政治活动,客观条件变了,才有所觉醒,但坏习气已形成,难以一下子彻底改变。他深深感到自己身上存在的问题,是没有授受一贯的、严格的家庭教育造成的。根据他的观察,在社会上,有人建功立业,有人杀身败家。追根究底,早先父母所施的家庭教育已埋下了种子。因此,父母要使子女将来发展成为一个优秀的人才,就必须进行严格的家庭教育。

(二)教儿婴孩,勿失良机

颜之推认为,家庭教育应抓住最有利的时机,有计划地进行,以取得最好的教育效果。儿童处于智能发展的最初阶段,思想情感处在变化之中,最容易受熏染感化。有见识的家长对子弟的教育越早越好。从思想品德教育的实效来看,他主张"当及婴稚,识人颜色,知人喜怒,便加教诲"②,从小就养成良好的行为习惯,长大后言论举动就会符合行为准则,可以免去打骂惩罚。如果思想品德教育迟了,子女已在幼年时感染不良习气,到发现坏思想坏行为时才引起重视,急于施加限制,对之打骂,是不能取得好效果的,父母与子女的矛盾反而会加深,子女长大成人,结果还是品德败坏。他认为孔丘说的"少成若天性,习惯如自然",俗话说的"教

---

① 《颜氏家训·序致》。
② 《颜氏家训·教子》。

儿婴孩"，①都是很有道理的经验之谈。要教育子女成为有道德的人，应当从婴孩时期抓起。从智能教育方面的实际效果来看，他认为"人生小幼，精神专利，长成已后，思虑散逸。固须早教，勿失机也"②。越是小的时候，思想越单纯专一，记忆力越好，学习的东西终生难忘；长大成人之后，家事世事繁多，思想复杂，注意力难以集中，学习效果就差，易于遗忘。他举出亲身体验为证：七岁时背诵汉王延寿所作的《灵光殿赋》，十年温理一次，到了六十多岁还不会遗忘。可是二十多岁的壮年时期，积极参加社会活动，当时背诵的经书一个月不复习，几乎就忘光。事实说明，早教比晚教的实际效果好，父母切勿错过对子女进行教育的最好时机。

（三）偏宠有害，严教是爱

颜之推认为，爱子女是一般父母共同的感情，而对如何教好子女，一般父母却无共同认识。善于教育子女的父母寓爱于教，抓紧教育，收到良好的效果；不善于教育子女的父母有爱无教，顾此失彼，造成不良的效果。根据他长期广泛的观察，"世间无教而有爱"③，一般人不能处理好爱子女和教子女之间的关系。爱子女的父母总是尽量满足子女的生活要求，甚至放任而不加节制。做错事本应训诚的，反而加以赞赏；对恶言丑语本应喝止，却以为口齿伶俐，笑而谅之。这样，就难以帮助孩子树立正确的是非观念。溺爱的结果是造成道德不良的人。由于宠爱而导致教育失败的

① 《颜氏家训·教子》。
② 《颜氏家训·勉学》。
③ 《颜氏家训·教子》。

事例很多,梁朝有一学士就是如此。那位学士幼时聪敏有才,"为父所宠,失于教义"。父亲对儿子的宠爱表现为扬其善,隐其恶,"一言之是,遍于行路,终年誉之;一行之非,掩藏文饰,冀其自改",不能正确对待儿子的优缺点,而助长了儿子自高自大,出言不逊,缺乏品德修养,终于招致杀身之祸。① 究其根源,是父亲对他没有从小进行正确的教育,这是值得后人引以为训的。父母对待子女,能严格教育才是真爱,放任偏宠则是危害。对待思想品德有缺点的子女,应当像对待有病的人一样。为了治病救人,就需要用汤药、针艾进行治疗;为了使子女成为善人,父母应当尽责任,认真加以监督教导,在不得已的情况下,强制性的措施也是可以采取的。强制性的措施包括鞭挞惩罚。他认为,鞭挞惩罚是管教子女的有效手段,可使他们因害怕而不敢犯错误,所以鞭挞惩罚在家庭教育中是不能废除的。"笞怒废于家,则竖子之过立见。"②鞭挞惩罚象征着封建家长的绝对权威,这是封建专制主义在家庭教育中的体现。

(四) 以身作则,导其为善

颜之推认为,父母应以身作则,做出好榜样,供子女仿效,产生自然的教育影响。他在《颜氏家训·治家》中说:"夫风化者,自上而行于下者也,自先而施于后者也。"上辈品德作风好,下辈处于这样的家庭中,会随风而化。要求儿子成为孝子,父亲首先必须成为慈父。要求子女语言正确,父母的语言首先必须正确。他

---

① 《颜氏家训·教子》。
② 《颜氏家训·治家》。

认为,教子女学习标准的语言,是父母的重要责任。他对待这项任务非常认真,说:"吾家儿女,虽在孩稚,便渐督正之。一言讹替,以为己罪。"①父母能这样认真示范,子女的语言也就比较合乎标准。

父母还要教导子女树立正确的道德观念,以约束日常的行为。社会以仁义为道德准则,合乎仁义的就是善的行为,损害仁义的就算恶的行为。父母要认真监督和耐心指导子女进行道德行为实践,结合现实事例,分清是非善恶。凡是正义的事情,即使会对个人造成损失,甚至要冒险牺牲,也要鼓励子女去做;凡是不正义的事情,即使能为个人取得实利,获得名声,也要反对子女去做,使子女能够提高按道德准则指导实践的自觉性,做到"为善则预,为恶则去"②。

(五)端正志向,增进德行

颜之推认为,进行家庭教育的目的在于,使子孙成为"行道以利世"③的人,成为对国家有用的人才。因此,要教育子孙树立高尚远大的志向,走光明正大的路,先读书,而后参政,不要私心谋利,不择手段地去讨好权势,以求达到往上爬的目的。但现实中却有人不教子女走正道。他在北齐朝为官的时候,就遇到这样的人。有一位士大夫炫耀自己教子有方,他说:"我有一儿,年已十七,颇晓书疏,教其鲜卑语及弹琵琶,稍欲通解,以此伏事公卿,无

① 《颜氏家训·音辞》。
② 《颜氏家训·省事》。
③ 《颜氏家训·勉学》。

不宠爱,亦要事也。"①颜之推对这种教子的计划感到十分惊异,认为是歪门邪道,根本不顾人格和气节,实在是卑鄙之至。他引这一反面事例来教训子孙,郑重地叮嘱:若依靠这种手段能爬到公卿将相的地位,也不愿你们去干! 立志体现阶级的要求,各个阶级要求有不同的志向,没有共同之处。他提出家庭教育要培养子女树立高尚的志向,正是家庭教育中应该注意的重要问题。

颜之推教育子孙要勤读经书,以求多识古今人物,广见宇宙间事物,并努力学会一项专业知识或本领。他认为,读书的重要意义在于,使子孙学习前人的道德范例,以培养高尚的道德思想,并且要进一步使道德思想见之于行动。他批评当时的读书人"但能言之,不能行之,忠孝无闻,仁义不足"②。他要求子孙言行一致,既然知道了什么是高尚道德,就要按照这一准则去做。

(六) 友朋熏染,交游必慎

颜之推认为,周围环境对子女的影响是巨大的,父母在对子女进行教育时,必须注意这方面的因素。特别是对青少年而言,这个问题更重要。他在《颜氏家训·慕贤》中说:"人在少年,神情未定,所与款狎,熏渍陶染,言笑举动,无心于学,潜移暗化,自然似之,何况操履艺能,较明易习者也? 是以与善人居,如入芝兰之室,久而自芳也;与恶人居,如入鲍鱼之肆,久而自臭也。"当子女尚年轻,思想观点没有形成而缺乏坚定道德信念的时候,与什么样的人接近,就会受什么样的感染。这种影响是潜移暗化的,父母一时很难感到有明显的变化,但日久之后,变化却成了事实。所以,父母对子女日常交往的友伴,不能漠不关心,失去警觉,而应谨慎留心,适当指导。父母要帮助子女识别周围和社会上的人物,鼓励他们向先进模范人物靠近和学习,而对坏人要远离和抵制,切勿任其自由发展。

(七)接触世务,练其才能

颜之推教育子孙不可一味读书,能高谈阔论,而无实际办事能力。他指出:"吾见世中文学之士,品藻古今,若指诸掌,及有试用,多无所堪。"①脱离了社会生活实际,不知道社会动乱的祸害、战争的紧张、耕种的艰苦、劳役的辛勤,便不能锻炼出适应社会,办理事务的能力。特别是对农业劳动,需要接触和了解。民以食为天,没有粮食便不能生存。所以,古人重视农业,知道稼穑的艰难。但是,南朝的士大夫脱离农业劳动,完全依靠俸禄生活。他们未曾见过如何翻土,如何耘苗,不知道几月当下种,几月当收成,也不知道其他社会事务。所以,他们做官处理不了政务,管家办不了家务。他们养尊处优,从不做事,造成了无能,这种弱点应当克服。他教训子孙一定要经历社会事务,才会增长才能。

以上是颜之推关于家庭教育的几点主张,他在自己家中认真实施。他的三个儿子颜思鲁、颜愍楚、颜游秦,在他的精心教育培养下,都成为著名的学者,在隋朝均担任要职。史学家认为他们

① 《颜氏家训·涉务》。

三兄弟青少年时学业优秀,成为一时人物之选。

四、 论士大夫教育

颜之推出身士族,在士族圈子里生活与活动,熟悉士族没落的种种现象。南北朝的士族作为统治阶级享有政治特权,他们垄断教育,却又轻视教育。他们的子弟养尊处优,只图享乐,不学无术,庸碌无能。颜之推对这种没落的现象深为愤慨,加以揭露批判,以引起子孙的警惕,从中吸取教训。这种揭露在客观上加深了人们对士族教育没落的认识,激起对士族教育的不满,从而思考如何对它进行变革,因而具有一定的积极意义。

士族作为国家的统治阶级,自视高贵,可是他们的知识程度低下,生活日益腐朽,精神状态消沉。颜之推尖锐地指出:"多见士大夫耻涉农商,差务工伎,射则不能穿札,笔则才记姓名,饱食醉酒,忽忽无事,以此销日,以此终年。"[1]养尊处优的腐朽生活,使得他们体质衰弱,知识浅陋,精神空虚。

士大夫突出的共同特点是不学无术。"或因家世余绪,得一阶半级,便自为足,全忘修学。及有吉凶大事,议论得失,蒙然张口,如坐云雾;公私宴集,谈古赋诗,塞默低头,欠伸而已。有识旁观,代其入地。何惜数年勤学,长受一生愧辱哉!"[2]他们依靠门第,占有官位,能参与国家大事的议论,出席上层人士的集会。可是,他们没有学识,遇事晕头转向,不知所云,在社会上层蒙混,还不以自己无知为耻。在这种风气的熏染下,贵族子弟在没落的道

---

① 《颜氏家训·勉学》。
② 《颜氏家训·勉学》。

路上走得更远，"明经求第，则顾人答策；三九公宴，则假手赋诗"①。他们不学无术，自己没有文化，考试都要请人代替，只管欢乐地过日子，不知为未来的前途担忧。

有一小部分士大夫读了一些书，具有书本知识，但是他们致命的缺陷是脱离实际。"世人读书者，但能言之，不能行之。忠孝无闻，仁义不足。加以断一条讼，不必得其理；宰千户县，不必理其民。问其造屋，不必知楣横而梲竖也；问其为田，不必知稷早而黍迟也。吟啸谈谑，讽咏辞赋，事既优闲，材增迂诞，军国经纶，略无施用，故为武人俗吏所共嗤诋，良由是乎！"②他们无实用知识和实际办事才能，所以被武人和俗吏看不起。这些人事实上还存在差别。一类人染上了玄学清谈的习气，这是较为普遍的。颜之推说："吾见世中文学之士，品藻古今，若指诸掌，及有试用，多无所堪。居承平之世，不知有丧乱之祸；处庙堂之下，不知有战陈之急；保俸禄之资，不知有耕稼之苦；肆吏民之上，不知有劳役之勤：故难可以应世经务也。"③另一类人继承了经师的老传统，章句之外，毫无所知，毫无所能。他们"空守章句，但诵师言，施之世务，殆无一可"④。这两类人的共同特点是脱离社会实际，缺乏办理社会事务的能力。士族教育培养出来的人才却不能为士族地主阶级的政治需要服务，这是士族教育明显的危机。

从士族地主阶级的利益出发，颜之推认为士族教育必须变革。原来的玄学教育造就一些空谈家，他们"清谈雅论，剖玄析

---

① 《颜氏家训·勉学》。
② 《颜氏家训·勉学》。
③ 《颜氏家训·涉务》。
④ 《颜氏家训·勉学》。

微,宾主往复,娱心悦耳,非济世成俗之要也"①。原来的儒学教育
造就一些死抱经书的章句博士,也无益于世。因此,要改变这状
况,为国家培养实际有用的人才。

　　颜之推经过长期细心的考察分析,提出封建国家政治事务的
人才培养要求。他说:"士君子之处世,贵能有益于物耳,不徒高
谈虚论,左琴右书,以费人君禄位也。国之用材,大较不过六事:
一则朝廷之臣,取其鉴达治体,经纶博雅;二则文史之臣,取其著
述宪章,不忘前古;三则军旅之臣,取其断决有谋,强干习事;四则
藩屏之臣,取其明练风俗,清白爱民;五则使命之臣,取其识变从
宜,不辱君命;六则兴造之臣,取其程功节费,开略有术,此则皆勤
学守行者所能辨也。"②从政治家到工程建设管理人员,封建国家
都需要培养。对个人来说,要成为六方面皆出色的全才是困难
的,那就应受专才的教育,将来专精一职。他认为,只要勤学力
行,这是完全能够办到的。

　　教育的实际目的是培养统治人才,而不论哪一类统治人才,
都必须"德艺周厚"③,这是对人才两方面的基本要求。

(一) 德育

　　颜之推强调以孝悌仁义为道德教育的中心内容,这是对儒家
传统道德思想的继承。虽然没有提出新的道德概念,但是在道德
受破坏、人们不讲道德的时候,他强调道德,还是有实际社会意

---

① 《颜氏家训·勉学》。
② 《颜氏家训·涉务》。
③ 《颜氏家训·名实》。

义的。

孝悌仁义的道德建立在封建宗法制的基础上。按照士族地主阶级利益规定的道德标准，在家族内、在社会中的行为合乎士族地主阶级利益的，才是孝悌，才是仁义，也就是善。

使子弟树立仁义的信念是士族道德教育的重要任务。在社会生活中，应依照仁义的信念去实践，为善去恶。颜之推说："为善则预，为恶则去，不欲党人非义之事也。……如有逆乱之行，得罪于君亲者，又不足恤焉。亲友之迫危难也，家财己力，当无所吝。……墨翟之徒，世谓热腹；杨朱之侣，世谓冷肠。肠不可冷，腹不可热，当以仁义为节文尔。"[①]

颜之推认为，人固然应当爱惜和保护生命，但是实践仁义和维护道德准则有时比维护个人生命更重要，应该不惜付出任何代价。他说："行诚孝而见贼，履仁义而得罪，丧身以全家，泯躯而济国，君子不咎也。"[②]为了维护仁义的道德准则，牺牲个人生命也在所不惜，这是对孔丘"杀身成仁"道德思想的继承和具体发挥。

颜之推晚年信佛更深，他把儒家的仁义道德和佛教的禁戒牵合起来，认为"五常"就是佛教的"五禁"。他说："内典初门，设五种禁，外典仁义礼智信，皆与之符。仁者，不杀之禁也；义者，不盗之禁也；礼者，不邪之禁也；智者，不酒之禁也；信者，不妄之禁也。"[③]佛学主张的道德规范和儒学主张的道德规范原属不同的系统，现在被他牵合在一起，这种牵合并非完全出于偶然，因为它们有共同的阶级基础，都是符合士族地主阶级利益的。这种牵合使

① 《颜氏家训·省事》。
② 《颜氏家训·养生》。
③ 《颜氏家训·归心》。

他主张的道德教育蒙上了宗教迷信的色彩。

（二）艺育

颜之推认为，艺的教育以文为主，还包括各种杂艺，其范围是较广的。艺的教育以晓知文字为前提条件。他强调文字学的重要性，指出："夫文字者，坟籍根本。世之学徒，多不晓字，……不知书音是其枝叶，小学乃其宗系。"[①]文字学相比音韵学是更为根本的学问，但文字是随时代发展变化的。他说："世间小学者，不通古今，必依小篆，是正书记。凡《尔雅》《三苍》《说文》，岂能悉得仓颉本指哉！亦是随代损益，互有同异。西晋已往字书，何可全非？但令体例成就，不为专辄耳。考校是非，特须消息。……吾昔初看《说文》，蚩薄世字，从正则惧人不识，随俗则意嫌其非，略是不得下笔也。所见渐广，更知通变，救前之执，将欲半焉。若文章著述，犹择微相影响者行之，官曹文书，世间尺牍，幸不违俗也。"[②]文字不是一成不变，全以《说文》为准的，而是随着时代发展逐步变革。因此，要顾及社会生活需要，采用社会已接受的字。他对文字学不是采取保守的态度，而是采取开明通变的态度。

艺育的主要途径是读书。颜之推认为，读书大有好处，可是往往被人忽视。他说："世人不问愚智，皆欲识人之多，见事之广，而不肯读书，是犹求饱而懒营馔，欲暖而惰裁衣也。夫读书之人，自羲、农以来，宇宙之下，凡识几人，凡见几事，生民之成败好恶，

---

① 《颜氏家训·勉学》。
② 《颜氏家训·书证》。

固不足论,天地所不能藏,鬼神所不能隐也。"①他强调读书可以了解人类社会乃至自然宇宙的一切知识,以唤起人们对知识的重视,扭转轻视读书造成教育事业衰落的趋势。

读书最主要的内容是儒家的五经,从中可以学习立身处世的基本道理。他说:"夫圣贤之书,教人诚孝,慎言检迹,立身扬名,亦已备矣。"②按照圣贤的教导进行生活实践,就可以培养德行。五经也是文章的根源。要提高文学修养,了解文学渊源,也需要攻读五经。他说:"夫文章者,原出五经:诏命策檄,生于《书》者也;序述论议,生于《易》者也;歌咏赋颂,生于《诗》者也;祭祀哀诔,生于《礼》者也;书奏箴铭,生于《春秋》者也。"③因此,学通五经,也就奠定了写好文章的知识基础。他在玄学、佛学势力膨胀,儒家经学被轻视的时期,能比较客观地叙述五经的意义,强调必学五经,重视历史文化遗产的继承,是值得肯定的。

颜之推主张读书不能仅限于儒家的五经,那样知识面就太狭隘,也应兼及"百家之书"。他说:"夫学者,贵能博闻也。郡国山川,官位姓族,衣服饮食,器皿制度,皆欲根寻,得其原本。""俗间儒士,不涉群书,经纬之外,义疏而已。"④俗儒知识狭隘,头脑闭塞,是他极力反对的。知识既要广博,又要能抓住要领,在实践中灵活应用。如果一味炫耀博学,不顾客观情况,在谈论中、在写作中肆意夸张,不能直接明确地处理世事,那就会产生另一种偏向。他在《颜氏家训·勉学》中指出,有的士大夫,"问一言辄酬数百,

① 《颜氏家训·勉学》。
② 《颜氏家训·序致》。
③ 《颜氏家训·文章》。
④ 《颜氏家训·勉学》。

责其指归,或无要会。邺下谚云:'博士买驴,书券三纸,未有驴字。'使汝以此为师,令人气塞"。这是"烦琐哲学"抓不住要领的典型。这种坏学风是他极力反对的。

"艺"的教育除了包括经史百家的书本知识之外,还要具有参与士大夫阶层社会生活所需要的多种技艺,颜之推称之为"杂艺",如书法、绘画、算术、医方、弹琴、弈棋、射箭、投壶等。这些技艺是文化修养的部分体现,在社会生活中有实用意义,也有个人保健和娱乐的作用。他认为,对士大夫来说,这些技艺只可兼习,而不可专业。例如,他认为:"算术亦是六艺要事,自占儒士论天道,定律历者,皆学通之。然可以兼明,不可以专业。"又认为:"医方之事,取妙极难,不劝汝曹以自命也。微解药性,小小和合,居家得以救急,亦为胜事。"[1]因为从士族地主阶级的立场出发,学艺是为了治人和自己闲暇享受,而不是为了供人役使,如果专精一艺而达到高超的造诣,闻名之后,就会为地位更高的人所役使。他的这种主张在谈书法上表现得最明显。他说:"然而此艺不须过精。夫巧者劳而智者忧,常为人所役使,更觉为累。"[2]这种只可兼习而不可专精的思想,反映了士族地主阶级对技艺的轻视,是技艺发展的一种思想障碍。

在颜之推看来,德育和艺育两方面不是孤立进行的,而是相互联系的。艺育中的知识教育居重要地位,是道德教育的基础,并可直接为道德教育服务。他说:"孝为百行之首,犹须学以修饰之,况余事乎!"又说:"夫所以读书学问,本欲开心明目,利于行耳。"①知识教育为道德教育服务，而道德教育主要是通过知识教育进行的。在读经史百家之书中，学习前人的道德范例，是进行道德教育的重要途径。他在《颜氏家训·勉学》中指出："素骄奢者，欲其观古人之恭俭节用，卑以自牧，礼为教本，敬者身基，瞿然自失，敛容抑志也。素鄙吝者，欲其观古人之贵义轻财，少私寡欲，忌盈恶满，赒穷恤匮，赧然悔耻，积而能散也。素暴悍者，欲其观古人之小心黜己，齿弊舌存，含垢藏疾，尊贤容众，苶然沮丧，若不胜衣也。素怯懦者，欲其观古人之达生委命，强毅正直，立言必信，求福不回，勃然奋厉，不可恐慑也。历兹以往，百行皆然，纵不能淳，去泰去甚，学之所知，施无不达。"从古人各项道德行为事例中吸取教益，可以改进自己的品行作风。古人的这类事例很多，应该积极选择利用。

在教育内容方面，封建士大夫历来轻视农业生产知识和农业生产劳动，认为农业没有多少知识，农业劳动是小人的事，用不着学习。颜之推从自己艰难曲折的社会经历中体会到农业生产的重要性，认为农业是人民生活的根本。因此，他采取与一般士大夫不同的态度，提出要重视学习一些农业生产知识，这在教育史上是很值得注意的。他说："古人欲知稼穑之艰难，斯盖贵谷务本之道也。夫食为民天，民非食不生矣。三日不粒，父子不能相存。耕种之，茠锄之，刈获之，载积之，打拂之，簸扬之，凡几涉手而入仓廪，安可轻农事而贵末业哉！"②他批评当时的士大夫从不参加农业劳动："未尝目观起一坡土，耘一株苗，不知几月当下、几月当

---

① 《颜氏家训·勉学》。
② 《颜氏家训·涉务》。

收,安识世间余务乎!"①他们对农事完全无知,只知饭来张口、衣来伸手,不知有耕稼之苦、劳役之勤。这种人既管不好家务,也管不好政务,原因是他们太养尊处优,脱离了社会实际事务。颜之推揭露当时教育的弊端,阐述他个人独到的见解,是很有积极意义的。但他毕竟受士族地主阶级偏见的局限,他所要求的实际上只限于"知稼穑之艰难",对农事活动有些常识,以便于治家、治民,并非要求士大夫都亲身参加农业生产劳动。北齐王朝灭亡之后,颜之推全家迁居长安,当时他的大儿子思鲁因顾及家庭经济困难,想要转事农业,父子间曾进行过一次讨论。"思鲁尝谓吾曰:'朝无禄位,家无积财,当肆筋力,以申供养。每被课笃,勤劳经史,未知为子,可得安乎?'吾命之曰:'子当以养为心,父当以学为教。使汝弃学徇财,丰吾衣食,食之安得甘? 衣之安得暖? 若务先王之道,绍家世之业,藜羹缊褐,我自欲之。'"②他阻止儿子弃学从农,要儿子继续"家世之业",不能丢掉士族的特殊传统,这就表现了他的真实思想。可见,他在家庭内也不贯彻自己的主张,士族地主阶级轻视生产劳动的意识还是很深的。

五、 论学习的态度和方法

颜之推生长在有儒家传统的士族之家,早年受到儒家思想的熏陶,青年时期博览群书,好学不倦,晚年成为学问渊博的名士。他吸取前人的治学经验,结合自己的学习体验,提出一些重要的

---

① 《颜氏家训·涉务》。
② 《颜氏家训·勉学》。

见解，《颜氏家训·勉学》比较集中地作了介绍，是值得后人加以注意和总结的。①

（一）学习态度

颜之推发觉人们的学习态度有着很大的差别。态度不同，对于个人学业的成就，以至于立身处世，都具有深刻的影响。他对学习态度问题发表过一些精辟的见解，较有意义的有以下几点：

第一，学习是为了修身，不是为了奢谈与做官。士人学习需要有明确目的，应是为了"修身利行"，提高自身的品德修养，使自己有更高尚的社会行为表现，而不是为了积累谈话资本，对人夸夸其谈，或是为了博取一官半职。颜之推借古人来批评当时的士大夫，他说："古之学者为己，以补不足也；今之学者为人，但能说之也。古之学者为人，行道以利世也；今之学者为己，修身以求进也。夫学者，犹种树也，春玩其华，秋登其实。讲论文章，春华也；修身利行，秋实也。"由于受到玄学清谈的影响，当时的多数学者存在着不良学风。他要求学者们端正自己的学习动机，革除浮夸的作风和求官的思想，明确一切学习都是为了提高修养，以使自己德行完善。

第二，应当虚心学习，不可自高自大。天地万物，古今人事，纷繁复杂，知识是无限的。人学习知识，不是一次或短期就能完成的，而是一个漫长的过程，需要不断地充实，如果自以为满足，

---

① 以下引文，除作特别注释外，皆来自《颜氏家训·勉学》，不另外作注。

就难以继续长进。颜之推主张"志不可满"[①],"所以学者，欲其多知明达耳"。但当时的士大夫并不虚心追求知识，有的求官心切，总想露才扬己，以凌人为荣，以请教为耻。玄学之士则清谈雅论，剖玄析微，务必显示自己的见解高超，凡人莫及。这种学风对提高修养只会带来损失。颜之推指出："夫学者，所以求益耳。见人读数十卷书，便自高大，凌忽长者，轻慢同列。人疾之如仇敌，恶之如鸱枭。如此以学自损，不如无学也。"才有一点知识就自高自大，目中无人，在士大夫中制造矛盾，对个人的修养反而有害。"满招损，谦受益。"他在学习上提倡谦虚求实，博学广师，使自己的学识能不断增进，道德修养能继续提高。

第三，应当珍惜时光，不可以老废学。做人必须学习，人的一生都要继续不断地学习。少年时期应当爱惜光阴，不可错过学习的好时机；成年以后，仍应根据条件争取学习机会。颜之推说："然人有坎壈，失于盛年，犹当晚学，不可自弃。"社会上有些人不能自觉地学习，糊里糊涂地过日子，还拿年纪大了学不进去作为理由。他对这种现象作了尖刻的评论，指出："世人婚冠未学，便称迟暮，因循面墙，亦为愚耳。"任何人肯学习总会有好处，知识给人带来光明。"幼而学者，如日出之光，老而学者，如秉烛夜行，犹贤乎瞑目而无见者也。"颜之推的话是有道理的。人生是一个学习的历程，有了知识，才能摆脱盲目无知的状态。能在早年有条件而不失时机地学习当然很好，如果错过早年，犹可利用成年、晚年可抓住的一切机会进行学习。不论早或迟，学习总能取得"开心明目"之益。历史上有许多名人是晚学获得成就的。如汉朝公

---

① 《颜氏家训·止足》。

孙弘四十余岁才读《春秋》，朱云四十岁才学《周易》《论语》，晋朝皇甫谧二十岁才读《孝经》《论语》，最终都成为名儒。他们都是早年错过时机，后来抓紧学习而取得成就的。他们早迷晚悟，努力求进步的精神，是值得后人学习的。

（二）学习方法

颜之推针对当时士大夫在学习上的流弊，特别强调学习方法的重要性，并介绍了几种方法，建议学者采用。

1. 眼学

历史上，教育家较多强调的是学习典籍。汉代经学流行，经师以家法教授，士人均重视典籍。但到了魏晋，玄学兴起，学风改变了。南北朝时，由于清谈的流弊，士大夫们既不重视学习典籍，又无社会实践经验，就以道听途说的琐事趣闻作为谈论的资本。颜之推对这种专靠耳闻而得的学问持怀疑态度，他认为耳闻未实，眼见为真，在学习上要重视亲身直接观察获得的知识。他说："谈说制文，援引古昔，必须眼学，勿信耳受。江南闾里间，士大夫或不学问，羞为鄙朴，道听途说，强事饰辞。"以道听途说的传闻为依据，如称呼高年为"富有春秋"，以讹传讹，都是只凭耳学造成的差错。社会上有些人把听到的都当真，不想花点功夫看看事实，这是一种"贵耳贱目"的不良倾向，需要加以克服。他为此提倡"眼学"，要求在学习上花工夫进行切实的考察。但他并不是主张一切都要直接"眼学"，排斥间接"耳受"。他认为，听闻也可扩大知识，还是需要的，不过应采取有保留的态度，不能不问缘由而轻易转述。如果有闻又有见，闻与见结合，就较为可信。如学习礼仪规矩的事，"昔在江南，目能视而见之，耳能听而闻之，蓬生麻中，不劳翰墨"[1]。亲见亲闻，知道得具体，就不必依靠文字。

2. 师古

古人的有些实践经验是有普遍意义的。颜之推认为，学习和借鉴古人的经验是学习的重要方面。如果只重视学习当前的人物，而忽视学习历史上的模范人物，那就存在着片面性。他说："人见邻里亲戚有佳快者，使子弟慕而学之，不知使学古人，何其蔽也哉！"历史上将之统兵、相之理政、官之治民、吏之办案，都有成功的经验，都可以学习吸取。可供学习的还不限于统治阶级的代表人物，"爰及农商工贾、厮役奴隶、钓鱼屠肉、饭牛牧羊，皆有先达，可为师表，博学求之，无不利于事也"。颜之推提出要向历史上劳动人民的先进人物学习，这是具有积极意义的教学思想。

3. 勤学

颜之推认为，学习的结果主要取决于学者自己，而不取决于教师。"且学者之不勤，岂教者之为过？"[2]他列举古人勤学的先例："古人学，有握锥投斧，照雪聚萤，锄则带经，牧则编简，亦为勤笃。"勤学的人，目的明确，意志坚定，能排除障碍，刻苦学习。如义阳朱詹，家庭贫困，连日无炊，吞纸充饥，寒无毡被，抱犬而卧，犹不废业，终于成为学士。人是有差别的，有的比较聪明，有的比较迟钝，迟钝的人只要勤学不倦，差距是可以逐步缩短的。"钝学累功，不妨精熟"[3]，只要尽自己的力量下苦功夫，就可以达到精通

① 《颜氏家训·风操》。
② 《颜氏家训·归心》。
③ 《颜氏家训·文章》。

颜
之
推
评
传

和熟练的程度。做学问应对每一问题"皆欲根寻,得其原本"。这样的博学,只有依靠勤学才能达到。颜之推对勤学特别强调,他引用历史事例作了有力的证明,令人信服。《勉学》一篇因此被封建士大夫选用为教材,在历史上具有重大的影响。

4. 切磋

颜之推认为,学习不应当个人孤立地进行。断绝与其他学者交流思想经验,会使个人的思想和眼界受到局限,变得自以为是,不知错误。因此,他极力主张在师友之间相互切磋,进行思想交流。他说:"《书》曰:'好问则裕。'《礼》云:'独学而无友,则孤陋而寡闻。'盖须切磋相起明也。见有闭门读书,师心自是,稠人广坐,谬误差失者多矣。"闭门读书尽管可以把典籍读得烂熟,但不易发现自己理解的片面性,往往自己误解了,还把它作为正确的向人介绍。所以,读书不应该闭门。写文章也有交流切磋的问题。他提出:"学为文章,先谋亲友,得其评裁,知可施行,然后出手。慎勿师心自任,取笑旁人也。"①写文章绝对不要保守,不要对亲友保密封锁,怕人评论。"江南文制,欲人弹射,知有病累,随即改之。"②对这种文风,他非常赞同。在学习上,不论是读书还是写文章,颜之推认为都要好问求教,与良师益友共同切磋,这样才能较快地增进知识而避免错误,这是虚心求进步的一种表现。

5. 专一

颜之推要求学者博学,知识面不能太狭隘。但他反对兴趣太过宽泛,什么都想学,什么都不精通。他说:"古人云:'多为少善,不如执一;鼫鼠五能,不成伎术。'近世有两人,朗悟士也,性多营

---

① 《颜氏家训·文章》。
② 《颜氏家训·文章》。

综,略无成名。经不足以待问,史不足以讨论,文章无可传于集
录,书迹未堪以留爱玩,卜筮射六得三,医药治十差五,音乐在数
十人下,弓矢在千百人中。天文、画绘、棋博、鲜卑语、胡书,煎胡
桃油,炼锡为银,如此之类,略得梗概,皆不通熟。惜乎,以彼神
明,若省其异端,当精妙也。"①他要求学者经过比较和选择,确定
自己的学习重点,把精力集中放在重点方面,以取得突出的成就。
学习的专一问题,战国时期孟轲已经提出来了,荀况进一步作了
论述,后代教育家也曾加以强调。颜之推结合当时的情况,以实
际事例加以论证,使专一思想得到提倡。

六、 源远流长的家学

自汉以来,封建社会的士族多数是儒学世家,以学儒通经而
得官,因做官享有政治、经济特权。为了保持政治、经济特权,他
们更重视儒学,以专长的儒学传授子孙,成为世传家业。士族子
弟必须继承世传家业,才能世代为官。有世传家业的士族被称为
"学家",其所传授的学术被称为"家学"。

颜氏家族是有世传家业的士族,《北齐书·文苑传》称颜氏
"世善《周官》《左氏》"。其世代相传历史绵长,是士族家学的典
型。颜之推在其家学发展过程中起了承上启下的重要作用。

据唐颜真卿所撰《晋侍中右光禄大夫本州大中正西平靖侯颜
公大宗碑》,颜氏家学的渊源可上溯到魏代的颜盛。颜盛字叔台,
曾任青州、徐州刺史,封关内侯,"始自鲁迁居琅琊,代传恭孝,故

① 《颜氏家训·省事》。

号所居为孝悌里"。有儒学的思想传统是显然的。颜盛之子颜钦,字公若,"明《韩诗》《礼》《易》《尚书》,多所通说,学者宗之",历任太中大夫、广陵太守。颜钦把家学发扬光大,是一位博通的经学家,在当时颇有社会名望。颜钦之子颜默,字静伯,能保持家学,在西晋任汝阴太守、护军将军。颜默之子颜含,字宏都,以孝悌操行闻于乡里,被东海王越任为太傅参军。西晋王朝覆灭时,他是随司马睿南迁渡江的北方士族之一。颜含在东晋王朝以"儒素笃行",为黄门侍郎、本州大中正,封西平县侯,后升任侍中、国子祭酒、右光禄大夫。颜含长子颜髦,字君道,"少纂家业,悖于孝行"。他继承世传的儒学家业,在东晋任侍中、本州大中正、光禄勋,袭封西平定侯。颜髦之子颜綝,字文和,任骑都尉,袭封西平侯。颜綝之子颜靖之,字茂宗,历任宣城太守、司徒咨议、御史中丞。颜靖之之子颜腾之,字宏道,善草隶,成为书法家,历任治书御史、度支校尉、巴陵太守。颜腾之之子颜炳之,字叔豹,继承家业,以能书见称,奉朝请辅国江夏王参军。颜炳之之子颜见远,"博学有志行",任南齐治书御史兼中丞。颜见远之子颜协,字子和。《南史·颜协传》:"〔颜协〕博涉群书,工于草隶飞白。……荆楚碑碣皆协所书。"颜协为梁湘东王记室,其所著有《晋仙传》五篇、《日月灾异图》两卷、《文集》二十卷。颜协有三子,即之仪、之善、之推。

颜之推少时在家,便蒙训诲,早传家业。他的知识学问源于儒家五经,在精研儒学的基础上发展成为博学的文字音韵学家、文学家、史学家。他的学术思想对颜家后代有深刻的影响。

颜之推有三子,他教育他们要"务先王之道,绍家世之业"。

三子均如所教。长子颜思鲁，字孔归，以儒学显名，博学善为文，尤工于训诂，曾任隋司经校书、长宁王侍读、东宫学士，唐武德初为秦王府记室参军。次子颜愍楚，隋通事舍人，著有《证俗音略》二卷。三子颜游秦，隋典校秘阁，唐廉州、郓州刺史，撰《汉书决疑》十二卷，为当时学者称赞。

颜思鲁有四子，皆少时早承家业。长子颜师古，博览群书，尤精训诂，善属文。隋时以教授为生，唐时历任中书舍人、中书侍郎、秘书监、宏文馆、崇贤馆学士。曾受命考定五经，颁所定书于天下，又奉诏撰定五礼。所著有《文集》六十卷、《匡谬正俗》八卷、《字样》等。所注之《汉书注》《急就章注》等，大行于时。次子颜相时，唐礼部侍郎、天册学士。三子颜勤礼，工于篆籀，尤精诂训，历官校书郎、著作郎，于史籍多所刊定，以文学为崇贤馆、宏文馆学士。四子颜育德，任太子通事舍人，于司经局校定经史。

颜勤礼有七子，均传家业。长子颜昭甫，尤明诂训，工篆隶草书，颜师古注书常令他参定。曾任高宗及曹王的侍读。

颜昭甫有二子，并承家业。长子颜元孙，善草隶，擅辞赋，工章奏，有史才。历任太子舍人、滁州、沂州、濠州刺史等。著有《干禄字书》一卷、《文集》三十卷。次子颜惟贞，有德行词学，特以草隶擅名。任太子文学、薛王友。

颜元孙有五子，早传家业，皆好文学，工草隶，善训诂，先后为官。次子颜杲卿，天宝十四载摄常山太守，闻安禄山反，与从弟颜真卿共谋起兵抵抗，第二年城陷被执，为唐王朝殉难。

颜惟贞有七子，得家学传授，或专经学，或专文学，或专史学。六子颜真卿，为平原太守时，值安禄山叛乱，联络从兄颜杲卿起兵抵抗,附近十七郡响应,共推其为盟主。后入京,官至太子太师。德宗时,李希烈叛乱,颜真卿被派前往招抚,殉难。他是书法家和音韵学家,所著有《颜鲁公集》《韵海镜源》等。

颜氏家业世传,绵延未断。颜真卿在《唐故通议大夫行薛王友柱国赠秘书少监国子祭酒太子少保颜君碑铭》中,细数颜氏家学培养人才的成就,他说:"君①之诸祖父群从扬庭、颐,并侍读;强学、益期,并学士;中和、至诚、敬仲、大智、温之、澂之、澹之、揩、挺、援、撰、温、泳、陵,并明经;康成、强学、希庄、日损、隐朝、邻几、知微,舒、说、顺、胜、式、宣、韶,并进士;制举有意、中和、趋庭、希庄,至刺史;利仁,明天文;欣期、元淑、景灵,并校书;光庭,注《后汉书》;嘉宾、千里、昇庠、匡朝、怡、滔、浑、允济、揩、逸、觌、不器、防,有文词;博古、少连、恭敏,惇学行;敬仲、温之,以孝闻;润,有风义;晃、鳞、邈、迢,以清白称。其余咸著官族,不获悉数。"这一连串的名单展示了颜氏家学的实效。

士族世传家业具有一定的保守性,为了维护家族的利益,对外实行封锁,对内进行传授。家学的特点是:(1)由掌握专门学术的专家进行教授,其他人不具备此条件;(2)一般都是父兄为师,亲自教授,在家庭内传授家学,可以从幼年时期抓起,所以教育工作开展得早;(3)有较充实的图书资料条件,前代的经验积累成了后代的学习材料,其他教育机构不一定具有这种比较专门的图书资料。所以,家学能够培养人才,而且代有才人出,是有其客观原因的。颜氏家学不过是封建士族许多家学中的一家,它为培养人才、维护封建政权发挥了一定的历史作用。

---

① 指颜惟贞。

七、简评

南北朝虽是中国历史上政治很不稳定的一段时期,但一些著名的教育家还是积极开展教学活动,如徐遵明、严植之、李铉、刘昼、熊安生等等,其中最有代表性的教育思想家还是要数颜之推。他最显著的特点就是能揭露当时士族教育的弊端,并提出自己创造性的教育见解。

颜之推出身士族,他的思想代表了士族地主阶级的利益。他活动在南北朝末期,对社会的政治、风俗、学术、教育的腐败和流弊都有较为透彻的了解。他对封建士大夫教育进行深刻的揭露和批判,目的并不是从根本上加以否定,而是加以改进,以挽救士族的没落,维护士族地主阶级的长期统治。

在我国历史上,有些思想家、政治家重视家庭教育,也写了一些家教的专篇,如马援的《诫兄子严敦书》、诸葛亮的《诫子书》、杜预的《家诫》等,但家教的专著在《颜氏家训》问世前还没有出现过。颜之推有较丰富的社会经历、广博的学识,他把立身、治家、处事、为学的经验体会加以总结,"追思平昔之指,铭肌镂骨,非徒古书之诫,经目过耳也"[1],写成《颜氏家训》二十卷,用以教训子孙,作为他们的前车之鉴。这部专著内容丰富,结构完整,比较全面地体现了颜之推的思想、政治、教育观点,又反映了那个时代的一部分教育史实,具有重要的史料价值。它提出了士大夫家庭教育的普遍问题,剖露人情世故,立论平实,又能依附经史,对后代

---

[1] 《颜氏家训·序致》。

士大夫教育具有深远影响。理学家对此书颇为重视,如宋代朱熹编《小学》、清代陈宏谋编《养正遗规》,都取材于《颜氏家训》。后代作家训,基本溯源《颜氏家训》。宋代陈振孙《直斋书录解题》云:"古今家训,以此为祖。"在封建社会家学发展史上,它是一个重要的里程碑。

颜之推的教育思想,是对他那个时代士大夫教育的理论概括,好多观点是错误的。例如,他认为"上智不教而成,下愚虽教无益";反对士大夫习武,反对精通技艺而成为专门人才;认为"笞怒废于家,则竖子之过立见",要求把体罚作为常用的教育手段;等等。这些观点无疑都是错误的,应该加以批判。但他的教育思想中有一些主张是积极的,到今天仍然有一定的意义,可作为批判性吸取的原料,不能轻易地加以抹杀。他的教育思想比较有意义的地方在于,对家庭教育高度重视,提出创造性的见解,强调要抓紧儿童早期的教育,而且从心理发展方面说明了道理;既总结了历史经验,又总结了现实经验,要求把爱护子女和教育子女结合起来,从小培养良好的行为习惯和学习正确的语言;要求重视历史遗产的继承,借助历史模范人物的事例进行思想道德教育,知识学习要为道德教育服务;主张封建知识分子要接触实际生活,有起码的农业生产知识,具有"应世经务"的能力;提出正确的学习态度是增进知识学习、提高修养的重要条件;指出只有注意学习方法,才能克服学习上的片面性,从而取得切实的学习效果,勤学是和取得成就密切联系在一起的。所有这些,都是值得加以分析研究和批判性吸取的。

韩愈《师说》再评价 *

　　韩愈（768—824）是唐代中期重要的思想家和文学家，他以捍卫儒学、反对佛老，提倡散文、反对骈体而闻名于世，对当时的教育思想和教育实践也产生重大影响。韩愈关于教育的专门论述不多，《师说》是较重要的一篇，其中提出一些教育理论问题，对后人论述教师任务和师生关系产生难以磨灭的影响。

　　千余年来，人们对《师说》不断地加以研究。不同的阶级出于自己的利益和需要，对《师说》作不同的分析和评价，这是必然的。"四人帮"为了破坏社会主义教育事业，否定教师在教育工作中的积极作用，以肃清"孔孟之道"的"流毒"为名，把《师说》作为靶子，把它说成狂热鼓吹儒家的"师道尊严"，复古倒退的反动论文，说其思想内容全是封建性的糟粕，没有半点可以借鉴的地方，全盘加以否定。"四人帮"的文化专制统治已经结束，对《师说》的定案是否恰当是值得复查的。下面谈一些个人的看法。

　　* 本文原刊于《上海师范大学学报》（哲学社会科学版）1979 年第 2 期。

一、《师说》是具有进步意义的教育论著

列宁说:"在分析任何一个社会问题时,马克思主义理论的绝对要求,就是要把问题提到一定的历史范围之内……"①这段话对于评价《师说》同样有指导意义,那就是要把《师说》放在唐代中期的具体历史条件下加以衡量。

关于《师说》作于何时,因作者未写明年月,还没有足够的根据做出确切的判断,但从有关的材料推测,大概写于韩愈调任学官而李蟠未成进士的时候。韩愈于 802 年调四门博士,李蟠于 803 年成进士,因此一般认为《师说》是在唐德宗贞元十八年(802 年)写成并发表的。《师说》是应学生的要求而写的赠文,特别强调师道问题,这有其客观的政治原因。

中唐德宗统治时期,藩镇跋扈,形成武装割据局面,破坏了国家统一,损害了社会经济。封建统治者继续扶植宗教作为统治工具,寺院遍及天下,广占田产,不纳赋税。寺院地主进行经济剥削,贪得无厌,既加重了人民的负担,也损害了庶族地主的利益。韩愈从庶族地主阶级的利益出发,在政治上主张加强中央君主集权统治,反对藩镇的分裂割据;在经济上主张维持原有士农工商的封建社会结构,反对寺院地主的严重剥削;在文化上主张恢复儒学的主导地位,以巩固封建君主集权统治,反对佛老宗教思想的危害,尤其是对佛教违背封建纲常发起了猛烈攻击。文学是政治思想斗争的有力工具,有见识的思想家都认识到自魏晋以来流

---

① 列宁.列宁选集:第二卷[M].北京:人民出版社,1995:375.

行的那种形式主义、华而不实、柔靡颓废的文风必须改革。韩愈积极投入古文运动。古文运动不是单纯的文体革新运动，它是为维护中央集权统治服务的。它在内容方面捍卫处于衰落状态的儒家思想，反对当时特别盛行的佛老思想，在形式上提倡先秦、两汉的散体文，反对魏晋以来的骈体文，到唐德宗统治后期逐渐走向高潮。在当时，为了捍卫儒道和改革文体，个人单枪匹马冲杀是不会造成社会运动的，既需要有声望的人带头提倡，联合志同道合之士，又要培养后继的青年，使运动能够长久持续下去。在封建专制制度下，不可能组织什么团体，而师友关系是一种比较适合于思想联系的形式，这就要有人敢于以"师"为职，以"传道"为任，展开"传道授业"的宣传教育活动，扩大社会影响，为运动的最终胜利创造必要条件。所以，要从教育理论上确认教师是人类社会必要的工作，"传道"是教育的首要职责，这不仅是恢复儒家传统，更主要的是现实政治斗争的需要。

796 年，韩愈在汴州任观察推官，开始接收学生，第一个是李翱，第二个是张籍，对他们传以孔孟之道，授以古文之业。随后，韩愈声誉更广，请教者日多，他采取"苟来者，吾斯进之而已矣"①的态度，实行"来者不拒"的方针，到 802 年在京师任四门博士，便接收更多的学生。这六年的教育活动与当时的社会风气不合，激起较大的反响，有人积极赞成，也有人猛烈反对，矛盾集中在师道问题上。古文运动要继续前进，需要从思想理论上解决这个关键性问题。他反复思之，议论不能不发。802 年，他借对学生李蟠赠文的机会，比较系统地阐述了自己关于师道的观点。《师说》的写

---

① 《韩昌黎集·重答李翊书》。

作和发表,是韩愈的教育活动积极为当时政治服务的表现。

《师说》批判当时普遍存在的轻视师道的坏思想、坏习气,大胆地阐述新观点,在士大夫中间引起极大的震动,也是有其社会历史原因的。在中国历史上,崇儒与尊师两者之间有较密切的联系。汉代实行"独尊儒术"的文教政策,当时经师成为光荣的职业,尊师成为普遍的风气。汉末儒学开始衰落,魏晋时玄学取代了儒学而占据统治地位,尊师的风气也因之日趋淡薄。到了唐代,统治者为了加强对劳动人民的思想控制,大力扶植宗教,儒学虽然也被利用,但处于被压抑的地位,其社会影响不能与佛道相比。又由于唐代盛行科举制度,要参与社会政治生活,文学比经学显得更为重要,士人都借助文学来争夺名位,故当时有"五尺童子耻不言文墨焉"[①]之语。在文学风靡一时的条件下,士族子弟皆有家学传授,由于"文士撰文,惟恐不自己出"[②],要显示个人才能,竞相以诗文比高下,因此他们不以师传为荣,而以求师为耻。唐代儒学既衰,教师便不受尊敬,所以官学虽有传经博士,科举尚有明经之科,但社会上少有人敢以传道之师自任。韩愈回顾这一段历史发展,感慨地说:"由汉氏已来,师道日微,然犹时有授经传业者,及于今则无闻矣。"[③]当时士大夫中间普遍的想法是耻学于师。如果有人愿意确立师弟子关系,以师弟子相称呼,大家就群起嘲笑。为什么要否认师弟子关系呢? 他们说,所谓师与弟子,年纪彼此相当,思想水平也相近似,如果以地位低的人为师,则感到羞耻;如果以官位高的人为师,则又有逢迎拍马之嫌。所以,否认师

---

① 《通典·选举三·历代制下》。
② 《唐书辑校》前言。
③ 《韩昌黎集·进士策问十三首》。

弟子关系，并非因为客观不存在，而主要是考虑到社会地位。这种顽固的思想成为古文运动的障碍，不首先打破这种旧思想，就难以开展古文运动，也就不能更好地宣传儒学思想，以反对藩镇割据和当时佛教、道教对社会的危害。韩愈正是为了开展古文运动，为了政治思想斗争的需要，挺身而出，敢于为师，并且写了《师说》，公开宣传，在士大夫中间引起极大的震动。柳宗元在《答韦中立论师道书》中，比较如实地记述了这个轰动一时的事件："今之世，不闻有师，有辄哗笑之，以为狂人。独韩愈奋不顾流俗，犯笑侮，收召后学，作《师说》，因抗颜而为师。世果群怪聚骂，指目牵引，而增与为言辞。愈以是得狂名。"可见，当时的知识界多数，抱庸俗之见。《师说》的发表，没有得到赞扬，反而引起一阵咒骂。有人甚至进行恶毒的人身攻击，诬蔑韩愈是狂人发了狂言。新旧两种思想的斗争颇为激烈。在毁谤和压力下，韩愈毫不后退，坚持与旧思想进行斗争，这种精神是非常可贵的。

　　与韩愈同时而齐名的柳宗元对韩愈主张"师道"问题的态度，是非常值得注意的。有人说柳宗元对韩愈的"反动"师道观深恶痛绝，可是查一查柳宗元的有关文章可知，实际上他支持韩愈的主张，指出攻击韩愈的人实如蜀犬吠日。但柳宗元当时在政治上处于被贬的困境，他说："世久无师弟子，决为之，且见非，且见罪，惧而不为。"①衡量个人在政治上的利害之后，他不能采取韩愈那种公开树旗立名的做法，而是极力回避师名。他在《答严厚舆秀才论为师道书》中说："仆才能勇敢不如韩退之，故又不为人师。人之所见有同异，吾子无以韩责我。"柳宗元避名就实，先后接收

① 《柳河东集·报袁君陈秀才避师名书》。

韩愈《师说》再评价

一些弟子,但他处在偏远地区,又怕惹祸而不敢张扬,所发挥的影响就不能不受到一些限制。因此,只能说两人因条件不同,影响有大小,不能说两人在师道问题上是根本敌对的。

韩愈以《师说》为宣言,敢为人师,不畏毁谤,坚持斗争,旗号既张,造成较大的社会影响,促使社会思想风气逐渐转变,推进了古文运动。因此,可以说《师说》起了解放思想的作用,是具有进步意义的。

二、《师说》在理论上有些值得肯定的主张

对于《师说》,由于观点方法不同,因而也会出现不同的评价。列宁说:"判断历史的功绩,不是根据历史活动家没有提供现代所要求的东西,而是根据他们比他们的前辈提供了新的东西。"[①]这句话启发我们,评价问题要注意两点:(1)要往前比,不要往后比;(2)要注意有没有新东西。我对《师说》试加分析,觉得还有些新的和有意义的东西值得加以肯定。

第一,《师说》由"人非生而知之者"出发,肯定"学者必有师"。这种论点在今天看来是平淡无奇的,而在唐代中期"不闻有师"的社会条件下则有重要的实际意义。"人非生而知之"对"生而知之"是直接的否定,与儒家传统思想有出入。儒家的祖师孔丘认为,"生而知之者,上也"[②]。孟轲更进一步发挥,认为天生圣人与凡人不同,是先知先觉者,可以不学而能,不虑而知,这是典型的唯心主义先验论。历史上,唯物主义思想家曾与这种先验论思想

---

① 列宁.列宁全集:第二卷[M].人民出版社,1959:150.
② 《论语·季氏》。

进行过斗争。东汉王符就认为，"虽有至圣，不生而知；虽有至材，不生而能"，所以"人不可以不就师"。^①韩愈接受王符等的思想影响，再结合自己对社会进行观察的结果，提出了"人非生而知之"，否定了"生而知之"。就这一点来看，《师说》在认识论上靠向了唯物主义，与韩愈自己的"性三品说"这一唯心主义观点相矛盾。唯物主义者有个别观点是唯心的，唯心主义者也有个别观点是唯物的，这是常有的现象，我们不能否认有这种矛盾，而抹杀他提出"人非生而知之"这种观点在理论上的意义。"人非生而知之"的观点成为"学者必有师"的立论依据。既然人非生而知之，人人都有不知道的事情，都会遇到自己不能解决的难题，那么人人都有学习的必要，而学习就必定要有教师指导。如果有疑难问题，又不肯跟老师学习，疑难问题绝不会自行解决。韩愈总结人类的历史经验，提出"学者必有师"，确认教师是人类社会一种必不可少的工作，这对于矫正忽视教师的思想，促进文化教育的发展是具有重要意义的。

第二，《师说》指出"传道、受业、解惑"是教师工作的基本任务。在中国历史上，关于教师工作任务的言论和事例不少。如孔丘曾教训学生"笃信好学，守死善道"^②。他对学生传授诗书礼乐，《论语》中也记载了许多师生问答，表明他对学生是在"传道、受业、解惑"，虽未明确规定教师的任务，但已有具体的实践。荀况认为："师者，所以正礼也。"^③扬雄认为："师者，人之模范也。"^④他们只从某一方面提出教师的工作任务，还没有一个比较全面的论

---

① 《潜夫论·赞学》。
② 《论语·泰伯》。
③ 《荀子·修身》。
④ 《法言·学行》。

断。韩愈总结了历史经验,在《师说》中提出:"师者,所以传道、受业、解惑也。"教师工作的三项任务都有它在特定时代的阶级内容,不容随意理解。所谓的"传道",就是《原道》一文中论述的孔孟之道,它要求学生按儒家仁义的准则去处理社会政治、经济生活、文化思想等问题,实际上就是要维护封建专制制度。所谓的"受业",是教授儒学的"六艺经传"与古文。所谓的"解惑",是解决学"道"与"业"过程中的疑问。三项任务中,最主要的是"传道","受业"和"解惑"都要贯串"传道",为"传道"服务。这就表明教师实际的政治作用是为封建统治服务。韩愈在历史上首先提出教师的任务是"传道、受业、解惑",言简而意新,比较概括、明确,有主有次,一经提出便成为名言,也为以后的封建知识分子所接受。千余年来,不同的阶级对韩愈关于教师基本任务的论述都有不同的批判和继承,利用其语言形式,赋予其时代的阶级内容。封建时代已经过去,现在社会主义学校中教师任务的具体阶级内容已经根本不同,但教师对学生有进行思想教育、传授业务知识、帮助解决疑难问题等方面的工作任务,仍然是客观存在的。

第三,《师说》提出以"道"为衡量师的标准,主张学无常师。学无常师的主张,并非一种新的教育观点,《尚书·咸有一德》已有"德无常师,主善为师"的说法,以善为标准,善者即拜之为师。孔丘提出"就有道而正焉"①,也是主张学无常师。孔丘的学生子贡说:"文武之道,未坠于地,在人。贤者识其大者,不贤者识其小者,莫不有文武之道焉。夫子焉不学? 而亦何常师之有?"②这就作了更具体的说明。但这种有道为师、学无常师的思想到了科举

① 《论语·学而》。
② 《论语·子张》。

盛行与文学风靡的唐代,已被抛弃了。统治者任用教师漫无准则。尤其是到武则天当皇帝时,任命学官已不根据真才实学,诸王、驸马皆可为国子监祭酒,学官徒有其名,而无教学之实。到代宗时,甚至由大宦官鱼朝恩主管国子监,对文武百官乱讲《易经》,更是荒唐之至。德宗时,虽想加以改变,但任用学官仍然"多循资叙,不考艺能"①,根本不能称职。任用教师既无公认标准,社会上对教师也就不看重。韩愈对这些现象甚为不满,极力矫正当时凭贵戚或凭年资来当学官的风气。他认为,教师教学的任务主要在传道,学生求学的任务主要在学道。能否当教师,也就是以"道"为标准来衡量。谁先闻道,谁就有条件传道,实际上起教师的作用。所以,年龄比较大的人闻道在先,就可拜他为师;年龄比较小的人闻道在先,也可拜他为师。这样,就完全以有"道"者为师,而不论其年龄大或小,也不论其社会地位贵或贱。"道之所存,师之所存也",凡有"道",就可为师。韩愈这种主张,既为自己的教育活动辩解,也为社会地位低的年轻教师鸣不平。既然以有"道"者为师,而有"道"者又不少,那么求学的范围就不该受到限制,而应学无常师。他举出孔丘向苌弘、师襄、老聃、郯子学习的历史事例,证明应向一切有专长的人学习,要善于学习别人的长处,才能成为"圣贤"。在当时"不闻有师"的社会条件下,韩愈独自提倡"学无常师",当然会使人感到是危言耸听,但他借孔丘的事例来加强论据,使士大夫们难以拒绝接受。韩愈提出以道为师、学无常师的主张,对打破当时士大夫们妄自尊大的心理,促进思想和文学上的交流,具有积极的意义。今天如能批判地吸收这种思想

① 《韩昌黎集·国子监论新注学官牒》。

合理的一面,敢于向所有人学习无产阶级所需要的科学技术,也会扩大眼界,提高业务水平。

第四,《师说》提出师生之间可以彼此"相师",建立比较合理的师生关系。儒家学派从创立开始就提倡尊师,以后越来越强调要树立教师的绝对权威。《弟子职》就规定"先生施教,弟子是则",把教师作为真理的化身,教师教导的,学生都要奉为准则并尽力去做到。荀况特别强调尊师,把尊师作为国家兴旺的标志,要求学生绝对尊重教师,必须做到"师云亦云","言而不称师谓之畔,教而不称师谓之倍"①,背叛的人是要受到统治阶级排斥和制裁的。《白虎通·辟雍》提出"师弟子之道有三",即所谓"朋友之道""父子之道""君臣之道"。这三种关系中,被强调较多的是后两种关系。"父子之道"就是把师生关系作为封建宗法制的隶属关系,"一日为师,终身为父",师生关系一经确立,学生就要如子事父,一辈子承担义务。"君臣之道"就是要把师生关系视为统治与被统治、主人与奴仆的关系,要求学生俯首服从。这两种关系是不能变换的,师生之间没有平等可言。在封建专制条件下,形而上学地看待师生关系,必然把教师完全绝对化。虽然《学记》提出教学相长的主张,但它只说到教与学两件事可以相互促进,其中并没有教师要向学生学习的意思。唐代封建士大夫中,既"不闻有师",更不谈"相师"。韩愈不仅要扭转这种风气,而且要使师生关系建立在比较合理的基础上。他观察了社会中各种职业的人,对他们的学习情况和相互关系进行分析比较,指出"巫、医、乐师、百工之人,不耻相师",认为这种做法较好,他们处理相互关系

---

① 《荀子·大略》。

比士大夫更为明智。士大夫应该矫正"耻学于师"的坏风气,形成相互学习的新风气。相互学习不限于同辈朋友之间,也要实行于教师和学生之间。教师和学生在闻道方面可能各有先后,学术业务可能各有专攻,从多方面来看,"弟子不必不如师,师不必贤于弟子"。即弟子不一定样样都不如教师,如果在某方面确有专长,也可以此为条件,转而为师。教师也不一定事事都比弟子高明,为了进一步扩大知识面,学习别人的专长,也可以转而成为弟子。教师与弟子可以相互学习,教学相长是理所当然的事。这对教学相长的思想确是新的发展和补充。韩愈在封建专制的历史条件下,提出师弟子之间可以"相师"的主张,不再把师弟子的关系看成绝对的,而是有条件的、相对的、可以转化的。这就否定了把教师作为绝对权威而盲目迷信,对封建性的师道尊严是一次重要的突破。这种具有民主性与辩证法因素的思想,在教育发展史上是很有意义的。

三、《师说》带有明显的局限性

韩愈是地主阶级的思想家,他的世界观是唯心主义的,这些都必然要表现在教育思想上。《师说》这篇重要的教育论文,就存在着较大的阶级局限性。

首先,《师说》强调教师的任务是"传道","传道"就是要宣传和捍卫孔孟仁义之道。韩愈信奉孔孟,他提出了一套道统说,并以道统的继承者和卫道者自任。他说,"使其道由愈而粗传,虽灭死万万无恨"[1],表示不惜用生命来卫道。他所说的"道",概念借

---

[1] 《韩昌黎集·与孟尚书书》。

自古人，却有现实的具体政治内容。他把对人民的统治和剥削都说成合乎道，所以"传道"的实际目的就是捍卫封建专制政治制度。《师说》受道统思想的束缚，道统中的关键人物孔丘被尊为圣人，作为学习的最高典范。《师说》的一部分论点和材料是从孔丘的言论和事迹中吸取的。所以，韩愈不可能更广泛地总结历史经验和现实经验，提出更多的创见。

其次，《师说》中表露了韩愈轻视劳动人民的阶级偏见。他接受了孟轲"劳心者治人，劳力者治于人"[①]的思想，曾说："用力者使于人，用心者使人，其亦宜也。"[②]还说："民者，出粟米、麻丝，作器皿，通货财，以事其上者也。"[③]他认为封建统治者对人民的奴役和剥削是合理的。他带有封建士大夫的优越感，瞧不起被他认为下等的劳动人民，在《师说》中公然说："巫、医、乐师、百工之人，君子不齿，今其智乃反不能及，其可怪也欤！"他把劳动人民看成下贱的、愚昧的，认为根本不值得一谈，并把劳动人民智慧的表现看成可怪的现象。他是一个历史唯心主义者。因此，他所提倡的学无常师最终还是区分贵贱，限制在士大夫的范围里。

再次，《师说》表现了轻视小学教师的等级思想。韩愈按当时的教育情况，把教师大体分为两类：一类是童子之师，其职责是"授之书，而习其句读"；另一类是青年之师，其职责是"传道、受业、解惑"。按教学对象的年龄和知识程度来区分也未尝不可，但他认为小学仅教读写，还不能传道授业，就把小学撇开，认为只有"传道、受业、解惑"这一类教育才能算作人生重大的教育工作，才

① 《孟子·滕文公上》。
② 《韩昌黎集·圬者王承福传》。
③ 《韩昌黎集·原道》。

是他所要谈的范围。他瞧不起社会地位比较低的小学教师，轻视基础教育，实际上是封建等级观念在作怪。

综上所述，对于韩愈的《师说》，既不能全部加以否定，也不能全部加以肯定。我们要用马克思主义的观点和方法，把《师说》放到一定的历史范围内，进行具体的、历史的、阶级的分析，坚持辩证法，反对形而上学，通过共同讨论，努力争取做出恰如其分的评价。

韩愈评传 *

一、 生平活动

韩愈(768—824),字退之,河南河阳(今河南孟州南)人。韩氏先世曾居昌黎,韩愈依祖籍自称昌黎人,后人亦称他"韩昌黎"。晚年官至吏部侍郎,后世因而称他"韩吏部"。逝后谥曰"文",后代又称他"韩文公"。韩愈是唐代著名的思想家、文学家和教育家。

韩愈生在一个世代为官的封建家庭里。祖父韩睿素,为唐桂州都督府长史。父亲韩仲卿,做过潞州铜鞮尉、武昌令,是一位政纪严明、使"奸吏束手、豪宗侧目"的地方官,后官至秘书郎。叔父韩云卿,做过监察御史、礼部郎中,"当大历世,文辞独行中朝"[1],在文学界负有盛名。长兄韩会,"善清言,有文章,名最高,然以故多谤"[2],官至起居舍人,后贬韶州刺史。

韩愈三岁时,父母双亡,由兄嫂韩会夫妇抚养长大。他在《祭郑夫人文》中回忆说:"我生不辰,三岁而孤。蒙幼未知,鞠我者

---

* 本文为沈灌群、毛礼锐主编《中国教育家评传》(第一卷)(上海教育出版社 1988 年版)中的一篇。
[1] 《韩昌黎集·科斗书后记》。
[2] 《柳河东集·先君石表阴先友记》。

兄。在死而生,实维嫂恩。"他一生处在社会动荡不安之中,个人生活经历比较曲折,锻炼了他敢于进取、勇于奋斗的精神。

韩愈生活在"安史之乱"后的中唐时期,经历了代宗、德宗、顺宗宪宗、穆宗五个皇帝执政的年代。"安史之乱"后,叛军的将领摇身一变,转为唐王朝的节度使,他们掌握武装,各霸一方,名义上服从朝廷,实际上是封建割据势力,是制造内乱的祸根。所以,统一的中央集权国家同分裂的地方割据势力之间的斗争,成为这一时期的主要矛盾。地方割据势力在德宗当政时期尤其猖獗。公元781年,淄青镇、成德镇、魏博镇诸将领因争传子制而举叛旗,山南、平卢节度也相继称乱;782年,王武俊、李希烈反叛;783年,朱泚、李怀光又作乱。祸乱继起,无有宁日。朝廷依靠文臣武将的效忠,用尽气力,才平息叛乱,然祸根未除,不时萌发,危害国家统一。到了宪宗当政时期,又相继出现刘辟、王承宗、吴元济、王廷凑诸藩镇叛乱。面对这些叛乱,如何处置成为中心问题。韩愈主张加强中央君主集权,维护封建国家统一,消除割据势力。他在政治思想上强调君权,主张区分君臣名分:"君者,出令者也;臣者,行君之令而致之民者也。"①他要求藩镇遵从朝廷命令,不可成为割地称王,对抗朝廷的军阀。他在行动上积极参与反对藩镇割据的斗争,曾助董晋平定汴州叛乱,助裴度平淮西叛乱,又曾奉命宣抚镇州。这些都是他维护国家统一的实际行动,体现了他在重大政治问题上有胆有识。

在思想文化方面,要起到巩固封建中央集权制度、保证稳定全国的社会秩序的作用,统治者手中的思想武器不外是儒、佛、

---

① 《韩昌黎集·原道》。

道。佛、道两教信徒虽然在控制人民思想方面为封建制度服务，但他们不事君父，不当兵，不纳税，对于维护中央集权制度反而带来危害。统治者从历史经验教训中感到，要巩固中央集权制度，必须调整儒、佛、道的关系，提高儒学的地位。韩愈敏锐地觉察到这种社会需要，认为国家要以孔孟之道为思想支柱，大力提倡忠君孝亲。他举起复兴儒学的旗帜，挺身大呼，发出"尊孔孟，排异端"的号召。他坚决倡导排斥佛教和道教，重点是反对佛教。他反对宗教的主要理由有三：首先，他从经济方面指出弊害。由于宗教提倡出世，僧侣道士不农不工不商，游手好闲，不事生产，成群的人吃白饭，耗费社会财富，是造成人民贫穷与社会动乱的根源。其次，他从政治伦理方面指出弊害。佛教只强调个人的修行，抛弃一切社会义务，"欲治其心而外天下国家，灭其天常，子焉而不父其父，臣焉而不君其君，民焉而不事其事"[1]。这是违背封建礼教的。再次，他从社会文化传统方面指出弊害。佛老之道弃仁与义，而中国的文化传统则是儒家的仁义之道。仁义之道贯串于社会经济、政治、文化等方面。"夫所谓先王之教者，何也？博爱之谓仁，行而宜之之谓义，由是而之焉之谓道，足乎已无待于外之谓德。其文，《诗》《书》《易》《春秋》；其法，礼、乐、刑、政；其民，士、农、工、贾；其位，君臣、父子、师友、宾主、昆弟、夫妇；其服，麻、丝；其居，宫、室；其食，粟米、蔬果、鱼肉。其为道易明，其为教易行也。"[2]这是一幅封建社会秩序的蓝图。韩愈认为佛教是"夷狄之一法"[3]，各方面都与中国千百年来的传统相违背。面对着巨大

---

① 《韩昌黎集·原道》。
② 《韩昌黎集·原道》。
③ 《唐会要·议释教上》。

的宗教势力,他主张采取强制性的政治措施,勒令僧众还俗,焚毁佛教经卷,没收寺院财产。这种主张代表了世俗地主的经济利益,目的在于维护中央集权制度。

唐代封建统治阶级为了适应政治经济变革的需要,宣扬儒学,反对佛教,要求改革齐梁以来四六排比的骈体文,采用接近口语的散体文,逐渐兴起了与骈体文相对抗的新古文运动。陈子昂是新古文运动的先驱,后继者有肖颖士、元结、李华、独孤及、梁肃等,使新古文运动得以开展,而要取得胜利,还需要更有力的推进。韩愈领导了唐代中期的新古文运动,他提倡以儒学作为新古文的思想内容,革新文体,并写出了相当数量的优秀散文作品。他和同时代的柳宗元协同把新古文运动推向高潮,使散体文终于取得压倒骈体文的胜利,从而使唐宋古文得到了发展。

这些政治的、思想的、文学的活动都和韩愈的教育活动相互交错,并影响他的教育活动。

韩愈的一生大体上可划分为四个阶段。

第一阶段从出生到二十五岁,即从代宗大历三年(768年)到德宗贞元八年(792年),主要是求学与应举。

韩愈在其《上宰相书》中自述"七年而学圣人之道",可见他七岁开始读儒家经籍。他对学习发生浓厚的兴趣,表现出超常的才能,"言出成文"[①]。他随长兄韩会赴任至京师,离开南阳故里,在长安居住了三年。他曾称"余少之时,将求多能,夙夜以孜孜"[②],在学习上颇为勤奋。

大历十二年(777年),韩会因故被贬为韶州刺史,韩愈时方十

---

① 《皇甫持正文集·韩文公墓铭》。
② 《韩昌黎集·五箴·游箴》。

岁,随兄由京师迁至岭南贬所。不及一年,韩会病故,韩愈遂又随嫂北归河阳。

建中、贞元之际,封建割据者挑起战争,中原不宁。为避战火,韩氏家族百余口南迁至宣城,其地有"韩氏别业",韩愈在此度过少年的一段时期。他开始发奋求学,《旧唐书·韩愈传》载:"愈自以孤子,幼刻苦学儒,不俟奖励。"后来,他回忆说:"念昔始读书,志欲干王霸。"①他已立下远大的志向,将来要干一番事业。他依靠韩氏家族供养生活,日以攻读儒家经书为事,不识未耜耕获之勤。他的记忆能力甚好,可以日诵记数百千言,知识积累多了,十三岁便能写文章。

韩愈除了努力学习儒家经典之外,还重视博览百家,特别喜欢西汉司马相如、司马迁、扬雄的文章,青年时曾从独孤及、梁肃之徒游学。《旧唐书·韩愈传》载:"大历、贞元之间,文士多尚古学,效扬雄、董仲舒之述作,而独孤及、梁肃最称渊奥,儒林推重。愈从其徒游,锐意钻仰,欲自振于一代。"因受独孤及、梁肃的影响,韩愈特别重视钻研古文,从中不仅留意古今兴亡得失,总结历史经验,而且结合史实考察社会现实问题。他在《与凤翔邢尚书书》中说:"前古之兴亡,未尝不经于心也;当世之得失,未尝不留于意也。"他当时是一位既重视吸取历史经验,又关心社会变化的青年知识分子。他勤奋地研习古文,潜心古道,在青年时期奠定了一生的学问基础。

韩愈十九岁时,意识到自己不能依赖家族,而要负起对家族的责任,因而自江南入京师寻求出路。"见有举进士者,人多贵

① 《韩昌黎集·岳阳楼别窦司直》。

之,因诣州县求举。"①在唐代重科举的社会思潮影响下,他开始参与竞争性很强的进士科考试,以不成功不罢休的气概投入竞赛,自述"四举于礼部乃一得"②,"二十五而擢第于春官"③。贞元八年(792 年),年已二十五岁的韩愈第四次参加礼部主持的进士科考试,实现了进士及第的初步目标,取得了参与选官考试的资格。

第二阶段为二十六岁至二十八岁,即从德宗贞元九年(793年)到顺宗永贞元年(805 年),主要是求仕,参与国家政治活动,并开展了传道授业的教育活动。

按当时的制度,进士及第的人只是取得参与选官的资格,要由中央政府实际派任官职,还要应吏部的考试。为了实现进一步的目标,从二十六岁开始,韩愈连续三次参加吏部"博学宏词"考试,均未获选。考试不顺利,连一个九品官也做不成,没有俸禄作为经济来源,虽有进士之名,"无儋屋赁仆之资,无缊袍粝食之给。驱马出门,不知所之"④。饥不得食,寒不得衣,被人讪笑,生活陷于困境。他认为出路仍在于求仕,于是以文章为社交手段,求知于权贵之门,曾三次上书宰相,显示才华,表白抱负,诉说眼前生活窘迫,乞求提拔录用。当时宰相贾耽、赵憬、卢迈未加同情,置之不理。韩愈极为感慨地发出不遇时之叹:"遭时者虽小善必达,不遭时者累善无所容焉。"⑤贞元十一年(795 年),他离开长安东归洛阳,到地方上谋求政治出路。他自称"不忘于仕进者,亦将小行乎其志矣"⑥。求仕不单纯是为了解决生活来源问题,亦是为了实

① 《韩昌黎集·答崔立之书》。
② 《韩昌黎集·上宰相书》。
③ 《韩昌黎集·上邢君牙书》。
④ 《韩昌黎集·上考功崔虞部书》。
⑤ 《韩昌黎集·感二鸟赋》。
⑥ 《韩昌黎集·与卫中行书》。

韩愈评传

现自己改革社会的政治理想。

贞元十二年（796 年），汴州军乱，董晋受命为汴州刺史、宣武军节度使。韩愈被董晋招为幕僚，任汴、宋、亳、颍等州观察推官，从此走入仕途，参与政治活动。韩愈既是进士及第，以文章闻于世，又是现职官员，有一定的社会地位，登门求教者随之而至，他的教育活动从此开始。首批成为"韩门弟子"的是李翱、张籍等人。韩愈在《与冯宿论文书》中提及此事。李翱在《祭吏部韩侍郎文》中回忆当年建立师生关系时说："贞元十二，兄在汴州。我游自徐，始得兄交。视我无能，待予以友。讲文析道，为益之厚。"

贞元十五年（799 年），宣武军节度使董晋死，汴州军再乱，军司马被杀。韩愈转投徐州，为徐泗濠节度使张建封所接纳，被推荐为节度推官。韩愈刚正直言，对时政累有献议。其年冬，受张建封委派，他以徐州从事的身份朝正于京师。国子监四门助教欧阳詹与韩愈知交较深，欲发动生徒请求朝廷委派韩愈为博士，适逢国子监发生其他大案，故未实现。翌年，韩愈回归徐州，因意见未为张建封所采纳，辞谢职务，西居洛阳。

贞元十七年（801 年），韩愈至京师，等候调选，秋冬之间，被任为四门博士。身为学官，从学者渐多，侯喜等人成为弟子。第二年，韩愈继续任四门博士。他爱护人才，积极向考官推荐优秀考生，曾写信给当年任副考官的祠部员外郎陆傪，推荐了侯喜、侯云长、刘述古、韦群玉、沈杞、张苰、尉迟汾、李绅、张后馀、李翊等十人，其中当年登科的有四人。他在知识界提倡师道，打破习俗偏见，带头收受弟子。他公开阐明自己的主张，写了《师说》，赠送给弟子李蟠，成为轰动一时的重要教育文章。韩愈受到青年景仰，门下弟子甚多。李肇《唐国史补》说："韩愈引致后进，为求科第，多有投书请益者，时人谓之'韩门弟子'。"

贞元十九年（803 年），四门博士任满两年，韩愈迁监察御史。当时政治腐败的现实，引起他的注意和关心。超于法律的宫市，几乎无偿地掠夺人民的劳动果实，其弊极深。关中旱饥，灾情严重，虽有减免租税的命令，但官吏仍然不停征敛，使百姓家破人亡，四处流散。韩愈日行于长安衢路，亲眼看到"饿者何其稠，亲逢道边死"①的惨状，激起了极大的同情。他身为监察御史，从维护唐王朝的长远利益出发，上疏建议废除宫市，继又上疏请宽徭役、免田租。因得罪权臣，不仅他的意见未被采纳，且其本人被贬官为连州阳山令。

阳山在南岭山区，是经济、文化落后的地区。韩愈到阳山后，带来不少变化。有些青年慕名至阳山游学，"乘不测之舟，入无人之地，以相从问文章为事"②。前来向韩愈求教的，先后有区册、窦存亮、刘生等人。区册与韩愈建立了深厚的师生感情，后来还追随韩愈到江陵，直至长安。张籍《送区弘》诗云："韩公国大贤，道德赫已闻。时出为阳山，尔区来趋奔。韩官迁掾曹，子随至荆门。韩入为博士，崎岖送归轮。"实叙其事。韩愈任阳山县令期间，注意保护人民利益。李翱《韩吏部行状》言其"政有惠于下，及公去，百姓多以公之姓以名其子"。人民以这种特殊方式表达对这位父母官怀念的情感。

贞元二十一年（805 年），德宗病死，顺宗即位，依例实行大赦。韩愈获赦，离阳山至郴州等待命令。此时顺宗起用以王叔文、王伾为核心的革新派，进行"永贞革新"。韩愈对参与革新的人有所

---

① 《韩昌黎集·赴江陵途中寄赠王二十补阙李十一拾遗李二十七员外翰林三学士》。
② 《韩昌黎集·答窦秀才书》。

评论,而对革新的主张则大致赞同。待命期间,韩愈积极思考社会的基本理论问题,整理了自己的思想,写成了《原道》《原性》《原人》《原鬼》《原毁》等五篇重要的学术思想论文,这是其新儒学思想形成的重要标志。

第三阶段为三十九岁至五十三岁,即从宪宗元和元年(806年)到十五年,主要是作为学官和朝官,反对宦官干预政事,反对军阀进行封建割据,努力维护国家的统一。

韩愈《石鼓歌》云:"忆昔初蒙博士徵,其年始改称元和。"元和元年(806年)六月,韩愈应召自江陵归,任权知国子博士,这是他转回京师任职后仕途上多次起伏的开始。他不愿在京师受谤、被排斥,自请以权知国子博士分司东都,以便照顾堂兄的遗属。他从事其职三年,始改为真博士。韩愈把教育青年视为极有意义的事业,乐意接待青年并加以引导。《旧唐书·韩愈传》载:"而颇能诱厉后进,馆之者十六七,虽晨炊不给,怡然不介意。大抵以兴起名教、弘奖仁义为事。"这记述了他当时从事教育活动的情况。

以后几年,韩愈的官职或升或降,相继迁调为都官员外郎、河南县令、职方员外郎、国子博士、比部郎中、史馆修撰、考功郎中、中书舍人、太子右庶子等。

元和四年(809年),韩愈"为都官员外郎,分司东都,判祠部。中官号功德使,司京城观寺,尚书敛手失职。愈按《六典》,尽索之以归,日与宦者为敌,恶言詈辞,狼藉公牒"[①]。他坚决与宦官斗争,尽职执行国家的制度。

元和五年(810年),韩愈"改河南县令,日以职分辨于留守及

① 《韩子年谱》卷二。

尹，故军士莫敢犯禁"[1]。韩愈忠于职守，政纪严明，有犯必究，因此能维护社会秩序。他在任河南县令期间，青年从其问学者不断。如杨之罘，自中山来，"馆置使读书"[2]。韩愈还为他提供学习和生活条件。杨之罘归家后，韩愈作诗招之，请其复来共学。

元和七年（812年），韩愈由职方员外郎降职为国子博士。仕途的挫折，使他产生怀才不遇之感，为不平之鸣，因作《进学解》，以师生问答的形式，在自我解嘲之中，夸述自己的学业行事，批评当政者用人不公，没有因材施用。这篇文章公开传播后，引起当政者的重视，成为改变任用的一个因素。

元和八年（813年），韩愈改任比部郎中、史馆修撰，其任命书载："太学博士韩愈，学术精博，文力雄健，立词措意，有班、马之风，求之一时，甚不易得。加以性方道直，介然有守，不交势利，自致名望。可使执简，列为史官，记事书法，必无所苟。仍迁郎位，用示褒升。"[3]任命书对韩愈的学术修养和为人品德都作了高度评价。

元和十一年（816年），关于对淮西吴元济叛乱采用何种对策，统治集团内部意见不一。韩愈上《论淮西事宜状》，献议用兵淮西，指出最高统治者对形势缺乏认识，不能及时决断，如朝廷断然用兵，势必取得胜利。韩愈的主张与裴度一致，这是他维护统一的中央集权统治的实际体现。

元和十二年（817年），新受命的宰相裴度统兵讨伐割据淮西的吴元济，请以韩愈兼御史中丞，充彰义军行军司马。韩愈视此

---

① 《李文公集·韩公行状》。
② 《韩昌黎集·招杨之罘一首》。
③ 《韩子年谱》引《宪宗实录》。

为替唐王朝统一大业效力的关键时机,多所谋议。他先行出发,劝说汴军都统韩弘听命于朝廷,并献乘虚奔袭蔡州之策,为裴度所倚重。不久,淮西平定,韩愈因立功升迁为刑部侍郎,加入了高级官员的行列。

元和十四年(819年),笃信佛教的宪宗为了祈福,自凤翔迎佛骨至京师,贵族官僚和市民受其影响,竞相仿效,奔走膜拜,兴起宗教狂热。韩愈站在捍卫儒道的立场上,对此极为愤慨,坚决反对佛教的蔓延,上疏《论佛骨表》,极力谏阻,历举佛教祸国殃民、伤风败俗之罪,要求将佛骨投于水火。因言辞尖锐,触犯皇帝,宪宗将欲处韩愈以死罪,后经大臣亲贵说情,降贬为潮州刺史。韩愈忠心为唐王朝,却受到了重大的政治打击,在赴潮州途中写了《左迁至蓝关示侄孙湘》,诗曰:"一封朝奏九重天,夕贬潮州路八千。欲为圣明除弊事,肯将衰朽惜残年。"他借此抒发遭受冤屈的情怀。

韩愈任潮州刺史虽仅有数月,但却为地方做了些好事,在文教方面采取的重要措施是恢复州学,聘请赵德为学官,自捐俸禄作为州学经费,在促进潮州地区文教事业的发展上起了号召和示范作用。

宪宗对韩愈有召还复用之意,为宰相皇甫镈所阻,只移为袁州刺史。元和十五年(820年)正月,韩愈至袁州赴任,考察到袁州境内有买卖男女为奴的陋俗,故下令:凡被卖为奴婢者,准许父母赎归。实行此项措施,对社会的安定和生产的发展起了积极作用。在袁州期间,登门求教者不乏其人,黄颇就是新增加的"韩门弟子"。

第四阶段为五十四岁至五十七岁,即从穆宗长庆元年(821

年)到四年,主要是整顿中央官学,继续为维护唐王朝的中央集权统治效力。

穆宗即位后,即下令召韩愈为国子祭酒。长庆元年(821年),韩愈履行其职责,对国子监学官的任命、生徒的资格、监内的学风都进行整顿,使国子监恢复生气,成为名副其实的高等学府,为唐王朝培养统治人才。但就任未久,他即于秋七月调转为兵部侍郎。

长庆二年(822年),镇州兵乱,朝廷出师不利,诏令兵部侍郎韩愈前往宣抚。韩愈受命即行,疾驱而入镇州,不畏兵刃相迎,不顾个人安危,慷慨陈词,责以大义,喻以祸福,折服乱兵首领王庭凑,使归顺中央。宋王令有《韩吏部》诗一首评其事,诗云:"宣尼夹谷叱强齐,吏部深州破贼围。始信真儒能见用,可为邦国大皇威。"此诗肯定宣抚任务的完成对于维护中央集权制度是有重要意义的。韩愈完成使命还朝,因功被提升为吏部侍郎。

长庆三年(823年),韩愈被调为京兆尹兼御史大夫,负责京师民政,整顿社会秩序。他敢于执法,决不姑息,使六军将士皆不敢违犯。他们私下议论:"京兆尹就是那个主张要烧佛骨的人,怎可违忤?"在韩愈的管理下,盗贼停止活动;遇到旱灾,粮商也不敢抬高米价。京师地区的物价平稳,社会秩序比较安定。不久,韩愈又改任兵部侍郎、吏部侍郎。

长庆四年(824年)夏,韩愈因病告假休养于城南庄,与文学之士往来唱和,假满百日而自行罢官。当年冬,病逝于长安靖安坊。朝廷赠礼部尚书,谥曰文。

韩愈自青年至老年,数十年间论文、诗赋甚多,他的著作由其女婿李汉收拾整理,"得赋四,古诗二百一十,联句十一,律诗一百六十,杂著六十五,书、启、序九十六,哀词、祭文三十九,碑志七十六,笔、砚、鳄鱼文三,表状五十二,总七百,并目录合为四十卷,目为《昌黎先生集》,传于代。又有《注论语》十卷,传学者;《顺宗实录》五卷,列于史书,不在集中"①。后人又汇集其他遗文,编为外集,附于《昌黎先生集》之后,总称《韩昌黎集》。

二、 论性三品与教育的作用

韩愈的世界观是唯心主义的,他虽然反对佛教,但又相信天命和鬼神,不过对鬼神采取敬而远之的态度。他从唯心主义的天命论出发,在《原性》一文中着重论述了人性三品的主张,又以人性三品为理论依据,说明教育的作用,规定教育的权利。

韩愈明确地认为人受命于天,他说:"形于上者谓之天,形于下者谓之地,命于其两间者谓之人。"②人由天命而生,人性也由天命而成。"性也者,与生俱生也;……性之品有三,而其所以为性者五也。"③人性的三个等级和人性具有的五项道德内容,都是受之于天命的。

韩愈在人性论问题上最重要的特点是把性与情并提,以性为情的基础。他说:"性也者,与生俱生也;情也者,接于物而生也。"④他认为,情是由于人们接触到外界事物,受到刺激而产生的内心反应。"性之于情视其品","情之于性视其品",⑤两者是完全

---

① 《韩昌黎集·序》。
② 《韩昌黎集·原人》。
③ 《韩昌黎集·原性》。
④ 《韩昌黎集·原性》。
⑤ 《韩昌黎集·原性》。

相应的。性之品有上、中、下三个等级,情之品也有上、中、下三个等级与之相互对应。性的具体内容是仁、礼、信、义、智等五德,情的具体表现是喜、怒、哀、惧、爱、恶、欲等七情。上品的性是善的,以仁德为主,且通于其他四德,相应地必发为上品的情,"动而处其中"①,举止都符合仁、礼、信、义、智的道德规范。中品的性既可能善也可能恶,在社会生活中表现为仁德有所不足或有所违背,其余四德或有而不完全纯粹。中品的性相应地必发为中品的情。中品的情的发动,"有所甚,有所亡,然而求合其中"②,虽然有过与不及,但是也有合乎道德规范的要求。下品的性是恶的,对于仁德是违反的,对其余四德也是不符合的。下品的性相应地必发为下品的情。下品的情的发动,"亡与甚,直情而行"③,不符合道德规范。

这种人性分三品的理论,把封建地主阶级的仁、礼、信、义、智等道德原则说成人天生固有的本性,用封建地主阶级的道德原则作为区分善恶的标准,使社会上各阶级、各阶层的人都遵从地主阶级道德原则的制约,从而达到维护封建社会秩序的目的。

在中国历史上,人性论是重要的理论问题,为历来的思想家所重视,他们提出不同的学说。孔丘较早接触人性论问题,他提出"性相近也,习相远也","唯上智与下愚不移"等几个相关命题。孟轲提出性善论,荀况提出性恶论,董仲舒提出性三品说,扬雄提出性善恶论。所有这些,都成为思想理论遗产。韩愈在人性论上直接继承董仲舒的性三品说。董仲舒把人性分为"圣人之性""中

韩愈评传

---

① 《韩昌黎集·原性》。
② 《韩昌黎集·原性》。
③ 《韩昌黎集·原性》。

民之性""斗筲之性"三类,以论证君在上、臣在中、民在下的封建等级制度。韩愈在继承这种理论的基础上,形成他的性三品说。他认为,孟轲的性善论、荀况的性恶论、扬雄的性善恶论都各有所得和所失,批评了他们的片面性。孟子与荀子都是"得其一而失其二"①,扬雄则是"举其中而遗其上下"②,理论上都不完善,都需要修正与补充。韩愈依据他的性三品说,不认为人一概性善,或一概性恶,或一概性善恶混,而认为有的人性善,有的人性恶,有的人兼有善恶而可善可恶。他把性与情结合起来,比以往的人性论说得更细致,但仍然是一种唯心主义的人性论。他分析人有各种情感和欲望,反对任情纵欲,也反对绝情禁欲,而主张遵照封建伦理道德的基本原则,控制情欲,使人的情感行为表现适"中",合乎基本原则。他没有像后来的理学家那样要求抑制情欲而得出禁欲主义的结论。

韩愈以封建道德为标准,提出了性三品说,他所强调的是人性天生存在差别,人性有上、中、下三个等级不可改变。这种理论的实际意义,就是以人性的等级作为社会阶级划分的理论依据,从而断定人类社会也存在天命的等级差别。封建统治者是上品,劳动人民是下品,处于两者之间的是中品。既然人性三品不能改变,以人性为根据的社会三个等级也不能改变。天命已定,名分也无法改变,统治者命定为统治者,被统治者命定为被统治者,这种理论必然受到统治者的欢迎。

韩愈精心构思的性三品的人性论成为其教育学说的理论基础,具体表现在三个方面:

① 《韩昌黎集·原性》。
② 《韩昌黎集·原性》。

首先,人性决定教育所起的作用。由于人性存在等级差别,因此教育对不同的人性发挥不同的作用。教育虽然有重要的作用,但不是决定性的作用。韩愈说"上之性,就学而愈明"①,即对上品的人,教育能使其先天具有的仁义之善性得到发扬,使君为圣君,使臣为忠臣,有知识才能管理国家和人民,举动都符合封建道德原则。"中焉者,可导而上下"②,即对中品的人,可引导他往上靠,也可引导他往下靠。这部分人存在着被改造的可能性。教育的条件对这部分人的人性改造起着重要的作用,封建统治者应按地主阶级的道德标准来教育改造这一部分人,使之往上品的人靠拢。"下之性,畏威而寡罪"③,即下品的人是低贱的,他们的行为举动总是违反封建道德标准的。他们不会接受教育,只害怕刑罚。因此,统治者应当用刑罚去对付那些从事体力劳动的低贱者,要他们来供养统治者,"民不出粟米、麻丝,作器皿,通货财,以事其上,则诛"④。要使人民认识到刑罚的可怕,不敢任情而行,避免罪过,以此保证封建社会的秩序。所以,对下品的人,刑罚起重要作用,教育不起重要作用。不过,下品的人既然能因害怕刑罚而避免犯罪,他们就不是绝对不可改造的。

其次,由人性规定教育的权利。人性有不同等级,对不同等级的人,教育起不同的作用。所以,教育的实施只限在一定范围之内,没有必要遍及每一个人。韩愈说:"上者可教,而下者可制也。"⑤只有封建统治阶级才可以享受学校教育的权利,而对被统

---

① 《韩昌黎集·原性》。
② 《韩昌黎集·原性》。
③ 《韩昌黎集·原性》。
④ 《韩昌黎集·原道》。
⑤ 《韩昌黎集·原性》。

治阶级则实行专制,剥夺其教育权利。由此可见,韩愈是封建文化专制主义公然的鼓吹者。

再次,由人性决定教育的主要内容。人性天生就以仁、礼、信、义、智为内容,实际是以封建道德为标准。教育要发挥人固有的、内在的善性,应当以封建道德的修养为首要的教育内容。有助于灌输封建道德观念的最好教本,是儒家的《诗》《书》《易》《春秋》。所以,不论是自学还是教导别人,韩愈都强调"六艺之文"。这种主张和他捍卫儒学、反对佛道在思想路线上是一致的。

韩愈的《原性》,是唐代关于人性论问题的重要著作,当初的目的在于对唐以前的人性论作一总结,并将新的人性论公式化,使之成为政治、教育的理论工具。《原性》的总结,不仅不能结束争论,反而进一步引起争论。唯物主义者批评韩愈的性三品说是一种唯心的先验主义,忽视后天社会环境的影响,忽视人的主观能动性。唯心主义者则批评他没有区分天地之性与气质之性,没有达到"存天理灭人欲"的目的。

三、 论培养统治人才及其措施

韩愈认为,治理国家要有人才,而人才要依靠教育培养。他对于培养统治人才提出自己的主张,并结合当时的学校教育制度,采取一些措施。他的主张和措施有以下几个方面:

(一)用德礼而重学校

　　　韩愈虽忠于中央君主集权统治,但他没有把武力专政作为维护统治的唯一手段,而是主张把教育作为首要的政治工具,认为教育比其他政治手段都更为重要。韩愈继承儒家重视德治的思想,他说:"孔子曰:'道之以政,齐之以礼,则民免而无耻。'不如以德礼为先,而辅以政刑也。夫欲用德礼,未有不由学校师弟子者。"[①]按照儒学的基本政治学说,统治阶级管理人民群众,德礼和刑罚两种手段都不可缺少。从实际政治效果来看,先灌输封建伦理道德意识,让君臣父子的名分观念、仁义道德思想支配人民的行动,人民对封建统治会更加顺从。因此,要实行德治,应该先德礼而后刑法。既然强调德礼,也就必然重视以学校教育作为重要的政治工具。

(二)学校的任务为训练官吏

学校作为重要的政治工具,是国家用以宣扬封建道德和政治制度天然合理的中心,又是训练能从事德礼教化的封建官吏的机构。国家"崇儒劝学",既然已选定用儒家的政治路线来指导国家,就应当设置学校,选拔学生加以训练,使他们成为能推行儒家政治路线的官吏。特别是中央官学,是补充官员的重要来源,应该选拔最优异的人才加以训练,所以"自非天姿茂异,旷日经久,以所进业发闻于乡间,称道于朋友,荐于州府,而升之司业,则不可得而齿乎国学矣"[②]。要从全国各个地方选拔最优秀的青年,集中于国学加以训练,使他们成为劳心的君子,"皆有以赞于教化,

---

① 《韩昌黎集·潮州请置乡校牒》。
② 《韩昌黎集·省试学生代斋郎议》。

可以使令于上者也"①。如果缺少这样一批人,封建国家的统治就会产生严重的问题,"四海所以不理,有君无臣"②是一种历史教训。所以,要大力培养一定数量的官吏,使他们成为推行封建礼教的骨干力量。最标准的官吏应该是"纯信之士,骨鲠之臣,忧国如家,忘身奉上者"③。这些是忠心为封建统治效劳的臣子。"臣者,行君之令而致之民者也。"④他们的职责是把封建君主的政令推行到农、工、商等民众之中去。

(三) 整顿国学

唐代经"安史之乱",学校教育设施,特别是中央的国子监受到严重的破坏。经肃宗、代宗、德宗、顺宗、宪宗五朝,虽然也有人关心或倡议恢复,推动朝廷采取一些措施,但是几十年间只能勉强维持门面,实际难以全面恢复,不仅谈不上发展,而且积弊甚深,国子监不能发挥其培植人才以维护封建统治的职能。韩愈在唐穆宗即位后被任命为国子祭酒,他意识到自己作为中央教育机构首长的职责,要求对国子监实行整顿,以此作为自己首要的任务。整顿工作主要在三个方面进行:

1. 招生制度

韩愈调查了学生来源的情况之后,发现学生的出身成分变化很大,认为存在着弊端,需加改革。他说:"国家典章,崇重庠序,

---

① 《韩昌黎集·省试学生代斋郎议》。
② 《韩昌黎集·子产不毁乡校颂》。
③ 《韩昌黎集·论今年权停举选状》。
④ 《韩昌黎集·原道》。

近日趋竞,未复本源。至使公卿子孙,耻游太学;工商凡冗,或处上庠。今圣道大明,儒风复振,恐须革正,以赞鸿猷。"[①]在社会经历动荡之后,政治情况发生了变化,原来制定的教育制度逐渐松弛,社会风习、学习风气都变得更加重势利而不重品学。贵族官僚子弟养尊处优,凭借家族权势,依靠门荫而当官,轻视学习。工商子弟则以钱财贿赂为手段,取得在学资格,以提高其社会地位,也打通参政的道路。学生成分的改变,影响了官僚地主对教育特权的占有,从长远来说,也将影响官僚队伍的结构以及贵族官僚享有的政治特权,此事关系重大。韩愈从维护统治阶级的长远利益出发,建议对招生制度实行调整,稍微放宽入学的等级限制,继而严格按新规定实行。如按《唐六典》的规定,太学须文武五品官以上的子孙方可入学,现放宽入学范围,八品官的子弟就可入学;四门学须文武七品官以上之子方可入学,现也放宽入学范围,无资荫者只要有才能艺业也可入学。按新的规定实行整顿,对入学资格认真审查,结果"生徒官人以艺学浅深,为顾侍品,豪曹游益不留"[②]。入学的等级限制虽然放宽,但却排除了工商子弟入学,实际上仍然保护了官僚地主的教育特权。

2. 学官选任

原来委派学官"多循资叙,不考艺能"[③],是国子监积弊之一。因为只凭年资,不根据实际才能,所以有些不称职的人混在学官之中,无德无才,难以树立威望,不能以自身为榜样来激励学生。韩愈就任国子祭酒后,要求以实际才学为标准,按照严格的条件

① 《韩昌黎集·请复国子监生徒状》。
② 《皇甫持正文集·韩文公神道碑》。
③ 《韩昌黎集·国子监论新注学官牒》。

韩愈评传

选任学官，"非专通经传，博涉坟史，及进士五经诸色登科人，不以比拟"①。韩愈曾亲自呈状，推荐校书郎张籍为国子博士，称张籍"学有师法，文多古风；沉默静退，介然自守；声华行实，光映儒林"②。韩愈任职期间，国子监新增属官，一概拔用儒生。凡符合学官条件的人，受任报到后，必须经过考试认定合格，才能被正式委派为学官。这就防止了皇亲贵戚把国子监作为领取干薪的衙门。

3. 转变学风

首先是建立比较正常的教学秩序，定时进行教学活动，使死水一潭的国子监富有生气。特别是新选任的学官，对教学有较高的积极性，在国子祭酒的鼓励下日集讲说。经常性的会讲吸引着学生。他们奔走相告，竞来听讲。他们议论国子监出现的新气象："韩公来为祭酒，国子监不寂寞矣。"③师生研讨学问，形成新的风气。韩愈还提倡尊重学官，他认为学官应以道德学问为条件，不以出身、相貌为条件，反对以门第寒微、相貌不扬为由而排斥有道德、有学问的学官。当时的国子监存在着一些不正常的现象，他以身作则，用自己的行动表示对学官的尊重，扭转了不良的风气。例如："有直讲能说礼而陋于容，学官多豪族子，摈之不得共食。公命吏曰：'召直讲来，与祭酒共食。'学官由此不敢贱直讲。"④

（四）恢复地方学校

要使礼教遍及乡里，仅依靠中央官学是远远不够的，还要依

---

① 《韩昌黎集·国子监论新注学官牒》。
② 《韩昌黎集·举荐张籍状》。
③ 《韩昌黎集·国子监论新注学官牒》。
④ 《李文公集·韩公行状》。

靠数量更多的地方学校。韩愈写《子产不毁乡校颂》,不仅歌颂历史上郑国子产保存乡校,也主张学习子产,吸取他提供的历史经验,"既乡校不毁,而郑国以理",其现实意义是要求重视地方学校的恢复。在贞观、开元年代,唐代地方学校有相当的发展。后来由于政治方面的原因,地方学校转趋衰落。韩愈出任潮州刺史的时候,感到远离中心地区的州学荒废日久,礼教未行,造成闾里后生无所从学的局面。他认为自己有责任扭转这种局面,于是凭借州刺史的权力,下令恢复州学。首先要解决的是学官的人选问题。他在当地寻访,请出进士赵德为州学领导,负责督导生徒。州学一时没有教学经费,他带头捐出自己的部分官俸充当经费,号召其他人也来资助。潮州州学在韩愈的重视和支持下复兴,在他奠定的基础上发展,从此相承不废。宋代苏轼在《潮州韩文公庙碑》中说:"始,潮人未知学,公命进士赵德为之师。自是潮之士皆笃于文行,延及齐民,至于今,号称易治。"这说明,潮州州学的复兴促进了该地区文化的发展,而推广礼教对维护封建秩序起了作用。

(五) 在家庭教育中灌输"学而优则仕"的思想

学校教育的目的是培养统治人才,其道路是读书、科举、做官。韩愈认为"学而优则仕"是知识分子的荣耀,他在家庭中就教育儿子要走"学而优则仕"的道路。元和十年(815 年),韩愈获任知制诰这一要职的时候,写了《示儿》一诗,现身说法地教育儿子,述说个人奋斗取得成就的经历:三十年前,一个穷书生除了一捆书之外,空无所有。经过不懈的努力奋斗,他现在既有名也有位,居住的是堂皇的府第,交往的是在朝的公卿大夫。为什么能达到这样的地步?关键是个人要立志和勤学。"嗟我不修饰,事与庸人俱。安能坐如此,比肩于朝儒。诗以示儿曹,其无迷厥初。"他语重心长地说,如果不立志和勤学,为自己创造前进的条件,就与庸人一样,哪能有今日的名位和财产、与公卿大夫的交游?他写诗劝告儿辈,从小就要立大志,要读书成名,取高位。

韩愈在家庭中反复给儿子灌输"学而优则仕"的思想。元和十一年(816 年),他又写了《符读书城南》诗,用对比的手法,进行两种前途的教育,激励儿子将来不要做马前卒,而要做公与相。这首诗是他的家庭教育思想最集中的表露。诗中说:"欲知学之力,贤愚同一初。由其不能学,所入遂异间。"他承认儿童的学习能力一开始几乎是一样的,但后来由于有的有条件学习,有的没有条件学习,他们走上不同的发展道路,处于不同的社会地位。诗中又说:"两家各生子,提孩巧相如。少长聚嬉戏,不殊同队鱼。年至十二三,头角稍相疏。二十渐乖张,清沟映污渠。三十骨骼成,乃一龙一猪。飞黄腾踏去,不能顾蟾蜍。一为马前卒,鞭背生虫蛆。一为公与相,潭潭府中居。问之何因尔,学与不学欤!"读书与不读书的人,差别越来越大,到了三十岁,发展的结果就非常悬殊。读书的人像龙一样出类拔萃,不读书的人像猪一样蠢笨无知。读书的人像超凡的神马,奔腾而去;不读书的人像爬行的蟾蜍,不值一顾。最终的结果是,读书人能成为公侯将相,在深邃的府第中享受荣华富贵;不读书的人则成为马前走卒,让人鞭打驱使,过着劳苦的生活。把天渊之别的两种发展前途极为鲜明地摆在儿子面前,他的意图非常显然,就是借此激励儿子坚决走"学而优则仕"的道路。全诗贯串一个重要的观点,即学问是立身处世的根本,是区分君子与小人的决定因素。"学问藏之身,身在则有余。"有了学问,农夫也可能成为公卿;没有学问,王公子孙也会落为贫民。因此,他要儿子珍惜光阴,勤读诗书,博通古今,以为求取名位之资。对韩愈这种"学而优则仕"的思想观点,宋人评论不一。陆象山、陆唐老诸人认为这是以富贵利达的思想引诱儿童,不可取。黄震则认为此"亦人情诱小儿读书之常,愈于后世之伪饰者"。反映实情,无可非议。明蒋之翘认为此诗实可作村塾训言。清人陈宏谋将此诗列入《养正遗规》附诗之中。这表明,韩愈公然宣扬"学而优则仕"虽然受到某些理学家的批评,但他的教育思想的确反映了地主阶级的利益。

四、 论道德修养

韩愈在培养统治人才方面要求注重德与艺两方面的教育。从两者的内在关系来看,德是艺的思想基础,艺是德的体现手段,德比艺更为重要、更为根本。例如,讲到文学写作与道德修养的关系,他认为道德修养是文学写作的根本前提。他说:"夫所谓文章者,必有诸其中,是故君子慎其实。实之美恶,其发也不掩。本深而末茂,形大而声宏,行峻而言厉,心醇而气和。昭晰者无疑,优游者有余。体不备不可以为成人,辞不足不可以为成文。"[①]因此,要像古代的伟大作家那样写出流传千古的优秀文学作品,一定要特别重视道德修养。他说:"将蕲至于古之立言者,则无望其速成,无诱于势利,养其根而俟其实,加其膏而希其光。根之茂

---

① 《韩昌黎集·答尉迟生书》。

者,其实遂;膏之沃者,其光晔;仁义之人,其言蔼如也。"①根茂才会有硕果,有道德修养为根底,也才会有光辉的文学作品。所以,韩愈在教育实践中强调道德修养,并将道德教育放在首要位置。

韩愈认为,道德根源于人性。"性也者,与生俱生也。""其所以为性者五:曰仁,曰义,曰礼,曰信,曰智。"②人性是天赋的,有其具体内容,就是仁、义、礼、信、智五种道德品质。要使天赋的五种道德品质正常发展,成为完善的人,需要进行"五常之教"。

五种道德品质中最基本的是仁与义两项。韩愈在《原道》中说:"夫所谓先王之教者,何也?博爱之谓仁,行而宜之之谓义,由是而之焉之谓道,足乎己无待于外之谓德。""凡吾所谓道德云者,合仁与义言之也,天下之公言也。"人有道德或没有道德,其区别就看是存仁义还是弃仁义,仁义是全社会公认的道德规范。仁义并非高不可攀、远不可达的目标,它不过是主张和实行对人类的博爱而已。一位有道德修养的人,必定是"内仁而外义,行高而德巨"③。因此,道德教育的内容以仁义为其核心。

韩愈关于仁义道德的思想有其历史渊源。他上承孔丘、孟轲的伦理道德学说,作简要归纳,提出了通俗而又明确的定义,易于为人们所理解和接受,有利于宣传和推广。

韩愈认为,人性所具有的五种道德品质,并不能自然而然地体现。他说:"且五常之教与天地皆生,然而天下之人不得其师,终不能自知而行之矣。"④在培养道德修养的过程中,需要有教师

① 《韩昌黎集·答李翊书》。
② 《韩昌黎集·原性》。
③ 《韩昌黎集·上兵部李侍郎书》。
④ 《韩昌黎集·通解》。

的教育和引导。教师的作用就在于帮助学生提高道德认识,并提供示范性榜样。如果没有教师的教育和引导,学生的道德品质就难以获得发展,修养就难以取得成就,也就不可能按道德规范的要求进行社会生活。他依据历史经验,认为"古之学者必有师,所以通其业,成就其道德者也"①。今之学者,要成就其道德,也必定要有教师。教师的重要任务是对学生进行道德教育。

韩愈积极吸收前人的道德修养理论,总结自己在道德修养方面的经验教训,从当时社会的实际需要出发,提出一些有价值的道德修养要则。

第一,责己重以周,责人轻以约。在社会交往中,如何要求自己和别人,是一个实际问题。在处理这个问题上,可以体现一个人的道德修养水平。在阶级社会中,自私的人多,利他的人少。这种情况反映在人际关系中,产生不少矛盾,引起许多是非议论。韩愈观察到这种社会现象,甚为感慨。他托古讽今,批评当时的不良现象。他在《原毁》一文中指出:"古之君子,其责己也重以周,其待人也轻以约。重以周,故不怠;轻以约,故人乐为善。""今之君子则不然,其责人也详,其待己也廉。详,故人难以为善;廉,故自取也少。"他主张为了协调与别人的关系,对自己的要求应当严格而全面,以鞭策自己不懈地提高道德修养;对别人的要求则应当放松而简单,别人也就乐意从善。当时的情形恰恰相反,对别人要求很多,对自己要求极少。对别人要求很多,别人就难以都做到;对自己要求极少,自己在修养上的提高也很少。他对这种现象的产生和危害作了简要的分析,指出:"为是者有本有原,

---

① 《韩昌黎集·进士策问十三首》。

怠与忌之谓也。怠者不能修,而忌者畏人修。"怠者对自己没有要求,不能提高道德修养;忌者害怕别人的道德修养获得高度评价,而对别人进行毁谤。这些表现都是他所反对的。韩愈关于责己待人的思想,是对孔丘"躬自厚而薄责于人"①思想的继承和发挥。

第二,思省自勉。人的道德思想支配着人的道德行为,提高道德修养的关键在于提高主观认识。因此,要认真深入地反省思考。韩愈说:"行成于思,毁于随。"②即德行的成就在于认真思考,而毁于放任自弃。因此,人应当经常反省自己的行为,与道德规范进行对照。"行与义乖,言与法违,后虽无害,汝可以悔。"③对不合规范的行为,应当感到后悔,防止再犯。应当认识君子与小人在道德上的差别,不成为君子,便落为小人。"君子之弃,而小人之归乎!"④这一切都取决于个人的主观努力。"盖君子病乎在己而顺乎在天,……所谓病乎在己者,仁义存乎内,彼圣贤者能推而广之,而我蠢焉为众人。"⑤人有共同的天赋,有人能推而广之,成为圣贤;而我却不能培养扩充,只是众人而已。他也是人,我也是人,为什么我不能积极努力呢?"贤不肖存乎己,……存乎己者,吾将勉之。"⑥我要勉力争取成为圣贤。

第三,坚信力行。一个人要有一定的道德信念,不要受了影响就动摇。韩愈说:"所谓待己以信者,己果能之,人曰不能,勿信也;己果不能,人曰能之,勿信也。孰信哉?信乎己而已矣。"⑦如

① 《论语·卫灵公》。
② 《韩昌黎集·进学解》。
③ 《韩昌黎集·五箴·行箴》。
④ 《韩昌黎集·五箴·游箴》。
⑤ 《韩昌黎集·答陈生书》。
⑥ 《韩昌黎集·与卫中行书》。
⑦ 《韩昌黎集·答陈生书》。

中国教育家和教育思想研究

果能有道德上的自信，就坚持实行。他说："士之特立独行，适于义而已，不顾人之是非，皆豪杰之士，信道笃而自知明者也。"①

对道德实践所提的要求应当切合个人实际，衡量一下自己的可能性，不宜要求全面实现，而应要求先做好一方面。当时有些人对此缺乏认识，对自己估计偏高，不切实际地提高要求。"今之人以一善为行，而耻为之，慕达节而称夫通才者多矣。"②提出的要求不应当是做不到的，而应当是经过努力做得到的，这样才会调动积极性，增强道德实践的信心。韩愈说："且令今父兄教其子弟曰：尔当通于行如仲尼，虽愚者亦知其不能也。曰：尔尚力一行，如古之一贤，虽中人亦希其能矣。岂不由圣可慕而不可齐耶？贤可及而可齐也？"③既然是做得到的，就有信心努力去达到。

对道德行为的评价，韩愈也提出自己的看法，他说："然则观貌之是非，不若论其心与其行事之可否为不失也。"④他不是观察一下表面现象就判定是非，而是强调道德行为的思想动机和道德行为的实际表现相一致，是思想动机和行为效果的统一论者。

第四，知过必改。人犯过错是常有的现象，过错不仅是已经表现出来的言行，心思不正也是一种过错。韩愈说："所谓过者，非谓发于行、彰于言，人皆谓之过，而后为过也。生于其心，则为过矣。故颜子之过，此类也。不贰者，盖能止之于始萌，绝之于未形，不贰之于言行也。……不然，夫行发于身，加于人；言发乎迩，见乎远。苟不慎也，败辱随之，而后思欲不贰过，其于圣人之道，

① 《韩昌黎集·伯夷颂》。
② 《韩昌黎集·通解》。
③ 《韩昌黎集·通解》。
④ 《韩昌黎集·杂说》。

韩愈评传

不亦远乎?"①犯了过错,应即认识,防止重犯,要"止之于始萌,绝之于未形",设法杜绝;否则,产生了严重后果,是难以挽回的。

韩愈还指出,人们最担心的毛病是没有认识到自己的过错,如果已经知道自己有过错,就有一个如何对待过错的态度问题。他说:"人患不知其过,既知之,不能改,是无勇也。"②有过错应当改,更积极的态度是勇于改过,这是光明正大的事,会受到正人君子的赞赏。

五、 论教学的内容与方法

学生要有德的培养,还要有艺的训练。艺的训练需要教师的教学,教学的基本目的在于"修先王之道",而其途径则是"读六艺之文"。

韩愈倡导复兴儒学,尊儒反佛,要求以儒学作为封建国家的指导思想,以巩固中央集权统治。将儒学独尊贯彻到教育中去,必然相应地要求如"古之教者处其一"③,教学内容统一于儒学,对佛老之书的干扰则要加以排斥。他认为这是教学路线的根本问题,关系至为重大。他说:"夫沿河而下,苟不止,虽有迟疾,必至于海;如不得其道也,虽疾不止,终莫幸而至焉。故学者必慎其所道,道于杨、墨、老、庄、佛之学,而欲之圣人之道,犹航断港绝潢以望至于海也。"④目的是求"圣人之道",要慎重选择正确的路线才

---

① 《韩昌黎集·省试颜子不贰过论》。
② 《韩昌黎集·五箴·序》。
③ 《韩昌黎集·原道》。
④ 《韩昌黎集·送王秀才序》。

能如愿到达。因此,对学习内容要有极严格的选择,以保持路线的正确,防止走入邪道。他自己就做到"其所读皆圣人之书,杨、墨、释、老之学无所入于其心"①。为免除异学、杂学的影响,"非三代两汉之书不敢观"②。他不仅自己这样做,而且根据这种经验,规定了对学生的要求,即"读六艺之文,修先王之道"③。

对于文与道的关系,韩愈继承儒家的文学观点,提出"文以载道"的理论。他认为,文是手段,道是目的;文是形式,道是内容。文道合一,以道为主。先王之道载之于六艺之文,欲学先王之道,应当读六艺之文。要宣传古道,其形式也应当是古文。韩愈教育活动的一个重要方面,就是提倡新古文运动,使古文摆脱骈体对偶格局的拘束,比较自如地表达和宣传儒学思想。所以,一方面,韩愈教人学古文,着眼于学古道。他说:"愈之为古文,岂独取其句读不类于今者邪? 思古人而不得见,学古道则欲兼通其辞。通其辞者,本志乎古道者也。"④另一方面,他又鼓励青年根据仁义之道,用古文的形式写作,要养其根而俟其实,用心于儒道,树立仁义的思想。他的经验就是"行之乎仁义之途,游之乎《诗》《书》之源,无迷其途,无绝其源,终吾身而已矣"⑤。"其所著皆约六经之旨而成文"⑥,所写的文章皆贯串儒学仁义的思想。

如何学习古文才能取得最大的成效? 韩愈认为,应该选择古代名作家作为学习的典范。《答刘正夫书》载,他的弟子刘正夫曾写信请教:"为文宜何师?"他回答说:"宜师古圣贤人。"刘正夫又

① 《韩昌黎集·上宰相书》。
② 《韩昌黎集·答李翊书》。
③ 《韩昌黎集·请上尊号表》。
④ 《韩昌黎集·题欧阳生哀辞后》。
⑤ 《韩昌黎集·答李翊书》。
⑥ 《韩昌黎集·上宰相书》。

韩愈评传

413

问:"古圣贤人所为书具存,辞皆不同,宜何师?"他回答说:"师其意,不师其辞。"在古代名作家中,韩愈最为推崇并选作自己学习典范的是司马迁、司马相如、刘向、扬雄,他认为汉朝人都能写古文,而这几个人最为杰出。他们用功较深,扬名也远。学习古文先要精熟这些名家的著作,"沉潜乎训义,反复乎句读"①,吸收他们的文学精华,在此基础上推陈出新。

如何才能写出成功的作品?韩愈认为要掌握为文之道,写文章要有自己独创的语言,反对袭用陈言,模拟古语。他说:"若圣人之道,不用文则已,用则必尚其能者。能者非他,能自树立,不因循者是也。"②他把"能自树立,不因循"作为写作的一般原则,力求"不袭蹈前人","惟陈言之务去",坚持"辞必己出",主张在继承优秀传统的基础上创新。他还主张文章要写得流畅,做到"文从字顺各识职"③,用词适当,每个字都各得其所,安排得妥帖,这是善为文的表现。把独创的语言和文从字顺两方面统一起来,这是写好文章的一个条件。

在学习问题上,韩愈既吸取前人的经验,更注重总结自己的经验,提出一些重要的见解。

首先,韩愈强调个人要努力勤学。他认为,人的一切知识都是学习而得的。他说:"诗书勤乃有,不勤腹空虚。"④他自己就是利用一切能利用的时间,花在看书学习上,"平居虽寝食未尝去书,怠以为枕,餐以饴口"⑤。他从未离开过书本。《进学解》中有

---

① 《韩昌黎集·上兵部李侍郎书》。
② 《韩昌黎集·答刘正夫书》。
③ 《韩昌黎集·南阳樊绍述墓志铭》。
④ 《韩昌黎集·符读书城南》。
⑤ 《皇甫持正文集·韩文公墓铭》。

一段自述,介绍他的学习情况:"先生口不绝吟于六艺之文,手不停披于百家之编,记事者必提其要,纂言者必钩其玄。贪多务得,细大不捐,焚膏油以继晷,恒兀兀以穷年。先生之业,可谓勤矣。"他不分日夜,积年累月地进行学习。韩愈勤学,至老仍然,其赠张籍诗云:"吾老著读书,余事不挂眼。"他认为,人要具有学问,并且不断上进,都离不开勤学。他的经验概括起来就是"业精于勤,荒于嬉",即取得学业的精进需要依靠勤学不辍,而嬉游则会造成学业的荒废。

其次,韩愈主张扩大知识,多读博学。虽然他认为学先王之道的基本途径是读六艺之文,但不赞成把儒学理解得极为狭隘,明经科的人只背诵经典,拘于注疏;进士科的人只会诗赋,模拟文章。他们除了学习经传文艺之外,还应尽量扩大知识面和眼界。他说:"读书患不多。"①"余少之时,将求多能,蚤夜以孜孜。"②"究穷于经传史记、百家之说。"③他的知识不局限于经传,而是扩及百家。他在《答侯继书》中就说:"仆少好学问,自五经之外,百氏之书,未有闻而不求,得而不观者。"这种"贪多务得,细大不捐"的学习精神,使他在少年时期就奠定了广博的学问基础,"奇辞奥旨,靡不通达"。④ 他所具有的学识条件是他在散文写作上达到很高成就的原因之一。勤学是博学的先决条件,博学是勤学的必然结果。

再次,韩愈认为学习时要积极思考。对于经史百家之书的学习,绝不可囫囵吞枣,食古不化,要特别注意学习目的之所在。他

① 《韩昌黎集·赠别元十八协律六首》。
② 《韩昌黎集·五箴·游箴》。
③ 《韩昌黎集·上兵部李侍郎书》。
④ 《韩昌黎集·上兵部李侍郎书》。

韩愈评传

说:"然其所志,惟在其意义所归。"①他劝导弟子:"子诵其文,则思其义。"②要一边读书一边思考。他说:"手披目视,口咏其言,心惟其义。"③学习的时候,感觉器官与思维器官要一齐动员,这有助于求得书中义理。他在读书和思考方面也有不少经验,如对于历史著作,"记事者必提其要";对于理论著作,"纂言者必钩其玄";对于名家作品,"沉浸浓郁,含英咀华","师其意,不师其辞";等等。这些都说明了读书要有方法,感性认识和理性认识结合,才能明了书中精义,使之成为自己掌握的东西。

在教学方法方面,韩愈也有自己的主张和特点。

第一,培养人才要重视因材施教。韩愈认为,每一时代,人才总是有的,关键在于教育者要善于识别和培养。他说:"世有伯乐,然后有千里马,千里马常有,而伯乐不常有。"只要有伯乐那样的识别能力,千里马就不至于被埋没;如果不能像伯乐那样善于识别,又不善于喂养,"策之不以其道,食之不能尽其材",千里马就会被埋没。④人才就如千里马,既要善于鉴别,又要善于培养,才会大量涌现出来。所以,他一贯主张要人尽其才,教育者教人应如精明的木匠极为慎重地对待木料一样。"夫大木为杗,细木为桷,欂栌侏儒,椳阓扂楔,各得其宜,施以成室者,匠氏之工也。"⑤韩愈热心培养青年,指导他们进行文学创作,发挥他们的才能。《新唐书·韩愈传》:"成就后进士,往往知名。"他认为,当权者在用人方面有责任使人尽其才。他说:"大匠无弃材,寻尺各有

---

① 《韩昌黎集·答侯继书》。
② 《韩昌黎集·送陈密序》。
③ 《韩昌黎集·上襄阳于相公书》。
④ 《韩昌黎集·杂说》。
⑤ 《韩昌黎集·进学解》。

施,况当营都邑,杞梓用不疑。"①在他看来,统一的中央集权国家应当能容纳和使用各种人才。"登明选公,杂进巧拙,纤余为妍,卓荦为杰,校短量长,惟器是适者,宰相之方也。"②能否做到人尽其才,取决于宰相的行政方针。韩愈为了实现人尽其才,很重视推荐人才,他以才能为标准,进行选择推荐。张籍在《祭退之》中赞颂他"荐待皆寒羸,但取其才良"。对于出身庶族寒门的知识分子,他尤其尽力推荐。他把因材施教和因材施用统一起来了。

第二,教学上要生动活泼。韩愈几次担任博士,他在讲课中不是装模作样教训学生,而是运用多种形式活跃课堂教学。他的教学态度是认真的,"讲评孜孜,以磨诸生。恐不完美,游以诙笑啸歌,使皆醉义忘归"③。他在讲解之中,有时穿插一些诙谐的话,令人发笑,有时还吟诗唱歌,实是生动活泼。他说理深刻,使人沉醉在他的讲学中。这些都表明他作为文学家,有善于宣讲的特点,能扣动学生的心弦。但是,也有人把教学语言的生动性和教学的严肃性对立起来,对他生动的教学提出反对意见。张籍就曾写两封信给韩愈,谈到这个问题,并极认真地提出批评:"然欲举圣人之道者,其身亦宜由之也。比见执事多尚驳杂无实之说,使人陈之于前以为欢。此有以累于令德。"他要求韩愈"弃无实之谈"。④韩愈对这种批评甚不以为然,辩解说:"驳杂之讥,前书尽之,吾子其复之。昔者夫子犹有所戏。《诗》不云乎:'善戏谑兮,不为虐兮。'《记》曰:'张而不弛,文武不能也。'恶害于道哉?吾子

① 《韩昌黎集·送张道士序》。
② 《韩昌黎集·进学解》。
③ 《皇甫持正文集·韩文公墓铭》。
④ 《全唐文·张籍·上韩昌黎书》。

其未之思乎!"①他认为,教学不必太拘于单一形式,要生动有趣,既有严肃的时候,也有活泼的时候,有张有弛,灵活应用,教学的生动性并不影响教学内容的思想性。这种主张既有历史经验的根据,也有实践经验的根据。

六、《师说》写作的意义

《师说》是韩愈的一篇重要教育论著,多数研究者认为它是在唐德宗贞元十八年(802年)写成并公开发表的。从文章表面看,《师说》似乎是韩愈应弟子李蟠的要求而写的赠文,但实际上它不是随意发表议论的一般作品。他对来学古文的弟子特别强调师道,而不谈如何学习古文、如何写古文,这是有客观社会原因的。

韩愈为维护封建中央集权制度,积极倡导复兴儒学和推动古文运动。要做好这两件重大的事,除了大力开展宣传之外,还要汇集志同道合之士,共同努力,形成有力量的社会运动,冲破旧思想的障碍。在封建专制制度下,不能有什么团体,而师弟子关系比较适合于思想联系。当时没有师弟子密切联系的社会风气,要形成一种新的社会风气,需要有人带头,敢以"师"为职,以"传道"为任,开展传道授业的宣传教育活动;还要制造新的社会舆论,从理论上肯定教师是人类社会的必要工作,认同教师的首要职责是"传道",改变人们的旧观念。

韩愈从二十九岁在汴州任观察推官开始接收学生,到三十五岁任四门博士时接收更多的学生,前后六年的教育活动引起较大

① 《韩昌黎集·重答张籍书》。

的社会反响,有一部分人积极赞成,而更多的人则激烈反对。赞成与反对的焦点集中在师道问题上。社会运动要继续推进,就需要解决思想理论上的这个关键问题。他反复思之,议论不能不发,于是抓住对学生赠文的机会,写了《师说》,公开发表议论。

在教育领域的思想斗争中,《师说》提出的新观点对当时士大夫的旧思想、旧习气是一次极大的冲击。唐王朝建立之后,宗教势力有所膨胀,儒学地位不高,社会影响削弱,儒学的师道观已淡化。加上科举制度盛行之后,士人依靠文学来争名位,文学的重要性超过经学,学风和思想观念都发生了变化。文士撰文,唯恐不自己出,竞相显示才能,不以师传为荣,而以求师为耻。当时学校虽有传经博士,科举虽有明经之科,但无人以"传道"之师自任。韩愈感叹:"由汉氏已来,师道日微,然犹时有授经传业者,及于今则无闻矣。"①当时知识分子中普遍的风气是"耻学于师",根本不承认师弟子关系。"士大夫之族,曰师曰弟子云者,则群聚而笑之。问之,则曰:彼与彼年相若也,道相似也,位卑则足羞,官盛则近谀。"他们不承认师弟子关系,主要是考虑到社会地位关系问题。不打破这种顽固的旧思想势力,复兴儒学运动、开展古文运动都要受到阻碍。韩愈挺身而出,敢于为师,凡是来向他请教的,他都不拒绝,"来者则接之"。他说:"人之来者,虽其心异于生,其于我也,皆有意焉。君子之于人,无不欲其入于善,宁有不可告而告之,孰有可进而不进也?言辞之不酬,礼貌之不答,虽孔子不得行于互乡,宜乎余之不为也。苟来者,吾斯进之而已矣,乌待其礼逾而情过乎!"②韩愈有接收弟子的实际行动,又发表《师说》,提出

① 《韩昌黎集·进士策问十三首》。
② 《韩昌黎集·重答李翊书》。

韩愈评传

新的观点,在士大夫中引起巨大轰动。柳宗元在《答韦中立论师道书》中谈到这个轰动一时的事件:"今之世不闻有师,有辄哗笑之,以为狂人。独韩愈不顾流俗,犯笑侮,收召后学,作《师说》,因抗颜而为师。世果群怪聚骂,指目牵引,而增与为言辞。愈以是得狂名。"韩愈与众不同,有了接待后辈的声名,名之所存,谤也随之,庸俗之见的存在使思想斗争更为激烈。当时柳宗元对韩愈遭习俗攻击时所采取的态度是值得注意的。柳宗元支持韩愈关于师道的主张,指出那些咒骂攻击韩愈的人实如蜀犬吠日。但柳宗元当时在政治上处于因罪受贬的困境,他说:"世久无师弟子,决为之,且见非,且见罪,惧而不为。"[1]在衡量个人政治上的利害之后,他不赞同韩愈公开树旗立名的做法,极力回避师名。他在《报严厚舆书》中说:"仆才能勇敢不如韩退之,故不为人师。人之所见有同异,无以韩责我。"柳宗元避名就实,实际上也接收弟子,但他处在偏远地区,所发挥的影响不能不受到一些限制。韩愈不畏攻击毁谤,以《师说》为宣言,坚持主张,敢为人师,旗号一张,产生较大的社会影响,引起社会风气逐渐转变。因此,《师说》起了解放思想的作用,具有进步意义。

对于《师说》,历来有不同的分析评价。从教育思想发展的历史来看,《师说》在理论上是具有新意的。

首先,《师说》由"人非生而知之者"出发,肯定"学者必有师"。在唐代中期"不闻有师"的社会条件下,这种观点是有重要意义的。"人非生而知之者"的论点直接否定了"生而知之",与儒家传统思想有出入。儒家的祖师孔丘认为,"生而知之者,上也"[2]。孟

---

① 《柳河东集·报袁君陈秀才避师名书》。
② 《论语·季氏》。

轲进一步发挥了这种"生而知之"的思想,认为圣人是先知先觉者,可以不学而能,不虑而知。历史上,唯物主义思想家曾与这种唯心主义先验论进行斗争。东汉的王符就认为"虽有至圣,不生而知;虽有至材,不生而能",所以"人不可以不就师"。[①] 韩愈受王符等人思想的影响,再结合自己对社会普遍观察的结果,提出了"人非生而知之者"的论点,否定了"生而知之",强调后天学习的重要性,从而使"学者必有师"这个观点有了充分牢靠的理论依据。就这一点来看,《师说》在认识论上靠向唯物主义,与韩愈自身的唯心主义世界观相矛盾。既然"人非生而知之者",人人都有不知道的事情,人人就都有学习的必要。如果有疑难而不肯学习,疑难就会长期存在,不会自行解决。所以,人必须学习,一定要有教师指导,教师是人类社会一种必不可少的工作。

其次,《师说》提出"传道、受业、解惑"是教师的基本任务。自古以来,关于教师工作任务的言论和事例不少。如孔丘,他以教师为职业,教训学生们要"笃信好学,守死善道"[②]。他给学生们传授《诗》《书》《礼》《乐》,回答了学生们提出的许多问题。虽然他没有具体规定教师的任务,但实际上是在做"传道、受业、解惑"的工作。荀况说:"师者,所以正礼也。"[③]师长是弟子们学礼的准则。汉代扬雄说:"师者,人之模范也。"[④]他们虽然做了教师工作或从某一方面提出教师的任务,但还没有一个比较全面概括的定义。韩愈总结了以往的教师工作经验,在《师说》中提出:"师者,所以传道、受业、解惑也。"他提出的教师工作的三项任务,都有其特定

① 《潜夫论·赞学》。
② 《论语·泰伯》。
③ 《荀子·修身》。
④ 《法言·学行》。

的时代的、阶级的内容。所谓"传道",是《原道》一文中论述的儒家的仁义之道,要求学生按此提升修养,以达到治国平天下的目的。所谓"受业",是儒学的"六艺经传"与古文。所谓"解惑",是解决学"道"与"业"过程中的疑问。三项任务中,最主要的是"传道","受业"和"解惑"都要贯串"传道",为"传道"服务。这就规定了教师实际的政治作用是为封建统治服务。韩愈在历史上首先提出教师的基本任务是"传道、受业、解惑",他的文字表述比较概括、明确,有主有次,一经提出便流传为共知的名言,也为以后的教师所接受。韩愈的这个观点强调教师的主导作用,它的影响延续到现代。

再次,《师说》提出以"道"为求师的标准,主张"学无常师"。求师的目的是学"道",办法是"学无常师"。这种教育思想有其历史渊源。《尚书·咸有一德》已有"德无常师,主善为师"的主张,即有善德的人,人们就以之为师。孔丘提出"就有道而正焉"[①],也是主张学无常师。其弟子子贡说:"文武之道,未坠于地,在人。贤者识其大者,不贤者识其小者,莫不有文武之道焉。夫子焉不学?而亦何常师之有?"[②]这就较具体地说明了学无常师的主张。但这种思想到了科举盛行、文学风靡的唐代,已被抛弃了,"道"不再是求师的标准。武则天当皇帝时,任命学官更无标准可言,不根据真才实学,诸王、驸马皆可为国子监祭酒。学官空有其名,无教学之实。到代宗时,甚至由大宦官鱼朝恩兼任祭酒,凭借权势,以胡说八道滥充讲经。德宗时,虽有点不同,但任用学官"多循资

① 《论语·学而》。
② 《论语·子张》。

中国教育家和教育思想研究

叙,不考艺能"①。任用教师既无公认的标准,一般人对教师也就不看重。韩愈极力矫正当时由贵戚或凭年资来当学官的风气,反对以社会地位和资历作为择师的标准。韩愈认为,教师教学的任务主要在传道,学生求学的主要任务在学道。能否当教师,也就以"道"为标准来衡量。谁先闻道,谁就有条件传道,起教师的作用。年龄比较大的人,闻道在先,可拜他为师;年龄比较小的人,闻道在先,也可拜他为师。这样做就完全以道为师。因此,不论一个人年龄大小,也不论其社会地位贵贱,凡有道,就可为师。"道之所存,师之所存也。"社会上有道的人不少,皆可为师,求学的范围就不应受到限制,学无常师。他举出孔丘向苌弘、师襄、老聃、郯子学习的历史事例,说明应该向一切有专长的人学习,只有善于学习他人的长处,才能成为"圣贤"。在"不闻有师"的社会条件下,提倡"学无常师",当然会使人感到危言耸听。但他借用孔丘的事例来加强论据,使士大夫们无法加以否定。韩愈提出以道为师、学无常师的主张,在当时对打破士大夫们妄自尊大的心理,促进思想和文学上的交流,具有一定的积极意义。

最后,《师说》提出师弟子之间可以"相师",确立比较合理的师生关系。韩愈观察了社会中各种职业的人学习的不同情况,经过分析比较,指出:"巫、医、乐师、百工之人,不耻相师。"他认为这种做法合理,比士大夫们表现得更为明智。士大夫应当矫正"耻学于师"的坏风气,形成相互学习的新风气。相互学习不限于同辈朋友之间,也要实行于教师与学生之间。教师与学生的年龄有差别,而闻道不以年龄大小定先后,学术业务也可能各有专长。

---

① 《韩昌黎集·国子监论新注学官牒》。

"弟子不必不如师,师不必贤于弟子",弟子不一定样样都不如教师,如果在某方面有专长,也可以此条件而转为教师。教师不一定事事都比弟子高明,为了扩大知识面,向有专长的人学习,也可以转为弟子。教师与弟子可以互相学习,教学相长,是理所当然的事。他不再把师生的关系看成绝对的,而是相对的,是可以转化的,这对强调封建性的师道尊严、维护教师的绝对权威的教育思想是一种否定。这种具有辩证法因素的民主性的教育思想,具有重要的历史意义。

《师说》这篇教育论著,也存在着思想上的阶级局限性,主要表现有以下几个方面:

第一,韩愈完全以道统思想为立论的依据。教师有"传道"的重任,这"道"在文字形式上是仁义之道,具体内容则是实行封建专制政治制度。道统中的关键人物孔丘被尊为最高圣人,《师说》中的绝大部分论点都是从孔丘的言论和事迹中寻找历史根据。所以,韩愈不可能更广泛地总结经验,提出更多的创见。

第二,韩愈存在轻视劳动人民的阶级偏见。他虽然提倡"学无常师",但受了孟轲"劳心者治人,劳力者治于人"[①]的思想影响,带有封建士大夫的优越感,瞧不起被其认为下等的劳动人民。他说:"巫、医、乐师、百工之人,君子不齿,今其智乃反不能及,其可怪也欤!"劳动人民被视为下贱愚昧者,根本不值一谈。他以下贱者的事例来激励高贵者重视从师问道,把学习的范围局限在士大夫的范围里。

第三,韩愈轻视教儿童习句读的童子之师,认为教习句读没

① 《孟子·滕文公上》。

有传道授业的意义和作用重大,对启蒙教育、基础教育意义的认识存在片面性。

七、 历史影响

对韩愈的教育思想和教育活动,唐代就已有学者议论其是非,后世学者也不断有评论。分析这些议论,可以看到韩愈在教育历史上的影响,较重要的有四个方面。

(一)推崇孔孟,强调道统

唐初虽有明文规定尊孔,但在佛教盛行的条件下,社会上对尊孔是极有限度的。韩愈继承儒家尊孔的传统,且将尊孔推到新的高度。他说:"生人以来未有如孔子者,其贤过于尧舜远者。"[1]他把孔丘尊为最高圣人。他又认为孔丘之后的儒家学者中,孟轲是孔学最忠诚的继承人,其儒学思想是纯粹无疵的,能发扬孔学,辟杨墨,使后之学者"知宗孔氏,崇仁义,贵王而贱霸"。因此,他特别推尊孟轲,"以为功不在禹下"。[2]此论一出,当时学者响应,孟轲的地位被提高而超过其他学者,以至于孔孟并称,儒学被称为"孔孟之道"。

韩愈认为,儒学的基本宗旨是仁义之道,仁义之道是人类社会生活最正确、最完善的准则,"以之为己,则顺而祥;以之为人,

① 《韩昌黎集·处州孔子庙碑》。
② 《韩昌黎集·与孟尚书书》。

则爱而公；以之为心，则和而平；以之为天下国家，无所处而不当"①。这个维持社会正常秩序的道，"中国之人世守之"，有一个世世代代的传授系统。最早从尧开始，"尧以是传之舜，舜以是传之禹，禹以是传之汤，汤以是传之文、武、周公，文、武、周公传之孔子，孔子传之孟轲，轲之死，不得其传焉"②。韩愈编制这个道统，是为了抬高儒家在历史上的正统地位，而与佛教传法世系的宗教法统相对抗。编制道统还有他的个人目的。他声称，孟轲之后，无人传道，儒道中衰而释老横行，自己的使命就是要继承道统。他说："释老之害，过于杨墨，韩愈之贤不及孟子。孟子不能救之于未亡之前，而韩愈乃欲全之于已坏之后。……虽然，使其道由愈而粗传，虽灭死万万无恨。"③他把自己作为道统的继承人，这使其复兴儒学的活动有了历史根据。他要继承孟轲攻异端的斗争精神，为了恢复儒学在唐代思想领域的统治地位，决心不畏艰难困苦，扭转危局，"寻坠绪之茫茫，独旁搜而远绍，障百川而东之，回狂澜于既倒"④。即使牺牲生命，也在所不惜。

韩愈提出道统学说，并以自己为道统的真正继承人，这一思想成为韩门弟子及再传弟子们的基本观念。林简言在《上韩吏部书》中说："去夫子千有余载，孟轲、扬雄死，今得圣人之旨，能传说圣人之道，阁下耳。"皮日休在《请韩文公配飨太学书》中也高度评价韩愈复兴儒道的功绩，他说："〔昌黎〕公之文，蹴杨墨于不毛之地，蹂释老于无人之境，故得孔道巍然而自正。"他称赞韩愈是"身行其道,口传其文,吾唐以来,一人而已",要求以国家行政命令规定韩愈配飨于孔庙。皮日休的建议代表了一部分士大夫的想法。

韩愈的道统思想在北宋初期受到一些学者的重视和肯定。孙复在《上孔给事书》中说:"自夫子没,诸儒学其道、得其门而入者鲜矣,唯孟轲氏、荀卿氏、扬雄氏、王通氏、韩愈氏而已。"他在《信道堂记》中说:"吾之所谓道者,尧、舜、禹、汤、文、武、周公、孔子之道也,孟轲、荀卿、扬雄、王通、韩愈之道也。"孙复完全接受道统的思想,并肯定韩愈在道统中的重要地位,只是在道者中加了荀况。

石介在《尊韩》中说:"道始于伏羲氏,而成终于孔子。……若孟轲氏、扬雄氏、王通氏、韩愈氏,祖述孔子而师尊之,其智足以为贤。孔子后,道屡废塞,辟于孟子,而大明于吏部。"他在《怪说中》又说:"周公、孔子、孟轲、扬雄、文中子、吏部之道,尧、舜、禹、汤、文、武之道也。"石介只是把道统开始的年代再提前,其他主张无大出入。

苏洵也赞成道统思想,他在《上欧阳内翰第二书》中说:"自孔子没,百有余年而孟子生;孟子之后,数十年而至荀卿子;荀卿子后,乃稍阔远,二百余年而扬雄称于世;扬雄之死,不得其继,千有余年而后属之韩愈氏。"他也承认韩愈在道统中的地位。

到了程颢、程颐,他们的态度发生了变化。他们对韩愈抬高孟轲的地位极为赞赏,但为了抬高理学的地位,以理学为儒学的正统,却把自己列为孟轲之后儒学的继承人,宣称只有自己才真正是上接孔孟的,认为韩愈只不过是一个有见识的豪杰之士而已,把韩愈从道统中撇开。程颐在《明道先生墓表》中说:"周公没,圣人之道不行,孟轲死,圣人之学不传。……先生生千四百年之后,得不传之学于遗经,志将以斯道觉斯民。……道之不明也久矣,先生出,倡圣学以示人,辨异端,辟邪说,开历古之沉迷,圣人之道,得先生而后明,为功大矣。"他又在《明道先生门人朋友叙述序》中说:"而以为孟子之后,传圣人之道者,一人而已。"他一再强调程颢上继孟轲而传圣人之道。

随着理学思想的形成,韩愈的道统思想被修正,韩愈被从道统中排除,由理学的奠基者"二程"取而代之。韩愈的理论从理学角度来衡量有很大的弱点,受到批评。苏轼在《韩愈论》中说:"韩愈之于圣人之道,盖亦知好其名矣,而未能乐其实。……然其论至于理而不精,支离荡佚,往往自叛其说而不知。"韩愈在理论上没有像在文学上那样有建树、有创新,确实存在着不少自相矛盾之处。

韩愈推崇孔孟,产生深远影响。从唐代开始,孔孟之道成为封建教育的指导思想。《孟子》一书同《论语》一样成为圣人之书,逐步上升为儒经。韩愈还特别重视《礼记》中的《大学》,在《原道》中引用《大学》的一段重要的话,作为自己的理论根据:"古之欲明明德于天下者,先治其国;欲治其国者,先齐其家;欲齐其家者,先修其身;欲修其身者,先正其心;欲正其心者,先诚其意。"引用这段话,目的首先在于说明提高修养的目的在于改进社会,要有为而不是无为,要入世而不是出世,要治国平天下而不是独善其身;其次在于说明提高修养是从主观到客观,从心到物,个人的修养和心性是处理万事的根本。自此之后,《大学》在儒学理论中的地位被大大地抬高。在韩愈新儒学思想的影响下,李翱以《中庸》为其主张"灭情复性"的理论依据,也使《中庸》受到重视,地位随之提高。

韩愈、李翱这种学先王之道的思想倾向,影响了宋代的理学家,启发他们也以《论语》《孟子》《大学》《中庸》等圣贤书为依据,为突出其地位,将它们合称"四书"。四书成为理学的基本典籍。随着理学居于儒学主导地位,四书也成为学校必读的教材。

(二) 文以载道

韩愈提倡的文学理论,最基本的观点是"文以载道",从这个观点出发,又引申出一系列的文学主张。这些主张被传授给韩门弟子,成为新古文运动的思想主流,对文学、教育有极大的影响。

"文以载道"的观点认为,文是手段,道是目的;文是形式,道是内容;文是为道服务的,这是文与道的关系。道的含义,就是孔孟的仁义之道,这是中国自古以来相传的治理人类社会的基本准则。

求学"志在古道",以使"古道"在社会生活中实现。为了求取"古道",必须通过学古文来学古人之道。"愈之志在古道,又甚好其言辞。"[1]"然愈之所志于古者,不惟其辞之好,好其道焉尔。"[2]韩愈在《题欧阳生哀辞后》中说:"愈之为古文,岂独取其句读不类于今者耶? 思古人而不得见,学古道则欲兼通其辞;通其辞者,本志乎古道者也。"古道和古文的关系被说得更清楚。因此,他利用古文的形式来宣扬古道的内容,古文成为卫道与扬道的武器。

韩愈提出新古文的理论,也有创作新古文的实践,他的新古文达到相当高的成就。苏洵在《上欧阳内翰第一书》中说:"韩子

---

① 《韩昌黎集·答陈生书》。
② 《韩昌黎集·答李秀才书》。

之文,如长江大河,浑浩流转,鱼鼋蛟龙,万怪惶惑,而抑遏蔽掩,不使自露,而人望其渊然之光、苍然之色,亦自畏避,不敢迫视。"气势雄伟,自然流转,蕴含意深,是其特点。

李翱在《韩公行状》中评韩愈的古文及其影响:"深于文章,每以为自扬雄之后,作者不出。其所为文,未尝效前人之言,而固与之并。自贞元末,以至于兹,后进之士,其有志于古文者,莫不视公以为法。"韩愈乐于奖教后进,称发其善,教所不及,多有投书请益者,不论何人,皆有指授。他的文章被后进之士视为准绳。《新唐书·韩愈传》载:"自愈没,其言大行,学者仰之,如泰山、北斗云。"晚唐文人对韩文的评价很高,杜牧称"杜诗韩笔",把韩愈的文与杜甫的诗并提。

韩愈的文学理论在弟子们以至后学中相传不辍,"后学之士,取为师法"[1]。孙樵在《与王霖秀才书》中说:"樵尝得为文真诀于来无择,来无择得之于皇甫持正,皇甫持正得之于韩吏部退之。"源于韩愈,传至孙樵,已经是第四代。所谓"为文真诀",即"为文之道",而为文之道据说就是"储思必深,擒辞必高;道人之所不道,到人之所不到;趋怪走奇,中病归正。以之明道,则显而微,以之扬名,则久而传"。这也是各有所传,各有所得。

学习韩文的热潮一直持续到晚唐。由于形式主义的文风一度抬头,北宋初年,韩愈的影响大大削弱。欧阳修在青少年时所见的士人都为应科举而学时文,未尝有道韩文者。后经石介、欧阳修、苏轼等学者对韩愈改革文体的贡献做出肯定评价,大力提倡韩文,韩愈又受到推崇。石介在《上赵先生书》中说:"吏部志复

① 《旧唐书·韩愈传》。

古道,奋不顾死,虽摈斥摧毁,十百千端,曾不少改所守;数十子亦皆协赞附会,能穷精毕力,效吏部之所为。故以一吏部数十子之力,能胜万百千人之众,能起三数百年之弊。唐之文章,所以坦然明白,揭于日月,浑浑灏灏,浸如江海,同于三代,驾于两汉者,吏部与数十子之力也。"苏轼在《潮州韩文公庙碑》中称韩愈"文起八代之衰,道济天下之溺"。在他们的推动下,文学界的风气又渐趋于古,韩文经约两百年沉寂之后又行于世,学者非韩不学,"学韩"成为新的潮流。欧阳修在《记旧本韩文后》中解释其原因:"韩氏之文,没而不见者二百年,而后大施于今,此又非特好恶之所上下,盖其久而愈明,不可磨灭,虽蔽于暂而终耀于无穷者,其道当然也。"

宋代中期,古文复兴,多数人对韩文给予高度评价,秦观是其中具有代表性的一位。他在《韩愈论》中说:"钩列、庄之微,挟苏、张之辩,摭班、马之实,猎屈、宋之英,本之以《诗》《书》,折之以孔氏,此成体之文,韩愈之所作是也。盖前之作者多矣,而莫有备于愈;后之作者亦多矣,而无以加于愈。故曰:总而论之,未有如韩愈者也。"宋人推崇韩愈,学唐人的古文主要学韩愈,选他的文章作为范文。

在"文以载道"思想的指导下,古文持续发展,并产生不同风格的流派。自宋一直到近现代,古文都是重要的教学内容。传授古文的写作理论经验成为语文教学的重要方面。韩愈既是这些思想理论的倡导者,又写了许多古文名篇,他的名字为人们所熟知。

清人吴楚材、吴调侯所编《古文观止》,选择了自古以来五十余家的二百二十名篇,作为学习古文的范文。韩愈的文章入选的就有二十四篇，占百分之十以上。这在一定程度上体现了韩愈在古文发展中的地位和影响。

（三）提倡师道

韩愈提出师道问题，并写了《师说》，公开宣扬自己的观点，产生深远的历史影响。后代许多教育家对此发表评论，有的在理论上进一步加以发展。

宋初柳开写了《续师说》，他的基本思想与韩愈《师说》一样，都在于劝人从师。但他认为，从社会实际来看，《师说》"尚其能实乎事而未原尽其情"。也就是说，对社会上不从师的现象虽已指出，但对其原因查究得还不透彻。所以，他写了《续师说》，进一步强调教师的重要作用。他认为，"贤愚之性无殊焉，在乎师与不师也"，"世不可弃其师，人不可定其性。师存而恶可移，师亡，虽善不能遽明也"。要提高道德学问，教师是绝对不可少的。他揭露当时的人不能"以道学为心"，而多数人"以禄学为心"，指出这是造成社会上多数人"耻于从师"的根本原因。

宋人王令也写《师说》，他从中国历史发展的角度强调要重学校、尊教师。他认为，社会治理不好，"患在不用儒"，"其弊在于学师不立，而育贤无方。圣人之道，不讲不明，士无根源，而竞枝流"。他指出："夫人所以能自明而诚者，己非生知，则出于教导之明而修习之至也。如其无师，则天下之士虽有强力向进之心，且何自明而诚也？"要人才，不能等待其自发成长，那是比较渺茫的，通常要有教师进行教导。

宋代陆九渊认为，韩愈对师道问题的见识非常人所能及。他认为,应当讲求师道,对教师与学生的要求各有不同。他在《与李省干》中说:"学者不求师,与求而不能虚心,不能退听,此固学者之罪;学者知求师矣,能退听矣,所以导之者乃非其道,此则师之罪也。"教师与学生各有各的责任,不能单方面地指责学生不知求师,不能虚心接受训诲。

明代张自烈写《续师说》,认为韩愈、欧阳修、陆九渊等人的见解不全面,还应再前进一步。欧阳修提出"师经,师万物"。张自烈指出:"师经,师万物,求善而止,不善则废,犹未尽师之道也。"他认为:"至于不善皆师,则万物之可师者众矣。孰谓善师者徒求诸弟子哉!然则不求师,失之妄;专师善,失之隘;能师不善,则日进无疆。惜夫退之告李生者,不及此耳。"即学习的领域极宽广,不仅可从正面学习,还可从反面吸取教训,因此万物皆可师。这是对韩愈"学无常师"思想的补充和发展。

清初黄宗羲作《续师说》,认为根据教师的任务,作为教师是有条件的,不具备条件则不配作为教师。强以为师的人是空有其名而无其实。他说:"师者,所以传道、受业、解惑者也。道之未闻,业之未精,有惑而不能解,则非师矣。本无可师,强聚道路交臂之人,曰师、曰弟子云者,曾不如童子之师习其句读,巫、医、乐师、百工之人,授以艺术者之有其实也。"未闻道、未精业、不能解惑而强以为师的,连童子之师、工艺之师也不如,童子之师、工艺之师都有教学的实践。

陆世仪在《思辨录》中提到要善于择师,他说:"人无志于为圣贤则已,苟有志于为圣贤,则必求当世之能为圣贤者而师之。"善于择师而学习与不善于择师而学习的效果差别很大,"善师者学逸而功倍,不善师者学劳而功半。"他又说:"人欲学道,必先虚心;

能虚心,然后能求师。"求师以闻道为条件,不以年龄为条件,也不以社会地位为条件。若能虚心求师,则一言一事亦必有我师,时时事事都有可以学习的机会。他强调"天下无一事无师","故师之一字,是天地古今、社稷生民、治乱安危、善恶生死之关也"。天下没有哪一件事可以不要教师,教师确实是自然、历史、人类社会生活的关键。

清初廖燕写《续师说》,他说写作的原因是:"韩昌黎有《师说》一篇,似未尽发其义,予故续之。"他谈到为师的条件:"师莫重乎道,其次必识高而学博。三者备,始可泛应而不穷。"对教师的素质条件,其认识更全面。他对韩愈"师不必贤于弟子"的论点提出异议。他说:"然则韩昌黎'师不必贤于弟子'之说非欤? 予曰:不然。弟子可不必贤,而师不可不贤于弟子,即不必尽道殊德绝,要其议论文章,亦必求稍通于训诂、帖括之外,而发前贤所未发,使子弟有所取法,奋发开悟,一变其夙昔之所为,而不知谁之力者。然后师之道得,而师之称始可受之而无愧也。"他强调为师者必须贤于弟子,有可供弟子学习的东西,否则就不配"教师"的称号。

唐彪写《父师善诱法》,其中批评世人对蒙师轻视是一种错误。他认为,蒙师的教学工作最为劳苦,贡献也大。他说:"人仅知尊敬经师,而不知蒙师教授幼学,其督责之劳,耳无停听,目无停视,唇焦舌敝,其苦甚于经师数倍。……夫蒙师劳苦如此,关系之重又如此,岂可以子弟幼小,因而轻视先生也哉?"因此,蒙师理应受到尊敬。教师应当是学生的模范和准则,学生的成长全在于教师认真负责、因材造就、随机诱导。教师的责任如此重大,应当自加勉励。

章学诚写《师说》,对韩愈的《师说》评论道:"韩氏盖为当时之敝俗而言之也,未及师之究竟也。"他认为韩愈只是针对时弊而谈,对教师的组成并未深究。在众多的教师中,各种教师所起的作用不同,应当加以区别。"盖有可易之师与不可易之师,其相去也,不可同日语矣。""若夫授业解惑,则有差等矣。……必从其人而后受,苟非其人,即己无所受也,是不可易之师也。学问专家,文章经世,其中疾徐甘苦,可以意喻,不可言传。此亦至道所寓,必从其人而后受,不从其人,即己无所受也,是不可易之师也。"学有专长,别人无法取代其作用,这种教师是"不可易之师"。"至于讲习经传,旨无取于别裁;斧正文辞,义未见其独立;人所共知共能,彼偶得而教我。从甲不终,不妨去而就乙;甲不告我,乙亦可询。此则不究于道,即可易之师也。"只掌握一般的知识,很多人共知共能,他的传授作用甚微,别人可以取代,这种教师是"可易之师"。可易之师与不可易之师不以职业为界限。各种职业都有名家,都有"不可易之师"。此外,他还谈到为师必贤于弟子,主要就在闻道方面。至于技艺,他则认为不必一一比较,这是儒家重德轻艺教育传统思想的体现。

　　韩愈《师说》有深远的思想影响。直至现代,他提出的一些问题对教师理论的探讨仍有启发。

(四) 教学经验

　　韩愈是唐代杰出的教育家,他的教学经验含有科学的成分。他的部分文章对自己的教学经验进行理论概括,《进学解》就是比较集中反映其教学思想的名篇,随着韩文的流传,产生广泛的影响。

第一,学者应当德业兼修。韩愈对学生提出较高的要求,不仅要注意习业,还要重视修德。他说:"业精于勤,荒于嬉;行成于思,毁于随。"在业务方面要精通,在品行方面要成德。当时在科举的影响下,在知识分子只追求名利,道德水准普遍下降的情况下,这样的要求是较高的,起了警醒与纠偏的作用,对后世学者也有启发。有人将之录为格言,鞭策自己进德修业。

第二,指示达到德业兼修的方法。勤学是实现精益求精的途径,如果终日嬉游,不肯努力用功,学业必然会荒废;深思是德行成就的方法,如果随意而为,不认真思考,德行必然会毁败。这是经验之谈,也是具有规律性的,话虽不多,却抓住了要领。

第三,在博学的基础上掌握简要义理。韩愈说:"记事者必提其要,纂言者必钩其玄。贪多务得,细大不捐。"学习知识不要太狭隘,受局限,知识面不妨广些,大大小小都要收集积累起来,越多越好。对这些知识不是单纯储存,而是要牢固掌握,为我所用。因此,必须经过思想上的加工整理,对不同性质、体裁不一的著作,或提要,或钩玄,有的逐段概括出要领,有的抓住书中深奥的道理。只有由博而求约,才能达到以简驭繁的要求。

第四,从经典名作中吸取精华。读书要选择,也要善于深入学习。三代两汉之书,其内容皆渗透先王之道,各有其特点。"上规姚姒,浑浑无涯。周《诰》殷《盘》,佶屈聱牙。《春秋》谨严,《左氏》浮夸。《易》奇而法,《诗》正而葩。下逮《庄》《骚》,太史所录。子云、相如,同工异曲。"学习这些经典名作,必须深入体会文章浓郁的味道,细细咀嚼并吸取其中的精华,师其意,不师其辞,学习优秀的历史文化,在继承传统的基础上创新。

上述几个方面,是韩愈在教育史上主要的影响。

韩愈的教育思想 *

　　韩愈(768—824),字退之,河南河阳(今河南孟州南)人,唐代著名的文学家、思想家和教育家。

　　韩愈出身世代官僚家庭,个人生活道路曲折,一生处于社会动荡不安阶段。七岁开始读儒家经籍,学习特别勤奋。青年时曾从独孤及、梁肃、萧存等游学,受其影响,钻研古文,潜心儒道,奠定了一生学问的基础。贞元八年(792 年),进士及第。十二年,被汴州刺史、宣武节度使董晋招为幕僚,任观察推官,并首次接收弟子,开始教育活动。以后多次起伏,迁徙不定,先后在地方和京都任官,曾为四门博士、权知国子博士、国子博士、国子祭酒等。他在当时是三个运动的主要倡导者。在思想文化方面,他主张复兴儒学,认为要维护国家统一,反对藩镇割据,就必须以孔孟之道为思想支柱,发出"尊孔孟,排异端"的号召,尤其反对佛教。在文学上,他反对四六排比的骈体文,主张接近口语的散体文,倡导以儒学为文章思想内容的新古文运动。在教育上,他倡导师道运动,打破习俗偏见,带头收受弟子,发表《师说》为其宣言,以期逐步转变社会风气。他的教育活动与其政治的、思想的、文学的活动相

* 本文原为孙培青主编《中国教育史》(第四版)(华东师范大学出版社 2019 年版)第六章中的一节。

互交错，并影响了他的教育思想。韩愈最后官至吏部侍郎，于长庆四年（824 年）病逝。其著作由李汉编集为《昌黎先生集》四十卷。又有其他遗文编为外集，与《顺宗实录》五卷均附于《昌黎先生集》之后，总称《韩昌黎集》。

一、 复兴儒学与反对佛老

韩愈在政治上反对藩镇割据，维护中央集权；同情民众疾苦，主张减轻负担；反对僧侣剥削，限制寺院经济。在思想意识上，他不满宗教猖獗，主张复兴儒学。

韩愈认为，儒学纲领是仁义道德，这就是先王之道，也是先王之教。他在《原道》中说："夫所谓先王之教者，何也？博爱之谓仁，行而宜之之谓义，由是而之焉之谓道，足乎己无待于外之谓德。其文，《诗》《书》《易》《春秋》；其法，礼、乐、刑、政；其民，士、农、工、贾；其位，君臣、父子、师友、宾主、昆弟、夫妇；其服，麻、丝；其居，宫、室；其食，粟米、蔬果、鱼肉。其为道易明，而其为教易行也。是故以之为己，则顺而祥；以之为人，则爱而公；以之为心，则和而平；以之为天下国家，无所处而不当。"先王之道包括了封建社会精神生活和物质生活的一切方面，其中道德问题既是出发点，也是归宿。这表明儒学是与民生实际结合在一起的。

在道德规范方面，韩愈把仁义与道德并提，基本内容是仁义。仁义道德是总纲，体现在政治制度上就是礼、乐、刑、政，具体的制度规定君臣上下劳心劳力的分工："君者，出令者也；臣者，行君之令而致之民者也；民者，出粟米、麻丝，作器皿，通货财，以事其上者也。"他把统治与被统治、剥削与被剥削的关系说成仁义的体

中国教育家和教育思想研究

438

现，实际上是视封建制度为理想化的制度。

韩愈把仁义道德说成历代圣人相互传授的传统。"尧以是传之舜，舜以是传之禹，禹以是传之汤，汤以是传之文、武、周公，文、武、周公传之孔子，孔子传之孟轲。"他排出儒家圣人的序列，以表示儒道源远流长，有传承的系统，在中国历史上居于正统地位。有了这个道统，与佛教宗派传法世系的祖统相抗衡也就更有力了。

韩愈特别推崇孔丘和孟轲。他对孔丘的推崇达到新的高度，在《处州孔子庙碑》中说"生人以来未有如孔子者，其贤过于尧舜远者"，把孔丘尊为历史上超过尧舜的最高圣贤。他高度评价孟轲是孔学最忠实的继承者，认为"孟氏醇乎醇者也"。他在《与孟尚书书》中还提出，当战国之时，杨墨交乱，圣贤之道不明，三纲沦，礼乐崩，幸而有孟轲辟杨墨，传圣人之道。"然赖其言，而今学者尚知宗孔氏，崇仁义，贵王而贱霸。……故愈尝推尊孟氏，以为功不在禹下者为此也。"

韩愈认为，孟轲之后，圣人之道无人继传。他鼓起任道的勇气，欲挽救先王之道，再兴而传。他表示："使其道由愈而粗传，虽灭死万万无恨。"[①]他要成为道统的继承人，不惜牺牲生命。其道统说的建立，加强了儒学在民族文化中居主导地位的意识。

韩愈还从政治、经济、思想理论等方面揭露了佛教、道教与封建制度不可调和的矛盾。

第一，佛、老是社会祸乱的根源。古代只有士、农、工、商，自秦以后，增生老、佛两家。士、农、工、商各有所业，这是社会分工的需要，而佛、老则是四民之外游手好闲而待人供养的两类人。

---

① 《韩昌黎集·与孟尚书书》。

由于佛、老盛行，"丁皆出家，兵悉入道"①，寺观占有大量的人力、土地和财力，使社会结构的均衡失调，生之者寡，食之者众，这是造成百姓贫穷而产生盗贼的原因。

第二，佛、老是破坏仁义道德的罪人。仁义道德使社会有和谐的秩序。但佛、老与仁义道德对立，使得人们是非混淆。他在《原道》中指出，儒与老关于道德的含义是各不相同的："凡吾所谓道德云者，合仁与义言之也，天下之公言也；老子之所谓道德云者，去仁与义言之也，一人之私言也。"儒家的道德以仁义为内容，而老氏则舍去仁义而言道德，这是违犯先王之教的。

第三，佛、老求出世而破坏纲常。佛、老之法与先王之教背道而驰。儒家遵先王之教，其真实目的是齐家、治国、平天下；佛家"治其心"的目的是"求其所谓清净寂灭"，为了出世，把天下、国家视为累赘，抛弃君臣、父子以及一切相扶养的社会义务。如依了佛法，三纲沦丧，礼乐崩坏，国家就不成国家了。

韩愈主张排佛，其令人注目的行动是元和十四年(819年)谏迎佛骨。他指出，从历史上看，事佛求福全属虚妄，佛教根本不合民族传统和先王礼法。他要求制止伤风败俗的丑事，把佛骨投诸水火加以销毁。此番言行惹怒了皇帝，欲处其死罪，经群臣求情，才改贬为潮州刺史。即使被贬了官，韩愈也未改变排斥佛教的决心。

二、 论人性与教育的作用

韩愈的《原性》从天命论出发，论述人性三品，借以说明教育

---

① 《新唐书·李峤传》。

的作用,规定教育权利。他认为,人由天命而生,人性也由天命而成,人性三个等级和五项道德内容都本于天命。

韩愈在论述人性问题时把性与情并提,以性为情的基础。他说:"性也者,与生俱生也;情也者,接于物而生也。"人接触外界事物,受到刺激,引起反应而产生情。性和情的关系是完全相应的。性之品有上、中、下,情之品也有上、中、下与之对应。性的内容是仁、礼、信、义、智等五德,情的表现是喜、怒、哀、惧、爱、恶、欲等七情。上品的性是善的,以仁德为主,且通于其他四德,相应地产生上品的情,动而得中,符合五德的规范。中品的性既可能善也可能恶,表现为仁德有所不足或有所违背,其余四德或有而不完全纯粹,相应地产生中品之情,有时过分,有时不及,但也有合乎道德规范要求的。下品的性是恶的,既违反仁德,也不符合其他四德,相应地产生下品的情,任凭感情支配行动,都不符合道德规范。

这种人性三品的理论,把封建的仁、礼、信、义、智等道德原则说成人天生的本性,作为区分善恶的标准,使各阶级、各阶层的人都遵从道德原则的制约,从而达到维护封建社会秩序的目的。

韩愈接受了董仲舒的性三品说并作了一些修正,他把性与情结合起来,比董仲舒说得更细致,但仍然是一种唯心主义的人性论。他反对任情纵欲,也反对绝情禁欲,而主张以道德规范节制情欲。

韩愈提出性三品的理论,其现实的政治意义就是以人性的等级作为社会阶级划分的依据,统治者是上品,劳动人民是下品,处于两者之间的是中品。既然人性三品不能变,社会的三个等级也就不能变。统治者命定为统治者,被统治者命定为被统治者,这种理论必然受统治者欢迎。

韩愈主张的性三品的人性论成为其教育学说的理论基础，具体表现在三个方面：

第一，人性决定教育所起的作用。人性存在等级差别，教育对不同的人性发挥不同作用。上品的人，"上之性，就学而愈明"，教育能使其先天具有的仁义之善性得到发扬，行动都符合道德原则。中品的人，"中焉者，可导而上下"，可引导往上，也可引导向下。这部分人存在着被改造的可能性，对他们的改造，教育起重要的作用，使他们往上品靠拢。下品的人，"下之性，畏威而寡罪"，他们的行为总是违反封建道德标准，对他们只有用刑罚，才能使他们因害怕刑罚而避免犯罪，以此保证社会秩序。

第二，由人性规定教育的权利。人性等级不同，教育的作用不同。教育的实施只限在一定范围内，没有必要遍及每一个人。"上者可教，而下者可制也。"只有统治阶级才可以享受学校教育的权利，而对被统治阶级则实行专制，剥夺其教育权利。这种理论没有改变现实，只是对已有的现实作论证而已。

第三，由人性决定教育的主要内容。人性以仁、礼、信、义、智为内容。教育要发挥人内在的善性，以五常道德教育为主，最好的教本是儒家的《诗》《书》《礼》《易》《春秋》。这种主张和韩愈捍卫儒学、反对佛老的思想路线是一致的。

《原性》是唐代关于人性论的重要著作，其目的在于对唐以前的人性论作一总结，并将新的人性论公式化，使之成为政治、教育的理论依据。《原性》不能结束争论，反而进一步引起争论。韩愈的弟子李翱对性三品说作了重大的修正，使之发展为性善情恶的复性说。

三、 论学校教育与措施

韩愈认为,治国人才依靠教育培养。他主张发展学校教育,并采取一些措施。

第一,用德礼而重学校。韩愈继承儒家德治的思想,把教育作为首要的政治工具。他说:"孔子曰:'道之以政,齐之以刑,则民免而无耻。'不如以德礼为先,而辅以政刑也。夫欲用德礼,未有不由学校师弟子者。"德礼指的是德政和礼教。德礼和刑罚在政治上是不可缺少的两种手段。从实际政治效果比较来看,先进行道德的思想灌输,人民对封建统治会更加顺从。要实行德治,必先德礼而后刑法。强调德礼,也必然重视以学校教育为重要的政治工具。

第二,学校的任务在于训练官吏。学校是宣扬封建道德的中心,又是训练封建官吏的机构。特别是中央官学,是补充官员的重要来源,应选拔最优异的人才加以训练。"自非天姿茂异,旷日经久,以所进业发闻于乡间,称道于朋友,荐于州府,而升之司业,则不可得而齿乎国学矣。"①优秀青年集中于国学,把他们培养成为治人的君子,"皆有以赞于教化,可以使令于上者也"。符合标准的官吏应该是"纯信之士,骨鲠之臣,忧国如家,忘身奉上者"。这些是忠心为封建统治效劳的臣僚,他们的职责是把君主的政令推行到民众中去。

第三,整顿国学。韩愈在唐穆宗即位后被任命为国子祭酒。

---

① 《韩昌黎集·省试学生代斋郎议》。

在这之前,国子监积弊甚深,教学活动几乎停顿,不能发挥其培植人才以维护封建统治的职能。韩愈上任后,首要的任务是对国子监进行整顿。

在招生制度方面,韩愈发现学生出身成分起了很大变化。他说:"国家典章,崇重庠序,近日趋竞,未复本源。至使公卿子孙,耻游太学;工商凡冗,或处上庠。今圣道大明,儒风复振,恐须革正,以赞鸿猷。"①在社会经历动荡之后,原有的教育制度逐渐遭到破坏,贵族官僚子弟依靠门荫而当官,轻视学习;而工商子弟则以钱财贿赂为手段,取得入学资格,以提高其社会地位,打通参政道路。为此,韩愈建议调整招生制度,稍微放宽入学的等级限制,太学由文武五品官之子放宽为八品官之子可入学,四门学由七品官之子改为有才能艺业者也可入学。入学的等级虽放宽了,但等级制还存在,依旧保留贵族官僚的教育特权。

在学官选任方面,原来只凭年资,"多循资叙,不考艺能",所以有些不称职的人也混在学官中。韩愈主张以实际才学为标准选任学官,"非专通经传,博涉坟史,及进士五经诸色登科人,不以比拟"。②他推荐张籍为国子博士,称张籍"学有师法,文多古风;沉默静退,介然自守;声华行实,光映儒林"③。新学官一概拔用儒生,经过考试认定合格,才能正式委任。

在转变学风方面,以恢复教学秩序为首要任务。原来国子监规章遭破坏,纪律松弛,学官不讲,学生不学,教学活动几乎停顿。韩愈上任后,恢复定时进行教学活动,学官对教学有较高的积极

① 《韩昌黎集·请复国子监生徒状》。
② 《韩昌黎集·国子监论新注学官牒》。
③ 《韩昌黎集·举荐张籍状》。

444

性,日集讲说,还有经常性的会讲,吸引学生竞相听讲,并议论国子监出现的新气象:"韩公来为祭酒,国子监不寂寞矣。"[①]师生研讨学问,形成新的风气。

第四,恢复发展地方学校。韩愈写《子产不毁乡校颂》,既歌颂郑国子产保存乡校,也主张学习子产重视地方学校。他任潮州刺史时,注意到州学荒废,礼教未行,造成闾里后生无所从学的局面,于是要求恢复地方官学。他从潮州实际做起,运用州刺史的权力,下令恢复州学,聘请了学官,并帮助筹集经费。州学的恢复促进了该地区文化的发展。

四、 论教学

学生有德的修养,还要有艺的训练,需要教师的教学。

韩愈以儒学为教学的指导思想,严格选择学习内容。他自己就做到"其所读皆圣人之书,杨、墨、释、老之学无所入于其心"[②]。他根据这种经验,规定学生"读六艺之文,修先王之道"[③]。前者是途径,后者是目的。

对于文与道的关系,韩愈认为,文是手段,道是目的;文是形式,道是内容。文道合一,以道为主。先王之道载于六艺之文,欲学先王之道,当读六艺之文。要宣传先王之道,其形式也应当是用古文。韩愈提倡新古文,教人学古文,着眼于学古道。他说:"思古人而不得见,学古道则欲兼通其辞。通其辞者,本志乎古道

---

① 《韩昌黎集·国子监论新注学官牒》。
② 《韩昌黎集·上宰相书》。
③ 《韩昌黎集·请上尊号表》。

者也。"①他鼓励青年根据仁义之道,用古文的形式写作。

韩愈认为,要学习古文,应该选择古代名家作为学习的典范。"宜师古圣贤人。""师其意,不师其辞。"②古代名家中被他推为典范的是司马迁、司马相如、刘向、扬雄,他们用功较深,扬名也远。学习古文首先要熟识其著作,吸收其精华,在此基础上推陈出新。

韩愈对于"为文之道",提出了自己的独创见解,认为写文章要有自己独创的语言,把"能自树立,不因循"③作为写作的一般原则,力求"不袭蹈前人","惟陈言之务去",坚持"辞必己出",强调在继承优秀传统的基础上创新。他还主张文章要写得流畅,做到"文从字顺各识职"④。把独创的语言和文从字顺两方面统一起来,这是写好文章的一个条件。

对于学习问题,韩愈既吸收前人的经验,更着重总结自己的经验,提出了一些重要的见解。

第一,要努力勤学。韩愈说:"诗书勤乃有,不勤腹空虚。"⑤一切知识皆可由勤学习得。他自己就利用一切能利用的时间,看书学习,"平居虽寝食未尝去书,怠以为枕,餐以饴口"⑥。他在《进学解》中自述学习情况:"先生口不绝吟于六艺之文,手不停披于百家之编,记事者必提其要,纂言者必钩其玄。贪多务得,细大不捐,焚膏油以继晷,恒兀兀以穷年。先生之业,可谓勤矣。"韩愈勤学,至老依然,认为人要有学问并不断精进,都离不开勤学。他把自己的经验概括为"业精于勤,荒于嬉",取得学业的精进需要依

① 《韩昌黎集·题欧阳生哀辞后》。
② 《韩昌黎集·答刘正夫书》。
③ 《韩昌黎集·答刘正夫书》。
④ 《韩昌黎集·樊绍述墓铭》。
⑤ 《韩昌黎集·符读书城南》。
⑥ 《全唐文·皇甫湜·韩文公墓志铭》。

中国教育家和教育思想研究

靠勤学不辍,而造成学业的荒废则是由于嬉游终日。

第二,要多读博学。学先王之道的基本途径是读六艺之文,此外还要尽量多读书,扩大知识面和眼界。韩愈说"读书患不多"[1],"究穷于经传史记、百家之说"[2]。他的知识不局限于经传,而是扩及百家。他在《答侯继书》中说:"仆少好学问,自五经之外,百氏之书,未有闻而不求,得而不观者。"这种好学的精神使他在少年时期就奠定了广博的学问基础。这是他的散文写作取得很高成就的原因之一。

第三,要积极思考。对于经史百家之书的学习,绝不可食而不化。韩愈劝导弟子:"子诵其文,则思其义。"[3]要边读书边思考其意义。他又说:"手披目视,口咏其言,心惟其义。"[4]学习时,感觉器官与思维器官要一齐动员,这有助于求得书中义理。他积累了一些读书思考的经验:对于历史著作,必提其要;对于理论著作,必钩其玄。这些都要经过一番深入的思考,才能达到要求。

韩愈对教学方法也有自己的主张和特点。

第一,重视因材施教。韩愈认为,每个时代都有人才,关键在于教育者要善于识别和培养。伯乐善识千里马,只要有伯乐,千里马就不会被埋没。人才就如千里马,既要善鉴别,又要善培养,才会涌现出来。韩愈一贯主张要人尽其才,教育者应充分发挥受教育者的才能,这应成为教育的原则。韩愈热心培养青年,指导他们进行文学创作,发挥他们的才能,使他们成为知名的作家。他要求当权者在用人方面做到人尽其才,能容纳和使用各种人

---

① 《韩昌黎集·赠别元十八协律六者》。
② 《韩昌黎集·上兵部李侍郎书》。
③ 《韩昌黎集·送陈密序》。
④ 《韩昌黎集·上襄阳于相公书》。

才。他把因材施教和因材施用统一起来了。

第二,注意生动活泼。韩愈在讲课中力求运用多种形式活跃课堂教学。他的教学态度是认真的,"讲评孜孜,以磨诸生。恐不完美,游以诙笑啸歌,使皆醉义忘归"[1]。他在讲解中,有时穿插一些诙谐的话,令人兴奋,有时甚至吟诗唱歌。他说理深刻,使人陶醉在他的讲学中。这些都表明他善于宣讲,能扣动学生的心弦。有人把教学的生动性和严肃性对立起来。张籍就曾写两封信给韩愈,对其教学方式提出批评:"比见执事多尚驳杂无实之说,使人陈之于前以为欢。此有以累于令德。"他干脆要求韩愈"弃无实之谈"。[2]韩愈对这种批评不以为然,辩解说:"驳杂之讥,前书尽之,吾子其复之。昔者夫子犹有所戏,《诗》不云乎:'善戏谑兮,不为虐兮。'《记》曰:'张而不弛,文武不能也。'恶害于道哉?吾子其未之思乎!"[3]他认为,教学要生动有趣,有严肃的时候,也有活泼的时候,有张有弛,灵活运用,教学的生动性并不影响内容的思想性。这种教学主张既有历史根据,也有实践经验。

五、 论师道

《师说》是韩愈论师道的重要教育论文,于贞元十八年(802年)写成并公开发表。韩愈从贞元十二年在汴州任观察推官时开始接收学生,到贞元十八年任四门博士时接收更多学生,其教育活动前后达六年。这些教育活动引起较大的社会反响。有一部

---

① 《全唐文·皇甫湜·韩文公墓志铭》。
② 《全唐文·张籍·上韩昌黎书》。
③ 《韩昌黎集·重答张籍书》。

分人积极赞成从师学道,而更多的人则激烈反对有师与弟子的名义,焦点集中在师道问题上。为了复兴儒学和推动古文运动继续前进,需要解决教育思想上的这个关键问题。于是,他抓住对学生赠文的机会,写了《师说》,公开发表议论。

《师说》提出的新观点对当时士大夫的旧思想是一次极大的冲击。唐王朝建立之后,科举制度盛行,士人依靠文学来争名位,文学的重要性超过经学,学风和思想观念都已发生变化。文士撰文,唯恐不自己出,竞相显示才能,不以师传为荣,而以求师为耻,形成轻视师道的风气。当时,学校虽有传经博士,科举虽有明经之科,但无人以"传道"之师自任。文士普遍的风气是"耻学于师"。"士大夫之族,曰师曰弟子云者,则群聚而笑之。问之,则曰:彼与彼年相若也,道相似也,位卑则足羞,官盛则近谀。"他们不承认师弟子关系,主要是考虑到社会地位关系问题。不打破这种顽固的旧思想势力,复兴儒学运动、开展古文运动都要受到阻碍。韩愈挺身而出,敢于为师,凡是来向他请教的,他都不拒绝,"来者则接之"。他说:"君子之于人,无不欲其入于善,宁有不可告而告之,孰有可进而不进也? ……苟来者,吾斯进之而已矣,乌待其礼逾而情过乎!"①韩愈有接收弟子的实际行动,又发表新的观点,在士大夫中引起轰动。柳宗元在《答韦中立论师道书》中谈到这个轰动一时的事件:"今之世不闻有师,有辄哗笑之,以为狂人。独韩愈不顾流俗,犯笑侮,收召后学,作《师说》,因抗颜而为师。世果群怪聚骂,指目牵引,而增与为言辞。愈以是得狂名。"韩愈与众不同,有了接待后辈的声名,名之所存,谤也随之。当时

---

① 《韩昌黎集·重答李翊书》。

柳宗元支持韩愈关于师道的主张，指出那些咒骂韩愈的人实如蜀犬吠日。韩愈不畏攻击毁谤，以《师说》为宣言，产生较大的社会影响，引起社会风气逐渐转变。《师说》起了解放思想的作用，具有进步意义。

从教育思想发展的历史来看，《师说》在理论上是具有新意的，具体表现为：

第一，由"人非生而知之者"出发，肯定"学者必有师"。韩愈提出的"人非生而知之者"的论点，直接否定了"生而知之"，与儒家传统思想有出入。儒家的祖师孔丘认为，"生而知之者，上也"①。孟轲进一步发挥了这种"生而知之"的思想，认为圣人是先知先觉者，可以不学而能，不虑而知。这种思想曾遭到东汉王符的批判，他认为"虽有至圣，不生而知；虽有至材，不生而能"，所以"人不可以不就师"。②韩愈受王符等人思想的影响，结合自己对社会的观察，提出了"人非生而知之者"的论点，强调后天学习的重要性，从而使"学者必有师"这个观点有了充分牢靠的理论依据。《师说》在认识论上倾向唯物主义，由于"人非生而知之者"，因而人人都有学习的必要。学习一定要有教师指导，教师为社会所必需。

第二，"传道、受业、解惑"是教师的基本任务。自古以来，关于教师工作任务的言论和事例不少。如孔丘，他以教师为职业，教训学生们要"笃信好学，守死善道"③。他给学生们传授《诗》《书》《礼》《乐》，回答学生们提出的许多问题，实际上是在做"传

---

① 《论语·季氏》。
② 《潜夫论·赞学》。
③ 《论语·泰伯》。

道、受业、解惑"的工作。荀况说:"师者,所以正礼也。"①师长是弟子们学礼的准则。汉代扬雄说:"师者,人之模范也。"②他们虽然做了教师工作或从某一方面提出教师的任务,但还没有一个比较全面概括的定义。韩愈总结了以往教师工作的经验,提出:"师者,所以传道、受业、解惑也。"他提出的教师工作的三项任务,都有其特定的时代内容。所谓"传道",是儒家的仁义之道,以达到治国平天下的目的。所谓"受业",是儒学的"六艺经传"与古文。所谓"解惑",是解决学"道"与"业"过程中的疑问。三项任务中,最主要的是"传道","受业"和"解惑"都要贯串"传道",为"传道"服务。韩愈在历史上首先提出教师的基本任务,其文字表达比较概括、明确,有主有次,一经提出便流传为共知的名言,也为以后的教师所接受。韩愈的这个观点强调教师的主导作用,其影响延续到现代。

第三,以"道"为求师的标准,主张"学无常师"。韩愈认为,求师的目的是学"道",办法是"学无常师"。这种教育思想有其历史渊源。孔丘提出"就有道而正焉"③,主张学无常师。其弟子子贡说:"夫子焉不学?而亦何常师之有?"④学无常师这种思想到了科举盛行、文学风靡的唐代,已被抛弃了,"道"不再是求师的标准。韩愈针对时风,认为教师教学的任务主要在传道,学生求学的任务主要在学道。能否当教师,也就以"道"为标准来衡量。谁先闻道,谁就有条件给人传道,实际上起教师的作用。因此,不论年龄

① 《荀子·修身》。
② 《法言·学行》。
③ 《论语·学而》。
④ 《论语·子张》。

大小，也不论地位尊卑，凡有道，就可为师。"道之所存，师之所存也。"社会上有道的人不少，皆可为师，求学的范围就不应受到限制，学无常师。他举出孔丘向苌弘、师襄、老聃、郯子学习的历史事例，说明只有善于学习他人的长处，才能成为"圣贤"。韩愈提出以道为师、学无常师的主张，在当时对打破士大夫们妄自尊大的心理，促进思想和文学上的交流，具有一定的积极意义。

第四，提倡"相师"，确立民主性的师生关系。韩愈观察各种职业的人，指出："巫、医、乐师、百工之人，不耻相师。"他认为这种做法合理，比当时的士大夫们更为明智。士大夫应当矫正"耻学于师"的坏风气，形成相互学习的新风气。相互学习不限于同辈朋友之间，也要实行于教师与学生之间。教师与学生的年龄有差别，而闻道不以年龄大小定先后，学术业务也可能各有专长。"弟子不必不如师，师不必贤于弟子"，弟子如果有专长，也可以为教师，教师也可以向有专长的弟子学习。教师与弟子互相学习，教学相长，是理所当然的事。他把师生的关系看作相对的、可以转化的。这种具有辩证法因素的民主性的教育思想，确有重要的历史意义。

韩愈是唐后期儒学教育思想的主要代表。他在反对佛教和道教、反对轻视教育、反对旧的社会习俗的斗争中，形成具有一定进步性的教育思想，经韩门弟子的继承发展以及他的著作的传播，产生了广泛的影响。我们在对其进行评价时，不能忽视历史条件和实际影响。

隋及初唐王道的教育思想 *

一、 王道教育思想的发展

王道教育思想是王道政治思想的重要组成部分,由儒家学者提出。它适应统一中央集权政治制度的需要,并为统治集团采纳,体现于文教政策法令之中。但王道教育思想在隋代没有真正贯彻,只有到了初唐,才名副其实地成为主流。

(一) 隋代兴儒学,行礼教

隋文帝杨坚结束了南北分裂的局面,建立了中央集权国家。在参政的大臣中,高颎、苏威、李德林、牛弘等均以儒学的王道政治思想引导杨坚,治理新朝的国政。南北朝之政重律法,刑罚严酷,残杀百姓,不得人心。隋代革故鼎新,需要改弦易辙,代以宽仁之政。为了稳定和巩固统一的中央集权统治,杨坚认识到要以儒学为治国的指导思想,发挥其"维持名教,奖饰彝伦"[①]的作用。他在开皇三年(583 年)十一月的诏书中公开了自己选择的政治路

＊ 本文原为孙培青主编《中国教育思想史》(第一卷)(华东师范大学出版社 1995 年版)中的一章。
① 《隋书·柳昂传》。

线："朕君临区宇，深思治术，欲使生人从化，以德代刑。"①为实行德政，他推行一系列改革措施，如建立新的官制，修订刑律，逐步采用科举，制定新的礼乐制度，推行均田制，使政治稳定，经济繁荣。

国家以儒学为统治思想，也就需要以儒学教育人民和培养官吏。"儒学之道，训教生人，识父子君臣之义，知尊卑长幼之序，升之于朝，任之以职，故能赞理时务，弘益风范。朕抚临天下，思弘德教，延集生徒，崇建庠序，开进仕之路，佇贤隽之人。"②隋文帝接受潞州刺史柳昂的建议，发展儒学，施行礼教，"移既往之风，成惟新之俗"③。开皇三年（583 年）四月，下《劝学行礼诏》："建国重道，莫先于学；尊主庇民，莫先于礼。……治国立身，非礼不可。……今者民丁非役之日，农亩时候之余，若敦以学业，劝以经礼，自可家慕大道，人希至德。岂止知礼节，识廉耻，父慈子孝，兄恭弟顺者乎？始自京师，爰及州郡，宜祗朕意，劝学行礼。"④诏下之后，天下州县皆置博士习礼，京师国子寺也扩充规模，一时出现了儒学繁荣的局面。由于政策的影响，私学也获得恢复和发展。《隋书·儒林传序》载："于是超擢奇隽，厚赏诸儒，京邑达乎四方，皆启黉校。齐、鲁、赵、魏，学者尤多，负笈追师，不远千里，讲诵之声，道路不绝。中州儒雅之盛，自汉魏以来，一时而已。"

隋文帝晚年崇佛，兴学的政策发生动摇。隋炀帝对儒学的政策较为一贯。大业元年（605 年）闰七月，颁《求贤兴学诏》："君民

① 《隋书·高祖纪上》。
② 《隋书·高祖纪下》。
③ 《隋书·柳昂传》。
④ 《隋书·柳昂传》。

建国,教学为先,移风易俗,必自兹始。……朕纂承洪绪,思弘大训,将欲尊师重道,用阐厥繇,讲信修睦,敦奖名教。"①京都和郡县学校重新恢复,郡县学校规模超过开皇年代。

隋代统治集团利用儒学作为统治思想,"化人成俗,则王道斯贵。……世属隆平,经术然后升仕"②,对学习儒学的人给予奖励,学校普遍发展,讲学成为社会风气。在这种政策和社会条件下,为王道政治服务的教育思想相应地发展,著名的教育家有何妥、马光、刘焯、刘炫、王通等人。尤其是王通,在私学讲学实践中提出自己的教育理论,产生一定的历史影响。

(二)初唐崇儒兴学

李渊建唐后,鉴于隋炀帝政治上严重错误导致世乱国亡,便吸取教训,思革前弊,改变政策以争取民心,巩固统治。他采纳李世民、萧瑀、杨恭仁等人的献策,蠲除徭役,与民休息,劝农务本,旌表孝友,减免贡献,以示俭约,奖励直言,举选贤良。战争虽然还未结束,但他已认识到文治的重要性,表示"安人静俗,文教为先"③,特别重视封建伦理道德教化。《旌表孝友诏》曰:"民禀五常,仁义斯重;士有百行,孝敬为先。自古哲王,经邦致治,设教垂范,莫尚于兹。"他在文教方面确定了崇儒兴学的政策。武德二年(619年)六月,《令国子学立周公孔子庙诏》曰:"建国君临,宏风阐教,崇贤章善,莫尚于兹。……朕君临区宇,兴化崇儒,永言先

---

① 《隋书·炀帝纪上》。
② 《隋书·炀帝纪下》。
③ 《全唐文·高祖皇帝·阅武诏》。

达,情深绍嗣。宜令有司于国子学立周公、孔子庙各一所,四时致祭。"尊崇周孔,以周孔之教统一思想,目的在于推行王道政治。既确定崇儒,也就必然相应地兴学。武德七年(624年)二月,《兴学敕》曰:"自古为政,莫不以学为先。学则仁、义、礼、智、信五者具备,故能为利深博。朕今欲敦本息末,崇尚儒宗,开后生之耳目,行先王之典训。"同时,李渊还采取了一些实际措施,如对四方诸州,有明一经以上者,选送吏部,分等叙用;吏民子弟,欲学经艺,申送入京,量品配学;州县及乡里,并令置学。武德年间儒学的发展,奠定了以后继续发展的基础。

唐代统一的中央政权获得巩固,真正进入繁荣强盛阶段是在贞观年代。李世民武功显赫,也能注意文治。李渊于武德四年(621年)开文学馆,集学士讨论经义。即位后,李世民更重视儒术,置弘文馆,设学士,商榷政事。贞观初年参与国政,对李世民决策有重要影响的有房玄龄、杜如晦、魏徵、王珪、李靖、虞世南等人。尤其是魏徵,说服李世民下决心选择王道的政治路线。他提出"偃武修文,中国既安,四夷自服"[①]作为治国的方针。新方针的制定,适应了由战争阶段向和平发展阶段转变的形势,这是李世民走向重文治的关键。他适时转变路线,指出:"戡乱以武,守成以文,文武之用,各随其时。"[②]至于如何修文治,还需就利用儒、道、佛的问题做出选择。道教讲自然无为,追求长生;佛教弃君臣父子,追求来生。从历史经验来考察,二者皆不利于封建中央集权政治,不能作为治国的指导思想。深知李世民的长孙皇后说:

① 《资治通鉴·唐纪九》。
② 《资治通鉴·唐纪八》。

"道、释异端之教，蠹国病民，皆上素所不为。"①儒学提倡"三纲五常"，主张任德不任刑，适合作为封建统治思想。以儒学作为统治思想是李世民的重要选择，他说："朕今所好者，惟在尧、舜之道，周、孔之教。"②因此，在文教方面，他继续武德年间实行的崇儒兴学的政策，为贯彻这一政策，采取了一系列措施：尊孔丘为先圣，专立庙堂，春秋释奠，以左丘明等二十一位历代经学家配享孔子庙，以提高儒学的社会地位；令诸州举儒术笃学之士，随才任用；大力兴办学校，以多种形式创办各类学校，使国子监成为规模最大的综合性大学；统一经学，令颜师古考定五经文字，为五经定本，又令孔颖达主编《五经正义》，从此统一南北经学，结束经学纷争，使儒学有了统一教材，科举考试有了统一标准；修定礼乐，颁示天下，以移风易俗。在社会和平发展阶段，这些措施使人们重视儒学，造成儒学大发展的形势。反映王道政治条件下儒学教育事业发展的思想也呈活跃状态。为文教方针政策作论证说明的有魏徵、李世民，为儒学教育贡献主张并进行传授活动的重要人物有陆德明、孔颖达、颜师古等。孔颖达主持《五经正义》的编写，对统一经学有重要贡献，在儒学界影响最大，是经学教育家中的主要代表。

李治即位以后，继续贞观年代实行的崇儒兴学的政策。武则天当政时，发生较大曲折。她奉行的是尊佛抑儒的政策，重科举而轻学校，重进士而轻明经，儒学一时处于低潮。李隆基当政的开元年代，儒学得到恢复和发展，国家通过教育立法，使教育制度

---

① 《资治通鉴·唐纪十》。
② 《贞观政要·慎所好》。

完善化,而儒学教育思想在理论上没有大的进展,也没有出现杰出的代表人物。

二、 王通的教育思想

王通(584—617),字仲淹,隋绛州龙门(今山西河津)人,是倡导振兴儒学并产生重要影响的教育家。

王通出身官僚世家,深受传统儒学的熏陶。年十四,离家游学,经过六年艰苦的游学和精心的钻研,学识大为长进,形成以王道为核心内容的思想学说。仁寿二年(602年),考中秀才。

仁寿三年(603年),王通怀着救世济民的思想,西游长安,见隋文帝,陈述以王道治国的方略。隋文帝虽加称赞,但未采用他的治政计划。

王通归家,从事著述和教学。大业中,隐居白牛溪,门弟子相趋成市。朝廷多次征召,皆辞而不就。他以继承孔丘,复兴儒道为己任,费九年时间,仿孔氏而续六经,编著《续诗》《续书》《礼论》《乐论》《元经》《赞易》,于大业九年(613年)、十年间完成,后人称为"王氏六经"。此后,他开展大规模的讲学活动,门人自远而至,常以百数。弟子中以河南董常、南阳程元、中山贾琼、河东薛收、太山姚义、太原温彦博、京兆杜淹等十余人称为俊颖,其中有人成为唐初的名臣。往来受业的,先后达千余人。他的私学树立育才济世的新风,在隋末唐初产生重大的社会影响。

王通死时才三十四岁(一说三十八岁)。门弟子私谥曰"文中子"。平日答问之语由门弟子编为十篇,名为《中说》。

（一）王通的政治理想

王通所处的是中国封建社会由长期分裂动乱向统一稳定转变的时代，其思想反映了时代变革的需要。他关心国事，认为国家统一之后，只有实行儒家的王道政治路线，才能取得社会长期安定。他用古今对比来批评当世暴政："古之为政者，先德而后刑，故其人悦以恕；今之为政者，任刑而弃德，故其人怨以诈。"①魏晋以来的当政者背离了王道，故处于乱世。统治者无道，国家分裂，人心涣散，社会不稳，迁就目前，无一贯政策，这些都是乱世的征象。隋代应当改变这种状况。

王通尊周、孔，认为他们是最值得效法的历史人物。他说："吾视千载已上，圣人在上者，未有若周公焉。其道则一，而经制大备，后之为政，有所持循。""如有用我者，吾其为周公所为乎！"②又说："先师以王道极是也，如有用我，则执此以往。通也宗周之介子，敢忘其礼乎？"③他以周公、孔子为历史典范，要做新时代的周公、孔子，志在实行王道政治。他要求刑政宽仁，官吏勤恳，选贤任能，爱惜民力，施政有章，使社会安定。他的教育活动及著述工作都围绕着"明王道"这一中心目标。

王通初出求仕，受到挫折，发出"时异事变兮志乖愿违"④的感慨，不能不采取适应现实的通达态度，"得时则行，失时则蟠"⑤，

---

① 《中说·事君篇》。
② 《中说·天地篇》。
③ 《中说·魏相篇》。
④ 《中说·文中子世家》。
⑤ 《中说·立命篇》。

"问则对，不问则述"①。统治者能尊贤，当面垂询，就发表政见；不来垂询，则自己从事著述，留供后世参考。

王通不认为参政是实行王道的唯一途径。他能重视自身的道德修养，以自己的家庭为实行的基点，进而扩及社会。他和弟子间曾有一段对话："贾琼、薛收曰：'道不行，如之何？'子曰：'父母安之，兄弟爱之，朋友信之，施于有政，道亦行矣，奚谓不行'？"②可见，不论在什么情况下，王通所想的都是实行王道。

（二）论教育的作用

王通退隐从事著述和教育活动，在这两方面都取得较大的成功。他对自己从事事业的得失有比较清醒的认知："吾不仕，故成业；不动，故无悔；不广求，故得；不杂学，故明。"③他的事业最成功之处在教育方面，以"王佐之道"培养了一批杰出的人才。在教育思想方面，他首先重视教育的作用。

当时社会对人才成长的因素缺乏认识，普遍视杰出人物为天才。王通的弟子也把王通视为天才，如程元就在同学中说："夫子之成也，吾侪慕道久矣，未尝不充欲焉。游夫子之门者，未有问而不知、求而不给者也。《诗》云：'实获我心。'盖天启之，非积学能致也。"王通反对"生而知之"的天才论，批评学生把他当成天才："元，汝知乎哉？天下未有不学而成者也。"④一切有知识才能的人

---

① 《中说·魏相篇》。
② 《中说·礼乐篇》。
③ 《中说·魏相篇》。
④ 《中说·礼乐篇》。

都是依靠学习而成的,天下不存在不学而成的天才。他还提出:"居近识远,处今知古,惟学矣乎!"[1]要提高人的认识能力,突破空间和时间的局限,扩大知识面和眼界,没有别的途径,只有依靠学习。

教育不仅在人的培养方面是必不可少的手段,而且在实现王道政治理想方面也是必不可少的手段。王通指出:"文、武治而幽、厉散,文、景宁而桓、灵失。斯则治乱相易,浇淳有由。兴衰资乎人,得失在乎教。"[2]国家兴衰的根源在于人才,政治得失的关键在于教育。要实行王道,就必须重视教化。以仁德而施教化,是复兴王道的重要条件。不创设基础条件,王道社会是无从实现的。

德教作为实行王道的基本手段,是通过感化人的思想来实现的。房玄龄问"化人之道",王通答:"正其心。"[3]即要端正人的思想,使人变为善人。由善人组成的社会中,人人都有高尚的道德,以恕道相待,实现王道也就有了基本条件。教育是移风易俗、改造社会、实现理想政治制度的重要途径。

王通还认为,推行教化需要有一定的经济条件,这样教化才更容易成功。他的学生贾琼问:"'富而教之'何谓也?"他回答:"仁生于歉,义生于丰,故富而教之,斯易也。"[4]这是对孔丘"庶、富、教"思想的发挥。

(三)培养君子的道德教育

实行王道政治,需要通过教育来培养君子这种理想的人才。

---

① 《中说·礼乐篇》。
② 《中说·立命篇》。
③ 《中说·事君篇》。
④ 《中说·立命篇》。

王通在《中说》一书中提到"君子"达五十七次，这表示其关注君子的程度之深。在思想道德方面，君子的基本标志是，为民时能相信王道，在社会上宣传王道；为官时能不懈地实行王道。因此，在培养君子的教育中，德育占据首要地位，中心任务是"存道心，防人心"。为此，他对君子的德育提出了一些要求。

1. 必须学道、信道、行道

王道的实行是有条件的，君子不能因为社会未能实行王道就废而不学。弟子中有人对王通不断坚持讲论王道感到难以理解。薛收对之声言："子非夫子之徒欤！天子失道，则诸侯修之；诸侯失道，则大夫修之；大夫失道，则士修之；士失道，则庶人修之。……此先王之道，所以续而不坠也。……如之何以不行而废也。"①王通认为，王道不能废，要坚持学。他说："君子之学，进于道；小人之学，进于利。"②君子与小人的根本区别就在于求道还是求利。

君子学了王道，还要笃信而不动摇。即使环境困难，穷困潦倒，也不改变信仰、放弃原则，要坚持政治道德理想直至最后。

君子应从所处的社会地位出发，努力行道，推行王道政治。王道体现于社会政治和日常伦理之中，做官的人固然当行其道，没有做官的人也可以按王道的要求去实行，扩大其社会影响。所以，从各人的社会地位出发，都可以行道。

王通对君子提出的这些要求，是对孔丘"笃信好学，守死善道"③思想的继承和发挥。

① 《中说·立命篇》。
② 《中说·天地篇》。
③ 《论语·泰伯》。

2. 必须具有五常的道德

道体现于道德规范就是五常，五常统一于道。五常缺一不可，而其重要性则有区别。仁不但是五常的开端，而且贯穿于各德，成为五常的核心。

仁德有忠与恕两个方面，忠的方面要求最高，恕的方面要求略低。王通主张由低至高，先要求恕，进一步再要求忠。"贾琼问君子之道。子曰：'必先恕乎？'曰：'敢问恕之说？'子曰：'为人子者，以其父之心为心；为人弟者，以其兄之心为心。推而达于天下，斯可矣。'"①恕的根本精神就是要推己及人。在人际关系中，要设身处地为对方着想，不能苛求于人。

义是指符合于道的行动。王通极重视义、利之辨，认为义、利是不并存的。"王孝逸谓子曰：'天下皆争利弃义，吾独若之何？'子曰：'舍其所事，取其所弃，不亦君子乎！'"②君子不应争名利，而应争为义。未有仁者而不好义，仁义应当结合。"仁义其教之本乎？先王以是继道德而兴礼乐者也。"③仁义是道德教育的根本。

王通对礼也很重视，认为礼是道德规范的具体化，若没有日常生活中各方面设置的礼的规矩，则仁道难以体现。从社会作用来看，"礼以制行"④，即礼被用来制约人们的社会行为，能辨别上下等级，稳定人们的思想。"或问：'君子仁而已矣，何用礼为？'子曰：'不可行也。'或曰：'礼岂为我辈设哉？'子不答，既而谓薛收曰：'斯人也，旁行而不流矣，安知教意哉？有若谓"先王之道，斯

---

① 《中说·天地篇》。
② 《中说·周公篇》。
③ 《中说·礼乐篇》。
④ 《中说·魏相篇》。

为美"也。'"① 礼不仅仅是外部行为规矩,它包括内外动静。"张玄素问礼,子曰:'直尔心,俨尔形,动思恭,静思正。'"②

智、信也要以仁为前提,以仁为指导,不能孤立独行。"薛生曰:'智可独行乎?'子曰:'仁以守之,不能仁则智息矣,安所行乎哉?'"③ 或问:"任智如何?"子曰:"仁以为己任。小人任智而背仁为贼,君子任智而背仁为乱。"④ 智不可专任独行,因为任智而行,离开了仁的主导,就不能用在正确的轨道上。不论君子还是小人,都会干出害德的事来。

王通要求君子在道德实践中注意防止用感情掩盖理智而产生的偏向,所以提出要持中。"子曰:'爱生而败仁者,其下愚之行欤! 杀身而成仁者,其中人之行欤! 游仲尼之门,未有不治中者也。'"⑤ 要明白主次轻重,中道而行。

3. 必须注意修养提升方法和教育方法

王通认为,修德要从生活的各方面做起,对自己有严格的要求,做到"三有七无"。所谓"三有",就是"有慈,有俭,有不为天下先";所谓"七无",就是"无诺责,无财怨,无专利,无苟说,无伐善,无弃人,无畜憾"。⑥

在个人修养中,如何对待自己行为中的过错是很重要的一项,关键在于能采取正确的态度,要思过而预防之。首先,要听得进别人批评的意见。一个人如果听不进别人批评的意见,造成人们对他的进步不存希望而不愿意提意见,则很难有真正的师友,

① 《中说·礼乐篇》。
② 《中说·魏相篇》。
③ 《中说·问易篇》。
④ 《中说·天地篇》。
⑤ 《中说·事君篇》。
⑥ 《中说·魏相篇》。

所以说"痛莫大于不闻过"①。其次，要诚实认错，不应巧言辩释，文过饰非。诚实认错的人，不妨碍其成为君子。"子曰：'过而不文，犯而不校，有功而不伐，君子人哉！'"②再次，要勇于改过。"子曰：'改过不吝。无咎者，善补过也。……'"③

在道德教育方面，王通主张以道义的精神力量使人从内心感到信服，而不是滥施强力使人屈服。"子曰：'君子服人之心，不服人之言；服人之言，不服人之身；服人之身，力加之也。君子以义，小人以力，难矣夫！'"④虽然以道义服人之心不容易，但是君子应当选择这种做法。

（四）续编六经为教材并论其教育价值

自西汉独尊儒术以来，儒家六经成为传统的教材，历代相沿未变。经师唯用力于章句训诂，繁加注释。王通自幼接受这种传统的儒学教育，但他不是死守章句的经师，而是一位思想家。他感到这种教材有历史局限性，不够完善，特别是没有随着时代的发展，反映历史经验教训和文化发展的成果。

王通以孔丘的继承者自任，说："吾视千载而下，未有若仲尼焉，其道则一，而述作大明，后之修文者，有所折中矣。……千载而下，有绍宣尼之业者，吾不得而让也。"⑤于是，他仿效孔丘，续编六经。

① 《中说·关朗篇》。
② 《中说·天地篇》。
③ 《中说·问易篇》。
④ 《中说·立命篇》。
⑤ 《中说·天地篇》。

王通在当时敢于提出前人未曾提出的任务，气概实在不凡。他在物质、资料条件很差的情况下，依靠个人的努力，完成了六经的续编，其对事业的责任心、务必成功的坚毅精神令人敬佩。后世虽有人嘲笑他狂妄自大，学识不够，水平不高，但他要求教材应适应时代发展的需要，充实新的内容，这种想法是合理的。虽然他并没有摆脱六经的传统，但相比一味守旧的经师，他的大胆创新无疑是一种进步。

王通是振兴儒学的倡导者，认为道已存在于六经和他自编的续六经之中，故以此为基本教材。他将"不杂学"作为弟子们的学习方针，以求达到明道的目标。这显然存在着学派的历史局限性。

六经的内容有不同特点，在实现培养君子的目标上各有作用。

第一，《书》与《续书》。

王通认为，"《书》以辩事"①，"《书》以制法，……不学《书》，无以议制"②。《续书》始于汉，原因何在？他说："六国之弊、亡秦之酷，吾不忍闻也，又焉取皇纲乎！汉之统天下也，其除残秽，与民更始而兴其视听乎！"③《续书》存汉晋政事之实。所以，通过《书》与《续书》的学习，能辩明政事的是非，阐明王朝兴衰的因果关系，为隋代提供施政的历史经验。

第二，《诗》与《续诗》。

王通认为，《诗》"上明三纲，下达五常，于是征存亡，辩得

① 《中说·魏相篇》。
② 《中说·立命篇》。
③ 《中说·王道篇》。

失"①,可以端正人的品性;《续诗》以辩六代之俗,多见治乱之情。"薛收问《续诗》,子曰:'有四名焉,有五志焉。何谓四名? 一曰化,天子所以风天下也;二曰政,蕃臣所以移其俗也;三曰颂,以成功告于神明也;四曰叹,以陈诲立诚于家也。凡此四者,或美焉,或勉焉,或伤焉,或恶焉,或诫焉,是谓五志。'"②通过《诗》与《续诗》的学习,可以观察社会变化,有助于朝廷施政。

第三,《礼》《乐》与《礼论》《乐论》。

王通认为,《礼》以制行,《乐》以和德。能约之以《礼》,和之以《乐》,对于稳定社会等级秩序、协调人际关系都有重要作用。自王道不行,礼、乐均已荒废。为推行王道,不可不重正礼、乐,他为此而编《礼论》《乐论》,所以说"《礼论》《乐论》为政化"③。

第四,《易》与《赞易》。

王通认为,《易》以穷理,以知来;《赞易》就在于发扬先圣先师的义理。学习《易》和《赞易》,就可以通晓天、地、人的道理,既能洞识现在,也可以预见未来。

第五,《春秋》与《元经》。

王通认为,这两部史书所处时代不同,内容和任务也不同。"《春秋》,一国之书也,其以天下有国而王室不尊乎! 故约诸侯以尊王政,以明天命之未改,此《春秋》之事也。《元经》,天下之书也,其以无定国而帝位不明乎! 征天命以正帝位,以明神器之有归,此《元经》之事也。"④《元经》是效法《春秋》而编写的,它们都体

---

① 《中说·天地篇》。
② 《中说·事君篇》。
③ 《中说·魏相篇》。
④ 《中说·魏相篇》。

现了王道的思想。"《春秋》《元经》,于王道是轻重之权衡,曲直之绳墨也,失则无所取衷矣。"①《元经》采用《春秋》以王道为社会关系的基本准则来判断事物,以褒善贬恶的手段代替历史赏罚,它是为救衰世而作。

以上论述是关于学科教材及其价值的,至于学科教学的先后次序,王通也有所论述。他认为,《诗》《礼》的教学应先进行,"夫教之以《诗》,则出辞气,斯远暴慢矣;约之以《礼》,则动容貌,斯立威严矣"②。《诗》《礼》是儿童和少年阶段可以开始的课程。他们在达到一定年龄,具有一定心理素质,养成一定道德品质,参与了社会事务,形成一定的思想观点之后,才能学习其他四种课程,才会达到预期的效果。《春秋》断物,待志定而后及;志定则发之以《春秋》,于是乎断而能变。《乐》以和德,待德全而后及;德全则导之以《乐》,于是乎和而知节。《书》以制法,待从事而后及;可从事则达之以《书》,于是乎可以立制。《易》以穷理,待知命而后及;知命则申之以《易》,于是乎可与尽性。这四种应属于成年阶段的课程。若不注意发展程序,在蒙养阶段骤然教之成年阶段才学的课程,就会产生适得其反的效果。"是以圣人知其必然,故立之以宗,列之以次,先成诸己,然后备诸物;先济乎近,然后形乎远。"③依据课程的性质和内容,学科教学有主次之分,有先后之分。

(五)因材施教的方法

在这方面,王通的有些观点是值得注意的。

---

① 《中说·事君篇》。
② 《中说·立命篇》。
③ 《中说·立命篇》。

1. 了解学生的志向

王通曾利用一次聚集的机会,要弟子们谈志向。魏徵表示:"愿事明王,进思尽忠,退思补过。"杜淹表示:"愿执明王之法,使天下无冤人。"董常表示:"愿圣人之道行于时,常也无事于出处。"①董常的志向最符合王通的政治思想,最接近王通当时的心境,所以他予以赞赏。王通了解学生的志向,凡与王道政治理想没有矛盾的,都予以尊重,更有针对性地指导学生成才。

2. 掌握学生的个性特征

王通多次对学生进行考查和评定,准确指出学生的个性特点。如姚义,"清而庄",善思辨,"可与友,久要不忘";贾琼,"明而毅",为人正直,"可与行事,临难不变";薛收,"旷而肃",有仁者之心,"可与事君,仁而不佞";程元,"仁胜智","闻过而有喜色";杜淹,"诚而厉";董常,"其动也权,其静也至","慎密不出","可与出处,介如也";温大雅,"深而弘","记人之善而忘其过"……②这些学生各有特点,都可能是有用之才,但还需要继续提高,"加之以笃固,申之以礼乐,可以成人矣"③。

3. 因人分科而教

在王通的私学中,没有统一的教学计划,而是根据学生的志愿和特点,分科传授。《中说·关朗篇》载:"门人窦威、贾琼、姚义受《礼》,温彦博、杜如晦、陈叔达受《乐》,杜淹、房乔、魏徵受《书》,李靖、薛方士、裴晞、王珪受《诗》,叔恬受《元经》,董常、仇璋、薛

---

① 《中说·天地篇》。
② 《中说·礼乐篇》《中说·天地篇》《中说·周公篇》《中说·周易篇》。
③ 《中说·礼乐篇》。

收、程元备闻六经之义。"人物记载虽未必准确,但分科传授是事实。

4. 教学的共同目的在于求一贯之道

王通在讲学中经常采用问对的方式。《中说·问易篇》云:"广仁益智,莫善于问;乘事演道,莫善于对。"为了进德修业,需要问疑;为了随机指点,需要答疑。问对是各科教学都适用的方式。教学有其基本目的,《中说·天地篇》云:"学者,博诵云乎哉? 必也贯乎道。文者,苟作云乎哉? 必也济乎义。"博学诵读是学习过程中的行动,过程本身不是教学目的,通过教学过程求一贯之道才是目的。王通和同时代的刘炫在教学主张上有分歧。《中说·周公篇》载:"刘炫见子,谈六经,唱其端,终日不竭。子曰:'何其多也!'炫曰:'先儒异同,不可不述也。'子曰:'一以贯之可矣。尔以尼父为多学而识之耶?'炫退,子谓门人曰:'荣华其言,小成其道,难矣哉!'"刘炫是一位经史兼通的博学家,知经学流派之异同,然炫其博识,华言浮词,繁而未得其要,不知一贯之道,与王通的主张大有出入,故受到王通批评。

5. 学习要结合生活实践需要,实践是最终目的

王通以学礼为例,对学生说:"既冠读冠礼,将婚读婚礼,居丧读丧礼,既葬读祭礼,朝廷读宾礼,军旅读军礼,故君子终身不违礼。"[1]求知是为了行,没有实际行动,就还没有达到最终目的。他强调"知之者不如行之者"[2],"非知之艰,行之惟艰"[3]。因此,对行要加以重视。

中国教育家和教育思想研究

① 《中说·魏相篇》。
② 《中说·礼乐篇》。
③ 《中说·魏相篇》。

（六）"度德而师"的师道观

王通在教育实践中形成了对教师问题的一些独立见解。

1. 学必有师

王通认为,社会上学术流派众多,各派宣讲自己的学说,造成白黑相渝、是非相扰,使人思想混乱。但是,在社会中没有教师也不成。一个人要获得知识,增长才干,就必须从师求学。当他的弟子贾琼问"无师无传可乎"时,他当即表示:"神而明之,存乎其人。苟非其人,道不虚行,必也传又不可废也。"阮逸注:"传之在师,得之在己;所传有限,所得无穷。……然学不可无师,而得之不由师也。"[①]学习必须有教师,任何人都不例外,这是进行学习的重要条件。但是,学习收获的大小决定于学生的努力程度和发挥创造。

2. 自愿从师

王通的设学方针以自愿受教为原则,既不设法拉拢,也不拒人于门外。《中说·述史篇》有一段对话,体现了这种方针。"贾琼请绝人事,子曰:'不可。'请接人事,子曰:'不可。'琼曰:'然则奚若?'子曰:'庄以待之,信以从之,去者不追,来者不拒,泛如也,斯可矣。'"凡为求学而来的人,都认真接待,不加拒绝;凡认为没有留下继续学习的必要而离去的人,不加挽留,让其自由来去,绝不勉强。

3. 度德而师

王通认为,具有道德是担任教师最根本的标准,而"德不在

---

① 《中说·天地篇》。

年，道不在位"①，即有德者不在于年高，有道者也不在于权位，所以求师不在乎年龄大小和权位高低。他主张"度德而师"②，以有道有德为择师标准，估量某位先生在道德水平上远高于己，便可拜他为师。掌握了标准，就不必局限于一两位老师，世上可为师的人也就多了。王通说："然亦何常师之有？唯道所存。"③这种思想成为韩愈在《师说》中提出"道之所存，师之所存"的先导。

4. 博学为师

学者从师，求取学识是其重要目的之一。教师学识渊博，能解答学生存在疑惑的问题，才会受到学生敬慕，否则就难以达到向学生传授知识、解答疑难的要求。王通具有渊博的学识，在教学上从容自如，问而皆知，有求必应，是诲人不倦的典范。

王通作为隋唐时期儒学教育发展新阶段的先驱人物，强调教育是实现王道政治的重要途径，在教育思想史上有重要的贡献和影响，在儒学教育发展过程中起了继往开来的作用，其历史功绩不可磨灭。

三、孔颖达的教育思想

孔颖达(574—648)，字冲远，冀州衡水(今属河北)人，隋唐之际著名的经学家和教育家。

孔颖达生于儒学世家，自幼天资聪明，嗜好读书。成年后，学识渊博，精通《左氏传》《郑氏尚书》《王氏易》《毛诗》《礼记》，兼善

---

① 《中说·立命篇》。
② 《中说·立命篇》。
③ 《中说·问易篇》。

算学、历法、文词,具有广博的知识。他还访求名师,虚心学习,曾师从于当时名重海内的经学家刘焯。学成之后,孔颖达归家办学,以教授为业。隋大业初年,举明经高第,授河南郡博士。隋末,炀帝召诸郡的儒学博士聚集于东都洛阳,举行经学讨论会。孔颖达年轻多才,讲论中对答如流,论说详明。唐初,受诏为太学博士,兼秦王府文学馆学士。武德九年(626年),升任国子博士。贞观六年(632年),荣升国子司业。十年,参与修撰《隋书》。十一年,参与撰定《五礼》。十二年,被任命为国子祭酒。他整顿学政,转变学风,使国子监日益昌盛,时人称其"再振颓风,重宏绝业,学徒盈于家室,颂声彰于国朝"[①]。十四年,奉命主持修撰五经义疏。十六年,成《五经正义》一百八十卷。十七年,以年老致仕。

孔颖达主要的著作有四种:《孝经义疏》、《五礼》(《贞观礼》)、《五经正义》、《隋书》列传五十卷,后两种流传至今。

(一)编撰《五经正义》

唐初统治者采取措施以巩固统一的中央集权,为加强思想控制,选择儒学作为官方的统治思想。但儒学内部存在经学的派别之见,外部有道教、佛教的竞争,还不能作为强有力的思想工具,需要加以扶植和改造。武德年间,统治者采取"崇儒兴学"的政策,使儒学确立了正统地位,并以五经为学校教育的基本内容。李世民具有雄才大略和远见卓识,他注意发展学校教育,并进一步令国子祭酒孔颖达集结硕学宏儒编撰《五经正义》,完成了统一

---

① 《全唐文·于志宁·大唐故太子右庶子银青光禄大夫国子祭酒上护军曲阜宪公孔公碑铭》。

经学、统一章句解释的工作，结束了儒学多门、章句繁杂的局面，使儒学真正成为官方的统治思想。

从中国教育发展的历史来看，《五经正义》的编成，标志着教材统一、教学内容统一，彻底扫除了儒家内部的门户之见，只保留合乎中央集权统治利益需要的一种经说和解释，大家都以统一的经学为标准，结束了儒学内部数百年来师法家法、今古文经学、南北经学的纷争。这与汉武帝"罢黜百家，独尊儒术"的文教政策具有同等重要的历史意义。汉代的官学只统一课程，并未统一教材。唐代的《五经正义》不仅使经学归于统一，而且其使用范围遍及官学。从唐到宋，明经科取士都以《五经正义》为标准，可见《五经正义》产生的影响。

《五经正义》能流传久远，究其原因还在于它的综合总结工作达到很高的水平。它能够博采众家之长，考察前儒异说，明是非，决取舍，形成自己的结论。孔颖达受命编撰《五经正义》之时，为了保证《五经正义》在学术上具有权威性，选择了当时优秀的儒学名家组成编撰队伍，经过认真的调查和比较，筛选出能够体现五经本意并在当时全国最为通行的注本，《周易》主王弼、韩康伯注，《尚书》主伪孔安国传，《毛诗》主郑玄笺，《礼记》主郑玄注，《春秋左氏传》主杜预注，疏文的撰写总结南北朝、隋代经学的研究成果。由于不囿于门户之见，广采博收，以择优的原则选择注本和疏义，故《五经正义》能吸收汉、魏晋南北朝、隋的经学研究成果。在编撰时，实行分工负责制，编撰者各有专经，发挥所长，充分调动每位专家的积极性，最后由总编把关裁定，承担总的责任。众人经过数年的共同努力，最终编成在中国教材建设史上具有划时代意义的《五经正义》，代表了当时儒家经学的最高水平，成为具有权威性的教科书。皮锡瑞《经学历史》说："自《正义》《定本》颁之国胄，用以取士，天下奉为圭臬。唐至宋初数百年，士子皆谨守官书，莫敢异议矣。故论经学，为统一最久时代。"

教材的统一虽然适应当时政治上统一的需要，促进了封建中央集权统治的巩固，但也标志着儒学又一次进入思想僵化阶段。唐代学术思想的发展缺乏创新的活力，与儒学教材的统一不无关系。

（二）论教育的作用

孔颖达继承和发扬儒家经世致用、治国安邦的优良传统，在负责编撰的《五经正义》中阐述了他对巩固统治的见解。他认为，自古以来，圣人都是以德治天下。圣人"教民以德不以刑也，……君若教民以德，整民以礼，则民有归上之心"[①]。巩固封建统治需要有两手，一手是教育感化，一手是刑罚。前者能防患于未然，使人们心悦诚服地接受统治；后者只能惩治于已然之后，起到暂时的恐吓震慑作用，并不一定能使人们心服。孔颖达要求统治者继承儒学以德治天下的传统，教民以德，整民以礼，认为这样才能使老百姓有归上之心，而无犯上作乱之念。封建道德并不是自发产生的，也不是自然接受的，这就需要发挥封建教育的作用，向广大人民灌输封建道德。封建道德教育的主要内容是儒家传统的仁、义、礼、智、信，即五常之教。他借助天意来论证五常的封建道德教育的合理性，认为封建道德是上天意志的体现，任何人都应遵

---

① 《礼记正义·缁衣》。

循而行;统治者用五常来教化万民,只是顺天意而替天行道;而老百姓为善还是作恶,完全取决于封建教育的引导。这就指出了封建教育的实施和封建政权的建设需同步进行,两者相辅相成,只有这样才能使人民一开始就弃恶从善,恪守封建道德,乐天安命,知足常乐。具体来说,在当时的历史条件下,对人民要进行十二种教化:"一曰以祀礼教敬,则民不苟;二曰以阳礼教让,则民不争;三曰以阴礼教亲,则民不怨;四曰以乐教和,则民不乖;五曰以仪辨等,则民不越;六曰以俗教安,则民不愉;七曰以刑教中,则民不暴;八曰以哲教恤,则民不怠;九曰以度教节,则民知足;十曰以世事教能,则民不失职;十有一曰以贤制爵,则民慎德;十有二曰以庸制禄,则民兴功。……此十二事,是教民之大者,故举以言焉。"①这十二种封建教化从社会生活的各个方面向人民灌输封建道德观念,使人民思不出其位,行不逾规,大得其中,无有邪僻,成为统治者所需要的驯臣良民。

孔颖达借助上天的神秘力量,从封建道德、封建教育和封建国家三者的相互关系中,阐述了实施封建教育的重要性和紧迫性;从封建教育的主体出发,阐述了实施封建教育的可能性和必要性。

经过隋末农民大起义的洗礼,唐代统治者对人民有了新的认识。孔颖达也从天人感应的神学目的论中挣脱出来,尽量把目光投向了现实的人和人世。他认为,皇天无心,以百姓之心为心,政权的稳固与否取决于民心的向背,而争取民心要依靠官吏,如果择人用人不当,将会贻害无穷。他继承儒家传统的人治思想,主

---

① 《毛诗正义·缁衣》。

张为政之道在于任用贤人君子。"其人存则其政举,其人亡则其政息。""若得其人,道德存在,则能兴行政教。"①然而,贤人君子不是天生而来的,是靠后天教育而成的。

在孔颖达看来,"人生而静,天之性也,于物而动,性之欲也"②。性是天生的、沉静的,情是性接触外物而产生的。天生之性是因禀气而成的,"得其清气备者,则为圣人;得其浊气简者,则为愚人。降圣以下,愚人以上,所禀或多或少,不可言一,故分为九等"③。圣人之性是至诚之性,也就是至善至美的。其余处在圣人和愚人之间的绝大多数人只有通过接受封建教育和自己主观努力学习,才能使其人性达到至诚的境界。"至诚之道,天之性也,则人当学其至诚之性。""至诚非由天性,教习使然。"④他认为,人心都是想要善的。每个人只要坚定不移地努力完善自己,就能和天性至诚的圣人相提并论、并驾齐驱了。以五常之教为内容的封建教育就是宣扬去恶从善的。人们为了求善,获得至诚的人性,就必须接受封建教育。从人性论的角度来看,孔颖达基本上继承了董仲舒的性三品思想。尽管孔颖达对人性的认识并没有超出前人的水平,但他肯定了大多数人能够通过接受教育来达到至诚的境界,肯定了封建教育在塑造、完善人性,形成良好社会风气方面的作用,这是有积极意义的。

孔颖达从巩固大一统的政治和塑造至诚的人性两个方面论述了封建教育的作用,肯定了封建教育在封建社会发展中所起的作用。他说:"建立其国,……君长其民,内则设师保,外则设庠序

---

① 《礼记正义·中庸》。
② 《礼记正义·中庸》。
③ 《礼记正义·中庸》。
④ 《礼记正义·中庸》。

以教之,故云教学为先。"①

(三)论学与教

外在的封建道德需要通过封建教育的传播、灌输,才能为广大百姓所普遍接受。在这个过程中,不但要发挥外在力量的作用,而且要激发人们内在的学习积极性。基于对人性的看法,孔颖达充分肯定了人们后天学习的作用。他认为,人的天性本来是善的,"性者,天生之质,正而不邪",后来由于感于外物而产生了情,"情者,性之欲也",如果"不能以性制情,使其情如性,则不能久行其正"。② 也就是说,人性中包括善和恶两种成分,性是正而不邪、至诚至善的,由性感于外物而生的情是邪而不正的。这样,每个人的发展一开始就有两种可能性:一是循性,朝着善的方向发展;一是顺情,朝着恶的方向发展。所以,他说:"善恶由人,惟人所修习也。"③如果人们能够永葆自然至善之性,不受外界事物的侵扰,那就用不着苦苦地修行学习了。但是,人生活在社会中,不可能不受社会的影响。所以,要想永葆自身的自然天性,就必须努力地修行学习。"惟民初生,自然之性,皆敦厚矣。因见所习之物,本性乃有迁变,为恶皆由习效使然。"④为善与为恶都是人后天学习的结果,这就把学习的主动权交到每个人的手中。因此,他特别强调人们在学习之初,要慎重选择学习的道路,以免误入

① 《礼记正义·学记》。
② 《周易正义·乾》。
③ 《尚书正义·周书·召诰》。
④ 《尚书正义·周书·君陈》。

中国教育家和教育思想研究

歧途,害己害人。在他看来,"始欲学习为善,则善矣。……初习为恶,则恶矣"①。学习不仅是一个弃恶扬善,不断提高自身道德修养水平的过程,而且可以使人们摆脱愚昧,通晓事理,增长才干。所以,"愚智由学习而至"②,并非天生而然。反过来,"人而不学,如面向墙,无所睹见,以此临事,则惟烦乱,不能治理"③。此外,通过学习还可以使人知己之所短,促使人不断地奋发向上。在他看来,"夫学如殖草木也,令人日长月进,犹草木之生枝叶也。不学则才知日退,将如草木之坠落枝叶也"④。孔颖达要求人们普遍地学习。"天子诸侯及卿大夫,欲教化其民,成其美俗,非学不可,……学则博识多闻,知古知今,既身有善行,示民轨仪,故可以化民成俗也。"⑤

学习的内容主要是《五经正义》。孔颖达认为,学习《易》,上可体察天地阴阳的变化规律,下可明了人伦尊卑的来历,知秉承天意,君臣、父子、夫妇各守本分,以维护封建的纲常礼教。学习《书》,可以借鉴历代君主治国安邦的经验,学会如何更好地治理国家,统治人民。学习《诗》,使人塞违从正,止僻防邪,畅怀舒愤,歌功颂德。学习《礼》,使人通晓封建的等级秩序以及相应的行为规范,学会安身立命与为人处世之道,使宗祐固,社稷宁,君臣序,朝廷正。学习《春秋》,使人明白什么是善,什么是恶,弃恶从善,改邪归正,成为道德高尚的人。总之,学习《五经正义》包含的儒家伦理道德,有助于强化思想统治,使唐王朝享国永年,长治

① 《尚书正义·周书·召诰》。
② 《尚书正义·周书·召诰》。
③ 《尚书正义·周书·周官》。
④ 《春秋左传正义·昭公传十八年》。
⑤ 《礼记正义·学记》。

久安。

　　学习要讲究方法，不能杂乱无章。孔颖达认为，首先，学习要选择在最佳的时间进行，这样会收到事半功倍的效果。如果学习时机已过，则心情放荡，即使想学习，也终不能成功，结果只能是徒劳无益了。最佳的学习时间是在初生之后。人之初生，性情未定，通过及时学习，方能走上正道。其次，要互相学习，不但要向经书、教师学习，而且要向其他人学习。如果"独自习学，而无朋友，言有所疑，无可设问，则学识孤偏鄙陋，寡有所闻也"[1]。向别人求教，态度要谦虚，绝不能骄傲自大，自以为是。他说："人道恶盈而好谦，是满招损，谦受益，为天道之常也。"[2]再次，学习要持之以恒，不能一曝十寒，失去信心。他人天性聪明，一学则能知之，自己应当百倍用功去学习，只要发奋努力，坚持不懈，就一定能赶上或超过。他认为，人既要刻苦学习，又要善于学习，讲究方法。善于学习的人，教师教起来也顺利，学习的收获也大；不善于学习的人，辛苦了教师，收效反而不大。总而言之，要想收到事半功倍的效果，必须讲究学习方法。

　　孔颖达认为，学习的另一个方面是要善于教育别人，将自己的知识传授给别人。教和学是矛盾的统一体。"教学相益"，"学则睹己行之所短，教则见己道之所未达"。[3] 教和学互相依赖，互相促进，学因教而受益，教因学而提高。所以，"教人乃是益己学之半也"，"教能长学善也"。[4] 反之，如果不学，则对诸事茫然不知，也不知自己的长短所在；如果不教，则自以为万事皆通，无可

---

① 《礼记正义·学记》。
② 《尚书正义·虞书·大禹谟》。
③ 《礼记正义·学记》。
④ 《礼记正义·学记》。

置疑,终日沾沾自喜。教则知不足,看到自己的长短,然后奋发自励,广采博收,不断丰富自己的知识。从这个意义上说,一个人不但要成为一个善学者,而且要成为一个善教者。一个善教者,必能使人继其志。在他看来,教人乃至极之美,作为人师是很光荣的。社会也应该尊敬人师,"师德至善,虽天子以下必须尊师"①。可见,人师的作用是很大的,对人的学问和道德的提高都有直接的影响,所以要慎重地加以选择。孔颖达要求人们选择明师,指出明师是从善去恶的直接指导者。"必得明师,乃可以训道而善之;非得明师,恶终不改。"②明师一方面传授善道,引导人们走正道;另一方面通过传授善道,使那些误入歧途的人改邪归正,重返正道。

　　教人也要讲究方法,如果教法不当,将会影响人们对所学内容的理解和掌握。首先,教学要选择在最佳的时机进行。"教学之道,当以时习之。""若情欲既发,而后乃禁教,则扞格于教,教之不复入也。是教弱而欲强,为教不胜矣。"③从广义上说,人生之初就是教育的好时机;从狭义上说,在人能够接受教育之时,就要对其进行教育。要坚持正面教育,正面引导,绝不能等到出了问题后再去教育。其次,教学的速度、内容等要依据学生的实际情况,不能太快。"教学之道,必当优柔宽缓,不假急速,游息孙顺,其学乃成。""教人之法,当随其年才。若年长而聪明者,则教以大事而多与之;若年幼又顽钝者,当教以小事又与之少。"④即要因材施教,根据学生年龄的大小、接受能力的强弱分别对待,不能"一刀

①　《礼记正义·学记》。
②　《毛诗正义·国风·墓门》。
③　《礼记正义·学记》。
④　《礼记正义·学记》。

隋
及
初
唐
王
道
的
教
育
思
想

切"或采取填鸭式的教学。再次,要有高超的语言修养,能言简意赅、深入浅出地教育学生。孔颖达说:"善教者,出言寡约而义理显达,易解之。"①教学的语言要简明扼要,不能重复啰唆。教学语言精练与否是关系到教学能否成功的重要因素,在当时个别教学的情况下,孔颖达已经意识到了这一点,实为难能可贵。

孔颖达是一位十分重视研究学习问题的教育家,尽管他提出的学习内容在今天看来已经过时,但他强调个体学习的重要性,讲究学习的方法、教学的方法以及将学和教联系在一起看待的思想,在今天看来仍有其合理的成分。

(四)论道德教育

道德和道德教育历来是儒家研究的中心问题。孔颖达继承和发扬了这一优良传统,充分肯定道德和道德教育的作用。

孔颖达认为,道德源于天道,人君当顺天之意,以五常之教来教化万民。这是天经地义、亘古不变的事情,违背它,就是冒犯上天,必将受到惩罚。圣人秉承天意设置五常之教,目的就是教化万民。人们遵守五常之教,也就是服从了圣人,服从了天意。道德也出自人性自然,绝不是完全由外界强加的。他认为"民有五常之性,谓仁、义、礼、智、信也。"②"五者,人之常性,自然而有,但人性有多少耳。天次叙人之常性,使之各有分义。"③人之所以为人,就在于人是有道德的,而禽兽是没有道德的。人人都有五常

---

① 《礼记正义·学记》。
② 《尚书正义·商书·说命下》。
③ 《尚书正义·虞书·皋陶谟》。

之性,这是人性中善的体现。但是,由于人性感于外物产生情的影响,可能导致五常之性的消失,因此人人都有必要也有可能接受道德教育,以弘扬人性中固有的五常之性,抵制情欲的影响。孔颖达从道德的本源出发,经过圣人的中介作用,把上天的旨意和人性中固有的善性联系在一起,从而使封建道德教育既符合上天的意志、圣人的心愿,也顺乎人性求善的愿望,最终论述了进行封建道德教育的可能性和必要性。

在封建社会中,家和国是相通的,家庭是国家最基本的细胞,国家是家庭的延伸和扩大化,两者是相互依存的关系。一个人在家能成为孝子,在国就可能成为忠臣。求忠臣必于孝子之门。仁、义、礼、智、信就是在家庭中孕育发展起来的。要想提高整个社会的道德水准,道德教育必须从家庭开始。孔颖达说:"一家之内,品有五,谓父、母、兄、弟、子也。教此五者各以一事,教父以义,教母以慈,教兄以友,教弟以恭,教子以孝,是谓五教。"①在他看来,如果在家庭中重视道德教育,形成遵行纲常的意识,使家庭成员各司其职,各修其德,然后将此移植扩展于社会生活之中,那么整个社会中人的关系就会融洽。这是儒家传统的修身、齐家、治国、平天下思想的具体表现。孔颖达主张发扬这个传统。他还要求人们不要停留在空洞的说教上,而要付诸实践,人人都应该践行封建道德规范。他认为,人志本欲求善,求善是人的本能,而封建道德就是封建社会中善的集中体现,因此人人都应主动地接受封建道德教育。只要按照封建道德的要求去修身养性,就一定能成为一个道德高尚、能担当国家大任的君子。

---

① 《尚书正义·虞书·舜典》。

在进行道德教育的过程中,孔颖达要求人们遵循以下原则:第一,要树立远大的志向。理想是人们心灵的太阳,没有理想,就没有前进的动力。道德教育一定要使人树立远大的理想,并为了实现自己的理想而坚持不懈,终生不移。他说:"君子之人,守道而死,虽遭困厄之世,期于致命丧身,必当遂其高志,不屈挠而移改也。"①为了实现理想,赴汤蹈火,在所不辞,这是儒家的"志士仁人,无求生以害仁,有杀身以成仁"②思想的体现。在这一点上,孔颖达完全继承了儒家的传统。第二,要防微杜渐,改过从善。勿以恶小而为之,勿以善小而不为。他说:"凡所过失,为人所怨,岂在明著?大过皆由小事而起,小事不防,易致大过。故于不见细微之时,当于是豫图谋之,使人不怨也。"③道德教育要从小事入手,积小善而成大德,由浅入深,逐步地进行,不能光讲大道理。放松小节,会发展到犯大错误。第三,要培养言行一致,始终如一的道德品质,尤其在行动上要践行封建道德。道德教育的目的是将社会的道德观念通过灌输,内化成人们普遍的心理需求,进而转化成人们自觉自愿的行为。所以,进行道德教育,无论对教育者还是受教育者,都应要求言行一致,身体力行。第四,要循序渐进,依分而动,不妄求进。应该根据每个人所处的社会地位和具体条件,进行恰如其分的道德实践。道德教育就是要每个人懂得自己在社会中所担的责任、所尽的义务,使受教育者安分守己,思不出其位,行不越其规。如果任意妄进,那就会犯分乱理,不合乎传统的道德规范,反而会引起社会的不安。

孔颖达重视道德教育,是值得肯定的。他主张寓道德教育于家庭教育之中,并提出道德教育的方法,至今仍有普遍的现实意义。但他认为"道德,大而言之,则包罗万事;小而言之,则人之才艺善行,无问大小,皆须礼以行之"①,把道德看成决定万事的关键,显然夸大了道德的作用。

综上所述,孔颖达是隋唐之际一位重要的教育家。他在负责编撰的《五经正义》中,采用因文释义而附以己意的特殊形式阐发了自己的教育思想,为后世留下了一笔宝贵的教育遗产。《五经正义》成为唐至宋初数百年间官方的法定教科书,表明孔颖达的教育思想曾对唐至宋初这一历史阶段的教育产生重大影响。孔颖达借为五经作解释之机,依附经典,阐发其教育思想,并随着《五经正义》而传播,这是中国教育思想发展中一种很独特的形式。孔颖达的教育思想博采众家之长,对儒学教育思想进行历史性的综合和总结,内容极其丰富。因此,《五经正义》成为以后儒学教育思想的重要源泉。

四、 李世民的教育思想

(一)重视教育的原因

李世民(599—649),史称唐太宗,626—649 年在位,年号贞观。在即位当皇帝之后,他改革政治制度,发展经济和文教,创造了为后世称道的"贞观之治"。他对封建文化教育有重要贡献,与

---

① 《礼记正义·缁衣》。

他的教育思想认识是密切关联的。家庭出身、社会经历、政治地位对他的教育思想的形成有深刻的影响。

李世民出身军事贵族世家，其父李渊在隋官至河东抚慰大使、太原留守。这种军事贵族世家把军功作为晋升的主要阶梯，形成崇尚武功的传统。在教育上，要求子弟从小学习弓马，熟读兵书；到了成年，就到军中任职，一旦有战争，就能带兵征战。李世民在这种家庭环境中偏重习武，学习文化知识不够。他在回忆中说："朕是达官子弟，少不学问，唯好弓马。"①"朕少尚威武，不精学业。"②随着父亲职位的升迁，他的居住地常变动。十八岁居太原，从留守府宾客张后胤受《春秋左氏传》，为时不过三四个月。以后起兵反隋，"躬亲戎事，不暇读书"③。即位之后，掌握国家最高权力，却不知治国安民的道理。李世民对缺乏文化知识深为悔恨，这是促使他重视文化教育的原因之一。

李世民当皇帝后，找大臣们咨询，认识到治国不能单靠武功，主要靠文治，如果不吸收秦二世及隋炀帝的历史教训，就可能二世而亡。根据治国的需要，面对现实探讨教育问题，他更深刻地认识到，应当加强自我修养，培植贤才，教化黎民，才有可能实现王道政治。这是促使他重视文教的主要原因。

到了贞观中，深谋远虑的李世民认识到自己不能无限期地统治下去，要使李唐王朝长期延续，需要重视教育太子及诸王，才不至于倾家败国。这也是促使他重视皇族子弟教育的重要原因。

----

① 《贞观政要·杜谗邪》。
② 《全唐文·太宗·答魏徵上群书理要手诏》。
③ 《贞观政要·悔过》。

（二）教育思想的理论基础与政治基础

李世民的教育思想受其世界观的影响，更受其政治思想的支配。

1. 人性与教育

教育对象是人，对人本质的认识成为探讨教育的起点，李世民也不例外。他的人性论是其教育思想的理论基础之一。

（1）人之禀性有善有不善

李世民从天命论角度出发来认识人性问题，认为人的禀性天生就有善与恶的道德差别，有人禀性善，有人禀性不善。他说："夫人有强躁宽弱之志，愁乐贪欲之心，思情聪哲之才，此乃天命其性，有善有不善者也。由是观之，尧、舜、禹、汤躬行仁义，治致隆平，此禀其性善也。幽、厉、桀、纣，乃为炮烙之刑，刳孕妇，剖人心，斫朝涉，脯鬼侯，造酒池糟丘，为长夜之饮，此其受于天不善之性也。"[①]先天禀性善或不善，决定后天道德行为善或不善。以社会中极好与极坏的人反证先天禀性有善有不善，这显然是不科学的，将会引出否定教育作用的结论。幸而他不是把人性看作一成不变的，也未将先天禀性决定后天德行作为强调的重点。

（2）中人之性，从教而变

李世民认为，居于人类多数的中人与居于人类少数的上智、下愚有差别，"中人之性，可以上下"[②]。中人的禀性不是一成不变

---

① 《唐太宗集·金镜》。以下《唐太宗集》引文，依据吴云、冀宇编辑校注《唐太宗集》，陕西人民出版社 1986 年版。

② 《唐太宗集·废皇太子承乾为庶人诏》。

的,而是因受教育的情况而发生变化。他说:"中智之人无恒,从教而变。……成王幼小,周、召为保傅。左右皆贤,日闻雅训,足以长仁益德,使为圣君。秦之胡亥,用赵高作傅,教以刑法,及其嗣位,诛功臣,杀亲族,酷暴不已,旋踵而亡。故知人之善恶,诚由近习。"①中人可以为善,也可以为恶,决定因素是社会中人际环境如何,近善人而习焉,因染以成善性;近恶人而习焉,因染以成恶性。因此,要选择好的社会环境,特别应重视人的因素,亲近贤人而学习,这可以通过人为努力创设条件。

(3)人必须学以成善

人的禀性有善质,但这是一种内在的可能性,并不等于就是实际的善,还要有学习条件来帮助成善。李世民说:"夫人虽禀定性,必须博学以成其道,……人性含灵,待学成而为美。是以苏秦刺股,董生垂帷。不勤道艺,则其名不立。"②学习是使人成善的必要条件,"性怀辨慧,非积学不成"③。人不学习,就不能成为符合社会道德规范的人。"夫玉不琢不成器,人不学不知道。仲尼师于郯子,文王学于虢叔。圣人且犹如此,何况于凡人者乎!"④圣人都需要学习,凡人就更应该学习。他由此引出重视学习、重视教育作用的结论。

2. 王道与教育

李世民的政治主张是在反隋的斗争中形成的,也是在学习总结中国历史上成功与失败的统治经验教训中形成的。

(1)隋朝的教训

李世民对隋炀帝的残暴统治深恶痛绝。他说:"有隋之季,海

① 《贞观政要·尊敬师傅》。
② 《贞观政要·崇儒学》。
③ 《唐太宗集·帝范·崇文》。
④ 《唐太宗集·金镜》。

内横流，豺狼肆暴，吞噬黔首，邑里凋残，鞠为丘墟。朕投袂发愤，情深拯溺，扶翼义师，济斯涂炭。……反浇蔽于淳朴，致王道于中和。此朕之宿志，于斯已毕。”①他的政治路线与隋炀帝相反，要拯救黎民百姓，以德政取代暴政，政治目标是“王道”，使国家安定，天下大治。

（2）王霸的比较

从历史经验看，存在着以德服人的王道和以力服人的霸道。政治思想不同，实行的政治路线相反，结果就大不一样。“观古人君，行仁义，任贤良，则理；行暴乱，任小人，则败。”“周既克殷，务弘仁义；秦既得志，专行诈力。非但取之有异，抑亦守之不同，祚之修短，意在兹乎！”②两条政治路线，两种政治结果，鲜明的对比使李世民从统治集团长远的利益出发，作了历史性的选择。他说：“朕看古来帝王以仁义为治者，国祚延长；任法御人者，虽救弊于一时，败亡亦促。既见前王成事，足是元龟。今欲专以仁义诚信为治，望革近代之浇薄也。”因此，他宣布“为国之道，必须抚之以仁义”，施政就以此为中心。③ “朕君临八方，于今四载，夙兴夜寐，无忘晷刻。履薄驭朽，思济黔黎，推心至诚，庶几王道。”④他自认为勤政爱民，在努力实现王道的政治目标。

（3）王道德政的时代内容

依李世民的认识，王道德政在当时有下列几方面内容：第一，在政治方面，任用贤良，赏罚得当；第二，在经济方面，薄赋轻徭，家给人足；第三，在文化方面，礼乐兴行，德教化民。为了实现这

① 《唐太宗集·九嵕山卜陵诏》。
② 《贞观政要·辩兴亡》。
③ 《贞观政要·仁义》。
④ 《唐太宗集·大赦诏》。

些要求,需要利用教育。教育为王道政治服务,是实现王道政治的重要手段和途径。王道政治是教育的最高目标。教育路线方针受政治路线的制约,政治路线制定之后,也就有条件相应地确定教育路线与方针。

3. 确立文治路线与尊儒政策

(1) 武功与文治之争

贞观初年,李世民面临的是国家极为严峻的形势,"霜旱为灾,米谷涌贵,突厥侵扰,州县骚然"①。在内外不安的形势下,国家应当如何治理? 这是迫切需要解决的问题。当时统治集团内部对这一关键问题的认识并不一致,展开了一场激烈争论。双方争着对李世民施加思想影响,因为政治路线方针由他选定,由他号令施行。"贞观初,人皆异论,云当今必不可行帝道王道。"②"有上书者非一,或言人主必须威权独任,不得委任群下,或欲耀兵振武,慑服四夷。"③这方面的主张居多数。他们主张,要实行霸道,依靠武力;中央政府权力高度集中于皇帝,实行君主专制独裁;对四邻民族炫耀武力。不同意这条路线的,暂时居于少数,其代表人物是魏徵。李世民在与大臣们讨论政治教化的得失时,提出:"当今大乱之后,造次不可致化。"当时任谏议大夫的魏徵发表了不同意见:"不然。凡人在危困,则忧死亡。忧死亡则思理,思理则易教。然则乱后易教,犹饥人易食也。"④在长期的战争破坏中,人民的生命财产毫无保障。现在国家统一了,人民厌弃战争动乱的日子,希望过太平安定的日子,所以人心思治,这是社会心理趋

① 《贞观政要·政体》。
② 《贞观政要·政体》。
③ 《贞观政要·诚信》。
④ 《贞观政要·政体》。

势。人心思治就容易接受教化,这正像处于饥饿状态的人容易接受食物一样。战争阶段过去,和平阶段开始,政治上要相应地实行转变,确定新的路线方针。魏徵劝李世民实行文治,言"偃革兴文,布德施惠,中国既安,远人自服"①。右仆射封德彝反对魏徵对形势的分析与所提的治国路线和方针,认为文治远不及武功,社会上人心越变越坏,不可施用文治。他说:"三代以后,人渐浇讹,故秦任法律,汉杂霸道,皆欲理而不能,岂能理而不欲?若信魏徵所说,恐败乱国家。"魏徵说:"五帝三王,不易人而理。行帝道则帝,行王道则王,在于当时所理,化之而已。考之载籍,可得而知。昔黄帝与蚩尤七十余战,其乱甚矣,既胜之后,便致太平。九黎乱德,颛顼征之,既克之后,不失其理。桀为乱虐,而汤放之,在汤之代,即致太平。纣为无道,武王伐之,成王之代,亦致太平。若言人渐浇讹,不及纯朴,至今应悉为鬼魅,宁可复得而教化耶?"②魏徵根据历史来立论,封德彝等人难以反驳,但都认为魏徵的主张不可行。然而,李世民采纳了魏徵提出的治国路线,努力实行。他认为时势已经发生变化,和平阶段应当实行文治。他说:"戡乱以武,守成以文,文武之用,各随其时。"③和平时期顺从民心,对人民必须实行文治,但并不是绝对放弃武备。他在《金镜》中说:"理人必以文德,防边必以武威。……不可以威武安民,不可以文德备塞。"所以,李世民治国兼用两种手段,概括地说,即"兴文备武"。政治路线的转变是唐代走向繁荣昌盛的重要起点,是出现"贞观之治"的基本条件。政策实行数年之后,取得极为显著的社

隋及初唐王道的教育思想

---

① 《贞观政要·诚信》。
② 《贞观政要·政体》。
③ 《资治通鉴·唐纪八》。

会效果,在政治上、经济上、军事上奠定了强盛的基础,封建文化教育借此得到迅速发展。

(2) 衡量三教利弊而崇儒

文治路线的确立,并不等于已完全解决统治集团的指导思想问题。中国自东汉以来,在文化思想领域出现儒、道、佛并存局面。唐初武德年间实行的是儒、道、佛并用的政策。李世民对于三教有自己的看法,倾向于崇儒。他在青少年时学过《左氏春秋》,初步接受儒学教育。起兵反隋之后,他大力罗致人才,于武德四年(621年)开文学馆,罗致文学之士十八人,他们实际都是儒学之士,组成了秦王府的"智囊团"。他们对李世民有很大影响,强化了他的崇儒倾向。李世民即位之后,更加推崇儒术,把自己的思想倾向转化为国家的政策。

李世民依据统治集团的利益来制定政策。他权衡了利害关系,没有利用皇权来推广佛教。在道佛两教之中,他对佛教更为反感,在《贬萧瑀手诏》中说:"至于佛教,非意所遵,虽有国之常经,固弊俗之虚术。何则?求其道者,未验福于将来;修其教者,翻受辜于既往。至若梁武穷心于释氏,简文锐意于沙门,倾帑藏以给僧祇,殚人力以供塔庙。及乎三淮沸浪,五岭腾烟,假余息于熊蹯,引残魂于雀鷇。子孙覆亡而不暇,社稷俄顷而为墟。报施之征,何其缪也!"他直接指责迷信佛教者非常荒谬。

李世民总结梁朝的经验教训,确定统治思想。他说:"朕今所好者,惟在尧、舜之道,周、孔之教,以为如鸟有翼,如鱼依水,失之必死,不可暂无耳。"[①]儒学能在巩固封建统治方面发挥较大的政

---

① 《贞观政要·慎所好》。

治作用,符合整个统治集团的长远利益,所以李世民选择儒学作为统治的精神支柱。

尊崇儒学的方针体现在国家人事政策上,就是选用儒生为各级官吏;体现在教育政策上,就是发展学校,以儒家的封建政治伦理思想来培植地主阶级子弟,使他们成为治国的贤才。李世民说:"夫功成设乐,治定制礼。礼乐之兴,以儒为本。弘风导俗,莫尚于文;敷教训人,莫善于学。因文而隆道,假学以光身。"①尊儒和重学是密切联系的,确定尊儒的方针,就必然会利用国家的力量来兴办学校。

(三) 教育思想的几个主要方面

1. 贤才教育

(1) 思贤求才

李世民是历史上有作为的君主,想治理好国家,经常思考国家治或乱的关键。他认识到:"乱,未尝不任不肖;治,未尝不任忠贤。任忠贤,则享天下之福;用不肖,则受天下之祸。"②因此,他重视依靠忠贤之才。他说:"能安天下者,惟在用得贤才。"③又说:"夫国之匡辅,必待忠良,任使得其人,天下自治。……帝王之治国也,必借匡弼之资。故求之斯劳,任之则逸,虽照车十二,黄金累千,岂如多士之隆,一贤之重! 此求人之贵也。"④忠贤之才如此重要,求贤成为迫切需要执行的政治任务。他说:"治主思贤,若

① 《唐太宗集·帝范·崇文》。
② 《唐太宗集·金镜》。
③ 《贞观政要·择官》。
④ 《唐太宗集·帝范·求贤篇》。

农夫之望岁;哲后求才,若旱苗之思雨。"①帝王渴望选择贤才,是为了使百姓安居乐业。

(2)贤才以德行学识为本

什么样的人是国家所需的从政贤才？这是李世民找大臣们讨论的一个重要问题。"贞观二年,太宗谓侍臣曰:'为政之要,惟在得人,用非其才,必难致治。今所任用,必须以德行学识为本。'"②"〔贞观六年,〕上谓魏徵曰:'为官择人,不可造次。用一君子,则君子皆至;用一小人,则小人竞进矣。'对曰:'然。天下未定,则专取其才,不考其行;丧乱既平,则非才行兼备不可用也。'"③贤才不仅需要具有才干,也应具有德行。他们是正人君子,以德行学识为本,是德才兼备的人物。

(3)兴办学校

贤才依靠教育培养。李世民重视兴办学校以培养贤才,采取了以下几方面措施:

① 增设学校,扩大规模。即位之初,李世民即于弘文馆设附属学校,下令三品官以上子孙为弘文馆学生,这是一所高级贵族官僚子弟的特殊学校;后又于东宫设崇文馆,也是贵族子弟学校。最受重视的是国子监,在武德时是纯为传授儒学的中央官学,到了贞观时增设书学、算学、律学,以备众艺,成为兼有专门知识传授的多科性大学,学生增至三千多名。为了容纳迅速增加的学生,国子监两次进行扩建,成为培养人才的中心。卫戍部队也办附属学校,在玄武门置屯营、飞骑,皆给博士受经。这显示了和平

---

① 《唐太宗集·金镜》。
② 《贞观政要·崇儒学》。
③ 《资治通鉴·唐纪十》。

发展时期国家对文治人才的需要。李世民重视医学教育,下令府州设置医学。这是历史上前所未有的措施,表明统治者为了长远利益,开始注意保护劳动力。

② 多次征召、充实师资。学校需要师资,师资只能先从民间选拔。贞观年间,仅有记载的,就进行过四次有关选拔师资的征召:二年(628 年),"大收天下儒士"①;六年,"尽召天下惇师老德以为学官"②;十一年,征召"儒术该通,可为师范"③的学者;十四年,"大征天下名儒为学官"④。此外,还有个别推荐征召的。

③ 加强管理,确立制度。在中央官学继续推行并完善等级性学制,规定贵族官僚享有凭门荫入学的教育特权,三品官以上子孙入国子学,五品官以上子孙入太学,七品官以上之子入四门学,八品官以下之子入律学、书学、算学;庶人之子俊秀者,通过考选也可入四门学、律学、书学、算学。这样,就使统治阶级内部各阶层对教育的要求都得到一定的满足,保持一定的均衡。此外,还通过立法确立学官考核制度。国子监祭酒于每年终了考校下属学官的功过,区分为九等,其标准为"四善一最"。四善:一曰德义有闻,二曰清慎明著,三曰公平可称,四曰恪勤匪懈。一最:训导有方,生徒充业,为学官之最。九等:一最四善,为上上;一最三善,为上中;一最二善,为上下;无最而有二善,为中上;无最而有一善,为中中;职事粗理,善最不闻,为中下;爱憎任情,处断乖理,为下上;背公向私,职事废阙,为下中;居官谄诈,贪独有状,为下下。九等成为学官升黜的依据,这是当时加强学校管理的有效

① 《贞观政要·崇儒学》。
② 《新唐书·儒学传上》。
③ 《全唐文·太宗·令河北淮南诸州举人诏》。
④ 《资治通鉴·唐纪十一》。

手段。

④ 注重经籍,统一教材。李世民认为"诗、书、礼、乐,仁义之府也"①,要求学生勤习经籍,对于形成仁义思想有重要作用。但经籍年代久远,文字讹谬,于是他令名儒颜师古考定五经,功成,"颁其所定书于天下,令学者习焉"②继之,又以文学多门,章句繁杂,解释不一,易起纷争,不利于统一思想,于是他令国子祭酒孔颖达组织经学名家,撰定《五经正义》,颁于学校为教本,令学者诵习,从此有了国家规定的教本,科举考试也以之为准。

(4) 选用贤才

李世民主张任官惟贤才,量才授职,而选用贤才最为根本的要求是大公无私。他对结束学业,通过考试的学生,根据才能作了安排。凡通一大经以上者,皆能成为官署吏员。领导者审贤择才是封建国家政治管理和教化民众的需要。他认为,人才各有特色,国家对人才的需要有多方面,应该量才使用。他在《帝范·审官篇》中说:"夫设官分职,所以阐化宣风。故明主之任人,如巧匠之制木,直者以为辕,曲者以为轮,长者以为栋梁,短者以为栱桷,无曲直长短,各有所施。明主之任人亦犹如是也。智者取其谋,愚者取其力,勇者取其威,怯者取其慎,无智勇怯,兼而用之。故良匠无弃材,明君无弃士。"贞观年代,国家对中央官学考试合格的毕业生都安排一定的职位,发挥其作用,没有出现人才积压的现象。

2. 社会教育

(1) 以民为本

李世民从隋朝的败亡中吸取教训,对君民的关系有了深刻的

① 《全唐文·岑文本·册韩王元嘉文》。
② 《贞观政要·崇儒学》。

认识,形成了"以民为本"的思想。"以民为本"的思想体现在政治上,有以下几个主要方面:

第一,要想百姓所想,把百姓利益放在优先地位。李世民与王珪讨论治国的优劣,问曰:"近代君臣治国,多劣于前古,何也?"王珪对曰:"古之帝王为政,……以百姓之心为心。近代则唯损百姓以适其欲。"①李世民深然其言。他对大臣们说:"为君之道,必须先存百姓,若损百姓以奉其身,犹割股以啖腹,腹饱而身毙。"②君主能认识到君依存于民,也就不敢肆意剥削。

第二,要照顾百姓的根本利益,为政必须清静。李世民对大臣们说:"凡事皆须务本,国以人为本,人以衣食为本。凡营衣食,以不失时为本。夫不失时者,在人君简静乃可致耳。若兵戈屡动,土木不息,而欲不夺农时,其可得乎?"③

第三,君主有道得人心而王,无道失人心而亡。李世民说:"天子者,有道则人推而为主,无道则人弃而不用,诚可畏也。"④

百姓虽是国家根本,但不能自知仁义,自守礼节,而是从教而变,随风而化。君主的重要责任就是对百姓实行教化。

(2) 以德化民

李世民认为,仁义是人类社会的基本道德,道德淳厚是国家存在的基础。但是,隋朝的暴政破坏了人与人之间的正常关系,人人自危,相互猜疑,"至有里门相接,致胡越之乖;患难在身,忘救恤之义"。风俗颓敝到了极点,一直延续到唐初。李世民登位后,要求扭转这种风气,敦励风俗。他下了《谕崇笃实诏》,改变风

---

① 《贞观政要·政体》。
② 《贞观政要·君道》。
③ 《贞观政要·务农》。
④ 《贞观政要·政体》。

俗从朝廷开始,达于四方百姓,"自今内外官人,须相存问,勿致疑阻。有遇疢疾,递加询问,为营医疗,知其增损。不幸物故,及遭忧恤,随事慰省,以申情好,务从笃实,各存周厚"。

对百姓实行道德教化,中心内容是灌输忠孝思想。李世民读过《孝经》,领会其义理。他在《赐孝义高年粟帛诏》中说:"百行之本,要道惟孝。"又在《太上皇康复诏》中说:"尚齿兴孝,德教所先。"他对孝道特别重视,并作了专门的解析:"孝者,善事父母,自家刑国,忠于其君,战陈勇,朋友信,扬名显亲,此之谓孝。"①他利用一切机会来宣传和表彰忠孝,在其《即位大赦诏》中命令:"其有至孝纯著,达于乡党,征诣阙庭,厚加褒擢。"他回到太原慰问父老,在颁布的《存问并州父老玺书》中强调:"父老宜约勤乡党,教导后生,亲疏子弟,务在忠孝,必使风俗敦厚,异于他方,副朕此怀,光示远迩。"教民忠孝,转变民风,有深远的政治意义。

（3）以礼齐民

移风易俗,仅仅灌输道德思想是不够的,还要借助礼乐来规范百姓的行为,影响百姓的感情。李世民很重视礼乐的社会教育作用,在《颁示礼乐诏》中说:"乐由内作,礼自外成,可以安上治民,可以移风易俗。揖让而天下治者,其惟礼乐乎!"又说:"朕为兆民之主,皆欲使之富贵。若教以礼义,使之少敬长,妇敬夫,则皆贵矣。"②

贞观初年,休养生息,取得良好效果,农业丰收,人民温饱无忧,但社会上还存在不良习俗。《令州县行乡饮酒礼诏》称:"比年丰稔,闾里无事,乃有骃业之人,不顾家产,朋游无度,酣宴是耽,

① 《旧唐书·礼仪志四》。
② 《资治通鉴·唐纪十二》。

危身败德,咸由于此。每览法司所奏,因此致罪,实繁有徒,静言思之,良增轸叹。自非澄源正本,何以革兹弊俗?"要从本源上采取矫正的措施,就是在全社会开展礼教活动,"可先录《乡饮酒礼》一卷,颁示天下。每年令州县长官,亲率长幼,依礼行之,庶乎时识廉耻,人知礼节"。实行乡饮酒礼成为地方的一项重要礼教活动,让百姓知尊卑之别、长幼之序,知廉正守法,有羞耻之心,能局部地改良社会风俗。若要更全面深入地贯彻礼教,就得适应时代的变化,发动修订唐礼、唐乐。李世民令房玄龄和魏徵等领头修订,于贞观十一年(637年)告成。唐礼、唐乐颁布之后,要求在全国施行,令州县教导,齐之以礼典,务使人识礼教,治致太平。道德风俗的根源在于百姓的经济生活,要使社会风俗淳厚,国家应当教导农民安于务农。《帝范·务农篇》:"夫食为人天,农为政本。仓廪实则知礼节,衣食乏则忘廉耻。故躬耕东郊,敬授民时。……莫若禁绝浮华,劝课耕织,使民还其本,俗反其真,则竞怀仁义之心,永绝贪残之路,此务农之本也。"要在小农经济的基础上形成稳固的封建道德与淳朴的风俗。

3. 皇族教育

(1) 忧虑子弟不贤而倾家败国

李世民重视教育子弟的问题,他说:"自古侯王能自保全者甚少,皆由生长富贵,好尚骄逸,多不解亲君子远小人故尔。"[1]

贞观十年(636年),李世民对房玄龄说:"朕历观前代拨乱创业之主,生长人间,皆识达情伪,罕至于败亡。逮乎继世守文之君,生而富贵,不知疾苦,动至夷灭。朕少小以来,经营多难,备知

天下之事，犹恐有所不逮。至于荆王诸弟，生自深宫，识不及远，安能念此哉？朕每一食，便念稼穑之艰难；每一衣，则思纺织之辛苦，诸弟何能学朕乎？"①

贞观十一年(637年)，李世民对尚书左仆射房玄龄说："古来帝子，生于深宫，及其成人，无不骄逸，是以倾覆相踵，少能自济。我今严教子弟，欲皆得安全。"②

贞观十六年(642年)，李世民对子弟的忧虑更深，他说："朕年将五十，已觉衰怠。既以长子守器东宫，诸弟及庶子数将四十，心常忧虑在此耳。但自古嫡庶无良，何尝不倾败家国。"③

李世民多次反复地提出这个问题，说明他对皇室子弟富贵骄逸，不能成为李氏王朝的可靠接班人而深为忧虑。

(2) 精选师傅

太子及诸王均属中智之人，从教而变，近善人则习为善，近恶人则习为恶，因此师傅的选择至为重要。对此，李世民一再加以强调。贞观八年(634年)，他对大臣们说："故知人之善恶，诚由近习。朕今为太子、诸王精选师傅，令其式瞻礼度，有所裨益。公等可访正直忠信者，各举三两人。"④贞观十年，他对大臣们提出："选良佐以为藩弼，庶其习近善人，得免于愆过尔。"⑤同年，他教戒诸王："拣择贤才，为汝师友，须受其谏诤，勿得自专。我闻以德服物，信非虚说。"⑥贞观十六年，他对大臣们说："公等为朕搜访贤

---

① 《贞观政要·教戒太子诸王》。
② 《贞观政要·尊敬师傅》。
③ 《贞观政要·太子诸王定分》。
④ 《贞观政要·尊敬师傅》。
⑤ 《贞观政要·教戒太子诸王》。
⑥ 《贞观政要·教戒太子诸王》。

德,以辅储宫,爰及诸王,咸求正士。"①

选择师傅以德行为首要条件,要求所选的是正直忠信之士,能作为太子及诸王的学习榜样。师傅的重要责任是辅佐教导太子及诸王,使其修德行善;如太子及诸王的思想和行为有不当,则按理实行谏诤,使其知过而矫正。李世民鼓励师傅尽其职责,极力谏诤。贞观七年(633 年),他对左庶子于志宁、右庶子杜正伦说:"朕年十八,犹在民间,民之疾苦情伪,无不知之。及居大位,区处世务,犹有差失。况太子生长深宫,百姓艰难,耳目所未涉,能无骄逸乎?卿等不可不极谏。"②他要求每发现太子有不对的行为,应当极言切谏,令其有所裨益。

(3) 教以经术

皇子幼稚之时,未知如何修己从政,依褚遂良建议,且先教以经术,为将来当政治人准备必要的思想品德条件。李世民对皇太子尤其强调学习经术,他说:"皇太子承乾,地惟长嫡,位居明两,训以《诗》《书》,教以《礼》《乐》,庶宏日新之德,以永无疆之祚。"③学习儒家经术,提高道德修养,为的是保持李氏王朝的永久统治。李世民出于同样的目的,训诫诸王:"诗、书、礼、乐,仁义之府也;……是以河间之贤,在于修学,……尔其览载籍之旨,求圣贤之训"④;"尔其祗服朕诏,敦演经典"⑤。从经典中接受仁义道德思想,成为王道政治路线的思想基础。学习经典需要依靠师傅。

① 《贞观政要·太子诸王定分》。
② 《资治通鉴·唐纪十》。
③ 《唐太宗集·废皇太子承乾为庶人诏》。
④ 《唐太宗集·册潞州都督韩王元嘉文》。
⑤ 《唐太宗集·册洺州刺史郯王恽改封蒋王文》。

（4）修德行善

作为继位守成的统治者，身已荣贵，要特别重视的就是修养德行。李世民说："人之立身，所贵者惟在德行，何必要论荣贵？汝等位列藩王，家食实封，更能克修德行，岂不具美也！且君子、小人本无常，行善事则为君子，行恶事则为小人，当须自克励，使善事日闻，勿纵欲肆情，自陷刑戮。"①不能修德将沦为小人，行恶事必然自取恶果。他对李治尤其诚心训导："尔其思王道之艰难，遵圣人之炯戒，勤修六德，勉行三善。无或举非法度，忘恭俭而好骄奢；无或理乖彝伦，远忠良而近邪佞。非履道无以彰名，非任贤无以成德。尔身为善，国家以安；尔身为恶，天下以殆。睦九族而礼庶僚，怀万邦而忧遐裔，兢兢业业，无怠无荒。克念尔祖宗，以宁我宗社，可不慎欤！"②他强调修德是多方面的，要践行王道，守法度，遵常伦，任贤良。个人修身为善是国家安定、政权巩固的关键。为了对子弟进行修德行善的教育，他采取实际措施，命魏徵录古来帝王子弟成败事，名为《自古诸侯王善恶录》，以赐诸王，用为立身之本。

（5）遇物诲谕

李世民重视对子弟的教诲，这成为其日常的心事，随时随事，无不进行教诲。"但近自建立太子，遇物必诲谕。见其临食将饭，谓曰：'汝知饭乎？'对曰：'不知。''凡稼穑艰难，皆出人力，不夺其时，常有此饭。'见其乘马，又谓曰：'汝知马乎？'对曰：'不知。''能代人劳苦者也。以时消息，不尽其力，则可以常有马也。'见其乘舟，又谓曰：'汝知舟乎？'对曰：'不知。'曰：'舟所以比人君，水所以比黎庶；水能载舟，亦能覆舟；尔方为人主，可不畏惧！'见其依于曲木之下，又谓曰：'汝知此树乎？'对曰：'不知。'曰：'此木虽曲，得绳则正；为人君虽无道，受谏则圣；此傅说所言，可以自鉴。'"①从教诲的内容来看，要求不误农时，爱惜民力，顺从民心，采纳忠谏，都是重要的统治经验。

(6) 帝范遗诫

贞观二十二年(648 年)正月，李世民撰《帝范》十二篇，赐皇太子，并告诉王公大臣："饬躬阐政之道，备在其中，一旦不讳，更无所言矣。"

《帝范》实际上就是李世民的政治遗嘱。他在《帝范后序》中说："此十二条者，帝王之大纲也。安危兴废，皆在兹乎！古人有言：非知之难，惟行不易；行之可勉，惟终实难。是以暴乱之君，非独明于恶路；圣哲之主，岂独见于善途？良由大道远而难遵，邪径近而易践。小人皆俯从其易，不能力行其难，故祸败及之。君子劳处其难，不能逸居其易，故福庆流之。是知祸福无门，惟人所召。欲悔非于既往，惟慎过于将来。择哲王以师，与无以吾为前鉴。……况汝无纤毫之功，直缘基而履庆。若崇善以广德，则业泰而身安；若肆情以纵非，则业倾而身丧。且成迟败速者，国之基也；失易得难者，天之位也。可不惜哉！可不慎哉！"中心论题是国家的安危兴废与君主修德行善的关系，归结于巩固政权，不能倾败，这是他教育皇族子弟的根本目的。

(四) 李世民教育思想的特点

李世民的教育思想是在隋末农民大起义之后，封建社会发展

① 《唐太宗集·自鉴录》。

进入鼎盛阶段的历史条件下形成的,有不同于其他教育家教育思想的特点。

1. 吸收智囊人物的意见,形成自己的观点

李世民认识到"帝王之治国也,必借匡弼之资","得士则昌,失人则乱"。因此,他组织了一个人才群体来协助其治理政事,一些文教策略就是来自智囊人物的意见,其中突出的代表是魏徵。魏徵建议在大乱之后适应历史趋势,顺应人心,实行王道政治,偃武修文,受到采纳。李世民转变路线,重视文教。魏徵提出不同历史阶段的用人标准应不同,和平时期尤其要"才行兼备",使李世民坚定培养贤才的标准。魏徵论述治国之要在于修身,使李世民重视自我教育。这类情况不少,李世民一旦接受意见,就将之转变为自己的观点。

2. 学习历史,总结正反面经验

李世民眼见隋炀帝施行暴政而亡国,因此他考虑每项政策问题都着眼于兴亡。重视借鉴历史经验,成为他确定文教政策的重要依据。他总结梁武帝父子迷信佛老导致亡国的教训,决心选择尧舜之道、周孔之教作为唐代的精神支柱。他历观前代继世守文的帝弟帝子生长富贵,不知疾苦,好自骄逸,导致覆亡,所以决定加强皇族教育,拣择贤才为师友,着重要求他们修道德、行善事。他的教育思想来自史书的多于来自经书的。

3. 将教育思想转化为政策措施

李世民位居皇帝,掌握最高权力。他为了解决治国中的实际问题而思考,有疑惑就召集大臣讨论研究。他经思考研究后作决策并付诸实施。他与黄门侍郎王珪商讨近代政治不良的原因,王珪指出:"近代重武轻儒,或参以法律,儒行既亏,

淳风大坏。"①他采纳了这一意见,形成了择用经术之士的观点。他兴办学校,造就经术之士,且给予较优的政治出路,以为鼓励,促使儒学昌盛。他依据新调整的封建等级制,认为教育的权利应按等级分配,于是制定了等级性的学制。为适应政治统一的需要,他重视思想统一,下令由名儒考定经籍,颁布统一解释的《五经正义》,从此有了国家规定的统一教材。他的教育思想为政治需要服务,与社会实际联系,比其他教育家来得更直接。他将教育思想转化为教育政策,对全国、全社会造成影响,这是其他教育家不容易办到的事。

---

① 《贞观政要·政体》。

隋唐佛教的教育思想 *

一、 隋唐佛教发展与宗派的形成

佛教教育思想是佛学理论的重要组成部分,它适应佛教教育
实践的需要,为佛教教育实践服务。

隋唐时期,中国佛教处于繁荣昌盛阶段,一些新宗派也在形
成,这与当时的社会条件有关。

(一) 隋代扶植佛教发展

隋文帝为争取佛教徒的拥护,大力提倡佛教,把佛教作为解
决新的社会问题的重要工具,诏令全国恢复被周武帝禁毁的寺
院,听任民众出家。佛教再度风靡天下,民间佛经多于儒经数十
百倍。隋文帝在位二十余年,共度僧二十三万六千二百人,立寺
三千六百八十五所。佛教得到帝王的支持,占据明显的优势。寺
院为僧徒聚集之所,是佛教传播的据点,也是有组织的佛教教育
机构。寺院的发展,也是佛教教育事业发展的标志。

---

* 本文原为孙培青主编《中国教育思想史》(第一卷)(华东师范大学出版社 1995 年版)中的一章。

隋炀帝对佛教也采取积极扶持的政策,使佛教在服从皇权、维护名教的条件下发展。隋代寺院经济有新的发展,一方面,统治阶级继续投入大量的财物;另一方面,僧众们进行大规模的垦植。寺院经济日益增强和稳定,使佛教学者可以长期定居,专注于研究教理、教授学徒,开始形成别具风格的僧侣集团。

大型宗派的产生有一些重要条件:能适应当时的政治需要;有一定的经济基础,能保证物质生活供应;有前后一贯、成为体系的学说;有数量众多且稳定的信徒;有可以保证师徒延续的承继制度。隋代的佛教已具备这些条件,创立的宗派有天台宗、三论宗、三阶教等。其中,智𫖮创建的天台宗传播较广,势力较大。

(二)唐代佛教发展的起伏

唐代进入封建社会的全盛时期,佛教作为封建文化的组成部分,也达到鼎盛阶段。佛教寺院经济发展达到新的高度,代表人物创建了具有中国化特点的理论体系,发展了大量信徒,聚居人数动辄成百上千,建立起华严宗、法相宗、禅宗、净土宗、密宗和藏传佛教。其中,尤以禅宗传播最广,持续时间最长。

唐代吸取历史教训,在文教方面确立了三教调和并用的政策,在执行过程中往往有所调整,造成佛教发展的起伏,给佛教教育和思想造成很大的影响。

唐初,佛教、道教两方为争取统治集团的支持,互不相让,争论激烈。朝廷为了维护皇权,抬高道教,抑制佛教。唐太宗在基本路线不变的前提下,转为有限度地支持佛教,他有选择地支持玄奘,翻译佛经,为法相宗的建立创造了条件。贞观年间,有僧六万余人,寺三千七百一十六所。唐高宗信奉道教,也利用和提倡佛教,有僧六万余人,寺四千所。

使佛教发展达到新高度的是女皇武则天。她提倡佛教怀有政治意图,令每州置大云寺,着重扶植华严宗,其余宗派也趁机发展,使佛教发展达到极盛。

唐玄宗是提倡道教的君主,对佛教有所限制,但佛教各宗派仍继续发展。密宗就是在开元年代创立的。其时,有僧七万五千五百二十四人,尼五万零五百七十六人,寺五千三百五十八所。"安史之乱"期间,贵族派的华严宗、法相宗衰落,平民派的禅宗普遍发展。禅僧自造居处,以劳作为务,不读经典,也不坐禅,禅林在动乱中成为他们稳定的生活居地。玄宗以后的数朝皇帝都提倡佛教。

到唐武宗时,佛教势力膨胀,与国家利益和世俗地主的利益发生矛盾,武宗于会昌五年(845 年)下令采取灭佛措施,结果拆寺四千六百余所,拆兰若四万余所,还俗僧尼二十六万零五百人(无籍僧尼不在数内),转充两税户,给了佛教沉重打击。唐宣宗恢复佛教,唐懿宗又加以发展。唐末以黄巢为首的农民起义对佛教又是一大冲击,寺院经济受到破坏,僧尼被迫离开寺院,佛教需等待新权势者的支持。

(三)在佛教宗派学说形成的同时,佛教教育思想也在发展

在隋唐时期,佛教总的趋势是发展兴盛。

佛教能够与道教、儒学并立,是因为它们在维护君主专制的

国家利益方面是一致的。佛教有精细的哲学体系,在理论领域领先,它吸收儒家政治伦理思想,融进自己的教义和戒条,也接纳道教的有关学说,使佛教的理论完善化和中国化,普及于民间。

虽然佛教宗派学说纷繁,但都研习以"真心""圆觉"为最高本体的佛教心学,都进行向自己内心探求成佛之路的宗教实践。各宗派一致的目标是教人成佛,于是需要说明学习成佛的理论问题,如:人是否具有佛性?人能否成佛?成佛的机会是否平等?成佛的途径和方法是怎样的?……各宗派要保持信徒的信仰,就要对他们传授经戒,指导修行;为争取善男信女加入宗派,扩大影响,要开展宣教活动,也有理论问题和方法问题。因此,随着佛教宗派的形成和发展,佛教教育思想也在形成和发展。下面仅就历史影响较大的天台宗和禅宗的教育思想进行一些探讨。

二、 天台宗的教育思想

(一)天台宗的创立和发展

天台宗源于北齐、南陈,创于隋,盛于唐。隋的统一,促进了南北僧侣的交往、各家师说的融合以及学风的调和。天台宗正是迎合南北佛学混合的趋势,适应国家统一的政治需要而建立的一种理论与修行并重的佛学体系。它讲的是教人如何成佛,实际上是要人安分守己,忍受现世的苦难,期待来世的享福。

天台宗宗奉的经典是《法华经》,教义的重要依据是龙树的《大智度论》。其理论的发端可追溯到北齐的慧文、慧思禅师,其传承世系是:慧文—慧思—智颛—灌顶—智威—慧威—玄朗—湛然……

慧思由诵《法华经》而悟得其中禅定的道理。他由北方到南方继续宣扬既致力于苦行实践又注意理解经义的学风,提倡"教禅并重""定慧双开"。《续高僧传·慧思传》载:"自江东佛法,宏重义门,至于禅法,盖蔑如也。而斯慨斯南服,定慧双开,昼谈义理,夜便思择,故所发言,无非致远。便验因定发慧,此旨不虚。南北禅宗,罕不承绪。"慧思白天谈宗教哲学理论,夜间则修禅定、下静观的功夫。从学的弟子甚多,最杰出的是智颛(538—597)。智颛奉师命往金陵弘扬佛法,受到陈朝皇帝及官吏的敬重,居留宣讲,然后入天台静修,提出"止观学说",成为天台宗的创始者。陈朝亡后,他转而支持隋王朝,往来于天台与荆州之间,宣扬天台宗教义。其主要著作有《法华玄义》《摩诃止观》《法华文句》,合称"天台三大部"。他先后造寺三十六所,大量招收门徒,亲手度僧一万四千余人。他宣传天台宗教义获得极大成功,这与他拥有的三项重要条件有关:(1)取得陈、隋二代朝廷的支持;(2)有强大的寺院经济作为后盾;(3)建立了以荆州和天台为中心的传教基地。天台宗成为隋代最有势力的宗教,进入唐代得到更大的发展,直到"安史之乱"后才趋于沉寂。

(二)"无情有性"的人性论

天台宗禅师要教人学修成佛,就需要回答包括人有没有佛性、人能不能成佛、成佛是不是人人都有分、成佛是在当下还是遥远的将来等内容的佛性问题。佛性是佛教的中心问题,实质上就是佛教的人性论,它是佛教教育的理论基础。

进入隋代，门阀士族势力已衰落，而庶族地主的经济势力在发展，为他们服务的知识分子通过科举等途径，开始在政治上取得一定地位。这种力量对比的变化亦反映在佛教理论方面，就是众生人性平等的思想。

天台宗智顗提出众生与佛同具染净二性，又同具善恶二性。在"性具"上，众生与佛是全面平等的，给一切人以成佛的可能。人为善则善识，为恶则恶识，不为善恶则无记识。人存在几种可能，"只背善为恶，背恶为善，背善恶为无记，只是一人三心耳"①。能否成佛，在人心之一念，能去染获净、去恶为善则成。这种理论把道德的善恶说成是个人的思想认识问题。

中唐时，湛然(711—782)针对华严宗只承认"有情有佛性"之说，提出与之相反的"无情有性"之说，进一步把佛性由众生扩大到无知觉无思维的非生物。湛然认为，佛性是永恒的精神实体、世界的本源，它遍于一切，一切存在全都为佛性所包括。如果佛性不是无所不包，那就妨碍佛性的普遍性。所以，他在《金刚錍》中说："子信无情无佛性者，岂非万法无真如邪？故万法之称，宁隔于纤尘；真如之体，何专于彼我？"佛性是普遍存在的，一切事物都是佛性的具体表现，"故知一尘、一心，即一切生佛之心性"。他认为，宣称木石无心，故不体现佛性的观点是不正确的。一切东西，不论"有情"的动物还是"无情"的非生物都有心性，而一切心性都是与佛性共同形成，共同变化，共同造成一切对象，共同改变一切行为的缘故。

既然"无情"的木石都具有佛性，"有情"的人类具有佛性当然

---

① 《妙法莲华经玄义·天台智者大师说》。

更不用说了。人能成佛，人人都有成佛的分，只要信佛教，都可以上西天。这种理论把成佛的范围扩大，诱人信佛，对劳动人民起精神麻醉的作用，产生社会影响。教育在人成佛的过程中的作用，就在于使人显示内在本有的真如佛性，办法就是修养。

（三）"止观并重"的修养说

天台宗创始人智颉了解南北佛教存在的差别和各自的特点，认为南北佛教都各有可取之处。他接受北朝佛教注重禅定的学风，从行动上把人民纳入封建规范，又吸取南朝佛教重讲说的学风，从哲学上为封建制度的永恒性找理论根据，主张修养应当禅定与义理并重，正式提出"止观并重""定慧双修"作为最高的修养原则。他在《修习止观坐禅法要》中说："泥洹之法，入乃多途。论其急要，不出止、观二法。所以然者，止乃伏结之初门，观是断惑之正要；止则爱养心识之善资，观则策发神解之妙术；止是禅定之胜因，观是智慧之由借。"又说："若人成就定、慧二法，……当知此二法如车之双轮、鸟之双翼，若偏修习，即堕邪倒。"

所谓"止"，即守心住缘，离于散动，止心不乱，就是定，就是佛教训练的坐禅入定。所谓"观"，即是观察分别，思维深达佛理，观想达理，即是慧。因定发慧所达到的结果，就是佛教唯心主义世界观的形成和确立。止与观相辅相成，两者缺一不可。只有入定（止），才可能发慧（观）；只有修慧，才能更好地入定。如只重一头，便有弊病。"若偏修禅定福德，不学智慧，名之曰愚；偏学智慧，不修禅定福德，名之曰狂。"

修"止"有一些特用方法，如把心系在鼻端或丹田等处，使散乱的心能静息下来。如果心不能静止,则用观的方法。观有两种:一种是对治观,如用慈心观治瞋恚,用不净观治淫欲;一种是正观,观诸法无相,并是因缘所生,因缘无性,即是实相,先了解所观之境一切皆空,能观之心自然不起。止观之法,总的说来,是要人静坐定心,无杂思虑,进入半睡眠状态,但又不至于熟睡,心中仍有观慧活动在继续。

止观方法被天台宗视为佛教总的方法,智𫖮的高足弟子灌顶称止观学说"摄一切佛法,靡所不该"①,把它作为佛教求得解脱的根本途径。止观学说体现了宗教实践与宗教认识相统一的思想,揭示了每个环节的条件与相互联系,包含一些合理的因素。但它主要是使人静坐幻想,对内心进行神秘的直观,是沿着唯心论的认识路线走,不可能真正认识真理。

(四)"八教"的内容和方法

天台宗总结佛教教育的经验,选择具有代表性的佛教经典作为基本教材,由浅近而进于高深,排出先后的程序。天台宗还提出教学的主要方式方法,供在不同的条件下采用。由此,产生"化法四教""化仪四教",概称"八教"。

"化法四教"是从讲说佛经内容的深浅角度所作的区分,称为"藏、通、别、圆"。所谓"藏教",指讲经、律、论三藏,主要根据佛经的文句逐一讲解,所讲以小乘为主,如《阿含经》等,内容比较浅近。所谓"通教",所讲的内容是由藏教提高到"别教"所需的过

---

① 《释禅波罗蜜次第法门》。

渡,其中既有浅近的佛教原理,也包括较深奥的一些道理,如大乘的《般若》等经。所谓"别教",是对少数有佛教理论素养的人别加的讲授,如《维摩经》等。所谓"圆教",是为佛教宗教训练最深的人讲说大乘的最高道理即圆融不偏,如《华严经》《涅槃经》《法华经》诸经,诸经中唯《法华经》属于纯圆。

以上四教是根据宣讲对象的程度来运用的,以决定宣教内容的浅深难易。"化法四教"实际上是天台宗决定宗教宣传内容的指导原则。

"化仪四教"是关于教化众生的方法。智颉认为,佛法唯一,道理内容是共同的,但众生的机缘不一,存在着才能、智慧的差别,为了适应不同的对象,教化的方式也就有种种不同,基本方式有四,即"顿、渐、秘定、不定"。"顿教",是对那些属于"利根"的聪明人直接说大乘教义。"渐教",是对那些属于"钝根"的接受能力比较迟钝的人逐渐进行引导,由小道理到大道理。"秘定教",是对许多听众说同一教义,使他们根据自己的理解而各有所获,但互不相知。"不定教",是根据听众不同的情况,运用神通说教,使他们有不同的理解。"化仪四教"实际上是天台宗选择宣教方式的指导原则。

三、 禅宗的教育思想

(一) 禅宗的建立和发展

禅宗是唐代佛教的重要宗派之一,它是渐次发展形成的,真正的发端者为道信(579 或 580—651)。他最后定居于蕲州黄梅双峰山，一住三十多年，有徒众五百余人，产生重大社会影响。他劝门人努力勤坐，以坐为根本，莫读经，莫共人语。其门人坐禅和劳作并行。

使禅宗成为佛教最大宗派的是道信的弟子弘忍（602—675）。他迁住双峰山之东冯茂山，号称"东山法门"。他的特点是"缄口于是非之场"，"役力以申供养"，"生不瞩文，而义符玄旨"。[1] 他改变凡禅必坐的传统，把禅贯彻到日常生活和劳作中，并排除向外求佛的传统教义，把解脱的希望转移到内心的自我调节上。这是对传统佛学思想的改革。

弘忍门徒能传其禅法的有十一人，分布于全国南北，各为一方师。法如、慧安在嵩山，玄赜在安州，智诜在资州，神秀在荆州，慧能在韶州，法融在金陵。禅师的传法活动吸引了众多的追随者。神秀在荆州玉泉寺别造兰若，一时"就者成都"，"学来如市"，两京学徒、四方信士不远千里而赴。[2] 禅宗的流行，形成信仰热潮，引起从地方到中央各级官吏的普遍关注。

禅宗的迅速流传有其客观的社会原因。唐初，庶族地主在经济上得到发展，在政治上也比较得势，需要有利于本阶级的宗教，禅宗因其教义更适应这种社会需要而得到发展。在发展过程中，南方禅师注重顿悟，北方禅师强调渐悟，引起禅宗内部南北分宗。北宗以神秀（606—706）、智诜（609—702）为代表，较先受统治集团的重视，与当权势力结合，从武则天到中宗、睿宗、玄宗当权时期，昌盛不衰。"安史之乱"中，两京寺院遭到严重破坏，北宗受到打击，势力渐趋衰落，南宗趁机取代北宗而兴。南宗始祖慧

---

① 《楞伽师资记》。
② 《全唐文·张说·唐玉泉寺大通禅师碑铭》。

能(638—713)的声望大为提高,他的一群弟子将其学说的影响扩及全国。南宗善于把现世的问题转变为神学问题,简便的"立地成佛"的教义更能广泛吸收社会地位低而没有文化的善男信女的"香火钱",对于维持封建统治秩序极有效力。

南宗在唐代中后期进入昌盛阶段,大量其他宗派的寺院转奉南宗。南宗以南岳、青原两系流传最广,势力最盛,到唐末五代再发展分化,史称有五家:沩仰宗、临济宗、曹洞宗、云门宗、法眼宗,还有由临济宗派生的黄龙宗、杨岐宗,通称"五家七宗",此后继续流传不绝。

(二)佛性论是教育的理论基础

禅宗认为,众生皆有佛性,佛性体现在自然、社会之中,也存在于人心之中。弘忍在《修心要论》中说:"自性圆满清净之心,此是本师。"先天完满具足的心,就是所谓佛性。佛性人人平等,无有差别,这比"性有品级之分"的说法高明得多。佛性的存在是修心的前提条件,也是如何进行修心的主要依据。

北宗的代表人物神秀认为,佛性会为妄念所遮覆,致使其不能显现,因此要随时随地用功夫进行宗教修养。他把佛性的基本精神归纳为四句偈:"身是菩提树,心如明镜台。时时勤拂拭,勿使惹尘埃。"他还写了《观心论》,继续宣扬这种观点。他说:"自心起用有二种差别。云何为二?一者净心,二者染心。其净心者即是无漏真如之心,其染心者即是有漏无明之心。此二种心自然本来俱有,虽假缘和合,本不相生。……若真如自觉,觉不受染,则称之为圣。……若随染造恶,受其缠覆,则名之为凡。"净心、染心二心本来俱有,若自觉而不受染就可成圣,若不自觉而随染就落为凡。人们要想由凡入圣,就要除去染心妄念而显现真如自体。北宗为信徒指示的修心方法,不外是磨除妄念而"顺佛性",采用逐渐修行的渐悟方法。

南宗的始祖慧能也主张一切世人皆有佛性,但他否定佛性会为妄念所染,受尘埃蒙蔽。他有一首著名的偈:"菩提本无树,明镜亦非台。本来无一物,何处惹尘埃?"这是说人的心性是空寂、清净的,灵明有智慧,自身不存在有污染或妄念,只要发挥本有的性智,就是佛道。不论凡心、圣心都一样,一性本净,佛性不昧。南宗要用更简易的方法来点悟凡人,使凡人认识,即心即佛,识得自己的真心,自然见得佛性。所以,南宗主张以"识心见性"为本,强调顿悟。

禅宗不论北宗、南宗,都不以客观世界为认识对象,而是把自己的心性当作唯一的认识对象。

(三)"观心""识心"是修养的根本宗旨

北宗禅学教人通过坐禅的方法,息灭妄念,明心见性,以形成一种脱离现实的宗教世界观。其学说以"观心"为宗旨。弘忍最先提出这个观点,神秀加以发挥,写了具有代表性的《观心论》,提出:"心者,万法之根本也。一切诸法,唯心所生。若能了心,万行俱备。犹如大树,所有枝条及诸花果,皆悉因根。"北宗宣扬心是宇宙的本源,派生宇宙间万事万物,一切事物都是心的体现,都是心所产生的幻象。心产生万物,也包容万物,万物尽在心中。心决定万事万物的生灭,心生则万事万物生,心灭则万事万物灭。

认识的对象不是外在的万事万物,而是自己的内心,这是一种"观心"的宗教精神修炼或所谓"了心"的精神活动。与"观心"的宗旨相应的方法是逐渐修行,宣传这种观点和方法的被称为"渐教"。

南宗与北宗在世界观方面本质上一致,都是主观唯心主义,但南宗表现得更为坚决彻底。心性能生万法,既能产生一切事物现象及其运动变化,又能永远保持心性本体的空寂、清净,体用并存,互不妨碍。万事万物现象的迷乱不损害本体的空寂、清净,这就是所谓的"自性本自具足",即人的心性总是完满无缺的。南宗禅学以"识心"为口号。慧能的代表性著作《坛经》提出:"若识本心,即是解脱。"他强调众生"本性自有般若之智,自用智慧观照",又说"一切万法尽在自身心中,何不从于自心顿现真如本性"。这种观点成为南宗各家的纲领,概括起来不外"净心自悟"四个字,即以认识本心为中心。禅宗各家把"识本心""直指人心""见性成佛"作为实践指南。教育的重要任务就是使迷乱者自我觉悟,求佛不必远求外求,"佛向性中作,莫向身外求","汝今当信,佛知见者,只汝自心,更无别佛"。佛就在你心中,只要认识本心,见性便可成佛。与"识心"的观点相应的修养方法是简便直接的顿悟,宣传这种观点和方法的被称为"顿教"。

(四)服务于顿悟的方式方法

1. 放弃经典,只重心悟

禅宗认为人人有佛性,即心即佛,见性成佛,并认为经典文字不可能正确地表示基本佛理,只会给人增加新的思想束缚,因此不重视经典文字。南宗索性放弃经典文字。这种学风有一个继承和发展过程。菩提达摩开始在中国传教时就主张走"不立文字"的教学路线,与传统的禅学有所区别。弘忍更进一步,主张"息其言语,离其经论","直入法界","以心传心"。到了慧能,就公开否认语言文字在人的认识中的作用。他出身贫苦,是一个不识字的和尚。他在弘忍处做行者时,生活艰苦,根本无读经的可能和机会,认识佛理是靠听讲后自己心悟。他认为文字给人增加负担,使人迷乱,不能教人发现佛理,故不主张背诵经典,而主张直指人心,相信佛在心中,以自己的心体会佛理,一旦顿悟,"见性成佛"。慧能无拘无束,常用谈话答问来启发僧徒自悟其心。《坛经》载有他的言论:"道由心悟,岂在坐也?""佛向性中作,莫向身外求。"慧能把唯心主义的认识路线作为主要的宗教修养方法,从他开始,南宗放弃佛教经典,不要坐禅,也不要念经。以后的五宗都沿着这一方向发展。如临济宗的义玄(?—867)就说:"求佛求法,看经看教,皆是造业。……你若有求皆苦,不如无事。"不读经典,只重心悟,是南宗教学的特点。

2. 机辩

禅宗虽认为语言文字不可能把佛教的真理表达出来,但对求学僧徒提出的问题必须给予回答和指点。禅师们强调要具有应机接物的能力,能随机应景,因人因时因地"对病施药",对僧徒进行一定的施教点化。这种指教不作正面的、详尽的说明,而是借比喻、用隐语来作为表达的方法,让听者去意会。禅师们的这种机辩亦称"机锋",内容不一,有的富于哲理,启迪人生;有的妙趣横生,谐谑兼备;有的则语义晦涩,玩"文字游戏"。总之,他们忌讳正面直说,而让听者去意会猜测。如李翱为朗州刺史时,曾向惟俨法师请教,惟俨用手指上下,问他是否懂得。李说不懂。惟俨说:"云在青天水在瓶。"李欣然礼谢,回去作诗纪事。李领会的是云动水静,一任自然,求道不必看经行戒,这就是南宗的道。

3."四照用"的说教方式

"四照用"是禅宗从主观唯心主义认识论的角度对僧徒进行说教的四种方式。禅宗认为,人们不能接受佛教的认识论,都是由于存在偏见:一种是相信自己的认识能力而执着于自我之见的"我执";一种是相信外在的物质世界及其规律的客观存在的"法执"。对此二者,都应加以破除,这样才可能形成与禅宗相一致的认识。为此,义玄提出"四料简"和"四照用"之说。他说:"我有时夺人不夺境,有时夺境不夺人,有时人境俱夺,有时人境俱不夺。"又说:"我有时先照后用,有时先用后照,有时照用同时,有时照用不同时。"这里,"夺"指的是批判破除偏执;"人"指的是"我执";"境"指的是外境之物,也称"法",就是指"法执";"照"是寂照,以"法""我"皆空的观点看待一切,是对外物;"用"是妙用,认"有"为假象,是对自我。他认为,僧徒之中"我执""法执"的程度各不相同,在教学中不可守住定式,应当分别对待。所谓"夺人不夺境"或"先用后照",就是对于"我执"严重的人,先批判破除其自我执着的一面,肯定其放弃"法执"的一面。所谓"夺境不夺人"或"先照后用",就是对"法执"严重的人先批判破除其对外物的执着,肯定其放弃"我执"的一面。所谓"人境俱夺"或"照用同时",就是对"我执""法执"都很严重的人,同时加以批判破除。因为对于患了根本性思想错误的人,要进行严厉的思想斗争。所谓"人境俱不夺"或"照用不同时",就是对"我""法"皆不执着的人,他们已接受禅宗认识论的观点,就不需要再批判破除,而应该赞赏,加以肯定。

4."四宾主"的问答法

义玄设立了一种评定禅师与僧徒问答教学成败的方法,称之为"四宾主"。禅师设定善于知识作为主,僧徒设定未善于知识作为宾。在禅学的教学中,双方问答往来有四种情况:一是"主看宾",教学问答中,禅师的认识见解水平高于僧徒;二是"宾看主",僧徒的认识见解水平反高于禅师;三是"主看主",禅师与僧徒的认识见解一致,水平都不错;四是"宾看宾",禅师与僧徒的认识见解都不正确,水平都差。最后一种情况,教学的目的没有达到,完全失败。这里,衡量是非真伪的标准是禅宗主观唯心主义的宗教观点。

5."三玄三要"教学语言的运用

禅宗虽否认语言文字在认识上的作用,但对语言的运用深为讲究。义玄很重视教学中灵活运用语言艺术,他说:"夫一句须具三玄门,一玄门须具三要,有权有用。"所谓"三玄",即:"体中玄",指由正面言论显示本宗的道理;"句中玄",指以语义含蓄的言说显示妙理;"玄中玄",指极尽言说之能,以体现真玄妙的境域。为了做到"三玄",必须注意言说不失本宗的"三要":一要破除外境,二要不执着言句,三要随机发动。本宗的道理是最重要的中心,语言不过是用来表达真实意境的一种手段,应该随机应变。

6.棒喝

禅宗临济一宗的禅师对僧徒常用"棒"与"喝",把棒打与喝斥作为交流某种道理的中介,时称"棒喝"。禅师对僧徒参禅初学所提问题往往不作正面回答,或以棒打,或大喝一声。这种手段突如其来,制造一种强烈的刺激效果,用以暗示和启悟对方,促使受教者往某个方面去思索;如果忽有所领会,说出让禅师感到合意

隋唐佛教的教育思想

的话,便算获得印证,达到顿悟妙境。这种手段的效果因人而异,个别迟钝者挨了棒喝也想不通。

(五)制定清规

禅宗主张一切以心为本,相信自己的内心,否定外加戒律的制约。所以,禅宗流行几十年,没有管理条规。后为适应实际需要,纠正以往偏向,怀海(720—814)才制定新的清规。

怀海,世称"百丈禅师",原籍福州长乐(今属福建)。至南康从道一禅师受教,后居洪州百丈山(在今江西奉新),接纳四方禅众,成了僧团的领袖。

自道信、弘忍以来,禅僧往往借别院居住,任心所欲,戒律荡然无存。由于禅宗流行,多数寺院都转为禅寺,在山林集结一定数量的僧徒。若有著名的禅师任住持,集结的僧徒会日益增多。禅寺接收有限的社会捐献不足以维持生活,还需要让僧徒参加一些生产劳动,以保证供给。因此,禅寺成为自给自足的独立的经济单位,既禅且农的做法成为一种稳定的寺院经济形式,禅众集团形成了同劳动、同吃、同住、同信仰和平等消费的生活方式。要协调集团内部的关系,需要实现制度化和规范化,必须形成新的戒律以制约僧徒,才能维持禅寺的这种生活方式。

怀海制定新规,名为《禅门规式》,后称《百丈清规》。其主要内容为:令禅僧尽入僧堂居住,按受戒年次安排;堂中设长连床,以供坐禅;卧必斜枕床唇;全院僧众朝参夕聚;长老上堂,僧众东西侧立;宾主问答,激扬宗要;饮食随宜,以示节俭;行普请法,上下均力;尊敬长老,居在方丈;不立佛殿,唯树法堂;等等。该条规对僧职、制度、仪式等做出新规定。

新制定的条规适应禅寺的需要，成为被争相效法的楷模，在天下禅寺中通行，一时如风偃草。新条规使禅寺僧团的生活发生一定的变化，过去否定坐禅，忽视戒律，而今坐禅的宗教观念和服从封建秩序的纪律都得到一定的加强。《百丈清规》长期流传，宋元时期以其简略，为适应新发展，再加修订补充。

综上，禅宗的教育思想以"观心""识心"为宗旨，向自己内心下修养功夫，以求个人从思想认识上获得解脱，一切社会苦难和矛盾也都在认识中消解。这是对大众进行的一种精神麻醉，从本质来看，是为唐代统治者的政治需要服务的。禅宗的教育思想是在主观唯心主义宗教世界观支配下形成的思想体系，其内容和方式方法都具有自己的特色。在当时佛、道、儒三教并立的情况下，禅宗既有批判斗争，也有吸收融合，与儒家关系更为复杂，受儒家性善论思想影响，也以明心复性的思想影响儒家。禅宗还注意总结佛教教育的实践经验，区别宣教对象的修养程度，强调对病施药，使教学方式方法的选择服务于宣教目的。这些都有一定合理因素，值得批判性地总结。

隋唐道教的教育思想 *

一、 道教的发展和道教教育

（一）道教的发展

隋唐时期，道教进入全面发展的繁荣阶段，统治者的利用和扶植成为道教繁荣的重要政治因素。政治的演变影响着道教的发展，道教的发展和演变也对当时的政治产生直接和间接的影响。

统治者扶植道教，有多方面原因：（1）利用符命来制造皇权神授的舆论，有利于新皇朝的建立和稳固；（2）利用清净无为的思想作为治国的策略，利用劝善惩恶的教义来维护"三纲五常"的封建道德，利用祈福消灾的法术来欺骗群众以安定社会；（3）利用养生之道和神仙方术以求长生；（4）利用道教来抑制其他教派的发展。

杨坚利用著名道士焦子顺编造的"受命之符"，夺取北周政权而建立隋代，即位后，经常召见这位天师商议军国大事。在隋代，

＊ 本文原为孙培青主编《中国教育思想史》（第一卷）（华东师范大学出版社 1995 年版）中的一章。

道教占有仅次于佛教的地位。

唐代在近三百年的统治中，出于政治上的需要，大力扶植和崇奉道教，道教的地位居三教之首。

唐初崇道的主要特点是尊崇老子，编造神话，制造皇权神授的舆论。武德三年(620年)，晋州人吉善行说在羊角山见到白发老人，老人声称："我是无上神仙，姓李氏，号老君，即我也。我即帝之祖也。"李渊闻奏大喜，于羊角山建太上老君庙，尊老子为"圣祖"。[①] 从此，唐宗室就算是老子的后裔。攀附历史上的名门望族，大大提高了唐宗室的社会地位。

唐初执行扶植道教的政策，给一些道士封官褒赠，在各地增建了道观，促进了道教的发展。但武德、贞观年代的统治者对道教的发展还加以适当控制，不让其在社会上过分膨胀。唐高宗则有所不同，他自己信奉道教，并以道教徒为自己的信奉者，举行更多的宗教活动，还采取了一系列行政措施，如：亲到亳州谒太上老君庙，封老子为"太上玄元皇帝"；命王公百官都学《老子》，举子也习《老子》，每年依《孝经》《论语》例考试；令道士隶宗正寺，道士班次在诸王之次；在洛阳等地修建宫观；等等。这些行动使道教在全国较快地发展。

武则天当政，实行扶植佛教的政策，道教的地位下降。唐中宗恢复帝位，道教才争得与佛教平等的地位。

唐玄宗极度崇奉道教，出于政治需要，他恢复道教在三教中居首的地位，并采取一些措施抑制佛教而发展道教，使道教达到历史上最昌盛时期。

① 《全唐文·杜光庭·历代崇道记》。

唐玄宗以后的皇帝仍然尊崇道教，较突出的是唐武宗和唐僖宗。武宗好长生神仙术，曾拜道士赵归真为师以学神仙术。他召集道士，增建宫观，一面崇道，一面抑佛，于会昌五年（845年）下令毁佛，以清除异教障碍，推行清净无为之政。唐僖宗面对黄巢起义，为挽救唐王朝的危亡，求助于圣祖老子。出于政治需要，他对编造的新神话大加宣扬。

（二）道教的教育

唐代高宗、玄宗时，崇道的风气日益昌盛。与佛教的竞争激发了道教理论的发展，道教经文大量涌现，开创了宣讲和注释道经的风气。全国遍布宫观，信徒日增，道门派别有了组织，科律完整，斋醮有成套仪式，崇玄学和道举制度创立，都显示了道教事业的发展。这些都相应地推动了道教教育思潮的发展，以适应道教事业发展的需要。

道教的理论家提出"道性论"，强调人修道的必要性和得道的可能性，认为人禀受自然的道而具有"道性"。潘师正在《道门经法相承次序》中说："一切有形，皆含道性。"道性以自然为本，是普遍存在的。众生具有道性，道性与众生既相关又不等同。《玄珠录》曰："道中有众生，众生中有道，所以众生非是道，能修而得道；所以道非是众生，能应众生修。是故即道是众生，即众生是道。"由于众生具有道性，因此能修而得道，这成为众生修道而得道的根本依据。

修道的重要途径是研习道经，奉守道戒，这需要有法师的传授。法师把道经神圣化，认为道经都是天尊诸神为了凡人而创作的,以帮助凡人摆脱苦恼。传授道经的目的在于开导凡众,防非止恶,积善得福。

道教把戒律视为修道之士渡海的舟楫。张万福在《传授三洞经戒法箓略说》中说:"若有法而无戒,犹欲涉海而无舟楫,犹有口而无舌,何缘度兆身耶? ……凡初入法门,皆须持戒。戒者防非止恶,进善登仙,众行之门,以之为键。夫六情染着,五欲沉迷,内浊乱心,外昏秽境,驰逐名利,耽滞色声,动入恶源,永乖贤域,自非持戒,莫之能返。"要防恶而向善,持戒是关键的条件。

道教对于受戒比较重视,凡要入教作为道门弟子,需经传戒法师考察,包括十项条件:好求胜法,好近贤智,明别真伪,谨言慎行,柔和无过,无骄慢心,敬师重教,不辞辛劳,知恩能报,请益不懈。这些条件概称"十相",有这些好的人品表现,才可以传授经戒。

在道教门内,戒和律是有区别的。戒条主要以防范为目的,律文主要以惩罚为手段。违戒者以律处理,而律又是根据戒条建立的。所以,道士和法师除了必须遵守戒条外,还要熟识律文的规定。

道教中有多种派别,每派所定法师品位不同,所传经文也不同,而戒文又是依道经传授的,因此各派形成自己严格的经戒传授序次。

道教各派戒文名目繁多,有详有略。上清派大法师潘师正把戒目分为两种,他在《道门经法相承次序》中说:"所言戒者,法有二种,一者有得戒,二者无得戒。有得戒者,即《太玄真经》所谓三戒、五戒、九戒、十戒、百八十戒、三百大戒之例是也。无得戒者,即谓上机之人,灵识惠解,业行精微,离诸有心,不婴尘染,体入空界,迹蹈真源。不求常乐而众善自臻,不厌人间而诸恶自息,本自无持,今即不犯无犯,是名无得。既其无得,亦复无失无得,故谓为真。上机之人,其戒如此。"据此,有得戒是有戒条文字可持守的戒目,无得戒是没有文字可持守而纯粹依靠道性的悟解。由于每个人对道性的悟解有迟早之分,因此不同的人修道的进阶就有快慢之别。对于一般信徒来说,修习经戒由浅入深,道门阶次由低而高,循序渐进,也可位登上乘。聪颖机灵的信徒则不拘泥于文字戒条。所以,经戒的传授办法并不统一,而是根据悟性的差别,因人施教。

入道信徒请求法师传授经戒,其初阶是三归戒。所谓三归戒,是指信徒决心归附于道、经、师三宝,即把自己的身心归附于无极大道,把自己的精神寄托于洞真、洞玄、洞神三洞的三十六部尊经,听从法师的一切教诲。

能尽心奉守三归戒,经法师考察认为确可信赖者,可再进一阶,传授十戒与十四持身品。《道藏》洞玄部戒律类《洞玄灵宝天尊说十戒经》介绍十戒的内容如下:(1)不杀,当念众生;(2)不得妄作邪念;(3)不得取非义财;(4)不欺善恶反论;(5)不醉,常思净行;(6)宗亲和睦,无有非亲;(7)见人善事,心助欢喜;(8)见人有忧,助威作福;(9)彼来加我,志在不报;(10)一切未得,我不有望。十四持身品(又名"十四治身法")的内容如下:(1)与人君言则惠于国;(2)与人父言则慈于子;(3)与人师言则爱于众;(4)与人臣言则忠于上;(5)与人兄言则友于弟;(6)与人子言则孝于亲;(7)与人友言则信于交;(8)与人夫言则和于室;(9)与人妇言则贞于夫;(10)与人弟言则恭于礼;(11)与野人言则勤于农;(12)与贤人言则志于道;(13)与异国人言则各守其域;

（14）与奴婢言则慎于事。

从十戒的内容看，把戒杀、戒盗、戒酒、戒邪念、慎言、慎怒、与人友善、助人为乐等列为戒条，与传统的道德基本一致，易为一般人所接受。十四持身品是就十四方面的社会关系确定相互间的行为规范，是比较全面的。十戒与十四持身品相结合，成为初入道门人士的戒律。

十戒中最基本的有五戒，所以也有简化为受五戒的。所谓五戒，第一戒杀，第二戒盗，第三戒淫，第四戒妄语，第五戒酒。《太上老君戒经》云："是五戒者，持身之本，持法之根。善男子、善女人，愿乐善法，受持终身不犯，是为清信。"三戒与五戒合称"八戒"。法师可根据受戒人的社会地位、文化修养程度、智慧高低、道性估量等，考虑分阶段授戒，或直接传授八戒。不论授过十戒还是八戒，男的可称"清真弟子"，女的称为"清信弟子"。

出家为道士，所传授的经戒处于专精阶段。根据信徒的意愿，舍弃世俗一切荣华富贵，脱离家庭，归依道教为道士，需要举行庄严的授度仪式，由度师传授戒条，表示正式成为道门弟子，称"十戒弟子"。初真十戒与十二可从戒（又名"洞玄智慧十二可从戒"，与十四持身品的作用一样），成为初出家道士必受的戒规，主要教育他们要信奉经戒，好乐经教，勤修经法，断俗绝欲，广结善缘，普度众生。

道教有各种派别，如上清派、灵宝派、正一道、三皇派、高玄派、升玄派等。各派传授经戒不统一，各有自定的序次、内容和要求。有些理论家主张受戒不应一律而要因人品而定，这种主张以人神三品为其理论基础。《太上大道玉清经》云："戒有多种，人亦多品。上品之人，身先无犯。身既无犯，亦无所持。中品之人，心有上下,睹境即变,以戒自制,不令放逸。如此之人,或受十戒、五戒,以自防护。下品之人,恶心万般,难可禁制。下品之中,复有二品:上品者,身欲奉戒,或受一百九十九戒,或受观身三百大戒,或受千二百威仪之戒,以自防保,令无越逸;下品下者,身同禽兽,虽有人形,而无人心,纵受其戒,终无所益。今且受第二中戒,十种科禁。"

本起十戒宣授的对象是中品的信徒。对下品中之上者,需要下大功夫,才能防邪止恶,做到自我防保,不违背道教的宗教道德。下品中之下者简直是人面兽心,虽受其戒,终无所益,应放弃对他们的教育。实际上,这一层次的人主要是指社会下层的人,他们贫穷,又不信道教,被认为是无可救药的一些人。

二、 司马承祯的教育观

司马承祯(647 或 655—735),字子微,河内温县(今属河南)人。他是唐代著名的道教上清派法师,法号道隐。年少好学,二十一岁出家为道士,拜潘师正为师,受到特别赏识,成为亲信弟子,受其符箓、辟谷、导引、服饵之术。后遍游名山,隐居于天台山。他是道行较高的法师,与达官名士有交往,闻名四方。唐皇室崇奉道教,先后有三个皇帝四次召见他,问以阴阳术数之事、理身治国之方。他承袭老子无为而治的思想,曾引道经"为道日损,损之又损,以至无为",以答唐睿宗之问。他认为治国之理同于治身之理,在修炼的理论上宣传主静去欲说,主张"收心""守静",摒见闻,去知识,绝欲望,使自身与道融为一体。他积极传道,门徒甚众,其中李含光、薛季昌、焦静真最杰出。他的著作有《修真密旨》《坐忘论》《服气精义论》《道体论》《天隐子》等。

（一）教育的目标

道教徒追求的最高境界是成为"神人"，司马承祯也以此作为
道教教育的最高目标。

所谓神人，是修道得道的结果。司马承祯在《坐忘论》中说：
"道有深力，徐易形神，形随道通，与神为一，形神合一，谓之神
人。"神人形神合一，长生不死，不受水火侵害，往来出入绝对自
由。神人的根本特点是神与道合，获得对道的把握，谓之得道。
"夫道者，神异之物，灵而有性，虚而无象，随迎莫测，影响莫求，不
知所以然而然，通生无匮谓之道。"

道对于人来说，犹如生命的基本条件。"夫人之所贵者，生
也。生之所贵者，道也。人之有道，如鱼之有水。"人要生，就需要
道，"故养生者慎勿失道，为道者慎勿失生，使道与生相守，生与道
相保，二者不相离，然后乃长久。言长久者，得道之质也"。道是
由人修炼而得的，不是命定的禄赐，而是由个人经一贯努力而达
到的。

（二）修道的阶次

如何修道？司马承祯在《坐忘论》中提出了"安心坐忘之法"。
"坐忘"之说源出《庄子》，要求在修炼过程中达到"内不觉其一身，
外不知乎宇宙"，无所不忘，使自己的身心完全与道融合相通。
《坐忘论》就是对"坐忘"的方法详加论述，列举了七条修道的

阶次。

第一，信敬。在开始阶段，确立信仰十分重要。"夫信者道之根，敬者德之蒂。根深则道可长，蒂固则德可茂。"对道法产生敬信之心，是修道的根本。"如人有闻坐忘之法，信是修道之要，敬仰尊重，决定无疑者，加以勤行，得道必矣。"如果闻而不信，或信道之心不足，甚而生疑，则修道得道就没有希望。

第二，断缘。断俗事之缘则形不劳，无为则心自安，恬简日就，尘累日薄，迹弥远俗，心弥近道，无事安闲，方可修道。要尽量摆脱世俗事务，使心无所牵挂。

第三，收心。心是一身之主、百神之帅。心静生慧，是产生智慧的根源。心动则昏，昏乱产生弊病，与道隔离。"源其心体，以道为本。但为心神被染，蒙蔽渐深，流浪日久，遂与道隔。今若能净除心垢，开释神本，名曰修道。无复流浪，与道冥合，安在道中，名曰归根。守根不离，名曰静定。静定日久，病消命复，复而又续，自得知常。知则无所不明，常则永无变灭。出离生死，实由于此。是故法道安心，贵无所着。"所以，修道除病就要去动守静，安心静定，具体办法是先收心。收心离境就是排除一切外事干扰，是非美恶全不入心。收心安心不是一时就能办到的，可能暂安之后还会有散乱，须随起随制，坚持安养不懈。

第四，简事。人生于世，事务众多，应该知道分内之事、该任之事。"事非当则伤于智力，务过分则弊于形神。身且不安，何情及道？是以修道之人，要须断简事物，知其闲要，较量轻重，识其去取。非要非重，皆应绝之。"修道是最重要的，事物是次要的，不要让事物对修道造成牵累。"夫以名位比于道德，则名位假而贱，道德真而贵。能知贵贱，应须去取，不以名害身，不以位易道。"分别了贵贱，为了修道得道，应该放下名位。

第五，真观。这是一种观察分析方法。"夫观者，智士之先鉴，能人之善察。究傥来之祸福，详动静之吉凶。得见机前，因之造适。深祈卫定，功务全生。自始之末，行无遗累。理不违此，故谓之真观。"要进行观析，需要一定条件。"收心简事，日损有为。体静心闲，方能观见真理。"虽有日常衣食营求之事，但莫生得失之心，有事无事，心常安泰，舍去诸欲，爱恶不生。若有苦事迫我，即运用智慧来观察分析，解除烦恼。

第六，泰定。"夫定者，尽俗之极地，致道之初基，习静之成功，持安之毕事。形如槁木，心若死灰，无感无求，寂泊之至。无心于定，而无所不定，故曰泰定。"要保持这种虚静至极的状态，"定而不动，慧而不用"，使定与慧交相养，定以养慧，慧以安定，交养久之，自成道德。

第七，得道。人之修道，必有实果，然功力不一，结果也有差别。"然虚心之道，力有深浅，深则兼被于形，浅则唯及其心。被形者，则神人也；及心者，但得慧觉而已，身不免谢。……是故大人含光藏晖，以期全备，凝神宝气，学道无心，神与道合，谓之得道。故经云：同于道者，道亦得之。"得道的神人已完全超脱死生，神与道合，行与道通，不受时空等条件的一切局限，不仅形体永存，精神也绝对自由。这是道教教育追求的最高目标。

司马承祯偏重于道教的宗教理论研究，而不是宣扬丹药方术。他看到金丹派炼丹耗费大量的财物而没有成功，丹药有时反令人生病甚至丧命。他总结这些教训，否定金丹派对丹药方术的过分迷信，而引导信徒从精神上修道，强调信道，注重修炼，收心泰定，以达得道，成为神人。他在当时产生较大的社会影响，吸引了不少信徒,在道教学术发展上居于重要地位。他的理论对宋代理学思想先驱周敦颐等人的"主静说"有直接的影响。

三、 吴筠的教育观

吴筠(? —778),字贞节,华阴(今属陕西)人。唐代著名的道教上清派法师。少年时通儒经,善文词,举进士不第,不愿与流俗同浮沉,乃入山隐居。天宝初,入道士籍,至嵩山从潘师正习道。苦心钻仰,尽通其法术,名闻京都。唐玄宗遣使召之,令待诏翰林,累有咨询。吴筠认为道法之精粹在《老子》五千言,献言唯论名教世务,不言出世成仙之事。中原将乱,请求还山,从学者甚多。他在文章中对佛教的遗害深加批判。《思还淳赋》就宣布佛教之罪而加以笔伐。其《玄纲论》《神仙可学论》《形神可固论》《心目论》尤为当时所称。

吴筠探究道教的基本理论和修行的要领,为了使信道教之人修道有所依据而进行撰述,"遂总括枢要,谓之《玄纲》。……至于高虚独化之兆,至士登仙之由,或前哲未论,真经所略,用率鄙思,列于篇章"①。可见,他的撰述有自己的理论创造。他所宣教的主要是修炼成仙的内丹理论。

指导吴筠实践活动的教育观主要包含三个方面:

(一)教化人民

吴筠把人区分为三类,即睿哲、顽凶、中人。人由禀气而生,

① 《全唐文·吴筠·进玄纲论表》。

但由于所禀的阴阳二气不同而造成差别。第一种人天赋优越,无须教化;第二种人天赋太差,教化无用;第三种人天赋一般,才是教化的对象。他在《玄纲论·天禀章》中指出:"教之所施,为中人尔。何者? 睿哲不教而自知,顽凶虽教而不移,此皆受阴阳之纯气者也。亦犹火可灭不能使之寒,冰可消不能使之热,理固然矣。夫中人为善则和气应,为不善则害气集,故积善有余庆,积恶有余殃,有庆有殃,教于是立。"中人是社会中的大多数,施以教化,导之为善。

吴筠进行历史的考察比较,他在《玄纲论·化时俗章》中指出,古今社会不同的一面是"古淳而今浇"。社会道德在变化,犹如人在成长过程中由愚到智的发展,虽是渐变,但也可以分出阶段:上古之时,俗含纯粹;中古之时,俗尚仁义;下古之时,俗崇礼智;季世之时,俗竞浮伪。社会是发展变化的,不同的社会阶段有其相应的不同的时俗。分析这种历史情况,追寻其原因,主要在于"子以习学而性移,人以随时而朴散"。年轻人能不断学习以改造自己,众人要适应时代变化而树立相应的道德观念,所以不可能保存上古纯朴的时俗。

总结历史经验,面对社会现实,君主应当重视道德教化。"父不可不教于子,君不可不理于人;教子在乎义方,治人在乎道德。义方失则师友不可训,道德丧则礼乐不能理。虽加以刑罚,益以鞭楚,难制于奸臣贼子矣。是以示童蒙以无诳,则保于忠信;化时俗以纯素,则安于天和。故非执道德以抚人者,未闻其至理者也。"[①]社会道德沦丧,靠刑罚是控制不住的,国家如要治理,一定

① 《全唐文·吴筠·玄纲论·化时俗章》。

要切实进行道德教化。

吴筠少时学儒,受到深刻影响,在道德教化方面的主张与儒学相近,只是所服务的终极社会目标不同。

(二)修心至静

吴筠认为,"道"是宇宙的本体,其特性是虚无。《玄纲论》曰:"道至无而生天地者也。天动也,而北辰不移,含虚不亏焉。地静也,而东流不辍,兴云不竭焉。故静者,天地之心也;动者,天地之气也。心静气动,所覆载而不极欤。"所以,天地由道而生,以静为主。

人也由道而生,"故生我者道也"。人的生活也当依道而行。人要通乎道,最为基本的条件是要心静。若心不能静,则为外物所诱,为外物所诱而心动,心动则生情,有情则亏性,性亏则形不全,形不全则气不全,气不全则神不全,神不全则道不全。所以,"灭我者情也",而其源为心未静。

修心的目的是,心静不动,爱恶之情不生。"情亡则性全,性全则形全,形全则气全,气全则神全,神全则道全,道全则神王,神王则气灵,气灵则神超,神超则性彻,性彻则反覆通流,与道为一,可使有为无,实为虚,与造物者为侔矣。"心静是与道为一的根本条件。

心动有害于道。不要动心,而使心平和恬淡,澄静精微,关键在于自己的把握。所以,修道的根本内容在于修心至静。这是吴筠的主张,也是其理论创造的特点。

（三）神仙可学

唐时道教昌盛，信徒甚多，一部分信徒不仅为了消灾纳福，还希望长生成仙。神仙可学还是不可学，成为道教理论上一个需要说明的问题。吴筠主张神仙可学，在《玄纲论》中论及这个问题，还写了《神仙可学论》作了专门论述。

吴筠认为，当时道教界学神仙存在三种情况：第一，有不学而自至者，禀异气也。这是天赋异常的人，别人无法学他。第二，必学而后成者，功业充也。这是由学而成为神仙的人，是经过长期努力，功业完满的结果。第三，学而不得者，初勤终怠也。这种人开始时劲头甚足，但半途而废，没有坚持到底。从全面情况来看，不是全部如愿，也不是全部失败，而是有人与神仙距离远，有人则已接近神仙。

根据吴筠的观察分析，接近神仙的有七种人：一是耽元虚，寡嗜欲，体含至静，以无为为事；二是萟阴贼，植阴德，惩忿损欲，齐毁誉，修清真；三是身居禄位，心游道德，仁慈恭和，宏施博爱；四是爵之不从，禄之不爱，恬然以摄生为务；五是静以安身，和以养神，精以致真；六是失于壮齿，收之晚节，以功补过，以正易邪，惟精惟微，积以成著；七是忠孝清廉，不待学而自得，谓之隐景潜化，死而不亡。取此七近而学之，即可拔陷区，出溺途，而近于仙。

学仙者至多，而得道至少，原因何在？吴筠认为得道少是事实，这是由于人们对道的认识和努力存在差别。他在《玄纲论·专精至道章》中说："常人千而知道者一，知道者千而志道者一，志道者千而专精者一，专精者千而勤久者一，是学者众而成者寡也。

若知道者能立志，立志者能绝俗，绝俗者能专精，专精者能勤久，未有学而不得者也。"由此看来，学神仙不是靠秘诀、走窍门短时幸运而得，而是由知道、志道、专精、勤久，长期坚持而得成功。修炼是一个渐次提高的长期过程。"炼凡至于仙，炼仙至于真，炼真合于妙，合妙同乎神。神与道合，即道为我身。所以升玉京，游金阙，能有能无，不终不殁矣。"①这种神游就落于幻想。

　　道教徒追求的理想是长生不死而成仙，吴筠面对信徒的这种心态提出"神仙可学论"，断定学而成仙有可能，而实现目的要知道、志道、专精、勤久。可能性存在，给人以希望，引人去追求。但是，道路漫长，要求的条件不少，没有实现目的，责任在个人。这种主张在金丹派炼丹服药累试无效之后，对信徒有吸引力，在理论上也进一步深化。当时从学者甚多，显示这种思潮有较大的社会影响。

① 《全唐文·吴筠·玄纲论》。

中国教育家和教育思想研究

唐后期复兴儒学的教育思想 *

一、 唐后期复兴儒学教育思想的发展

（一）维护中央集权需提高儒学的地位

唐朝以"安史之乱"为转折点，进入后期。统一的中央政权与割据的地方势力之间的斗争，是这个时期主要的社会矛盾。除此之外，中央政权内部官僚集团与宦官之间、世俗地主与僧侣地主之间、地主阶级与农民阶级之间的矛盾冲突亦日趋激化，唐王朝面临着危机。

统治集团为了维护自己的利益，需要保持中央集权。有识之士感到，中央集权的日益削弱与文教政策的偏差有密切关系。利用佛教、道教固然可以麻痹人民的意志，但也带来消极影响。佛、道的宗旨都是出世，主张不事君父，清净无为，带来离心倾向。宗教盛行之后，壮丁出家为和尚或道士，逃避税收和兵役，给国家的税收和兵源造成损失。藩镇却利用这种离心倾向，扩大势力，与中央对抗。三教中只有儒学主张入世，强调"三纲五常"，有利于

维护统一的中央集权。从政治的需要考虑,只有重新调整儒、佛、道三教的关系,提高儒学的地位,以儒为主,以佛、道为辅,才能形成最适合维护封建统治的意识形态。此时,佛、道在度过各自的黄金时期之后正在走向衰落,而儒学则要从衰落的状况中重新振兴。统治阶级的思想家敏锐地觉察到了这个问题,自"安史之乱"后,复兴儒学的呼声渐高。

(二)复兴儒学从经学、文学发动

当藩镇跋扈、朝廷威势下降时,开始有儒者提倡《春秋》学,意在宣传大一统,以尊王室、正名分来维护中央集权。首先提倡《春秋》学的是啖助,他撰《春秋统例》六卷,说《左传》"叙事虽多,释经殊少,犹不如《公》《穀》之于经为密"。他借《春秋》抒发自己的政治见解,不重视《左传》的据事说经,开创弃传求经的学风。啖助有弟子赵匡、陆淳,继续治《春秋》学。大历时,啖助、赵匡、陆淳以《春秋》名家。陆淳著《春秋集传纂例》《春秋微旨》《春秋集传辨疑》等书,突破三传旧说,专凭己意论说孔子笔削的本意。柳宗元作《陆淳墓表》,称赞陆淳为巨儒,能知圣人之旨,传圣人之教。啖、赵、陆三人开风气之先,为儒学复兴作了思想准备。《春秋》学的研究,给沉寂的经学吹进新风,其他各经也名家继起,施士匄以《诗》,仲子陵、袁彝、韦彤、韦茝以《礼》,蔡广成以《易》,强蒙以《论语》,皆以其学知名于时。

思想家在思考如何去乱归治时,认为根据历史经验,应强调遵先王之道。先王之道载于经史,经史以古文阐明。文以道为内容,道以文为表现形式。一些先进人士主张文学要以儒学为根

本,儒学思想要用接近口语的古文来表现,因此新古文运动逐渐
兴起。

倡导古文较为著名的是萧颖士和李华,当时号为"萧李"。萧
颖士是当时闻名的文学家,他的文学以经学为坚实的基础。他在
《赠韦司业书》中说:"经术之外,略不婴心","优游道术,以名教为
己任"。在《送刘太真诗序》中,他主张求学"所务乎宪章典法、膏
腴德义而已",为文"所务乎激扬雅训、彰宣事实而已",要求把德
行、政事、言语、文学四者统一于正道。当时在思想上与萧颖士接
近而与他成为学术之友的有殷寅、颜真卿、柳芳、陆据、李华、邵
轸、赵骅等。萧颖士的弟子主要有尹征、王恒、卢异、卢士式、贾
邕、赵匡、阎士和、柳并、刘太真等。其子萧存,亦得其传授。

李华很尊敬元德秀的为人。元德秀主张"以道纪天下",其志
在实践儒道,给李华较深的影响。李华著《质文论》,探讨治世之
道,主张:"夫君人者,修德以治天下,不在智,不在功,必也质而有
制,制而不烦而已。……愚以为将求致理,始于学习经史。……
其余百家之说,谶纬之书,存而不用。"他明确以儒道为治世的指
导思想。士人师从李华的有独孤及、韩云卿、韩会、李纾、柳识、崔
祐甫、皇甫冉、谢良弼、朱巨川等,他们在思想上都尊孔崇儒。李
纾在《享武成王不当视文宣庙奏》中维护孔丘的崇高地位,他说:
"伏以文宣垂教,百代宗师,五常三纲,非其训不明;有国有家,非
其制不立。故孟轲称'生人已来,一人而已'。由是正素王之位,
加先圣之名,乐用宫县,献差太尉,尊师崇道,雅合政经。"这反映
了他们的共同看法。

独孤及是知名之士,所为文弘扬仁义,彰明善恶。崔元翰在
《与常州独孤使君书》中称他"阁下绍三代之文章,播六学之典

训,微言高论,正词雅旨,温纯深润,溥博弘丽,道德仁义,粲然昭昭,可得而本。学者风驰云委,日就月将,庶几于正"。其弟子著名的有梁肃、高参、崔元翰、陈京、唐次、齐抗等,在当时颇有影响。

(三)复兴儒学渐成声势

复兴儒学的思潮对政府的文教政策和措施产生一定的影响。永泰二年(766年),国子祭酒萧昕奏言:"崇儒尚学,以正风教,乃王化之本也。"于是,唐代宗颁《崇太学诏》,声称:"理道同归,师氏为上,化人成俗,必务于学。俊造之士,皆从此途;国之贵游,罔不受业。修文行忠信之教,崇祇庸孝友之德,尽其师道,乃谓成人。……朕志于求理,尤重儒术,先王设教,敢不底行。"当年恢复国学释奠礼,文武常参官都要到场观礼;修复了国子监,解决了国子监经费问题。这些行动都给儒学的复兴造成一定的声势。

由于连年战争,养兵的军费浩大,统治集团横征暴敛,多方搜刮,加上水旱灾害,民众贫困,无以为生。社会不安定,出家为僧道的人越来越多,更增加了社会负担。统治集团深感危机日迫,寻求摆脱的办法,发觉佛道是加深社会危机的原因之一。大历十三年(778年),剑南东川节度使李叔明奏请删汰佛道,指出佛道"使农夫工女堕业以避役,故农桑不劝,兵赋日屈,国用军储为斁耗"。唐代宗令尚书省集议,都官员外郎彭偃列举佛道罪状:"今天下僧道,不耕而食,不织而衣,广作危言险语,以惑愚者。一僧衣食,岁计约三万有余,五丁所出,不能致此。举一僧以计天下,其费可知。"①他认为佛道害人乱政,要用征税手段加以约制。这一建议虽因大臣权贵阻挠而未被采纳,但在舆论上抨击了佛道,暴露了其危害,有利于为儒学复兴扫除思想障碍。到了贞元年代,由于韩愈带头提倡,儒学复兴运动旗帜鲜明地反对佛道而达于高潮。

二、 韩愈的教育思想

详见本书第 437—452 页。

三、 李翱的教育思想

李翱(772—836),字习之,陇西成纪(今甘肃静宁西南)人。唐代著名的文学家和理论家。

李翱出身官僚家庭,幼时勤于儒经,博学好古。贞元九年(793年),以文谒名士梁肃,经梁肃为之延誉而渐知名。十二年,至汴州,师从韩愈,成为新古文运动的积极参加者,其为文辞致浑厚。十四年,登进士第,初授官为校书郎,逐步迁转。自元和元年(806年)至会昌元年(841年),历任内外官,最后至山南东道节度使。他的仕途不顺利,时有起伏。但每任一职,他都忠于职守,议论无所避。他从维护唐朝统治者的根本利益出发,面对政治上存在的弊端,要求在人事、经济、军事等方面进行一些改革,上疏论兴复太平六事。他在政治上亲近裴度一派,主张加强中央

---

① 《新唐书·彭偃传》。

集权,反对藩镇割据。

李翱深受韩愈的影响,他称韩愈"非兹世之文,古之文也;非兹世之人,古之人也。其词与其意适,则孟轲既没,亦不见有过于斯者"[①]。他积极参加韩愈创导的新古文运动,以自己的写作实践来推动这个运动。韩愈是新儒学理论的倡导者,而新儒学理论的形成则在李翱。李翱对韩愈的观点有很大的发展和改造。韩愈逝世后,他继续推动运动的深化,成为主要人物。李翱还积极在青年中进行"传道、受业、解惑"的教育活动,把新古文和新儒学理论的观点广泛地加以宣传,产生重要的社会影响。他的著作有《李文公集》。

(一)尊圣人之道而反佛

李翱在青少年时接受传统的儒学教育,所写文章,从思想内容到文章风格,颇"得古人遗风"。师从韩愈后,他深信并努力实行圣人之道,以继承并捍卫圣人之道为己任。他在《答侯高第二书》中称:"吾之道,学孔子者也。""吾之道非一家之道,是古圣人所由之道也。吾之道塞,则君子之道消矣。吾之道明,则尧、舜、文、武、孔子之道未绝于地矣。"他还说:"仆之道穷,则乐仁义而安之也;如用焉,则推而行之于天下者也。何独天下哉,将后世之人,大有得于吾之功者尔。天之生我也,亦必有意矣。将欲愚生民之视听乎?则吾将病而死,尚何能伸其道也。如欲生民有所闻乎?则吾何敢辞也。"他学习孟轲、韩愈那种为卫道而自命不凡的

① 《李文公集·与陆傪书》。

气概,欲担负起先知先觉者的历史责任。

　　李翱主张在社会中实行圣人之道时,应坚持原则,由道而行,反对屈服于形势,迁就于时俗。他对侯高表示:"足下再三教我适时以行道,所谓时也者,乃仁义之时乎? 将浮沉之时乎? ……如顺浮沉之时,则必乘波随流,望风而高下焉。若如此,虽足下之见我,且不识矣,况天下之人乎? 不修吾道,而取容焉,其志亦不遐矣。故君子非仁与义,则无所为也。"这体现了他坚定刚强的品格。他提出,如果机运不好,穷则独善其身,乐仁义而安之,不改变信仰;如果机运好,能用于世,达则兼济天下,将圣人之道推而行之天下。不论哪一种情况,都是依据自心而行动,任何人的主义都不能强加于他。

　　李翱坚决信仰并实行圣人之道。他认为佛教非圣人之道,公开主张予以排斥。他指出:"故其徒也,不蚕而衣裳具,弗耨而饮食充,安居不作,役物以养己者,至于几千百万人。推是而冻馁者几何人可知矣。于是筑楼殿宫阁以事之,饰土木铜铁以形之,髡良人男女以居之,虽璇室、象廊、倾宫、鹿台、章华、阿房弗加也。是岂不出乎百姓之财力欤!"[1]佛教在中国流行,"惟土木铜铁,周于四海,残害生人,为逋逃之薮泽"[2]。佛教建造寺庙、雕塑佛像,耗费百姓的财力,吸引千百万人出家,安居不作,受人供养,而让出力供养佛徒的劳动者千万人受冻馁。所以,他认为,佛法害人甚于杨墨。考其教迹,实有蠹于生灵,浸溺人情,莫此之甚。作为官吏,对佛教应当加以抑制,不应令人收钱建造佛教寺庙,而应将残害生人、不利于国的佛教寺庙废除。

---

① 《李文公集·去佛斋论》。
② 《李文公集·与本使杨尚节请停率修寺观钱状》。

佛教在中国流传几百年,是有历史根源的。《去佛斋论》曰:
"佛法之染流于中国也,六百余年矣。始于汉,浸淫于魏、晋、宋
之间,而澜漫于梁萧氏,遵奉之以及于兹。盖后汉氏无辨而排之
者,遂使夷狄之术行于中华,故吉凶之礼谬乱,其不尽为戎礼也
无几矣。"教训就是"无辨而排之者",让佛教猖獗,中华的礼教传
统受到严重破坏。为了阻遏佛教的流传,李翱正面批判和排斥
佛教。

为了批判佛教,排斥佛教,李翱对佛教有所了解和研究。他
指出,佛法之所言,佛术之所行,皆戎狄之道。溺其教者,以夷狄
之风而变乎诸夏,祸患极大。但论其心术,则不异于中华,中华之
人能"以佛理证心者寡矣"。所以,他批判佛教,言"排之者不知其
心,虽辨而当,不能使其徒无哗而劝来者,故使其术若彼之炽也"。
由于了解不深,他不能从理论上使佛教徒信服,宣传效果不能达
到目的,信徒溺于其教,佛教继续昌炽。他在总结这一教训后主
张,要"知其心",不妨"以佛理证心",充实儒家之道,完善儒家理
论,加强儒学的说服力。他说:"有位者信吾说而诱之,其君子可
以理服,其小人可以令禁,其俗之化也弗难矣。"①

李翱和韩愈都站在儒学的立场上反对佛学。韩愈在反佛之
余,开始感觉到佛学与儒学的修心养性之说有共同点,但他没有
找到从理论上使两者结合的门径。李翱比韩愈进一步,他在反佛
的同时考虑到要"知其心",并"以佛理证心",吸收佛学的理论方
法来充实儒家的心性理论,以儒融佛,从哲学理论的高度将儒与
佛加以融合。这就是李翱的思想特色。

① 《李文公集·去佛斋论》。

（二）性善情恶的"复性说"

李翱的教育学说建立在人性理论的基础上。虽然受韩愈影响很大，但他创建了自己独特的人性理论。《复性书》集中论述人性问题，提出了复性说。复性说以孟轲的性善说及《中庸》为依据，并吸收佛学的性善情恶、佛性平等、见性成佛等观点而成。

关于人性的本源，李翱直接承继中庸"天命之谓性"的观点，提出"性者，天之命也"，认为人性是天赋的。

关于人性的特质，李翱直接承继孟轲的性善论，说"人之性皆善"；"性无不善"；"人之所以为圣人者，性也"。他指出："圣人知人性皆善，可以循之不息，而至于圣也。"这与韩愈主张性三品说异趣。

关于情的性质，李翱接受佛学性善情恶、情恶惑性的观点，指出："喜、怒、哀、惧、爱、恶、欲七者，皆情之所为也。""人之所以惑其性者，情也。""曰：为不善者，非性邪？曰：非也，乃情所为也。""情既昏，性斯匿矣，非性之过也。七者循环而交来，故性不能充也。"人的善性被七情遮蔽，所以有恶的表现。韩愈认为情分三品，所以情不全是恶的。李翱则认为七情全是恶的，把性与情完全对立起来。

关于性与情的关系，李翱认为，两者相互依存，其中性是基本的，情是从属于性的。他说："性与情不相无也。虽然，无性则情无所生矣，是情由性而生。"有了性，才有了情。性是第一位的，情是由性派生的。但性和情都不能孤立隔开，两者存在十分密切的关系："情不自情，因性而情；性不自性，由情以明。"情因性而产生,性通过情而表现。

关于人性是否平等,李翱认为人性是平等的。他说:"百姓之性,与圣人之性弗差也。""问曰:凡人之性,犹圣人之性欤?曰:桀纣之性,犹尧舜之性也。其所以不睹其性者,嗜欲好恶之所昏也,非性之罪也。"人性本来平等,按照封建道德原则生活而成为圣贤,人人有分,是人生来就有的权利。他反对在宗教世界里人人平等的说法,却提出在道德世界里人人平等的说法。

既然人性善,人性平等,为什么会有善人与恶人、圣人与凡人之别?关键在于怎样认识和对待性和情。李翱说:"性者,天之命也,圣人得之而不惑者也。情者,性之动也,百姓溺之而不能知其本者也。圣人者,岂其无情邪?圣人者,寂然不动,不往而到,不言而神,不耀而光,制作参乎天地,变化合乎阴阳,虽有情也,未尝有情也。然则百姓者,岂其无性者邪?百姓之性,与圣人之性弗差也。虽然,情之作昏,交相攻伐,未始有穷,故虽终身而不自睹其性焉。……情之动弗息,则不能复其性而烛天地为不极之明。故圣人者,人之先觉者也。觉则明,否则惑,惑则昏。明与昏,谓之不同。明与昏,性本无有,则同与不同二者离矣。夫明者,所以对昏,昏既灭,则明亦不立矣。"圣人得天命之性而不受情之惑,虽有情,但能制情,寂然不动。百姓虽也具天命之性,但溺于情而惑性,情动不息,交相攻伐,终身不睹其性。圣人是人类之中的先觉者,先觉所以明智;百姓未觉其性善,所以昏庸。性善相同,而明与昏不同,这是有区别的两回事。明与昏相对而存在,如果昏不存在,则明也不成立。

如何去惑去昏,使情不能掩性而成为圣人?这需要复性。李翱将水与火比为性,将沙浑与烟郁比为情。他说:"沙不浑,流斯清矣;烟不郁,光斯明矣;情不作,性斯充矣。""问曰:情之所昏,性即灭矣,何以谓之犹圣人之性也?曰:水之性清澈,其浑之者沙泥也。方其浑也,性岂遂无有邪?久而不动,沙泥自沉。清明之性,鉴于天地,非自外来也。故其浑也,性本弗失;及其复也,性亦不生。人之性亦犹水也。"又说:"是故诚者,圣人之性也,寂然不动,广大清明,照乎天地,感而遂通天下之故,行止语默,无不处于极也。复其性者,贤人循之而不已者,不已,则能归其源矣。"复性不是一下子就能达到的,需要一个渐进的过程。他提出几种方法:(1)依于道而循其礼。视听言行,循礼而动,完全遵循礼教。(2)消去嗜欲,灭息妄情。"妄情灭息,本性清明,周流六虚,所以谓之能复其性也。"(3)循之不息,扩充本性。人之性皆善,能循之不息,就是尽人之性,进而尽物之性,成为与天地并立,助天地化育万物的圣人。(4)无思无虑,寂然不动。他说:"弗虑弗思,情则不生;情既不生,乃为正思。正思者,无虑无思也。"能够按这四种方法实在地去做,就能复性而归于善。

(三)论教育的目的与内容

教育的意义何在?李翱对此重要问题也有论述。"修道之谓教,何谓也?故曰:诚之者,人之道也。诚之者,择善而固执之者也。修是道而归其本者,明也。教也者,则可以教天下矣。"教育的作用是使个人复其善性,教天下之人遵循人道而合于天道。

李翱认为,教育要有政治条件和经济基础,才会收到最大的成效。他在《平赋书》中提出既富之又教之的主张。他说:"人既富,然后可以服教化,反淳朴。古之圣贤,未有不善于为政理人,而能光于后代者也。故善为政者,莫大于理人;理人者,莫大于既富之又教之。"为政最重要的是治人,治人之中最重要的就是既富之又教之。要富民,最重要的措施是减轻赋税。他指出:"故轻敛则人乐其生,人乐其生则居者不流而流者日来。居者不流而流者日来,则土地无荒,桑柘日繁,尽力耕之,地有余利,人日益富,兵日益强,四邻之人,归之如父母,虽欲驱而去之,其可得耶? 是以与之安而居,则富而可教,与之危而守,则人皆自固。"当人民富裕、生活幸福时,容易接受教育,通过教育,可以使社会秩序安定,国家统治巩固。这也是进行社会教育的根本目的。

学校教育要培养国家所用的正人君子,正人君子负有重大的社会责任,"盖将以代天理物,非为衣服饮食之鲜肥而为也"①。为了履行社会治理的责任,他们应当具备道德和才智,以待国家随时需用。

君子要行圣人之道于社会。"君臣父子夫妇兄弟朋友,存有所养,死有所归,生物有道,费之有节,自伏羲至仲尼,虽百代,圣人不能革也。故可使天下举而行之无弊者,此圣人之道。所谓君臣父子夫妇兄弟朋友,而养之以道德仁义之谓也,患力不足而已。"②所谓圣人之道,其现实内容是封建自然经济基础上的政治制度和伦理道德。圣人之道,存于六经。"列天地,立君臣,亲父子,别夫妇,明长幼,浃朋友,六经之旨也。浩乎若江海,高乎若丘山,赫乎若日火,包乎若天地,掇章称咏,津润怪丽,六经之词也。"③六经是学习圣人之道的基本教学内容,在学习六经要旨的

---

① 《李文公集·答独孤舍人书》。
② 《李文公集·去佛斋论》。
③ 《李文公集·答朱载言书》。

同时，也要学习六经的文词。

为了增进才智，需要博学多艺，穷览百家之书。李翱在《韦氏月录序》中，对博学多通、重视试验的韦行规加以赞扬，表明他主张有广博的知识。天下至大，非一材所能独支，所患贤能之才不足用。有道德才智具备于身的人才，国家如不能正确使用，那是时代的损失、人民的不幸。有人才而废弃不用，是最可惜的事。

（四）论德行修养

1. 志仁义

李翱认为，立志很重要，且应以仁义为目标。他自十五岁以后即有志于仁义。他主要从《论语》中得到启示。"见孔子之论高弟，未尝不以及物为首，克伐怨欲不行，未得为仁；管仲不死子纠，复相为仇，而功及天下，则曰如其仁，……然则圣贤之于百姓，皆如视其子，教之仁，父母道也。"近代以来，求科举者尚文字，已当官者求富贵，未尝以仁义博施为本，"由是经之旨弃而不求，圣人之心外而不讲，干办者为良吏，适时者为通贤，仁义教育之风于是乎扫地而尽矣"。道德不良是人民贫困和地方动乱的原因。为治此社会重病，他志存仁义，任官时，"不敢苟求旧例，必探察源本，以恤养为心，以戢豪吏为务，以法令自检，以知足自居，利于物者无不为，利于私者无不诮"。[①] 他把仁义的道德原则贯彻于施政之中。

2. 正名位

等级名位是封建社会秩序的体现，它存在于国家中，也存在

唐后期复兴儒学的教育思想

于家庭中。李翱主张从家庭入手正名位,他说:"善理其家者,亲父子,殊贵贱,别妻妾男女高下内外之位,正其名而已矣。古之善治其国者,先齐其家,言自家之刑于国也。欲其家之治,先正其名,而辨其位之等级。名位正而家不治者,有之矣;名位不正而能治其家者,未之有也。是故出令必当,行事必正,非义不言。三者得,则不劝而下从之矣。"正名位有一个根本条件,就是心思端正,改而为善。有人自身不正,故其家不治。只要有决心,这种情况是可以改变的。"思其不善而弃之,则百善成。虽希于圣人,犹可也。……如不思而肆其心之所为,则虽圣人,亦无可奈何。"①这合乎儒家心正身修而后家齐的逻辑。

3. 从公道

李翱认为,道有公私之分,也存在利害之别,这将检验一个人道德修养的水平,不能不慎重地分清是非。他提出从道不从众的主张:"君子从乎道也,不从乎众也。道之公,余将是之,岂知天下党然而非之?道之私,余将非之,岂知天下謷然而是之?将是之,岂图是之之利乎?将非之,岂图非之之害乎?故大道可存,是非可常也。"②从道就必须坚持原则,只要是公道,就不怕在群众中孤立,不必计较个人的利害。

4. 成德行

李翱对弟子强调修德的经验:"盖行己莫如恭,自责莫如厚,接众莫如弘,用心莫如直,进道莫如勇,受益莫如择友,好学莫如改过,此闻之于师者也。"③这七条修养方法,李翱受于韩愈,再总

中国教育家和教育思想研究

结传于弟子,成为韩门传统。基本意思是:自己行事时最重要的是谦恭谨慎,自我责备时最重要的是对自己严格要求,对待众人时最重要的是宽宏大量,用心思虑时最重要的是正直无邪,行道时最重要的是坚决勇敢,修学受益时最重要的是选择益友,能否好学最重要的是知过能改。按这七条去做,能提高个人的道德水平。

(五)文学教学主张

李翱先求教于梁肃,后师从韩愈,为文有法,水平大为提高。对此,他颇自信,云"虽不敢同德于古人,然亦常无怍于心"[①];"然所为文,亦皆有盛名于时,天下之人咸谓之善焉"[②]。后来,他实际上成为韩愈所倡古文的继承人,并吸收弟子,进行教育活动,在传授过程中论述了文学教学的主张。

1. 文章与仁义存在依存关系

李翱认为,文章当有高标准,时人所好之文属于一艺,不能算是文章;文章要师法古人而"能到古人",是"仁义之辞",不能以一艺名之。具有仁义的人,都是有文章的人;有文章而能达到古人水平的人,都是努力践行仁义的人。由仁义而后有文章,这是源于天之善性;由文章而后兼有仁义,这是后天学习而得。仁义与文章是相互依存的。仁义与文章生乎内,而不在于外,所以个人能够求而充之。他鼓励弟子尽力而为。没有仁义内容的文章或没有文章形式的仁义,都是孤立和片面的。

---

① 《全唐文·李翱·感知己赋》。
② 《全唐文·李翱·答泗州开元寺僧澄观书》。

2. 为文重创意

为文要有深远含意。李翱说:"故义深则意远,意远则理辩,理辩则气直,气直则辞盛,辞盛则文工。如山有恒、华、嵩、衡焉,其同者高也,其草木之荣,不必均也。如渎有淮、济、河、江焉,其同者出源到海也,其曲直浅深也色黄白,不必均也。如百品之杂焉,其同者饱于腹也,其味咸酸苦辛,不必均也。此因学而知者也,此创意之大归也。"①一个人的文章应有自己的特色,才有写作的价值。

3. 文章以文、理、义三者兼并为最善

观古往今来之文,情况不一。"义不深不至于理,言不信不在于教劝,而词句怪丽者有之矣。""其理往往有是者,而词章不能工者有之矣。""义虽深,理虽当,词不工者不成文,宜不能传也。"以上都只有一好而不能全备,所以不能久传后世。李翱教导弟子:"文、理、义三者兼并,乃能独立于一时,而不泯灭于后代,能必传也。"②

4. 造言贵创新

李翱吸收前人的观点,变为自己的主张。"陆机曰:'怵他人之我先。'韩退之曰:'惟陈言之务去。'假令述笑哂之状曰'莞尔',则《论语》言之矣;曰'哑哑',则《易》言之矣;曰'粲然',则《穀梁子》言之矣;曰'攸尔',则班固言之矣;曰'辴然',则左思言之矣。吾复言之,与前文何以异也? 此造言之大归。"③他受韩愈"能自树立不因循"④主张的影响,强调在语言上要创新。

---

① 《李文公集·答朱载言书》。
② 《李文公集·答朱载言书》。
③ 《李文公集·答朱载言书》。
④ 《韩昌黎集·答刘正夫书》。

此外,李翱还指出,写文章不能情有所偏,滞而不流,造成片面性;应当继承历史遗产,不仅是学六经,百家中杰出者,自成一家之文,也当为学者所师。他的这些主张对于新古文运动的发展起了积极的促进作用。

李翱受韩愈的影响,两人的立场和教育思想基本一致。但李翱有新的发展和改造,提出了一些独立的主张,特别是在《复性书》中提出的复性说与韩愈的性三品说有所不同。李翱基于世俗地主的利益,从封建政治的传统伦理角度反对佛教,态度是坚决的。佛教作为一种宗教,他主张废除;而作为一种理论方法,他持批判性吸收的态度,这为以后宋代理学吸取佛学思想开辟了道路。李翱对宋代理学的影响主要体现在两方面:一是宋代理学家沿着李翱提出的"去情复性"理论的思路,发展出"存天理灭人欲"的口号。二是宋代理学家从韩愈、李翱推崇《孟子》《大学》《中庸》等受到启发,将《论语》《孟子》《大学》《中庸》合编为"四书",使"四书"与"五经"并列为儒家的经典著作。李翱在理论、方法上都为理学的发展作了准备,是宋明理学的先驱。

四、 皮日休的教育思想

皮日休(约838—约883),先字逸少,后字袭美,襄阳(今属湖北)人。唐后期著名的文学家,高举捍卫周孔之道旗帜的儒学重要代表人物。

皮日休出身普通地主家庭,青少年时代住襄阳鹿门山读书,并从事耕作。咸通四年(863年),离家出游以增广见识。七年春,应进士举,落第。退归寿州(今安徽寿县)东别墅,编次诗文两百篇,成《皮子文薮》十卷,作为行卷,以备次年再试。八年,登进士第。十年,在苏州刺史崔璞幕下为郡从事,与陆龟蒙结为诗友,相互唱和酬答的诗歌编为《松陵集》。十三年,回京都任著作佐郎、太常博士。乾符二年(875 年),为毗陵副使。五年,黄巢率军入浙,皮日休约在此时参加起义军。广明元年十二月(881 年 1 月),黄巢攻下长安,称帝,授皮日休为翰林学士。中和四年(884 年),黄巢归于失败,皮日休不知所终。可见,皮日休有不平凡的政治经历。

(一) 民本政治思想

虽然皮日休站在庶族地主阶级的立场上,维护封建统治制度,但他同情农民,反映农民一定的利益和要求,继承和宣扬儒学的民本政治思想。

皮日休认为,政治就是要为民之利。"天之利下民,其仁至矣。未有美于味而民不知者,便于用而民不由者,厚于生而民不求者。"[①]古时的圣君贤臣所想的是为民之利。"不以尧、舜之心为君者,具君也。不以伊尹、周公之心为臣者,具臣也。"[②]如果不能为人民谋利益,也就不配作为帝王。"后之王天下,有不为尧、舜之行者,则民扼其吭,捽其首,辱而逐之,折而族之,不为甚矣。"[③]对所行不称其职的帝王,人民可以采取行动驱逐他。

皮日休把尧、舜作为统治者的典范,言圣人汲汲于为民而劳

① 《皮子文薮·原谤》。以下《皮子文薮》引文,依据萧涤非、郑庆笃整理《皮子文薮》,上海古籍出版社 1981 年版。
② 《皮子文薮·鹿门隐书》。
③ 《皮子文薮·原谤》。

心劳身。"劳者劳于心也,劳一心而安天下也。""劳者劳于身也,劳一身而安万世者也。"①但今之政治反于古,事情完全颠倒。"古之官人也,以天下为己累,故己忧之;今之官人也,以己为天下累,故人忧之。"②不是民为本,而是官为本。古时的领导者是为天下人民服务,而现今的领导者是天下人民为他服务。古时是以得到民众真心拥护而得天下,现今是以民众的生命为代价而得天下。他在《读司马法》中指出:"古之取天下也以民心,今之取天下也以民命。唐、虞尚仁,天下之民从而帝之,不曰取天下以民心者乎?汉、魏尚权,驱赤子于利刃之下,争寸土于百战之内,由士为诸侯,由诸侯为天子,非兵不能威,非战不能服,不曰取天下以民命者乎?"依靠武装建立权威,依靠战争征服天下,这是极不人道的霸政。

皮日休认为,现实政治已趋腐败,官既为己之私利,吏也仿效而奸欺。在政府机构中,吏所为皆违法乱纪,危害百姓。他气愤地指出:"古之置吏也,将以逐盗;今之置吏也,将以为盗。"③老百姓在贪官的统治下,在污吏的掠夺下,不可能有安乐的日子过。

要治天下,不仅要解决政治问题,还要考虑民众的经济生活。为了促使民众重视生产劳动,要调整经济政策,可以采取征税的办法进行激励。皮日休在《请行周典》中指出:"征税者,非以率民而奉君,亦将以励民而成其业也。""如曰必也居不树桑,虽势家亦出里布,则途无裸丐之民矣。""如曰必也田不耕者,虽势家亦出屋粟,则途无馁毙之民矣。""必也凡民无职事者,出夫家之征,则世

① 《皮子文薮·原己》。
② 《皮子文薮·鹿门隐书》。
③ 《皮子文薮·鹿门隐书》。

唐后期复兴儒学的教育思想

无游惰之民矣。"民众不受饥寒，没有游手好闲的人，这是经济发展的基础，也是治理国家的基础。所以，他主张以经济政策为手段，解决人民的经济生活问题，以达到稳定社会的政治目的。

（二）复兴儒道

皮日休是儒学坚定的信仰者和积极的宣传者。他认为，要治天下，只有用周孔之道，这样才与民本政治相一致。

1. 用儒

皮日休认为，儒道起源也远，古圣相承，形成传统。他指出："圣人之化，出于三皇，成于五帝，定于周孔。"①儒道的本质为道德仁义，其教在文为《诗》《书》《礼》《乐》。古来的王者都依靠儒道治理国家，用别的学说来代替儒道是不可能治理好的。"圣人之道犹坦途，诸子之道犹斜径。坦途无不之也，斜径亦无不之也。然适坦途者有津梁，之斜径者苦荆棘。"②儒道是宽广平直的大道，行进很通顺；诸子是偏斜小径，行进有荆棘障碍。不由大道而由斜径，这是违背正理的。但现实中却有违圣人之言、背圣人之教的事。自东汉开始，佛教流传于中国，信佛教的民众日多。到了唐代，民众普遍受佛教的染化。"今知化者，唯西域氏而已矣。有言圣人之化者，则比户以为嗤。"③谈起圣人之道，要被嗤笑，可见儒与佛的地位在民众的心目中已完全颠倒。佛教对社会的危害已经远远超过杨墨，有心于圣人之道的人应该学习孟子辟杨墨，起而反对佛教,捍卫圣人之道。

2. 尊孔

在圣人的道统中,皮日休认为最伟大的是孔子。他在《襄州孔子庙学记》中说:"伟哉夫子! 后天地而生,知天地之始;先天地而没,知天地之终。非日非月,光之所及者远;不江不海,浸之所及者溥。三代礼乐,吾知其损益;百王宪章,吾知其消息。君臣以位,父子以亲;家国以肥,鬼神以享。道未可诠其有物,释未可证其无生,一以贯之,我先师夫子圣人也。"他高度推崇孔子的智慧和道德。孔子知道天地自然的历史,也知道人类社会的历史,他的思想光芒四射,统治者普遍受其恩泽,国家社会就是照他的学说建立了上下等级秩序。他在历史上居中心地位,"迈德于百王,垂化于万世"[①]。他的影响深远,并长期有效。"夫子之道,久而弥芳,远而弥光,用之则昌,舍之则亡。"[②]这就是要复兴儒道的基本理由。

3. 崇孟

皮日休认为,孟子的学说与圣人之道是一致的。孟子继承捍卫圣人之道,有重大的历史功绩。他在《请孟子为学科书》中指出:"夫《孟子》之文,粲若经传。天惜其道,不烬于秦。自汉氏得之,常置博士,以专其学。故其文继乎六艺,光乎百氏,真圣人之微旨也。"孟子使人们认识到孔子的伟大,肯定汤、武革命是合乎天理、顺乎人心的正义行动,批判杨朱、墨翟而维护纲常。由此可见,孟子有功于人类甚大。但孟子的著述未受到宣扬,没有在社会中发挥应有的作用。唐代科举中,道举成为科目,庄周、列子之

① 《皮子文薮·补大戴礼祭法文》。
② 《全唐文·皮日休·襄州孔子庙学记》。

书成为考试的内容。皮日休批判这种设科不正的现象，提出将《孟子》列为学科，"以《孟子》为主，有能精通其义者，其科选视明经"。他认为，学习《孟子》可以端正人的思想，树立救时补教之志。他是历史上第一个主张以《孟子》为科举考试科目的人，并以此作为儒道推行的重要保证。

4. 扬韩

皮日休认为，唐代韩愈为捍卫儒道所起的作用与战国时代孟子所起的作用一样。他写了《请韩文公配飨太学书》，宣扬韩愈的历史功绩。韩愈"身行圣人之道，口吐圣人之言，行如颜、闵，文若游、夏"，是值得尊敬的人。韩愈使孔道得以流传不绝，是继王通之后传道的人。"夫孟子、荀卿翼传孔道，以至于文中子。……文中之道，旷百祀而得室授者，惟昌黎文公焉。"韩愈有极大的理论勇气，当众迷而己独醒之时，虽孤立无援，仍能奋然而起，批判释老，言"文公之文，蹴杨墨于不毛之地，踩释老于无人之境，故得孔道巍然而自正"。他捍卫儒道的著作，称它们都有"裨造化，补时政"的功用。皮日休认为，韩愈是继承和捍卫儒道最杰出的人物，"身行其道，口传其文，吾唐以来，一人而已"，应当配飨太学。皮日休在历史上第一个提出这样的建议。

（三）重视教化

为政以民为本，需要重视教民。对于民之本性如何，教之之道又如何，皮日休作了阐述。

皮日休认为，人性出于天命，天命的禀赋存在差别，这种差别包括道德内容。"上善出于性，大恶亦出于性。中庸之人，善恶在其化者也。"①上善的人出于天命之性，是先天的禀赋。"若圣人者，天资也，非修而至也。"②圣人是天生的，不是后天学习的结果。后天学习而成的，是次于圣人的贤人。大恶的人亦出于天命之性，其恶也无法改变。唯有中庸之人，善恶没有定型，可善也可恶，其人或善或恶，全在于所受的教化。教者善，教之以善，受教者从善而化。教者恶，教之以恶，受教者从恶而化。由此，他得出结论：教化非常重要。

圣人以教化民众为天职，根据民性的表现，施以相应的教化。他在《鹿门隐书》中说："民之性多暴，圣人导之以其仁；民性多逆，圣人导之以其义；民性多纵，圣人导之以其礼；民性多愚，圣人导之以其智；民性多妄，圣人导之以其信。若然者，圣人导之于天下，贤人导之于国，众人导之于家。"③圣人作为教育者，其仁、义、礼、智、信五常之教遍于天下，目的在于使众多的中庸之人能从善而化。

"圣人能与人道，不能与人志。"④圣人能以五常的人道教导民众，但不能代替民众立志，民众一定要接受五常之教，从善而化。教得成功与否，教者只是一方面的条件，受教者是另一方面的条件，有其条件的限制。教者不能强迫受教者按所预定的方向去发展，而要看受教者一方的条件和配合的程度。

（四）整顿学校

皮日休认为，学校是圣人治理国家、实施教化的重要机构。

① 《皮子文薮·相解》。
② 《皮子文薮·鹿门隐书》。
③ 《皮子文薮·鹿门隐书》。
④ 《皮子文薮·鹿门隐书》。

圣人以道治天下,如不能使居位治民的人学道行道,就会名实相反:在上的人不依道施政,文治就存在弊端;在下的人缺乏教训,就不能依正道而行。如此,社会风气起了变化,就会产生偏向。为了避免这种情况,凡是将要居位治人的人,上自天子,下至子男,"必立庠以化之,设序以教之"①。为了庠序的教学,需要有教师,"士有业高训深,必诎礼以延之,越爵以贵之"②,对教师加以礼敬。这是圣人为治国施政而设学尊师的一套做法。

唐代的国学在礼仪制度和尊敬师长方面都超过了前代。皮日休在《移成均博士书》中指出:"今国家立成均之业,其礼盛于周,其品广于汉,其诎礼越爵,又甚于前世,而未免乎愧道者,何哉?"制度和形式都有发展,而在学道行道方面存在欠缺,分析起来,重要的原因在于未能正确认识六经并切实地进行讲习。

六经是历代相传的重要典籍。"夫圣人之为文也,为经约乎史,赞《易》近乎象,《诗》《书》止乎删,《礼》《乐》止乎定,《春秋》止乎修。然六籍仪刑乎千万世,百王更命迭号,莫不由是大也。"③皮日休认为,六经是千万世的经典,但其内容幽隐玄妙,如果学习的人不能"行决句释",就不能了解经的本源及其深远的含意。所以,学经一定要有名家的注释,以减少学习障碍。此外,还得依靠教师的讲习。他认为,当时的教师不能尽其职,讲习和决释都只做了一半的功夫,从圣人经典中学道行道存在着弊端,学生所受的训导程度有欠缺。与佛教相比,佛教徒日日以讲习和决释佛法为事,太学的教学活动日渐荒废,要被佛教徒耻笑。

---

① 《皮子文薮·移成均博士书》。
② 《皮子文薮·移成均博士书》。
③ 《皮子文薮·移成均博士书》。

改变这种状态的办法是整顿。最重要的是,负教学之责的博士要提高其认识,加强其责任心。"得不思居其位者不愧其道,处于职者不堕其业乎?"①博士一旦能端正思想,增强为师的责任心,就会抓紧教学,"日诫其属,月励其徒,年持六籍,日决百氏。俾诸生于圣典也,洞知大晓,犹驾车者必知康庄,操舟者必知河海"②,结果必然提高生徒对于六经的通晓程度。学道有了基础,居位行道也就有了较好的条件。对于博士,根据教学中的表现,也可以进行一定的甄别。"既若是矣,执其业者,精者进而堕者退,公者得而私者失。非惟大发于儒风,抑亦不苟于禄位。"③

皮日休主张提高教师的责任心以改进教学的要求是正确的,但影响学校教学的不单是教师的责任心,还有其他多方面原因。唐后期,政治更加腐败,学校要整顿振兴是困难的。

(五)修养道德

皮日休的理想人格是君子贤人,这要由修善积德而成。他在《鹿门隐书》中指出:"小善乱德,小才耗道。以有善而不进,以有才而不修,孔门之徒,耻也。""盖修而至者,颜子也,孟轲也。"如何修养道德以成君子,这是他着重关心和讨论的问题。他提出以下几方面主张:

1. 心德

皮日休认为,对个人来说,心最为重要,是主宰。"心为己帝,

① 《皮子文薮·移成均博士书》。
② 《皮子文薮·移成均博士书》。
③ 《皮子文薮·移成均博士书》。

耳目为辅相,四支为诸侯。己帝苟不德,则辅相叛,诸侯乱。""心由是君,身由是臣。中既龃龉,外乃纷纶。耳厌闻义,目恶睹仁,手持乱柄,足践祸门。"①心是全身的主宰,如果心不德,没有正确地指挥全身,耳、目、手、足的行动表现就会发生错误。因此,他为自己的修养写了规戒:"冥冥默默,惟道之域。处不违仁,居无悖德。……居不必野,唯性之寂。止不必广,惟心之适。……成吾高风,唯静之力。"②心静而不妄动,更有利于提高修养的水平。

2. 敬己

承认心的主宰作用,也就承认了人的主观作用,重视自己的作用,不等待别人的制约,从主观方面寻找动力,而不是推到客观方面。"能以心求道者,不曰己乎? 能以心为天子、为诸侯、为贤圣者,不曰己乎? 是己之重,不独重于人,抑亦重于道也。尝试论之,能辱己者,必能辱于人;能轻己者,必能轻于人;能苦己者,必能苦于人。为孔、颜者非他,宝乎己者也。"③所以,修习道德要"敬于己",立足于自己,要求自己。这是对儒家传统思想"君子求诸己"的继承,更强调认识自己的作用。

3. 自尊

人处于社会中,如何才能避免旁人的毁谤? 皮日休提出,要"去六邪,用四尊"。"谏未深而谤君,交未至而责友,居未安而罪国,家不俭而罪岁,道不高而凌贵,志不定而羡富,此之谓六邪也。自尊其道,尧舜不得而卑也。自尊其亲,天下不得而诎也。自尊其己,孩孺不得而娱也。自尊其志,刀锯不得而威也。此之谓四

① 《皮子文薮·六箴序》。
② 《皮子文薮·静箴》。
③ 《皮子文薮·原己》。

尊也。"①他强调的是对自己要有充分的自信心,才能立足于关系复杂的社会。

4. 四正

君子日常的行为应该坚持什么样的准则? 皮日休认为,应该坚持的原则可总括为"去四蔽,用四正":"见贤不能亲,闻义不能伏,当乱不能正,当利不能节,此之谓四蔽。道不正不言,礼不正不行,文不正不修,人不正不见,此之谓四正。"②四正包括一个人的言行、读书与交友,都有一定的准则,抓住了知识分子行为的重要方面。

5. 适道

士人生活于社会中,其出处行止是随着舆论而转移还是依据自己的观点而转移? 皮日休认为,不能盲从舆论,而要有一定的主张。他提出:"行以古圣人,止以古圣人,不顾今之是非,不随众之毁誉。虽必不合于禄利,适乎道而已矣。"③行止都以古圣人为榜样,不顾是非,也不顾毁誉,更不计较利禄,只顾朝着圣人之道的方向前进。

皮日休重视个人的道德修养对社会的作用,在修养中重视的是个人的道德认识,强调主观方面而不是客观条件,倾向于心静,以箴言的形式为自己拟定行为戒条,对宋代理学有一定影响。

(六) 礼教移风

皮日休认为,中庸之人可以经教化而从善,民风也可依教化

① 《皮子文薮·鹿门隐书》。
② 《皮子文薮·鹿门隐书》。
③ 《皮子文薮·独行》。

而转变。教化民众,以礼教为主要内容,而礼教不以感情为标准,应以古圣人为标准。"是后之制礼作乐,宜取周书孔策为标准也。"①圣人的标准是选取中道。人类心态体现为,仁爱的人孝有余,不仁的人孝心不足。所以,圣人要制定礼教,"非所以惩其不足,抑亦戒其有余",就是要防止偏向。

孝是封建道德的基本规范,但唐后期孝的道德实践已越过礼教规定的标准,成为新的歪风陋俗。皮日休为此而作《鄙孝议》,对歪风陋俗加以批判,论述合礼教的孝行。

皮日休指出了唐后期出现的歪风。"今之愚民,谓己肉可以愈父母之病,必剔而饲之。大者邀县官之赏,小者市乡党之誉。讹风习习,扇成厥俗,通儒不以言,执政不以禁。"割己肉为父母疗病,这是一种愚昧的行为,不合传统的孝道。他指出:"岂有操其刃剔己肉以为孝哉?夫人之身者,父母之遗体也。剔己之肉,由父母之肉也。言一不顺色,一不怡情,尚以为不孝,况剔父母之肉哉!"这是圣贤不为的事,政府应当严令禁之。唐后期还有父母死后不掩埋,或掩埋之后又庐墓的现象,也是一种陋俗。这种愚昧的行为被称为大孝异行,而奸伪之人则将之作为谋取私利的手段,实是对礼教的破坏。圣人创设礼教,是为了调整人的行为,使之适度。"人之心也,仁者孝有余,凶者暴不足。故圣人之制礼,非所以惩其不足,抑亦戒其有余。由是节之以哀戚,定之以封域,制之以斩衰。仁者之丧,满其哀也,不足于心,而不能有余于礼。凶者之丧,满其怠也,有余于心,而不能不足于礼。"这种由圣人创设的礼制无过无不及,是比较合理的。一些愚昧的人对已死的父

① 《皮子文薮·题叔孙通传》。

母停尸不掩,延长丧期,庐墓而居,都是违反礼教的行为。政府负有教化民众之责,发现此类现象,"宜责而不贵,鄙而不旌,则民必依礼而行矣"。如能加以疏导,违反礼教的歪风陋俗就可以得到改变。

皮日休重视孝德的提倡,认为孝的行为应该在礼教规范之内,违礼就不是真正的孝,应该加以纠正,才能形成良好的社会风俗。

(七) 小结

皮日休的教育思想涉及多方面。他在教育方法上主张说服教育,认为圣贤在世,不能无过;人苟有过,必谕之。他明确地反对体罚,更不赞成把伤害身体作为严教的行为。"吾观夫今之世,诲其子者,必棬肌榜骨,伤爱毁性以为教。呜呼!孟子所谓古者易子而教,诚有旨欤!"①这些都是具有民主性的观点。

在学术思想上,皮日休尊崇孔子、孟子,表彰王通、韩愈,学他们主张的仁义道德,积极行道于当代,是为复兴儒学而奋斗的重要代表。在教育思想上,他强调教化与修养,维护六经与礼教,都体现了儒学的基本特点。这些特点后来为宋代理学家进一步发扬。

---

① 《皮子文薮·原亲》。

三教调和的教育思想 *

一、 三教调和与教育思想

在隋唐儒、道、佛三教并存和斗争中,三教调和的教育思想在发展,它与统治阶级的文教政策有关联,起伏不定。

(一)隋代重佛轻儒条件下调和思想的产生

隋代统治阶级根据自己利益的需要,利用儒、道、佛三教,从各方面影响人们的思想。隋文帝依据历史传统,起初表示三教并重。他感到要治国不能没有儒学和儒生,而要麻痹群众的思想意志,则需鼓励宗教。到后来,他实行的是重佛轻道的政策,尤其轻儒。公元581年,隋文帝令民人任便出家,营造经像,并为京师和大都邑的佛寺写经十三万卷,修治旧经四百部,民间流通的佛经比儒经多数十百倍,佛教达于极盛阶段。三教中,儒学的地位最低。600年,隋文帝下令严禁毁坏、偷盗佛道两教的神像,表示对两教的特别尊崇。601年,他以学校生徒多而不精为由,下令废除京师和州县

---

* 本文原为孙培青主编《中国教育思想史》(第一卷)(华东师范大学出版社 1995 年版)中的一章。

的大小学校,只保留国子学一所,限额学生七十二人。同时,他下令颁舍利于诸州,前后营造寺塔五千多所。由于统治者公开助佛反儒,因此儒学受到沉重打击,被迫退守私学,以维持传授。

隋炀帝信佛甚深。他是天台宗名僧智颛的弟子,积极赞助和利用佛教。他知道儒学于治国不可缺少,于是决定恢复学校,但并不改善儒学的地位。隋炀帝居东西两都或出游,总有僧、尼、道士、女冠随从,称为"四道场"。此时,儒学已空有设学之名,而无弘道之实。

儒家学者面对三教并存而儒学地位最低的局面,不满于隋统治者轻视儒学和不实施德政。于是,某些学者对三教的关系作了冷静的思考。王通认为,在现实社会中,儒、道、佛三教都为统治者所利用,都为朝廷的利益服务,有共同的政治基础,而且信仰宗教的民众甚多,宗教有其存在的社会基础。从历史来看,用行政手段灭佛,"适足推波助澜,纵风止燎尔",产生反作用,佛教反而更昌炽。他对佛教、道教的教主给予尊重,但对两教的社会作用均有批评。他站在儒学的立场上,提出了"三教可一"的建议,认为三教都着眼于从思想上教化民众服从统治,"使民不倦",都为同一朝廷服务,应统一以儒学为基础,吸收佛道中不与传统伦理矛盾而能适应现实政治等级制度需要的思想因素。[①] 王通只是提出新的设想,并没有进一步展开详细的理论探讨。"三教可一"成了以后儒学争论的问题。

(二)唐代三教调和思想的形成

北魏太武帝兴道灭佛,最终未能灭佛;北周武帝兴道灭佛,佛

---

① 《中说·问易篇》。

徒助隋反周;隋文帝助佛反儒,儒生参加农民起义反隋。这些历史教训使唐代统治集团认识到三教都是为封建统治服务的工具,三者并存,各有其用处,反对任何一个都对朝廷不利。所以,唐代统治者十分注意儒、佛、道三种势力的均衡。

李渊发动太原起义之前,道士王远知给他密传符命,僧徒景晖私授密记,都说他当承天命。他成为唐代皇帝之后,根据巩固政权的需要对待三教。他利用道教,宣扬老君李耳与皇帝是祖孙关系,以提高皇权;利用儒学宣扬礼教,624年亲到国子监释奠,引道士、沙门与博士相驳难,在唐代为三教讨论开一先例。他宣布三教的地位是:道教第一,儒学第二,佛教第三。以后他又感到沙门、道士苟避征徭,不守戒律,对朝廷不利,于是下令沙汰天下僧尼、道士、女冠,被沙汰者还俗,使佛教受到一定控制。该政策后因"玄武门事变"而未贯彻实行。

李世民即位后,也为巩固皇权而推崇李耳。所不同的是,在智囊团的影响下,他大力提高儒学的地位,以孔子为先圣,使儒学得到大规模的发展,儒学培养的贤能之士得到使用。贞观十一年(637年),他下令规定道士、女冠的地位在僧尼之上。在佛道斗争中,道教得到政治助力,处于优势,儒居第二,佛居第三。李世民定下三教并用和侧重儒术的政策,使三教均在其控制利用之中。李治继承他的政策,继续利用道与儒,欲合道儒为一股拥李的力量,但已控制不力。

武则天利用佛教徒作为自己夺取帝位的拥护者,明令佛教在道教之上,僧尼处道士、女冠之前,佛教大为得势。排序为:佛第一,道第二,儒第三。儒学大受抑制,学校处于荒废状态。她崇佛,但不焚毁《化胡经》,始终掌握摆弄佛道两教的权力。载初元年(690年),她亲享明堂,令三教讲论,佛教备受尊崇。李旦当皇帝时,佛道对抗相持,互不相让,一时无法判先后,只好让僧道在法事和集会上并进并退,表示二教平等。

李隆基当皇帝时,认识到佛教潜在的危险,因此遏制佛教的发展,而大兴道教。开元、天宝年间,道教得到政治助力,达于极盛阶段,传授道教理论的崇玄学得到发展,并增设道举,给崇玄学生优厚的出路,吸引了一些儒生投入道门。这时,佛教开始衰退,但禅宗的南宗因已改造为大众化的宗教还有发展。开元、天宝年间,儒学受到一定重视,形成了学校系统,确定了管理制度。每年释奠日,佛道与百官赴国子监观礼,依规定讲论三教,成为三教调和的预演。

唐代多数皇帝都知道调和三教对自己有利,使三教都成为拥护皇权的力量。李适当皇帝时,有意识地促进三教调和,于贞元十二年(796年)生日(四月庚辰),令儒官与道佛于麟德殿座前讲论三教。给事中徐岱、兵部郎中赵需、礼部郎中许孟容、四门博士韦渠牟以及道士万参成、沙门谭延等十二人参与讲论。在皇帝面前讲论,既要表现本教的主张,又要讨得皇帝的欢心。三教讲论的大致格式是:"初若矛盾相向,后类江海同归。"[1]有了这个共同格式,三教间的矛盾大体能调和。以后的皇帝也效法此举,在生日举行三教讲论的活动,如宝历、太和、咸通年间都有此类活动,目的也在于促进三教调和。

三教鼎立,相互斗争,不利于维系政治上的长久稳定。唐前期由于政治上比较稳固,朝廷能够控制,问题不太大。到了唐后

① 《南部新书》乙。

三教调和的教育思想

571

期,由于政治统治松弛,加强思想统一的任务就更为突出。儒家内部关于三教关系的讨论可归结为两种意见:一种以韩愈为代表,主张独尊儒家,排斥佛道;一种以柳宗元为代表,主张以儒为主,统合三教。柳宗元认为,佛道思想虽有缺点,但与儒学的基本精神并不矛盾,三教可以殊途同归,解决三教关系的正确途径是以儒为主的三教调和。白居易也主张三教调和,但他越到晚年,佛学的思想因素越是增加。

三教调和与三教人员的交流也甚有关系。有些原来受过儒学教育的士人由于种种社会原因,弃儒而入佛或入道,虽然学习宗教知识,但并未割断旧思想,把儒学思想渗进了佛道。有的士人,其科举仕途顺利,但另外寻找精神寄托,又信仰佛教或道教,把佛道思想渗进了儒学。此类士人在官僚群体中为数不少。如宰相韦处厚,他佩服世教,栖心佛门,外为君子儒,内修菩萨行。这类人对三教调和的促进起了很大作用。

佛教中也逐渐产生与儒学合流的倾向。僧徒清闲,有人研读儒家经籍,有人习行儒业。有人接受儒学思想,放弃某些佛规,而讲起孝道。如元暠、道纵、道丕等和尚就是受了儒学思想的影响,使佛与儒接近。习儒业有成就的僧徒也不少,如诗僧有皎然、灵彻,琴僧有善本,书僧有怀素等。有文化、有见识的僧人也更容易摆脱宗教教派的偏见,而谈论三教调和。如僧人宗密(780—841),从思想上着力调和华严和禅教两派对立和佛、道、儒三家对立,他在《原人论》序中说:"孔、老、释迦,皆是至圣,随时应物,设教殊途,内外相资,共利群庶。"他代表了佛教中一部分人的看法。

三教调和是唐代思想文化发展的总趋势,它是在斗争中逐渐发展的,偶尔也有激化的现象。如会昌年间反佛,大中年间又再恢复佛教,再次证明行政手段简单化不可行,需要从思想理论上探索调和的途径和方法。

　　三教调和的教育思想有其特点,它对异教采取尊重的态度,主张博通,既读本教的经籍,也读异教的经籍,以增进了解;考察问题时不片面偏激,注意他方缺点之时也能考虑其优点;在方法上更侧重于求同,留意于能相互会通的共同点;一般比较注意道德心性的修养。

二、 柳宗元的教育思想

　　柳宗元(773—819),字子厚,河东解县(今山西运城西南),后人称柳河东。他出身官僚世家,资质聪颖,又勤奋好学,受过良好的儒学传统教育。青年时开始显露杰出的才华,受到时人重视,被赞为"精敏绝伦"。

　　时当唐德宗贞元年间,政治腐败,社会不安,柳宗元怀有改革社会、"利安元元"的政治大志。

　　贞元九年(793 年),柳宗元考中进士。十四年,考中博学宏词科。先后任集贤殿正字、京兆府蓝田尉、监察御史里行、礼部员外郎等。在长安时,柳宗元已开始教育活动。他支持正义的学生运动,为国子司业阳城被贬鸣不平。经常与青年交往,"往在京师,后学之士到仆门,日或数十人,仆不敢虚其来意,有长必出之,有不至必萌之"[①]。

　　柳宗元曾参加以王叔文为首的"永贞革新",失败后,被贬为

永州司马,过着十年拘囚式的生活。他把注意力转移于学术研究和教育活动,在特殊的环境下形成了唯物主义无神论思想、文以明道的文学思想。其著作多数写于这个阶段。他从事教育活动的主要方式是对青年的个别指导和通信,从学者不远千里而至。他的教育思想是在实践基础上形成的。在永州时,他对佛学进行更深入的研究,明确宣传儒、佛、道三教调和的思想。

元和十年(815年),柳宗元改任柳州刺史,他把教育活动扩展到岭南地区,"南方为进士者走数千里从宗元游,经指授者,为文辞皆有法"[1]。凡来者皆不拒,对不同类型的青年,他都诚心指教。他主持修复了文庙和州学,使当地文化教育得到发展。他还修复了大云寺,利用佛教以佐王化,转变当地少数民族民风。柳宗元推动地区经济的发展和文化的传播,政绩辉煌,受到人民的拥戴。

柳宗元的著作,身后由好友刘禹锡编为《柳河东集》四十五卷,传于世。

(一)主张儒、佛、道三教调和

柳宗元接受儒学传统教育,儒学是其学术思想的主体。他在《报崔黯秀才论为文书》中说:"仆尝学圣人之道,身虽穷,志求之不已,庶几可以语于古。"他曾在家庭影响下信佛,对佛学也作了长期研究。他在永州所写《送巽上人赴中丞叔父召序》中说:"吾自幼好佛,求其道积三十年。世之言者罕能通其说,于零陵,吾独有得焉。"他被贬永州,住龙兴寺西轩,与名僧重巽为友。这样的

---

[1] 《新唐书·柳宗元传》。

环境使他对佛学的研究体会更为深入,自信"知释氏之道"。他既学儒又学佛,认为儒佛的思想学说有共同因素,可以相互沟通,因而主张"统合儒释"。他不畏争论,从多方面阐述这种观点。

1. 佛道往往与《易》《论语》合,不与孔子异道

柳宗元在《送僧浩初序》中公开申明他喜欢佛学的主要原因。"儒者韩退之与余善,尝病余嗜浮图言,訾余与浮图游。……浮图诚有不可斥者,往往与《易》《论语》合。诚乐之,其于性情奭然,不与孔子异道。退之好儒,未能过扬子;扬子之书,于庄、墨、申、韩皆有取焉。浮图者,反不及庄、墨、申、韩之怪僻险贼耶? 曰:'以其夷也。'果不信道而斥焉以夷,则将友恶来、盗跖而贱季札、由余乎? 非所谓去名求实者矣。吾之所取者,与《易》《论语》合,虽圣人复生,不可得而斥也。退之所罪者,其迹也,曰:'髡而缁,无夫妇父子;不为耕民蚕桑,而活乎人。'若是,虽吾亦不乐也。退之忿其外而遗其中,是知石而不知韫玉也。吾之所以嗜浮图之言以此。"所谓浮图"与《易》《论语》合",在于主张"生而静"。他在《曹溪第六祖赐谥大鉴禅师碑》中说:"而吾浮图说后出,推离还源,合所谓生而静者。"禅宗六祖慧能尤其显扬佛说,"其道以无为为有,以空洞为实,以广大不荡为归。其教人,始以性善,终以性善,不假耘锄,本其静矣"。除了儒佛主张的本源相同外,儒的礼与佛的律,其作用也完全相通。大明寺律僧欧阳慧开出身潭州官僚世家,受了儒学教育后出家,能会通儒的礼、佛的律,受到柳宗元赞扬。

2. 佛教接受孝道思想,与儒学的要求相符

柳宗元在《送元暠师序》中说:"余观世之为释者,或不知其道,则去孝以为达,遗情以贵虚。今元暠衣粗而食菲,病心而墨

貌,以其先人之葬未返其土,无族属以移其哀,行求仁者,以冀终其心。勤而为逸,远而为近,斯盖释之知道者欤！释之书有《大报恩》十篇,咸言由孝而极其业。世之荡诞慢弛者,虽为其道,而好违其书。于元暠师,吾见其不违且与儒合也。"他认为佛教能放弃原来的主张,接受儒学的基本伦理观念,表明伦理方面的矛盾可消除,儒佛可以调和。

3.佛教可佐教化

儒佛并行,这是当时从中央到地方实行的政策。柳宗元在《送文畅上人登五台遂游河朔序》中指出:"今燕、魏、赵、代之间,天子分命重臣,典司方岳,辟用文儒之士,以缘饰政令。服勤圣人之教,尊礼浮屠之事者,比比有焉。上人之往也,将统合儒释,宣涤疑滞。"儒佛既然为当政者并用,有共同的政治基础,那么从政治需要出发,也要求两教在学说上会通。不少文儒之士由儒而通佛,如孟简、杨凭等人,成为佛教的提倡者。柳宗元任柳州刺史时,既新修柳州文宣王庙,又修复大云寺,正是这种并用思想的体现。《柳州复大云寺记》云:"唯浮图事神而语大,可因而入焉,有以佐教化。……崇佛庙为学者居,会其徒而委之食,使击磬鼓钟,以严其道而传其言,而人始复去鬼息杀,而务趣仁爱,病且忧,其有告焉而顺之,庶乎教夷之宜也。"由州官出头,恢复寺庙,开展活动,移风易俗,改变观念,使社会安定,有利于教化的推行。

柳宗元还认为,儒与道不是对立的,老氏是孔氏的异流,可以通而同之。他在任蓝田尉时,为了与卒伍俗吏混处,便学《老子》中"和其光,同其尘"的处世哲学。后为了扩大知识范围,提高写作水平,他读道家书,对《列子》持赞赏的态度。他不赞同儒道对立的观点,在《送元十八山人南游序》中阐述了自己的看法:"太史公尝言：世之学孔氏者，则黜老子；学老子者，则黜孔氏。'道不同，不相为谋。'余观老子，亦孔氏之异流也，不得以相抗，又况杨、墨、申、商、刑名、纵横之说，其迭相訾毁、抵捂而不合者，可胜言耶？然皆有以佐世。太史公没，其后有释氏，固学者之所以怪骇，舛逆其尤者也。今有河南元生者，其人闳旷而质直，物无以挫其志；其为学恢博而贯统，数无以踬其道，悉取向之所以异者，通而同之，搜择融液，与道大适，咸伸其所长，而黜其奇邪，要之与孔子同道，皆有以会其趣。"元生从人们认为儒道存在差别的方面找到共同因素，证明老子与孔子同道。柳宗元称赞元生，并引为同调，以说明儒道融合的主张不是孤立的。

在儒学的基础上，三教调和，这是柳宗元的思想特色，亦渗透到他的教育思想中。

（二）教育的目的在于培养行道的君子

柳宗元否定天命而重人事，认为封建王朝施行德政才能得到民众拥护而巩固其统治。所以，他在政治上主张以德安民，把希望寄托在自上而下的德政和提高官吏的素质上。

柳宗元认为，教育的目的在于培养为国家和社会所用的君子。君子把为人民谋利益作为自己的责任，能以"生人之意"为自己的政治准则，从"生人之意"出发，以"生人之意"为归结。君子要像历史上的伊尹、管仲、孔子那样能爱民济世以行道。

在柳宗元看来，"道"指的是先王之道，即尧舜之道；是圣人之道，即孔子之道；是及物之道，即人道；是仁义之道，即治道。如果只言天道而不言人道，则是对于道缺乏正确的理解。他在《断刑论下》中说："务言天而不言人，是惑于道者也。胡不谋之人心，以熟吾道？吾道之尽，而人化矣。"凡符合人民意志的，就是他主张的人道，具体标准是合乎人民利益。他在《时令论上》中说："圣人之道，不穷异以为神，不引天以为高，利于人，备于事，如斯而已矣。"圣人之道不是抽象的思想理论，而是面对社会现实的治世之道。

对于君子，柳宗元表达了自己的一系列看法。他主张君子以行道为职志，应当为国家所用，国家因得这类治术人才而获得安定。君子虽成为官吏，但应认识到官吏是人民的公仆，而不能颠倒主仆，奴役人民。

君子是人格高尚的人，内外兼修，内可以守其道，外可以行其道。为国家所用，就出而施行治道；不能得到使用，就居家修心养性以完善自身。这是对儒家传统思想"穷则独善其身，达则兼济天下"的继承，不论出或处，都能合乎道。

君子并非天生而就，而是后天学习而成。柳宗元说："圣人之道，学焉而必至。"①又说："君子学以植其志，信以笃其道。"②要学道，就需要立志，立志是能否成为君子的关键。柳宗元自己是立志信道的人，他说："夫形躯之寓于土，非吾能私之。幸而好求尧、舜、孔子之志，唯恐不得；幸而遇行尧、舜、孔子之道，唯恐不慊。"③

君子要履行其社会职责，不仅要有道德修养，还应当在艺能方面具备相当的条件。柳宗元在《送元秀才下第东归序》中说：

---

① 《柳河东集·送从弟谋归江陵序》。
② 《柳河东集·送薛判官量移序》。
③ 《柳河东集·送娄图南秀才游淮南将入道序》。

"周乎志者,穷踬不能变其操;周乎艺者,屈抑不能贬其名。其或处心定气,居斯二者,虽有穷屈之患,则君子不患矣。"有坚定的志向、周全的艺能,才能构成君子完美的人格。

（三）学习内容要在五经的基础上扩大

君子的社会职责在于"行道",而"道"有同异,有邪正,所以需要正确地认识道。学习的根本任务就是"明道",明尧、舜、孔子之道。对于从何处学道,柳宗元有自己的经验和主张。

1. 五经是"取道之原"

柳宗元接受儒家的教育传统,以五经为学习内容,通过五经来把握尧、舜、孔子之道,继承历史文化遗产,所以他认为"五经"很重要。他在《报袁君陈秀才避师名书》中说:"求孔子之道,不于异书。秀才志于道,慎勿怪、勿杂、勿务速显。"求孔子之道在于经书,"先读六经,次《论语》、孟轲书,皆经言"。

柳宗元在《答韦中立论师道书》中申明,五经即《书》《诗》《礼》《春秋》《易》是学习道的"取道之原"。"本之《书》以求其质,本之《诗》以求其恒,本之《礼》以求其宜,本之《春秋》以求其断,本之《易》以求其动,此吾所以取道之原也。"五经是学习道最好的教材,从《书》质朴的文字中可以学习直接反映社会问题的实质,从《诗》的内容无邪中可以学习认识人们恒常的性情,从《礼》规定行为合宜中可以学习行动的适当,从《春秋》有褒贬决断中可以学习判断是非的能力,从《易》讲事物变化中可以学习考察事物的发展变化。把五经的主要精神融会贯通,就能把握圣人之道的实质,这是君子最主要的学习。

2.百家为道之旁通

除了儒家经书应学之外,还有数量甚多的百家之书。这些书,有的是孔氏之异流,皆可以佐世;有的是部分与孔子同道,皆有以会其趣。所以,学习的知识应该拓宽,广泛吸收,融会贯通。在永州时,柳宗元正是按这种主张安排自己的学习。他在《与李翰林建书》中说:"仆近求得经史诸子数百卷,常候战悸稍定,时即伏读,颇见圣人用心、贤士君子立志之分。"他要求读书有明确的目的。他认为,读百家之书虽有益于为文,但一定要端正方向,"直趣尧、舜之道,孔氏之志,明而出之"①。他在《报袁君陈秀才避师名书》中指出,要扩大读书范围至百家,"《左氏》、《国语》、庄周、屈原之辞,稍采取之,穀梁子、太史公甚峻洁,可以出入。余书俟文成异日讨也。其归在不出孔子,此其古人贤士所懔懔者"。在《答韦中立论师道书》中,他对学为文的青年重申同样的主张,并逐一指出学习各书的特点和长处:从《穀梁》中学习磨砺文章的气势,从《孟子》《荀子》中学习文章条理畅达,从《庄子》《老子》中学习文思畅想多端,从《国语》中学习文章富有奇趣,从《离骚》中学习行文幽深微妙,从《史记》中学习文字典雅纯洁。这就是"旁推交通"所要吸取的,应作为写作的借鉴。

柳宗元主张学习诸子百家时,要独立思考,敢于怀疑和批判,反对盲目信古崇古,对古代文化遗产应采取批判性吸收的态度。他对《国语》加以分析,认为《国语》的写作很有特点,富有文采,但其中也有不少怪诞之事及迷信的观点,所以应分别予以肯定和否定,把学习和批判结合起来,从而达到博采众长、益于世用的要

① 《柳河东集・与杨京兆凭书》。

求。正因为他拥有诸子百家论述的广博知识,且能"采摭奥旨"①,吸收其中精华为己所用,所以在讨论中、在写作时能"议论证据今古,出入经史百子"②。

柳宗元与同时代的韩愈在学习内容方面的主张显然有较大的差别。韩愈站在捍卫儒道的立场上,对佛学持坚决排斥的态度;而柳宗元主张统合儒释,认为儒释殊途同归,佛教有助于封建教化。柳宗元不仅容佛,而且长期学习佛教经典,他的博学超过传统的儒家学者。

(四) 修养德行

人必须遵行社会所要求的一定的道德规范。这就需要通过加强修养,加深对道德的认识,形成信念,才能转化为德行。柳宗元在这方面提出了自己的看法。

1. 以五常为规范

柳宗元在《时令论下》中说:"圣人之为教,立中道以示于后,曰仁,曰义,曰礼,曰智,曰信,谓之五常,言可以常行者也。"五常是五项常行的道德规范,沿着五常而行就是圣人的中正之道。五常之中,基本的是仁、义两项。他在《四维论》中说:"圣人之所以立天下,曰仁义。仁主恩,义主断。恩者亲之,断者宜之,而理道毕矣。蹈之斯为道,得之斯为德,履之斯为礼,诚之斯为信,皆由其所之而异名。"仁义的内容贯串于道、德、礼、信之中。所以,他

---

① 《柳河东集·故银青光禄大夫右散骑常侍轻车都尉宜城县开国伯柳公行状》。
② 《全唐文·韩愈·柳子厚墓志铭》。

在《天爵论》中说:"道德与五常,存乎人者也。……后之学者,尽力于所及焉。"人要努力学习五常,使之成为自己的德行。

2. 经与权需结合

有了对道德规范的认识,如何去实践也是个很重要的问题。固定的行为模式是机械的、不合理的,不同的时间、地点、条件所形成的社会具体情况是道德实践不能不加以考虑的因素。柳宗元在《断刑论下》中讨论了这个问题:"经也者,常也;权也者,达经者也:皆仁智之事也。离之,滋惑矣。……当也者,大中之道也。离而为名者,大中之器用也。知经而不知权,不知经者也;知权而不知经,不知权者也。偏知而谓之智,不智者也;偏守而谓之仁,不仁者也。知经者,不以异物害吾道;知权者,不以常人怫吾虑。合之于一而不疑者,信于道而已者也。"经就是原则性,权就是灵活性。道德实践要遵守一定的原则,否则就谈不上道德,但实践中遇有具体情况时也要求有一定的灵活性。单纯坚守原则就会陷于拘泥,过于强调灵活就会违反原则。因此,如果把原则性和灵活性两项分离开来,就会造成或此或彼两种偏向,只有把它们结合起来,才会产生分寸适当的行为。这才是真正的知经又知权,符合大中之道,以辩证的观点对待原则性和灵活性,正确地指导人们的道德修养和实践。知经则内可以守道,知权则外可以行道,换另一种说法就是"方其中,圆其外"。

柳宗元很注意自己的道德修养。为防止片面和偏激,他主张保持中和为好,曾写《佩韦赋》以自戒:"执中而俟命兮,固仁圣之善谋。……故曰:纯柔纯弱兮,必削必薄;纯刚纯强兮,必丧必亡。韬义于中,服和于躬;和以义宣,刚以柔通。守而不迁兮,变而无穷。交得其宜兮,乃获其终。姑佩兹韦兮,考古齐同。"他认为,纯柔弱或纯刚强都是片面的,主张刚柔兼济,避免偏向。

(五) 自然主义的教育法

柳宗元以唯物主义的自然观考察世界,认为万物都有其自身生长发展的规律,顺应规律就能正常生长发展,违反规律就会妨害生长发展,人的成长发展也是如此。他以树木的栽培成长比喻人的教育成长,在所作《种树郭橐驼传》中阐述了这一思想。郭橐驼是长安一位驼背的园艺师,他所种的树成活率高,长得茂盛,结果实早,别人学他种树,总不如他种得好。有人问他种树的诀窍,他说了一番道理:"橐驼非能使木寿且孳也,能顺木之天,以致其性焉尔!凡植木之性,其本欲舒,其培欲平,其土欲故,其筑欲密。既然已,勿动勿虑,去不复顾。其莳也若子,其置也若弃,则其天者全而其性得矣。故吾不害其长而已,非有能硕茂之也;不抑耗其实而已,非有能蚤而蕃之也。"他种树能顺应树木生长的本性,为其创造合适的条件,使之自然生长。不害其长,不抑耗其实,顺其自然,使树木的本性获得发展,这就是他所说的"顺木之天,以致其性",所以取得成功。其他人种树是另一种情况。"他植者则不然,根拳而土易,其培之也,若不过焉则不及。苟有能反是者,则又爱之太恩,忧之太勤,旦视而暮抚,已去而复顾。甚者爪其肤以验其生枯,摇其本以观其疏密,而木之性日以离矣。虽曰爱之,其实害之;虽曰忧之,其实仇之。故不我若也。吾又何能为哉?"种树时就不得法,照顾管理也不得法,结果造成损害,树木生长不好。

养树之术如此,育人之法亦然,"问养树,得养人术"。教育儿童的根本方法在于,注意儿童自然发展的规律,不妨害其自然成长。如果对儿童爱之太恩,忧之太勤,干出一些违反儿童自然发展规律的事,从主观动机说,曰爱之;从客观效果来说,其实害之。认识了这一道理,就应当按"顺木之天,以致其性"的根本原则,对儿童进行教育培养。

柳宗元的自然主义教育法受到道家思想的启发。《老子》主张"道法自然","天之道,利而不害"。在柳宗元所处的时代,教育领域存在不少弊端,其中之一就是违背儿童自然发展规律,抑制儿童天性的发展。针对这种弊端,他主张顺应儿童天性,让儿童个性充分发展,这在当时是有进步意义的。

(六) 论师道

中唐时期,教育领域开展过关于师道的论争,柳宗元参与了这次教育思想的论争,并发表了自己的主张。

1. 批评轻视师道的风气

儒学主张由学而知,故重教而尊师,形成尊师重道的传统。魏晋时,儒学衰落,玄学、佛学兴起,师道不被重视。这种社会风气一直流传至唐,没有扭转,既影响了教育,也影响了学术的继承和发展。韩愈为破除这种社会风气,不顾舆论的压力,作《师说》,提倡师道,引起一场论争。柳宗元支持韩愈的主要观点,在这次思想论争中成为韩愈的盟友。柳宗元利用种种机会表明要扭转不良社会风气的态度,他在《答韦中立论师道书》中就比较集中地论述了自己的看法:"自魏晋氏以下,人益不事师。今之世不闻有师,有辄哗笑之,以为狂人。独韩愈不顾流俗,犯笑侮,收召后学,作《师说》,因抗颜而为师。世果群怪聚骂,指目牵引,而增与为言辞。……屈子赋曰:'邑犬所吠,吠所怪也。'……然雪与日岂有过哉? 顾吠者犬耳。度今天下不吠者几人,而谁敢炫怪于群目,以召闹取怒乎?"韩愈就是少数敢炫怪于群目的人,具有敢为天下先的理论勇气,他是正确的,而群怪聚骂者则迷而未悟。柳宗元又写《师友箴》,再次表明要求扭转社会风气的态度。他说:"今之世,为人师者众笑之,举世不师,故道益离;为人友者,不以道而以利,举世无友,故道益弃。呜呼! 生于是病矣,歌以为箴。既以儆己,又以诚人。"后来,他又写了多篇文章,进行提倡师道的宣传,这在当时具有进步意义。

2. 主张学必有师

柳宗元继承儒家尊师重道的教育传统,又总结自己学习成长的经历,肯定师友在人成长过程中的重要作用。有良师的传道教诲,才能成德成才;有益友的切磋劝善,才能增进德行学识。面对当世众多迷惑未悟的人,他提出:"不师如之何? 吾何以成! 不友如之何? 吾何以增!"[①]他主张,凡人之学,必当有师。"言道、讲古、穷文辞以为师"[②],是教师的任务。

柳宗元认为,无师而自学,妄想而自是,学业往往难以成功。他在《送易师杨君序》中指出:"世之学《易》者,率不能穷究师说,本承孔氏,而妄意乎物表,争伉乎理外,务新以为名,纵辩以为高,离其原,振其末,故羲、文、周、孔之奥,诋冒混乱,人罕由而通焉。"自以为高明,有新的发展,实际上并未弄通内在深刻的道理。

柳宗元从亲身见闻中体验到,只有个人学习的积极性,没有

---

① 《柳河东集·师友箴》。
② 《柳河东集·答严厚舆秀才论为师道书》。

名师指点,不能走正确的门径,也学不成功。"见有学操琴者,不能得硕师,而偶传其谱,读其声,以布其爪指。蚤起则嘤嘤哓哓以逮夜,又增以脂烛,烛不足则讽而鼓诸席。如是十年,以为极工。出至大都邑,操于众人之座,则皆得大笑曰:'嘻!何清浊之乱,而疾舒之乖欤?'卒大惭而归。""又见有学书者,亦不得硕师,独得国故书,伏而攻之,其勤若向之为琴者,而年又倍焉!出曰:'吾书之工,能为若是。'知书者又大笑曰:'是形纵而理逆。'卒为天下弃,又大惭而归。"学琴、学书者很勤苦,都坚持学习十年甚至二十年,自我估计与客观实际相差太远,其中有经验教训可总结。"是二者,皆极工而反弃者,何哉?无所师而徒状其文也。其所不可传者,卒不能得,故虽穷日夜,弊岁纪,愈远而不近也。"[1]不成功的主要原因是"无所师",没有继承前人积累的规律性的知识经验,没有由正确的门径掌握技艺要领,方向一偏,越是努力,错误成为习惯,距离标准越远。这就证明不从师、不明道是不能成功的。

3. 提倡交以为师

柳宗元立足于社会需要来提倡师道,而在处理师生关系时则结合个人的现实情况。

柳宗元重视师道,主张学者应从师学习,必然形成一种师生关系,所以不以师为非,不以弟子为罪。他也认为自己有责任为师,声称:"言道、讲古、穷文辞以为师,则固吾属事。"[2]凡找他请教的,都给予实际的指点,从来没有拒绝学者的要求。他把教师看得很崇高,条件很严格,认为需具有道德学问才足以为人师。他对照衡量自己,觉得自己与为师的标准还有距离。"仆道不笃,业

---

① 《柳河东集·与李睦州论服气书》。
② 《柳河东集·答严厚舆秀才论为师道书》。

甚浅近,环顾其中,未见可师者。"①"内不足为","不敢自谓有可师乎人者"。② 这些表明他很自谦。

柳宗元在政治上遭受打击,被贬边远的地方,敌对者还想迫害他。因怕被人罗织罪名,加重迫害,他对欲拜自己为师的人表示:"世久无师弟子,决为之,且见非,且见罪,惧而不为。"③他不是不乐为,而是因为政治原因不敢为。

柳宗元也觉得既主张师道而尽师之责,又不接受师之名,名与实之间存在矛盾。对于如何处理这一矛盾,他经过了长期反复的思考。他说:"仆之所避者,名也;所忧者,其实也。""若曰仆拒千百人,又非也。仆之所拒,拒为师弟子名,而不敢当其礼者也。若言道、讲古、穷文辞,有来问我者,吾岂尝瞑目闭口耶?"他不能承担师之名,但能保存师之实,便提出了新的处理办法:"苟去其名,全其实,以其余易其不足,亦可交以为师矣。如此,无世俗累而有益乎己,古今未有好道而避是者。"④他提出"交以为师"的观点,要求相互学习,取长补短,既能两全,又有两利,既体现了关于师生关系的辩证思想,也含有民主平等因素。

(七) 小结

柳宗元是中唐时期一位重要的教育家,他的教育思想和教育实践活动都产生过较大的社会影响。在学术领域,当儒佛斗争进

---

① 《柳河东集·答韦中立论师道书》。
② 《柳河东集·答严厚舆秀才论为师道书》。
③ 《柳河东集·报袁君陈秀才避师名书》。
④ 《柳河东集·答严厚舆秀才论为师道书》。

入新的阶段时,他主张在"与孔子同道"的原则下,以儒学为基础,儒、佛、道三教会通调和,发挥佐世的作用。他在自己的教育活动和文学写作实践中也试行三教调和,这是符合历史发展趋势的。

柳宗元所要求培养的君子,是封建社会的治术人才,其历史职责是为人民利益服务,尊重人民的意志,爱民济世。他们应具备坚定的志向、周全的艺能,形成完美的人格。这种主张在当时一定程度上唤起知识分子的责任心,鼓励知识分子全面提高素质。

在学习内容方面,柳宗元主张突破儒家经学的局限,而扩及诸子百家以至佛学,使学者知识广博,避免思想的狭隘。这种主张虽然没有越出人文科学的范围且侧重文学,但在当时起了进步作用,值得肯定。

在师道观的争论中,柳宗元与韩愈是同一战线的盟友,各自的宣传活动相互呼应,对于扭转轻视师道的社会风气发挥了各自的作用。"交以为师"是柳宗元在理论上的创造性贡献,虽然这一理论不适用于一切领域,但对青年人的教育是适用的,对后世也产生积极影响,成为宝贵的教育思想遗产。

三、 白居易的教育思想

白居易(772—846),字乐天,晚年号香山居士。其先太原(今山西太原西南)人,后迁居下邽(今陕西渭南北)人。唐代杰出的文学家,其教育思想具有一定的代表性和社会影响。

白居易出身"世敦儒业"的中小官僚家庭,自幼在家中受教。十五六岁时,决定走科举道路,发愤攻读。贞元十六年(800 年),

进士及第。十八年，书判拔萃及第。次年，授校书郎，从此走上仕途。他的思想源于儒学，又不局限于儒学，曾向东都圣善寺凝公大师求佛学之心要。元和元年（806 年），与好友元稹同应制举才识兼茂明于体用科，入乙等，授盩厔县尉，进一步了解到地方官吏的横暴与下层人民的困苦。二年，被召回长安，授翰林学士，更关心议论朝政。九年，与兴善寺大彻禅师交往，曾四次请问佛道，得其真修心要。十年，受谤贬官江州司马，此次政治打击使他在思想上转向消极。他在《与元九书》中说："故仆志在兼济，行在独善，奉而始终之则为道，言而发明之则为诗。"他的思想较多用诗的形式表达。他早年曾读道家、佛家之书，对道、佛都有所了解。但他主张国家教令唯一无二，不用道、佛而独尊儒学。此番政治转折促使他接受佛学、道学思想，糅合三教，形成调和的思想。

元和十四年（819 年）以后，白居易连续在地方和中央迁转任官。会昌二年（842 年）以刑部侍郎致仕，六年逝世，终年七十五岁。有《白氏长庆集》。

（一）从尊儒排佛到三教调和的转变

白居易的《策林》写于元和元年（806 年），比较集中地反映了他前期的政治、经济、思想、文教观点。他认为，统一的国家要有统一的教令，国家才能治理；教令不一，国家就会混乱。国家在儒学指导下，抓住文武两大权柄，足以组织管理人民。当政者务遵圣人之要道，弘四术之正义，排斥异端，罢黜子书。中国自古以来的教化就是唯一无二，何必去儒而取佛？佛不可利用以辅助王化，原因有四：（1）佛教学说的根本枝叶，先王之教均已具备。佛教"以禅定为根,以慈忍为本,以报应为枝,以斋戒为叶"。"若欲以禅定复人性,则先王有恭默无为之道在。若欲以慈忍厚人德,则先王有忠恕恻隐之训在。若欲以报应禁人僻,则先王有惩恶劝善之刑在。若欲以斋戒抑人淫,则先王有防欲闲邪之礼在。"(2)佛教异教殊俗,足以贰乎人心。佛教与先王之教异名则殊俗,实足造成人心不一,不一则乱,乱则害大,所以不可行用。(3)佛教耗费大量财富,增加不参加生产的消费者。"况僧徒月益,佛寺日崇;劳人力于土木之功,耗人利于金宝之饰;……今天下僧尼,不可胜数,皆待农而食,待蚕而衣",伤生之费甚深。(4)佛教违背中国传统伦理。"移君亲于师资之际,旷夫妇于戒律之间",不能尽其忠孝义顺之职。比较其利弊,佛教弊大于利,切不可用。

白居易对道教的态度则不同,主张要善于利用以改良政治。他在《策林·黄老术》中说:"夫欲使人情俭朴,时俗清和,莫先于体黄老之道也。其道在乎尚宽简,务俭素,不眩聪察,不役智能而已。盖善用之者,虽一邑一郡一国至于天下,皆可以致清净之理焉。……故《老子》曰:'我无为而人自化,我好静而人自正,我无事而人自富,我无欲而人自朴。'此四者皆黄老之要道也。陛下诚能体而行之,则人俭朴而俗清和矣。"这种主张适应政治现实。唐代统治者以李耳为祖先,追封其为玄元皇帝,设立宫观来奉祀,命令家家藏《老子》书,科举考试加试《老子》题,以尊道为合法。白居易的诗作中有《读〈老子〉》《读〈道德经〉》《读〈庄子〉》等,反映了他对道家思想有所吸取。

元和十年(815年),白居易受贬,此后其思想发生重要变化,由以前的"达则兼济天下"转为"穷则独善其身",接受佛学思想以使个人"独善其身"。十二年,他在庐山香炉峰、遗爱寺之间建草堂,迁居其中,与东西二林寺长老为友,按佛徒的要求斋戒、坐禅,思想更多倾向佛学。

白居易的思想随着政治处境而变化。元和十四年(819年)任忠州刺史,"兼济天下"的思想有所恢复,儒学思想又居主导。大和元年任秘书监,十月皇帝诞日,受诏与沙门义林、道士杨弘元于麟德殿论儒、释、道三教教义,作《三教论衡》,承认三教鼎立,着意会通儒释,声称儒释名数有异同,约义立宗无差别,所谓"同出而异名,殊途而同归"。大和三年因病以太子宾客分司东都,从此长居洛阳,注重修心,以佛为精神寄托,自称"迷路心回因向佛"。他自认在家出家,身不出家心出家。七十岁时,他虔诚地写下《赞佛偈》:"十方世界,天上天下。我今尽知,无如佛者。堂堂巍巍,为天人师。故我礼足,赞叹归依。"这表明他最终归依于佛,为来世起因发缘。

(二)"性由习分"的人性理论

白居易在青少年时接受儒学灌输,其思想渊源于早期儒学,继承孔丘"性相近,习相远"的观点并加以发挥,把性习学说作为教育思想的理论基础,写有《性习相远近赋》。

1. 提出"性由习分"的论点

白居易认为,由于性相近,人归于同类,受教育无须分类,应实行"有教无类"。由于习相远,不同的学习条件和途径产生不同的结果,导为愚智之源,开成理乱之轨。习则生常,邪正歧分,形成善恶的明显区别,起初失之毫厘,最终差以千里。所以,要认识习对性发展所起的决定作用。"君子稽古于时习之初,辩惑于成性之所",对于人的整个发展过程,也要保持审慎的态度。

2. 否定先验道德与生知

白居易说:"且夫德莫德于老氏,乃曰道是从矣;圣莫圣于宣尼,亦曰非生知之。则知德在修身,将见素而抱朴;圣由志学,必切问而近思。在乎积艺业于黍累,慎言行于毫厘。"圣德均非由天而生,成圣成德全要依靠修学,是在后天由习而成的。

3. 强调要慎于所习

由于"人无常心,习以成性"[①],因此后天如何学习十分重要。白居易要求"积习者遵要道于君子","故得其门,志弥笃兮,性弥近矣。由其径,习愈精兮,道愈远尔"。他又说:"然则性者中之和,习者外之徇。中和思于驯致,外徇戒于妄进。非所习而习则性伤,得所习而习则性顺。故圣与狂,由乎念与罔念;祸与福,在乎慎与不慎。慎之义,莫匪乎率道为本,见善而迁。观炯诫于既往,审进退于未然。"所谓慎,首先是方向、路线、率道为本,就是要遵要道,走正门;其次是习的内容要有正确的选择,辨明邪正、浊清、祸福,才能远恶而迁善。

白居易把性习的学说作为教人者应先认识的基本教育问题,故曰:"性习之说,吾将以为教先。"

(三)"由教不由时"的教化作用论

白居易认为,在治理国家时,社会风气、道德品质是值得重视的方面。社会风气的好坏、道德品质的高低取决于教化。

① 《策林·策项》。

1. 国无常俗，教则移风

白居易指出，周秦以来的历史证明，政教的臧否决定风俗厚薄。周德浸衰，君臣凌替，蚕食瓜割，分为战国。秦得天下，以暴易暴，未有多时，归于覆亡。汉朝初兴，疆域广阔，仅能除害，未暇化人。至于文、景，始思理道，躬行慈俭，人用富安，礼让自兴，刑罚不试，化致升平，比美成康。下及魏、晋，迄于梁、隋，政坏乱多，未及教化。大唐太宗、玄宗之时，用房、杜、姚、宋等为佐，用心治政，德泽施行，百姓欣戴，万方悦随，近无不安，远无不服。历史说明，周、秦甚乱，而汉文、景昌盛；梁、隋甚弊，而唐王道复兴。可见，社会风俗不是一日不如一日，一代不如一代，而是有时衰丧，有时兴盛；不是与时俱下，而是取决于每一时期的政治德教，"盖政之臧否定于中，则俗之厚薄应于外也"①。所以说，在教不在时。

2. 风俗的厚薄，由上而不由下

《策林·策项》曰："盖人之在教，若泥金之在陶冶；器之良窳，由乎匠之巧拙；化之善否，系乎君之作为。"人民之善否在教，教化之善否在上。白居易在《策林·风化浇朴》中说："'教者，人之寒暑也；事者，人之风雨也。'此言万民之从王化，如百谷之委岁功也。若寒暑以时而至，则禾黍登而菽麦熟；若风雨不节，即稂莠植而秕稗生。故教化优深，则廉让兴而仁义作；刑政偷薄，则讹伪起而奸宄臻。……故曰：尧、舜率天下以义，比屋可封；桀、纣率天下以暴，比屋可戮。"人的道德品质、社会的风俗，都决定于在上王者的教化。他所指出的教化的重要性，以及君主个人在教化中的影响作用，是有积极意义的。但他认为个人的品德和作为能决定社

① 《策林·风化浇朴》。

会治乱的面貌和人民的道德水平，在认识上存在片面性。

3. 教化的作用待久而后成

白居易认为，应相信教育的作用，王者之教不虚行，确能移风化俗。但这种移化是渐进的变化，增减损益，难见其形。《策林·政必成，化必至》曰："教之益者，虽不见其日益，必有时而理也。"需要有一段时间，教化的效果才会体现出来。"不可月会其教化之深浅，岁计其风俗之厚薄焉。"衡量教育的社会效果，需有久事而后成的思想准备。《易》曰："圣人久于其道，而天下化成。"这是说，王者之教，待久而成；王者之化，待终而至。

（四）"君子不器"的理想人格论

君主治理国家，需要依靠贤人。白居易在《策林·尊贤》中说："致理之先，先于行道；行道之本，本于得贤。"贤人就是有德有才，能适应现实需要而为国家和社会所用的君子，这也是教育所要培养的人才目标。

君子具有高于常人的修养，其内则饰躬而有则，立诚以修辞，弘道而惟新，大慧而大知；其外则应物而无滞，救物而济时，济用而可久，大成而大受。君子识包权变，能审时而动。《与元九书》曰："大丈夫所守者道，所待者时。"动与时合，静与道俱。君子根据社会现实状况，决定其出处。有道则舒，无道则卷。舍之则藏，用之则行。蓄之则庄老道德，施之乃伊吕事业。以之理心，则一身独善；以之从政，则庶绩咸熙。君子若止水之在器，任器方圆。应用时，能随处适应社会环境的需要。

君子的出处、用藏、动静虽无固定格例，但其总原则是依道而行。这种君子秉守的就是古人所云"穷则独善其身,达则兼济天下",白居易常守此语,以之为自己的人格准则。他写了《续座右铭》,以规范自己的行为:"勿慕贵与富,勿忧贱与贫;自问道何如,贵贱安足云? 闻毁勿戚戚,闻誉勿欣欣;自顾行何如,毁誉安足论? 无以意傲物,以远辱于人;无以色求事,以自重其身。游与邪分歧,居与正为邻。于中有取舍,此外无疏亲。修外以及内,静养和与真。养内不遗外,动率义与仁。千里始足下,高山起微尘。吾道亦如此,行之贵日新。"他以此自勉,也以此传子孙。

关于君子的处世立身,白居易晚年继续有总结,主张既要以儒家的中和思想为指导,也要以道家的辩证观点来对待。他写下《遇物感兴,因示子弟》:"圣择狂夫言,俗信老人语。我有老狂词,听之吾语汝。吾观器用中,剑锐锋多伤。吾观形骸内,劲骨齿先亡。寄言处世者,不可苦刚强。龟性愚且善,鸩心钝无恶;人贱拾支床,鹊欺擒暖脚。寄言立身者,不得全柔弱。彼因罹祸难,此未免忧患。于何保终吉? 强弱刚柔间。上遵周孔训,旁鉴老庄言;不唯鞭其后,亦要轭其先。"这是糅合儒道的修养思想。

在国家统一、皇权至上的历史条件下,君子能否在社会中发挥作用,关键在于君主。要让君子发挥救物济时的重要作用,君主应当辨贤有方,求贤有术,若能厚礼尊贤,贤人乐为所用,必将福国利民。

(五)"动静交相养"的修养论

白居易对德行修养的见解,前后期有差别。他在青年时比较积极进取,中进士后曾作《箴言》以自戒:"惟励乃志,远乃猷;俾德日修,道日就。……庶俾行中规,文中伦;学惟时习,罔怠弃;位惟驯致,罔躁求。惟一德五常,陶甄于内。惟四科六艺,斧藻于外。若御舆,既勤衔策,乃克骏奔。若冶金,既砥淬砺,乃克利用。无曰擢甲科,名既立而自广自满。尚念山九仞,亏于一篑。无曰登一第,位其达而自欺自卑。尚念行千里,始于足下。"提升德行修养,任重道远,乃是为了积极用世。

随着年岁增长,经历加多,白居易吸收了道家思想,转而主张动静交相养。他观察当时的知识分子,不论立身还是处世,常见有人失于动,有人失于静,动静不得其时与理。他根据自己的认识,论述动静问题,所写《动静交相养赋》既用以自警,实也在于教人。

1. 道有动静

白居易从世界观的高度认识修养问题。他认为,天地有常道,万物有常性;道不可以终静,济之以动;性不可以终动,济之以静。常道、常性就是具有规律性的本质特征。这种动静观源于《礼记·乐记》:"著不息者,天也;著不动者,地也;一动一静者,天地之间也。""人生而静,天之性也;感于物而动,性之欲也。"人有动有静,是合于规律的。

2. 动静交养

白居易根据《老子》二十六章"静为躁君"一说,认为:"躁者,本于静也。斯则躁为民,静为君;以民养君,教化之根:则动养静之道斯存。"他又根据《老子》四十章"有生于无"的观点,认为:"有者,生于无也。斯则无为母,有为子,以母养子,生成之理:则静养动之理明矣。"

动与静相互依存,互为条件。"不有动也,静将畴依？……不有静也,动奚资始？则知动兮静所伏,静兮动所倚。"这就是动静交相养的原因。以交相养的理论指导修养,"修外以及内,静养和与真。养内不遗外,动率义与仁"①。

3. 动静得时得理

白居易认为:"人之生世,出处相济,必有时而行,非匏瓜不可以长系。"有时要动,这是必然的。"人之善其身,枉直相循,必有时而屈,故尺蠖不可以长伸。"有时要静,这也是必然的。何时该动,何时该静,并不是人人都处理得好。"今之人,知动之可以成功,不知非其时,动必为凶。知静之可以立德,不知非其理,静亦为贼。"对于动静的时机,圣人也觉得难以把握,先其机而动则先行而超前,后其机而动则滞后而不及时,动静交养之间,毫厘之差都会造成利弊得失。

白居易以这种动静得时的观点指导自己的进退出处。他在《与元九书》中说:"大丈夫所守者道,所待者时。时之来也,为云龙,为风鹏,勃然突然,陈力以出;时之不来也,为雾豹,为冥鸿,寂兮寥兮,奉身而退。进退出处,何往而不自得哉?"到了晚年,他的进取心减弱,倾向于识祸福、戒贪求。他写有《感兴二首》,其一云:"吉凶祸福有来由,但要深知不要忧。只见火光烧润屋,不闻风浪覆虚舟。名为公器无多取,利是身灾合少求。虽异匏瓜难不食,大都食足早宜休。"在社会矛盾尖锐时期,保全自身就成为动静得时得理必然要考虑的一个方面,但总的来说不背离"守道待时"的原则。

---

① 《白居易集·续座右铭》。

（六）整顿学校教学以救学者之失

白居易认为，学校是国家政治的根本。他在《策林·救学者之失》中说："学者，教之根，治之本。""化人动众，学为先焉；安上尊君，礼为本焉。故古之王者，未有不先于学、本于礼而能建国君人，经天纬地者也。"国家政治建设首先应从学校着手。唐代设立学校，制度渐趋完备。学校崇儒而抑诸子，斥异端而阐微言，以保证遵圣人之要道，体现于内容方面，就是"弘四术之正义，崇九经之格言"①。为了具体实施，朝廷分设负责机构，命太常以典礼乐，立太学以教《诗》《书》，使反映儒家学术思想的四术并举而行，万人相从而化。

可是，认真进行观察，情形让人感慨。太学中，生徒们机械地背诵《诗》《书》，拘泥于文字而不知《诗》《书》的本旨。太常寺的工祝虽能执掌礼乐的器物，但局限于传统的礼数，而不认识礼乐设置的情理。失其本旨，则臣子作忠兴孝的意义不能彰显；失其情理，则上下合敬同爱的真诚不能明著。这种现象实是去本而从末，弃精而得粗。因此，谈起《诗》《书》之学，不免有将要衰落的忧虑；考察礼乐的现状，不免有未能实行的感叹。寻查其原因，是由于"官失其业，师非其人"，所以空有修习之名，而无训导之实。

改变以上情况的办法就是加以整顿，首先是审核官师的才能，贤能尽职者为合格，合格者进，不合格者退。其次是辨明教学任务的是非，讲习《诗》以阐发六义风赋为宗旨，不专注于鸟兽草

① 《策林·黜子书》。

木之名;研读《书》以唐、虞、夏、商、周五代典谟的要义为宗旨,不专注于章句训诂之文。习礼者着重于上下长幼的合理关系,不专注于俎豆献物之数、衣装裼袭之容;学乐者注重以中和孝友为德性涵养,不专注于铿锵节奏之变、舞队缀兆之度。使经过学校培养,具有诗书礼乐知识的人才,能为国家朝廷所用,而诗书礼乐的政治思想教育之影响扩及社会。

除了适应时代需要的文学之外,白居易并不要求在学校中发展新课程,增添新内容。他认为,对传统的课程,不应停留于外在形式,而要深入发掘思想内容,以提高教育质量。

（七）小结

白居易是杰出的文学家,他通过创作实践,履行自己"文章合为时而著,歌诗合为事而作"[①]的文学主张。他有关教育的著作同样体现了这个主张,反映了时代的教育问题,并针对具体问题论述自己的主张,纠正教育弊端,裨补时阙,具有一定的历史价值。

白居易的文学作品在社会中广泛流传,甚至流传新罗、日南。《与元九书》曰:"礼、吏部举选人,多以仆私试赋判,传为准的;其余诗句,亦往往在人口中。……自长安抵江西三四千里,凡乡校、佛寺、逆旅、行舟之中,往往有题仆诗者。士庶、僧徒、孀妇、处女之口,每每有咏仆诗者。此诚雕虫之戏,不足为多。然今时俗所重,正在此耳。"可见,其社会影响广泛。白居易的教育思想也随着其文学作品的广泛流传,在社会中产生重要的影响。

① 《旧唐书·白居易传》。

朱熹在教育史上的地位 *

一、 学术渊源与教育活动

朱熹生于南宋高宗建炎四年(1130 年),卒于宁宗庆元六年(1200 年),字元晦,一字仲晦,号晦庵,晚年改号晦翁。祖籍徽州婺源(今属江西),生于南剑州尤溪(今属福建)。其父朱松,是理学传人罗从彦的弟子,曾任尤溪县尉,去官后客居尤溪。朱熹少年时受父亲严格的儒学教育,立志学做"圣人",奠定了初步的思想基础。

朱熹十四岁时,其父病逝,他遵从遗训,从学于胡原仲、刘致中、刘彦冲,此时无所不学,涉猎较广,出入于经传,延及文史,泛滥于释老。学业精进,十八岁举建州乡贡,十九岁登进士第,二十岁授泉州同安县主簿,二十四岁到任。赴任途经南平,拜见李侗,受到指点,经长时间思考和体验,始深信不疑。同安任满,专程拜谒求教,两年后正式拜李侗为师。在李侗指引下,他专心致志于研究经典,学术思想趋于成熟。他所编的第一部书是《论语要义》,成为《论语集注》的前身。此后,他继续著书立说,讲学授徒。

* 本文为未刊稿,约作于 1990 年代中期,或为授课讲义。——编者注

朱熹在仕途中多受挫折，并不成功，而将心思精力移于学术思想和教育事业，获得成功。

朱熹是南宋著名的思想家、教育家，理学的集大成者。他的学术思想继承有其渊源。

儒学创始人孔子追索他的思想渊源："祖述尧舜，宪章文武。"①其后的孟子自称学习和继承孔子。

唐韩愈作《原道》，言儒道传授的系统："尧以是传之舜，舜以是传之禹，禹以是传之汤，汤以是传之文、武、周公，文、武、周公传之孔子，孔子传之孟轲，轲之死，不得其传焉。"此处所列的传承系统把荀、董、扬、王都排除在外，受到儒家学者的公认。

程颐为其兄程颢墓碑题写序文云："周公没，圣人之道不行；孟轲死，圣人之学不传。道不行，百世无善治；学不传，千载无真儒。……无真儒，则贸贸焉莫知所之，人欲肆而天理灭矣。先生生于千四百年之后，得不传之学于遗经，以兴起斯文为己任，辨异端，辟邪说，使圣人之道焕然复明于世，盖自孟子之后，一人而已。"②程颐把捍卫儒道的韩愈排除在外，而把程颢列入道统，实际上把自己及师友也都带入道统，他活的时间更长，门弟子更多。由北宋至南宋，弟子辗转相传。

程颐→杨时——罗从彦 ⎰朱松⎱——朱熹 ⎱李侗⎰

朱熹是程颐的四传弟子，他的学术思想直继二程，上承孔孟，糅合佛道，成为理学的集大成者。他完成整顿封建伦理，论证封建"三纲五常"是永恒的天理的历史任务，构成一个客观唯心主义

---

① 《中庸》。
② 《宋史·程颢传》。

的理学体系。自宋以后直至清中叶,程朱理学都被封建统治者奉为正宗的统治思想,在中国封建社会后期产生重大影响。

朱熹自登进士第以后,历时五十多年,主要从事教育与著述活动。《宋史·朱熹传》载:"仕于外者仅九考,立朝才四十日。"总加起来,做官的时间不过十年左右,其余约四十年都在进行讲学和著述活动。就是在任官时,他也未停止教育活动,且在职权范围内创办州县学或书院,并随处讲学。他的教育事迹很多,重要的有以下几项:

(1)高宗绍兴二十三年(1153年),任同安县主簿,兴办县学,选秀民充弟子员,日讲圣贤修己治人之道。

(2)孝宗淳熙五年(1178年),知南康军,整顿军学,每四五日组织一次讲论。访白鹿洞遗址,奏请修复,拟定学规,置学田,休沐日亲至讲学,使白鹿洞书院成为传播理学的基地。

(3)淳熙十年(1183年),罢官回崇安,办武夷精舍。

(4)光宗绍熙元年(1190年),知漳州,整顿州学,择教授主持,时常至州学讲论。

(5)绍熙五年(1194年),知潭州兼荆湖南路安抚使,邻近数郡学子云集听讲论,坐席至不能容而立于户外。又修复岳麓书院,以容四方学者,常于夜晚与诸生讲论。

(6)绍熙五年,又被任命为焕章阁待制兼侍讲,为皇帝讲《大学》,每讲一章,必编成讲义呈献。因上疏言事,引起皇帝与权臣不满,四十多天后就被解除侍讲职务。

(7)罢官后,归建阳,于考亭筑沧州精舍讲学,诸生自远而至,豆饭藜羹与共,往往称贷于人以给用。

庆元三年(1197年),韩侂胄以"结党营私,图谋不轨"的罪名,定朱熹为逆党伪学之首,朱熹被迫害,所著之书被禁。但朱熹仍坚持讲学不休,发扬"学而不厌,诲人不倦"的教育精神。弟子黄干在《朱文公行状》中说:"从游之士,迭诵所习,以质其疑。意有未谕,则委曲告之,而未尝倦;问有未切,则反覆戒之,而未尝隐。务学笃,则喜见于言;进学难,则忧形于色。讲论经典,商略古今,率至夜半。虽疾病支离,至诸生问辨,则脱然沉疴之去体。一日不讲学,则惕然常以为忧。"这种高尚的教育精神让后人敬佩。

朱熹是一位学问广博的学者,对哲学、经学、文学、史学等都有研究,著作甚多,重要的有《晦庵先生朱文公文集》《朱子语类》《四书章句集注》等。因为他的著作与所编的书很多,查阅与收藏都有不便,清康熙皇帝命李光地等人编出《朱子全书》。后人又发现一些著作未编入,故又编出《朱文公全集》。研究教育史者应更关注《四书章句集注》。

《论语》一书,因记载孔子的言论和行为,从汉代开始就作为学校的教材,唐代还由法律规定学校必读、科举必考。《孟子》因为继承和发扬孔子的思想,也受重视。北宋理学家二程又推重《大学》《中庸》两篇,作为理学的重要理论来源。先秦儒家的这四本书成为基本的理论经典。

朱熹受理学先辈的影响,也极重视这四本书,他逐本研究并加以注释。借经典著作的注释,依附经典而发挥自己的思想,历来经学家都有这样的做法,已形成传统。朱熹更加用心,一辈子下了无数功夫,不断修改,使之完善。他把四本书合起来出版,称之为《四书章句集注》,广为流传。它扩大了理学的社会影响,也奠定了朱熹在理学中的历史地位。四书风行天下,逐步取代五经在教育中的垄断地位。宋宁宗嘉定五年(1212 年),朱熹《论语集注《孟子集注》立于国子监。宋理宗于宝庆三年(1227年)下诏,称朱熹《四书章句集注》"发挥圣贤蕴奥,有补治道"。统治阶级越来越认识到朱熹的思想和著作无害有益而更加重视。元仁宗皇庆二年(1313年),规定以《四书章句集注》取士。从此以后,各级学校都以《四书章句集注》为必读书,科举考试也以之为立论依据,对学校教育和科举考试的影响极为深远。

《四书章句集注》中《大学》的"格物致知"补传值得关注。按惯例,儒学对经不能怀疑,只能理解,更不可以删改或增添。《大学》是《四书》中最短的一篇,却是儒学思想政治教育的纲领,逻辑性很强,非常重要。古本的《大学》似有脱简,丢了一段解释"格物致知"的文字,这是很大的缺憾。没有经典依据的支持,"格物致知"的学说就会被削弱。二程研究《大学》时已发现这个问题,发表过意见。朱熹借二程的意见,认为经文的逻辑就应该如此,于是放胆代圣贤立言,写了一段"格物致知"补传,写明是补的。补传云:"右传之五章,盖释格物、致知之义,而今亡矣。间尝窃取程子之意以补之,曰:'所谓致知在格物者,言欲致吾之知,在即物而穷其理也。盖人心之灵,莫不有知;而天下之物,莫不有理。惟于理有未穷,故其知有不尽也。是以《大学》始教,必使学者即凡天下之物,莫不因其已知之理而益穷之,以求至乎其极。至于用力之久,而一旦豁然贯通焉,则众物之表里精粗无不到,而吾心之全体大用无不明矣。此谓格物,此谓知之至也。'"这是朱熹依据自己的理解,精心构思而写成的,能补进去,也就能引出来作为理论依据,可以说是朱熹教学思想的理论概括,值得细读。

二、 论教育的作用

教育的对象是人,古代思想家大都由认识人性入手,论教育的可能性和必要性,要说明道德的根源、恶行的根源、造成人发展有差别的原因以及教育要如何发挥作用,才有益于社会发展和个人发展。朱熹的教育理论以人性论为其基础,以下略举几例。

"未有天地之先,毕竟是先有此理。"①

"以本体言之,则有是理,然后有是气。"②

"理也者,形而上之道也,生物之本也。气也者,形而下之器也,生物之具也。"③

"人之所以生,理与气合而已。"④

"是以人物之生,必禀此理,然后有性。必禀此气,然后有形。"⑤因此,人性具有两方面。

"论天地之性,则专指理言。论气质之性,则以理与气杂而言之。"⑥

"性即理也,仁义礼智而已矣。"⑦所以,天地之性是善的。

气有昏明清浊之异,所以气质之性有善有恶。气质之性,有三品,有时也分为四等。这就为社会贵贱、贫富、智愚、善恶提供了依据,等级差别都用先天禀气来论证。

---

① 《朱子语类·理气上·太极天地上》。
② 《四书或问·孟子》。
③ 《晦庵集·答黄道夫》。
④ 《朱子语类·性理一·人物之性气质之性》。
⑤ 《晦庵集·答黄道夫》。
⑥ 《晦庵集·答郑子上》。
⑦ 《续近思录·道体》。

朱熹区分天地之性与气质之性,试图在理论上解决性善性恶的争论问题,把两者调和起来,而实质上是要论证封建道德规范是天理,是本性。人人生来都有天赋的道德,只是由于一些人有气质方面的偏蔽,未能实现天赋的善的道德。气质的偏蔽,也就是产生人欲的根源。人欲的扩张会使天地之性昏蔽。为了消除气禀之害,就要"变化气质",而这要依靠封建教化和修养的功夫。所以,教育的任务就是"存天理灭人欲"。他说:"革尽人欲,复尽天理,方始是学。"①

朱熹认为,教育对人的发展是至关重要的,学乃能变化气质。人如能接受教育,去掉气质之偏、物欲之蔽,正心修身,则可成为君子,否则就会堕为小人。

朱熹的这套理论是不科学的,只是在强调人的道德品质形成过程中教育的重要作用方面有点积极意义。

三、 论教育理想目的

朱熹将培养圣贤作为他的教育理想。他说:"凡人须以圣贤为己任。"又说:"学者大要立志,才学便要做圣人是也。"②

圣人区别于常人的特点有二:明万事与奉天职。明万事也就是无所不知,无所不能。朱熹说:"自古无不晓事底圣贤,亦无不通变底圣贤,亦无关门独坐底圣贤。圣贤无所不通,无所不能,那个事理会不得。"③奉天职也就是尽职责,"只是做得人当为底事

① 《朱子语类·学七·力行》。
② 《朱子语类·学二·总论为学之方》。
③ 《朱子语类·朱子十四·训门人五》。

中国教育家和教育思想研究

尽"①人所当为的事就是修己治人。朱熹说:"圣贤教人,只是要诚意、正心、修身、齐家、治国、平天下。所谓学者,学此而已。"②教育的主要目的就是教导学者修己治人之道,使之成就圣贤。

朱熹认为,修己治人的根本就在于明人伦礼教。他说:"圣人教有定本。舜使契为司徒,教以人伦:父子有亲,君臣有义,夫妇有别,长幼有序,朋友有信。夫子对颜渊曰:'克己复礼为仁。''非礼勿视,非礼勿听,非礼勿言,非礼勿动。'皆是定本。"③《孟子·滕文公》注云:"父子有亲,君臣有义,夫妇有别,长幼有序,朋友有信,此人之大伦也。庠序学校,皆以明此而已。"他认为学校教育应以明人伦为本,而明人伦最重要的就是灌输忠孝思想。他说:"学校之设,所以教天下之人为忠为孝也。"④学校教育以明人伦为中心,也就以德为重,以德为先。他说:"古之教者,莫不以德行为先。"⑤

朱熹所要培养的人,或称"成人",或称"全人",既有封建道德的修养,又有中华传统文化的素养,"使德成于内,而文见乎外,则材全德备"。⑥

朱熹认为国家设学校,培养人才,使他懂得治国平天下的道理,有重要的政治目的。他说:"国家建立学校之官,遍于郡国,盖所以幸教天下之士,使之知所以修身、齐家、治国、平天下之道,而待朝廷之用也。"⑦

① 《朱子语类·学二·总论为学之方》。
② 《朱子语类·朱子十五·训门人六》。
③ 《朱子语类·学二·总论为学之方》。
④ 《朱子语类·朱子六·论取士》。
⑤ 《续近思录·治法》。
⑥ 《论语集注·宪问第十四》。
⑦ 《晦庵集·送李伯谏序》。

四、 论小学与大学教育阶段的区分与任务

中国古代的学校教育,很早就有小学、大学制度,但这种制度并不严格和稳定化。在等级制的政治条件下,教育权利是不平等的,因此古籍所记载入学年龄有八岁、十岁、十三岁等;贵族官僚子弟有条件入学,庶人子弟只有少数获得入学机会。大学不是今天意义上的大学,而是"大人"之学,"大人"是对贵族官僚中有特殊身份的人的称呼。"大人"的子弟有条件入大学,庶人子弟中只有经选拔的少数优秀的人可以入学。关于入学年龄延后,也有多种规定。至于教育内容,不同历史阶段有不同的需要和规定,更是多元化。

朱熹借用已被美化的三代教育制度,加上自己的教育理想。在理学教育思想指导下,他所设计的学校制度把年轻一代的教育作为一个统一的过程,分为小学、大学两个阶段。对三代教育制度,他只选择《礼制·王制》的记载;而对两个教育阶段任务和内容的划分,则出于他本人的创见。他在《大学章句序》中有一段完整的描述:"三代之隆,其法浸备,然后王宫、国都以及闾巷,莫不有学。人生八岁,自王公以下,至于庶人之子弟,皆入小学,而教之以洒扫、应对、进退之节,礼乐、射御、书数之文。及其十有五年,则自天子之元子、众子,以至公、卿、大夫、元士之适子,与凡民之俊秀,皆入大学,而教以穷理正心、修己治人之道。此又学校之教、大小之节所以分也。"在《朱子语类》中,也有相关记载。按照他的说法,三代的小学教育已经普及,小学、大学入学年龄已有统一规定,教育内容也有统一的安排。汇总这些说法,其要点可列举如下页表。

教育阶段	年　龄	任务	教　育　内　容	层次
小学	八岁—十四岁	教事	洒扫、应对、进退之节 礼乐、射御、书数之文	基础
大学	十五岁—	教理	穷理正心、修己治人之道 致知格物及所以为孝弟者	提高

　　教育过程要根据受教者在不同年龄身心发展的情况适当地划分阶段，并明确任务和内容安排，这些都是总结历史经验的结果，是必须做的。但规定教育内容、安排教事与教理完全分开，事与理不能结合，就过于绝对化。

　　小学教育奠定人生发展的基础，朱熹对此特别重视，他吸收前人的儿童教育经验，结合自己的教育实践，亲自制定小学条规，其序曰："夫童蒙之学，始于衣服冠履，次及言语步趋，次及洒扫涓洁，次及读书写文字，及有杂细事宜，皆所当知。今逐目条例，名曰《童蒙须知》。"《童蒙须知》根据儿童的年龄特点，拟定一些必要条规，要求儿童按一定的规矩去做，以养成良好的生活、学习等方面的行为习惯。他还为小学道德思想教育编教材，名为《小学》。

　　以下对朱熹的大学教育主张略加介绍。

　　朱熹长期从事的教育实践活动，不论是在地方兴学还是自创精舍讲学，都属于他所理解的大学教育。他吸收总结古代儒家教育思想，结合自己的教育主张，拟定一个理学大学教育纲领，文字简明，内涵丰富，这就是著名的《白鹿洞书院揭示》（又称《白鹿洞书院学规》）。它不像《童蒙须知》的规定那样详细具体，而是列举几条纲领，简要明白；它不张扬自己的教育主张，而是典型地以述代作,所用的文词都选自经籍,恰当表达朱熹的基本主张;它不要求强制遵守,而是劝导学生自觉实行,以布告的方式张贴在书院内。

《白鹿洞书院揭示》突出体现以下几个问题:

第一,倡导理学教育,反对科举教育。

当时科举考试诱迫士人追求利禄,学校教育屈从于科举考试的需要,其功课限于记诵经文和习作词章。朱熹反对这种科举教育"徒欲其务记览、为词章,以钓声名、取利禄而已也"。他要求白鹿洞书院恢复儒学的教育传统:"讲明义理,以修其身,然后推以及人。"这就体现了《大学》格物致知、修己治人的教育精神。

第二,教育的任务重在明人伦。

朱熹对《古文尚书·舜典》中尧舜"使契为司徒,敬敷五教"的解释,采取孟子的说法。《孟子·滕文公上》:"圣人……使契为司徒,教以人伦:父子有亲,君臣有义,夫妇有别,长幼有序,朋友有信。"这就是五伦有五常,教者教此,学者学此而已。讲明封建伦常是天理的体现,将这种义理应用到日常修养上,先修己而后以治人。由此可见,他把伦理道德作为书院教育的重心。

第三,人伦之理在圣贤书,必读书以穷理。

朱熹指出:"然圣贤所以教人之法,具存于经。有志之士,固当熟读深思而辨之。"学习的次序步骤在《中庸》里已提出,即"学、问、思、辨四者,皆所以穷理"。学习圣贤的经典,经过这些穷理的步骤,以达到"知其理之当然"。

朱熹主张治学必须经由"道问学"的穷理致知,不能像陆九渊所主张的直指本心,明心见性,以"易简功夫"求顿悟,根底不实,流于空疏。朱熹把穷理作为书院纲领的一项,间接批判陆九渊只重"尊德性"的"心学"这样一条为学修养之路。

第四,依义理进行道德实践,这是笃行的事。

朱熹列举了笃行的三个方面:修身、处事、接物。

(1) 在自身修养方面,要注意由外到内,外要检点言与行,内要控制情绪和欲望。朱熹虽然提出"革尽人欲,复尽天理"[①],但也觉得完全禁止人的欲望既不合人性,也是做不到,因此对欲望要区分合理与不合理,合理的应根据条件予以满足,不合理的要加以节制。有人问他:要吃饭算不算是人欲? 他说:要吃饭不算人欲。只有要享用好吃的才是人欲。他在"灭人欲"的理上已对程颐的理论有些修正。

(2) 在社会中,要以"正其谊,不谋其利;明其道,不计其功"为处事原则,坚持维护道义,不应谋求个人的功利。义与利都有具体的阶级内容,两者不是绝对对立的。社会上的事皆有功利,问题是为了谁的功利。朱熹批判事功学派太重功利而不能维护义理,指出这会影响人心。朱熹并不是不知有功利,也不拒绝功利,他是从"正心"的角度出发,认为不应该先有功利心。他说:"道是就大纲说,义是就一事上说,正义未尝不利,明道岂必无功,但不先以功利为心耳。"[②]

(3) 在待人接物方面,对人要以"己所不欲,勿施于人"为准则,对己要以"行有不得,反求诸己"为准则。这是最基本的要求,体现了儒家对人宽、对己严以及要克己内省的道德精神。

《白鹿洞书院揭示》这一理学教育纲领,所讲的是人伦道德和

① 《朱子语类·学七·力行》。
② 《朱子语类·程子之书一》。

修养,教人如何做人。南宋朝廷认为这一纲领前所未有,可以对书院甚至对地方官学起规范作用,于是下令将其印发给地方官学和书院参照施行。

白鹿洞书院修复就以此为学规,指导教育活动,树立一个理学教育的榜样。

学规广泛流传,激励当时的知识界纷起效法办书院讲学,先后而起的有:张栻讲学于岳麓,吕祖谦讲学于丽泽,陆九渊讲学于象山……书院讲学由是转盛,促进了南宋书院的发展,对书院制度的充实提高有不可磨灭的贡献。

朱熹拟定的学规产生了重大的历史影响。元、明、清三代都选择理学作为统治思想,作为理学集大成者的朱熹受到尊崇,学规自然也成为各书院的办学纲领。元程端礼编《读书分年日程》,清康熙时张伯行编《学规类编》、乾隆时陈宏谋编《养正遗规》,都把白鹿洞书院的这一学规列为首篇,作为封建教育的指导文件。

五、 读书法

朱熹继承程颐修身进学的思想,并总结自己修身为学的经验。他说:"程夫子之言曰:'涵养须用敬,进学则在致知。'此实学者立身进学之要。"①他提出"主敬以立其本,穷理以致其知,反躬以践其实",作为为学修养的宗旨。修身需要以为学为条件,为学以修身为目的,两者联结起来并融为一体。

为学必须穷理,穷理即由格物致知而认识天下事物之理。朱

---

① 《晦庵集·答吕伯恭》。

熹在《答或人》中说："穷理者,欲知事物之所以然与所当然者而已。"穷理的途径是读书。他说："夫天下之物,莫不有理,而其精蕴则已具于圣贤之书,故必由是以求之。"①又说："学不是读书,然不读书,又不知所以为学之道。圣贤教人,只是要诚意、正心、修身、齐家、治国、平天下。所谓学者,学此而已,若不读书,便不知如何而能修身,如何能齐家、治国。"②朱熹重视读书,又善于读书,积累了许多读书的经验,《晦庵先生朱文公文集》和《朱子语类》中有很多材料。他又写了专篇文章《读书之要》进行阐述。提纲挈领的概括在《甲寅行宫便殿奏札》中,他提出:"为学之道,莫先于穷理;穷理之要,必在于读书;读书之法,莫贵于循序而致精;而致精之本,则又在于居敬而持志。此不易之理也。"这段理论性的阐述极其精炼,逻辑严密,步步推进。他认为,天下的事物各有其理,只有古圣贤才能穷尽。圣贤论述的道理俱载于经籍,如不读书,则义理无由通明。读书是穷理的途径,有不可改变的客观规律。

朱熹读书法是其教育思想中的特殊创造,材料非常丰富。弟子们曾对朱熹读书法进行研究,试图全面总结,以便取其精要,加以推广。辅广等人把有读书的言论辑录成册,加以归类(后来张洪、齐熙两人再加增补),列成六条:循序渐进、熟读精思、虚心涵泳、切己体察、着紧用力、居敬持志,称"朱子读书法"。历来理学家都认为朱熹读书法的六条原则是最基本的,有其内在联系,组成一体,经数百年的传播,影响深远。现在学习教育史,此为基本知识,需加了解。

以下对朱熹读书法的基本含义和要点略作提示。

---

① 《晦庵集·答曹元可》。
② 《续近思录·论学》。

（一）循序渐进

读书要有明确的目的，也要有切实的计划，具体安排次序。朱熹在《答陈师德书》中说："读书之法，要当循序而有常。"

有人问读书之法。"曰：'请问循序渐进之说。'曰：'以二书言之，则先《论》而后《孟》，通一书而后及一书。以一书言之，则其篇章文句、首尾次第，亦各有序而不可乱也。量力所至，约其程课而谨守之。字求其训，句索其旨，未得乎前则不敢求其后，未通乎此则不敢志乎彼。如是循序而渐进焉，则意定理明，而无疏易凌躐之患矣。是不惟读书之法，是乃操心之要，尤始学者之不可不知也。'"①

循序：要有计划、有次序，书一本接一本，分好先后，篇章字句也按序而不乱。反对无计划、无次序读书，防止贪多务广、泛观博览、草率读书。

渐进：没有弄懂不罢休，目标专一，一步一步踏实前进，反对一味求进度，欲速则不达，不能真正理会。

量力：量力而定功课，为自己留有余力，已定的功课要坚决完成。

朱熹对读书更注重的是质量，要读得好，理会得透。

（二）熟读精思

朱熹在《读书之要》中说："大抵观书，先须熟读，使其言皆若

① 《晦庵集·读书之要》。

出于吾之口，继以精思，使其意皆若出于吾之心，然后可以有得尔。至于文义有疑，众说纷错，则亦虚心静虑，勿遽取舍于其间，先使一说自为一说，而随其意之所之，以验其通塞，则其尤无义理者，不待观于他说而先自屈矣。复以众说互相诘难，而求其理之所安，以考其是非，则似是而非者，亦将夺于公论而无以立矣。"

熟读："书宜少看，要极熟。"[①]"学者须是熟，熟时，一唤便在目前。"[②]"读书须是成诵，方精熟。……若晓文义不得，只背得，少间，不知不觉，自然相触发，晓得这义理。"[③]读书要读熟、极熟、精熟，能成诵牢记，有助于理解。

精思：以读助思是有效的办法。朱熹说："读书之法，读一遍了，又思量一遍；思量一遍，又读一遍。读诵者所以助其思量，常教此心在上面流转。"[④]"若读得熟而又思得精，自然心与理一，永远不忘。"[⑤]精思就是多动脑筋，敢于怀疑，表现为从无疑到有疑，发现问题，又从有疑到无疑，解决问题，用心思索，推究到底，真正认识义理。

（三）虚心涵泳

虚心："读书须是虚心方得。"[⑥]"凡看书，须虚心看，不要先立说，看一段有下落了，然后又看一段。须如人受词讼，听其说尽，

---

① 《朱子语类·学四·读书法上》。
② 《朱子语类·学二·总论为学之方》。
③ 《朱子语类·朱子十八·训门人九》。
④ 《朱子语类·学四·读书法上》。
⑤ 《朱子语类·学四·读书法上》。
⑥ 《朱子语类·朱子·自论为学工夫》。

然后方可决断。"①读书先要虚心,不要先有立意,这样才能客观判断是非。

涵泳:"所谓涵泳者,只是子细读书之异名。"②"读书着意玩味,方见得义理从文字中迸出。"③读书不能一下就了解内在的义理,需要反复体会,细加含咀玩味。

(四) 切己体察

读书穷理是为学的途径,是为了自身的道德修养。

朱熹说:"读书穷理,当体之于身。……读书不可只专就纸上求理义,须反来就自家身上推究。"④切己体察就联系自己的生活经验,联系自己的思想实际,把读书穷理与道德修养结合起来。

切己体察不应是偶然的,而应是经常不间断的。朱熹说:"学者当以圣贤之言,反求诸身,一一体察,须是晓然无疑。积日既久,当自有见。"⑤

"入道之门,是将自家身己入那道理中去,渐渐相亲,久之,与己为一。"⑥要使自己的心身言行与书中的道理融合为一。

(五) 着紧用力

读书要进入一种紧张的精神状态。

---

① 《朱子语类·学五·读书法下》。
② 《朱子语类·朱子十三·训门人四》。
③ 《朱子语类·学四·读书法上》。
④ 《朱子语类·学五·读书法下》。
⑤ 《朱子语类·学五·读书法下》。
⑥ 《朱子语类·学二·总论为学之方》。

第一,要抓紧课程。读书的安排要"宽着期限,紧着课程"①。"为学要刚毅果决,悠悠不济事。"②

第二,做迟钝功夫。"大抵为学,虽有聪明之资,必须做迟钝功夫始得;既是迟钝之资,却做聪明底样功夫,如何得!"③

第三,要勇猛奋发。读书要如打仗一般,有一股勇猛精神,不怕牺牲往前冲。

第四,关键时刻更增功夫。朱熹说:"为学极要求把篙处着力,到功夫要断绝处,又更增功夫,着力不放令倒,方是向进处。为学正如撑上水船,……一篙不可放缓,直须着力撑上,不得一步不紧,放退一步,则此船不得上矣。"④越是到困难阶段,越要下功夫,坚持到底,才能取得最后成功。

(六) 居敬持志

居敬持志是朱熹读书法的最后一条,却是最重要的一条,被视为读书法的根本。他宣称:"而致精之本,则又在于居敬而持志。"⑤在为学修养的宗旨中,他宣称:"主敬以立其本。"⑥思想完全贯通一致。

1. 居敬

敬是一种心理状态、精神体现、修养境界。注意力集中、精神专一、聚精会神、保持严肃、虚心谨慎、收敛其心、常存此心等,都

① 《朱子语类·学四·读书法上》。
② 《朱子语类·程子门人·胡康侯》。
③ 《朱子语类·学二·总论为学之方》。
④ 《朱子语类·学二·总论为学之方》。
⑤ 《近思续录·为学篇》。
⑥ 《晦庵集·程氏遗书后序》。

属于居敬。

"敬，莫把做一件事看，只是收拾自家精神，专一在此。"①

"程先生所以有功于后学者，最是'敬'之一字有力。人之心性，敬则常存，不敬则不存。"②

"若夫致精之本，则在于心。而心之为物，至虚至灵，神妙不测，常为一身之主，以提万事之纲，而有不可有顷刻之不存者也。……诚能严恭寅畏，常存此心，使其终日俨然，不为物欲之所侵乱，则以之读书，以之观理，将无往而不通；以之应事，以之接物，将无所处而不当矣。此居敬持志所以为读书之本也。"③

2. 持志

读书的人要立有高尚志向且有坚持的毅力。

"学者须是立志。今人所以悠悠者，只是把学问不曾做一件事看，遇事则且胡乱恁地打过了。此只是志不立。"④

"立志不定，如何读书?"⑤

"书不记，熟读可记；义不精，细思可精。惟有志不立，直是无着力处。"⑥

"学者立志，须教勇猛，自当有进。志不足以有为，此学者大病。"⑦

以下是对朱熹读书法的评价：

第一，朱熹读书法是那个时代的产物，适应当时教育的需要。

---

① 《朱子语类·学六·持守》。
② 《朱子语类·学六·持守》。
③ 《近思续录·为学篇》。
④ 《朱子语类·学二·总论为学之方》。
⑤ 《朱子语类·学五·读书法下》。
⑥ 《续近思录·戒警》。
⑦ 《朱子语类·学二·总论为学之方》。

宋代儒学占据主导地位,儒家的典籍是教育的基本内容,知识范围狭窄,经籍距离现实生活较远,文词又较艰深,需要有适应这种内容的一套方法。

第二,这是理学集大成者朱熹学习经验的总结,他是这样学的,也这样教,教的方法根据学的方法。这是他的教学方法,以此指导学生读书学习,穷理致知,修身养性,所以是理学教育中学习修养的方法。

第三,朱熹读书法有符合认识规律、学习规律的部分,如循序、精思、虚心、体察、心思专一、志向正大。有这样的思想品德基础,依这样的方法学习,效果就好,反之就差。从理论上讲,过去有效用,今天仍部分有用,这就值得总结。

第四,时代条件不同,教育制度已起根本变化。在社会主义新时代,学习内容要是新的知识和科技,与之相应的是现代新方法,不能守旧,只能更新。我们现在不能照搬。

第五,对如此丰富的教育文献材料,不要都当作废物,也不要都当作宝贝,需要下些功夫研究,将之一分为二,取其精华,弃其糟粕。

六、 朱熹在教育历史上的地位

第一,朱熹上承孔孟道统,下继周、程、张学说,融合佛道,其理论皆有渊源;重整"三纲五常",皆有历史依据;在形式上是复古,在内容上是创新。他是理学的集大成者,是中国封建社会后期最重要的教育家。

第二,朱熹强调明义理,反对以求功利为目标,与事功学派代表人物陈亮展开论争,认为思想路线是根本,原则必须坚持,把义利之辩推向新高潮,使义理之学立于稳固地位。

第三,朱熹批判以科举利禄为目标的词章之学、记诵之学,宣扬义理之学才是正学,其他皆非正学,号召知识分子重视做人的历史责任。

第四,朱熹批判心学只以易简工夫,企图明本心,求顿悟,不读圣贤之书,治学方法走入邪路。他认为,复天理的途径是读书穷理,由博而约,应从"道问学"入手。

第五,朱熹在继承程、张理气结合人性论后,又加以发展和完善,以更新的人性论为其教育理论的哲学基础。这就较以前的人性论更精巧,可用以解释各种智力、心理品质、道德思想倾向差异,并强调以教育和修养改变气质的必要性。

第六,朱熹继承程颐以"存天理灭人欲"作为教育任务的思想,但采取分析的态度,申明了天理与人欲之间的标准界限。他把一些自然欲望归属于天理范围。"问:'饮食之间,孰为天理?孰为人欲?'曰:'饮食者,天理也;要求美味,人欲也。'"①程颐主张禁欲,而朱熹主张节欲。

第七,在修养论方面,朱熹继承程颐"涵养须用敬"的思想,强调个人主观自觉要求,以"敬"为修养的基本原则,从内心到行为,两方面都要遵循这一原则。"盖敬以直内,而喜怒哀乐无所偏倚,所以致夫中也;义以方外,而喜怒哀乐各得其正,所以致夫和也。"②他坚持在日用行事上用功夫,使思想行为一致。

第八,在学习理论上,朱熹在继承"学、思、行"和"学、问、思、

---

① 《朱子语类·学七·力行》。
② 《近思续录·为学篇》。

辨、行"的学习过程理论的基础上,在格物致知、读书穷理思想的引导下,向"道问学"的路线前进。他主张循序渐进、熟读精思,从要求重视读书出发,进而要求会读,总结自己读书学习的经验,加以理论概括。他提出自己的读书法,这是儒家学习理论的发展、创新和系统化,反映了当时社会条件下学习的规律。

第九,朱熹提出较为系统的小学教育理论。他重视儿童教育,主张早期教育从胎教开始;规定小学教育的学制是从八岁到十五岁,共七年;小学教育阶段的任务是打好做人的基础;小学受教育面要普及,贵贱都可入学;小学学习的内容是基本的伦理道德、良好的行为习惯以及浅近的日用知识和技能。小学需要规矩,他为此制定《童蒙须知》。小学需有具有教育性的合适课本,他为此从经史典籍中选取有教育意义的资料,编成《小学》。这些思想和行动对封建社会后期的小学教育产生了深远的影响。

第十,朱熹以理学教育思想为主干,形成系统的大学教育理论,集中表现在他所拟的《白鹿洞书院揭示》中,公开发表之后成为大学的理学教育纲领,提供理学书院的基本模式。此纲领要求学者立大志,学为圣贤;反对追求科举利禄,沉溺于无益的词章;主张重义理而轻功利;反对顿悟式的修养方式,主张为学之序,先穷理,后笃行,笃行包括修身、处事、接物,各有要领。此纲领流行全国书院,起了法规作用,对封建社会后期的书院和官学都产生了深远的影响。

第十一,朱熹的教育思想传播至朝鲜半岛、日本、中南半岛,他还用自己的教育思想指导教育实践,影响东亚地区,是有历史影响的世界教育家。

孙诒让的教育精神 *

孙诒让（1848—1908）是清末著名的经学家、文字学家，也是杰出的爱国主义教育家。他生活在鸦片战争之后，帝国主义国家不断侵略引起中国发生社会大变革时期。作为开明士绅的代表，他是近代浙江地方兴学运动的先驱，为地方文教事业的发展做出重要贡献。他的《学务本议》（1915 年石印本）印行全国，产生一定的社会影响。今年①是孙诒让先生诞辰 150 周年，在其家乡举行"孙诒让学术思想研讨会"，为的是更好地学习、总结他的教育思想遗产，弘扬他的爱国主义精神，使我们教育工作者更积极投身于当代的教育改革，促进我们国家、我们所在地区现代教育事业的发展，这是很有现实意义的。

孙诒让的著作极其宏富，流传最广的是他的考据研究成果，因此学术界公认他是经学家，而对他的教育著作和教育活动事迹了解并不多，这是需要宣传介绍，帮助人们学习和认识的。在研究孙诒让教育思想方面，我是后学，近期读了孙诒让的部分教育著作，深受教育。我觉得孙诒让值得我们学习的有四个方面。

＊ 本文原标题为《弘扬爱国主义精神，发展现代教育事业》，收入胡珠生主编《纪念孙诒让论文集》（天马图书有限公司 2000 年版）。
① 指 1998 年。

一、 适应时代追求进步的精神

孙诒让出身封建官僚家庭,颇受其父的思想影响。其父孙衣言,中过进士,由翰林升侍讲,任过安庆知府、湖北布政使、江宁布政使、太仆寺卿,主张"经世致用",重视"功利之学",自命为永嘉学派传人。孙诒让少时由其父教读经书,并遵命走上科举考试的道路。当时的他是典型的封建知识分子,追求科举功名,以做官为目标。1867 年,应浙江乡试中举,踏上了入仕的台阶,此后坚持不舍争取进士及第,应了八次礼部会试,均未中式。

孙诒让青年时随其父游历于江淮之间,增广见闻,结识不少社会名流,受到早期改良派思想影响。他以务实致用的态度看待学问,敞开胸怀接受西学。从 1884 年开始,阅读《瀛环志略》《地理备考》《海国图志》,顿感大开眼界。1885 年读冯桂芬的《校邠庐抗议》,1889 年读薛福成出使欧洲归来建议发展实业的奏稿,以后又读黄庆澄介绍日本维新成就的《东游日记》,对于资本主义制度持赞赏的态度。

1894 年甲午战争的失败,严重民族危机的刺激,个人科场的失利和老父的逝世,使孙诒让幡然觉醒,看透了科举制度的弊端,从此断绝科举之念,也逐步放弃考据之学,由开明的封建士绅转变为资产阶级改良主义者,加入了维新运动。他探索救国的方法,起初想组织学会,借学会宣传发动,从政治改良入手。后来学会被禁,政治改良之路一时走不通,要救国,只有依靠教育。他成为教育救国论者,极力宣传"非广兴教育,无以植自强之基"。

孙诒让的思想顺应时代发展而不断前进：在时代矛盾斗争中，他有鲜明的态度；对科举与学校之争，他站在兴学校一边；对西学与中学之争，他积极提倡西学，也主张保存优秀的民族文化；对科学与迷信之争，他站在科学一边；对民主与专制之争，他站在民主一边。处在清末时代，有这种进步精神，是很值得肯定的。

二、 爱国主义精神

孙诒让受家学熏陶，继承永嘉学派"经世致用"的学风，主张"学无新旧，惟其致用"，治学的目的是治国救世。他进行考据研究，不是为了逃避政治，而是为了更积极地参与政治。他对《周礼》进行研究，加以注疏，是想从《周礼》中寻求改良政治的方案，找到使国家富强的途径。

孙诒让爱国主义的思想感情是长期培植而成的，有深厚的根基。甲午战争失败，国家蒙受奇耻大辱，民族面临严重危机，对他造成强烈刺激，激发他的爱国主义感情，将个人科举失利的忧闷置之脑后，救国成为最紧迫的使命。他在瑞安筹办团防、策划组织学会，都是其救国行动的一部分。此后，他的一切活动都以救国为中心，都以爱国主义为精神动力。在资产阶级改良派思想的影响下，他是教育救国论的主张者，坚定地相信废科举、兴学校是救国所必需。为解决人才衰乏问题，他领先办起几所专门学校，培养人才，以供国家之用；为了开发民智，培养国民，他大力提倡普及教育，兴办小学。这些行动的根本目的都是使国家富强。他的教育主张都渗透着爱国主义精神。

孙诒让在 1907 年成书的《学务本议》中对出国留学的利弊作

了分析。当时学校皆存在经济困难，没有齐全的设备，也做不到全都聘到好教员。好学之士不满足于此，求学于国外，游学于日本者超过两万人，每人约费五百银圆，留学欧美者数千人；每人约费三千银圆。这造成依附外国，放弃教育主权，银圆不断流失，使中国经济潜伏危机。不论从内政还是外交方面，都应认真考虑这些问题。他主张立足于本国培养，在国内自筹巨款，兴办完备的大学，使欲留学者趋向于选择这些大学，虽增加教育经费数百万银圆，却留住千余万银圆在国内，显然于国有利。从国家的主权、民族的利益角度考虑问题，这是决定留学教育政策的出发点，也是爱国主义精神在教育中的体现。

三、 热心办学的精神

孙诒让决意在地方兴学是在甲午战争之后，当时"外患之激刺既盛，内情之愤懑更深"[1]，于是他主张自强之源莫先于兴学，要求"甄综术艺，培养人才，导厥涂彻，以应时需"[2]。他召集瑞安士绅商议，决定先开学计馆，以教邑之子弟。他于 1896 年开设瑞安学计馆，专治算学，以为致用之本。此举开浙江风气之先。1897 年又开办瑞安方言馆、温州蚕学馆，1999 年建立瑞平化学学堂。瑞安学计馆、温州蚕学馆、瑞平化学学堂是国内同类学堂中最早的专门学校之一，瑞安方言馆是浙江最早的外语学校。这几所专门学校得到地方士绅的支持，"其费皆本邑绅富集捐为

---

[1] 《籀廎遗文·温州办学记》。
[2] 《籀廎述林·瑞安新开学计馆叙》。

之"①。1902年,孙诒让发动瑞安演说会会员创办业余职业补习学校,有工商学社、实用学塾、商务学社。他还发起组织劝解妇女缠足会,倡办女学蒙塾,把学校教育扩及成人及女孩,体现教育内容的"致用"与教育权利的男女平等,逐渐形成地方重学的新风气。

孙诒让认为,外国教育制度重视普及教育,"盖学龄既届,而普通之智识尚阙,则不可以为人;国民既蕃,而普通之教育未周,则不可以为国"②。中国也应该重视开展普通教育,首先要办小学,小学的任务是"养国民之资格,而导之以普通之智识"③。他既有开展普通教育以培养国民的主张,也力行自己的主张。他坚决辞谢高官厚禄,全心投入地方办学,成为兴学的先驱。1905年11月,浙江温州、处州成立学务分处,孙诒让被公推为总理,由开明士绅变为承担责任的学务官。他本着一贯的爱国主义精神与教育救国的理论,努力推广新式学堂。他需要排除旧势力、旧习俗的多重障碍,如守旧官吏刁难、土豪劣绅破坏、腐儒塾师阻挠以及乡愚为抗税而毁学等。为消解这些矛盾,他保持对民众教育的热情,运用自己的智慧,提出一套办法,采取有效措施,争取多数民众的支持,终于摆脱了困境,使温处地区的教育事业迅速发展。他创办各级各类新式学堂三百多所,除了中学与师范学校是官办的之外,其他学校均由士绅捐资、民众集资所办。温处两府是浙江人口较少又较穷的地区,而数年间普通教育发展却居于浙江省领先地位,这与孙诒让积极领导,热心为民众办学,温处学务分处努力推广是分不开的。

---

① 《籀庼遗文·温州办学记》。
② 《籀庼遗文·东瀛观学记叙》。
③ 《籀庼遗文·东瀛观学记叙》。

四、 治学严谨、实事求是的精神

孙诒让作为清末变革时代的知识分子,曾有一段时间从事考据研究并获得丰硕成果,他的治学精神也是值得后学们探讨和学习的。

我们可以通过《墨子间诂》一书来了解孙诒让的治学精神。俞樾的序和孙诒让的自序都对《墨子间诂》的成书有所说明。《墨子》一书旧多古字,后人多所改窜,造成"先秦诸子之诇舛不可读,未有甚于此书者"①。由于墨学的衰落,《墨子》"传诵既少,注释亦稀,乐台旧本,久绝流传,阙文错简,无可校正,古言古字更不可晓"②。因此,研究《墨子》是一项极为艰巨的任务。但墨子兴利除害的救世思想却有现实意义。他的研究工作经过以下步骤:

第一,吸收前人已有的研究成果。他选用毕沅注本为底本,用苏时学注本刊其误,又旁摭众家,择善而从,先后用明吴宽写本、顾千里校道藏本复校,并以王念孙、王引之、洪颐煊、俞樾、戴望等所校为参考。"凡诸家之说,是者从之,非者正之,阙略者补之。"③

第二,提出自己多年研究的新成果。《经说》《兵法》诸篇,文尤奥衍凌杂,疑滞殊众。他费多年时间进行研讨,订补《经说》上下篇旁行句读,正《兵法》诸篇之讹文错简;依《尔雅》《说文》正其训诂,据古文篆隶校其文字,逐字逐句进行校释,"覃思十年,略通

---

① 《墨子间诂·自序》。
② 《墨子间诂·俞序》。
③ 《墨子间诂·俞序》。

其谊,凡所发正,咸具于注"①。他将研究结果用注释的形式表现出来。

第三,广泛征求学术界意见。1894年,他嘱托毛翼庭将《墨子间诂》以聚珍版的形式印成三百部,求正于通学。黄仲弢为评校一遍,举正十余处,证据精确。其余学者颇以注释不谬,然多苦于文字深奥难读。

第四,再作仔细校勘更正。他经细校,发现有误读误释之处,更正补充达百余处之多,减少了差错。

第五,再次搜求注本,取其所长。他求得张皋文《墨子经说解》、杨葆彝《墨子经说校注》,其中确有些精论可以补《墨子间诂》之阙误。凡可取者,皆改从之。

孙诒让继承汉学的治学传统而加以发扬,用实事求是的治学精神研究古代传统文化。《墨子间诂》增订本最后完成于1907年,他并不以为一切完善,期待后人能加以补正。孙诒让这种学风值得后学们继承,实事求是的科学精神在现代仍然需要提倡,用这种精神来对待学习、研究和工作。

孙诒让处在19世纪末20世纪初,我们处在20世纪末,将要跨入21世纪。时代已经不同了,我们面临的是建设有中国特色的社会主义强国的历史任务。学术界共同学习并总结孙诒让的教育思想遗产,弘扬他的爱国主义精神,对于我们承担和完成历史任务有着重要的意义。

孙诒让用他的行动教育后人,要面对世界的发展,认识世界的变化,从旧思想束缚下解放出来,随着时代的发展不断进步;中

① 《墨子间诂·自序》。

国人民与国家、民族的命运密切相关,只有国家富强,人民才能真正幸福;人民应该爱护国家,做有利于国家富强的事;爱国主义是强大的精神力量,激励我们不计私利去为人民服务,为国家做贡献。孙诒让具有高度的爱国主义精神,他热心地方的人民教育事业,为贫穷地区依靠地方力量自力更生,发展教育事业树立了光辉典范。我国现在是个有十几亿人口的大国,中央政府财力有限,包揽不了全国教育现代化的全部任务,人民的教育事业人民来办、人民来管,将教育管理权力下放地方,立足于地方发展现代教育事业,既要有正确的教育方针政策,也要有具有现代教育思想、掌握教育方针政策、热心教育事业的各级领导。学习孙诒让热心教育的精神,将会鼓励我们积极努力发展现代地方教育事业。地方教育的普及与提高,将会为建设现代化社会主义强国创造基本条件。

孙诒让的教育精神

人民教育家雷沛鸿 *

雷沛鸿(1888—1967)是中国近代杰出的爱国主义、革命民主主义的人民教育家。他生活在帝国主义侵略与封建制度崩溃的社会大变革时期,同情人民疾苦,关心国家命运,激发起爱国主义精神,青年时代就以挽救国家、复兴民族为职志。1906 年加入同盟会,开始从事反封建的民主革命活动。辛亥革命后,任南宁中学校长,创办《西江报》并任主笔。1913 年出国留学,先至英国,后转美国半工半读,先后就读于密歇根大学、欧柏林大学,获学士学位;又就读于哈佛大学,获硕士学位。1921 年回国,从任广西省长公署教育科科长开始,就以其学兼中西的渊博学识、爱国爱民的高度热情、教育为公的精神,为中国教育的现代化改革,坚定不移地奋斗了 30 年。直到 1951 年西江学院奉命与广西大学合并,他才根据新时期的需要,由教育活动转入社会政治活动。在教育领域,他连续 30 年不停地研究、工作、服务,适应时代的发展与民众、国家、民族的实际需要,在教育思想方面提出许多新的创见,在教育事业方面经实验推广新教育制度,使广西地区的教育有了空前的发展,且对全国产生广泛的影响。他在教育领域的巨大贡

---

　* 本文为未刊稿,约作于 1990 年代中期。——编者注

献大体上可归结为两大方面，即倡导现代教育思想与实行中国教育改造。以下就这两方面谈个人的初步认识，后进者渴望先进者指正。

一、 倡导现代教育思想

时代进入近代，中国社会急剧变化，封建传统教育与欧美资本主义国家相比已显弱势，需要实行由旧到新的改革，转变教育意识，消除社会心理障碍，必然需要新教育思想开路。雷沛鸿积极倡导现代教育思想，不懈地进行教育宣传，在 30 年间产生重大社会影响，最主要的是以下几方面：

（一）享受教育是人民的权利

雷沛鸿在《广西国民基础教育运动的时代使命》[①]一文中明确表示："我们对于教育的基本概念是：教育是人民的权利，而非人民的义务，强迫而又免费实施是政府的义务，而非政府的权利。"这个基本概念与社会上通行的概念（即教育是人民的义务，而强迫实施教育是政府的权力）正好相反，纠正了对义务教育的片面理解。他在《今后本省国民教育实施问题》中对教育的义务与权利的关系再次作了说明："我们认定所谓义务教育，决不是片面的义务，仅课予人民负担经费的义务，而不使人民享受教育的权利。原来义务与权利，是对待而发生。在父母使子女就学，这自然是

---

① 　以下援引的雷沛鸿的相关言论，除作特别说明外，皆出自陈友松主编《雷沛鸿教育论著选》（人民教育出版社 1992 年版），只标著作或文章名称，不另外作详注。

父母的义务,但就民族国家的观点来看,教育人民乃是政府的义务,而享受教育则为人民的权利。"这种新的解析更加辩证、更加全面,对于人民、对于教育界都是一种新的教育概念。这种概念并非个人标新立异的杜撰,而是导源于欧洲 18 世纪文化启蒙运动的革命哲学,按这种哲学的传统,认人为万物之灵,人不只对当前的事能辨明利害是非,而且对于人类社会,以至民族的经验,也能积累应用。人生来即有享受教育的权利。天赋人权包含人人都有生存的权利、自由的权利、工作的权利、教育的权利,这是新的人权理论,也是新的自然哲学理论。新的教育制度即根据此新哲学理论而来。他在《国民基础教育的产生》中说:"我们承认人有教育权,而且承认受教育为做人最基本的权利。"雷沛鸿主张树立新的教育观念,要把教育当成天赋人权的一个主要部分,这是一种自然权利,任何人、任何机关团体都不能把它剥夺。

(二)教育大众化

既然承认人有教育权,而且承认受教育为做人最基本的权利,那么教育权自然应该归于大众,教育应该面向大众。雷沛鸿由此极力主张教育大众化,不论男女老幼,不分贫富贵贱,都一视同仁。凡属国民,都应受国民基础教育。他在《国民基础教育的产生》中说:"我们不但使教育为大众而办,而且要使教育为大众共有共享。"教育大众化是时代潮流,是世界文化革命的总趋势。文化革命要求文化教育科学大众化,这是与政治革命、经济革命密切配合的。教育大众化是改造现实社会,从而达到理想社会的第一步。教育大众化就是教育为公,务期由教育为公而做到学术为公,由学术为公而做到天下为公。这是社会进步的发展方向。
文化革命必须面对现实,才能有利于准备将来。现实的革命以民
主社会为目标,而民主社会与专制社会不同,需要的教育制度也
不一样。雷沛鸿在《广西普及国民基础教育法案导论》中公开申
明:"我们现在所需要的是大众化的教育,而不是阶级的教育。所
以我们现在要使大众化的教育能成为名副其实的运动,不致成为
具文,我们非起而为中国教育改造运动奋斗不可。"大众化的教育
与阶级的教育、小众化的教育是根本对立的,需要对阶级的教育、
小众化的教育进行革命的改造才能实现,而这一改造是一个奋斗
的过程。大众化的教育也就是教育具有普遍性,它必须通过实施
普及教育来实现。他说:"唯其有普遍性,教育再不能成为特殊利
益;反之,它必须普及于全体民众。这是说,凡在我中华民国四境
之内,人人都应该受教育:不论贫富,不论贵贱,不论性别,不论老
少。"根据外国的教育经验,普及教育对于国家和民族的发展有重
要作用。他在《广西普及国民基础教育法案导论》中说:"义务教
育在外国是视为立国的基础,推行政治力量的唯一方法,统一民
族意志的唯一法门。……我们既然晓得复兴民族的路径,非先普
及教育不为功,那么便应该认定这个目标,以之为不二的原动力,
来推行义务教育。脚踏实地去做,发一令,行一事,不管如何困
难,不管时间长短,先应将普及教育看作民族复兴、民族自救的唯
一基本工作。"正因为认识到教育大众化、教育普及的重要作用,
所以他特别强调"中国革命建国要成功,必须力谋教育大众化";
"中国无论怎样穷,怎样苦,必须普及教育于一般劳苦大众"。普
及教育的实施是要有条件的,最重要的一要发动民众,二要发挥
知识分子的作用。特别要注意联系社会上各种力量,启发民众热

烈的求知欲望,自动起来要求教育,克服千百年来遗留下来的愚昧。在普及教育运动中,读书人应该为民当前锋,负起化民成俗的使命。同时,教育改造运动必须与社会改造运动相辅而行,始克有济。[①] 正因为教育的普及,教育的大众化是最重要的基本工作,所以雷沛鸿在主管广西教育行政之时,首先以全副精神注重于教育的大众化。

(三)认清教育的现实社会基础

教育不是孤立自在的社会现象,它与同时代的政治、经济、文化都存在相互联系。政治、经济、文化等方面的社会需要对教育提出新的要求,促使教育事业向前发展。教育事业要有序地发展,必须建立一定的教育制度。建立什么样的教育制度,不能只凭主观的教育理想,或是贪图便利模仿别人,而应该根据本国的社会条件,特别是国民的经济生活。因此,中国的教育制度不能脱离国民的生活,不能脱离中国的政治经济条件,不能脱离现实社会。脱离了联系,就没有自己的社会基础,就不能适应国情、适合需要,也就不能在中国生根。

雷沛鸿在《广西普及国民基础教育法案导论》一文中批评前人对教育的社会基础的严重忽视,他指出:"我们过去的教育者是规避现实,好为蹈空之论,随便跟着人家,人云亦云,总不去把教育的社会基础看清楚。"他进一步对什么是社会基础作了说明,认为社会基础可从两方面来看。第一方面是人群的基础,一个民族,

---

① 《西江学院的世界文化基础》。

因其种族、地理和气候的关系,形成了独特的文化而流传下来。独特的文化使一个民族具有不同典型、风俗和生活,以政治、经济、文学等方式表现出来。固有文化有好的和坏的成分,既不能和盘保存,也不能和盘推翻,而要加以抉择,存良去恶。过去中国的教育者常常忽视对固有文化的抉择,对外来的思想又常常生吞活剥,结果不但无益,反而有害。第二方面是社会学的基础,以社会学的眼光,审察现实社会,考究当代当地的急切需要,随即检讨教育政策是否得当、教育设施有无缺失。能用这样的眼光去考察和研究教育,从而确定本国教育方针和措施,这样的教育就有其社会基础。

雷沛鸿认为,五十多年来,我国所有学制改革的企图,一概未能把握教育的社会基础这一要点。正因为如此,尽管学制多次改革,但是都未能满足社会的需要。考究其症结所在,一方面是盲目模仿外人,而失掉自己的生活动力;另一方面是抽象凭空想象,脱离自己的现实社会。所以,改来改去,都是洋化的教育,不能适合于中国,更不能生根于中国。我们所要求的不是"洋化"的教育,而是"土化"的教育。我们要在社会生活的广大深厚基础上,改革学校制度,以至建立新的全国学制。

雷沛鸿主张"教育要根据民族的生活来设立","我们的教育又应有我们的社会基础"。民族生活不同,社会基础不同,教育制度自然也要不同。根据这浅显的道理,他对学制提出"中国化"的明确要求。他说:"我们一方面把六三三制采作全国的学制,但是不能全抄美国,我们应该使它中国化。所以我自民国十年以来,就根据这种态度来协助中国教育的发展。"[1]所谓中国化,就是要

① 《广西中等教育的评价》。

根据中国的社会条件,符合中国的现实生活需要,确立具有中国特色的学制。

(四) 教育必须与时并进,适应民族生活的现代化

雷沛鸿认为,我们教育的特性之一应是现代性,这是根据世界形势的发展和我国与外国比较明显落后而提出的要求。进入 20 世纪,时移势易,整个世界发生非常的变动,一些国家走上资本主义道路之后,成了工业化的强国,企图进一步瓜分中国市场;中国仍旧是落后的农业社会,与世界各资本主义国家接触,事事不如人,实在相形见绌。中国为了不被瓜分而灭亡,应谋求振兴之策。"因此,我们再不能拘于旧习,复安于故常,而不把我们的教育制度加以改造。"①

为了适应时代的变化,我们的教育再也不能守旧不变,一味钻研古典,穷年矻矻于经史子集。我们的教育必须与时代并进,而且具有现代化精神。中国目前所切要者为整个民族生活的现代化,教育为此历史性转化服务,起先导作用。教育自身亦必须具有现代性。

现代国家不能多数群众是文盲,因此扫盲是教育现代化首先要完成的任务。雷沛鸿说:"诚以我们的教育工作,都是根据时代的新发展下的新形势而从事,故不能专为少数人着想,而必须注意及于广大群众。具体地说:一个国家有大多数民众都是文盲,⋯⋯这个国家便不配做现代国家——事实上它也做不

① 《整个教育体系的演进》。

了。……因此之故,我们必须在最近要普遍地扫除文盲,而且同时要渐次扫除政治盲及经济盲。"所谓扫除政治盲,就是对群众进行普遍的政治思想教育。"有了这一种教育,大家才能省察自己,认识自己,明白自己所处的周遭及所生长的时代;知道中国的危机,知道世界的变动,又知道如何适应环境、控制环境、运用环境,甚至改造环境,庶几我们的民族得到适当的生存与继续的发展。"①所谓扫除经济盲,则是学习新生产技术和新经济组织经营活动。

教育现代化必须使教育成为有计划的教育。教育计划不是凭空构想而成的,而是根据当时当地政治改革、经济建设的实际需要而产生的。"现代社会为计划的社会,教育计划必须与社会计划互相联系,计划社会即为计划教育之母。"②

教育现代化并不排除国际教育交流,学习外国进步的新制度来改革我国的旧教育制度,但需要注意一个要点,便是不论哪一国的教育制度都有它的时代性,都在反映时代或导向时代,都是根据本国的迫切需要而提的要求。教育现代化并不抹杀国家的具体特点。

现代化的教育也是发展的,而且必须注视世界发展趋势。雷沛鸿说:"教育要根据整个民族的生活来建立,并且随时随刻要与世界各项社会运动相适应。"③他已提出我国的教育要面向世界。

这些新的教育思想符合时代要求,在中国教育界起了倡导革新的作用。

① 《广西国民基础教育运动的时代使命》。
② 《今后本省国民教育实施问题》。
③ 《广西普及国民基础教育法案导论》。

二、 实行中国教育改造

中国近代社会处于大变革时期,拯救国家,复兴民族,革新政治,发展经济,改造社会,改造教育,艰巨复杂的历史任务期待志士来完成。回应时代的呼唤,中国近代先后出现了不少杰出的教育家。教育家反映时代需要的教育思想要转化为教育政策,体现为教育法令,形成教育制度,需有一定条件,那就是政治权位。有了权位,才能借用行政权力付诸实施;没有权位,只能停留于舆论宣传,扩大社会思想影响层面而已。雷沛鸿的社会经历与其他教育家的不同之处是,他数度任广西教育厅厅长,主管一省教育行政,提供实验和发展其教育思想的机会,使他能根据自己研究古今中外教育经验而凝聚精华而形成的教育思想,思考中国现实的教育问题,制定教育革新方案,起草教育法规,采取教育措施,进行中国教育的实际改造工作。

雷沛鸿改造中国教育的实践,是依据他的教育思想认识而来的。他说:"我们所需要的是大众化的教育,而现行教育却是为少数人而设施的教育。我们所需要的教育是生长性、普遍性、现代性的教育;而现行教育却缺乏一贯政策,形成特殊阶级性,抄袭他人,不能独立自主,不合社会和民众生活的需要。因此之故,中华民国对于现行教育有彻底改造的要求。"①雷沛鸿就是根据这种思想认识,从事对中国教育的改造工作,举其大而有长远社会影响的大体有六项,以下依次加以简述。

---

① 《广西国民基础教育运动的时代使命》。

（一）发起普及国民基础教育运动

雷沛鸿说明了开展国民基础教育运动的动因："诚以我们的教育工作,都是根据时代的新发展下的新形势而从事,故不能专为少数人着想,而必须注意及于广大群众。具体地说:一个国家有大多数民众都是文盲,都是'不识不知,顺帝之则',这个国家便不配做现代国家——事实上它也做不了。不幸之至,我们的国家恰巧便是这样一个国家,因此之故,我们必须在最近要普遍扫除文盲,而且同时要渐次扫除政治盲及经济盲。因此之故,广西近年来便努力于国民基础教育运动,而欲于六年之内普及这一种国民基础教育于全省儿童及成年的妇女与壮丁……"①

此项教育既被称为基础教育,又被视为人人所必受之国民基础教育,自然以全体国民为对象。所以,"凡属国民都应受国民基础教育";在国民基础教育运动之下,贫穷的人要受教育,壮丁老人要受教育,一切人等都应受教育。故曰:"有教无类。"此旨唯有国民基础教育才能实现。

基础教育是教以做人的基础,是做现代国民的基础,目的是创造新国民,因此其内容就不单是一种识字教育,除识字之外,凡全体国民生活上所必需的知识、技能、道德也是其追求的内容。因此,概括地说,国民基础教育是扫除文字盲、政治盲、经济盲,特别注意爱国教育与生产教育。

国民基础教育运动下之教育历程,实是通常所谓的"学制",

人民教育家雷沛鸿

它是根据社会实际条件来制定的。

前学龄教育：第一阶段，托儿所（婴儿期，保育加教育）；

第二阶段，幼稚园（四岁至六岁，培养习惯）；

第三阶段，蒙养班（六岁至八岁，读写算初步）。

儿童教育：八岁至十二岁，受两年期基础教育。若条件许可，自愿升入中心国民基础学校，受两年期继续基础教育。将来基础教育要渐次发展为四年。

青年男女：十二岁至十八岁未受教育者，强迫接受一年基础教育。

成人男女：十八岁以上未受教育者，强迫接受半年期基础教育，妇女教育与壮丁教育分别进行。

从整个社会的横面来看，在此时间，又在此空间，国民基础教育运动下的教育历程实包含婴孩、儿童、青年、成年。一切人等，开展这些方面的教育。

国民基础学校依全省所有乡村镇街普遍设立，在乡镇者为中心国民基础学校，以办理全省义务教育和民众教育。所有村街国民基础学校与乡镇中心国民基础学校并没有学校教育与社会教育之分，这种国民基础教育已将学校教育与社会教育合流。国民基础学校成为当地社会的中心。

国民基础教育运动是一项庞大艰巨的社会事业，应该用动的观察法观察它的整体。国民基础教育的第一个总目标是扫除文盲，它的进行是有计划、有步骤的。当它将要完成的时候，第二个总目标来了，要让全国的成人与儿童受进一步的教育。这一步将要完成的时候，第三个总目标是促进乡村建设。在乡村建设有相当成效的时候，第四个总目标是开展民族复兴运动。国民基础教育事业的每一步都有目标,不断地运动前进。

广西有计划地实施国民教育,已有一定的历史经验。1940年3月召开国民教育会议,雷沛鸿出席会议,提供了报告,所总结的经验受到与会者的重视和好评。他还根据广西经验制定《国民教育实施纲领》,规定保设国民学校、乡镇设中心学校。会议要求各省依据实施纲领拟定国民教育实施五年计划。普及国民基础教育运动由此推广到全国,产生重大的历史影响。①

(二)创设新型的国民中学以改造中等教育

鉴于三年初中、三年高中的"三三制"是让少数人享受教育的特殊权利,是阶级的教育,不是建立在整个民族生活的基础上,脱离中国的实际需要,所以雷沛鸿要对"三三制"的中等教育加以改造。他同时创设新型的国民中学加以补救。他在《国民中学与学制改革》一文中说:"国民中学制度,是为教育改造的要求而产生,又为社会改造的要求而产生。缩小范围来说,这一个教育制度的产生,是要紧随国民基础教育普及运动之后,在中等教育一层次中从事于教育改造,务使教育制度能与社会新要求相应和,而致力于抗战建国之大业。"在《〈国民中学教育丛书〉序》中,他再一次申明:"国民中学乃一新型教育制度,它的创立,是为国民基础教育的继续,为适应地方建设的需要,为培养地方建设的干部,又为提高国民文化的水准。"这也就是国民中学承担的四项任务。

国民中学以县立为原则,是一县的社会中心,它敞开校门,接

---

① 《今后本省国民教育实施问题》。

受那些已受四年国民基础教育而自愿继续学习的人,免费进行教育,是一县人共有共治共享的教育,做到"教育为公"。

国民中学也是国民道德实践的学校,扫除政治盲是它的重要教育内容,从而改变国民生活,进而改变国民品质。

国民中学也是现代中国的青年生活组织,经过仔细策划、缜密组织,让青年民众享受有意义的集体生活,训练青年干部。

国民中学以法律确立其在学制中的地位。在中等教育层次中,它自身是一个整体,应使其具有相当完整性,不使它受大学教育的支配和控制。

中等教育体系应该采取多类型,其类型如普通中学、国民中学、半工半学学校、职业学校等,几种类型分工合作,相与并行不悖,而国民中学起主要角色的作用。

林砺儒对国民中学作高评价,认为国民中学之路是中国教育的出路。

(三) 开始创设国民大学的试验

雷沛鸿在《创设西江学院建议书》中提出,为抗战与建国的需要着想,为教育改造与社会改造的需要着想,为地方建设与地方人才培养的需要着想,都必须努力发展地方高等教育。所以,进一步发展地方高等教育,以启发青年人思想,造就建设人才,促进社会改造,乃为当务之急。

改造现有的高等教育并使之适应地方发展的需要,应进行大联合的设计,然后有次序地实施。根据学校及社会的需要,先设立文理科学院,继设立各专业学校,又设立各技术专门学校。根据学校和社会需要,建立各科研究所,再综合成一研究院,使教师和学生都有机会作高深的学术研究,从事各种事业的设计。按照学术需要,设立图书馆、美术馆、植物园、动物园、农场、林场、工厂、医院等机构,以利于研究并传播知识,促进生产技术。以上这些都以文理科教育为基础和中心,逐渐构成一个包罗各种学科的综合性大学。

大学的功能主要在两方面,一是研究学术,二是培育人才。

大学之所以成为大学,雷沛鸿提出三个要素。(1) 与民众结合。大学教育需要有深广的社会基础,应该建立在广大民众生活的基础上,依靠广大民众力量的支持,努力发挥其教育功能,为提高民众生活服务,共同促进民众的利益和幸福。(2) 自由思考。自由思考是人类摆脱迷信、解放思想、促进社会文明进步的必由道路,也是推动科学研究与学术繁荣的必要条件。大学要成为真正的大学,必须切实创造自由思想的环境,发扬自由思考的传统。(3) 科学方法。学习运用科学方法,努力追求科学真理,才可能产生伟大的自然科学与社会科学的丰硕成果,这也是成为现代大学的重要条件。

这些主张是中外大学教育经验的总结,也是表现中国大学教育的实际需要,不仅在当时有实际价值,在今天也有现实意义。

限于当时中国的政治条件,又限于当时广西的经济条件,国民大学的试验不能按雷沛鸿设想的计划全部展开。

(四) 设计民族教育体系构造的蓝图

雷沛鸿经常谈论民族教育体系,不论谈哪一层次、哪一类型的教育,都要与民族教育体系联系,作为民族教育体系的一个组成部分。所以,建立民族教育体系,实在是雷沛鸿践行改造中国教育的中心,是他努力工作所欲达到的目标。他说:"在基于事实需要,又逼于社会要求之下,民国二十二年,吾人乃率先倡导国民基础教育普及运动于广西,继之,二十四年有国民中学的创制。三十三年复有国民大学的试验。继自今,当以社会改造运动或民主建国运动的推进为凭借,赖政府、群众与夫热心教育改造人士的通力合作,徐图构成一个富有生长性和普遍性的民族教育体系。"①他又说:"在国民基础教育之前,且有前学龄教育为开端。于是,由前学龄教育而国民基础教育,由国民基础教育而国民中学教育,乃至高等教育,均将逐步构成全国学校系统,复将紧凑地相互衔接,密切地相互联系,以一贯地造成整个民族教育体系。"②

在民族教育体系构建过程中,各种教育如何前后、上下、左右相互衔接、密切联系,体现了雷沛鸿一些重要的教育思想主张。

其一,儿童教育与成人教育并进。他对此问题特别作了说明:"着实地说,如果我们要建设未来的中华民国,我们必须要依赖现在的幼孩及儿童;如果我们要挽救目前急转直下的中华民国,我们必须要依赖现有的青年妇女,以至青年男丁,以及大多数成年男女。……我要指出,正为不忘儿童教育的重要,同时复不忘成人教育的重要,所以我们才要进行国民基础教育,在其中儿童教育与成人教育可以双管齐下……"③顾目前成人教育重要,顾将来儿童教育重要,必然是两者兼顾。

① 《〈国民中学教育丛书〉序》。
② 《国民中学与学制改革》。
③ 《广西国民基础教育运动的时代使命》。

中国教育家和教育思想研究

其二,学校教育与社会教育合流。所谓全国学制,是"本国学校系统"的简称,其范围只限于学校教育或"定式教育";而民族教育体系则不同,它既包含学校教育又包含社会教育或"非定式教育"。因此,作为民族教育体系组成部分的那一种学校,作为所在地区的文化中心,要发挥其作用,同时进行社会教育。

其三,民族教育体系包括多层单位体系。民族教育体系极具涵盖度量,在其中还包含若干层单位体系。譬如,国民中学制度本身应构成一个单位体系,中等教育制度应构成一个较大单位体系,学制应构成一个更大单位体系,民族教育体系应构成一个最大单位体系。不论哪个体系,不论这个体系属哪一教育层,层层个个都具有弹性。它随着社会生活的发展,针对不同阶段的需要,做出适应性调整。

其四,民族教育体系具有极大的概括性。除了包括学校教育、社会教育之外,一切文化设施,如图书馆、博物馆、科学馆、艺术馆等与社会教育有关系者都在内,还有戏剧、电影、广播、参观、旅行等也都在内。此外,尚有若干社会制度,如家庭、宗教、军队、政党,又如农场、工场、书店、合作社等,亦可以一概列入。所以,民族教育体系与民族文化关系非常密切,可以使用的教育形式非常多。

其五,民族教育体系建立中,各层的教育互有联系,各类型的教育互有联系,使教育真正成为人生的历程及社会历程,在个人言为人生历程,在民族言为社会历程。这种理想、计划和设施,倘使能够得到时间的培养,而又能有顺序地推行于全国,最终能够成为适合国情而又适合民众需要的民族教育体系。因此,教育是不能中断的,教育事业要长久努力才能实现其目的。

雷沛鸿就是以上述教育主张开展民族教育体系构建活动的，以民族教育体系的构成为中心，实行中国各级各类教育的改造。

（五）为配合教育改造进行研究和实验

为了推动国民基础教育，为了促进广西教育的改造和民族教育体系的构成，雷沛鸿甚为重视教育研究，先后创办广西普及国民基础教育研究院和广西教育科学研究所。研究院或研究所不作为行政机关，也不是普通学校，而是作为一种学术制度、一种教育制度，开创一条学术为教育改造、社会改造服务的新途径，有以下较突出的特点：

其一，研究院、研究所设在农村。要为老百姓工作，应该接近民众，不能造成特殊环境。要防止走机关化的老路，脱离了民众。

其二，为研究、实验便利起见，设立实验中心区。为避免脱离现实社会的错误，以研究院为中心，划定直径二十里的地域，作为实施国民基础教育所需要的实验场所，包括一市区、二街镇、二十个村。

其三，采取"兼容并包"的方针，吸纳进步的学者参与研究工作。如方与严、潘一尘、孙铭勋、杭苇、黄齐生、程今吾、陈希文、徐敬伍、梁金生、彭学文、李志坚等在院所参与调查统计、研究实验、训练辅导、编辑教材等工作。

其四，研究工作注重现实环境的调查、观察、实验，注重集体的合作研究。研究工作倾向于群众的活动，倾向于大众化，倾向于平凡化，倾向于实际化。

其五，研究院为开展各项教育改造、社会改造事业，要培养从事各类事业的人才，为此而办各种训练班。训练班根据各年度、各阶段的工作重点的需要而设置，如学习生训练班、生产教育人员训练班、冬作讲习班等，除短期集中训练外，让受训学生深入乡村，实地与民众生活在一起，帮助民众改善生活。

其六，办国民基础教育不仅要注意狭义教育，还要注意从事以村为单位的建设，如讲究卫生、改良水利、兴办农仓、开展合作经济等事业，用国民基础教育运动的力量，把科学技术推广于民众生活中。这种方法就是学问与劳动合作的方法。用科技思想去向民众宣传，民众受刺激而生出反应，再影响研究院研究人员的思想，研究人员再用思想去引导民众，彼此交流促进。

由上可以看到，雷沛鸿担任院长的研究院与当时政府办的研究机关是大不相同的，研究院以之为对立面，对照着进行改革。研究院以从事研究，普及国民基础教育之理论与实施，并辅导、促进普及国民基础教育之试行与推广，从而改善全省人民之整个生活为宗旨。研究院履行规定的职责，为广西的教育改造和经济发展做了大量工作，取得了成效，为以后的科研工作提供了宝贵经验。

（六）采取发展广西少数民族教育的特殊措施

广西有些少数民族特别封闭，与外界交流很少，因此是经济、文化发展十分落后的特种部族。由于情况特殊，雷沛鸿提出对这部分将近四十万人口的国民基础教育不宜一般对待，而要通过立法采取一些特殊措施，因此经省政府委员会通过并颁发《广西特种教育实施方案》，根据这一方案在这些特种部族开展教育改造工作。方案要点如下：（1）省组织特种教育委员会,负责调查全省特种部族的生活及教育状况;研究解决特种小学教育、成人教育及社会教育的有关问题;编辑适合特种教育需要的教育用书和补充教材。（2）县政府负责调查境内特种部族的生活与教育状况;改进区内现有的教育;布置特种学童就近入学并规定优待办法;根据需要在特种部族区内设立特种学校,或派特种教育训导员以负责实施特种教育。（3）校长、教师、训导员均由县政府选派,呈请省教育行政机关委任。（4）县根据需要设特种教育师范班,训练人员,准备补充特种教育师资。（5）实施特种教育所需经费由省政府核定拨支。这些措施推动了少数民族教育的发展,消除了国民基础教育的空白点,保证了广西全省普及国民义务教育的实现。

以上几项行动是相互联系的,围绕一个教育的大策划,那就是按计划逐步建成一个既适合中国国情又适合民众需要的民族教育体系。

雷沛鸿生前至少有 30 年光辉的教育业绩,身后留下内容十分丰富的教育理论遗产。历史事实客观存在,任由后人分析研究,纵横比较,加以评说。历史检验最终会达成一些基本共识,对近代杰出的教育家做出公正评价,得到人民最后公认的教育家,才是真正的人民教育家。雷沛鸿倡导新教育,要求实行教育的彻底改造,旗帜十分鲜明,态度非常坚决,措施切实有效。他反对保守旧制度、旧思想,也反对抄袭外国学制,使中国教育洋化。他认为本国优秀的教育遗产要继承,外国先进的教育思想经验要学习。他更主张教育要有社会基础,要根据中国现实社会的需要来创造新制度。他提出教育大众化、中国化、现代化作为教育实施的方针和原则,不仅与新民主主义教育方针毫不抵触,而且不谋而合,殊途同归,至今仍然放射思想光辉。雷沛鸿是杰出的人民教育家,他的教育思想是中华民族一份宝贵的教育遗产,值得我们学习继承与借鉴。

杨贤江的教育思想*

一、 生平和革命教育活动

杨贤江(1895—1931),笔名李浩吾等,是中国坚定的共产主义战士,杰出的青年运动领导人,马克思主义教育理论家。

杨贤江原籍浙江余姚县杨家村(现属慈溪市长河镇贤江村),出生于穷苦的裁缝匠家庭。1911 年冬,高小毕业,因为家境贫寒,不能升学,只好就任当地高小教员,开始他的教育活动。1912 年秋,考入杭州的浙江省立第一师范学校。他学习非常勤奋,课外学日文,星期日上图书馆,也积极参加当时的社会团体活动。当时他是"教育万能论"的"信徒",经常写文章向《学生杂志》投稿,表达自己的观点。至 1917 年从师范学校毕业时,他更加相信"教育事业真是国家一切事业的根本","教育办得不好,其他什么事业终是弄不好的"。[①] 他先在南京高等师范学校任职员,后兼任少年中国学会南京分会书记,并参加分会会刊《少年世界》的编辑工作,经常在教育刊物上发表文章。

---

* 本文原为华东师范大学教育系、教科所编《中国现代教育史》(华东师范大学出版社 1983 年版)第六章中的一节。

① 李浩吾.新教育大纲[M].上海:南强书局,1930:107.

1921 年,杨贤江到上海担任《学生杂志》的编辑,并积极参加少年中国学会的活动。此时,他接受马克思主义,成为一个革命者。他于 1922 年加入中国共产党,担任中国共产主义青年团的宣传工作,后协助恽代英同志编辑《中国青年》,有一段时间曾担任主编。他经常通过《学生杂志》《中国青年》《少年世界》等杂志发表文章,宣传革命思想,指导青年的学习和生活。特别是在《学生杂志》上,几乎每期的社评都是他撰写的,对青年学生的思想影响尤其重大。他"给走入迷途的青年指出了方向——无产阶级领导的民主革命的道路"[①],成为青年热爱的导师。

1926 年,为了配合北伐,杨贤江积极从事工人运动和学生运动,并参加了上海工人第一次武装起义。1927 年,他到武汉总政治部工作,兼任武汉《革命军日报》编辑。

大革命失败后,白色恐怖笼罩着整个中国,杨贤江"能够在最险恶的环境中认清中国革命的光明前景,坚持对党的信仰和忠贞,既不焦躁又不悲观"[②],转入了地下斗争。那时政治斗争是很艰苦的,思想战线上的斗争也很尖锐,他一面进行革命活动,一面继续学习马克思主义,进行大量的写作和翻译,与当时反动的封建买办法西斯教育思想展开斗争。1928 年,他被迫离开上海到日本东京,在那里从日文转译了恩格斯名著《家庭、私有制和国家起源》。他着重研究的是教育问题,当时发表的《教育史 ABC》就是研究成果之一。由于日本警察的迫害,1929 年,他又返回上海,除了用笔名在教育杂志上发表文章和介绍苏联的教育理论外,还写成了有名的《新教育大纲》,1930 年由上海南强书局出版。1931

① 杨之华.学习杨贤江同志的革命精神[N].解放日报,1949 - 8 - 9.
② 夏衍.追念与告慰[N].解放日报,1949 - 8 - 9.

651

年,因患肾脏结核,病逝于日本长崎。

杨贤江一生有不少的著作和译作,其中最有历史价值的是《教育史 ABC》和《新教育大纲》两部著作。《教育史 ABC》是中国第一本根据历史唯物主义观点写成的教育史。《新教育大纲》是中国第一本系统地介绍马克思主义教育学的著作,科学地阐述了教育发展的历史,揭示了阶级社会教育的阶级性,特别是美国、日本教育的垄断资产阶级性,提出了中国教育发展的方向——社会主义教育。他的这本书正是要让读者获得对教育的正确认识,把握思想斗争的理论武器,以应用于实践中。他在序言中指出:"这儿,至少有些未经中国人道过的新说,未经中国人指摘过的事实;你若已在或有志于在教育阵地上工作的青年,你便可从这儿得到一点新武器;即使你并不一定志愿在教育阵地上工作的青年,你也可以由此得到不少新见解。"历史实践证明,这本书曾发挥重要的作用,它用马克思主义教育理论武装了不少的教育工作者,用为人民大众服务的教育思想启发了不少的教育工作者,在中国现代教育史上确是一部具有战斗意义的著作。

《新教育大纲》是杨贤江教育思想的基本总结,也是研究杨贤江教育思想最主要的材料。

二、 批判超政治、超阶级的教育观,科学地阐述教育的性质

杨贤江在教育理论上最重要的特点,就是密切结合中国的社会实际。

五四运动和第一次国内革命战争时期,马克思主义在中国有

了广泛传播,但是马克思主义教育理论还没有得到充分和系统的介绍,已经介绍过来的多未与中国的教育实际相结合。所以,在大革命失败前后新旧军阀统治下的中国,剥削阶级的教育思想是居于统治地位的。反动派一面利用教育作为统治的工具,一面又有意识地宣传教育超政治、超阶级的观点,以掩盖教育的实质,使知识分子脱离政治;而资产阶级知识分子以至小资产阶级知识分子在反帝反封建的斗争中动摇,反映在对待教育问题上,也产生教育超政治、超阶级的幻想。他写《新教育大纲》第一章"教育的本质",就提及当时形形色色的歪曲教育性质的见解,例如:主张"教育神圣说"者认为教育是"觉世牖民"事业;主张"教育清高说"者认为教育不涉及政治;主张"教育中正说"者认为教育是站在公正立场,受教育的机会均等,没有偏私;主张"教育独立说"者认为教育不受政治支配,应该独立于政治之外。杨贤江指出这些都是教育超阶级的看法。当时的教育学教科书或参考书也宣传这种看法,对于"教育与政治的关系如何,与经济的关系如何,它们没有说明。教育这架机器被贼偷了去,当作鸦片来毒害人,它们没有晓得。反之,它们要说教育如何神圣,如何清高,如何独立"[①]。这种歪曲的宣传使认识模糊的教师和学生离开革命的政治斗争,对于反帝反封建的革命统一战线是不利的。为了革命的需要,为了揭示教育的本质,杨贤江以马克思主义教育学说作为思想武器,与这些统治阶级的唯心主义教育思想做斗争。

杨贤江指出,在说明教育的性质的时候,应该从历史唯物主义关于经济基础与上层建筑关系的根本概念出发。他说:"照唯

杨贤江的教育思想

---

① 李浩吾.新教育大纲[M].上海:南强书局,1930:4.

物史观来说,社会的经济构造是现实的基础,而法制上、政治上、宗教上、艺术上以及哲学上——简言之,就是观念上——的各种形态(即所谓观念形态)都是建立在这个基础上的上层建筑;……上层建筑对下部基础的依存关系是这样:物质生活资料的生产方法(即经济构造)决定社会的政治的及精神的生活过程(即上层构造);'因为经济的基础发生变动,所以巨大的上层建筑全体,也徐徐地或急速地发生变革。'"①"但是上层构造的本身,对于社会的经济关系及生产力也有影响的作用;就是有时可以促进生产力的发达,有时也可以拘束经济关系的发展。"②

杨贤江指出,教育这种社会现象"为观念形态的劳动领域之一(one of the fields of ideological labour),即社会的上层建筑之一"③,"是与社会的生活过程、物质的生产关系有密接联系的;而且是以这种现实的社会经济生活为基础,只要是现实的经济关系变了,它是必然地跟着变的"④。他阐述教育为经济关系所制约时,也指出教育对经济产生影响和促进的作用。例如,在资本主义社会,"因机械力应用、分业应用及工厂工业的发达,固然促进各种产业教育的发达;而各种产业教育的发达,自也益能敏活支配生产的行为,改进技术的效用,而达到资本增殖的目的"⑤。

教育与政治都属于上层建筑之类,但两者与经济的关系是有区别的。"政治的本义是经济之集约的表现"⑥,所以在一定的社会中,有与社会经济关系、社会经济组织相应的政治关系、政治制

① 李浩吾.新教育大纲[M].上海:南强书局,1930:12.
② 李浩吾.新教育大纲[M].上海:南强书局,1930:253.
③ 李浩吾.新教育大纲[M].上海:南强书局,1930:11-12.
④ 李浩吾.新教育大纲[M].上海:南强书局,1930:13-14.
⑤ 李浩吾.新教育大纲[M].上海:南强书局,1930:262-263.
⑥ 李浩吾.新教育大纲[M].上海:南强书局,1930:269.

度。这种政治直接支配"一般社会的精神的生活过程",教育当然也没有例外。杨贤江认为,教育"不仅由生产过程所决定,也由政治过程所决定"[①],教育意义的变迁便是社会关系变化所表现的形态。所以,自有历史以来,就没有脱离政治关系的教育。教育与政治的关系也是相互作用的:一方面,教育为政治所决定,不能超越政治;另一方面,教育也有影响政治的时候,即"教育也有率先领导或者促进的功用"[②]。

杨贤江阐述的教育与经济、教育与政治的观点是历史唯物主义最基本的观点。根据这种观点来研究教育发生发展的过程,他说:"教育的发生就只根于当时当地人民实际生活的需要;它是帮助人营社会生活的一种手段。"[③]教育起源于生活的需要,所以自有人生便有了教育。在原始社会,大家劳动,大家即就劳动所需要的知识和技能,随时随地学习。原始社会教育的特点就在于它是"实用的",人们学习适应社会生活需要的本领;它是"统一的",是在实际劳动生活中进行的;它是"全人类的",无论男女都有受教育的权利与义务。

但是,社会不是不变的,由于"社会的经济构造的转易",人民实际生活的需要也就不同了,因而教育内容也就起了变化。自从私有财产产生之后,私有财产多者为"支配阶级",私有财产少者为"被支配阶级"。"支配阶级"有自己的教育制度,把灌输拥护私有财产的道德作为教育的任务,而"被支配阶级"或处于教育制度之外,或受欺骗的教育,从此"教育是阶级的,是阶级斗争中的武

杨贤江的教育思想

---

① 李浩吾.新教育大纲[M].上海:南强书局,1930:270.
② 李浩吾.新教育大纲[M].上海:南强书局,1930:104.
③ 李浩吾.新教育大纲[M].上海:南强书局,1930:14.

器"①。国家是原始社会瓦解之后产生的,它像回旋舞台一样,在自产生以来几千年间已经有了几度的回旋,但是"台柱子"始终是"支配阶级"即"所有多者",而"跑龙套的"始终是"被支配阶级"即"所有少者"。教育就是握在"台柱子"手中用以驱策"跑龙套的"的鞭子。在阶级社会中,教育是跟所有权走的,"你有所有权,你便有教育权"②。所以,教育唯少数特权阶级能够享受,"即使是个低能儿,只要他的父兄是个地主、富豪、买办、官僚或是军阀,不怕没有教育权,他不特可升入任何学校,还可以留学外国。但要是个穷人的子弟,那么尽管他是怎样聪颖的天才儿——……也莫妄想有个识字读书的天日"③。在阶级社会,教育只是为了支配阶级的利益。在支配阶级手中,教育一方面作为经济榨取的手段,另一方面作为政治支配的手段。所以,他在《新教育大纲》绪论中引用辛克莱《鹅步》一书的序言中语,指出:"教育这架机器早被强盗偷去了;强盗为了自己的利益,不为了受教育者的利益,在占有着它,运用着它;强盗'细心地而且故意地,不教你智慧而教你愚蠢,不教你正义而教你贪欲,不教你自由而教你隶属,不教你友爱而教你憎恶'"④。这些历史事实正是他所要向读者揭露的,指出教育发生了质的变化,使读者认识教育的阶级性。

杨贤江根据马克思主义对教育性质的理解,根据中国教育的实际,对"教育神圣说""教育清高说""教育中正说""教育独立说"进行了毫不留情的批判。他指出,认为教育可以超政治、超阶级,

① 李浩吾.新教育大纲[M].上海:南强书局,1930:5.
② 李浩吾.新教育大纲[M].上海:南强书局,1930:42.
③ 李浩吾.新教育大纲[M].上海:南强书局,1930:42.
④ 李浩吾.新教育大纲[M].上海:南强书局,1930:4-5.

这是统治阶级的教育哲学，宣传这种思想的学者受了支配阶级的麻醉和利用。

杨贤江介绍的这些历史唯物主义的教育观点，在今天看来是普通的道理，而在当时却是新的教育学说。他向居于统治地位的剥削阶级的教育思想宣战，使许多教育工作者认清了教育的性质，当时的教育界就有人在杨贤江的思想影响和教育下开始用历史唯物主义的理论武器来研究教育上的问题；更重要的是，使许多教育工作者认识到了教育的阶级性，树立为人民大众服务的教育思想，投入革命斗争，使教育为革命斗争服务。

三、 批判改良主义的教育思想，正确地阐述教育与革命的关系

反动的"御用学者"和动摇于革命与反革命之间的那些资产阶级知识分子和小资产阶级知识分子，曲解了教育的性质，他们在估计教育的作用时加以夸大，所以与教育超政治、超阶级一起流行的是改良主义的教育思想。反动派对这些加以利用，以分化革命的力量。为了使教育工作者认识改良主义的欺骗作用，走上革命的道路，杨贤江依据马克思主义的观点，对改良主义的教育思想进行了分析和批判。

主张"教育万能说"者把教育说成超绝一切而独立存在，具有非凡的本领，依靠教育可以改造任何人，可以解决一切社会问题。这个理论的引申也就产生了"教育救国说""先教育后革命说"。在革命时期，这些理论对于革命运动起了消极的阻碍作用。

杨贤江指出，由于教育受制于经济和政治，"仅靠教育事业上

想法,在教育范围内活动,那么无论怎样巧妙的教育方法都是枉然的"。"'万应膏'式的教育,只在教育学家的嘴角边,决不在事实上。"现代新教育的症结"是在于现代所特有之'富'",在经济上占支配地位的富者同时在政治上也占有支配地位,在教育上也就享有特权。① 作为支配阶级斗争工具的教育,不可能超越这种经济上、政治上的制约而发挥其效能,所以它的效能是很有限的。若不在"富"的问题上谋解决的方法,教育原来能够发挥效能的,也将变为无效能。

主张"教育救国说"者的具体主张有所不同,有的主张"道德教育"救国,有的主张"爱国教育"救国,有的主张"职业教育"救国,但实质都是一样的,他们没有指出正确的救国途径,而是帮助统治者欺骗人民。杨贤江说:"主张教育救国,而轻视民众的革命,这也是转移革命民众的视线,而让他们走上错误道路的阴谋诡计。"②这种批判打破了人们依靠教育来救国的幻想,也打击了国民党反动派提倡"教育救国"的阴谋。

主张"先教育后革命说"者虽然承认革命的必要性,但是他们轻视人民,认为人民不懂革命,先得教育人民,然后进行革命。这种关于革命路线的主张特别容易混淆视听。杨贤江指出,这是骗人的话,不可能在支配阶级的教育制度下实施革命的教育,培养革命的人才。若不是主张立即革命,就只有安于受支配阶级的统治和教育。所以,他说:"这样的主张是叫大家走上合法运动之路,走上取消主义之路;这不仅是'后革命',简直是'不要革命'

---

① 李浩吾.新教育大纲[M].上海:南强书局,1930:111.
② 李浩吾.新教育大纲[M].上海:南强书局,1930:115.

'放弃革命'。"①

　　杨贤江认为,不能用教育代替革命,要改变中国,必须进行革命。如果不推翻帝国主义在中国的统治,不肃清封建势力,不打倒投降帝国主义、与封建势力妥协的资产阶级,中国就不能脱离现在半殖民地的地位,中国民众就不能改变现在贫困的生活。

　　在反帝反封建的民主革命运动中,教育应该作为革命的武器之一,服务于革命的总纲领、总任务,在革命的总纲领、总任务之下,发挥它的作用。

　　教育与革命斗争要紧密地配合。在革命之前,教育是用来进行斗争以夺取政权的武器之一,一方面进行煽动、宣传,尽量揭露统治阶级的罪恶,破坏其统治秩序;另一方面要把革命的政纲尽量传播,以激起被压迫民众的革命情绪,努力干革命工作。在革命之后,教育要起巩固并促进政权的作用,应该教育民众拥护由自己建立的政权,保持民众与政府的密切关系和对政策的一致信任。

　　杨贤江的上述看法,在大革命之后革命运动处于低潮时期,有很大的现实意义,使教育工作者既不过度夸大教育的力量,又能认识教育为革命斗争服务、为革命积蓄力量的必要性。

四、 批判资本主义教育

　　大革命前后统治中国的军阀都依靠帝国主义势力的支持,因此他们都为帝国主义的侵略开辟了道路。帝国主义在加紧经济、军事侵略的同时,也加紧对中国的文化侵略,在教育上就是把资

① 李浩吾.新教育大纲[M].上海:南强书局,1930:117-118.

本主义的教育理论、教育制度输入中国。那时的中国留学生也起了"贩运"的作用，因此出现许多颂扬资本主义的论调，例如说资本主义教育劳动化、科学化、平民化、中立化、和平化等等。这些颂扬无非是把资本主义的教育说成全民的、进步的教育，使一般人产生迷信和错误的认识，企图使中国的教育走资本主义的道路。这伙人对于美国的教育制度，更是颂扬备至，把美国的学校教育作为模仿和崇拜的目标，拿美国的教育理论来教育中国青年，把中国教育"美国化"。这是中国教育革命中的大问题，是往哪里走和向谁学习的问题。杨贤江很重视这个问题，他为中国的教育指出了方向，破除了那些迷信和错误的认识。

杨贤江指出，资本主义教育确实比中世纪进步了，实行义务教育，传授日常生活上的知识技能。但是，资本主义社会的教育仍然是阶级的教育，它为资产阶级所独占，也只为资产阶级的利益服务。资产阶级在迫使工农为他们劳动时，也给工农以知识教育。但是，资产阶级害怕工农受教育之后产生革命的意识，所以他们"一方面给予教育的最低限度，而在别方面榨取劳动的最大限度"[①]，使教育与劳动保持分离是资本主义剥削的必要条件。资产阶级利用学校来对青年一代灌输资本主义的思想，特别是在这没落的时代，一方面努力宣传与"奖励"资本主义社会所必需的学问，一方面尽量压迫对资本主义不利的学问，所以在美国就发生了"猴子案"，对教授进化论者处罚。由此看来，资本主义国家的教育，"它的主要倾向只有是非科学的"。其他的所谓"平民化""中立化""和平化"的赞颂，也都是欺人的话。

---

① 李浩吾.新教育大纲[M].上海：南强书局，1930：191.

中国教育家和教育思想研究

资本主义教育除了具有阶级社会教育的共同特征之外,还有其独占化、商品化的特征。在资本主义教育中,存在着许多矛盾的现象。例如,强调个性的发展,又把学校变成如工厂一样,只能培养资本家所需要的规格划一的人;既要让民众读书识字,成为聪明伶俐的劳动者,又要使群众不了解资产阶级就是剥削者,迷信资本主义社会的秩序最优良;既提倡学术研究自由,又实行思想专制。这些都说明资本主义的教育已经到了没落阶段。

美国的教育是现代资本主义教育的标本,它更加丑恶。杨贤江引用美国进步作家辛克莱的《鹅步》和《鹅雏》两书所揭露的材料加以说明。美国根据连环董事团财阀们的需要形成一种特殊的教育制度。例如,在摩尔根做终身董事的一所很大的大学里,校长是摩尔根生命保险公司的董事,校长写的劝人尽忠财阀的书、教育主任写的教科书都可以在摩尔根的书店出版,印书的纸可以在与摩尔根有关的造纸公司买,这些书为摩尔根所有的杂志报纸所赞赏和推荐,而造纸地方的学校督学是摩尔根大学的毕业生,这所学校采用了这些教科书并鼓励中学生升入那所大学。摩尔根大学的校长被共和党指定为美国副总统的候选人时,督学就请学校儿童野餐,听那位候选人在留声机中的竞选演说,且由摩尔根的选举委员会供给茶点,款项由保险公司支付。这便是在连环董事团的财阀制度基础上形成的教育制度。在美国,大学或专门学校都是受财阀集团支配的,学校的董事都由财阀或其公司的经营人兼任,校长和教授都要为财阀的利益而"奉公守法",教育的目的就是要教学生做资本家的奴隶。曾任哥伦比亚大学校长的勃特娄的话作了很好的说明,他说:"一世代的责任是在把祖先所遗留下来的制度,无损伤地,传递给下一世代。只消这样!叫人类永远一直同向来一样，世界无穷，阿们！……我们所以要进大学是为了求知我们的祖先，变成为同他们一样的人——盲目本能的可怜的牺牲。"[1]把资本主义制度维持下去，这就是办学的动机，也就成了大学生的责任。美国的中小学也是由垄断政治和经济的势力经营的。例如，在南加利福尼亚，作为财阀势力行动工具的黑手党，支配着教育局，支配着督学，支配着一切学校与所有的教师和学生，甚至还支配着父母。学校要依靠指示宣传资本家的功德，防止新思想的传播，"它所希望造就的学生，是一批专替资本家效忠的人"[2]。

中国教育界崇拜和模仿的美国教育就是这样的一种教育。杨贤江非常严肃地向读者指出："你觉得这是人类的教育吗？这是值得我们中国模仿的吗？教育哲学是教育实际的指导，也是教育实际的反映。美国教育实状如此，美国教育的理论还不妨供我们应用吗？请读者注意中国现时教育上的主张、教育界领袖的言论，我们要提防这一种'帝国主义的侵略'！"[3]他尖锐地指出了搬用美国教育是帮助帝国主义实现文化侵略，这在当时纠正了一般人的盲目崇拜和错误的认识，对于企图使中国教育美国化的阴谋是一个沉重的打击。

五、 论社会主义教育

杨贤江不仅揭露了阶级社会教育的阶级性和美国、日本教育为垄断资产阶级利益服务的反动面貌，反对中国教育走资本主义

① 李浩吾.新教育大纲[M].上海：南强书局，1930：414.
② 李浩吾.新教育大纲[M].上海：南强书局，1930：425.
③ 李浩吾.新教育大纲[M].上海：南强书局，1930：446.

道路,而且传播了马克思主义关于教育的科学观点,指出中国教育必须走社会主义道路。

杨贤江深信:社会主义社会必然继资本主义社会而起,而社会主义社会的建设必须经过无产阶级专政时期。在无产阶级革命时期,无产阶级所要求的教育,"是有教育上的'阶级斗争'的意味的"。这种教育的目的是"从支配阶级的教育统制底下解放出劳动者来"。[①] 无产阶级专政下的教育,是"以养成无产阶级的忠实斗士,且由此以准备将来的无阶级社会为目的"[②]。这种教育是为无产阶级政治服务的,是要掌握教育这一武器,以提高无产阶级的思想意识。这种教育的任务是:既要破坏作为资产阶级工具的资产阶级学校教育,又要创设无产阶级自己的学校,利用这种学校,作为实施社会主义教育与启蒙之工具。"社会主义的学校要在精神的领域,在人类的心理方面,履行变革布尔乔社会的任务,使成人的意识适于新的社会关系;特别要教育那些具有基于新社会的心理的青年。"[③]不仅如此,杨贤江还着重指出,这种实施社会主义教育的新学校,还应该是智力、体力全面发展的学校,是教育与生产劳动相结合的学校。

关于"体力劳动和脑力劳动相结合"这一人全面发展的思想,以及"教育与生产劳动相结合"的思想,杨贤江在《新教育大纲》中极力加以阐扬。他指出,原始社会的教育就以"教育与劳动一致"作为特色之一。当时,大家劳动,即就劳动所需要的知能,随时随地学习。学问也是大家共享,且和劳动相联系。到了阶级社会出

① 李浩吾.新教育大纲[M].上海:南强书局,1930:342.
② 李浩吾.新教育大纲[M].上海:南强书局,1930:238.
③ 李浩吾.新教育大纲[M].上海:南强书局,1930:240.

现后，才跟着阶级分化，"脑与手拆了伙，求知与做工离了婚"，"教育与劳动分家"才变成阶级教育的主要特征。一部分人受着贱视劳动的教育，弄得四体不勤，五谷不分，手无缚鸡之力；一部分人得不到文化教养，弄得不识不知，顺帝之则，目不识丁，"教育事业变成空谈坐视的事业"。从奴隶社会开始，便只有支配阶级有闲暇可受的文雅教育，奴隶们只许劳动，"把劳动与教育截然分途，即把实践与理论开始隔离"。封建社会实施的是"贵贱有别的不平等教育和远离社会劳动的教育"，因此"救民唯恐不赡"的劳动人民"治于人者"，根本缺少"治礼义"的物质条件。同时，他们"也正不需要'食不饱、衣不暖'的教育"。到了资本主义社会，资产阶级迫于生产组织自身的需要，不得不向劳动阶级实施教育，但只给予教育的最低限度，并以榨取劳动的最大限度作为联结教育与劳动的代价。杨贤江指出，使教育与劳动分家，为的是易于欺骗劳动人民，把最低限度的读写能力给予劳动人民，只是和缓劳动人民的反抗，并企图利用这种教育，使劳动人民"皈依"并尊敬资产阶级；另一方面，也努力使他们不能见到除读写以外的其他东西。他指出，只有社会主义、共产主义的社会，才能实现"教育与生产劳动相结合"的理想，使人得到智力和体力全面发展。他曾引据马克思主义经典著作《哥达纲领批判》和《共产党宣言》中的教导，明确指出只有在"共产社会、更高度的阶段"，智力劳动和体力劳动的对立才能完全消灭；只有在无产阶级统治的最先进的国度里，才可能"对一切儿童实行公共免费教育，取消现今形态的厂内童工劳动，将教育同物质生产结合起来"。这些主张正是马克思主义创始人关于教育的根本观点。苏维埃创设的统一劳动学校，就是实现这种理想的一种教育机关。创设这种学校的前提，是无产阶级革命的胜利。在中国新民主主义革命胜利之后,也就有可能实现这种社会主义教育。

为了传播马克思主义教育观点和鼓动中国教育界向俄国十月革命后先进的教育经验学习,杨贤江除了写成《新教育大纲》和《教育史 ABC》等书外,还翻译了《新兴俄国之教育》和《苏维埃共和国的新教育》两书,并在当时的教育刊物上发表了一些文章,热情地介绍俄国十月革命后的教育。他把苏联教育与美国教育作了鲜明对比,结论是:"美国的教育,是为了少数资本家的利益;而苏联的教育却为了百分之九十五的工农大众的利益。那才是民主主义的,是为了全体的启蒙而准备着的。"[①]他这样指出美苏两国教育本质的差别,对当时国民党反动统治下盲目崇拜美国的教育界无疑是当头棒喝,也给当时的教育界指引了最正确的道路——为实现社会主义教育而斗争。

六、 论教师的社会责任与青年学生运动

杨贤江指出,教育既是革命武器之一,教育者就负有重大政治任务,应当关心革命的政治,应使教育很好地为反帝反封建的革命任务服务,力谋革命总纲领的实现。他对于有些教育者受封建的"安分守己"思想束缚,受"循规蹈矩"的做人观念约束,以及不问政治的现象,作了深刻的批判。他认为,教育者的社会责任,首先是对教育与政治的关系要具有正确认识;其次,应使受教育的儿童、青年获得解放的门路,教他们了解政治环境和经济情况,

---

① 李浩吾.新教育大纲[M].上海:南强书局,1930:453.

引导他们参加工作,接近实际;再次,对于民众,应该作为他们的"宣导者"。教育者要从学校讲坛解放出来,向社会民众走去。学校要做扫盲运动,要做民众政治训练运动,成为征伐迷信、破除旧习惯的大本营,成为民众集合、民众娱乐的大会场,成为国民文化的灯塔。教育者也有谋求解放自己的责任,而解放自己是在帮助群众解放的斗争中实现的。

教育者要完成这些任务,不是靠个别的力量所能做到的。教育者应当把自己这一集团的力量完全组织起来,形成一种社会势力。当时反动的国民党政府立法院起草的工会法规定,其他教育事业机关不得引用工会法来组织工会。杨贤江认为,对这种法律,可以不管它,首要的是弄清楚结社的必要性与可能性。他分析了教育者的情况,认为教育者结社是必要的,是有条件的。教育者结社应以学校为单位,由地方组织开始,逐渐按级联合而成为全国的组织。

教育者结社的斗争目标是:"争取彻底的民主主义,获得批判的自由与生活的安定。"[①]具体地说,在政治上要争得各种自由,以解除权势的压迫;在经济上要保证生活的安定,以求生活的"人间化";在思想上要采取批判的态度,把封建的思想、改良主义的思想彻底扫除。

杨贤江分析了教育者的责任,指出他们具体斗争的任务,鼓励他们团结起来,走上革命的道路,这是有着巨大意义的。

杨贤江一向关怀青年,他不仅在大革命时期作为青年导师之一,通过刊物发表文章,宣传革命的思想,指导学生的学习和生活,而且在大革命失败后白色恐怖统治的年代里,仍然在他的文

① 李浩吾.新教育大纲[M].上海:南强书局,1930:313-314.

章和著作中给青年学生运动以宝贵的启示。

杨贤江在《学生与政治》一文中说："开宗明义第一句话,我是主张学生应该与闻政治的,自然这所谓与闻并不是叫学生去做官、做议员,乃是要学生平时对于政治有研究,对于本国的政象能留心,在必要时候还能有相当的表示。"所以,他鼓励学生做有作为的人,应当去"干政"。这种见解是对于"读书救国"的批判,给消沉、堕落或埋头读书的人敲起了警钟。

当时青年学生面前摆着很多有关切身利益的问题。杨贤江指出,要求得这些问题的解决,不应该向恶劣的环境屈服,消极地去对待,而是要自己起来斗争,并且使这种斗争日益成为"'左'倾的""革命化的"。这就指出学生不能单纯为本身的利益而斗争,而应当与革命总的任务联系起来,只有在实现革命任务的同时才能争得自己应享的权利。

学生运动也不能单靠个人的力量,而要依靠团体的力量。因此,要有组织和纪律,要更广泛深入地开展学生运动,克服只停留在学生领袖和限于大城市的那种学生运动的倾向。

在大革命之前,杨贤江认为学生运动要齐一步骤,统一目的,团结一致;而在大革命之后,由于统一战线的分裂,他就不再提这样的主张了。他说:"社会各阶层的冲突,已引起学生群众中间的阶级分化。有一部分的学生却另有组织,是须我们用斗争力量去克服的。所以今后学生运动的任务,是在站于广大学生群众的利益上以发展学生群众的斗争,不在从各种政党派别分立的学生群众中去谋学生组织的统一。"①

---

① 李浩吾.新教育大纲[M].上海:南强书局,1930:326-327.

杨贤江还指出,学生运动应与工农相结合,应该把学生运动加以扩充,首先应做国民革命的政治运动,使民众能够自觉起来,以自己的力量去进行革命,建设新政府。其次就是做工农青年群众运动,提高他们的阶级觉悟,为改变他们的经济地位、改造他们的意识而斗争。他认为,最好能投入到工人队伍里、兵士中间和乡村里去实地做青年运动。

根据当时的政治形势和教育事业中存在的问题,杨贤江提出学生运动斗争的任务,其要项如下:(1) 扩大反对帝国主义运动,尤其要注意反世界大战的宣传;(2) 反对国内军阀战争;(3) 力争思想、言论、出版、研究、集会、结社的自由;(4) 力争增加教育经费;(5) 学校充分民主,学生有参加校务和选择教师的自由;(6) 力争扩大平民教育,提高一般工农的文化水平线。[1] 这些口号在当时的历史条件下是正确的,具有很大的号召力。

七、 结语

杨贤江在中国教育界积极活动并产生重大影响,是在 1921 年担任《学生杂志》编辑之后开始的。起初,他只是一个具有民主思想、能够跟上时代潮流的小资产阶级知识分子。参加少年中国学会之后,在共产主义者的影响下,他逐渐提高觉悟,思想有了大的改变;入党以后,经过党的教育培养,经受了革命斗争的考验和锻炼,最终成为无产阶级战士,至死忠于革命事业。他走的道路,正是一切革命知识分子所应走的正确道路。

---

 ① 李浩吾.新教育大纲[M].上海:南强书局,1930:327-328.

杨贤江把自己的一生献给革命教育事业,使自己的工作服从反帝反封建革命的总任务。他不断发表文章,积极鼓动教师和学生参加革命工作,批判当时居统治地位、代表地主买办资产阶级利益的反动教育思想,并对曲解教育性质、夸大教育作用、企图把处于中间状态的师生拖向不革命乃至反革命的改良主义教育思想展开了不知疲倦的斗争。不少教育工作者和青年学生在他的影响下,从错误的道路回转过来。杨贤江所编辑的杂志和所写的书籍成为青年喜爱的读物。例如,《教育史 ABC》在 1929 年 5 月初版,至 1931 年 2 月已经发行第四版;《新教育大纲》在 1930 年 2 月初版,同年 9 月再版,1937 年发行第三版。在进步的大学生和小学教师之中,流传着他的著作。在反动派禁令之下,很多青年千方百计地寻找他的著作,进步的教授把《新教育大纲》作为教学参考书。杨贤江不仅在国民党统治下的白区产生影响,对于苏区和抗日民主根据地的教育也做了贡献。《新教育大纲》在 1930 年 2 月出版后,迅速传入江西及闽西苏区,成为苏区师范学校教学的主要参考书。1930 年 8 月在龙岩印刷的闽西列宁师范暑期学校教育学讲义,实际上是《新教育大纲》一书的节录改编,现在成为革命文物。抗日战争时期,在延安图书馆中,《新教育大纲》被认为是较有价值的参考书。郭化若在《新教育的教学法》一书的自序中回忆说:“那时偏处在延安清凉山边的学校图书馆,藏书少得可怜,一共不过万余册。在这万余册书籍中,有关教育的一共查出不过二百余册,……我翻了一下,好书很少,观点正确或比较有参考价值而对我帮助最大的是李浩吾的《新教育大纲》,它是以马克思主义的观点和方法来分析与解答教育问题的。”这说明《新教育大纲》在当时是极为难得的,对抗日根据地教育思想的影响也是很大的。

　　杨贤江在同反动的教育思想及改良主义教育思想做斗争时，用马克思主义教育理论做武器，在中国第一个比较系统地介绍马克思主义教育学说。他用历史唯物主义，对于教育与经济、教育与政治的关系，教育的历史性、阶级性，社会主义教育原则等基本问题作了介绍，同时应用这些理论来具体分析中国的教育问题，为中国科学的教育学奠定了基石。

　　杨贤江对于中国教育史的研究也有巨大的贡献。他最先把历史唯物主义的观点应用于教育的研究，依照社会发展形态来叙述教育发展的历史。他提出了教育史的任务：（1）说明教育的意义和目的的变迁；（2）说明教育思想、教育制度变迁的根据和真实意义；（3）说明支配阶级与被支配阶级在教育史上的关系。[①] 他把教育史看作一部阶级斗争的历史，有支配阶级的教育，也有被支配阶级的教育，阶级关系的变化是教育引起形态变化的根据。这就批判了否认教育发展有质的变化的唯心史观，批判了把教育史看作历史记录的史料派，开始把教育史的研究引上真正科学的道路。

　　杨贤江较全面地探讨了教育学各方面的问题。在今天看来，其中有一些见解是模糊甚至错误的，这是由于当时历史条件的限制造成的。同时，杨贤江亲身的教育实践机会还是不够的，不可能完全把吸取的教育理论拿到革命的教育实践中加以检验，所以存在一些缺点是完全可以理解的。但是，他的《新教育大纲》无疑是具有重大历史意义的教育名著。

---

① 李浩吾.教育史 ABC[M].北京：世界书局，1929：2.

教育科学工作者的学习榜样 *

　　杨贤江是一位杰出的教育理论家,他在我国第一个较有系统地介绍和传播马克思主义教育理论,立下了不朽的功勋。虽然他过早地在 1931 年逝世,但是他革命的教育思想和光辉的教育著作永远成为人民宝贵的思想财富,长期发挥着重要的影响。

　　我在 1949 年后才开始学习杨贤江教育思想。那时我所在的大学设有"中国教育史"这门课,重点讲近现代教育史,将杨贤江作为现代重要教育人物专门作了介绍,给我留下深刻的印象。杨贤江来自农村,是师范学校的毕业生,在社会变革的年代走上革命的道路,成为马克思主义教育理论家。他的经历,令我无限景仰;他观点鲜明地阐述马克思主义教育理论,令我久久深思。在当时,一位热心为人民教育事业服务的青年,能以马克思主义教育理论为武器,对剥削阶级的教育思想、反动的教育制度展开批判斗争,成为中国传播马克思主义教育理论的先驱,在现代教育史上占有重要的地位。这样的杰出人物,是很值得重视和研究的。可惜的是,我当时尚未直接读到《教育史 ABC》《新教育大纲》这些论著,还没有条件对他作更深入的研究。

＊ 本文原收入杨贤江教育思想研究会编《杨贤江纪念集》(光明日报出版社 2005 年版)。

后来,我有机会继续学习,为了理解新民主主义革命时期革命教育思想的发展,对杨贤江教育思想的学习怀有更大的兴趣。但自己连一本杨贤江的教育著作都没有,进行学习总是受到一定的限制。寻求杨贤江的教育著作,成为创造学习条件的一件要事。那时上海有好几家旧书店,我星期日到那里去翻书,常有意外收获。奔跑了多次,我总算买到一本南强书局出版的《新教育大纲》。有了自己的书,学习就方便得多,特别是自己花力气找到的书,更加感到珍贵,使我觉得不读完一遍不能罢休。

《新教育大纲》既有马克思主义教育理论,又有国内外的实际材料,是内容比较丰富的教育论著。它论点鲜明,论据确凿,批判有力,通俗易懂,读后使人耳目一新,进一步认识到它在中国教育思想革命方面开创了新局面。在中国,剥削阶级教育著作的垄断从此结束。

《新教育大纲》以青年教育工作者为主要宣传对象,受到教育界的普遍重视和欢迎,这是以前从未有过的现象。在 20 世纪 30 年代,《新教育大纲》先后发行了三版,虽然受到国民党的限制,但仍然行销南北,影响遍及全国。《新教育大纲》传入苏区,被采用为教本,是它发挥影响的重要证明。1958 年全国"教育与生产劳动相结合展览会"展出的土地革命时期苏区《教育学讲义》,被作为革命教育史的材料,受到大家注意。封面注明:《教育学讲义》——闽西列宁师范暑期学校讲义,印刷时间是 1930 年 8 月。翻阅一下内容,该书两章六节,加一附录,全部能从《新教育大纲》中找到出处。根据这种事实,可以断定该书是《新教育大纲》的节印本;从时间上比较,也完全有这种可能。《新教育大纲》在 1930 年 2 月发行第一版,不久就传送到苏区,被师范学校采用为教本。

杨贤江的教育著作以马克思主义教育理论武装了成批的苏区教师,对苏区人民教育事业的发展起了促进作用。

《新教育大纲》的影响还延续而及于抗日战争时期及解放战争时期。在抗日战争时期共产党领导下的根据地,《新教育大纲》为教育工作提供正确的基本理论。郭化若在他所写的《新教育的教学法》一书的自序中回忆说:"那时偏处在延安清凉山边的学校图书馆,藏书少得可怜,一共不过万余册。在这万余册书籍中,有关教育的一共查出不过二百余册,……观点正确或比较有参考价值而对我帮助最大的是李浩吾的《新教育大纲》,它是以马克思主义的观点和方法来分析与解答教育问题的。"在陕甘宁边区,《新教育大纲》是难得的好书,它为革命教育工作者提供教育理论指导。

中华人民共和国成立之后,进入新的历史阶段。全国人民的历史任务是进行社会主义现代化建设,人民教育事业有了大规模的发展,需要有社会主义教育科学理论的指导。杨贤江的教育理论著作在新的历史时期仍然有其不可磨灭的意义。1982年出版的《杨贤江教育文集》把分散发表的文章集中在一起,使我们能更全面地了解杨贤江教育思想的丰富内容。我认为,杨贤江值得今日教育科学工作者学习的方面有很多,初步体会到的有如下几点:

第一,学习杨贤江认真掌握马克思主义理论,并用来分析和解决中国教育问题。

杨贤江所处的二三十年代,是中国社会变革的年代,反映变革中各个阶级、各个阶层的不同利益,出现了各种各样的教育思想学说,这些学说都未能揭露教育的实质。当时教育科学最迫切的任务是帮助教育工作者掌握马克思主义教育观,使之对教育现象能作科学说明。杨贤江正是用他的著作来宣传马克思主义教育观,并以之为武器,剖析重要的教育理论问题,如教育的起源、教育的作用、教育的变质、教育制度的发展、教育与政治的关系、教育与经济的关系等,介绍这些尚未被人介绍过的新学说,让读者可以获得一个对教育的正确认识,取得很大的成功。《新教育大纲》适应了时代需要,因能科学地说明教育问题而受到欢迎。今日中国的现代化建设需要有教育科学给实践以指导,但目前观点正确、科学性强、通俗易懂、受到普遍欢迎的教育论著并不多,这是我们教育科学工作者迫切需要向杨贤江认真学习的。

第二,学习杨贤江面对教育的实际问题进行教育研究。

杨贤江与青年教师、青年学生保持着密切的联系,从他们那里源源不断地得到多方面的教育信息,这使他能掌握充分的事实,进行分析研究,站在人民的立场上,对教育改革进行指导。例如,他写的《莫忘了体育》《教育问题》《时事的教学》《中学训育问题的研究》等等,都是针对学校的实际问题进行研究的。他对中学训育的目标和应防止的偏向都提出了正确的见解。他说:"今后训育的方针,应养成中国社会改进上适用的人才为主;这种人才必须为明白国家现状,能忍受苦痛,且肯为中国民众的利益及青年们的利益而努力奋斗的。我们要反对禁止活动、束缚个性的专制教育,但更要反对因循苟且、任情纵欲的'自由教育'!"[①]这些主张对今日的思想品德教育是很有启发意义的。杨贤江在教育研究中颇为重视实际调查,他曾对某中学的学生采用问答法进行

① 杨贤江.中学训育问题的研究[J].教育杂志,1925(8):4.

了一次思想行为的调查。调查表开列了六项：（1）学校经历；（2）家庭境况；（3）平日爱阅的书报；（4）喜做的课外活动；（5）对本校各方的意见；（6）本身待解决的问题。他从调查的结果，了解各个学生的特点和差别并提出建议，主张满足学生合理的要求和解决学生存在的问题。杨贤江重视调查研究，用理论指导教育实际问题的解决，这也是值得教育科学研究者学习的。

第三，学习杨贤江重视教育历史经验的总结。

杨贤江对教育问题，以历史唯物主义的观点为指导，从历史发展角度进行考察。他认为，教育史研究要正确回答以下几个问题："（甲）教育之意义与目的怎样变迁？（乙）教育思想变迁的真义与教育制度变迁的根据何在？（丙）支配阶级与被支配阶级在教育上之关系如何？"[①]这些虽然不是教育的全部问题，却是最重要的问题，也就是要从这几方面总结教育的基本规律。他写了《教育史 ABC》（专著）、《教育的进化》（专章）、《日本学校教育之演化》（专篇），目的都在于从教育历史的研究中总结教育发展的规律。他还写了《教师职业的重要》，也是从历史发展角度考察教师职业，从而肯定教师职业于社会实不可缺少，当代的教师负有不同于过去的重大历史使命。

教育理论既是现实教育经验的总结，也是教育历史经验的总结。教育历史经验的总结，丰富了教育理论，使理论增强说服力。杨贤江重视教育历史经验的总结，他的主张和研究方法是值得我们学习的。

中国教育科学工作者负有创建具有中国特色的社会主义教

---

① 李浩吾.教育史 ABC［M］.北京：世界书局,1929：2.

育科学的历史任务。这个光荣任务,我们必定要逐步加以实现。学习我国马克思主义教育理论先驱的光辉榜样,将有助于提高我们的思想水平,促使我们更好更快地实现这项光荣任务。

1984 年 12 月

中国教育家和教育思想研究

纪念杨贤江，学习杨贤江的教育思想 *

"杨贤江同志是坚定的共产主义战士、杰出的青年运动领导人之一、马克思主义教育理论家。"这是 1981 年 8 月 9 日教育部和团中央在北京联合举行杨贤江同志逝世五十周年纪念大会给杨贤江同志所作的崇高评价。这句话又写在《杨贤江教育文集》的出版说明上，传播较广，已成为教育理论工作者的共识。但若要问他为什么会成为马克思主义教育理论家，则大家不一定都能说清所以然。因此，我们需要继续向人民群众宣讲，让大家都知晓。现在着重讲的是：杨贤江是马克思主义教育理论家。分为三个问题来谈。

一、 杨贤江思想发展的道路

杨贤江同志生于 1895 年 4 月 11 日，病逝于 1931 年 8 月 9 日，在世 36 年是短暂的。但他是无产阶级先进分子，他战斗的一生是极其光辉的。他的思想有一个逐渐发展的过程。在社会大变革时代，民主革命需要进步青年的参与，为人民大众利益做贡献的主观努力促使他成为一个马克思主义教育理论家。

杨贤江的思想发展过程,若以参加中国共产党为主要标志划分,则有两个大阶段,前一阶段又可细分为三个小阶段,后一阶段又可细分为两个小阶段。所以,按他的革命实践活动和居主导地位的思想来划分,大致可将他的身份分为:

(一) 愿为教育服务的爱国青年

余姚、慈溪地区是"文化名邦",历代文化名人辈出,重视读书成为传统的社会风气。杨贤江小时候听了不少历史故事,对本地区的先贤产生敬仰之情,地方文化传统的熏陶激发了他学习文化的兴趣。八岁进村塾,读了《三字经》《百家姓》《千字文》《幼学琼林》,以至"四书五经",接受儒家的传统教育。四年后,转学新式学堂。1909 年毕业于溪山初等小学堂,1911 年以优异成绩毕业于诚意高等小学。在学堂中学习新的课程,经常阅读新的报刊,教师革命思想的影响使他开始形成爱国主义思想。辛亥革命的消息传来,他以剪辫子的行动表明自己的决心,站在人民革命一边,与清朝决裂。1912 年春,他以高小毕业生的资格担任初小教师,初次走上教育岗位,感受甚多。他立志要做一个好的小学教员。他说:"教育为立国之本、立家之本,小学教育是基础,这个道理我是知道的。所以我要立志做一个小学教员。"他把做小学教员和爱国联系在一起。在家乡求学时期,他是愿为教育服务的爱国青年。

(二) "教育万能论"的信仰者

杨贤江要为做个好教员创造条件,渴望升学深造。他于 1912

年秋考入浙江省立第一师范学校，在此学习了五年，志向是"做一个合格教师"。他学习现代科学知识，扩大了眼界，开始形成自己的教育观点。他除了认真学习教育课程之外，还自学《中国教育史》《大教育学》《新制教育学》《教育者的人格修养》《教育学精义》等著作，深受宋明理学以及欧洲人文主义和康德哲学的影响。他吸收宋明理学家重视实践的精神、人文主义重视人权的思想，吸收康德认为人的本质在于有道德和理性、人有绝对价值和自由意志的观点。在学校教育中，他特别强调体育、德育、智育并重，反对个人主义，提倡兼善、互助、合群的思想，重视学习上的自动、有秩序和参与社会活动。在师范学校求学时期，他相信"教育万能论"的主张。他说："我当时确是相信教育万能的，以为教育可使人得知识，可使人得技能。……经了五年的师范教育，愈加觉得教育事业是国家一切事业的根本。……以为教育办得不好，其他什么事业终是弄不好的。"这种"教育万能论"思想在师范学校毕业后还继续影响了他一段时间。他认为，政治的、经济的社会改造运动都由思想来支配，而思想由教育来改造，所以教育的社会作用是重大的。由于未树立科学的世界观，因而他对教育的作用作了过高的估计。

（三）杭州—南京—肇庆—上海，寻求社会改造道路时期的革命民主主义者

1917 年从浙江省立师范学校毕业后，杨贤江到南京高等师范学校任职，走入社会使他对中国社会问题有了更多的了解和更深的认识。他与恽代英建立通信联系，共同研讨，提高认识，探求救

民的道理和方法。他成为《新青年》热情的读者，接触马克思主义思想。1919年，他参加了五四运动，发表《新教训》，总结五四运动的教训与意义。同年，他参加了少年中国学会，被推选为南京分会书记，受了早期共产主义知识分子的影响，思想有新的发展。在与国家主义者的争论中，他主张少年中国学会应有引人注意的政治主张，要成为一个反对国内恶势力的团体，会员应该从事革命。他明显地认识到确立主义的重要性，迫切要求确立革命主义。1920年，他应聘成为广东高要县国民师范补习所教务主任，正逢粤桂军阀混战，被困肇庆，促使他的思想更向革命一边转变。1921年，他到上海，受聘为《学生杂志》编辑，对《学生杂志》实行革新。杨贤江在商务印书馆认识沈雁冰，从他那里得到《共产党宣言》《国家与革命》等著作和共产主义小组理论刊物《共产党》。他认真学习，深受影响，在杂志上发表《科学研究的精神和现代思潮》，初步介绍马克思主义。虽然他对马克思主义的理解还很有限，但在他的面前展开了一个新的思想境界。他放弃"教育万能论"，选择革命的道路。

（四）指导青年运动的共产主义者

1922年春，杨贤江经过认真学习马克思主义理论，对照中国的现实，思想发生根本的变化，从认识马克思主义进而选择马克思主义，确立对马克思主义的信仰。5月，杨贤江由沈雁冰、董亦湘介绍参加中国共产党。他认定，要以马克思主义为指导，走革命的路，要被压迫者起来反抗压迫者，以工农为主力军，改变私有财产制度，才能彻底改变社会制度，也才能解决一切社会问题。

政治上的进步,促进了他新的世界观、政治观、教育观的树立。他利用《学生杂志》倡导社会革命,在《复活五四的精神》中提出:"因为现代是要人的觉醒的时代,现代是要社会革命的时代。……要大家都走上社会革命的路。……要研究改造这种社会是有什么方法。"在《从救国运动到社会运动》中,他说:"倘若现代的社会组织不根本改造过,无论你怎样热心地救国,都是枉然的啊!"1923年,国民革命走向高潮,杨贤江主要的革命任务就是指导青年运动,他发表了不少指导青年运动的文章,结合中国社会实际,阐发马克思主义教育理论。他在《学生杂志》发动了一场学生干政和入党的书面讨论,并写了几篇文章,宣传教师与学生应当关心政治,批判教育可以脱离政治的思想。他从学生运动的目的、性质、策略与方法等方面提出理论指导。在 1925 年关于中学训育问题的讨论中,他全面关心青年学生的思想、学习、生活、健康等方面,提出必须树立以"革命的人生观"为核心的"全人生指导"。他学习并应用马克思主义来指导革命工作,分析社会问题和教育问题,只是由于革命斗争形势紧张,来不及对重要的理论问题作深入研究和系统论述。

(五)马克思主义教育理论家

1927 年大革命失败后,革命暂时转入低潮,中国处于白色恐怖笼罩之下。坚定的共产主义战士杨贤江在险恶的政治环境下,坚持在文化战线进行革命斗争,反对反革命的文化围剿。在这段艰难的时间里,他继续努力学习马克思主义,使自己在思想理论上更趋成熟。他积极从事教育理论工作,从 1928 年到 1930 年,撰写了许多重要论文和专著。1929 年 5 月，世界书局出版了《教育史 ABC》。1930 年 2 月，南强书局出版了《新教育大纲》。《教育史 ABC》是我国第一部用历史唯物主义的观点和方法来论述教育发展过程的著作，它深刻地揭示了教育的历史性和阶级性。《新教育大纲》是杨贤江最为重要的代表作，是我国第一部系统地用马克思主义的观点和方法来论述教育原理的著作，它阐述了教育的本质和效能以及教育和政治、教育和经济的关系，批判超阶级、超政治的观点，批判改良主义教育思想，指出了中国教育改革的社会主义方向，产生了很大的历史影响，其理论至今仍有现实意义。正是这两部最重要的教育专著及其他一些教育著作，使他成为中国马克思主义教育理论的先驱者和奠基人，在历史上居于重要地位。

杨贤江思想发展的道路，是一位有志进步青年追求真理的道路，是从爱国主义者、革命民主主义者到共产主义者的道路，是在中国共产党领导下革命知识分子为祖国为人民服务，无私贡献一生的道路。他是社会主义建设时代教育工作者学习的光辉典范。

二、 如何学习杨贤江的教育思想

杨贤江的教育思想以马克思历史唯物主义为理论指导，建立在客观教育规律的基础上，是马克思主义教育理论与中国教育实际相结合的结果，是一个内容丰富、系统完整的教育思想体系，是值得我们学习的一份珍贵教育遗产。

我个人认为，着重从四方面学习杨贤江教育思想，是有利于社会主义教育改革和教育科学建设的。

（一）重视教育

杨贤江重视教育,热爱教育,他的一生都与教育事业、教育科研事业分不开,他把毕生都贡献给了革命教育事业。他初当初小教师时,就认识到"教育为立国之本、立家之本,小学是教育基础,……所以我立志做一个小学教员"。进入师范学校后,出于爱国的政治动机,他听信"教育救国论"的宣传,相信教育万能,做一个合格教师的志向更为坚定。师范学校毕业后走上社会,他对教育的作用有进一步深入的认识,从中国社会现实中认识到教育受经济、政治制约,不是完全独立的。入党之后,他自觉用马克思主义的观点和方法考察教育问题,分析教育问题,认识了教育本质的特殊含意。在阶级社会,教育是有阶级性的,不可能万能,它的作用有一定限度,而这一定限度的作用对社会、对国家都很重要。单靠教育救不了国,但救国还是需要教育来培养人才,制造舆论。单靠教育不能根本改造社会,但社会的根本改造需要教育工作的紧密配合。教育不能代替革命,但革命不能没有教育来培养革命干部,不能没有教育来宣传群众。教育作为革命武器之一,作为革命力量的一个"方面军",在总纲领、总任务下,尽它一方面的作用。

杨贤江认识了教育与各种社会因素的关系,摆正了教育的位置,发挥教育的作用。杨贤江一直不懈地战斗在革命教育岗位上,《学生杂志》编辑就是他用以教育广大青年学生的教育岗位。他作为青年导师,给青年运动以正确的引导,引导青年们走上人民革命的道路。

杨贤江十分重视教育,他不仅教育我们正确认识教育,还教导我们如何进行教育工作,并以他的实践为我们树立榜样。如果教育事业的领导者都能学习杨贤江的教育思想,对教育的性质和教育的作用有正确的认识,就会在实际行动上把教育放在正当位置上,加强对教育的领导,增加对教育的投入,不至于挪用教育经费,拖欠教师的工资,让学生在破烂的危房中上课。果真能重视教育,以我国人力、财力的合理利用,学校教育的质量将大为提高,教育在社会主义现代化建设中将尽它一方面的作用。广大教师都学习杨贤江教育思想,就会重视教师的历史使命,负起教书育人的职责,坚持教育岗位不动摇,为人民的教育事业做贡献。

(二) 注意调查

杨贤江是马克思主义者,他根据辩证唯物主义的认识论来认识事物和处理问题,在指导青年、研究教育理论方面都非常重视社会实际,注意调查研究。他针对中国教育实际问题,运用马克思主义的观点和方法,认真分析所掌握的大量材料,提出精辟的见解,具有较强的说服力。注意调查研究是他一贯的学风与作风。他在编辑《学生杂志》时,就利用编辑的身份,与全国各地的青年学生和教师建立广泛的联系,搜集实际的教育材料。因此,他熟悉青年学生的生活,了解青年学生的思想感情,所谈论的都是与青年学生切身相关的问题。《中学训育问题的研究》《中等教育与青年问题》《学生生活改造论》等文章,都是他根据全国各地反映的实际情况和问题,加以分析综合而写成的。他在《新教育大纲》一书中,无论是剖析资本主义社会和旧中国教育性质,还是批判改良主义教育观点,都运用大量调查材料,包括许多统计资料,有理有据,具有强大的理论威力。读他的文章或著作,会发现他不空发议论,见解独到,感到亲切,乐于接受。

杨贤江在调查研究的基础上,对青年学生进行热情的指导是很成功的。他历来不以训人的姿态出现,不空讲大道理,而是根据青年的不同思想状态、不同的处境,提出不同而又合理的建议:对于有服务热情,愿为改造社会贡献力量的青年,引导他们团结同志,参加组织,讲究工作方法,深入群众;对于高傲激昂、夸夸其谈的青年,劝导他们做对社会群众切实有益的工作;对于愤世嫉俗、思想消沉的青年,鼓励他们正视现实,关心国事,树立正确的人生观;对于家境较好、重视学业的在学学生,希望他们除学好正课之外,再学些新兴社会科学,参加一些社会活动;对于因家境贫困而失学的青年,提出"无产者不必定要入学读书",指导他们走自学的道路,介绍参考书目和自学方法,勉励他们刻苦自学,提高为人民服务的信心。

杨贤江这种注意调查研究,从教育对象的实际出发,理论联系实际,实事求是的科学研究精神,值得教育工作者和理论研究者认真学习,这是研究教育的一条正确道路。

(三)深入研究

杨贤江的教育思想不是天生的,而是学习得来的。他的学习不是一个来源,而是多个来源。他主张以宽广的胸怀接受人类一切优秀、先进、有益的教育思想。他的学习不是肤浅的,而是深入把握精神;不是生搬硬套,而是灵活地综合改造利用,提出自己独到的思想主张。

　　杨贤江认真学习中国传统文化,继承优秀的教育思想遗产。古代教育家提出培养完人的教育思想,有合理的成分,他利用已有的旧名词,赋予其新的时代内容。他对古代教育家创造的历史经验加以分析总结。如理学家在道德修养上提倡"慎独自律""内求自得""躬行实践"等,都有一定合理的因素,他便加以吸收利用。

　　杨贤江学习西方哲学和教育思想,受到西方教育家尊重个性、全面和谐发展思想的启示。他批判地吸收外国一切有益的东西,为我所用。例如,日本教育家小原国芳提倡以"全人教育"为培养目标,要使受教育者以学问教育求真,以道德教育求善,以艺术教育求美,以宗教教育求圣,以身体教育求健,以生活教育求富,在真、善、美、圣、健、富六个方面达到和谐发展。杨贤江称之为以宽大调和的态度,吸收容纳世界各种教育思想,以形成综合人格、综合教育,在此基础上,促成了"全人教育论"的产生。"全人教育论"对杨贤江影响至深,他就是受到启发而提出"指导全人生"的教育思想。这就说明,对外国教育思想还是应该学习,并且应该善于鉴别、改造利用。

　　每种教育思想都有它的理论基础,杨贤江教育思想的理论基础是马克思主义。杨贤江自觉地学习马克思主义著作,阅读过当时传入中国的外文版和翻译版的马克思主义基本理论书籍,并公开指导青年学习《马克思学说概要》《马克思主义与达尔文主义》《资本论入门》《阶级斗争》《唯物史观浅释》等。学习马克思主义,使杨贤江掌握科学的、革命的理论武器,运用马克思主义的观点和方法来分析批判旧教育,探讨新兴教育的理论问题与实践问题,超越当时代表各个阶级、各个阶层利益的各种教育思想流派,居于时代的最高度。

杨贤江"指导全人生"教育理论的提出,就是他继承优秀教育传统,借鉴外国教育思想,学习马克思主义理论,用于改造中国教育的一种实际表现。

杨贤江为我国教育科学工作者树立典范,值得我们学习。为了发展社会主义教育科学,应该在马克思主义理论指导下,进行中外古今的综合研究,这才是正确的道路。

(四)认真实践

杨贤江光辉的教育思想在社会主义现代化建设时期仍有重大的现实意义,这取决于其内在的性质。杨贤江教育思想以马克思历史唯物主义为指导,建立在认识教育规律的基础上,是为解决中国现实教育问题而产生的教育思想。他所批判的教育现象至今没有消除。他当时指出"现在中国的学校教育只是教学生读课本,并不是教学生做人",现在有些学校只重智育,重考试成绩,忽视德育,忽视人生观教育就是如此。他所揭露的教育问题今天仍然存在,如他指出训育方法不切实际的错误:"他们除规定几条应守的校规,讲解几个好听的德目以外,学生对于求学、交友、生理现象、生活态度以及婚姻、择业等方面还有什么问题,都是非所过问的;换句话,学生有什么要求和痛苦,都是不加考虑的。试问这种训育,还能当得起'指导全人生'的责任吗?"他还指出学风不良,"现今流行的学风,说得好听,叫作'自由、解放';说得不好听,就是'堕落、放纵'"。这些都是现实存在的有待解决的教育问题。

学习杨贤江教育思想,有助于认识和解决这些教育问题。有些教育问题,他已提出合理的解决办法,不过当时没有真正去做。我们的学习是为了解决教育问题,不能停留在口头上、思想上,而应落实在行动上、实践上。凡是科学的、正确的,适合于今天教育情况的,都要学习和运用。杨贤江主张对青年的教育,首先要抓根本问题,树立革命人生观。他说,青年"对于人生的问题,总该有个确定的观念"。人生观的教育是青年教育的核心问题,是普遍性问题,当时很重要,今天更重要。今日,有些青年缺乏正确的革命人生观,缺乏为社会主义现代化建设、为人类幸福服务的远大理想。有的人在市场经济大潮的冲击下,不甘心于低收入的社会地位,而不择手段地追求金钱。有的人不愿从事费力的劳动,而追求高消费的物质享受。有的人不愿在贫困落后地区工作,而要在城市里过舒适的生活。总之,个人实惠至上,什么祖国前途、人类理想、舍己为人、公而忘私、讲究公德、遵法守纪等等,统统被放在一边。因此,对青年进行人生目的的教育,指导青年树立革命人生观是非常必要的。要进行革命人生观的教育是正确的,这是值得学习并应当付诸实践的明显事例。为了建设中国特色社会主义教育体系,我们应当学习杨贤江教育思想,实践杨贤江教育思想。

1995 年是杨贤江诞辰一百周年,什么行动是我们对这位伟大的马克思主义教育理论家最好的纪念呢?我个人认为认真学习杨贤江的教育思想、实践杨贤江的教育思想就是最好的纪念。

中国现代著名教育家孟宪承 *

　　1952年到1957年间,在华东师范大学校园内,有一位中等身材,年纪在60岁左右的学者,身着中山装,足穿黑布鞋,步履轻快,神态安然,经常在上午八点三十分走进红色办公楼,他就是华东师范大学第一任校长、中国现代著名教育家孟宪承。

　　孟宪承1894年9月21日出生于江苏省常州府武进县(今常州),1967年7月19日逝世于上海,终年73岁。他由一位少年成为令人敬仰的教育家,所经历的人生道路是不平坦的。

　　孟宪承生在自由职业家庭,幼年丧父,家境清寒,由贤母教养成长。母教殷切,铭心不忘,成为他立志成才、正直为人的推动力量。他在1900年6岁时入私塾,后转入常州府小学堂读书,在当时获得良好的基础教育。

　　1908年小学堂毕业后,孟宪承以国文成绩优秀,考入上海南洋公学中院。中院的教育目标是为上院输送合格的学生,其课程只有修身、国文、体操用中文,外国语、历史、地理、算学、博物、图画、物理、化学、法制、理财等用英文教科书,教师用英语讲授。处在推翻清朝,建立民国的革命时代,感受由旧到新的社会变化,他

＊　本文为未刊稿,约作于1990年代末2000年代初。——编者注

心潮澎湃,充满希望。良好的学习条件,四年的新教育熏陶,使他获益甚多,树立了爱国主义思想,养成了勤奋求实学风。他的各科成绩优良,文学素养甚高,作文被选入《南洋公学新国文》。1912 年 7 月,他从南洋公学中院毕业,由于家庭经济条件的限制,放弃升入南洋大学堂的机会,改入美国基督教圣公会在上海所办的圣约翰大学外文系。由于聪明加上勤奋,他的学业颇为顺利,英语熟练,学识大为长进,深受师长学友的好评。1916 年 7 月,他以优异成绩毕业。

1916 年 9 月,孟宪承受聘为北京清华学校教员,年方 22 岁。职位有了,干得也颇称职,但作为、有抱负的青年教师要开阔眼界,继续深造,走留学道路是一种时尚的新选择,他准备着争取机会。

孟宪承于 1918 年 9 月公费留学,赴美国乔治·华盛顿大学专攻教育学,对美国当时的教育制度和新教育思潮有了切实的了解。1920 年 8 月获得教育硕士学位,还考虑继续提高。1921 年赴英国伦敦大学研究院深造,充分利用机会,钻研哲学、心理学、教育学、教育史等学科,均学有心得。他留学美、英三年多,深入了解不同的教育思想流派,探究其源流,分析其是非,联系社会实践,从理论上加以评判,这对其教育思想的形成和以后参与教育实践活动有深刻的影响。由于家庭经济发生困难,他心有牵挂,为尽供养家庭义务,只好提前回国就业。

1921 年 11 月,孟宪承应聘任东南大学教授,时年 27 岁。他对我国各种教育的政策与理论皆甚注意,运用在美、英所学的现代教育理论方法展开研究,还积极利用讲坛宣传新教育思想。

1923 年 9 月,孟宪承受聘为圣约翰大学教授,担任国文部主任。同年,他与黄炎培共同编辑《申报》副刊《教育与人生》,这是一份教育周刊,办刊的基本目标是"介绍学理,纪载要闻,俾供施教者与受教者双方研究参考之资料"。1925 年,上海发生"五卅"惨案,激起全上海学生、工人、商人举行罢课、罢工、罢市的斗争。孟宪承站在爱国立场上,维护国家民族尊严,反对帝国主义残暴屠杀中国人民的血腥罪行,支持学生的爱国正义行动。6 月 1 日中午,他以国文部主任的名义,秘密召开中国籍教授紧急会议,要求教授们支持学生的反帝斗争。他说:"假如使一般学生只知道为圣约翰学生,而不知道是中华国民,看同胞被外人屠杀,漠不关心,这对于我们平日所讲的国民自觉教育将无法自圆其说,今后我们也无颜面再以学问文章与学生相见于讲台。"这得到与会教授们的理解和响应,他们一致表示要支持学生的爱国行动。美籍校长卜舫济为了压制学生,阻挠他们参加反帝爱国运动,在当晚召开全校中外教授会议。会上,双方发生激烈的争论。孟宪承明确表示态度,并在中国教授发言时帮助翻译,愤慨地声言:中国学生参加爱国行动是正义的,中国教授理所当然要给予支持。他义正词严地驳斥美籍校长和教授的谬论。双方相持不下,只好以无记名投票的方式表决。中国教授们团结一致,最后以 31 票对 19 票通过决议,学生可以参加爱国运动,并可以留校住宿。6 月 3 日早晨,爱国的学生们下半旗向"五卅"惨案死难者致哀。卜舫济闻讯,气急败坏地赶来,动手降下中国国旗,并命令学生立即离校,激起学生强烈愤慨,立誓"永远脱离圣约翰大学"。孟宪承和其他中国教授对美籍校长侮辱中国国旗的恶劣行径表示强烈抗议,毅然辞职,声明"脱离圣约翰大学"。大批师生离校,在爱国人士和社会贤达的支持下,克服一切困难,筹组新校。孟宪承参与发起创办了光华大学,在建校初期任教授兼总务长。

1925 年 9 月,孟宪承应聘为清华大学教授。在北京这段时间,他积极关心国内外教育动态,并以《新教育评论》为园地,经常发表有关教育的评论,所论的是中国教育实际问题、先进国家的教育发展趋势、西方的新教育理论等。

1927 年 7 月,国立第四中山大学成立,孟宪承被聘为秘书长。1928 年 5 月,因大学体制改变,他转聘为南京中央大学教授,并被大学院选聘为教育专家参加全国教育会议,拟定新学制系统,担任高等教育组审查委员会主席,还被推为全国教育会议起草宣言。

1929 年 9 月,孟宪承受聘为浙江大学教授。同年应邀兼任江苏省立民众教育院研究部主任,明确主张我国的民众教育实际皆为成年补习教育,"农人所需的教育是'农业推广',工人所需要的是'职业补习',因此'农业推广,职业补习'八字,即为成年补习教育之内容"。1930 年 9 月创立浙江省立民众教育实验学校,任校长。学校设专科部和师范部,专为培养各县民众教育工作者。1932 年在无锡县创立北夏民众教育实验区,组织乡村改进会,以推动实施民众教育,坚持多年民众教育实验。

1933 年 8 月,孟宪承应聘为中央大学教授兼教育学院院长。其教学和科研成绩卓著,为教育界所公认。1936 年被聘为北京师范大学教授。1937 年 9 月受聘为光华大学教授。1938 年 9 月受聘为浙江大学教授,随浙江大学内迁广西宜山。1940 年 8 月应邀至浙江龙泉任浙江大学龙泉分校教务主任。1942 年 2 月应聘为湖南蓝田国立师范学院教授。8 月,教育部公布第一批部聘教授,孟宪承是教育学科唯一入选的教授。1944 年,随着抗日战争形势的变化,学院西迁溆浦,他转徙于山区坚持教学。

抗战胜利后,浙江大学于 1946 年在杭州复校,孟宪承于 9 月受聘为该校教授,兼文学院院长。在解放战争期间,他站在革命人民一边,同情和支持进步学生的爱国运动,深受学生爱戴,引导学生学习马克思列宁主义,接受唯物史观,运用于观察研究中国社会问题。

1949 年,杭州解放,孟宪承被任命为浙江大学校务委员会常务委员、文学院院长。他主持工作,组织师生响应政府号召,积极参加各项革命活动,自觉加深学习马克思主义理论,还发起成立新教育研究会,为迎接新中国的教育改革做好思想舆论准备。

1951 年 8 月,孟宪承奉调至上海,任华东军政委员会委员、华东文教委员会副主任委员,兼华东教育部部长、华东师范大学校长。1952 年专任华东师范大学校长。曾当选为第一、第二、第三届全国人民代表大会代表,上海市第三、第四届政治协商会议副主席,上海市教育学会会长,定为一级教授。他为华东师范大学的建设而多方筹划。1957 年 5 月,为提高华东师范大学培养师资的质量,他提出教学改革方案,为学校健康地发展费心费力,鞠躬尽瘁。

孟宪承对文、史、哲、教等多门学科均有深厚的造诣,毕生从事教育工作,重视教育理论研究和教育实验,对教育理论和教育事业的发展做出重要贡献,深受教育界的敬仰。他留下珍贵的教育思想遗产,值得后人学习和发扬。

孟宪承留学美国、英国,实地考察其教育现状,耳闻目睹,获得深刻印象,感到应当学习西方先进教育理论和方法,改变中国教育落后的状况,走上教育现代化的道路。在他的论著中,有一部分就是介绍评论各国教育发展的历史过程及现状、各种新的教育学说及教育实验、教育方法及其利弊、民众教育和社会教育、教育家及其教育思想等等,还翻译了一些较新的教育名著,让国人了解世界上新的教育思潮。

他发觉在学习外国教育经验过程中,出现一些不良的倾向,如不顾国情的盲目模仿,不加思考的机械搬用,商贩式的介绍,广告式的标榜。认为这些不良倾向需要坚决消除,应以虚心的态度学习吸收外国教育的新思想、新制度、新方法,加以科学的分析研究,慎重地进行试验,客观地加以总结,要知道其局限,择其可利用者善加利用。

由于当时的历史条件,孟宪承也受实用主义教育思想较大的影响,这体现在他的教育译著中有相当一部分是介绍实用主义教育学说的,如实用主义主要代表詹姆士的《实用主义》、实用主义教育理论主要代表杜威的《思维与教学》、杜威的学生克伯屈的《教育方法原理》、杜威学说继承者波特的《教育哲学大意》和《现代教育学说》等。这些思想学说在二三十年代被引进中国,为批判封建传统教育思想、教育制度提供了理论武器,具有一定的进步意义。在学习美国教育的热潮中,他保持清醒的头脑,对实用主义教育学说并不盲从,不机械照搬,而是作了科学分析,有所取舍。他于1933年编著的《教育概论》就是一个具体的证明。该书是教育部审定的师范学校教科书,被广泛采用,有较大的影响,至1947年已发行29版。该书阐释"教育"定义时,立足于从儿童和社会方面来考察,列举各家之说来论述,杜威是其中之一,由比较而评议其长短,然后综合提出自己所下的定义:教育是发展过程,在这个过程中,个人得到对于社会的适应。

孟宪承认为,对外国各家教育学说,要在深入研究的基础上,吸收其合理的因素,在中国创建符合国情的教育理论。他在《教育概论》的"编辑大意"中特别申明:"讲述事实,须注重本国教育上所有的材料;说明原则,须举示学生经验所及之实例。"这表明,他强调外来的教育理论需要中国化,阐明教育理论要立足于从中国教育实际中举证。他以自己的实际行动为教育学科的建设树立榜样,做出重要贡献。

从 1921 年开始,到 1967 年为止,孟宪承有 46 年时间在大学从事教学、科研和行政工作,对近代大学的产生和发展过程做过专门研究,了解外国和中国大学教学的现状及存在的问题,关注大学职能的发挥,认为大学对社会的改造发展要起应有的作用,从而形成关于大学教育的思想观点,所著《大学教育》一书对此较为集中地加以论述。他认为"大学是最高学府",不仅因为它在教育制度上达到最高阶段,尤其因为它在人类运用智慧探求真善美并以探求所得来谋文化和社会发展上,代表了人类最大程度的努力,实在含孕着文化和社会的最高理想。现代大学的理想可以归为三个方面:(1)智慧的创获。大学不仅要保存和传递人类的知识遗产,还要努力于知识的创新和增加。(2)品性的陶镕。大学师生被认为是社会中最优秀的人,反映着社会最美的道德理想,在群体生活中应注重品性的锻炼。(3)民族和社会的发展。近代民族的竞争、社会机构的突变,都要求大学直接为民族和社会的发展需要服务。为实现上述理想,现代大学有三项具体任务:(1)研究。大学以智慧创获为最高理想,当然就以研究为最高任务。(2)教学。学者殚精研究,也要能得其人而传其学,学术研究和学术传习不能分离。在教学之余的群体生活中,还要进行品性的锻炼。(3)推广。大学对社会的贡献在于研究和教学,同时要适应平民主义的要求,把知识推广到学校围墙之外,这被称为"大学到民间去"运动。

大学要完成所负的研究和教学任务,首要条件就是要有能够指导研究和善于教学的教师。因此,办好大学最根本的要求是师资队伍的建设,提高教师的学术水平和思想水平。

办好大学还要有正确的教育思想指导。大学本科应加强基础教学,不宜过早分专业。现代社会,由于知识总量不断增加,分科随之也更细,使得学生为求有专精的学问,非分途致力,从事专攻不可。然而,人生是整个的,文化是整个的,如果对文化没有一个概括的了解,过早分科分专业,就会造成知识眼界狭窄,易犯片面、机械的毛病。现实中,大学的培养方案有偏差,教学方法也有缺点,偏重于讲演,缺乏学生的自动研究和教师的个别指导。为了纠正偏向,孟宪承提出,大学的课程,至少是前期的课程,应注重综合组织,着重于基础课,加强基础教学,在方法上注重学习总的指导目的是巩固加强文化基础,培养学生的研究能力。联系到师范大学培养未来的师资,要求就更具体,例如:具备中文读写能力;学好一门外国语;掌握自学的工具;加强专业基础训练,掌握基本技能;培养独立钻研能力;等等。这样培养人才,目前看起来似乎一般化,而将来却有发展和提高的可能。

孟宪承重视培养精英人才的大学教育,也关注面向农工普及教育的民众教育,两方面都是其教育思想的有机组成部分。他否定高估教育力量的"教育万能论",也不相信依靠教育以救国的"教育救国论",但是认为要救中国,改造中国社会,需要运用教育方面的力量,尤其是要动员民众,改造国民品性,解决民众生计问题,增强国家经济实力,非重视民众教育不可。孟宪承是民众教育积极的倡导者,他指出:"促进民众教育,在中国将来可以直接造成教育的解放,间接造成政治与经济的解放,而准备明日的社会。"民众教育是他在二三十年代关注的重点问题之一,他发表了《成年补习教育问题的出路》《民众需要的是什么教育》《成年补习教育研究发端》《〈工人与教育:今日的几种试验〉简介》《成年生活的需要与教育》《〈英美的工人教育〉述介》《关于丹麦民众学校的书六种》《识字教学的两个问题》《怎样做民众教育的试验?》《成人教育与儿童教育》《民众学校的三难》等文章,1933年出版专著《民众教育》一书,这些都在阐述他的民众教育理论。他认为,民众教育的本质是"使民众能适应其继续不断的生活"。民众教育的目标是深入民间调查,具体分析研究民众全部生活情形后制定的。他提出:"现在替民众着想,应有二件事要特别注意:一、提高生计;二、满足娱乐。""现在我可以说,'实施民众教育的中心理论,就是提高生计,满足娱乐,这就是民众切身的需要'。"民众教育在当时就是努力帮助民众切实解决这两个问题。帮助民众解决生计问题,简单地说就是职业教育问题,也就是要用科学方法去解决职业教育问题。帮助民众解决娱乐问题,就是利用晚间休闲时间,用艺术的手段,引导民众到娱乐世界中去,对民众进行种种娱乐教育,多种多样的娱乐都应该寓教育于其中,均可引导民众接受高尚的思想与习惯。他号召民众教育工作者"从生计娱乐出发,向科学艺术探求",就是既要从民众需要出发制定目标,也要选择合适的方法。

孟宪承不仅是民众教育的倡导者,也是民众教育的实践者。1929年就兼任江苏省立民众教育院研究部主任,指导开展民众教育工作。1932 年在无锡县创立北夏民众教育实验区,坚持多年实验,到 1937 年进行阶段性总结,与马祖武合写了《北夏实验区的最近》。他能够深入农村,亲近农民,通过民众教育,帮助农民发展生产,提高生计,探索由乡村改造以求中国社会根本改造的道路,代表了爱国知识分子的进步方向。

重视对中国教育历史遗产、世界教育历史遗产的继承,弘扬优秀的教育传统,是孟宪承教育思想的又一重要方面。他是教育史学的先驱之一,1932 年著《新中华教育史》,1933 年著《西洋古代教育》等,对教育史与历史的关系、教育史与教育学的关系、教育史研究的主要目的、教育史研究的基本内容、教育史研究的现实意义、教育史教材编写的原则都有精辟的论述。他认为:"历史是人类活动体相的总记录,教育是人类社会活动的一部门,所以教育史只不过是从历史中把人类的教育活动,特别提示出来,作一个系统的叙述。"教育上的一切制度,现在都有了新的合理的形式,这只是前人心血的结晶,全都从过去的教育事实中演化蜕变过来;现在的一切教育学说,都受先前时代教育影响。教育发展的历史是教育科学的重要源泉,没有教育历史经验的总结,也就没有今天的教育科学。所以,教育学是教育史最后的一章,教育史研究是教育科学研究的重要组成部分。教育史研究的主要目的是,总结教育历史经验,探索教育规律,继承优秀的教育传统。教育史的基本内容可归为三个方面:(1)教育制度嬗变的历史过程;(2)教育思想理论发展的源流;(3)著名教育家的光辉事迹。教育史研究的意义在于:明了教育演进的轨迹,更透彻地认识现代教育;利用前人的教育经验,做我们现在教育工作的参考;学习教育家生平故事,"更可以净化我们的浮躁的精神,鼓舞我们奋争的勇气",由此获得"教育者精神的食粮"。编写教育史教材,对教育史材料要有所选择,而衡量材料价值的标准最主要的是两条:(1)对现代教育事实和问题的了解最有需要;(2)最能适合读者的兴趣和接受能力。根据这两条标准编写的教育史,读了会让人感到实在、有用,通俗易懂,受到教益,所以师范学校普遍采用,年轻的读者也实在欢迎。

孟宪承重视教育史的研究,也重视教育史研究人才的培养。中华人民共和国成立初期,他在华东师范大学首先创办中国教育史研究班,考虑并制定培养计划,安排印发学习资料,亲自连续讲课,要求十分严格。他认为,要成为教育史研究工作者,必须受过一些基本训练,如第一手文献资料的搜集与整理,学习历史唯物主义观点和方法并运用于分析教育史问题,教育制度与教育思想概述的写作等。在他严谨治学态度和实事求是学风的熏陶下,一批中国教育史教学和研究人才被培养出来。他在教育史教材建设方面费了许多心血,先后编成了《中国古代教育史资料》《中国古代教育文选》,还指导编写了《中国古代教育史》。他是在历史唯物主义指导下重建中国教育史学科的引路人。

孟宪承的教育思想博大精深,除了上述几方面重要贡献之外,在教育哲学、德育、美育、教育实验、师范教育、国文教学等方面都有专门研究,其独到的见解在教育理论上是很有意义的。

孟宪承已成为现代著名历史人物,他的事迹、他的风范永远令人怀念。他的爱国主义精神、忠诚奉献的精神、坚持科学的精神,值得人们永远学习和发扬。2006年5月,经中国高等教育学会选定,教育部批准,孟宪承入选"共和国老一辈教育家"首批宣传名单。

永远怀念敬爱的导师 *

　　孟宪承校长是中国著名的教育理论家,华东师范大学首任校长,他为华东师范大学的建校筹划做出不可磨灭的贡献。他的教育思想,对华东师范大学发展成为著名的重点师范大学产生了深远影响;他的大学教育精神,今天仍然值得我们大力弘扬。

　　孟校长在中华人民共和国成立之后,始终坚持以历史唯物主义为理论指导,重建中国教育史学科体系,培养新一代中国教育史研究队伍,并为教育史学科的发展奠定了良好基础。今后教育史学科仍将沿着他指引的方向继续发展,更好地为社会主义教育事业服务。

　　我考取华东师范大学,成为新中国第一个教育史研究生班的学员,1956—1958 年在孟校长指导下学习中国教育史。孟校长亲自为小班系统讲课,每周两次,安排在周二与周五上午。他强调从学员的实际出发,作培养学科人才的长远打算,打好稳固的基础,掌握专门的基本知识与基本理论。他要求学员读原始资料,知道中国传统学术源流。他带着老怀表准时上课,每次都先板书纲要,然后依序讲解,所讲论点明确,条理清晰,内容丰富,引证恰

* 本文原收入俞立中主编《师范之师:怀念孟宪承》(华东师范大学出版社 2007 年版)。

当,语言流畅,逻辑性强,简明评论,激发思考,扼要小结,令人信服。他所展示的课堂教学艺术,引人听而不倦,是青年学员学习的典范。由于学员学术素养尚低,孟校长对学员的培养锻炼是全面的。学习告一段落,学员要完成一篇作业,把阅读过的原始资料,根据自己的理解,有条理地用普通语言表达出来,称为"教育史概述",以此来提高文字表达能力。在导师两年循循善诱的引导下,我逐步跨入中国教育史学科之门,为后来从事学术研究奠定了初步基础。

1958年毕业后,我留在学校教育系工作,听从组织的安排,做教育调查,指导中师实习,参加"大炼钢铁"、战高温、海港劳动锻炼等,之后也上了一段外国教育史、中国近现代教育史、批判资产阶级教育思想等方面的课。总的来讲,我在这段时间虽有多方面的磨炼,但没有明确的方向。

1961年高等学校文科教材工作会议之后,孟校长奉命承担《中国古代教育文选》《中国古代教育史》两本教材的编写任务,需要有相关人员配合。3月份,领导安排我"归队",协助孟校长编写《中国古代教育文选》,使我有机会在孟校长指导下进行工作和继续学习。为了教材编写工作的需要,学校给了我们一间工作室。我从图书馆调了一些参考书籍,在工作室坐班工作。孟校长对编写教材的国家任务十分认真负责,经常到工作室来,布置工作任务,检查工作进度,谈论学术问题,研讨篇目调整、选文节录、解题与注释修改等。我有疑问,也乘机请教。为了避免因遗忘而影响工作,我随手做了简要的笔记。古代教育文选的时间跨度长达两千多年,涉及许多学派、人物、著作,这些都需要我去调书、查阅,然后汇报,提出初步处理意见,听候主编决定。如果决定选用,还要做节录和注释。开始阶段，时间紧迫，我日夜赶进度，工作非常紧张。此项工作对我来说是前所未有的磨炼。为了工作需要，我得边干边学，这也促进了我在教育史业务上逐步成长。我原来觉得导师表情较为严肃，不苟言笑，难免既景仰又有些敬畏，不敢随便打扰。联系久了，接触多了，我随之改变想法，觉得导师平易近人，和蔼可亲。导师关心我的工作、生活以及业务成长，对我的疑问不吝指教，细谈自己的见解，介绍自己的经验，使我得到诸多教益和启发。能亲受孟校长的教诲指导，是难得的一种机遇。这种幸运的机遇延续至 1963 年，随着《中国古代教育文选》编写任务完成，工作也就结束。以后十多年，我不由自主地被运动推着走，不能正常搞教育史研究，经历了上海郊区面上社教、安徽定远社教、十年"文革"。孟校长在"文革"期间受到迫害，于 1967 年 7 月逝世。"文革"之后，拨乱反正，孟校长 1978 年得到平反，恢复名誉。人民教育出版社 1979 年出版了《中国古代教育文选》，该书成为各师范院校广泛采用的教材；1997 年又出版了《孟宪承教育论著选》，该书流传国内外。中国高等教育学会 2006 年发文确认孟校长为"共和国老一辈教育家"之一，并经中国教育电视台向全国介绍，唤起人们对他的深深景仰。

我从 20 世纪五六十年代的青年，到现在①已退休的老年，四五十年过去，经历的往事大部分逐渐淡忘，唯有导师孟校长于我先有两年学习指导，后有三年工作接触，给我留下深刻印象，特别是三年《中国古代教育文选》编写工作期间，有几件事至今不能忘怀。

---

① 指本文写作之时。

一、 教育专家显风范

我初次作为孟校长的助手参加《中国古代教育文选》编写工作,既兴奋,又担心因毫无经验而做不好。孟校长接受任务之后,已有一番深思熟虑,他胸有成竹,指挥若定。我一报到,他就给我分析情况,指出任务虽然繁重,但只要多注意工作方法,还是能完成的。此番谈话消除了我的顾虑,增强了我的信心。以后在工作过程中,我才真正见识到他工作的风范,主要有以下特点:

第一,明确的目标。孟校长说,我们时时都要明确工作任务及其专业特点,这既是工作的指导方向,也是工作目标。《中国古代教育文选》作为师范院校教育专业教材,读者对象主要是师范院校教育专业本科学生,但不以此为限,将来实际的读者可能越来越多,除师范院校的本科学生与教师外,凡是关心教育的人都会想要看。三年中,我们辛勤不懈地工作,终于完成这一国家任务。

第二,可行的计划。孟校长认为,教育文选虽然不是大型的文化工程,但作为一门课程的公用教材,国内没有先例,内容须经精心选择,不能急于求成,任意拼凑,要经过一个精心加工的过程。编写工作实际分四个阶段推进,每个阶段都有成果。(1)初稿。我们把文选课程设计的思想具体化,以便于编写工作进一步开展,编出油印本。(2)讨论稿。我们在初稿基础上进一步筛选,有删有增,分为上、下篇:上篇以教育思想为主,列举教育名家名篇;下篇以社会思想为辅,反映对教育有影响的思想。为征求多方意见,我们编出排印本。(3)修改稿。在听取各方意见后,我们对教材体系、入选篇目、解题、注释等都作了大调整,编出第二次油印本。(4)定稿。主编对修改稿进行又一次审稿,助手依据主编指示作局部修改和最后校对,然后才将定稿送交文科教材办公室。整个工作按主编的计划,分阶段有序进行。

第三,具体的步骤。教育文选的结构基本上由各家选文、解题、注释组成,这几个环节的重要性各有不同,相互都有联系,前一个环节对后一个环节的影响较大。在框架确定之后,选文成为最重要的环节,其次是解题,再次是注释。第一步是选文,由孟校长自己来做。选文要体现学术水平,保证全书质量,既要有思想性,又要能为学生理解接受,对提高学生专业素养有帮助。所以,选文最让孟校长费心。第二步是解题,孟校长自己动手写样稿。先秦诸子和明清启蒙思想家的解题样稿是孟校长撰写的。为了给我锻炼机会,孟校长也叫我起草一部分解题初稿,送交他审阅修改,然后我再抄清。第三步是注释。注释首先是明确注什么,孟校长规定了范围和重点。其次是如何注,孟校长规定了两条基本原则:(1)"从古"(不要主观猜想,无根据而发议论,要依据古注作注);(2)"从简"(辞典中有的可以不注或少注,能理解的就不必再一字一句地翻译,注解的文字要简明扼要)。注释分工由我来做,我对原则把握得不紧的,孟校长审阅时删除了一些。孟校长对编写工作亲抓重要环节,安排具体步骤,避免了无序的忙乱与扩大范围的劳而无功。

第四,认真的工作。按领导的要求,《中国古代教育文选》必须有二三十万字,规模不算小;国内以前没有人编写过,没有先例可借鉴,又限期三个月内提供初稿,时间紧迫。面对这样繁重的任务,孟校长认真估计了工作量,从容应对,主要是在工作方法上多想办法,并且立即行动起来,迅速投入工作,几天之后就提出了各家教育的选文目录,让助手按目录找出选文,进行必要节录,再请人帮助刻蜡纸印刷。在他的督促、检查、带动下,我们终于在三个月内赶出一本油印的初稿。孟校长不仅是指挥,而且说到做到,自己带头做出榜样来。他真抓实干,讲究工作效率,力求做得尽善尽美。

以上就是我所见识的孟校长的工作风范。

二、 自主研究多创见

孟校长较早研究教育哲学,关注哲学流派,重视马克思主义哲学,对历史唯物主义深有研究,并运用历史唯物主义理论研究教育历史的发展。他在主持编写教材的谈话中曾说,要以历史唯物主义照亮教育历史的发展。他依据自己的研究,提出了一些创见。

教育史研究者对教育历史的发展,普遍认为有"继承性"。对这种流传已久的普遍提法,孟校长认为不是很科学的提法,用"承续性"的提法比用"继承性"的提法好些。原因有二:第一,历史发展的连续性是不能割断的,这是自然过程,不是人为主动可以改变的;第二,"承续性"说明后人要从前人的思想材料出发。

孟校长认为,中国古代教育有最基本的概念,教育史研究者必须注意掌握。最基本的概念就是由儒家提出的性、道、教、学、师,这五个概念为儒家最高纲领性概念。以后历代相传谈的都是这几个概念,古代教育家探讨的教育问题都没有超出这几个概念的范围,儒家教育文献也完全围绕着这几个概念。这与现代教育学体系有很大差别。

孟校长认为,中国古代教育史必然要以儒家为中心。从中国历史上看,道家、法家谈教育者很少,而儒家谈教育者则很多,实际上只是因为儒家担负着社会文化教育工作。毫无疑问,教育上最重要的是儒家。中国古代教育史要反映客观历史事实,自然就应以儒家为中心。在社会大变革经常发生的年代,儒家强调教育,不适合各国统治者要求富国强兵的迫切需要;而一贯作为儒家对立面的法家,则主张以刑法为手段,从而达到富国强兵的目的,必然会引起统治者的兴趣而随即采用法家的观点。教育史要叙述儒、法两家的对立,法家的正面教育主张很匮乏,谈论法家恰好可以证明儒家的重要。

孟校长还强调,中国教育史要注意提出每个历史时代的教育代表人物。他认为,战国时代,墨子应该作为教育的代表人物之一。墨子是庶民阶层的代表,这在世界古代史上非常罕见,是很值得重视的历史人物。墨家既是一个政治性团体,又是一个教育性团体。与儒家相比,墨家有其自身特色:(1)传授的不是诗书礼乐,而是工艺制造,其学生都是手工业者;(2)其中一些工艺家总结了自然科学的知识经验;(3)其道德信念也不同于儒家,例如强调兼爱非攻、互助分财、勤俭节用;(4)《墨经》中的逻辑思想是具有体系的思想方法,这是儒家所欠缺而对教育很重要的。因此,墨家思想在教育史上有很大的积极意义。

南北朝时期教育的代表人物,应该说是颜之推。颜之推的《颜氏家训》既反映了南北朝时期的学术思想,又体现了家学的传授,是当时的代表性著作。

孟校长认为,中国教育史研究要阐明教育思想发展的几个规律：第一，承续；第二，创造；第三，传播；第四，斗争。

孟校长的这些创见，首次提出了中国古代教育最基本的概念，得出了多元并存的教育历史发展有其中心的论断，探讨了教育代表人物的选择与评价、教育思想发展规律等问题。这些示范性研究得出的既有根据又合理的论断，不仅给学者以启发，而且把教育史的研究引向更深入之境。

三、 增强教材专业性

教育文选作为教材，是配合教育史课程的。教育史是一门专业性学科，其主要任务在于以历史唯物主义观点阐明各个历史时期学校教育、教育思想的发展，批判地吸收以往关于教育和教学的思想和经验。教育史教材与教学的状态势必会影响教育文选。

教育史作为专门史，有其特定的研究对象和范围。但有些人不顾这些原则性要求，自以为学问广博，硬要超越范围去研究教育史，在教育史教材和教学中去谈非教育史问题。孟校长了解到这种情况后指出，这种淡化教育史专业性的做法令人担心，需要加以纠偏。他说，过去的教育史，有点像放风筝的样子，在谈完经济、政治之后，"带着教育尾巴"。教育史要区别于政治思想史或学术史，应该成为真正专门的教育史，它必须专门、详细、深入研究古代教育、教学的理论和实践。只有这样做，才能改变教育史的面貌，今后一定得这样做。

对于增强教育史专业性的具体做法，孟校长也有所考虑。如先秦诸子，在专门的教育史里，其重要性各不相同，不能各家平列，要让实际占有重要地位的凸显出来。就一家之中，各方面的问题也不能平列,要着重介绍在教育上有所创新、具有特色的方面。他认为,教育史应注意有什么样的教育遗产,凡是古代保存下来的优秀的教育遗产都要、都应弘扬。

对应于教育史,教育文选也要增强教材的专业性。孟校长说,对古代教育文选的专业性问题,我们必须认真把握。文选初稿有些哲学史的味道,还不够专业化;一些文章与教育名著名篇配不上,必须进行调整。我们强调教育的专业性,教育文选要来源于名著名篇,要"文约而义丰",文字越少越好;而内容的教育含义要丰富,一定要突出教育专业内容。

经过几番调整,到文选定稿时,教育专业性已大大增强了。

四、 指引治学的道路

(一) 思想方法现代化

孟校长在关于文选编写工作的多次谈话中,都提到思想方法现代化问题。他说,近五十年来,科学发生革命,这一时代可称为"原子时代";以后五十年的科学状况,现在是很难想象的。科学技术力量改变自然的同时,也改变着人的思想,一定要用科学的思想去对待文化遗产。他又说,现在要研究历史文化遗产,但不能用王国维、孙诒让的头脑,而要用现代的科学方法。现在的青年教师应有新头脑,要掌握现代的科学方法,否则就会落后。现代科学方法的两项内容是:(1)辩证唯物主义与历史唯物主义。这是辩证的逻辑,是发展变化的逻辑。(2)形式逻辑。这是具体的逻辑,是今日科学所用的逻辑。前者是对历史发展规律的概括,后者是现代运用的思想规律。特殊的思想规律应名为"现代逻辑",现在最需要的就是这个。后来,他又说,当前的科学方法就是数学和逻辑学,不懂此方法,枉为现代人。

孟校长对教育研究者的思想方法有单独的建议:研究教育理论的人,一定要先搞通逻辑学和心理学,否则思想就要落后。了解现代逻辑学和心理学,有新的思想方法,这是搞现代教育科学研究的基础。有此基础,才有稳固的据点,才能去搞现代的教育理论和方法,第三步才能去搞古代的教育理论和方法。教育学、心理学、教育史三者不能分家。

当时是 20 世纪 60 年代初,孟校长就对青年教师提出思想方法现代化的建议,表现出他把握时代脉搏、与时俱进的深谋远见。他说的这些话,直到今天仍有着实际意义。

(二) 学问的根底在经史

孟校长走过的学术道路,先是中学,然后是西学(包括哲学、教育学、心理学、教育史等),中学有丰厚基础,对西学有深入把握,中西兼通融合,再从事中国教育实际问题和中国教育史研究。可以说,他对如何治学有亲身经验和深刻体会。

孟校长在文选编写工作谈话中,多次谈及治学问题,认为读原著有头等重要性,必定得读,问题是如何去读。原著中每一部书或每一篇文章,其意义与价值是不同等的,存在很大的不平衡性,应作适当的区别处置。

中国历代的文化典籍汇归为经、史、子、集,这四部中最重要的是经,然后是史,有其具体的源流。现在有些人说要做学问,却不肯去探中国学问之源，想避开《左传》《礼记》《史记》《汉书》去研究墨子、董仲舒等，是根本行不通的。不重视历史，就不能真正懂得历史。

做传统学问的根底在经史。要立此信念，不能速成，只有耐心坚持学习才能成功。要读《左传》《礼记》《史记》《汉书》，此四部书是最根本的，是学问之源。要将此四部书随身携带，认真阅读掌握，其他书是辅助的，只需根据客观情况去了解。能读《史记》，便能读任何史书；能懂《礼记》，也就能懂儒家诸子。书是不平衡的，一书中各部分也是不平衡的，要掌握其中特别重要的部分，其他浅尝可止。抓住学问的源头与主流，其支流也就容易处理。

孟校长还指出，做学问不能有势利的观点，不能如杨柳随风倒。作为学者，应该有自己的信念、自己的意志、自己的观点，要经得起批判，不随意动摇。以势利眼光对待学问，只会令人鄙视。

孟校长不断总结和介绍自身的治学经验，希望后来的青年学者能有坚定的信念、高尚的品格、自主的观点，走上正确的治学道路。他真可谓语重心长，对青年学者寄托无限厚望。

孟校长逝世已四十年，四十年来，人事发生很大变迁，但他在教学、工作、治学等方面所表现出的特有风范，给我留下了深刻印象，经历岁月风雨也难以磨灭，至今仍然令我时常回忆。我永远怀念敬爱的导师！

学习韦善美的精神 *

　　韦善美同志是深受我敬仰的良师益友，他逝世之后令我怀念不已。

　　我认识韦善美同志较迟，因为我是普通教师，校内的教学工作是我的本职，较少参与校外的社会活动，也就无缘与他结识。到了 20 世纪 90 年代，有几位研究教育史的同行先后推荐我参加雷沛鸿教育思想研究的学术研讨活动，多次提到雷沛鸿教育思想研究的倡导者和组织者韦善美。未见其人，先闻其名，韦善美的名字开始留在我的记忆里。第一次见到韦善美是在 1996 年 12 月，我到桂林参加全国教育史专业研究会学术年会。在这次会议期间，我有机会见到韦善美，还有幸与他极为轻松地交谈，谈及各自的经历。凡我提出请教的问题，都得到坦诚的、无保留的解答，令我增长不少见识，真是有相见恨晚、一见如故的感觉，留下难忘的印象。我所认识的韦善美同志，既是杰出的教育行政领导人，又是教育科学研究热心的倡导者和支持者。听说他被称为"学者型"的教育领导干部和"领导型"的教育学者，我感到这种概括性的评价比较真实地体现了他的特征。

我与韦善美同志进一步加强联系,增进友谊,是在他筹划召开雷沛鸿诞辰 110 周年纪念会的同时,由中国教育学会教育史专业委员会与广西雷沛鸿教育思想研究会(以下简称"雷研会")共同召开雷沛鸿教育思想第七次学术讨论会期间,我们多次书信、电话往来,沟通筹备进展的情况,征求意见,协调会期更动,多方发动教育史专业委员会会员积极撰写文章并参与学术讨论会活动。通过这些联系过程和具体活动安排的落实,我更进一步认识韦善美同志的风采。他动议将纪念会和学术讨论会联结起来召开,发挥其智慧,多方联系沟通,争取到内外上下的支持,经过精心筹划,动员雷研会组织机构全力投入紧张的工作,对每个环节都有周密的计划安排,筹备工作进展顺利,创造了良好的条件,最终使两个会议都开得圆满成功。这一切,再次给我留下深刻难忘的印象。

难忘的 1998 年,我为与韦善美同志加深学术友谊而庆幸。然而,时过才一年,突发的车祸夺去他宝贵的生命,使我为失去这位良师益友而深为悲痛。清夜静思,他的为人,他的行事,值得我学习之处真的太多了! 韦善美同志高尚的精神将会永存于人间。

韦善美同志投身于中国革命和建设五十年,其中从事教育工作四十多年,参加教育科学研究、教育领导工作近四十年。他以崇高的为人民服务的思想为指导,不图个人名利,做好各个岗位的教育工作,为广西壮族自治区教育事业的发展做出重要贡献。他大公无私的奉献精神是很值得学习的。

韦善美同志为教育改革和教育事业发展的需要,强调教育调查研究和教育实验,重视教育科学研究。他以身作则,投入教育科研,取得卓著的研究成果,对广大教育工作者起了示范作用。他倡导成立雷研会,联络组织各界人士对人民教育家开展研究。他本人的研究成果在国内外产生重要的影响,使雷沛鸿作为杰出教育家的形象逐步树立,获得公正的、实事求是的历史评价,确立了在中国教育史上的地位。不论对待教育现状还是对待教育历史人物,他那种实事求是、精深钻研的科学精神是值得学习的。

韦善美同志不论在哪个教育岗位工作,都认真细致、踏实苦干,善始善终,这是他众所周知的工作态度和作风。他用自己模范的行动带动同志们积极工作,所办的每件事都让人感到满意。他对待雷研会的事都体现出这样的作风。他在《给好友的一封信》中就有真实的表白:"在北京雷研会之前,我的脑细胞全部都用上了。"可见,他办事多么投入,多么认真地对待任务。他认真负责的工作精神是值得学习的。

韦善美同志虽处于领导地位,但从不摆领导的架子。他有高度的品德素养,尊重别人,平易近人,善于以理服人,团结他人为共同事业尽力。我亲身体会到,他很珍视学术友谊,在友谊的基础上发展联系,以协商的方式解决有关的一切问题。他领导雷研会历时十年,由此获得重大成就。他这种友谊协商的民主精神是很值得学习的。

韦善美同志有丰富的社会经历,这使他比一般人达到更高的思想境界。他高瞻远瞩,胸怀宽广,立足于现在,预计着事业发展的未来。为了现在的改革和建设,他团结老中青,加强与不同年龄同志的联系沟通,着眼于将来的发展。他更寄希望于青年,满腔热情地关爱青年,帮助青年,培养青年,使事业后继有人而不断发展。作为年长的前辈,这种爱护与培养青年的团结精神也是很值得学习的。

韦善美同志名如其人,其品德追求尽善,其行事追求尽美,他的高尚精神长存,永远是值得我学习、值得我敬仰的良师益友。

编后记

编完《孙培青文集》前五卷(六册),孙老师的成果中原来就成书的几种已经安排停当,剩下的部分就是他散见在各种书刊报章中的长短篇什了。这成为我们编辑孙老师文集最困难也是最后完成的部分。正式开始最后两卷的编辑工作是在 2020 年 4 月初,编完则是在 4 月下旬了。

孙老师历来有一个好的生活习惯,凡是经手过的东西都会仔仔细细、整整齐齐地保管好,一张纸条,一份文件,以后哪怕是过了很长时间,也能够轻车熟路地找寻回来。我们这次编辑文集的最后两卷,就得益于他的好习惯。

实际上,早在文集编辑工作开始之前,我指导的研究生、现在上海教育出版社任教育与心理出版中心副主任的董洪,即已整理孙老师的著作目录,对他的各种成果已大致清楚。开始编辑时,我们即想到借助孙老师善于收纳物件的长处,请他将自己已刊、未刊的所有能够找到的成果文字都提供给我们。很快,他先后给了我们两纸箱材料,而且都是经过整理的,已经有了初步顺序。在检阅这些文稿的基础上,我们或继续向他追索,或直接寻找书刊复印,很快形成了两卷的框架。我们惊喜地发现,书稿中有不少手稿,或是他当年的讲话稿,或是他讲课的讲义,都未曾正式发表,成为最大的收获。孙老师还有一个习惯,就是不发无稿之言,凡讲话一定着笔写就。这次编辑他的文集,我们又受益于他的这一好习惯!

我们检阅孙老师已刊、未刊的文字,共得八十多篇,包括已刊发的论文、写入教材和专著的章节、未刊讲话稿、人物回忆、前言和后记、所作序言、学术自述等七类。我们根据以类相从的原则,将它们分成篇幅大致相当的两卷,即第六卷、第七卷。

第六卷收入有关中国历史上的道德教育的一个长篇专论,篇幅在十多万字,差不多就是一本中国传统道德教育专著了。中国教育史学界有关道德教育的成果并不多见,孙老师这本名为《中国历史上的育德》的专著,可以极大地丰富传统道德教育研究。尤其是这本著作贯通古今,叙及现代德育。此外,我们将孙老师所有论述中国历史上教育家和教育思想的著述也编在此卷,形成另一个内容相近的主题《中国教育家和教育思想研究》。这两个主题均由我们先予拟出,得到孙老师的认可。

文集的最后两卷是我们和孙老师一起编辑完成的。大约 2020 年四五月间,春暖花开时节,我提着两袋编讫的书稿送去孙老师府上时,心情是轻松愉快的。当时疫情形势见好,全国各地支援武汉的医疗队正在撤回,而我们的工作也接近尾声。可是,与前几卷送交孙老师审读,他往往很快交还不同,第六、七两卷放在他那里几乎像是被遗忘了似的,久久未有回音,由春而夏,由夏而秋。这年初冬,得到师母黄碧霞医生因心脏病突发故去的坏消息,孙老师虽有其子孙璟的悉心照顾,但平时一个人过,困难的程度可想而知。责任编辑董洪常来问：最后两卷书稿，孙老师该看完了吧？我说：再耐心等等。孙老师做事，从来不随心率性，无故拖延，他未让去取书稿，就是没有看完。等到孙老师将这两袋书稿看完交还时，已经是 2021 年 6 月，看了一年多，他也更显衰老了。

杜成宪

2022 年 12 月补记